edition suhrkamp

Redaktion: Günther Busch

Gabriele Becker ist Studienreferendarin in Frankfurt am Main; Silvia Bovenschen ist wissenschaftliche Mitarbeiterin am Deutschen Seminar der Universität Frankfurt am Main; Helmut Brackert ist Professor am Deutschen Seminar der Universität Frankfurt am Main; Ines Brenner ist Doktorandin der Germanistik an der Universität Frankfurt am Main (Magister); Sigrid Brauner ist Doktorandin der Germanistik an der Universität Frankfurt am Main (Staatsexamen); Gisela Morgenthal ist Studentin der Germanistik und Anglistik an der Universität Frankfurt am Main; Klaus Schneller ist Doktorand der Germanistik an der Universität Frankfurt am Main; Angelika Tümmler ist Doktorandin an der Universität Frankfurt am Main.

Der wohl auffälligste Aspekt des europäischen Hexenwahns in seiner kodifizierten Form ist die Verknüpfung von Irrationalität und formalsystematischer Vernunft. Die Hexenverfolgung zu Beginn der Neuzeit war nicht lediglich eine »Kinderkrankheit« der menschlichen Gattung, vielmehr muß sie im Zusammenhang mit der Institutionalisierung des Christentums, der Auflösung der feudalen und der Entstehung der bürgerlichen Gesellschaft (Verinnerlichung von Moral, Verdinglichung der gesellschaftlichen Beziehungen der Menschen, bürgerliche Naturaneignung) gesehen werden. – Die in diesem Band versammelten Studien untersuchen die Entstehung des Hexenbildes und seine Befestigung anhand der historischen Dokumente, die Verbindung zwischen der Hexenverfolgung einerseits, den Ketzerbewegungen, der vordringenden Geldwirtschaft, der Legitimationskrise der Kirche, der Polarisierung des Wertbildes der Frau andererseits; und sie bestimmen die fortwirkenden Elemente politischer und gesellschaftlicher Mythenbildung in der aktuellen Auseinandersetzung um das Selbstverständnis der Frauen. Eine Materialiensammlung und ein ausführliches Literaturverzeichnis beschließen den Band.

Aus der Zeit der Verzweiflung
Zur Genese und Aktualität des Hexenbildes

Beiträge von Gabriele Becker, Silvia Bovenschen, Helmut Brackert, Sigrid Brauner, Ines Brenner, Gisela Morgenthal, Klaus Schneller, Angelika Tümmler

Suhrkamp Verlag

edition suhrkamp 840
Erste Auflage 1977
© Suhrkamp Verlag, Frankfurt am Main 1977. Erstausgabe. Printed in Germany.
Alle Rechte vorbehalten, insbesondere das der Übersetzung, des öffentlichen Vortrags und der Übertragung durch Rundfunk und Fernsehen, auch einzelner Teile.
Satz, in Linotype Garamond, Druck und Bindung bei Wagner GmbH, Nördlingen.
Gesamtausstattung Willy Fleckhaus.

9 10 11 12 13 – 96 95

Inhalt

Vorwort 7

I. Zur Situation der Frau im Mittelalter und in der frühen Neuzeit 9

Gabriele Becker, Helmut Brackert, Sigrid Brauner, Angelika Tümmler
  Zum kulturellen Bild und zur realen Situation der Frau im Mittelalter und in der frühen Neuzeit 11

II. Zur Genese und Aktualität des Hexenbildes 129
  1. Helmut Brackert
     ›Unglückliche, was hast du gehofft?‹ Zu den Hexenbüchern des 15. bis 17. Jahrhunderts 131
  2. Ines Brenner, Gisela Morgenthal
     Sinnlicher Widerstand während der Ketzer- und Hexenverfolgungen. Materialien und Interpretationen 188
  3. Klaus Schneller
     Paracelsus: Von den Hexen und ihren Werken 240
  4. Silvia Bovenschen
     Die aktuelle Hexe, die historische Hexe und der Hexenmythos. Die Hexe: Subjekt der Naturaneignung und Objekt der Naturbeherrschung 259

III. Daten und Materialien zur Hexenverfolgung, zusammengestellt von Helmut Brackert 313

Bibliographie 441

Quellennachweise 450

Bildnachweise 452

Vorwort

»Aus welcher Zeit datiert die Hexe?« Auf diese Frage gibt der französische Historiker Michelet in der Einleitung seines Buches *Die Hexe* von 1862 die bündige Antwort: »Ich sage es ohne Zögern: Aus der Zeit der Verzweiflung.«

Der vorliegende Band, dessen Titel die emphatische Wendung Michelets aufgreift, setzt sich zum Ziel, in die Genese und Aktualität des Hexenbildes einzuführen, und dies in einem dreifachen Ansatz.

Im ersten Teil geht es ganz allgemein um *die Situation der Frau im Mittelalter und in der frühen Neuzeit,* wobei sowohl kulturelle wie rechtliche Konzepte als auch die Vielfalt realer Lebens- und Existenzformen beschrieben werden. Daß dieser Teil der Darstellung weitgehend auf der Ebene der Beschreibung verbleibt und kaum dazu ansetzt, in einer subtileren historischen Analyse die weiteren, vor allem auch sozioökonomischen, Zusammenhänge herauszuarbeiten, ergab sich, wie uns scheint, fast zwingend aus der gegenwärtigen Forschungslage. Vorarbeiten fehlen hier fast völlig oder sind veraltet und unzureichend. Es war daher geboten, eine erste Annäherung an das Thema zu versuchen und, bevor weiterreichende Schlüsse gezogen werden, erst einmal Materialien für die dringliche historische Arbeit bereitzustellen.

Der zweite Teil vereinigt eine Reihe von Einzelbeiträgen, die sich mit verschiedenen Aspekten der Genese und Aktualität des Hexenbildes beschäftigen. Der Artikel über *Hexenbücher des 15. bis 17. Jahrhunderts* referiert und analysiert eine Reihe von z. T. schwer zugänglichen Texten und stellt sie in den kirchlich-politischen Wirkungszusammenhang, dem sie sich verdanken. Der Aufsatz über *sinnlichen Widerstand* sucht durch eine Vielzahl von Quellenbeispielen jene untergründige Tradition zu belegen, die als positive Entwicklungslinie, wenn auch nur schwach, unter der herrschenden offiziell institutionalisierten Verfolgung erkennbar wird. Daß es sich bei dieser Verfolgung nicht nur um ein klerikales Problem handelt, sondern daß sich im Kontext humanistischer, den Übergang von der magischen zur wissenschaftlichen Naturauffassung dokumentierender Gedankengänge Formen von Feindseligkeit gegen Hexen erzeugen und aggressives Verhalten gegen sie durchaus begründen ließen, zeigt der Beitrag über *Paracelsus' ›Von den Hexen und ihren Werken‹*. Im letzten Beitrag dieses Teiles, *Die aktuelle Hexe – die historische Hexe – der Hexenmythos*, geht es dann, im Zusammenhang der Frage nach der Aktualität des Hexenbildes, vor allem um zweierlei: zum einen stellt sich die Diffamierungs- und Verfolgungsgeschichte, die im Medium eines historisch sich variierenden Verhältnisses zur Natur faßbar wird, als eine, bei allem erkennbaren Zusammenhang, doch auch gebrochene und diskontinuierliche dar; zum andern macht die geschichtliche Erkundung des Phänomens ein differenziertes Verhältnis zum Gegenstand nötig: Eine theoretische Analyse kann Identifikation nur in dem Maße begründen, in dem sie historische Distanz und Nähe des Hexen-Phänomens zur gegenwärtigen Realität selber zum Gegenstand der Reflexion erhebt.

Die Zusammenstellung der *Daten und Materialien zur Geschichte der Hexenverfolgung*, die den dritten Teil des Bandes ausmachen, hat die Aufgabe, die historischen Zusammenhänge, die in den vorangehenden Teilen entwickelt werden, einerseits überprüfbar, anderseits aber auch anschaulich zu machen. Sie sollen und können die Geschichte der Hexenverfolgung allerdings nicht annähernd lückenlos dokumentieren; sie sind jedoch so ausgewählt, daß in ihnen wenigstens die hauptsächlichen Entwicklungsphasen verdeutlicht werden.

Zum Schluß sei dies noch einmal nachdrücklich hervorgehoben: Der Band ist an seinem Anspruch zu messen, Bausteine für eine Erforschung der Hexengeschichte bereitzustellen – einer Forschung im übrigen, die weiter zu entwickeln wäre. In diesem Sinne verstehen die Autoren ihre Beiträge nicht primär als Fixierungen endgültiger Ergebnisse, sondern vor allem als Angebote zum Weiterarbeiten.

I Zur Situation der Frau im Mittelalter und in der frühen Neuzeit

Gabriele Becker, Helmut Brackert,
Sigrid Brauner, Angelika Tümmler
Zum kulturellen Bild und zur
realen Situation der Frau im Mittelalter
und in der frühen Neuzeit

Es scheint uns mehr als nur ein spezieller Befund zu sein, daß in dem Buch des bedeutenden Mediävisten Wolfram von den Steinen, das den verheißungsvollen Titel trägt: *Menschen im Mittelalter,* von Frauen so gut wie gar nicht die Rede ist.[1] Menschen im Mittelalter, das scheinen fast ausschließlich Männer gewesen zu sein; so erfährt man einiges über Heilige, über Karl den Großen und sein Verhältnis zu den Dichtern, über das Formelbuch des Dichters Notker, über Bernward von Hildesheim und sein Selbstverständnis, über die Träger der literarischen Anfänge in Basel und des Humanismus um 1100, über Abaelard als Lyriker und Bernhard Silvestris, über Franz von Assisi und über Kaiser Friedrich II. von Hohenstaufen. Doch einen Artikel über die Frau oder über das Leben der Frauen im Mittelalter sucht man vergebens, und in diesem Mangel steht das Buch stellvertretend für viele seiner Art – Darstellungen, Handbücher, Artikel.

Es erstaunt also nicht, daß im Register neben den über vierhundert Männern nur acht Frauen genannt werden. Man muß den Seitenverweisen hinter diesen Frauennamen aber im Buch selbst einmal nachgegangen sein: Kaiserin Adelheid wird eine »hohe Gönnerin«, die englische Prinzessin Adela »bedeutend« genannt; die heilige Elisabeth von Thüringen wird »unter die größten Namen« eingereiht; von anderen wird gesagt, sie seien von Dichtern gefeiert und besungen worden (Adelperga, Fastrada, Hildegard), ohne daß man allerdings erfährt, weshalb.[2] Völlig dunkel bleibt für den uneingeweihten Leser der nicht näher erklärte Nebensatz: »bevor Judith 829 eingriff«. Wer war Judith? Man erfährt es nicht.[3]

Nur an einigen wenigen Stellen erhält man etwas mehr Aufschluß, aber auch da auf eine bezeichnende Weise. Hildegard von Bingen, so heißt es in Anspielung auf die Mutterrolle der Frau, habe den allgemeinen und »ihr als Frau besonders naheliegenden« Gedanken ausgesprochen: »Der heilige Geist könne schon in Kindern, ja schon in Ungeborenen wirken«.[4] In einem anderen Zusammenhang wird die Bekehrungsgeschichte der heiligen Klara kurz angedeutet, aber nur in Verbindung mit der Wirksamkeit des heiligen Franz von Assisi.[5] Nur ein einziges Mal wird die Hoffnung geweckt, es könne einmal etwas Wichtiges über eine Frau gesagt werden. Von Heloïse heißt es nämlich:

»Indessen, wenn wir Abaelards *carmina amatoria* nicht haben, haben wir in diesem Falle etwas anderes, was uns fast immer fehlt: Nämlich, wir kennen die Frau, die er besang, und sie spricht in ihren eigenen Worten zu uns. Wenn wir bedenken, daß in der christlichen Welt tausend Jahre lang eine absolut männliche Ordnung der Werte herrschte und daß eben um 1100 eine neuartige Feier der Frau einsetzte – dann ist es für uns unschätzbar, einmal eine solche Frau deutlich vor uns zu sehen. Und nun brauche ich hier Heloïse nicht zu schildern: Jeder, der ihre Korrespondenz mit Abaelard liest, gewinnt den größten Eindruck von dieser außerordentlichen Natur; und wohl jeder wird finden, daß sie ihrem so hoch begabten, aber auch etwas pedantischen und engen Manne in menschlicher Hinsicht überlegen ist. Man bewundert ihre Liebeskraft, ihre Tapferkeit, ihre großartige klare Ehrlichkeit nicht nur gegenüber den anderen, sondern auch gegenüber sich selbst und ihrem Gott. Dabei hat sie nichts von einer *virago,* keinen Gedanken an Emanzipation. Sie will nicht dem Manne gleich oder gar sein Ideal sein; sie betont die Unterordnung des weiblichen Geschlechtes und sieht ihre ganze Lebensaufgabe darin, dem Manne, dem sie sich ergeben hat, zu dienen, ja sich ihm zu opfern. Und sogar der strenge Heilige von Clairveaux hat sie in Ehren anerkannt.«[6] Eine ärgerliche Stelle, so meinen wir, weil sie besonders deutlich zeigt, wie der Frau die eigene Sprache genommen wird. Sie wird zwar als »überlegen« (und d. h. doch wohl: auch in ihren Aussagen überlegen) hingestellt, im Kapitel selbst ist dann jedoch nur von dem Mann, von Abaelard, die Rede. Man sieht: Die Unterordnung des weiblichen Geschlechts, von der im Text die Rede ist, setzt sich auch auf der Ebene der Darstellung durch.

Gewiß, man soll nicht ungerecht sein. Solche Zurücksetzung der Frau, der die deutliche Dominanz des Mannes als der eigentlich geschichtsbestimmenden Kraft entspricht, hat ihren Grund vor allem auch im Faktischen, in der Tatsache, daß eben auch im Mittelalter vor allem Männer Geschichte machten, daß sie auf allen Gebieten des politischen, kulturellen, ja überhaupt des gesellschaftlichen Lebens die entscheidenden Funktionen ausübten (sieht man einmal von einigen wenigen Herrscherinnen ab, die in Ländern mit weiblicher Erbfolge eine zum Teil bedeutende geschichtliche Rolle gespielt haben). Aber neben diesem Aspekt ist vor allem ein forschungsgeschichtlicher Gesichtspunkt zu berücksichtigen: Die Geschichte jener Wissenschaften, die es sich zum Ziele setzen, die Verhältnisse des Mittelalters und der frühen Neuzeit gründlicher zu erforschen, ist, bis auf verschwindend geringe Ausnahmen, von Männern bestimmt worden – und das heißt: von Männern, die es, aufgrund ihrer eigenen Ausbildung und Interessenlage, vermutlich als befremdliche Zumutung empfunden hätten, wenn der Gedanke an eine eigene systematische Aufarbeitung der weiblichen Lebensinteressen in ihrer Nähe überhaupt nur erwogen worden wäre.

Allerdings scheint sich in den letzten Jahren ein Wandel anzubahnen: Im Zusammenhang mit der Frauenbewegung richtet sich ein breiteres Interesse nicht nur auf die heutige gesellschaftliche Situation der Frau, sondern auch auf die Erkundung der geschichtlichen Bedingungen, unter denen diese Situation entstanden ist. Freilich, in die Wissenschaft hat diese Veränderung der Perspektive noch kaum hineingewirkt. Die Themen, die sich im Bereich der universitären Forschung und Lehre mit der gegenwärtigen oder geschichtlichen Lage der Frau beschäftigen, sind nach wie vor dünn gesät. Und schließlich ist auch vor allzu großem Optimismus zu warnen: Das historische Material, das einer Rekonstruktion zur Verfügung steht, ist, der geschichtlichen Dominanz der Männer entsprechend, sicherlich vergleichsweise gering. Aber mit derselben Sicherheit ist davon auszugehen, daß die Ausbeute auf jeden Fall bei weitem über die spärlichen Einzelbefunde hinausgehen wird, die das gegenwärtig fixierbare Bild so undeutlich machen. Eine gründliche Erforschung der einschlägigen Quellen wäre dringend erforderlich, ist aber zur Zeit noch nicht zu leisten. Wir haben uns daher in unserer Darstellung im wesentlichen auf die Sekundärliteratur stützen müssen. So wäre das Folgende nur als ein erster Versuch zu werten, der lediglich beansprucht, in einer vorsichtigen Annäherung an das Thema einige Grundzüge zu bestimmen und im übrigen auf die Defizite hinzuweisen, die auf diesem Sektor der Forschung größer sind als das bereits Gesicherte. Daß die vorläufigen Ergebnisse der systematischen Zusammenfassung, die wir vorlegen, in manchen Punkten mangelhaft, lückenhaft oder gar fehlerhaft sein werden, wird allerdings für den, der dieser Fragestellung ein ohnehin nicht großes Interesse entgegenbringt und ihr mit der illusorischen Forderung nach absolut gesicherten historischen Ergebnissen begegnet, befremdlicher sein als für jenen, der im Interesse einer notwendigen Lehr- und Forschungsinitiative mit uns der Auffassung ist, daß erste Schritte einmal getan werden müssen, auch wenn es zunächst nur bei ihnen bleiben sollte.

1. Zum Frauenbild der mittelalterlichen Kirche und Theologie

Die frühchristliche und mittelalterliche Kirche und Theologie stützen ihre Aussagen über die gesellschaftliche Funktion und den Wert der Frau vor allem auf Textstellen des Alten und Neuen Testaments. Dabei hat der erste Schöpfungsbericht (*Genesis* I, 26 ff.), der von einer Gleichrangigkeit Adams und Evas ausgeht, kaum eine Rolle gespielt:

»Und Gott sprach: machen wir doch einen Menschen uns zum Ebenbild und er soll über die Meeresfische herrschen und über die Vögel des Himmels und über die Tiere des ganzen Erdreichs und über alle Reptilien, die auf der Erde kriechen. Und Gott schuf den Menschen zu seinem Ebenbild; zum Bilde Gottes schuf er ihn, und er schuf einen Mann und eine Frau. Und Gott segnete sie und sagte: ›Wachset und vermehret euch und füllt die Erde und macht sie euch untertan...‹«

Immer wieder zitiert und herangezogen wurde dagegen der sogenannte zweite Schöpfungsbericht (*Gen.* II, 1 ff.): »Und also formte Gott der Herr einen Menschen vom Lehm der Erde und hauchte in sein Antlitz den Hauch des Lebens und der Mensch wurde gemacht in eine lebendige Seele hinein...«. Hier also wird zunächst nur ein Mensch geschaffen,

1. »Als Adam grub und Eva spann...« (Aus der *Yerislav Bibel* von 1340. Mansell Collection)

Adam, der männliche Mensch, den Gott in das Paradies hineinsetzt und dem aufgetragen ist, vom Baum der Erkenntnis des Guten und Bösen nicht zu essen. Ihm machte Gott, da es ihm nicht gut scheint, daß der Mensch allein ist, »eine Gehilfin, die ihm gleich sei« (*Faciamus ei adiutorium simile sibi, Gen.* I, 2,18). Gott läßt Adam in einen tiefen Schlaf fallen, nimmt eine seiner Rippen heraus und

»verarbeitete die Rippe, die er von Adam genommen hatte, zu einer Frau und führte sie zu Adam. Und Adam sagte: ›Die ist nun Knochen von meinen Knochen, Fleisch von meinem Fleisch, diese wird Mannfrau *(Virago)* genannt, da sie vom Mann genommen ist und deshalb wird ein Mann Vater und Mutter verlassen und an seinem Weib hängen und es werden die zwei ein Fleisch sein‹« (*Gen.* I, 2,22-24).

Die Schlange, das listigste aller Tiere, stiftet Eva an, Gottes Gebot zu übertreten und vom Baum der Erkenntnis zu essen.

»Und da sah die Frau, daß von dem Baum gut zu essen war und er war auch gut anzuschauen und von erfreulichem Anblick; und sie nahm von dessen Frucht und aß, und gab ihrem Mann, der auch aß. Und ihrer beider Augen wurden geöffnet, da sie erkannten, daß sie nackt waren...« (*Gen.* II, 3,6-7).

Zwei Befunde werden im allgemeinen diesem Schöpfungsbericht entnommen: einmal, daß die Frau, da sie nur aus einem Teil Adams gemacht worden ist, dem Mann an Wert weitaus unterlegen ist, zum andern, daß die Frau die Verführerin ist, die den Mann um das Paradies bringt.

Um die Unterordnung der Frau zu begründen, berief man sich zudem auf den Brief des Apostels Paulus an die Korinther: »Ich möchte euch aber zu bedenken geben, daß das Oberhaupt jeden Mannes Christus ist, das Haupt der Frau aber ist der Mann, das Haupt Christi ist Gott« (*Korinther* 11,3). Der Mann darf beim Beten und prophetischen Reden keine Kopfbedeckung tragen, die Frau muß es. Sie soll ihr Haupt verhüllen:

> »Der Mann dagegen darf das Haupt nicht verhüllt haben, weil er Gottes Abbild und Abglanz ist; die Frau aber ist der Abglanz des Mannes. Der Mann stammt ja doch nicht von der Frau, sondern die Frau vom Manne; auch ist der Mann ja nicht um der Frau willen geschaffen, sondern die Frau um des Mannes willen. Deshalb muß die Frau ein Zeichen der Herrschaft auf dem Haupt tragen und dies um der [beim Gottesdienst anwesend gedachten] Engel Gottes willen« (*1. Korinther* 11,7-10).

Diese Unterordnung wird bei Paulus noch dadurch konkretisiert, daß den Frauen nicht nur überhaupt verboten wird, in der Versammlung der Gemeinde zu reden: »Die Frauen sollen in den Gemeindeversammlungen schweigen, denn es kann ihnen nicht gestattet werden zu reden, sondern sie haben sich unterzuordnen. [...] Wünschen sie aber Belehrung über irgend etwas, so mögen sie daheim ihre Ehemänner befragen...« (*1. Korinther* 14,34-35); sie werden zudem im Epheserbrief ermahnt, auch im täglichen Leben ihren Männern untertan zu sein: »Die Frauen seien ihren Ehemännern untertan, als gelte es dem Herrn; denn der Mann ist das Haupt der Frau *(Vir caput mulieris),* ebenso wie Christus das Haupt der Gemeinde ist, [...] so sollen auch die Frauen ihren Männern in jeder Beziehung untertan sein« (*Epheser* 5,22-24).

Auf Paulus haben sich die kirchliche Lehrmeinung und die theologischen Autoritäten auch immer dann berufen, wenn sie der Ehe die höhere Form der Ehelosigkeit, besonders für die Frau, entgegenstellten. »Wer seine unverheiratete Tochter verheiratet, tut gut daran, und wer sie nicht verheiratet, wird noch besser tun« (*1. Korinther* 7,38). Auch der Witwe wird geraten, sich besser nicht wieder zu verheiraten, und in beiden Fällen – dem der Jungfrau und dem der Witwe – gilt das gleiche Argument: »Ebenso richtet die Frau, die keinen Mann mehr hat, und die Jungfrau ihren Sinn auf die Sache des Herrn; sie möchten an Leib und Geist heilig sein; die verheiratete Frau dagegen sorgt sich um die Dinge der Welt: sie möchte ihrem Mann gefallen« (*1. Korinther* 7,34). Was als ihr »Wesen« fixiert wird, wird also der Frau zugleich auch wieder als Vorwurf um die Ohren geschlagen.

Und eine andere Textstelle des ersten Korintherbriefes ist von den frauenfeindlichen Verurteilern der Sexualität immer wieder herangezogen worden:

»Ein Mann tut gut, überhaupt kein Weib zu berühren; aber um der Unzucht-Sünden mag jeder Mann seine Ehefrau und jede Frau ihren Mann haben [...]. Entzieht euch einander nicht, höchstens aufgrund beiderseitigen Einverständnisses für eine Zeit, um euch dem Gebet zu widmen, aber dann wieder zusammenzukommen, damit der Satan euch nicht infolge eurer Unenthaltsamkeit in Versuchung führe. Übrigens spreche ich dies nur als ein Zugeständnis aus, nicht als ein Gebot: ich möchte freilich wünschen, daß alle Menschen so wären wie ich; doch jeder hat hierin seine besondere Gabe von Gott, der eine so, der andere anders. Den Unverheirateten und Witwen aber sage ich: sie tun gut, wenn sie so [= ehelos] bleiben, wie ich es auch bin; können sie sich aber nicht enthalten, so mögen sie heiraten; denn heiraten ist besser als brennen [= sinnliche Begierde haben]« (*1. Korinther* 7,1-9).

Die theologisch-kirchliche Diskussion der Frühzeit hat an diese Textstellen angeknüpft, hat sie aber auf ihre frauenfeindlichen Gehalte verkürzt und ihnen damit eine Schärfe gegeben, die sie im ursprünglichen Kontext meist nicht hatten. So wird bei der Schöpfungsgeschichte kaum jemals die oben zitierte Stelle aus dem 1. Schöpfungsbericht berücksichtigt, in dem die Gleichrangigkeit der Frau vorausgesetzt wird; auch daß der Mann Vater und Mutter um seiner Frau willen verläßt und mit ihr ein Fleisch wird, erhält kaum eine positive Bewertung. Unbeachtet bleibt auch, daß sich Paulus keineswegs mit genereller Entschiedenheit gegen Ehe und Sexualität ausspricht, sondern seine Äußerungen als seine eigene persönliche Auffassung vorträgt, also nicht als absolut gültige Gebote und Forderungen, als die sie später zumeist verstanden worden sind.

Auch viele andere in der Bibel enthaltenen positiven Wertungen von Frauen sind gegenüber den frauenfeindlichen Tendenzen nicht zum Zuge gekommen; das gilt etwa für das Preislied auf die Frau in den Sprüchen Salomonis (31. Kapitel).

Paulus' Gedanke, daß alle getauften Christen – ob Mann oder Frau – gleich sind in Christus (*Galather* 3,27-28), ist in der Tradition immer nur als die Gleichheit des Menschen vor Gott gedeutet, nicht aber auf den irdischen Bereich angewendet worden. Im Gegenteil, hier hielt man sich an das Paulus-Wort, daß das Weib zu schweigen habe in der Gemeinde (*1. Korinther* 14,34-35), woraus sich fast von selbst ergab, daß die Aufgaben der Frau vornehmlich im inneren Bereich des Hauses, nicht in der Öffentlichkeit gesehen wurden. Daß Paulus andererseits den Frauen ausdrücklich die Prophetengabe zuschreibt (*1. Korinther* 11,5 f.), wurde in diesem Zusammenhang kaum jemals beachtet. In der Folgezeit, von den Kirchenvätern bis hin zu Thomas von Aquin und weit über ihn hinaus, blieb der Antifeminismus in Kirche und Theologie, sieht man von wenigen Ausnahmen einmal ab, vorherrschend.[7] Zwar sind die Auffassungen unterschiedlich streng formuliert, aber es handelt sich doch im wesentlichen um dieselben Aspekte: Als Ideal gilt die freiwillige Jungfräulichkeit, der aufgrund von *2. Korinther* 11,2 (»Ich habe euch ja einem einzigen Manne verlobt, um euch Christus als eine reine Jungfrau zuzuführen«) der Status einer Brautschaft der Seele mit Christus verliehen wird.[8] Wenn auch nach der Tradition, vor allem der des *Hohen Liedes,* die menschliche Seele ganz allgemein im Bilde der Braut ihre geistlich-metaphorische Entsprechung findet, so galt doch die Jungfrau als deren reinste Ausprägung, wobei die Jungfräulichkeit schon früh als Ersatz für die nicht mögliche Priesterschaft der Frau verstanden wurde.[9] Besonders der Kirchenvater Hieronymus hat in seiner Auseinandersetzung mit Jovinian das Virginitäts-Ideal hervorgehoben, wobei er der Ehe immerhin ein relatives Recht beläßt. Ehe und Jungfräulichkeit verhalten sich seiner Auffassung nach zueinander wie die wertvollen (goldenen oder silbernen) Geräte eines Hauses zu den minder wertvollen (zinnenen oder hölzernen).[10] Aber es ist interessant zu hören, wie er dieses relative Recht der Ehe begründet: Im Zusammenhang mit dem Paulus-Wort, daß es gut sei, Frauen nicht zu berühren (*1. Korinther* 7,1-2), gilt ihm die Ehe letztlich doch als Übel, das nur dadurch einige Legitimität behält, daß durch diese Institution der Unzucht und Triebhaftigkeit besser vorgebeugt werden kann.[11]

Demgegenüber hat Augustin anders argumentiert. Nach seiner Auffassung kann die Ehe schon deshalb nichts Böses sein, weil Christus selbst die Einladung zur Hochzeit von Kanaan angenommen habe. Und diese positive Einschätzung habe Christus gehabt »nicht nur wegen der Frage der Nachkommenschaft, sondern auch wegen der natürlichen Gemeinschaft der beiden unterschiedlichen Geschlechter«. Dennoch bleibt auch bei Augustin der Stand der Jungfrau dem der Ehefrau weit überlegen.[12]

Die Jungfrau, so meint dann Ambrosius, sei frei von jenen Schwächen und Unvollkommenheiten, die als spezifisch weiblich angesehen werden.[13] »Frau«, das bedeutet nach Ambrosius Labilität und vor allem Glaubensschwäche, »Jungfrau« dagegen steht für Glauben und Gottvertrauen.[14]

Auf dem Boden solcher Auffassungen konnte sich jener extreme asketische Frauenhaß entfalten, der bis ins Mittelalter und die frühe Neuzeit hinein fortgewirkt hat. Dieser Frauenhaß sieht in der Verführungskraft der Versucherin, in der Frau, in Eva, die eigentliche Gefahr, die den Mann an der Verwirklichung des asketischen Ideals hindert.[15] Neben diesen frauenfeindlichen, speziell gegen die Frau als Verführerin zur geschlechtlichen Sünde gerichteten Tendenzen gibt es allerdings auch frauenfreundlichere Töne. Aber sie bestätigen nur die negativen; denn sie beziehen sich, wie man an den Äußerungen etwa des Hieronymus oder Augustins ablesen kann, ausschließlich auf einzelne fromme Frauen, die in ihrem Leben das Ideal eines gottergebenen, jungfräulichen Daseins realisierten, oder aber auf jene Frau, die als jungfräulich reine Gottesmutter seit früher christlicher Zeit, vor allem aber im Hochmittelalter, besondere Verehrung genießt. Über die Marienverehrung, die vor allem von Bernhard von Clairveaux gefördert wurde, wird an anderer Stelle noch ausführlicher gehandelt.[16]

In der scholastischen Tradition schließlich wird dann die Abwertung der Frau gerade auch als biologisches Wesen noch stärker theologisch begründet. Thomas von Aquin erkennt der Frau die im Schöpfungsbericht dem Menschen verliehene Ebenbildlichkeit nicht im vollen Sinne zu, da der Mann, so wie Gott für alle Kreatur, der Ausgangs- und Zielpunkt der Frau bleibe. Denn die Frau sei für den Mann geschaffen, nicht umgekehrt. In dieser Unterlegenheit und der Unterworfenheit unter die männliche Suprematie sieht Thomas von Aquin etwas spezifisch Weibliches: Während sich z. B. der Sklave aus Zwang den Mächtigeren unterwerfen muß, tut es die Frau aus dem Impuls ihrer eigentlichen Natur: Sie ist von Natur unterwürfig. Den Vorrang des Mannes rechtfertigt Thomas auch damit, daß der Mann das aktive, die Frau dagegen nur das passive Prinzip verkörpere, was etwa daran deutlich werde, daß am Zustandekommen der Empfängnis der Mann physiologisch mehr beteiligt sei als die Frau, die den männlichen Samen nur in sich aufnehme. Die auch biologisch vollkommenere Natur des Mannes wird denn auch folgendermaßen begründet:

»Hinsichtlich der Einzelnatur ist das Weib etwas Mangelhaftes und eine Zufallserscheinung; denn die im männlichen Samen sich vorfindende wirkende Kraft zielt darauf ab, ein dem männlichen Geschlecht nach ihr vollkommen Ähnliches hervorzubringen. Die Zeugung des Weibes aber geschieht aufgrund einer Schwäche der wirkenden Kraft wegen schlechter Verfassung des Stoffes . . .«[17]

So erhält die Frau bei Thomas von Aquin ihre Funktion als Gehilfe des Mannes auch nur aus ihrer Bedeutung für den Zeugungsakt, bei dem im besseren Fall ein männlicher, im schlechteren ein weiblicher Embryo entsteht:

»Es war notwendig, daß das Weib ins Dasein trat, wie die Schrift sagt, als die Gehilfin des Mannes; zwar nicht als Gehilfin zu einem (anderen) Werke (als dem) der Zeugung, wie einige behaupten, da ja der Mann zu jedem sonstigen Werke eine bessere Hilfe in einem anderen Manne findet als im Weibe, sondern (es war notwendig) als Gehilfin beim Werke der Zeugung.«[18]

Bei Thomas von Aquin setzt sich die alttestamentlich-augustinische Einschätzung der Frau als eines *Status subjectionis hominis* (d. h. als eines auf Unterwerfung unter den Mann angelegten Status) durch, und diese Defizittheorie wird in der Folgezeit dadurch so wichtig, daß sie bei Thomas unter drei Aspekten systematisiert worden ist: Die Frau ist dem Manne gegenüber sowohl ihrer Biogenese (Aspekt des Werdens) als auch ihrer Qualität (Aspekt des Seins) als auch schließlich ihrer Funktion nach (Aspekt der Tätigkeit) minderwertig. Besonders die spätmittelalterliche Moraltheologie hat dieses ausgesprochen frauenfeindliche Konzept aufgegriffen.

Es wirkt noch bei den Reformatoren, besonders bei Luther, nach, der die Frau dem Mann an Stärke und Kraft des Leibes und an Verstand unterordnet und nicht nur fordert, daß die Frau schweige in der Gemeinde, sondern überhaupt von der Frau erwartet, daß sie den Mund hält: »... wenn Weiber wolberedt sind, das ist an ihnen nicht zu loben; es steht ihnen baß an, daß sie stammlen und nicht wol reden können. Das zieret sie viel besser.«[19] Das Schweigen ist den Frauen schon deshalb angemessen, weil sie die Unordnung am Anbeginn der Welt verschuldet haben:

»Das Weib«, sprach D. M. L. »habe das Regiment im Hause, doch des Mannes Recht und Gerechtigkeit ohne Schaden. Der Weiber Regiment hat von Anfang der Welt nie nichts Guts ausgerichtet, wie man pflegt zu sagen: Weiber Regiment nimmt selten ein gut End! Da Gott Adam zum Herrn über alle Creaturen gesetzet hatte, da stund es alles noch wol und recht, und Alles ward auf das Beste regiret; aber da das Weib kam und wollte die Hand auch mit im Sode haben und klug seyn, da fiel es Alles dahin und ward eine wüste Unordnung ...«[20]

Luther verbannt das Weib, damit es dem Manne nicht schädlich wird, in die Haushaltung:

»Wenn sie aber außer der Haushaltung reden, so taugen sie nichts. Denn wiewohl sie Wort genug haben, doch feilet und mangelts ihnen an Sachen, als die sie nicht verstehen, drum reden sie auch davon läppisch, unordentlich und wüste durcheinander über die Maaße. Daraus erscheinet, daß das Weib geschaffen ist zur Haushaltung, der Mann aber zur Policey, zu weltlichem Regiment, zu Kriegen und Gerichtshändlen, die zu verwalten und führen ...«[21]

Diese an sich auf Unterordnung festgelegte Aufgabe der Frau wird von Luther dadurch wieder ein wenig aufgewertet, daß ihm die Haushaltung als Grundlage aller anderen Lebensbereiche gilt und er auch die Ehe, als Reproduktionsinstanz der Welt, nicht als so böse ansieht. Um dieser wichtigen Funktion der Frauen willen sollen die größeren Gebrechlichkeiten und Unvollkommenheiten der Frau vom Mann großzügig übersehen werden:

»Und ob gleich ein Weib ein schwach Gefäß und Werkzeug ist, doch hats die höchste Ehre der Mutterschaft. Denn alle Menschen werden von ihnen empfangen, geborn, gesäugt und ernährt; daher kommen die lieben Kinderlin und Nachkommen. Diese Ehre, daß sie unser Mütter sind, soll billig alle Schwachheit der Weiber zudecken und verschlingen, daß ein frommer, gottfürchtiger Ehemann billig sagen soll: Haben wir Guts empfangen, worum wollten wir nicht auch das Böse leiden?

Also sind auch die kaiserlichen Rechte dem Ehestand gar günstig und geneigt, haben den Weibern viel Privilegia und Freiheit gegeben um der Nachkommen willen, daß durch sie alle Stände nächst Gott gemehret und erhalten werden; wie auch S. Paulus sagt 1. Timoth 5: ›Ich will, daß die jungen Weiber und Witwen freien und Kinder zeugen sollen.‹ Daher haben alle Gesetze auf die Leute und Nachkommen gesehen, und sind auf sie gerichtet und geordnet. Drüm auch die Rechte sagen: Wenn einer im Testament einer Jungfrauen tausend Gülden mit der Condition bescheidet und vermacht, so sie Jungfrau bleibet und nicht freiet ec., dieselbige, da sie gleich ehelich wird, doch hat sie Macht, nichts deste weniger das Legatum, was ihr beschieden ist, zu fodern.

Summa, es ist ein hoher Stand, wenn er wol geräth; da er aber nicht geräth, so sollt einer lieber todt seyn, denn einen sichtlichen Teufel an der Seiten haben. Wer die Gabe und Gnade hat, keusch ohne Ehe zu leben, der danke Gott! Christus, Maria, Johannes der Täufer sind ledig und nicht im Ehestande gewesen. Der Papst hat diese sonderliche enzliche Gabe ohne Gottes Gnade ingemein wollt dringen und erzwingen, und es besser wollen machen; aber wie es gerathen ist, das siehet man wol.«

»Lieber himmlischer Vater, dieweil du mich in deines Namens und Amts Ehre gesatzt hast und mich auch willt Vater gennennet und geehret haben, verleihe mir Gnade und segene mich, daß ich mein liebes Weib, Kind und Gesind göttlich und christlich regiere und ernähre. Gib mir Weisheit und Kraft, sie wol zu regieren und zu erziehen, gib auch ihnen ein gut Herz und Willen, deiner Lehre zu folgen und gehorsam zu seyn. Amen.«

»Die Bornquelle aller Hurerey und Unzucht im Papstthum ist«, sprach D. M. L., »daß sie die Ehe, den allerheiligsten Stand, verdammen. Denn Alle, die den Ehestand verachten, müssen in schändliche, gräuliche Unzucht fallen, auch also, ›daß sie den natürlichen Brauch verwandeln in den unnatürlichen Brauch‹, wie S. Paulus sagt Rom. I, weil sie verachten Gottes Ordnung und Creatur, das ist, das Weib. Denn Gott hat das Weib geschaffen, daß es soll bey dem Manne seyn, Kinder gebären und Haushaltung verwalten. Drüm nehmen sie ihren verdienten Lohn billig, daß sie die Ehe verachten. Und, wie S. Paulus (4,120) spricht, sie empfahen den Lohn, wie es seyn soll und sich gebühret von wegen ihres Irrthums, an ihrem eigenen Leibe. Drüm wünsche ich, daß solche Verächter göttlicher Ordnung aus Menschen zu Schlangen und Basilisken würden und mit ihnen leichten. Drüm wol dem, dem der Ehestand gefällt! Es ist zwar Sünde, was das Werk an ihm selbs belanget, mit einem Weibe Unzucht treiben oder Jungfrauen schwächen, und natürlich und menschlich ists, sintemal der Mensch durch die Erbsünde verderbet ists; aber gläuben, daß die Ehe von Gott eingesetzt sey, das ist ein Artikel des Glaubens.«

»Der größten Herren Weiber, als Könige und Fürsten, sind in keinem Regiment, sondern allein die Männer. Denn Gott sagt zum Weibe: ›Du (1,212) sollt dem Mann unterthan sein ect.‹ Der Mann hat im Hause das Regiment, er sei denn ein *Verbum anomalum*, das ist ein Narr, oder daß er dem Weib aus Liebe zu Gefallen sei und lasse sie regiren, wie bisweilen der Herr des Knechts Rath folget. Sonst und ohn das soll das Weib den Schleier aufsetzen; wie denn ein fromm Weib schuldig ist, ihres Mannes Unfall, Krankheit und Unglück helfen zu tragen von wegen des bösen Fleisches. Das Gesetz nimmt den Weibern Weisheit und Regirung. Dahin hat Sanct Paulus 1. Cor. 7 gesehen, da er spricht: ›Ich gebiete, ja nicht ich, sondern der Herr‹, und 1. Timoth. 2: ›Ich gestatte einem Weibe nicht, daß sie lehre ec.‹.«[22]

Freilich, es muß als ein eher fragwürdiges Lob angesehen werden, wenn die alte Frauenfeindlichkeit der geistlichen Tradition zwar aufgegeben erscheint und die Frauen sogar wegen ihrer funktionalen Aufgabe in der Gesellschaft an Herd und Wiege gelobt werden, daraus jedoch im Hinblick auf ihre gesellschaftliche Stellung und ihr Ansehen kaum Konsequenzen gezogen, sondern die alten Wertungen im Grunde beibehalten werden.

2. Zum Bild der Frau in der Geschichtsschreibung[23]

Das Bild der Frau in der Geschichtsschreibung ist wesentlich durch die beschriebenen frühchristlichen und mittelalterlichen kirchlich-theologischen Grundauffassungen vorgezeichnet, was sich vor allem daraus erklärt, daß die Geschichtsschreiber, wenigstens noch im frühen Mittelalter, in der Regel auch Theologen waren. Es finden sich also auch hier die traditionellen Darstellungsmuster und Wertungen: Die Frau – und das heißt in der Geschichtsschreibung: die Fürstin und Herrscherin – wird zumeist als jungfräulich reine Gestalt beschrieben, die frei ist von irdischen Bindungen. Sie lebt einfach, zurückgezogen, enthaltsam und Gott geweiht. Weltlicher Glanz bedeutet ihr nichts. Sie geht zwar auf in der karitativen Fürsorge für die Armen, Kranken und Schwachen, aber höher noch als die *Vita activa* steht ihr die Kontemplation: das Singen und Beten, die Lektüre der Psalmen und vor allem die Fürbitte für den Ehemann.[24]

Sieht man die Geschichtsschreibung im Zusammenhang eines längeren Zeitraumes, sind jedoch, trotz dieser Stereotypie, auch Veränderungen zu konstatieren. Wie Voglsang gezeigt hat, wird die Herrscherin im 10. und 11. Jahrhundert noch durch die *Consors-regni*-Formel mit dem Herrscher auf eine Stufe gestellt.[25] In spätstaufischer Zeit aber sinkt sie, indem ihre Verfügungsmacht zunächst auf ihren eigenen Hausbesitz beschränkt wird, fast zur Bedeutungslosigkeit herab[26], und dies offenbar im selben Maße, wie zum einen die territorialstaatliche Entwicklung in Deutschland fortschreitet und der Territorialherr zum *Dominus terrae*, zum Landesfürsten, wird und zum anderen die symbolische Repräsentanz mittelalterlicher Herrschaft abgelöst wird durch die stärker politische Interpretation des Herrscheramtes, in deren pragmatischen Zusammenhängen andere Helfer für den Fürsten wichtiger werden als die – seine Herrschermacht nicht mehr wie früher repräsentativ verdoppelnde – Gemahlin. Einen gewissen Abschluß findet diese Entwicklung in den Verhältnissen, wie sie in der *Goldenen Bulle* von 1376 beschrieben sind: Die Königin nimmt zwar noch am Krönungszuge teil, sie geht aber getrennt von ihrem Gemahl und folgt erst hinter dem König von Böhmen; beim Festmahl sitzt sie an der Seite der Halle, drei Fuß tiefer als der Tisch des Herrschers.[27]

3. Zum Bild der Frau in der Literatur[28]

In der Literatur des Zeitalters tritt die Frau – und das heißt in einer Zeit, in der Kultur in der Regel eine Angelegenheit der höheren Schichten ist, meist die Frau der Oberschicht – in dreierlei Hinsicht hervor: Einmal als Teil des Publikums, zum anderen als Produzent, schließlich als Gegenstand der Literatur.[29] Im Unterschied zu den Männern, die zumeist eine *Vita activa* führen, können sich die Frauen der Kontemplation hingeben, und das heißt vor allem: der Lektüre von literarischen Werken. Im *Sachsenspiegel* werden Bücher sogar unter das besondere, daher auch nicht an männliche Erben übertragbare Eigentum der Frau gerechnet.[30] Auf jeden Fall ist unter den Frauen, die sich entweder einem geistlichen Leben geweiht haben oder aber als Angehörige der Adelsschicht ein relativ entlastetes Leben führen, der Grad der Bildung ziemlich hoch, im Durchschnitt sicherlich höher als bei den Männern, so daß diese Frauen auch das Gros des Lesepublikums gebildet haben dürften – in vielen Fällen wurden ja literarische Werke einzelnen Frauen gewidmet.³¹ Oftmals konnten die ihnen zugehörigen adligen Männer weder lesen noch schreiben.

Daneben gab es, wenn auch in vergleichbar engem Rahmen, schon im Mittelalter die Möglichkeit, daß Frauen auf literarischem Gebiet auch aktiv tätig waren. Frau Ava, die Verfasserin neutestamentlicher Dichtungen, und Hrotsvith von Gandersheim, die Autorin zahlreicher lateinischer Dramen, sind hier zu nennen, vor allem aber die Vertreterinnen der sogenannten Nonnenmystik des 12. bis 14. Jahrhunderts: Hildegard von Bingen, Margarete Ebner, Mechthild von Magdeburg, Gertrud und Mechthild von Hackeborn.³²

Doch selbst im Bereich der geistlichen Literatur, einer der Domänen, in denen die Frau sicherlich am freiesten wirken konnte, waren es in der Regel die Männer, die den Ton angaben. So wurden, um damit zu beginnen, selbst die sogenannten *Jungfrauenspiegel*, d. h. Lehren und Unterweisungen über das Leben, die Aufgaben und Pflichten weiblicher Klosterinsassen, im allgemeinen von Männern geschrieben.³³ Das ist bemerkenswert, wenn man bedenkt, daß es um 1250 rund 500 Frauenklöster mit rund 30 000 Religiosen gab, und man sich zugleich vergegenwärtigt, daß der Eintritt ins Kloster, wenn er auch durch eine gesellschaftliche, die Frauen auf das Jungfräulichkeitsideal verpflichtende Wertehierarchie nahegelegt wurde, doch wohl auch als eine Form der weiblichen Emanzipation angesehen werden muß. Immerhin gelang es den Frauen, die sich ins Kloster begaben, den oftmals beklagten Zwängen des Ehelebens zu entfliehen, ein aktives Leben zu führen und sich überdies intellektuell zu entfalten.³⁴

Vor allem aber ist die Frau, wie sie es schon in der Antike und in den ersten nachchristlichen Jahrhunderten war, auch im Mittelalter und der frühen Neuzeit *Gegenstand* der Literatur, wobei die Konzepte, je nach Zeit oder Gattung, unterschiedlicher Art sind. Da ist zunächst die Mariendichtung.³⁵ Hier steht, seit dem 10. Jahrhundert, das heißt seit der Sequenzenkunst Notkers des Deutschen, die Gestalt der reinen, jungfräulichen Gottesmutter im Zentrum eines Dichtens, das Lieder und Hymnen, Sprüche und Meistergesänge, Legenden, Erzählungen, Klagen, Traktate und Predigten umfaßt. So wie Christus als neuer Adam die Sünden des Urvaters, so hebt Maria, die heilig-reine Frau, Gegenstand der Verehrung, Zuneigung und innigen Fürbitte, als neue Eva die böse Verführungskraft der Urmutter des Menschengeschlechtes auf. Maria ist Gegen-Kraft, Gegen-Macht gegen die Verführung durch das Naturhaft-Geschlechtliche; die Feier marianischer Reinheit nimmt mithin Sehnsüchte und Wünsche auf, die sich auf Überwindung und Auslöschung des Triebhaft-Sexuellen richten, eines Bereiches, der damit als Gegenbild der Idealisierung jungfräulicher Reinheit zwar nur implizit, aber um so deutlicher eine Abwertung erhält, als niedrig und tierisch gilt, den Menschen von dem Niveau geistlich-legitimierter Menschlichkeit herabzieht. Es ist daher kein Wunder, daß die Mariendichtung in ihren verschiedenen Erscheinungsformen bis in die frühe Neuzeit hinein eine wichtige Komponente der von Männern getragenen Literatur bleibt. Hier wird das Ideal einer Frau besungen, der alle erdenklichen höchsten und schönsten Attribute zugeschrieben werden können, die das Weiblichkeitsideal nur umfaßt; bei der aber zumeist alle jene Züge natürlich-konkreter Frauengestalten ausgeblendet bleiben, die – als Teil eines nicht durchschauten, unberechenbaren, von der Kirche als sündig verdammten Natur- und Tabubereichs – im höchsten Grade als bedrohlich und gefährlich erscheinen mußten.

Kein Wunder, daß dieses Frauenbild über die Mariendichtung auch auf andere Formen der Dichtung eingewirkt hat, zum Beispiel auf jene literarische Erscheinung des 12./13. Jahrhunderts, die wir unter dem Sammelbegriff »Minnesang« zusammenfassen[36]: Hier wird eine Dame, zumeist wohl die Herrin des Hofes, von Sängern in Liedern besungen, die ein festes Repertoire an Motiven und Wendungen kunstreich variieren. Dabei erscheint die Dame als ebenso erstrebenswertes wie unerreichbares Ziel der Sehnsucht. Schön und unnahbar, kühl und sich versagend, von anziehender Fremdheit und faszinierender Hoheit bleibt sie das ferne Monument, dem sich der Minnesänger immer wieder in verehrungsvoller Liebe nähert, ohne jedoch erhört zu werden oder eine andere Form des Lohnes zu erhalten. Es ist Standesdichtung, die Dichtung einer Hofgesellschaft, die künstliche Rituale nicht nur auszubilden, sondern auch in ihrer künstlerischen Raffinesse zu goutieren vermag.

Aber wichtiger als das Raffinement der Form ist in unserem Zusammenhang das mit dem Minnesang verbundene Frauenbild: Es ist überhöht, unnatürlich, sublim, vergeistigt, unsinnlich, unirdisch und trägt in der Abgerückt- oder gar Entrücktheit seines monumenthaft-statuarischen Charakters einer Minnehaltung Rechnung, die in der Abstraktheit solipsistischen Dienens, nicht in der Konkretheit gemeinsamer sinnlicher Erfahrung ihr Ideal verwirklicht.

De Boor hat in seiner Literaturgeschichte die höfische Minne folgendermaßen definiert:

»Ganz allgemein mag man höfische Minne als zur Bewußtheit erhobene und zu schöner Haltung gebändigte Sublimierung urtümlich triebhafter Kräfte des Menschen bezeichnen. Alle Unzulänglichkeiten und Entartungen dürfen nicht darüber hinwegtäuschen, daß diese Minne eine erlebte Daseinsmacht voll erhebender und begeisternder Kraft war, und daß ihre Bejahung den entscheidenden Durchbruch von der Weltabsage der geistlichen Dichtung des 12. Jahrhunderts zur Weltbejahung der höfischen Dichtung bedeutet.«[37]

De Boor hat im selben Zusammenhang auch das Frauenbild der höfischen Literatur beschrieben und herausgestellt, daß die Frau »Quelle der höfischen Freude« und »Weckerin des hohen Mutes«[38] sei, daß diese gesellschaftliche, das heißt: ästhetische Rolle der Frau jedoch noch nicht das Wesentliche sei:

»Zu der gesellschaftlichen Überhöhung tritt die sittliche. Die Frau wird ihrem Wesen nach als das reinere und vollkommenere Geschöpf erkannt; darum läßt sich bei Wolfram der Gral nur von einer Frau tragen. Die Frau wird damit fähig, die Erzieherin des Mannes zu höfischer Vollkommenheit zu sein. Um ihretwillen leistet der Ritter seine Waffentaten; Turnier und ernster Kampf, Schlacht und Aventiure werden zur Werbung um die Gunst der Frau. Er unterwirft sich aber um der Frau willen auch der höfischen Zucht, strebt nach Läuterung und sittlicher Vollkommenheit, um ihrer wert zu werden. Die Frau wird zur Erzieherin und Bildnerin des Mannes; in der höfischen Dichtung ist zuerst und vielstimmig die Erkenntnis ausgesprochen, daß das Ewig-Weibliche uns hinanzieht.«[39]

Mit anderen Worten: Die Frau ist auch hier nicht um ihrer selbst willen dargestellt; sie steht, wenn auch auf einem angesehenen Platz, an einer Stelle, die ihr in einem männlich konstruierten Vorstellungs- und Handlungsfeld vom Mann zugewiesen wird. Sie bleibt auch hier so passiv wie eh und je, erfüllt ihre Funktionen im Zusammenhang männlicher Selbstverwirklichung und hat selbst keine eigene Aufgabe.

Das wird noch deutlicher in der höfischen Epik.[40] Wie stark auch immer die Gemeinsamkeit des Zusammenlebens und Zusammenagierens hier bereits ausgebildet, wie deutlich auch die sittliche Überlegenheit von Frauen herausgearbeitet und wie sehr sie auch von den männlichen Helden als vorbildhaft empfunden sein mögen, immer ist es der Mann, der im Zentrum der Werke steht und um dessen Reifungsprozeß sich letztlich alles dreht. Die Frau dagegen »dient als Handlungsantrieb, als Ziel und als Symbol für die strukturell sowohl als auch inhaltlich wichtigen Daseinsstadien des Helden«.[41] Die Bedeutung der Romane Wolframs von Eschenbach, Gottfrieds von Straßburg, vielleicht auch des *Nibelungenliedes* liegt nicht zuletzt darin, daß in ihnen – bei aller grundsätzlichen und strukturbildenden Dominanz des Männlichen – die Frau im Sinne einer Gleichrangigkeit und Gleichgewichtigkeit eine nicht nur quantitativ, sondern auch qualitativ bedeutendere Funktion erhält, und daß damit zugleich das Konzept der höfischen Minne als eines zu starren und unpersönlichen Schemas verlassen und überwunden wird. Allerdings: Die Höhe, die die Literatur auf dem Scheitelpunkt des Mittelalters in diesen Werken gewinnt, hat sie in der Folgezeit nicht halten können.

Dabei ist es interessant zu sehen, daß die Gegenkonzepte, mit denen die späteren literarischen Entwicklungen an die der früheren Zeit anknüpfen, vor allem auch Reaktionen auf spezielle Aspekte der Minnekonzeption sind. So schon bei Walter von der Vogelweide, der der Blutleere, der Abstraktheit und dem Formalismus des Minnesanges die »niedere Minne« entgegensetzt, eine auf Gegenseitigkeit der Liebeswerbung und -erhörung basierenden Minne, für deren weiblichen Part er sich allerdings auf Angehörige nicht-adliger Schichten angewiesen sah. Oder bei Neidhart von Reuenthal, der das höfische Minnekonzept dadurch ad absurdum führte, daß er es in die bäuerliche Welt transponierte und die Dissonanzen zwischen dem hohen Ideal und einer trivialen Lebenswelt durch mannigfache Brechungen dieser Divergenz schrill vernehmbar machte. Oder nehmen wir schließlich die Novellistik des späten 13. und des 14. Jahrhunderts, die im Unterschied zur höfischen Literatur wohl vor allem die literarischen Bedürfnisse eines städtischen Publikums befriedigen sollte. Hier werden mit der Darstellung des Alltäglichen, Häßlichen, Komischen, ja oft Grotesken und Burlesken Bereiche literarisch zugänglich, die in der höfischen Literatur grundsätzlich aus der Betrachtung ausgeschlossen waren.[42] Und hier sind es vornehmlich die diversen sozialen Beziehungen, besonders die Liebesbeziehungen, die in den Blick treten. Nicht mehr ein hochstilisiertes, immer gleich strukturiertes Beziehungsideal wird abgebildet, sondern die Vielfältigkeit der unterschiedlichen Wechselverhältnisse: da gibt es die Frau als bigotte Liebende; als vordergründig ehrbare und doch so abgefeimte Person; als listig untreue Ehefrau; als hurerische Kupplerin; als raffinierte Gegenspielerin des tölpelhaften Mannes; als herrschsüchtige Teufelin, die den Pantoffelhelden, den Ehemann, grausam ihren Launen unterwirft.

»Fast immer ist die Frau die Schuldige, in einem Fall die Verbuhlte und Gerissene und im anderen die Boshafte und Zänkische. Das ist ein ganz anderes Frauenbild als das der höfischen Epik.[43] Was dort die Verehrung erhöhte, scheint hier Haß und Verachtung zu erniedrigen. Ist die Frau jung und schön, so ist äußere Schönheit nicht mehr das sichtbar werdende Innere, sondern buhlerisches Lockmittel [...] Neben der schönen, lustvollen Frau erscheint – im höfischen Bereich undenkbar – die alte und häßliche Frau. Bei ihr ist das mit allem Behagen ausgeführte, oft ins Groteske gesteigerte Bild der äußeren Erscheinung [...] in der Tat Abbild des inneren. Solche Verzerrung des Frauenbildes haben wir als Reaktion gegen das überhöhte, schließlich wesenlos verblasene Frauenbild der hohen Minnedichtung gedeutet. Dazu kommt noch etwas anderes: die Abwertung der Frau in der Theologie, zumal in der populären Moraltheologie. Evas ewige Schuld lastet auf dem ganzen Geschlecht, auch Maria als Mutter Gottes und Helferin am Erlösungswerk löscht das nicht aus. Die Frau ist im moralischen Bereich gleich Eva die schwächere, den Verlockungen leichter Unterliegende und zugleich die Verführerin des Mannes zur Sünde der Luxuria.«[44]

Sicherlich wäre es falsch, selbst in diesem Zusammenhang von realistischen, an der Wirklichkeit der Zeit gemessenen und auf deren direkte Abbildung zielenden Konzepten zu sprechen. Dazu sind die Erfindungen, die dargestellten Konfliktsituationen und Motivationszusammenhänge zu künstlich und zu sehr von gegenbildlichen literarischen Mustern her konstruiert. Wie man selbst noch am wesentlich späteren Fastnachtsspiel sieht[45], geht während dieses ganzen Zeitraumes die Frau nicht eigentlich als reale, beobachtbare, empirische Größe in die Literatur ein, geschweige denn als Subjekt eigener Erfahrung. Wie Frauen innerhalb der hier dargestellten Welt auftreten, richtet sich allemal nach Gesetzen, die nicht von ihnen selbst formuliert oder auch nur mitbestimmt werden. Sie sind Konzepten eingefügt, deren Konstruktionen aus einer Vielfalt unterschiedlicher Interessen, Traditions- und Gattungszusammenhänge, aber sicherlich auch Ängsten und undurchschauten Zwängen resultieren. Aber – und dies ist das Entscheidende – diese Konstruktionen sind und bleiben durch und durch männlich konturiert. Der Anteil von Frauen an den Bildungs- und Kulturformen ist, soweit es die Entwürfe und nicht deren praktische Realisierung betrifft, weiterhin minimal.

Es ist insbesondere die didaktische Literatur, vornehmlich die theologisch gefärbte Moraldidaktik, in der sich die frauenfeindlichen Tendenzen bis ins späte Mittelalter und in die frühe Neuzeit hinein durchhalten, ja in vielen Fällen eher noch verstärken. Es ist schon bemerkenswert, daß ein Mann wie Enea Silvio, der als die Verkörperung des sogenannten Renaissance-Menschen gilt, in einem seiner Briefe von den Frauen sagt: »Wenn du eine Frau siehst, denke, es sei der Teufel, diese ist eine Art Hölle.«[46]

Gewiß mag manche Wertung aus der Antike in solche Formulierungen mit eingehen, besonders bei den Humanisten; aber aufs Ganze gesehen kann man doch davon ausgehen, daß die Frauenfeindlichkeit und Frauenverachtung, deren Komponenten Geschlechtsfeindlichkeit, Ehefeindlichkeit, Jungfräulichkeitswahn, Subordinationsphantasien im wesentlichen gleich bleiben, mindestens bis ins 16. Jahrhundert als Dominanten männlicher Weltinterpretation immer wieder mobilisierbar sind. Gewiß hat es auch andere Stimmen gegeben – den Dichter des *Ackermann* etwa oder in der frühen Neuzeit Erasmus oder andere Humanisten –, bei denen frauenfreundlichere Töne überwogen. Sie fehlen auch bei den Reformatoren nicht. Doch eine Schrift wie die des Agrippa von Nettesheim, der den Spieß umdreht und in einer witzig-ironischen Argumentation die Überlegenheit des weiblichen Geschlechts gegenüber dem männlichen herauszuarbeiten sucht, bestätigt nur die allgemeinen negativen Werturteile der Zeit und steht am Anfang des 16. Jahrhunderts recht einsam da.[47]

4. Die rechtliche Stellung der Frau im Mittelalter

a) Zum germanischen und frühen deutschen Recht

Verwendet man einen Terminus der heutigen Frauenbewegung, so läßt sich das mittelalterliche Recht nur als ausgespro-

2. *Mann schlägt Frau.* (Deutschland, 1456)

chen »sexistisch« bezeichnen. Seit den Anfängen der abendländisch-christlichen Kultur bestimmte die physische Überlegenheit des Mannes die gesellschaftliche Stellung der Frau als eines primär auf die Familiensphäre beschränkten Wesens[48], das dem Manne untertan sein sollte. Wir haben oben bereits auf eine Textstelle hingewiesen, in der die hierarchische christliche Ordnung besonders deutlich hervortritt, eine Textstelle aus den Paulinischen Briefen: »*Volo autem vos scire, cuiusque viri caput esse Christum; caput autem mulieris virum; caput autem Christi deum*« (= ich möchte aber, daß ihr wißt, daß eines jeden Mannes Haupt Christus ist, das Haupt der Frau aber der Mann, das Haupt Christi aber Gott).[49] Dieser Satz ist zu allen Zeiten vor allem so ausgelegt worden, als sei er auf das hierarchische Ideal einer patriarchalischen Familie gemünzt. Wie die folgenden Ausführungen zeigen werden, läßt er sich geradezu leitmotivisch in allen mittelalterlichen Rechtsbestimmungen wiederfinden.

Wie jede andere historische Epoche war auch das Mittelalter zur gesellschaftlichen Reproduktion auf die Arbeitskraft der Frau angewiesen, und es mußten, entsprechend der objektiven Notwendigkeit ihrer Teilnahme am Produktionsprozeß, Zugeständnisse an ihre Rechts- und Handlungsfähigkeit gemacht werden. Prinzipiell aber galt die Frau zu dieser Zeit als handlungsunfähig; sie wurde als Glied des Hauses, aber nicht des Staates angesehen: die Frau war kein öffentliches Wesen. Bei fast allen Rechtshandlungen benötigte sie einen gesetzlichen Vertreter, sie stand unter Geschlechtsvormundschaft bis weit ins hohe Mittelalter hinein. Deren rechtlicher Ausdruck war die Munt, welche der Vater bzw. der Ehemann besaß.

Bei den Germanen hatte die Frau ursprünglich keine Selbmündigkeit, da sie keine Waffen tragen durfte; dies stand nur dem Mann zu, der – eben als Mann – »selbmündig« war. Diese juristische Spitzfindigkeit beweist den totalen Objektstatus, welchen das älteste deutsche Recht – und nicht nur dieses – der Frau zuschrieb. Dabei entsprach es der gesellschaftlichen Stellung der Frau und deren Rolle in der patriarchalischen Familie: Sie war der Alleinherrschaft des Mannes unterworfen und wurde gleichgestellt mit Kindern, Sklaven, Vieh und toten Gegenständen. Nicht umsonst ist das Wort »Weib« sächlichen Geschlechts; in ältester Zeit waren Frauen Sachgüter.

»In Wirklichkeit wurzelt das Recht direkt oder indirekt in den materiellen Produktionsverhältnissen, an deren Stabilisierung es dadurch teilhat, daß es die den jeweiligen Eigentumsverhältnissen entsprechenden sozialen Beziehungen zwischen den Gliedern der Gesellschaft im Interesse der herrschenden Klasse reguliert. Insofern ist es ein unentbehrliches Element der in Klassen gespaltenen Gesellschaft, dessen eigene Entwicklung die Entwicklungsnotwendigkeit dieser Gesellschaft widerspiegelt. Das Recht hat also keine von der allgemeinen Gesellschaftsentwicklung unabhängige Geschichte.«[50]

Sämtliche öffentlich-rechtlichen Belange wurden von Männern, Vätern oder Ehemännern, für die Frauen wahrgenommen. Daß dies kaum zum Schutz und Vorteil der Frauen diente, beweisen die rechtlichen Bestimmungen zur Genüge. Sie bringen mehr als deutlich zum Ausdruck, wo die Gewalt lag und auf wessen Seite das Recht stand. Der Rechtszustand bzw. die Rechtlosigkeit spricht für, d. h. genauer: gegen sich selbst.

Eine große Schwierigkeit, das mittelalterliche Recht darzustellen, liegt in der *Rechtszersplitterung*. Jede mittelalterliche Gemeinde, auch die kleinste, bildete ihr eigenes Recht aus, und nur die Rechtsbücher und das Stadtrecht trugen zur Vereinheitlichung des Rechts bei; das Stadtrecht insofern, als das Recht bedeutender Städte (wie z. B. Lübecks oder Kölns) von anderen Städten übernommen wurde. Bewußte Bestrebungen, das Recht zu einem einheitlichen Normenkodex zusammenzufassen, waren dagegen selten. Mit der Auflösung der Stammesverbände im 12. Jahrhundert entwickelte sich das Recht der neu entstehenden Landesherrschaften, das Territorialrecht. Damit begann die Zeit der Landesgesetze. Seit dem 12. Jahrhundert zeichnet sich der Einfluß des römischen Rechts auf die deutsche Rechtsentwicklung ab, doch kann erst seit dem 15. Jahrhundert im eigentlichen Sinne von seiner Rezeption in Deutschland gesprochen werden. Aus der engen Verbindung von Staat und Kirche läßt sich der Einfluß des kanonischen Rechts erklären.

Geschriebenes Recht kommt erst mit dem Entstehen der Rechtsbücher im 13. Jahrhundert auf. Hierzu zählen vor allem der um 1200 entstandene *Sachsenspiegel*, das älteste Landrechtsbuch, sowie der um 1275/76 verfaßte *Schwabenspiegel*. Der *Sachsenspiegel* beeinflußte vor allem das Recht Norddeutschlands, der *Schwabenspiegel* das des süddeutschen Raumes. Das älteste Stadtrechtsbuch ist das aus dem 13. Jahrhundert datierende *Mühlhäuser Reichsrechtsbuch*, welches vor allem fränkisches und salfränkisches Recht enthielt.

Die mittelalterlichen Rechtsquellen halten überlieferte Gewohnheiten und Rechte der Vorfahren fest, sie enthalten kein neugeschaffenes Recht. So schreibt der Verfasser des *Sachsenspiegel:* »Dies Recht hab' ich selber nicht erdacht, es haben von alters her auf uns gebracht unsere guten Vorfahren.«[51] Das Festhalten an der Überlieferung hatte jedoch Konsequenzen; vor allem auf dem Gebiet des Familienrechtes, das besonders starr blieb. Bräuche und Gesetze längst vergangener Zeiten wurden gerade hier aufrechterhalten, zumindest der Form nach, auch wenn sie der konkreten gesellschaftlichen Situation längst nicht mehr adäquat waren. Auf die besondere Rechtsstellung der Frau bezogen hieß dies, daß überkommene ethische und sittliche Normen ihr eine Stellung zuwiesen, die ihrer konkreten Position und Funktion nicht entsprach.

Das Mittelalter kannte noch nicht den Grundsatz der Rechtsfähigkeit jedes Menschen unabhängig von Geburt und Stand, der in der Neuzeit die Rechtstheorie beherrscht. Lediglich in den Städten hatte sich dieses Rechtsprinzip teilweise durchgesetzt. Im allgemeinen bestimmte immer noch die Zugehörigkeit zu einem Stand die Rechtsstellung des einzelnen. Der Adlige hatte ein anderes Recht als der Bürger oder Bauer; selbst einzelne Berufe hatten ihre besondere Rechtsstellung. Daneben existierten jedoch auch die Rechtsunterschiede der Freiheit und Unfreiheit, woran auch die christliche Lehre von der grundsätzlichen Gleichheit aller Menschen vor Gott nichts änderte. Nur wenigen, wie dem Verfasser des *Sachsenspiegel* Eike von Repkow, der die Entstehung der Unfreiheit auf unrechtmäßige Gewalt zurückführte, wurde dieser Widerspruch überhaupt bewußt. Immerhin wurde die Lehre von der Gleichheit der Menschen und der Unrechtmäßigkeit der Unfreiheit auch von anderen Rechtsbüchern, zum Beispiel vom *Schwabenspiegel*, übernommen. Die Unterdrückung der Frau durch den Mann, die geschlechtsspezifische Unfreiheit erfaßte dieser Anspruch jedoch nicht; die tradierten Normen der Unterdrückung und Mißachtung des weiblichen Geschlechts wurden in den Rechtsbüchern fortgeschrieben. In Glossen zum *Sachsenspiegel* werden Frauen und Debile z. B. in einem

Atemzug genannt[52], und der *Sachsenspiegel* bestreitet den Frauen die Prozeßfähigkeit, »weil sie wegen schwachheit und geringes verstandes ihres geschlechtes sich vor schaden nicht leichtlich bewahren können«.[53]

Das Mittelalter wies der Frau, primär der verheirateten, einen eindeutigen, festumrissenen Platz innerhalb der Familie zu, dem »gesellschaftlichen Zentrum der damaligen Zeit«.[54]

Daher gibt das Familienrecht die wichtigsten Hinweise auf deren rechtliche Stellung. Und entsprechend der großen Bedeutung der Ehe für die Familie und für die Erhaltung des Staates enthält der *Sachsenspiegel* zahlreiche wichtige Bestimmungen über diese rechtliche Institution: »durch sie weret daz menschliche geschlecht noch, welches so vor vil tusend jaaren gewest ist. Darumb bedarf man keines rechtens so nötig, als dessen so auf die eh gesetzt ist.«[55]

Wir haben oben auf die Affinität des mittelalterlichen Rechtes zum Recht der Vorfahren hingewiesen, und dieser Bezug macht es notwendig, kurz die erste Periode des deutschen Familienrechts, also die vorchristliche germanische Zeit, zu skizzieren, um die konservativen Tendenzen des Rechts im hohen Mittelalter aufzuzeigen.

Der Ausgangspunkt für die *germanische Familienbildung* war das Haus. Es stand unter der Leitung des Hausvaters, der die Hausgewalt über das Hauswesen und alles Dazugehörige besaß, genannt *»Munt«* (*mundium* = *manus* = Hand). Die *Munt* ist ein Gewaltbegriff, ein Herrschaftsrecht; sie war ursprünglich gleichbedeutend mit dem Recht über Gegenstände, der *Gewere*. »Das Familienoberhaupt hatte die freie Verfügung, z. B. das Recht der Veräußerung oder Tötung sowohl über Weib und Kind, wie über Sklaven, Vieh und tote Gegenstände.«[56] Bei der Ehefrau wurde die Gewalt des Mannes durch die Eheschließung begründet: »Die Begründung des Verhältnisses geschieht, wie die jedes anderen Sachenrechts, durch Okkupation (Frauenraub) oder mit Willen des bisherigen Besitzers gegen Entgelt (Frauenkauf).«[57] Das germanische Recht definierte die Eheschließung als einen Kaufvertrag zwischen den Familien in der Form des Brautkaufs. Die Verlobung nahm der Muntwalt vor, ebenso wurde der Kaufvertrag zwischen Freier und Muntwalt abgeschlossen; der Wille der Frau spielte rechtlich keine Rolle, da sie als Vertragspartner ausgeschlossen und lediglich Objekt des Vertrages war. Muntwalt der Braut war der Vater oder Bruder oder der nächste Schwert*mage* (männlicher Verwandter der Vaterseite). Die Trauung bestand aus Zahlung des Muntschatzes (Kaufpreis), Übergabe des Mädchens und der Übertragung der Munt auf den Freier.[58]

Durch die Muntübertragung hatte der Ehemann das Recht, das eheliche Vermögen ohne jede Zustimmung der Frau zu nutzen[59], was nicht erstaunt, galt doch die Frau insgesamt als Eigentum des Mannes. Sie hatte keinen Anspruch auf eheliche Treue; dem Mann war erlaubt, mehrere Frauen zu haben.[60] Er allein hatte auch das Recht zur Scheidung, konnte die Frau verstoßen, verkaufen, töten. Ehebruch konnte nach ältestem Recht nur die Frau begehen, denn für sie bestand eine eheliche Treuepflicht. Die Tötung der »in flagranti« erwischten Ehebrecherin sowie ihres Komplizen war legal.[61]

Die Frauen standen lebenslänglich unter der *Munt*: Starb der Ehemann und hinterließ einen Sohn, so wurde dieser zum Vormund der Mutter. Deutlicher konnte man die Geringschätzung des weiblichen Geschlechts wohl kaum zum Ausdruck bringen. Natürlich konnten auch nur die Söhne den väterlichen Besitz an Grund und Boden erben; die Töchter bekamen nur Anteile der fahrenden Habe. Über die Geburt eines Jungen freute man sich mehr als über die eines Mädchens; Mädchen wurden daher auch häufiger ausgesetzt.

Die Muntgewalt implizierte den Ausschluß der Frauen von jeglicher öffentlichen Funktion; sie durften nicht vor Gericht erscheinen und konnten ihre Interessen nur vom Manne vertreten lassen.

Die Munt bezog also ihre Legitimation eindeutig aus dem Primat des männlichen Geschlechts in der streng patriarchalisch organisierten Gesellschaft der Germanen. Sie war ein völlig einseitiges Verhältnis, kein Schutzverhältnis im Interesse des Untergebenen, sondern Gewalt im Interesse des Hausherrn. Allein durch dessen Interesse an der Wahrung seiner dominanten Stellung wurde sie aufrechterhalten. Der Mann absorbierte die Totalität der Frau, also nicht nur ihre Persönlichkeitssphäre innerhalb der Familie, sondern auch ihre Rechtssphäre nach außen hin; Frauen waren keine »Rechtssubjekte«.

b) Der Einfluß der Kirche auf die Entwicklung des Familienrechts

Die Rechtsentwicklung bis zum 13. Jahrhundert bedeutete für die Frauen ihre Anerkennung als Rechtssubjekte. Eine grundlegende Veränderung ihrer Situation hatte dies jedoch keineswegs zur Folge; sie blieben der Herrschaft des Mannes, der Munt, unterworfen, blieben also auch vom Rechtsverkehr ausgeschlossen. Immerhin betrachtete man die Frau nicht mehr als Eigentum des Ehemannes, und Verkauf oder Tötung wurden als Übertretung der Muntgewalt angesehen. Das Heiratszwangsrecht des Vaters wurde abgeschafft, denn der Eheschluß bedeutete nicht mehr Kauf und Verkauf einer Sache. Dennoch muß die alte Auffassung noch weit verbreitet gewesen sein, denn immer wieder wird in den Rechtsbüchern die Ehefreiheit betont. An und für sich sollte eine Ehe also nicht mehr ohne die Zustimmung der Frau eingegangen werden, der Konsens der Eheleute galt zumindest ideell als das Fundament der Ehe seit dem 12. Jahrhundert. In der Praxis hatte das Mädchen jedoch weiterhin die Zustimmung des Vaters einzuholen, da es sonst von handfesten Sanktionen bedroht war: mit Verlust des Erbrechts und Ausschluß aus der Familie. Daß der Vater, rein rechtlich gesehen, nichts gegen die Gültigkeit einer ohne seinen Konsens geschlossenen Ehe unternehmen konnte, änderte wohl wenig an seiner – noch immer sehr direkten – tatsächlichen Einflußnahme auf die Eheschließung einer Tochter, etwa durch deren vermögensrechtliche Benachteiligung – die Braut erhielt in einem solchen Falle nicht einmal eine Aussteuer.

»Denselben Rechtssatz [in bezug auf die Gültigkeit der Ehe, d. Verf.] hat bekanntlich das kanonische Recht, indem es den Mangel elterlicher (vormundschaftlicher) Einwilligung als aufschiebendes (mit Straffolge), nicht als trennendes (mit Nichtigkeitsfolge) Ehehindernis behandelt. Das kanonische Recht hat sich damit nicht in Widerspruch mit dem deutschen Recht, sondern geradezu auf den Boden desselben gestellt.«[62] Prinzipiell postulierte die Kirche zwar die Abhängigkeit der Frau vom Mann und die Unterordnung des weiblichen Geschlechts aufgrund konstitutioneller Minderwertigkeit, in bezug auf die Ehe plädierte sie jedoch für eine gewisse Gleichstellung der Partner. So wird ausdrücklich die Pflicht zur ehelichen Treue auch auf den Mann ausgedehnt und ein willkürliches Scheidungsrecht von seiner Seite verneint.

Dieses christliche Familienideal kommt am deutlichsten in den Apostolischen Briefen zum Ausdruck; tatsächlich enthalten sie, im Gegensatz zu den Lehren der Askese, weniger frauenfeindliche Tendenzen und sind vor allem deshalb erwähnenswert, weil die Reformation sich später sehr explizit auf diese Lehren aus dem *Neuen Testament* berief:
– 1. Zum Reiche Gottes sind Männer *und* Frauen berufen. Die Gebote der Moral gelten für beide Geschlechter, auch der Mann wird durch die Ehe in seiner Freiheit beschränkt.
– 2. Innerhalb der Familie soll die Frau dem Manne untertan sein; der Mann ist das Haupt des Weibes, wie Christus das Haupt der Kirche ist. Das Weib ist dem Manne nachgeschaffen, nicht umgekehrt. Auch in der Kirche sollen die Frauen diese Unterordnung zeigen, indem sie vor allem nicht öffentlich reden: *Mulieres in ecclesiis taceant* (1. Kor. 14.34).
– 3. Trotzdem soll aber das Verhältnis zwischen Mann und Frau kein gewaltmäßiges sein, sondern es wird Wert darauf gelegt, daß der Mann seine Frau liebe, so wie Christus die Kirche liebt.
– 4. Der Wirkungskreis der Frau liegt innerhalb des Hauses, die Führung des Haushalts und die Erziehung der Kinder sind ihre Hauptfunktionen.
– 5. Dem ehelichen Verhältnis entsprechend soll auch das zwischen Eltern und Kindern von der Liebe geprägt sein.

Auch wenn diese Grundsätze wahrhaft nicht für eine Gleichstellung sprechen, sondern die Frau nur auf die Rolle der Ehefrau und Mutter festlegen, so sind sie freilich fast human zu nennen im Vergleich zu den Anschauungen der Askese; denn diese propagierte, wie wir sahen, die bösartigste Mißachtung der Frauen und damit auch der Ehe. Das Ideal der Keuschheit stand an erster Stelle, hier allein konnte der Mensch seinen sittlichen Wert wirklich unter Beweis stellen; die Ehe dagegen wurde mit dem Aspekt verwerflicher Sinnlichkeit verbunden und nur als notwendiges Übel angesehen: zum einen sollte sie den im Menschen – und besonders in der Frau – angelegten und als böse verstandenen Geschlechtstrieb zähmen; zum anderen gab sie die Gewähr für die Fortpflanzung der Art.

»Die Ehe gilt als Produkt menschlicher Schwachheit, als ein Ausfluß der sündhaften Natur des Menschen; wäre Adam im

Paradies von Gott nicht abgefallen, so gäbe es keine Ehe und die Fortpflanzung des menschlichen Geschlechts geschähe auf würdigere und weniger bedenkliche Weise.«[63] Die sexualfeindlichen Vorstellungen hatten zur Folge, daß das kanonische Eherecht sich vor allem auf die Fortpflanzung bezog und die Zeugung von Nachkommen als Hauptzweck der Ehe bestimmte. Die kirchlichen Bestimmungen enthalten daher außerordentlich viele Ausführungen, die die ehelichen Pflichten, das »*debitum conjugale*«, betreffen. Nur wenn, etwa aufgrund von Impotenz eines Ehegatten, diesen Pflichten mindestens drei Jahre lang nicht Genüge geleistet wurde, akzeptierte die Kirche dies als trennendes Ehehindernis, d. h. als Scheidungsgrund.[64] Im übrigen verweigerte sie sich strikt der Ehescheidung, denn der Sakramentscharakter der Ehe machte diese nach allgemeiner christlicher Lehre unauflöslich. Da die Einrichtung der Ehe auf die sündhafte Natur des Menschen und speziell der Frau zurückgeführt wurde, sollte der Mensch nur in der besonderen und durch die Kirche sanktionierten Gestalt, d. h. nur mit dem Sakrament versehen, ohne Sünde in ihr leben können; zum anderen galt, daß die eheliche Verbindung monogam und unauflöslich sein sollte. Aber es gab auch Modifizierungen der Lehre. Zum Beispiel sprach schon Augustin der Ehe ein *triplex bonum* (= dreifach Gutes) zu, was man fast als Angriff auf die Forderungen der Askese interpretieren könnte: *fides*, *proles* und *sacramentum*. Die *fides* besteht nach Augustin in der ehelichen Treue und wird durch Ehebruch verletzt; das *sacramentum* besteht in der Unauflöslichkeit des Verhältnisses und wird durch Scheidung aufgehoben; die *proles* sind die Nachkommen, doch können diese bei der Ehe auch fehlen.[65]

Im Prinzip bot die biologische Konstitution der Frau auch den einzigen Grund, ihre Existenz zu rechtfertigen. So sieht etwa Thomas von Aquin, wie wir oben dargelegt haben, ihre Bestimmung nur in ihrer Eignung zur Fortpflanzung. Nur durch die Gebärfähigkeit könne die Frau Gehilfin des Mannes in der Ehe sein; nur im Bezug auf dieses spezielle Vermögen ist sie nicht unvollkommen, kein mangelhaftes Resultat der Schöpfung. Natürlich wirkte sich dies auf die Stellung der Frau innerhalb der Familie sehr negativ aus. Die Unterordnung galt als Strafe für den durch Eva verursachten Sündenfall, und selbst von Augustin wurde ein fast sklavenähnliches Verhältnis der Frau zum Mann propagiert: »*subditas feminas viris et paene famulas lex esse uxores*«.[66] Das kanonische Recht erteilte daher dem Ehemann eine *protestas maritalis*, eine eheherrliche Gewalt, die ihm erlaubte, seine Frau zu züchtigen und ihre Gelübde für unwirksam zu erklären.

Zusammenfassend läßt sich konstatieren, daß der Einfluß der kirchlichen Lehren sich zwar weniger in der Ausbildung von Rechtssätzen manifestierte, auf das Bewußtsein der Menschen aber einen wohl kaum zu unterschätzenden Einfluß ausübte.

c) Die Frau in den Stadt- und Landrechten des Hochmittelalters

Im folgenden sollen die *Tendenzen* der weiteren, schon ansatzweise bestimmten Entwicklung des Familienrechts beschrieben werden.

Seit dem 13. Jahrhundert fand bei der Vormundschaft neben dem Familieninteresse[67] auch der Gedanke des Schutzes über Schutzbedürftige Berücksichtigung; der Familienverband löste sich immer mehr auf, die Staatsgewalt dagegen erstarkte. Diese Entwicklung wurde gefördert durch den Aufschwung des Handels und die Bildung eines stärker handelsegoistisch eingestellten Bürgertums in den Städten. Frühkapitalistische Entwicklungen ließen dort aber auch ein Proletariat entstehen, in dem sich konservative familienmäßige Überlieferungen nicht halten konnten. Die Folge, das Abnehmen der rechtlichen Bedeutung von Sitte und Familie, hatte vor allem auch Konsequenzen für das Vormundschaftsrecht: »Die Vormundschaft wurde aus einem nutzbaren Recht der nächsten Verwandten des Mündels zu einem Amt.«[68] In den Städten wurde dem Vater seit dem 13. Jahrhundert gestattet, testamentarisch einen Vormund für seine Erben zu bestellen; auch der Mutter und den Kindern selbst wurde ein Wahlrecht zugestanden. An die Stelle des geborenen Vormundes trat der gekorene (gewählte).

Die Aufsicht der Sippe über den Vormund wurde durch städtische Vormundschaftsbehörden ersetzt. Auf dem Lande und im hohen Adel erhielten sich die alten Bindungen der

Blutsverwandtschaft jedoch viel länger. So kennt der *Sachsenspiegel* noch die sippenrechtliche Ordnung der Vormundschaft, nach der diese dem nächsten Schwert*magen* des Mündels zusteht.[69]

Bei Söhnen wie Töchtern endete die väterliche Gewalt mit deren Ausscheiden aus der Familie, bei den Töchtern aber ging die Muntgewalt an den Ehemann über. Ein unter Vormundschaft stehender Knabe wurde mit einem bestimmten Alter mündig[70], bei unverheirateten Frauen blieb jedoch zumindest teilweise noch die Geschlechtsvormundschaft als gewohnheitsrechtlicher Brauch bestehen. Dem lag der Gedanke zugrunde, daß die Frau aufgrund ihrer »Geschlechtsschwäche« wichtigen Geschäften nicht gewachsen sei, sie also um der »Verkehrsschwierigkeiten« willen einen Vormund benötige.[71] Doch die Notwendigkeit der Vormundschaft entfiel, je mehr sich die Rechtsstellung der Frau von der ursprünglich ihre Handlungsfähigkeit einschränkenden Waffenunfähigkeit loslöste. So bestand zwar im sächsischen Gebiet noch Geschlechtsvormundschaft, doch verwaltete die Frau ihr Vermögen selbständig und brauchte nur vor Gericht einen Vormund, möglicherweise deswegen, weil der Rechtsstreit jederzeit zum Streit der Waffen werden konnte.[72] Diese Begründung scheint jedoch etwas zweifelhaft; wahrscheinlicher ist wohl, daß man Frauen gar nicht zutraute, einen Rechtsstreit überhaupt durchstehen zu können.

Wie weit die Rechtsfähigkeit der Frau bereits gehen konnte, zeigt sich vor allem in den Städten. In einer Kölner Urkunde von 1291 heißt es von unverheirateten Frauen sogar, sie seien *sui juris effecte, quod vulgariter dicitur selbmundig* (= von sich aus rechtsfähig, was im Volksmund auch selbmündig genannt wird).[73] Offensichtlich befreite also das Stadtrecht handel- und gewerbetreibende Frauen schon weitgehend von der Vormundschaft, aber auch in einigen Landrechten wurde zumindest für Witwen die Geschlechtsvormundschaft aufgehoben.

Doch die Mehrzahl der mittelalterlichen Frauen waren Ehefrauen. Innerhalb der Familie genossen sie sicherlich eine gewisse moralische und praktische Autorität; denn schließlich bildete diese die Grundlage der Gesellschaft. Der Frau oblag die Erziehung der Kinder, und als Leiterin des Haushalts besaß sie die »Schlüsselgewalt«. Man begann, die Ehefrau als Genossin des Mannes zu bezeichnen, so z. B. im *Freiburger Stadtrecht* von 1293: »*Ein wip ist genoze irs mannes, und der man des wibes.*«[74] Doch dieses »Genossenschaftsverhältnis« beschränkte sich im Grunde genommen nur darauf, daß die Frau durch die Heirat das Recht und den Stand des Mannes teilte. Es ist wohl eine eher idealistische Interpretation, daran schon die Abschwächung der eheherrlichen Gewalt zu einer bloßen Prozeßvormundschaft ablesen zu wollen.[75] Denn prinzipiell blieb die Ehe ein Gewaltverhältnis; durch die Definition des *Schwabenspiegels*, der den Mann als des Weibes »Vogt und Meister« bezeichnet, kommt dies deutlich genug zum Ausdruck.[76] Die männliche Dominanz in der Ehe blieb gemäß der christlichen Lehre in fast jeder Beziehung erhalten, und die Vormundschaft enthielt noch viele Züge des alten Rechts.

Dies äußerte sich im Verhältnis der Eheleute, in dem es Restformen eines eigentumartigen Rechts des Mannes an seiner Ehefrau noch bis ins hohe Mittelalter gab. So heißt es zum Beispiel in den *Weistümern*, daß der Mann seine Frau dem Nachbarn zum Zwecke des Beischlafs ausliefern könne, wenn er selbst nicht in der Lage sei, Kinder zu zeugen.[77] Noch im 16. Jahrhundert soll in den Niederlanden die Sitte bestanden haben, die Frau einem Gast »auf guten Glauben« zuzulegen – vielleicht der Überrest eines alten Brauches, durch den der Gastgeber seine Gastfreundschaft unter Beweis stellen wollte.[78]

Der Mann galt noch immer als der Richter seiner Frau und durfte im Falle eines Vergehens seiner Ehefrau selbst zu extremsten Strafen greifen: »Ein Delikt der Frau war die Basis des Züchtigungsrechts.«[79] So wird es in Ausnahmefällen noch immer entschuldigt, wenn der Mann die Ehebrecherin mit ihrem Komplizen tötet, sofern er sie auf frischer Tat ertappt hat.[80] Fehr berichtet von Quellen, die noch das alte Racherecht des betrogenen Ehemannes enthalten und den Ehebruch als einen Angriff gegen den Ehemann und nicht gegen die Ehe selbst ansehen. Auch zivilrechtliche Folgen konnte der Ehebruch für die Frau haben; so konnte sie dadurch ihren persönlichen Besitz verlieren oder mußte ihr Erbrecht zugunsten ihrer Kinder abtreten.[81] Obwohl nun auch der Ehebruch des

Mannes von Kirche und Staat für verboten und strafbar erklärt wurde, gestand man ihm doch in der Regel weit größere Freiheiten zu als der Frau: »Auch Ehemänner durften das Freudenhaus besuchen, ohne deshalb als Ehebrecher gestraft zu werden; nur manche Stadthäupter von zarterem Gewissen schritten hier und da ein und straften einen dort ergriffenen verheirateten Stadtbürger. Die Städte zogen ja Einnahmen aus gutem Besuch der unter ihrem Schutz stehenden Bordelle.«[82]

Auch auf dem Gebiet des Vermögensrechts trat die eheherrliche Vormundschaft deutlich zutage. Der Ehemann hatte das gesamte Vermögen der Frau in »Gewere zu rechter Vormundschaft«, das heißt, er besaß das volle Verfügungs- und Nutzungsrecht darüber. Die Frau hatte kein einseitiges Verfügungsrecht über ihr Vermögen, sondern sie mußte zum Verschenken, Verkaufen und Verleihen die Zustimmung des Mannes einholen.[83] Ohne diese waren alle ihre Handlungen ungültig. Eine gewisse Kontrolle wurde der Frau in Ehen mit Gütergemeinschaft zugestanden, da hier Verfügungen über das Vermögen an das beiderseitige Einverständnis gebunden waren. Doch gerade in Rechtskreisen mit Gütergemeinschaft sind auch Bestimmungen zu finden, die die Frauen sehr benachteiligen, zum Beispiel bei Schuldenzahlungen. Nach süddeutschem und fränkischem Recht mußten die Ehegatten für gemeinsam gemachte Schulden in gleicher Weise aufkommen. Für einseitige, von der Frau eigenmächtig eingegangene Schulden haftete der Mann jedoch nicht, sondern nur die Frau, und zwar mit ihrem gesamten Vermögen; für Schulden des Mannes aber hatte auch die Frau mit all ihrem Hab und Gut, ja selbst mit ihrer Aussteuer aufzukommen. Ein wenig fortschrittlicher äußerte sich der *Sachsenspiegel*: Hier brauchte die Frau nur für die Schulden des Mannes zu haften, wenn sie die Haftpflicht vorher ausdrücklich übernommen hatte.[84]

Wurde eine Frau Witwe, so bedeutete dies für sie manchmal den Wegfall der Vormundschaft; so berichtet Fehr von einem Weistum, das bestimmt, daß die Witwe, obwohl sie einen »anwald« (Vormund) habe, trotzdem »*in ir selbst gewaltsamb*« sei.[85] Also auch wenn die Witwe einen Vormund hatte, konnten dessen Kompetenzen sehr reduziert sein. Es war den Witwen beispielsweise erlaubt, selbständig eine zweite Ehe einzugehen. Es gibt auch Belege dafür, daß die Witwe selbständig Gegenstände aus ihrem Vermögen verkaufen durfte. Auch im Bußwesen war die Witwe dem Manne insofern gleichgestellt, als sie denselben Strafen unterlag und die normalerweise für Ehefrauen aufgestellten Maximalbußen für sie nicht galten. Eine Witwe sollte nach der Schwere ihrer Tat büßen, sie sollte zahlen »*als vill als ein mann, als von alters herkumen ist*«.[86]

Auch im Verhältnis zu den Kindern wurden der Witwe durch den sogenannten Beisitz inzwischen ähnliche Rechte zugestanden wie dem Vater.

> »Der Beisitz ist die Fortdauer der Hausgemeinschaft zwischen der Witwe und den Kindern. Er dient einerseits dem Vorteil der Witwe, die auch dort, wo ihr eine Leibzucht am Nachlaß des Mannes nicht gegeben ist, in dem Nutzen am Kindergut ihre Versorgung findet, andrerseits auch dem Vorteil der Kinder, die damit untereinander und mit der Mutter in einem engeren Familienverbande bleiben.«[87]

Für diese Beziehung der Witwe zu ihren Kindern wird schon im 13. Jahrhundert häufig der Begriff Vormundschaft im Sinne eines Schutz- und Vertretungsverhältnisses verwendet; denn die Mutter war in der Lage, nach außen die vermögensrechtlichen Dinge wahrzunehmen und auch die Kinder vor Gericht zu vertreten. Doch ein grundsätzliches Mißtrauen blieb auch der Witwe gegenüber erhalten: Man übte ihr gegenüber durch die daneben noch bestehende Obervormundschaft von Verwandten oder von seiten der Obrigkeit ein weit stärkeres Kontroll- und Aufsichtsrecht aus als – natürlich! – gegenüber einem verwitweten Mann. Im Falle der Wiederverheiratung erlosch für die Witwe der Beisitz, der zweite Ehemann übernahm dann wieder die Familienherrschaft.

Das Erbrecht benachteiligte die Frauen noch immer grundsätzlich. Eine Ursache dafür war das auf dem Land weit verbreitete Anerbenrecht: Die Gefahr einer unökonomischen Zersplitterung der Bauerngüter führte dazu, daß nur einer der Erbberechtigten das Gut erhielt, während die anderen abgefunden wurden. Männer wurden natürlich den Frauen vorgezogen, da der Besitz der Familie erhalten bleiben sollte und Grundbesitz oft mit öffentlich-rechtlichen Verpflichtungen belastet war, welchen Frauen nicht nachkommen konnten.

Fehr nennt folgende Grundsätze bei der Erbfolge: »Die Töchter erben, wenn keine Söhne vorhanden sind.« – »Die Töchter erben neben den Söhnen, aber die Söhne sind bevorzugt.« – »Die Witwe erbt«, wenn keine bzw. nur minderjährige Kinder vorhanden sind.[88] Bei voller Gütergemeinschaft erhielt die Witwe einen Teil ($^1/_3$ oder $^1/_2$) des Gesamtgutes, also auch Immobilien. In den *Weistümern* blieb indessen noch hier und da die alte Ausschließung der Töchter vom Grunderbrecht erhalten. So bestimmte ein Weistum aus dem Schwarzwald, daß die Söhne im liegenden, die Töchter im fahrenden Gut beerbt werden sollten. Nur wenn nicht gleich viel fahrende Habe vorhanden sei, müßten die Töchter durch Land entschädigt werden.[89]

Auch nach dem *Sachsenspiegel* ging das männliche Geschlecht dem weiblichen im engeren Erbenkreis in der Erbfolge voran, die weiter entfernten Verwandten erbten jedoch gleichberechtigt. Zudem unterschied man männliches und weibliches Sondergut. Das Gut der Frau war die *Gerade*, sie vererbte es an ihre nächste weibliche Verwandte, also die Tochter oder die Nichte. Zur Gerade gehörten persönliche Gegenstände wie Schmuck und Kleider sowie alle Haushaltsgegenstände. Der *Sachsenspiegel* nennt als Bestandteile der Gerade: Schafe, Gänse, Kasten mit beweglichem Deckel, alles Garn, Betten, Pfühle, Kisten, Tischlachen, Handtücher, Badelachen, Becken, Leuchter, Flachs, alle Weiberkleider, Ringe, Armspangen, Schapel, Psalter und alle gottesdienstlichen Bücher, Sessel, Laden oder Schreine, Teppiche, Wandbehänge, Rücklachen und allen Kopfputz, außerdem Bürsten, Scheren, Spiegel.[90]

Die Benachteiligung der Frauen im Erbrecht wurde von der Kirche verurteilt; sie verlangte die Gleichstellung von Mann und Frau auf diesem Gebiet. Die Vermutung liegt jedoch nahe, daß dies aus vorwiegend egoistischen Erwägungen geschah (beispielsweise um sich die Pfründe der Nonnen zu sichern?), denn nur von erbberechtigten Frauen konnte sich die Kirche nennenswerte Vermögen vermachen lassen.

In den Städten wurde seit dem 14. Jahrhundert die erbrechtliche Gleichstellung der Frauen allgemein anerkannt. Hier hatte die Fahrhabe, die zu erben die Frauen ja berechtigt waren, durch die ökonomische Entwicklung eine annähernd gleiche Bedeutung erhalten wie der Grundbesitz.

Die Ehescheidungspraktiken unterwarfen die Frauen noch häufig einer männlichen Willkür. Das burgundische Recht gewährte dem Mann ein einseitiges Scheidungsrecht im Falle von Ehebruch, Hexerei (!) oder Grabschändung von seiten der Frau.[91] Waren diese Delikte Anlaß für die Scheidung, so verlor die Frau ihr gesamtes Vermögen. Die Hexenverfolgungen mögen also nicht zuletzt vielen Männern dazu verholfen haben, sich ihrer unliebsamen, aber womöglich wohlhabenden Ehefrauen zu entledigen. Trennte sich dagegen eine Frau von ihrem Mann, so sollte man sie laut burgundischem Recht im Sumpf ertränken.[92] Eine Frau konnte ihren Mann überhaupt nur »mit Recht« verlassen, wenn er Notzucht an einer anderen Frau begangen hatte. Impotenz war nur dann ein zulässiger Scheidungsgrund, wenn die Eheleute »*niemals zu natürlich schaffen gehabt hetten*«.[93] Es mußte jedoch erst eine Frist von drei Jahren ablaufen, ehe die Ehe geschieden werden konnte. Hier finden sich starke Anklänge an das kanonische Recht, das eine drei Jahre dauernde Impotenz ein »*maleficium perpetuum*« nannte, welches als trennendes Ehehindernis anerkannt wurde.[94] Gerade die Impotenz des Mannes konnte aber für die Ehefrau problematisch sein; denn trat sie erst nach einiger Zeit während der Ehe ein, so suchte man die Schuld dafür zunächst bei der Frau: »*das weyb hette es ihrem Manne selbst angetan oder ihm durch zeuberey tun lassen.*«[95] Wie sollte es sonst wohl zu erklären sein, daß das vollkommene Wesen der Schöpfung mit solchem Unvermögen belastet war?

War bisher immer von der förmlich geschlossenen, rechtmäßigen Ehe die Rede, so soll nun noch kurz auf das Konkubinat eingegangen werden, das im ganzen Mittelalter neben der Ehe bestand. Es handelt sich dabei jedoch mehr um ein ständisches Problem als um ein frauenspezifisches. Oft lag der Grund für ein Konkubinatsverhältnis im niedrigeren Stand der Frau und kam deshalb vor allem auch im Adel vor. Der mittelalterliche Grundsatz der Ebenbürtigkeit versuchte nämlich, Ehen zwischen Personen ungleichen Standes zu verhindern bzw. bezeichnete sie als »Mißheirat«. Unter dem Einfluß der Kirche verwandelte sich das Konkubinat zur morganatischen Ehe. Diese wurde ohne Verlobung und Trauung geschlossen und hatte deshalb nicht die üblichen Rechtsfolgen. In dieser Ehe gehörte immer der Mann einem höheren Stand an als die Frau, die Kinder waren nicht erbberechtigt und mußten dem niedrigeren Stand der Frau folgen. Die Versorgung sollte eine freiwillige Schenkung des Mannes sichern, der die Kinder in manchen Fällen auch erbberechtigt machen konnte. Die morganatische Ehe galt nach kirchlichem Recht als legal, jedoch nicht nach weltlichem, weil sie ohne dessen Bedingungen eingegangen worden war.

Im umgekehrten Fall ist die Diskriminierung der Frau noch auffallender: heiratete sie einen unter ihr stehenden Mann, so *mußte* sie seinen niedrigeren Stand teilen. Die Ehegesetze dienten also, nicht zuletzt auf Kosten der Frauen, der Aufrechterhaltung der ständischen Ordnung. Juristisch gesehen läßt sich das dann so formulieren: »Die Ebenburt äußerte auch Rechtsfolgen im Bereiche des Vormundschafts- und Erbrechtes. Niemand konnte Erbe oder Vormund eines ständischen Übergenossen sein.«[96]

In den *Weistümern* wird die im Konkubinat lebende Frau als unwürdig bezeichnet. Sie soll mit Geldstrafen und Ausweisung aus der Gemeinde belegt werden. Oft wird den Einwohnern verboten, solche Frauen, die zusammen mit den Dirnen aufgeführt werden, zu beherbergen, bzw. ihnen auferlegt, dieselben bei der Obrigkeit anzuzeigen.

d) Die Bedeutung der Munt für die Erwerbstätigkeit der Frau

Die Entwicklung in den Städten hatte eine fortschrittliche Tendenz in bezug auf die rechtliche Stellung der Frauen, da diese hier weit mehr in den gesellschaftlichen Produktionsprozeß integriert und zum Teil nicht mehr so streng an die Familie gebunden waren wie vorher. Da, wo sich die Geschlechtsvormundschaft noch erhalten hatte, stand sie der weiblichen Erwerbstätigkeit, die ja gerade in den Städten ihren Ausgangspunkt nahm, nicht mehr unbedingt im Wege. Sie hinderte Frauen nicht daran, rechtsgültige Verpflichtungen einzugehen und über Fahrhabe zu verfügen. Im *Sachsenspiegel* heißt es nur noch: »*Megede unde ungemannede wif verkopen ir egen an irs vormünden gelof, he ne si dar erve to. Megede unde wif muten aver vormunden hebben an jewelker klage.*«[97] Ebenso bestimmte es der *Schwabenspiegel*. Abgesehen vom

Rechtsstreit mußte der Geschlechtsvormund aber auch »bei den wichtigen und gefährlichen Angelegenheiten der Grundstücksverfügung und der Bürgschaft für eine namhaftere Summe beigezogen werden«.[98] Gerade diese Vorschriften behinderten jedoch die handel- und gewerbetreibenden Frauen in starkem Maße und dürften eine reibungslose Abwicklung ihrer Geschäfte oft erschwert haben. Die Notwendigkeit der gerichtlichen Vertretung verzögerte zum einen die Rechtsverfolgung und war zum anderen eine Belastung für die Gläubiger einer Frau, da verklagten Frauen in der Regel eine längere Frist eingeräumt wurde, um sich einen Vormund zu besorgen. Dies verminderte oftmals von vornherein den Personalkredit für eine Frau. Außerdem war es für Frauen viel schwieriger, Grundstücke zu verkaufen oder zu belasten, was in der städtischen Wirtschaft für Händler und Gewerbetreibende oft unerläßlich war, um das für die Geschäfte notwendige Geld flüssig zu machen.

War die Geschlechtsvormundschaft insgesamt nicht mehr so relevant, so bedeutete hingegen die Ehevogtei das größte Hindernis für die Teilnahme der verheirateten Frau am städtischen Handelsverkehr. Die Auswirkungen derselben wurden bereits beschrieben: die für jegliches Geschäft notwendige Zustimmung des Ehemannes machte es der Frau praktisch unmöglich, selbständig einen Gewerbebetrieb zu führen, hauptsächlich spielte sie wohl nur die Rolle der »mithelfenden Familienangehörigen«.[99]

Dennoch kann man von gewissen Zugeständnissen der Rechtspraxis an solche Frauen sprechen, die *ständig* und nicht nur gelegentlich am Erwerbsleben teilnahmen. So bestimmte z. B. ein Wiener Stadtrechtsbuch des 14. Jahrhunderts: »*Swelch en vrau chaufet und verchaufet, deu muez antwuerten umb allez gelt und umb alle pürgelschaft an iren vogt.*«[100]

Daraus kann man schließen, daß solche Frauen nicht nur ohne Geschlechtsvormund vor Gericht auftreten durften, sondern wohl auch beim Abschluß von Geschäften oder als Klägerin von der Geschlechtsvormundschaft befreit wurden. Laut Schmelzeisen läßt sich die Rechtsstellung der erwerbstätigen Frauen jedoch nicht einheitlich bestimmen. Aufgrund der von ihm untersuchten Quellen läßt sich mit Sicherheit allein feststellen, daß erwerbstätige Frauen in unbegrenzter

Höhe Bürgschaftsleistungen übernehmen konnten: »Das schloß naturgemäß eine unbegrenzte Verpflichtungsfähigkeit bezüglich anderer Geschäfte sowie die Fähigkeit zu jeder Fahrnisverfügung ein, wie man sie indes [...] für alle Frauen annehmen darf.«[101] Nicht geklärt ist jedoch, ob die erwerbstätige Frau auch bei Rechtsstreitigkeiten und Grundstücksverfügungen muntfrei war. In Prozessen dürften handeltreibende Frauen muntfrei gewesen sein, das heißt, sie waren prozeßfähig, durften Zeugenaussagen machen und Eide ablegen. So heißt es in den Statuten von Erfurt (1306): »*Ein iclich vrouwe die koufit unde verkoufit, die sal antwerte ane vormunden wes man ir schult gibit, die ane man is.*«[102]

Wie die Geschlechtsvormundschaft wurde auch die Ehevogtei bei erwerbstätigen Frauen zum Teil durchbrochen. Eine verheiratete Kauffrau war der Freiburger Verfassungsurkunde von 1249 zufolge berechtigt, ohne Zustimmung des Gatten gültige Verfügungs- und Verpflichtungsgeschäfte abzuschließen.[103] Auch das Münchner Stadtrecht verfügte die Gleichstellung einer solchen Frau, nahm allerdings Liegenschaftsverfügungen davon aus (!): »*Ain frau, deu ze marcht stat und deu chauft und verchauft, deu hat allen recht, deu ir wirt hat, an erb und aigen, mag sie nicht verchauffen, und chain andren frau mag an irs wirts willen nichts tuon, da mit man gelts schuldich wirt.*«[104] Es ist bezeichnend, daß diese Stelle von Schmelzeisen erst einmal sehr vorschnell als »völlige Gleichstellung« bezeichnet und die doch sehr relevante Einschränkung quasi nur in Parenthese erwähnt wird. Männliche Interpretationen wie diese sind daher mit Vorsicht zu genießen – ein genaueres Quellenstudium würde dies sicherlich zur Genüge beweisen.

Abschließend ist zu betonen, daß die Befreiung der mittelalterlichen Frauen aus der Vormundschaft sich ausschließlich auf die Erwerbstätigkeit beschränkte. Immer wird sie als Ausnahme deklariert – und bei der verheirateten Frau bleibt daneben die strenge ehemännliche Gewalt bestehen. Dennoch bot schon damals die »Berufstätigkeit« der Frau einen ersten Ansatzpunkt für ihre Befreiung von der männlichen Vorherrschaft.

Der dargelegten Entwicklung der Rechtspraxis lag offensichtlich der Gedanke zugrunde, daß Frauen, die sich täglich im Wirtschaftsleben behaupteten, auch den Schwierigkeiten und Risiken des Rechtslebens gewachsen seien. Da die Geschlechtsvormundschaft sich bereits nicht mehr auf die gesamten Lebensverhältnisse der Frau bezog, sondern nur noch auf die Vertretung bei Bürgschaften und Liegenschaftsverfügungen, war es nicht mehr allzu schwierig, darauf bei einer Handelsfrau zu verzichten. Schwieriger gestaltete sich dies in Gebieten, wo noch strenge Vormundschaftsregelungen existierten (wie z. B. in Wien noch im 14. Jahrhundert), die der Frau die Fähigkeit zu jedem Rechtsgeschäft absprachen. Ausgenommen waren nur die Ablegung des Keuschheitsgelübdes und der Eheschluß[105]; man gab ihnen hier von vornherein keine Gelegenheit, ihre Selbständigkeit zu beweisen. Da sich aber auch in solchen Gebieten die allgemeinen ökonomischen Tendenzen durchsetzten, mußte man den Frauen schließlich doch eine freiere Rechtsstellung zubilligen.[106] Gänzlich mit den überkommenen Vorstellungen brechen mochte man jedoch nicht. So wurde der Konvention entsprechend erwartet, daß die unverheiratete Frau vor Geschäftsabschlüssen die Zustimmung ihres Vormundes einholte. Tat sie dies nicht und berief sich später auf die Ungültigkeit des Geschäfts (eben weil sie keinen Konsens erfragt hatte), dann galt ihr Handeln als betrügerisch. Schadensersatzpflicht und öffentliche Strafe waren dann die Folge. Die Widersprüchlichkeit des Rechts liegt auf der Hand: Zwar hatte man sich an die Tüchtigkeit und Redlichkeit der arbeitenden Frau gewöhnt und ihr deshalb weitgehend selbständiges Handeln gestattet; berief sie sich jedoch im Falle eines für sie ungünstigen Geschäftes auf die geltenden Normen und versuchte es durch Ausnutzen der Bestimmungen rückgängig zu machen, so wurde sie wegen Unterlassung zur Rechenschaft gezogen, obwohl sie de facto entsprechend der gängigen Praxis gehandelt hatte. Das Recht arbeitete hier also mit zweierlei Maß.[107]

Auch wo es Bestrebungen gab, zugunsten erwerbstätiger Frauen konsequenter mit den Überlieferungen zu brechen, ging man nur so weit, wie unbedingt zur Ausübung des Gewerbes nötig war. Von Liegenschaftsverfügungen schloß man auch solche Frauen aus: »Es waren eben nur die jeweiligen Lebensbedürfnisse, nach denen sich das Recht richtete.«[108] Als selbständiges Rechtssubjekt akzeptierte man die Frau nicht, das zeigt sich vor allem an der Situation der verheirateten Erwerbstätigen. Ihre Berufstätigkeit reichte noch lange nicht aus, ihre untergeordnete Rolle in der Ehe zu verändern; denn das mittelalterliche Hierarchiedenken war noch viel zu stark auf die Dominanz des Ehemannes fixiert: »Deshalb konnte auch dort, wo unverehelichte Frauen der Geschlechtsvogtei nicht mehr unterlagen, den verehelichten eine gleich freie Stellung nicht zukommen.«[109] Da aber gerade in den Städten der Existenzkampf für den einzelnen immer härter wurde, war mancher Ehemann wohl auf die Mitarbeit seiner Frau bzw. deren selbständiges »Dazuverdienen« geradezu angewiesen, um die Ernährung seiner Familie zu sichern. Er mußte deshalb für manche Rechtsgeschäfte seiner Gattin auf seine vormundschaftliche Gewalt verzichten. Durch den Grundsatz der Offenkundigkeit[110] behielt er jedoch die außerhäusliche Tätigkeit seiner Frau noch unter Kontrolle. Ohne Wissen, Zustimmung und Muntverzicht des Mannes sollte keine Frau einem Gewerbe nachgehen, andernfalls verließ sie unberechtigterweise die ihr zugewiesene häusliche Sphäre.

Erstaunlicherweise hatte die Rezeption des römischen Rechts keine rechtlichen Auswirkungen auf die Erwerbstätigkeit der Frauen. In der *Frankfurter Reformation* von 1509 hieß es: »*So viel denn die Freyheit obberürter Authenticae Si qua mulier etc. betrifft: Ordnen Wir, daß die selbig nicht statt haben soll in Handelspersonen, und wann das Weib so wohl als der Mann, mit im Handel ist, und derwegen ihre Güter für denselben verschreibt.*«[111] Das römische Recht kannte keine Geschlechtsvormundschaft, und seine Rezeption diente deshalb zeitweilig der völligen Beseitigung dieser Einrichtung. Seit dem 16. Jahrhundert lebte die Geschlechtsvormundschaft jedoch unter dem Namen »Kriegsvogtei« in verstärktem Maße wieder auf. Die Schwachheit und Minderwertigkeit des weiblichen Geschlechts wurde wieder betont, und man fand darin die Begründung für eine neuerliche strikte Bevormundung. Am stärksten verfolgten das Lübecker und Hamburger Recht (sächsischer Rechtskreis) diese Anschauung; sie erklärten Frauen für vollständig verpflichtungsunfähig und stellten sie auf eine Stufe mit Minderjährigen.[112] Nach schwäbischem Recht durften Frauen nun nicht einmal mehr Fahrnisverfügungen ohne Zustimmung des Kriegsvogtes vornehmen. Hier hatte sich das römische Recht nicht durchsetzen können, welches die Ehefrau nicht unter die Vormundschaft des Mannes stellte, sondern sie in der väterlichen Gewalt beließ bzw. ihr eine unabhängige Rechtsstellung (*sui juris*) gab.[113] Das deutsche Recht gab zumeist noch dem kirchlichen Satz *vir caput mulieris* (= der Mann ist das Haupt der Frau) den Vorrang.

Das ausgehende Mittelalter zeigt die Tendenz, die Frauen wieder in ihre alte Rolle der Ehefrau und Mutter abzudrängen. Rechtlich gesehen machte dies keine Schwierigkeiten, da sich ja die vorhandenen Zugeständnisse an die Rechtsfähigkeit ausschließlich auf die dauernd erwerbstätigen Frauen bezogen, also Ausnahmecharakter hatten. Im Zuge ihrer Verdrängung aus dem Erwerbsleben sahen sich die Frauen wieder auf die öffentliche Repräsentanz durch einen Mann angewiesen. Sicherlich gibt es nicht nur eine monokausale Erklärung für diese neuerliche Domestizierung der Frau. Eine Ursache wird sicher in der durch die Reformation propagierten Neubewertung der Hausfrau- und Mutterrolle zu suchen sein. Die stärkere Verhäuslichung der Frau trug ihr zwar eine gewisse Achtung innerhalb der Familie ein, aber wichtiger scheint uns, daß sie erneut die »natürliche Unterordnung« des weiblichen Geschlechts perpetuierte. Bis ins 19. Jahrhundert läßt sich die Geschlechtsvormundschaft nachweisen: sie wurde in Württemberg 1828, in Baden 1835, im Königreich Sachsen 1838, in Sachsen-Weimar 1839, in Neu-Vorpommern 1855 und in manchen Gebieten Bayerns erst 1861 aufgehoben. Für die Frauen währte das Mittelalter viel länger, als uns die Geschichtsbücher weismachen wollen.

5. Zur realen Situation der Frau

a) *Das Leben der Frauen auf dem Lande*

»Was gehört den Königen? Die Luft, die Ströme, die Erde, das Meer/ Der Landmann wird von vornherein für das Sieb und den Melkeimer, der König aber für Speisen und Pfeffer, Fleisch und Wein geboren/ Der Bauer bringt aus der Furche für den König Purpur herbei/ seinen Körper aber zerkratzen Kittel aus Werg/ Die das Ihre sinnlos vergeuden, nehmen fremdes Eigentum weg.« [...] »Gier paßt für den Hof, für den alles erzeugt wird/ darbende Enthaltsamkeit sucht die elenden Hütten heim. [...] Der Reiche glaubt, daß der Arme mit Recht sein Knecht sei/ Das Schlechteste darf derjenige begehen, der die größte Macht hat, der Arme aber büßt alles [...]/ Gewalt geht vor Recht [...].«[114]

Das ganze Mittelalter hindurch lebten mehr als neun Zehntel der gesamten deutschen Bevölkerung – die im 10. Jahrhundert etwa 3 Millionen betrug und bis gegen Ende des 14. Jahrhunderts auf schätzungsweise 12 Millionen Menschen angewachsen war – auf dem Lande.

Diese Menschen waren in der Mehrzahl hörig oder leibeigen, des Lesens und Schreibens unkundig und hatten keinerlei Berührung mit der Kultur, die wir heute als typisch für das Mittelalter bezeichnen: höfische Minne, Ritterspiele, die reich beschilderten Handschriften und nicht zuletzt die berühmten Bauwerke und Plastiken, wie zum Beispiel die Statue der Uta am Dom zu Naumburg oder der Bamberger Reiter. All diese Dinge hatten für die ländlichen Zeitgenossen kaum Bedeutung. Ähnlich belanglos war für sie, wer gerade Kaiser oder Papst war, ob oder mit wem diese in Fehde lagen oder ob der jeweilige Kaiser nun die Reichsidee verwirklichen konnte oder nicht; nahm die Bevölkerung einer Gegend doch kaum Notiz davon, wenn sich in der Nachbarregion Menschen, die ähnlich unterdrückt waren wie sie selbst, gegen ihre Unterdrücker zur Wehr setzten: »Die Volksmasse des Mittelalters«, schreibt Engelmann, »hatte kein Zusammengehörigkeitsgefühl, das über die Familie, das eigene Dorf oder allenfalls die engere Gegend hinausgereicht hätte.«[115] Zwischen den einzelnen Dörfern und Gehöften gab es kaum Verbindung, Wege waren so gut wie gar nicht vorhanden. Bis zum Aufkommen des Handels klebten die Bauern des Mittelalters geradezu buchstäblich an ihrer oder, genauer: an ihres Grundherrn Scholle.

Das Leben in den ländlichen Gemeinschaften war äußerst einfach. Erst seit dem 11. und 12. Jahrhundert treten größere Hütten und, seltener, auch Häuser an die Stelle der halb in den Erdboden eingegrabenen Behausungen, und teilweise waren die Wohnräume nun auch schon von den Stallungen getrennt. Steine wurden zum Bau von Bauernhäusern nicht verwendet, als Baumaterial wären sie zu teuer gewesen. Die Blockbauten oder Fachwerkhäuser der Bauern bestanden hauptsächlich aus

Holz und Lehm, die Dächer waren mit Stroh, Schilf oder Schindeln gedeckt. Waren Türen vorhanden, so waren sie nicht mit eisernen Angeln, sondern mit Lederriemen befestigt. Durch Luken, die mit Weidegeflecht, Holzgitter oder Schweinsblasen notdürftig verschlossen werden konnten, fiel das Tageslicht ins Innere des Hauses. In der Regel bestand der Fußboden aus festgestampftem Lehm, und nur in Ausnahmefällen gab es schon Holzdielen. Rohe Balken bildeten die Wände; die Ritzen wurden mit Moos ausgestopft. Im Mittelpunkt des Hauses stand der offene Herd. Er diente zum Heizen und Kochen, und da es noch keine Schornsteine gab, mußte der Rauch durch Fenster und Tür abziehen.

In dieser verrußten Umgebung lebte die bäuerliche Familie, wirtschafteten die Frauen. War das Mobiliar der Bauernhäuser auch sehr bescheiden – außer einfachen Kleiderkisten, Tischen und Bänken, die zum Sitzen, Essen und Schlafen dienten, war kaum etwas vorhanden –, so gab es doch in fast jeder bäuerlichen Wirtschaft Spinnrocken und Webstuhl, an denen die Hausfrauen die nötigen Kleidungsstücke für die ganze Familie anfertigten. Da zur Herstellung der Kleidung aber nicht nur das Spinnen und Weben gehörte, umfaßte die Gewandung von der Schafschur bis zum fertigen Kleid alle anfallenden Tätigkeiten. Die weiblichen Familienmitglieder, verheiratete Frauen und unverheiratet gebliebene Verwandte, kümmerten sich um Keller, Stall und Garten, besorgten die Flachsbereitung, das Bierbrauen, Lichterziehen und Seifensieden, sie zogen die Kinder auf, kochten, wuschen und buken und mußten zum großen Teil überdies noch Dienste für den Feudalherrn leisten. Unverheiratete weibliche Verwandte, die nicht im Verband der Familienwirtschaft unterkommen konnten, mußten sich auf den Höfen und Burgen der Grundherren als Mägde verdingen und dort die gröbsten Arbeiten in Haus und Garten, im Stall oder auf dem Felde verrichten, mußten beim Getreidemahlen, Ofenheizen oder Waschen helfen oder unter Aufsicht der Hausfrauen in gesonderten Frauenhäusern spinnen, weben, nähen und flicken. Wie leicht es war, seine leibeigenen Mägde zu »verschieben«, d. h. einem anderen zu übereignen, zeigt eine Urkunde aus dem Jahre 1333: »*Ich Konrad der Truchseß von Urach, Ritter, thue kund [. . .] daß ich den Ersamen geistlichen Herrn, dem Abt und dem Kon-*

vent des Klosters zu Lorch hab geben die zwei Frauen Agnes und ihr Schwester Mahitt, Degan Reinbolts seligen töchter, und ihre Kindt, die davon kommen mögen, um drei Pfund Heller...«[116]

Die Entlohnung der Mägde (und der Frauen überhaupt) war durch das ganze Mittelalter hindurch wesentlich niedriger als die der Knechte; das galt für die Stadt ebenso wie für das Land, wobei auf dem Lande vorwiegend in Naturalien bezahlt wurde, in Kleidung, Schuhwerk und einer bestimmten Menge Bier. Frauen könnten weniger leisten als Männer, hieß es schon damals, und deshalb gebühre ihnen auch der geringere Lohn. Wieviel und wie schwer die Frauen in Wirklichkeit arbeiten mußten und wie wichtig ihre Arbeit bei der Produktion und Reproduktion war, interessierte bei dieser Argumentation niemanden.[117]

Karger Lohn, karges Essen, einfache Kleidung, nahezu alles Tun und Lassen war dem Bauern und seiner Familie vorgeschrieben; Verstöße gegen die Reglementierungen wurden streng geahndet: die einfachen Hörigen sollten nur Rüben und Kraut essen, gekocht mit ein wenig Speck, außerdem Hirsebrei, Roggenbrot, Käse und als Getränk Bier. In einem polemischen Gedicht des 13. Jahrhunderts heißt es sogar, die für den Bauern angemessene Nahrung seien Disteln und Stroh. Im *Helmbrecht,* einer Erzählung aus der zweiten Hälfte des 13. Jahrhunderts, erhält der Sohn des Meiers zwar ein gutes und reichliches Essen: Kraut und Fleisch, fetten mürben Käse, eine am Spieß gebratene Gans, ein gebratenes und ein gesottenes Huhn[118]; aber zum einen waren die Meier in der ländlichen Gesellschaft besser gestellt und zum anderen scheint es sich bei dieser Aufzählung um ein Festessen zu Ehren des heimgekehrten Sohnes, also um die Ausnahme, gehandelt zu haben. In der Regel mußten die Frauen der Bauern zweifellos äußerst sparsam haushalten. Gekocht wurde auf dem schon erwähnten offenen Herd, über dem das hölzerne und irdene Geschirr aufgehängt war; gegessen wurde mit den Fingern, Messer aus Metall waren kostbare Seltenheiten, die Gabel war noch gar nicht erfunden. Freilich, die bekannten Darstellungen von Bauernhochzeiten zeigen ein ganz anderes, eher heiteres und viel rosigeres Bild. Aber es sind eben Bilder von Festen, und da wurde dann aufgetragen, was Küche und Keller zu bieten hatten, und es wurde gegessen und getrunken, was das Zeug hielt. Daß Hochzeiten in der bäuerlichen Gemeinschaft einen so hohen Stellenwert hatten, ist kaum verwunderlich, waren doch, wie wir oben sahen, Ehe und Familie die wichtigsten Voraussetzungen für eine funktionierende bäuerliche Wirtschaft.

Doch gerade bei der Eheschließung trat die Abhängigkeit der Bauern vom Grundherrn besonders drastisch hervor. Der Grundherr, dem auch die jeweils Heiratswilligen unterstanden, hatte nämlich ein gewichtiges Wort mitzureden bei der Wahl des Ehepartners, da es nicht in seinem Interesse sein konnte, Arbeitskräfte zu verlieren. Am günstigsten war es für ihn natürlich, wenn Nachbarskinder untereinander heirateten: »Heirate über den Mist, so weißt du, wer sie ist«, heißt ein sinniger Spruch, und die Beengtheit des bäuerlichen Lebensraumes legte nahe, sich an ihn zu halten. Heiratete eine Freie einen Hörigen, wurde sie wie dieser vom entsprechenden Grundherrn abhängig: »Gehst du zu meinem Hahn, so wirst du meine Henne«; umgekehrt galt: »Trittst du mir meine Henne, so wirst du mein Hahn.«[119] Die Kinder, die aus diesen Verbindungen hervorgingen, folgten immer dem schlechteren Stand.

In vielen Territorien drohte den heiratswilligen Mädchen zudem das *jus primae noctis*. Es ist nicht überliefert, inwieweit die Herren – übrigens auch die Geistlichen – von ihrem Recht Gebrauch machten, in der Brautnacht den Bräutigam bei der Braut zu »vertreten«. Erhalten sind jedoch zahlreiche Berichte, nach denen die Braut freigekauft wurde. Manche Bräute, schreibt Epperlein, hatten ihrem Grundherrn so viel Käse oder Butter zu entrichten, »als dick und schwer ihr Hintern war«.[120] Auch Geld wurde anstelle der Jungfer gern und reichlich entgegengenommen, Geld, das im Laufe der Zeit typische Spottnamen bekam: Jungfernzins, Stechgroschen, Schürzenzins und Hemdschilling, um nur einige aufzuzählen. Aber wenn man weiß, wie arm die Landbevölkerung war, kann man sich vorstellen, daß viele Frauen ihrem Grundherrn wohl oder übel zu Willen sein mußten, wenn dieser auf seinem »Recht« bestand.

Wie notwendig die Familie für die bäuerliche Wirtschaft war, wurde schon angedeutet: Je mehr Kinder vorhanden waren, desto mehr Arbeitskräfte hatte man für Haus, Stall, Garten und Feld. Um die Nachkommenschaft zu sichern, wurde in manchen Gegenden angeordnet, daß der Bauer sein Ehegemahl zum Nachbarn zu tragen habe, wenn er seiner Frau »ihr frauliches Recht« nicht gewähren konnte. Er war teilweise sogar verpflichtet, sie »ohne Stoßen, Schlagen, Werfen und böse Worte« zu seinem Nachbarn zu tragen. Wolle oder könne dieser nicht helfen, so solle der Mann sein Weib auf die nächste Kirmes in der Umgebung schicken »und daß sie sich seuberlich zumache und verziehre und hange ihr einen beudel vol mit gelde bespickt auf die seide, [...] kompt sie dennoch wieder ungeholfen, so helfe ihr dan der teufel«.[121]

Die Schwangeren standen während des ganzen Mittelalters überall unter besonderem Schutz, und speziell unter der Landbevölkerung konnte sich die Vorstellung von der Frau »als Gefäß der Sünde« nicht recht durchsetzen; unter den Bauern lebten noch stark die Reste germanischer Rechtsvorstellungen, die der Frau als Produzentin der Nachkommenschaft großen Wert beimaßen. Als Mithelfende wurde die Frau allerdings zu allen Zeiten geachtet, ganz gleich, ob germanisches oder römisches Recht galt, und gerade auf dem Lande war die Frau als Gehilfin des Mannes unersetzlich. Sie melkte nicht nur die Kühe und Schafe, sondern bestellte auch die Saat, packte bei der Ernte und beim Dreschen kräftig mit zu und schnitt Getreide. Die Illustration zum *Speculum virginum* zeigt Frauen auf dem Felde, die säen und das Getreide schneiden, Halme zusammenrechen, Garben binden und die Garben zur Scheune tragen (vgl. Abb. S. 58).

Die wenige Zeit, die der arbeitsreiche, mühselige Alltag der ländlichen Bevölkerung noch zu Vergnügungen übrigließ, scheinen die Bauern dann auch in vollen Zügen genossen zu haben.[122] Man traf sich zum Tanzen bei den verschiedensten Gelegenheiten: beim Frühjahrsfest, beim Erntefest, bei Hochzeiten, Kindstaufen, bei der Kirmes – und immer wurde getanzt. Zum Maifest steckten die jungen Burschen ihrer »Verehrten« frisches Grün an die Tür, ein Brauch, der heute noch in manchen Gegenden fortlebt, und das schönste Mädchen im Dorf fällte im Gemeindewald den Maibaum, der, so hoffte man, die bösen Geister austrieb und die Kühe viel Milch geben ließ.[123]

3. Frauen bei der Ernte. (Aus: *Der Jungfernspiegel* Nr. 15326, Rheinisches Landesmuseum, Bonn)

Die Freuden des Erntefestes besingt Hadloub von Zürich in einem Erntelied zu Beginn des 14. Jahrhunderts. Auch wenn dieses Gedicht vor allem als literarisches Zeugnis zu betrachten ist, so kann man doch wohl davon ausgehen, daß die darin beschriebenen Bräuche sich an der Realität der bäuerlichen Feste orientierten und daß es keine rein fiktive Situation schildert:

»Auf rüstige Knechte, Auf liebliche Mägde,
Macht Euch zum Tanz bereit!
Heil ihm, wer da ein Liebchen hat!
Auch Minnesold / Wird jetzt gezollt!
Und eingeerntet Minnesaat.
Der Erntezeit
sich der Minner freut:
Da hütet die Mutter der Tochter nicht viel
Da gehts ans Kosen mit manchem losen
Gesang und Scherz mit Minnespiel.
Drum jubeln so die Knechte,
Drum hüpfen so die Mägde
zum kühlen Abendtanz,
Und lieber als die Maien
mit ihren grünen Reihen
ist ihn' der Erntetanz...«[124]

Über die Tänze der Bauernmädchen und deren hohe Sprünge berichten viele Sommerlieder des Mittelalters. Anfänglich waren diese Sprünge wohl heidnische Kulthandlungen, und auch später hielten sich Vorstellungen wie die, daß der Hopfen so hoch wächst wie die Mädchen sprangen, so daß diese versuchten, sich gegenseitig zu überbieten – sehr zum Ergötzen der männlichen Jugend, denen die hochfliegenden Röcke tiefe Einblicke boten. Die erotischen Reize, die mit diesen Tänzen verbunden waren, waren für die mittelalterlichen Menschen nichts Außergewöhnliches, hatten sie doch ein durchaus natürliches Verhältnis zu ihrem Körper und damit eine freiere Einstellung zur Sexualität.

Neidhart von Reuentahl schildert in einem seiner Sommerlieder die Auseinandersetzung zwischen einer Mutter und ihrer Tochter, die sich darum streiten, wer von beiden nun zum Tanz unter die Linde gehen dürfe. Die Mutter meint, die Tochter sei noch viel zu jung für die Liebe. »Ei was«, erwidert die Tochter, »Ihr wart ja erst zwölf Jahre alt, als ihr eure

Jungfernschaft verlort.« – »Nun so nimm meinetwegen Liebhaber, soviel du willst.« – »Das täte ich auch gerne, wenn Ihr mir nicht immer die Männer vor der Nase wegschnappen würdet. Pfui, hol euch der Teufel, habt doch schon einen Mann, was braucht Ihr noch andere?« – »Pst, schweig still, Töchterlein. Minne wenig oder viel, ich will nichts dagegen haben und solltest du auch ein Kindlein wiegen. Sei aber auch verschwiegen, wenn du mich der Liebe nachgehen siehst.«[125]

Dieser Bericht ist allerdings in erster Linie eine literarische Überlieferung, die noch dazu auf einen Dichter zurückgeht, der vermutlich nicht einmal dem Bauerntum entstammte. Aber selbst wenn man Neidhart unterstellt, daß er die Festbräuche der Bauern literarisch stilisierte, so wird man doch voraussetzen dürfen, daß er dafür Anhaltspunkte fand in der Realität, die ihn umgab.

Fanden im Sommer die Tanzfeste und Vergnügungen im Freien statt, so trafen sich die Dörfler im Winter in der Wirtshausstube zu geselligem Beisammensein und Tanz oder in den Spinnstuben, über die ja, wie schon erwähnt, fast jeder bäuerliche Haushalt verfügte. »Wir gehen zum Rockenspinnen,« heißt es in einem Gedicht, »da schütteln wir den Mädchen die Spreu von den Kleidern / da rücken zwei zusammen und spielen eine Weile kleines Genäsch / und treiben mancherlei Gewäsch mit geschliffenen spitzen Worten. / Kommt der Wind in das Licht gepfiffen, so helfen sie, daß es bald erlischt . . .«[126]

Mit der Entwicklung der Städte, dem Aufkommen des Handels und Handwerks, besonders seit dem 12. und 13. Jahrhundert, setzte auch die Landflucht ein. »Stadtluft macht frei«, heißt es bald, und große Teile der ländlichen Bevölkerung verlassen Haus und Hof, um sich der immer erbarmungsloseren Ausbeutung durch den Grundherrn zu entziehen. Die Ansprüche der Ritter und der Geistlichkeit auf dem Land waren nämlich in dem Maße gestiegen, in dem sich der Handel mit dem Orient ausweitete und immer neue exotische Kostbarkeiten auf den Markt kamen. Die Feudalherren, die nach dem Übergang von der Natural- zur Geldwirtschaft die fälligen Abgaben in Form von Geld erhielten, suchten den starken Kaufkraftverlust dadurch auszugleichen, daß sie die Abgaben ständig erhöhten. Und dies nicht nur, um zu überleben, sondern vor allem auch, um sich und ihren Damen all die neuen Köstlichkeiten kaufen zu können: Samt und Seide, Spitzen, Möbel und Schmuck, arabische Wohlgerüche und italienische Gewürze. Erschienen Edeldamen prächtig gekleidet zu den Festlichkeiten der Herren, so soll es in jener Zeit geheißen haben, sie trügen soundso viele Dörfer auf dem Leib.[127] Von Erzbischof Albrecht III. von Magdeburg berichtet die Chronik, er hätte seine Bauern derart bedrückt, daß er innerhalb von drei Jahren, 1368-71, mehr als 3000 »wüste« Höfe in seinem Besitz zu »beklagen« hatte.[128]

Zu diesem Joch der Bauern kamen noch die Fehden der Herren untereinander, die sich blutrünstig und rachdurstig über die Felder und Wiesen ihrer Hörigen hinweg verfolgten und alles niedertrampelten und verbrannten, was ihnen im Weg stand. Da die Bauern nicht auf Vorrat produzierten, blieb ihnen nichts, wenn die Felder verwüstet und der kärgliche Viehbestand vernichtet waren. Vor allem aber trugen die Naturkatastrophen, die zu Teuerungen und Hungersnöten führten, und die Pest, die 1348 über Europa hereinbrach, entscheidend dazu bei, daß viele heimatlos und entwurzelt wurden. Bar jeglicher Reproduktionsgrundlage bewegten sich im Laufe des Spätmittelalters ganze Bettlerheere auf die Städte zu, die diesem Problem nicht Herr werden konnten.

b) Zur Situation der Frauen in den Städten

Seit dem 10. und 11. Jahrhundert nahm der Handel auch in Deutschland einen kräftigen Aufschwung. Man begann Öl, Wein, Gewürze, Samt und Seide, Waffen, Pferde, Wachs, Salz, Honig, Getreide und Bernstein einzuführen. Zugleich hatte sich aus den Familienwirtschaften eine Arbeitsteilung zwischen Geräteherstellern und Gerätebenutzern entwickelt, die zur Herausbildung der Handwerksbetriebe führte.

Dieses Anwachsen von Handel und Handwerk hatte zur Folge, daß sich nicht nur die alten, weitgehend verfallenen Römerstädte im Rhein- und Donautal wieder zu beleben begannen, sondern auch zahlreiche neue Städte entstanden, zumeist an den für den Handel notwendigen Marktorten. Zu Anfang waren auch diese Städte nur eine Ansammlung von armseligen Hütten aus Holz und Lehm mit Stroh- oder

4. *Die Spinnstube* (Holzschnitt von H. S. Beham, 16. Jahrhundert)

Schindeldächern. Mit ihren Schmalseiten bildeten diese Häuser enge, krumme Gassen, die höchst selten gepflastert waren. Überall lagen Abfälle und Unrat umher, und es gab keine Wasserleitungen, keine Kanalisation und keine Straßenbeleuchtung – Dinge, die schon die Griechen kannten und die in den Großstädten der Römer gang und gäbe waren. Man darf sich diese Städte allerdings nicht in den heutigen Größenordnungen vorstellen. Um 1500 hatten 2450 der 3000 deutschen Reichsstädte weniger Einwohner als heute selbst kleinere Dörfer. Nur ganz wenige Städte wie Köln, Straßburg, Augsburg, Lübeck, Nürnberg, Danzig, Breslau, Ulm oder Erfurt hatten Einwohnerzahlen zwischen 20- und 30 000 aufzuweisen.[129] Selbst Frankfurt zählte um 1600 noch weniger als 18 000 Einwohner.[130] Waren die »städtischen Freiheiten« auch verbürgt und verbrieft, so galten sie doch nicht für alle. Nur wer in der Stadt Haus- oder Grundbesitz hatte oder selbständig ein Handwerk ausübte und ordnungsgemäß Steuern zahlte, genoß volles Bürgerrecht.

Auch in den Städten waren die Frauen zu Anfang nur in der Familienwirtschaft tätig: sie besorgten den Haushalt und gingen ebenso wie die Kinder dem Ehemann bei dessen Arbeit zur Hand. Mit der immer größeren Ausbreitung von Handel und Handwerk und, damit verbunden, mit den immer stärker sich herausbildenden Berufssparten kamen auch den Frauen vermehrte Aufgaben zu.

Im Mittelalter herrschte Männermangel. Eine Volkszählung ergab in Frankfurt im 14. Jahrhundert ein Verhältnis von 1000 männlichen Bürgern zu 1100 weiblichen; in Nürnberg (im 15. Jahrhundert) wurden Knechte und Mägde mitgezählt, was das Mißverhältnis erhöhte: auf 1000 Männer kamen 1207 Frauen.[131] Die Zahl der Männer dezimierte sich im Gefolge der Kreuzzüge, durch die langen und beschwerlichen Handelsreisen, die blutigen Bürgerzwiste und Fehden. Hinzu kam eine offensichtlich größere Resistenz der Frauen gegen Krankheiten und eine, wie Bücher schreibt, hohe Männersterblichkeit »durch die Unmäßigkeit der Männer in jeder Art von Genuß«.[132] Zölibat und das Verbot der Gesellenheirat trugen ein übriges dazu bei, daß viele Frauen allein blieben und versuchen mußten, »ihre Frau zu stehen«. Die Zahl der alleinstehenden Frauen wurde zudem durch ehemalige Hörige und Leibeigene vermehrt, die entweder ihren Herren entlaufen oder von diesen freiwillig entlassen worden waren, weil ihnen selbst das Wasser bis zum Halse stand.[133] Auch Eltern mußten ihre Töchter aus dem Hause schicken und verdingen, weil der Verdienst nicht ausreiche, sie bis zur Heirat zu ernähren, und eine spätere Verehelichung ja keineswegs gewährleistet war. Trotzdem galt auch im Mittelalter in der Regel der Satz, ein Mädchen brauche keinen Beruf zu erlernen, es heirate ja doch. Mädchen sollten sich um die Hauswirtschaft kümmern, man könne ja nicht wissen, wen sie einmal ehelichten, und was nutze dem Schuster eine Frau, die das Schneiderhandwerk erlernt hatte? Ideologie, die von der Realität bald widerlegt wurde.

Ökonomische Notwendigkeiten schufen so die Bedingungen für eine große Umwälzung in der sozialen und rechtlichen Stellung der Frau. Wenn man auch nicht vergessen darf, daß die Möglichkeit, einen Beruf zu erlernen, selbständig auszuüben oder gar einen Meisterbetrieb zu leiten, nur wenigen Frauen in den Städten vorbehalten war, so stellt diese Phase des Mittelalters doch eine Ausnahme dar in der Geschichte der

Unterdrückung der Frau: In den Städten des Hochmittelalters waren die Frauen generell von keinem Gewerbe ausgeschlossen, zu dem ihre Kräfte ausreichten. Das war ein Faktor, der den Frauen im Alltagsleben bereits eine relative Gleichberechtigung ermöglichte und damit, wenn auch nur auf kurze Zeit, eine Bewußtseinsveränderung in Gang brachte, die allerdings schon bald, spätestens aber zur Reformationszeit, wieder beendet war.

Bei der Untersuchung der Stellung der Frau in den Zünften stößt man bald auf größere Schwierigkeiten. Je mehr Material man zu diesem Thema hinzuzieht, desto größer wird die Konfusion. Es scheint müßig, an dieser Stelle die verschiedenen Theorien über die Entwicklung der Zünfte aufzuführen. Sicher ist nur so viel, daß der Ursprung der Zünfte in Deutschland bis heute im dunkeln liegt. Sicher scheint, daß die Zünfte zunächst reine Männerbünde waren, und daß Frauen in der Stellung selbständiger Zunftmitglieder in deutschen Quellen erst seit dem 14. Jahrhundert in größerem Umfang auftauchen.[134] Wie diesen Frauen der Zugang zu den Zünften möglich wurde, ist ebenfalls bis heute nur unzureichend geklärt. Man nimmt an, daß zuerst Witwen in die Zunft aufgenommen wurden, in welcher ihr verstorbener Mann Mitglied war. Im Laufe der Zeit wurde es dann mehr und mehr üblich, daß sich die Frauen auch selbständig in Zünfte einkaufen konnten.

Die Bedingungen für den Einkauf in die Zunft waren regional unterschiedlich; so brauchten die Frauen nach einer Hamburger Bestimmung der Leineweberzunft nur die Hälfte des für den Rat bestimmten Aufnahmegeldes zu zahlen, durften aber auch nicht jede Art Leinen herstellen, sondern waren nur zum »schmalen Werk« zugelassen. Auch in Neuß brauchten die Leineweberinnen nur die Hälfte des Einstandgeldes zu entrichten, denn man ging davon aus, daß eine Frau für sich allein das Gewerbe nicht im selben Umfang ausüben könne wie ein Mann (eine der wenigen Ausnahmen, wo sich die angeblich geringere Leistungskraft der Frau positiv auswirkte). Im Krämerzunftbrief von Zürich 1336 galten hingegen für Männer wie für Frauen die gleichen Aufnahmebedingungen. Unter anderem wurde von beiden ein untadeliger Lebenswandel gefordert.[135] In den zünftigen Berufen traten die Frauen vor allem in der Textilfabrikation auf; Spinnrocken und Nadelarbeit galten ja von alters her als der »weiblichen Natur« angemessen. Frauen arbeiteten als Kämmerinnen, Nopperinnen, Bleicherinnen, Färberinnen oder Spinnerinnen, in Köln auch als Fütterinnen bei den Kürschnern. Zwar war die Weberei seit dem 12. Jahrhundert fest in Männerhänden, aber Frauen durften die Vorrichtarbeiten ausführen: Wollkämmen, Garnziehen, Spinnen und Spulen. In der Wollweberei waren die Frauen meist abhängige Lohnarbeiterinnen, die entweder in den Häusern der Meister oder in Heimarbeit ihrer Tätigkeit nachgingen. Diese Hilfskräfte waren an genaue Vorschriften gebunden, deren Einhaltung Zunft- oder Ratsmitglieder überwachten. Die Gesetze der Frankfurter Wollweber für die Wollkämmerinnen besagen im Jahre 1377, daß es diesen bei Strafe von einem Groschen verboten sei, verschiedene Wolle über einen Kamm zu ziehen, damit die Ware nicht vermischt werde. Die Frauen sollten die anvertraute Wolle reinhalten und nicht in Nässe und Feuchtigkeit legen. Länger als vier Wochen sollten sie für ihre Arbeit nicht brauchen.[136] In Aachen durften nur bestimmte Kämme zum Wollkämmen verwendet, unvorschriftsmäßige Kämme dagegen mußten von den Frauen vernichtet werden.

Allerdings gab es auch unter den Webern bald selbständige Meisterinnen, vor allem in der Leineweberei.[137] In Frankfurt lag die Schleierweberei und -wäscherei ganz in den Händen der Frauen, und in Köln bestanden seit dem 14. Jahrhundert sogar eigene weibliche Zünfte. Die Garnmacherinnen mußten sechs Jahre lernen, und keine Meisterin durfte mehr als drei Mägde oder Gehilfinnen beschäftigen. Auch die Goldspinner-, Seidenweber- und Seidenmacherzünfte hatten ausschließlich weibliche Mitglieder. In allen Zünften gab es Zunftzwang. Bei den Seidenweberinnen und Garnmacherinnen war es dem Ehemann gestattet, nach dem Tod der Meisterin deren Betrieb weiterzuführen. Diese Zünfte verhielten sich also mit umgekehrten Vorzeichen ganz analog den männlichen Handwerksvereinigungen. Allen weiblichen Zünften standen Amtsmeisterinnen und Amtsmeister vor, die jährlich gewählt wurden.

»Bei den Goldspinnerinnen und Seidenweberinnen waren es jährlich je zwei. Jene wählten die männlichen Vorstandsmitglieder aus den Goldschlägern, die Seidenweberinnen und Garnspinnerinnen aus den Ehemännern der Genossinnen. Die Zuständigkeiten waren in der Weise verteilt, daß die Amtsmeister die Zunft nach außen hin zu vertreten hatten und die Gewerbepolizei ausübten, den Amtsmeisterinnen hingegen die technische Beaufsichtigung der gewerblichen Arbeiten oblag.«[138]

Das Beispiel der Amtsvorsteher, die die Zunft nach außen hin vertreten mußten, zeigt deutlich, daß selbst in dieser Phase des Mittelalters die Frauen von allen gesellschaftlichen und öffentlichen Bereichen ausgeschlossen waren. So selbständig die Frauen innerhalb ihrer Zünfte schalten und walten konnten, so wenig galten sie nach außen; sie brauchten Männer, die sie repräsentierten.

Waren die Frauen ursprünglich für die gesamte Gewandung zuständig, so bildeten sich auch auf diesem Gebiet im 12. Jahrhundert Männerzünfte, die wiederum von den Frauen unterwandert bzw. übernommen wurden. Fest steht, daß die weiblichen Zunftmitglieder ähnlichen Beschränkungen unterworfen waren wie die männlichen, daß aber die »Weiberlöhne« immer niedriger waren als die der Männer, weil nämlich auch im Mittelalter die weibliche Arbeitskraft einen geringeren Tauschwert besaß als die männliche. Frauen waren zudem während des ganzen Mittelalters vom Vorsteheramt einer Zunft ausgeschlossen, d. h. sie besaßen nie das Vollgenossenrecht, denn dies schloß die Möglichkeit ein, der Zunft zu präsidieren.

In den nichtzünftigen Berufen waren die Frauen hauptsächlich im Kleinhandel tätig. Bücher spricht für Frankfurt von einem »außerordentlich spezialisierten Kleinhandel«, bei dem die Frauen überwogen: »Obst, Butter, Hühner, Eier, Heringe, Mehl, Käse, Milch, Salz, Öl, Senf, Essig, Federn, Garn, Sämereien werden fast nur von ihnen vertrieben.«[139] Die Frau als Hökerin, Trödlerin, Krämerin und Händlerin scheint außerordentlich erfolgreich gewesen zu sein, obwohl auch auf diesem Gebiet die Männer versuchten, die »Weiberherrschaft« durch Verordnungen und Reglementierungen in Grenzen zu halten. Im Handel mit dem Ausland traten die Frauen allerdings eher passiv in Erscheinung, nämlich als Geldgeberinnen. Sie beteiligten sich finanziell an Handelsgesellschaften, ohne selbst geschäftlich tätig zu sein. Die Kölner Seidenspinnerinnen waren häufig mit reichen Großkaufleuten verheiratet, die die kostbaren Erzeugnisse ihrer Frauen auf ferne Märkte, nach

Flandern und England, an die Nord- und Ostsee sowie zur Leipziger und Frankfurter Messe brachten. Die Chronik berichtet nur von einer Frau, die selber im 15. Jahrhundert Geschäftsreisen nach England unternahm: Katherina Ysenmengersche aus Danzig.[140]

c) Versorgungsanstalten: Klöster, Samungen, Beginenhäuser

Seit dem 11. Jahrhundert nahm die Zahl der Frauenklöster stetig zu. Warum sich plötzlich so viele Frauen »hinter Klostermauern zurückzogen«, ließ sich bei der Beschäftigung mit dem Thema allerdings nicht herausfinden. Fest steht nur, daß ein Grund wohl der Männermangel war: Die Ehe als Versorgungsinstitution war nicht mehr gewährleistet, weder für die Frauen des Adels noch für Bürgerinnen, und das Klosterleben bot eine Alternative.

Da die Quellen nur eine »massenhafte« Hinwendung zu Gott konstatieren, sind wir auf Spekulationen angewiesen, welche Gründe, außer den verminderten Chancen sich zu verheiraten, dafür ausschlaggebend gewesen sein könnten, daß sich Frauen »von der Welt abwandten«. Einmal mag das Klosterleben, worauf oben bereits hingewiesen wurde, vielen Frauen, vor allem adeligen, die Gelegenheit geboten haben, sich in einem hohen Maße zu bilden; zum anderen konnten sie sich teilweise auch lästigen Familien- und Ehepflichten entziehen und in der Abgeschiedenheit der Klöster ein relativ selbständiges Leben unter Gleichgesinnten führen; auch mag der jedenfalls theoretisch geltende Satz von der Gleichheit vor Gott sehr viele nichtadelige Frauen dazu bewogen haben, einem Orden beizutreten; überdies erlaubte ihnen die offiziell propagierte Askese, ihre persönliche Armut zur Weltanschauung zu erheben.

Wir können im folgenden nur einen sehr einfachen, rein deskriptiven Überblick über das Leben in den Frauenklöstern geben und müssen die eigentlich interessanten Fragen offen lassen: ob die Klöster, wenn auch sicherlich nicht für alle Frauen, nicht auch eine emanzipatorische Bedeutung hatten; warum die Frauen plötzlich so stark von der Religion angezogen wurden; und schließlich, welche Rolle die Mystik bei der Hinwendung der Frauen zu Gott spielte.

Es waren zu Anfang in der Regel wohl nur adelige Damen, die in die Klöster eintraten; erst seit dem 13. und 14. Jahrhundert suchen auch immer mehr alleinstehende Bürgersfrauen und -töchter Zuflucht in den Orden. Diese neuen Klöster hatten nun wohl eher den Charakter von Versorgungsanstalten für die Frauen und Mädchen der begüterten Stände. Sofern das ziemlich hohe Einkaufsgeld gezahlt werden konnte, konnten die Damen in den Klöstern ein recht beschauliches Leben führen. Zwar verpflichteten sich auch die Nonnen zu einem Leben in Askese und Gottesverehrung, doch die Regeln der weiblichen Orden waren nie so streng wie die der Männerklöster. Bühler berichtet von einer Anweisung des Dominikaner-Ordensgenerals Munio aus dem Jahre 1289, die dieser den Schwestern von St. Lambert für die Behandlung der Gräfin Agnes von Orlamünde gab:

»Sie kann die Vergünstigungen der Infirmie genießen, wenn sie nicht mit der klösterlichen Gemeinde speisen will. Sie soll nicht zur Verrichtung von Diensten aufgeschrieben werden, sie soll auf Polstern schlafen dürfen, werde in den täglichen Kapiteln nicht vorgerufen und soll mit Arbeiten nicht beschwert werden. Solches soll ihr und Personen von hohem Stande, ja allen, die von einer feineren Lebensführung herkommen, gestattet werden, ohne daß man es als Regelverletzung betrachte...«[141]

Die Frauen in den Klöstern beschäftigten sich mit Handarbeiten, Singen, Lesen und Schreiben – vor allem dem Abschreiben und Illustrieren von geistlichen Texten – sowie mit Sprachlehre; junge Mädchen erhielten außerdem Anstandsunterricht. Die Zahl der Kinder in den Frauenklöstern muß ziemlich hoch gewesen sein, denn betrachtet man die Lebensgeschichte berühmt gewordener Ordensfrauen wie Hildegard von Bingen, Roswitha von Gandersheim oder Gertrud von Hackeborn, so stellt man fest, daß alle diese Frauen schon mit vier oder fünf Jahren ins Kloster eintraten. In manchen Klöstern war es sogar Bedingung, daß die Mädchen jünger als sieben Jahre waren. Nach allgemeiner Auffassung bewahrten sie so eher ihre kindliche Einfalt und blieben empfänglicher für die geistlichen Lehren, weil sie von weltlichen Dingen noch nichts erfahren hatten. Caesarius von Heisterbach erzählt um 1220 in seinem *Dialogus miraculorum* von einer

Nonne, die schon lange im Kloster lebte, sich aber ihre kindliche Naivität erhalten hatte:

>»[...] Sie war aber in den Dingen, die die Welt betrafen, noch das reinste kleine Kind, so daß sie ein Tier und einen Weltmenschen kaum unterscheiden konnte [...]. Eines Tages stieg ein Ziegenbock auf die Mauer des Obstgartens. Als unsere Nonne ihn sah und sich gar nicht erklären konnte, was dies eigentlich sei, sagte sie zu einer Schwester, die neben ihr stand: Was ist das? Diese kannte ihre Einfalt und antwortete der Hocherstaunten: Eine Frau von der Welt draußen! Sie fügte noch bei: Wenn die Weltweiber alt werden, dann wachsen ihnen Hörner und Bart. Die Fragerin glaubte dies und wünschte sich Glück, wieder etwas gelernt zu haben.«[142]

Stets bemühte sich die Kirche, die Zahl der Nonnen und der Nonnenklöster gering zu halten. Frauen durften nie Seelsorge über andere Frauen ausüben, und so hatte die Kirche ein gutes Argument gegen die Überhandnahme von Frauenklöstern: Die Betreuung der weiblichen Orden nehme zuviel Zeit der Mönche in Anspruch und halte diese von ihren eigentlichen Pflichten ab.[143] Zwar gab es zahlreiche Doppelklöster wie die der Prämonstratenser, in denen Männer und Frauen in getrennten Gebäuden, doch in derselben Klostergemeinschaft und unter einer Leitung lebten; im Kloster Fontrevault hatten die Nonnen sogar die Oberaufsicht über die Mönche; aber es wurde bald verboten, Doppelklöster zu gründen, da die Moral dort angeblich zu stark gefährdet war.

Daß es die Frauenklöster mit der Sittenstrenge nicht immer allzu genau nahmen, läßt sich denken, wenn man den Versorgungscharakter der Klöster betrachtet: zahlreiche Frauen gingen schließlich aus anderen als religiösen Gründen ins Kloster.

Seit dem 12. Jahrhundert versuchten besonders die Bettelorden, die Klöster zu reformieren und zu einer reinen, asketischen Lebensweise zurückzuführen. In Deutschland fielen diese Bemühungen indes auf wenig fruchtbaren Boden. Es schien, als hätten sich hier die Nonnen und Mönche mit dem Gedanken der Askese nicht so recht anfreunden können. Als Graf Eberhard von Württemberg 1484 in seinem Frauenkloster Söflingen eine Reformation durchführen wollte und zu diesem Zweck das Kloster durchsuchen ließ, fanden sich zahlreiche völlig eindeutige Liebesbriefe[144] von Geistlichen an die Nonnen, und eine ärztliche Untersuchung der Klosterfrauen ergab, daß die meisten schwanger waren; sie mußten daraufhin das Kloster verlassen. Auch bei Bühler findet sich eine Stelle, die als durchaus üblich belegt, daß Nonnen niederkamen: »... pflegten die Nonnen, wenn eine aus ihnen ein Kind geboren hatte, die Wöchnerin, wie es sich gehört, mit guter Speise und Bädern zu erquicken. Die Mitschwestern besuchten die Mutter und brachten ihr mancherlei Geschenke...«[145]

Diese »Verwahrlosung der Sitten« in den Frauenklöstern wird in der neueren Literatur als einer der Hauptgründe angegeben, warum im Zuge der lutherischen Reformation die meisten Frauenklöster aufgelöst wurden. Die Erklärung erscheint uns jedoch zu einseitig und deshalb unzureichend. Ein Grund dafür, daß die Frauenklöster ebenso wie die Männerklöster aufgelöst wurden, wird darin zu suchen sein, daß sich mit den Lehren Luthers auch neue Ansichten über die Askese und über die Geschlechtsmoral verbreiteten. Der Sexualtrieb wurde jetzt eher als der menschlichen Natur zugehörig erkannt und sollte, wenn auch nur in der Ehe, ausgelebt werden. Denn der Mensch sollte Gott nicht mehr nur durch Rückzug aus der Welt dienen, sondern im täglichen Leben.

Anstatt sich hinter Klostermauern zurückzuziehen, konnten sich begüterte Witwen und Jungfrauen im 14. und 15. Jahrhundert auch eine Leibrente kaufen, das heißt, sie bezahlten der Stadt Geld, bekamen dafür eine Rente und, wenn sie vom Lande waren, das Bürgerrecht. Das Bürgerrecht gewährte ihnen Schutz, und die Rente sicherte ihnen ein sorgenfreies Leben. In Frankfurt gab es zum Beispiel mehrere zusammenwohnende, meist miteinander verwandte Frauen, die zu dritt oder viert eine Art Frauenwohngemeinschaft bildeten. Diese Frauen behielten ihr mitgebrachtes Vermögen und versteuerten es auch selbst, bestritten aber den Haushalt gemeinsam. In Straßburg bildeten sich aus diesen Gemeinschaften Vereine, sogenannte *Samungen*. Die Mitglieder hießen Pfründerinnen oder, nach ihrer Tracht, Mantelfräulein.

Am Anfang standen die *Samungen* in naher Beziehung zur Kirche, vor allem zu den Dominikanern. Die Schwestern, wie sie sich selbst nannten, lebten im ersten Jahrhundert des Bestehens ihrer Vereinigungen in völliger Gütergemeinschaft. Aufnahmebedingung war, daß die Eintretende so viel eigenes

Vermögen besaß, daß sie davon leben konnte. Trat ein Mädchen vor dem 14. Lebensjahr aus der Gemeinschaft aus, so mußte es für jeden in der *Samung* verbrachten Monat 14 Pfennige entrichten; schied es nach dem 14. Lebensjahr aus, etwa um sich zu verheiraten, so mußte es sein Vermögen zurücklassen und durfte nur Kleider und Bettzeug mitnehmen. Wollte eine Frau in ein Kloster überwechseln, bekam sie 5 Pfund aus ihrem Vermögen mit. Die Schwestern lebten in den *Samungen* zwar nicht nach den Regeln der Ehelosigkeit, trotzdem zog ein Verhältnis zu einem Mann den Ausschluß aus der Gemeinschaft nach sich. Bei etwaiger Auflösung der *Samungen*, so hieß es in den Statuten, sollte das gemeinsame Vermögen gleichmäßig unter alle Schwestern verteilt werden.

Bis Mitte des 14. Jahrhunderts verlief das Leben in den *Samungen* recht ruhig. Die Schwestern gingen keiner geregelten Arbeit nach. Ähnlich wie in den Klöstern beschäftigten sie sich mit dem Lesen und Abschreiben von geistlichen Traktätchen und Predigten oder sie luden Geistliche zu Vorträgen ein. Die gemeinsame Haushaltsführung in den *Samungen* gestattete den Damen eine luxuriöse Lebensweise, die jede einzelne sich wahrscheinlich nicht hätte erlauben können, wenn sie allein gelebt hätte. Die Pfründerinnen hielten sich Bedienstete, besaßen silbernes Tafelgeschirr und kostbaren Schmuck und »lebten von Delikatessen«. Sie reisten in die damaligen Modebäder in der Schweiz und im Schwarzwald und waren gerngesehene Gäste bei Turnieren und Tanzveranstaltungen der adligen Gesellschaften.

Zu Beginn des 15. Jahrhunderts mußte dann jede neue Pfründerin 60 Pfund Einstand entrichten und bei ihrem etwaigen Austritt die Hälfte ihres Vermögens der Gemeinschaft überlassen. So wurden die *Samungen* schnell reich, und von dem anfänglichen Vorhaben der Schwestern, gemeinsam ein beschauliches Leben zu führen und zu beten, war bald nichts mehr zu spüren. Warum diese ursprünglichen Ideale aus den Frauengemeinschaften verschwanden und warum die einzige Gemeinsamkeit nun nur noch eine ökonomische Zweckverbindung war, kann hier nicht geklärt werden. Es finden sich in der Literatur keinerlei Hinweise, die eine Erklärung geben könnten, weswegen es mit der freiwilligen Gemeinsamkeit unter den Schwestern nicht mehr recht klappen wollte und warum plötzlich Neid und Mißgunst geherrscht haben sollen. Es finden sich nur negative Äußerungen, wie die des Geiler von Kaisersberg, eines Zeitgenossen, der bissig konstatierte, die Pfründerinnen seien so eitel, daß sie an keinem Weihwasserkessel vorübergehen könnten, ohne sich darin zu spiegeln.[146]

Im Spätmittelalter tauchten in Deutschland sogenannte Beginenklöster auf, Stiftungen, von denen man bis heute nicht genau weiß, ob sie primär als Versorgungsanstalten für mittellose Frauen und Mädchen anzusehen sind, also eine ökonomisch-karitative Einrichtung darstellten, oder ob sie eher der Ausdruck einer religiösen Bewegung waren.[147]

Die Beginenbewegung ging von den Niederlanden aus, wo im 12. Jahrhundert die ersten Beginenvereinigungen urkundlich erwähnt wurden. Sie waren wohl zuerst Wohngemeinschaften frommer wohlhabender Frauen im Rahmen städtischer Bürger-Häuser. Wir haben bereits erwähnt, daß von der Kirche stets auch Bestrebungen ausgingen, die Zahl der Nonnenklöster so gering wie möglich zu halten, und so kam es nicht selten vor, daß Frauen, die ein besonders gottgeweihtes, asketisches Leben führen wollten, sich gezwungen sahen, sich außerhalb der kirchlichen Institutionen in Laiengemeinschaften zusammenzufinden, was sich aber auf die Anerkennung der Schwestern durch die Kirche negativ auswirkte:

»Für das Verständnis der Geschichte der religiösen Frauen und des Beginenwesens ist die Feststellung wichtig, daß es sich bei den privaten Frömmigkeitsformen der letzten Jahrzehnte des 12. Jahrhunderts nicht um ein freiwillig gewähltes, sondern durch die Ungunst der Umstände, oft nur unter dem Zwang der Lage angenommenes Dasein handelte, das sich erst dann außerhalb der Kirche zu entwickeln begann, als alle von ihr gutgeheißenen Möglichkeiten der großen Masse religiöser Frauen nicht mehr offenstanden. Das geht schon daraus hervor, daß sich nach den Auffassungen des Mittelalters ein gottgeweihtes Leben nur im Schoße der Kirche vollziehen konnte. Folglich mußten religiöse Bewegungen außerhalb ihrer Ordnung zwangsläufig als den Sekten und dem Ketzertum angehörig betrachtet werden.«[148]

Tatsächlich nahm die Beginenbewegung im Laufe der Zeit unterschiedliche Formen an. Neben den Konventsbeginen, die in festen Häusern oder Höfen wohnten, gab es die umherziehenden Beginen, die von Bettelei und Prostitution lebten und zum Teil einer Sekte »der Brüder und Schwestern zum freien Geist« angehörten. Man weiß allerdings bis heute nicht, wie es zu dieser Entwicklung, die von der offiziellen Kirchenlehre und den ursprünglichen Armuts- und Keuschheitsgrundsätzen der Beginen abwich, gekommen ist.

Im Jahre 1310 jedenfalls beschloß die Kirche, das Beginentum wegen Verbreitung allzu freier religiöser Anschauungen zu verfolgen. Papst Clemens V. erließ zwei Bullen gegen die Beginen, und die erste Frau, die diesen Verfolgungen zum Opfer fiel und noch im selben Jahr als Ketzerin verbrannt wurde, war die Begine Margarete Porete aus Hennegau.[149] Sie hatte in einem Buch eine Lehre verbreitet, in der christliche Grundsätze mit einem mystischen Pantheismus verbunden waren.[150] Unter der Inquisition hatten natürlich vor allem jene frommen Beginen zu leiden, die in ihren Konventen streng nach den Statuten der Gründungszeit lebten; sie mußten immer wieder ihre Unschuld und Kirchentreue unter Beweis stellen.

Die Zahl der Frauen in den Beginenhäusern schwankte zwischen drei und zwanzig. In Deutschland waren die Beginenanstalten zwar nicht so verbreitet wie in Flandern und Brabant[151], aber sie waren wie jene eingerichtet und hatten ähnliche Regeln. Die Beginen lebten meistens von der Rente des Stiftungsvermögens, das entweder von begüterten Bürgern stammte – Spenden zum Zwecke der Einrichtung von Beginenhäusern wurden von der Kirche mit Ablaßversprechen gefördert – oder von dem Geld, das wohlhabende Frauen bei ihrem Eintritt in die Gemeinschaft einbrachten. Erst wenn dieses Vermögen nicht ausreichte, den Unterhalt der Frauen und ihrer Häuser zu garantieren, mußten die Frauen arbeiten. Sie verdienten sich dann ihr Geld mit Stricken, Nähen, Spinnen und Weben. Um der Konkurrenz mit dem freien Gewerbe standhalten zu können, wurden ihnen von der Stadt oder dem Landesherrn zum Teil besondere Privilegien eingeräumt; so durften sie zum Beispiel eine bestimmte Menge Tuchs auf dem Markt frei verkaufen. Im großen und ganzen war der Wirkungskreis der Beginen aber äußerst begrenzt. Aufgrund ihrer Selbstverpflichtung zur Nächstenliebe verrichteten sie in der Regel nur eine Art Diakonissendienst; sie besorgten die Alten- und Krankenpflege und die Armenspeisung. In Frankfurt unterrichteten die Beginen darüber hinaus die Findelkinder im Lesen, im Schreiben und in Handarbeit.

Über die Aufnahme in ein Beginenhaus wurde zu Anfang der Beginenbewegung vom Stifter des Hauses entschieden; später bestimmten die Schwestern gemeinsam, ob eine neue Frau in die Gemeinschaft aufgenommen werden sollte oder nicht. Brachte eine Schwester eigenes Vermögen mit, so konnte sie es behalten und mußte es selbst versteuern. Nach ihrem Tode ging das Vermögen entweder an ihre Erben oder es fiel der Stiftung zu. Die Leitung eines Beginenklosters hatten eine oder mehrere Meisterinnen; sie wurden anfangs vom Stifter eingesetzt, später durch Wahl der Schwestern bestimmt.

Es gab, soweit bekannt, keine geregelten Arbeits- oder Schlafenszeiten. Aber keine Schwester durfte ohne Genehmigung der Meisterin ausgehen, und der Ausgang war den Beginen nur in der Zeit nach Sonnenaufgang und vor Sonnenuntergang gestattet. Über Nacht ausbleiben durften sie nur, wenn sie genau angeben konnten, wohin sie gehen wollten. Auch die Haussatzung war streng, und es muß häufig gegen sie verstoßen worden sein, denn in größeren Beginenhäusern gab es regelrechte Gefängnisse.[152]

Wie eingangs schon erwähnt, herrscht in der Forschung die Auffassung vor, daß die Beginenklöster Versorgungsanstalten für minderbemittelte Frauen und Mädchen der unteren Schichten gewesen seien und als solche für die Frauen »einen Schutz bildeten gegen die Gewalttätigkeiten ritterlicher Wüstlinge«.[153] Aber weder ließen sich für diese These in der vorhandenen Literatur Belege finden, noch war es möglich, die vielen Fragen, die sich im Zusammenhang mit der Entwicklung und dem Ende der Beginenbewegung stellten, zu beantworten. Überall wird nur lapidar konstatiert, daß es bei den Beginen, ähnlich wie in den Klöstern, im Laufe der Zeit zu einem »Sittenverfall« kam und daß die Beginenanstalten im Zuge der Reformation aufgelöst wurden. Die Hintergründe dafür bleiben ebenso offen wie die Frage, in welchem Zusammenhang eigentlich die Konventsbeginen mit ihren umherziehenden Schwestern standen; denn daß ein Einfluß der freigeistigen Häretikerinnen auch auf die seßhaften Beginen ausging, zeigt ein Beispiel aus dem Jahre 1332, als in Schweidnitz ein

Beginenkonvent von Inquisitoren verhört wurde, weil man dort die Kirche als Mittler zwischen Gott und den Menschen abgelehnt hatte.[154]

Man müßte vermutlich die Geschichte der Konventsbeginen im Zusammenhang mit der Sektengeschichte diskutieren, um dem Beginentum und dessen Abwendung von der »Mutter«-Kirche auf die Spur zu kommen. Vielleicht ließe sich dann auch verstehen, warum die Beginen bei ihren Zeitgenossen oft in schlechtem Ruf standen: man hielt sie für nutzlose Frauenzimmer, und einer wünschte sie sogar nach Portugal, nämlich dorthin, wo der Pfeffer wächst.[155] Die Geschichten, die über die Beginen erzählt wurden, zeichnen sich auch eher durch Schlüpfrigkeit aus als durch Lobpreisungen ihrer Keuschheit:

»In einem Beginenhause fand man einmal in einer Nacht einen Kleriker bei einer Begine. Zu deren Kammer stürzte sogleich eine große Zahl von Mitschwestern, um das Schauspiel zu genießen. Eine andere Begine, in deren Bett auch ein Kleriker lag, hörte den Rummel. Schnell eilte sie herbei, um zu sehen, was es gäbe. Sie umhüllte eilig ihr Haupt mit einem Tuche, von dem sie glaubte, es wäre ihre gewöhnliche Haube. Es war aber die Hose ihres Liebhabers. So kam sie an den Ort des Schauspieles oder richtiger des Trauerspieles. Sie stimmte in das Klagegeheul der anderen mit ein, als wüßte sie selbst von solchen Dingen nichts. Da sah eine Mitschwester die Hose um ihren Kopf und rief: ›Schwester, liebe Schwester, was hat wohl der Traum zu bedeuten, den du da mitbringst?‹ Nun ward sie noch mehr beschämt als die andere Schuldige, für die es ein Glück war, daß sie mit ihrem Vergehen nicht allein stand.«[156]

d) Fahrende Frauen und Dirnen

Die Germanen kannten keine Prostitution; es kam zwar vor, daß ein Mann sich eine Kriegsgefangene oder Hörige zum »Kebsweib« nahm, aber diese Frauen unterschieden sich von den rechtmäßigen Ehefrauen nur dadurch, daß für sie kein Kaufpreis bezahlt wurde, und daß ihre Kinder in der Regel nicht erbberechtigt waren.

Erst im Gefolge der Römer kamen die »Fahrenden« und damit auch die »feilen Frauen«. Sie stammten fast ausschließlich aus den oströmischen Provinzen und waren Gaukler, Schauspieler, Artisten und Musiker. Wie unbekannt den Germanen das Dirnenwesen war und wie ablehnend sie ihm gegenüberstanden, zeigen die strengen Strafen, die die Westgoten und Vandalen »über das Treiben der fremden, liederlichen Weiber verhängten«.[157]

Allmählich nahm die Zahl der Fahrenden aber immer stärker zu, immer mehr »Einheimische« schlossen sich dem fahrenden Volk an, und im Hoch- und Spätmittelalter sind die Landfahrer und Abenteurer aus Deutschland nicht mehr wegzudenken. Ein wesentlicher Grund für diese Entwicklung war die desolate sozioökonomische Lage. Die Menschen waren zumeist arm, hatten nichts zu verlieren, und so fiel es niemandem schwer, sein Ränzel zu packen, um anderswo sein Glück zu suchen. In Frankfurter Steuerlisten finden sich hinter den Namen steuerpflichtiger Frauen häufig Eintragungen wie: *ist davon gelauffen, ist gangen bedeln, ist enweg*. Die Frauen konnten ihren Verpflichtungen nicht mehr nachkommen und zogen von dannen.[158]

Die fahrenden Frauen verdingten sich oft als Tänzerinnen, Gauklerinnen, Spielweiber, Leier- oder Harfenmädchen auf Jahrmärkten oder anderen Volksbelustigungen oder sie lebten auch nur von der Prostitution. Scharenweise fanden sich die umherziehenden Frauen zu Reichstagen, Kirchenversammlungen oder Messen ein. Zum Reichstag in Frankfurt 1394 reisten 800 Frauen an und zu den Konzilen zu Basel (1431-49) und Konstanz (1414-18) sogar über 1500.

Viele Frauen begaben sich in den Schutz der Heere. Im 12. Jahrhundert sollen dem französischen Heer zuweilen 1500 Frauen gefolgt sein, und bis zum 30jährigen Krieg (1618-48) gab es einen eigens bestimmten Amtmann, den Weibel, der sich um die mitziehenden Frauen zu kümmern hatte und unter dessen Schutz sie standen; die Frauen mußten ihm dafür eine wöchentliche Abgabe entrichten. Wie aus zeitgenössischen Aufzeichnungen hervorgeht, kamen den Frauen auf den Kriegszügen ganz spezifische Aufgaben zu. Sie mußten nicht nur den Soldaten »zur Liebe« zur Verfügung stehen, sondern auch Kranke und Verletzte pflegen, zusammen mit den Troßbuben Gräben, Teiche und Gruben zuschütten, damit das Heer stürmen konnte, und auskundschaften, wo am besten zu plündern und rauben sei. In den meisten Heeren mußte der Troß hinter den Soldaten marschieren, denn man befürchtete, daß diese nichts mehr zu essen fänden, wenn sie die Plätze nach den Frauen erreichten.[159] Von Herzog Albas Heer wird berichtet, daß ihm auf seinem Zug gegen die Niederlande 1567 ein eigener Weibertroß folgte, geordnet in Reih und Glied und hinter eigenen Fahnen: 400 Frauen zu Pferd und 800 zu Fuß. Jeder einzelnen war nach dem Rang ihrer Schönheit und ihres Anstandes die Anzahl ihrer Liebhaber bestimmt, und keine durfte bei Strafe diese Schranke überschreiten.[160]

Viele der umherziehenden Frauen ließen sich im Laufe der Zeit offenbar in den Städten als Prostituierte nieder; aber aus den Quellen geht hervor, daß die Städte, die Landesherrn und die Kirche seit dem Auftreten der Prostitution versuchten, diese unter ihre Kontrolle zu bringen bzw. sie zu unterbinden. Auf welche Weise man dem Dirnenproblem begegnete, war regional sehr unterschiedlich. In Frankfurt und Nürnberg behandelte man die Dirnen relativ liberal, sie konnten, wie jeder andere Neubürger auch, das volle Bürgerrecht erwerben, wenn sie auch in entlegenen Straßen oder Vororten in extra dazu bestimmten Frauenhäusern leben mußten.[161] In anderen Gegenden war verordnet, daß die Prostituierten sich besonders kenntlich zu machen hatten, zum Beispiel gelbe Schleifen auf ihren Schuhen anbringen mußten, damit sie auf den ersten Blick von den »ehrbaren« Frauen zu unterscheiden waren. Die Kirche versuchte teilweise, das Dirnenwesen aus der Welt zu schaffen, indem sie verkünden ließ, es sei ein besonderes Verdienst, eine »gefallene« Frau zu heiraten.

Zu Beginn des 13. Jahrhunderts wurden sogenannte Reuerinnen- oder Magdalenerinnen-Klöster gegründet, die nach dem Muster der Beginenklöster eingerichtet waren und in denen die Prostituierten zu einem »ordentlichen Leben« zurückgeführt werden sollten. Diese Klöster müssen einen ungeheuren Zulauf gehabt haben, boten sie doch den Frauen eine wirkliche Alternative. So mußte zuweilen dem Mißbrauch vorgebeugt werden: Von einem Reuerinnenkloster in Paris wird berichtet, daß Frauen unter 30 Jahren nur noch dann aufgenommen wurden, wenn sie ihrem Beichtvater an Eidesstatt erklärten, sie wären nicht nur deshalb liederlich geworden, um in das Kloster eintreten zu können.[162]

Trotz ständiger Bemühungen, die Prostitution einzuschränken, nahm sie aufgrund der herrschenden Armut immer mehr überhand, und die schon erwähnten Frauenhäuser wurden in den meisten Städten zu festen Institutionen. Eingerichtet wurden sie in der Regel vom Landesherrn oder den Stadtvätern. Die Dirnen mußten von ihrem Verdienst eine Art Miete bezahlen, die für den Besitzer der Frauenhäuser eine gute Einnahmequelle bildete – ein Grund, aus dem auch die Kirche nicht selten an den Frauenhäusern beteiligt war. Die Frauenhäuser standen als »befriedete Orte« unter ganz besonderem Schutz, und die Bewohnerinnen, höchstens fünfzehn, genossen ein ausschließliches Gewerberecht, was den städtischen Behörden ermöglichte, gegen die »heimlichen Prostituierten« vorzugehen und die offiziellen Dirnen unter Kontrolle zu halten. Die Frauenhäuserinnen wählten sich jährlich eine Vorsteherin, die unter anderem darauf zu achten hatte, daß jährlich eine Prozession abgehalten wurde. Bei öffentlichen Festlichkeiten, zum Beispiel bei Fürstenempfängen, waren die Dirnen wie die anderen Zünfte als eigene Standesgruppe vertreten. Auch bei Tanzveranstaltungen und Festschmäusen der ehrbaren Bürger waren die Dirnen gern gesehene Gäste. Bei der Durchreise hoher Herren wurden ihre Häuser besonders geschmückt und herausgeputzt; ja die Dirnen selbst wurden bei solcher Gelegenheit, oft auf städtische Kosten, neu eingekleidet. Die Dirnen standen nicht nur unter besonderem Schutz, sondern darüber hinaus trugen die städtischen Behörden auch noch Sorge, daß die öffentlichen Frauen nicht von ihren Wirtsleuten übervorteilt oder gar roh behandelt wurden. Schon früh gab es eine gesundheitliche Überwachung durch städtisch beamtete Hebammen und in manchen Gegenden, wie in Ulm, auch so etwas wie eine Kranken- und Altersversicherung: jede Frau zahlte wöchentlich einen Heller in eine Hilfskasse, der Wirt mußte das Doppelte des Betrages dazulegen, und aus diesem Fonds wurden kranke und »brotlos gewordene« Frauenhäuserinnen unterstützt.[163]

Seit der Mitte des 14. und vor allem seit dem 15. Jahrhundert begann die Reaktion gegen das Dirnenwesen zu erstarken. Zuerst verboten die Gesellenverbände ihren Mitgliedern den Umgang mit den »liederlichen« Frauen. Aber bald folgten auch die Maßnahmen der öffentlichen Gewalt; es wurden Bestimmungen gegen die »Hübscherinnen« erlassen. So heißt es in Artikel 13 der *Meraner Statuten* aus dem zu Ende gehenden 14. Jahrhundert:

»*Daz ist daz gesezede über die gemeinen frouwen. Ez sol kein gemeine fröuwele keinen frouwen mantel noch kursen nit tragen noch an keinen tanz gen, da bürgerin oder ander erbare frouwen sint; und sullent ouch uf irn schouhen tragen ein gelwez vänle, da mit man si erkenne, und sullent nicht vehe vedern tragen noch silbergesmide und swelchez diser sachen ir ainin des übervert, der sol man daz nemen.«*[164]

Prostitution galt nun als unehrenhaft, die Dirnen mußten in der Kirche auf gesonderten Plätzen sitzen, sie wurden nach ihrem Tode nicht mehr auf den Friedhöfen ordentlich bestattet, sondern auf dem Schindanger verscharrt, und in manchen Gegenden stellte man die Dirnen auch öffentlich an den Pranger.

Warum kam es auf einmal zu einer derart großen Mißachtung der vorher so wohlgelittenen »feilen« Frauen? Zwei Hauptgründe sind vor allem zu nennen: zum einen wurde durch ein Vorgehen gegen die Dirnen versucht, der Verbreitung der gefürchteten »Franzosen-Krankheit«, der Syphilis, entgegenzuwirken[165]; zum anderen veränderte sich jetzt allgemein die Einstellung zur Frau – ihr Anteil am öffentlichen, kulturellen und wirtschaftlichen Leben wurde zurückgeschnitten und ihre Rolle wieder auf die der Hausfrau und Mutter beschränkt.

e) Hebammen, weise Frauen, Ärztinnen im Mittelalter

1. Hebammen

Wir haben anhand der Rechtsgeschichte, der Erwerbstätigkeit, der kirchlichen Ideologie, der Darstellung in der Literatur versucht, die gesellschaftliche Position der Frau im Mittelalter zu skizzieren. Obwohl die Entwicklungsstadien des Mittelalters auch in bezug auf die Frau sehr unterschiedlich, ja oft widersprüchlich sind und kein einheitliches Bild ergeben, können wir zu Beginn der Neuzeit doch feststellen, daß sich die Lage der Frauen deutlich verschlechtert hat und sie in allen gesellschaftlichen Bereichen zurückgedrängt werden. Je mehr sich eine überregionale gesellschaftliche Öffentlichkeit, eine staatliche Rechtsprechung, eine institutionalisierte Wissenschaft ausbilden, desto mehr verschärft sich die Außenseiterrolle der Frau. Zudem wird sie aus Tätigkeitsbereichen vertrieben, welche jahrtausendelang in besonderem Maße als weiblich galten.

Das drastische Beispiel hierfür bietet die Geschichte der Medizin. Frauen als priesterliche oder göttliche Ärztinnen begegnen uns in allen frühen europäischen Mythologien, und der Bereich der Frauenheilkunde und Geburtshilfe liegt bis zur Entstehung einer institutionalisierten medizinischen Wissenschaft an den Universitäten völlig in ihren Händen. Wie wichtig gerade die Frauen für die Entwicklung der Medizin überhaupt gewesen sind, wird heute allerdings von der Medizingeschichte fast völlig verschwiegen.

Nur vereinzelt tauchen sie, wie etwa bei H. Schelenz, im »Bereich Aesculaps« auf. Aber die amerikanische und auch die deutsche Frauenbewegung haben begonnen, die Medizin als ursprünglich männlichen Bereich in Frage zu stellen und zu zeigen, daß die Heilkunde sich wohl vor allem durch die praktischen Erfahrungen der Frauen entwickelt hat.[166] Zu ähnlichen Schlüssen kommen auch Autoren, die sich vorwiegend mit den Hexenprozessen beschäftigen. Michelet[167] bezeichnet die mittelalterliche Hexe als die einzige Ärztin des Volkes, Thomas Szasz[168] sieht in ihr die Mutter des Arztes, Astronomen und Chemikers. Hier wird eine unvoreingenommene Forschung sicherlich noch wichtige Erkenntnisse hinzugewinnen können. Gerade die Entwicklung des mittelalterlichen Hebammenwesens kann schon jetzt keinen Zweifel daran lassen, daß die von Männern praktizierte Gynäkologie in Deutschland, wie das *Frauenhandbuch*[169] schreibt, tatsächlich erst 250 Jahre alt ist. Anhand der Geschichte der Geburtshilfe und Frauenheilkunde können wir im Mittelalter eine Entwicklung verfolgen, in der die Frau aus einer bis dahin autonomen Position in die Rolle einer von Ärzten und Stadt (später Staat) kontrollierten Hebamme abgedrängt wird. Der Schritt zur »Nur-noch-Krankenschwester« oder dem Arzt lediglich assistierenden Hebamme[170], wie wir sie heute kennen, ist nicht mehr weit. Wir werden uns im folgenden daher primär auf die Geburtshilfe und Frauenheilkunde beziehen, aber auch versuchen, die Materialien über die Frauen in der mittelalterlichen Medizin, soweit wir Kenntnis davon haben, mitaufzunehmen.

Die Verdrängung der Frau aus der medizinischen Praxis ist in erster Linie die Folge des Zusammenstoßes zweier divergierender ärztlicher Prinzipien: einer auf Naturheilkunde beru-

5. *Frauen bei der Zubereitung eines Heiltranks* (Aus: P. Comestor, *Historia Scholastica*. 14. Jhd. MS. Reg. 15 D. J. British Library Board)

henden Behandlungsmethode der Frauen und einer auf wissenschaftlich-theoretischen Erkenntnissen beruhenden Methode der männlichen Ärzteschaft. Das Resultat dieses Zusammenstoßes war eine gegen die Frauen gerichtete Hetzkampagne. Der entstehende Ärztestand mußte sich nämlich gegen die Angriffe der Kirche zur Wehr setzen, die der neuen Wissenschaft ablehnend gegenüberstand, und gab diesen Druck von oben an das schwächste Glied in der Kette, die Frauen, weiter. So nur läßt sich erklären, warum gegen Ende des Mittelalters die praktizierenden heilkundigen Frauen von den männlichen Ärzten in so eklatanter Weise diffamiert und von den Inquisitoren der Hexenprozesse samt und sonders als Hexen, Quacksalberinnen, Kurpfuscherinnen, böse Zauberinnen usw. attackiert und verfolgt wurden.

Das wissenschaftliche Material über die Geschichte der Frauenheilkunde und Geburtshilfe, bisher von männlichen Medizinern geschrieben, enthält sehr ähnliche Vorurteile den heilkundigen Frauen gegenüber. Einige der älteren Autoren halten die Niederlage der autonomen weiblichen Geburtshilfe für einen triumphalen Fortschritt der Medizin-Wissenschaft überhaupt.[171] Andere, gegenüber den heilkundigen Frauen immerhin positiver eingestellte Autoren ignorieren, daß seit der Übernahme der Frauenheilkunde durch Ärzte bestimmte Bereiche, vor allem die Geburtenregelung, für Jahrhunderte aus der praktischen Medizin ausgeschlossen worden sind.[172]

Damit berühren wir allerdings einen Punkt, der die Vertreibung der autonomen heilkundigen Frau zum Teil erklären kann; im *Hexenhammer* zum Beispiel werden die Hebammen gerade wegen der Anwendung von Zaubermitteln gegen Fruchtbarkeit (oder für Impotenz) und wegen Abtreibung angeklagt. Diese Vorwürfe sind wichtig, denn das Verbot der aktiven Geburtenregelung[173] ist nicht vorwiegend ein ethisches, sondern vor allem auch ein gesellschaftliches Problem – wie z. B. die heutige Diskussion über den § 218 gezeigt hat. Die Haltung der bundesdeutschen Ärzteschaft zu diesem Problem und zu den Frauen allgemein macht überaus deutlich, wie mißtrauisch man dem vorhandenen wissenschaftlichen Material über die Geschichte der Gynäkologie begegnen muß. Doch der Versuch einer »Gegengeschichte der Medizin« steht noch auf unsicherem Grund. In diesem Bereich brauchen wir für weitergehende Untersuchungen vor allem fortschrittliche Medizinerinnen und Mediziner, die die Geschichte der Frauenheilkunde im Mittelalter auf gesellschaftlichem Hintergrund diskutieren und die wirklichen Gründe für den Ausschluß der Frau aus der Medizinwissenschaft herausarbeiten. Es gibt einige Fragen, die wir in diesem Zusammenhang schon aufwerfen können: Wie verändert sich zum Beispiel während des Mittelalters aufgrund des allmählichen Fortschreitens der Naturbeherrschung durch den Menschen (Entwicklung der gesellschaftlichen Produktivkräfte) das gesellschaftliche Verhältnis zur biologischen Reproduktionsfähigkeit der Frau? Welche Faktoren machen es notwendig, die Gebärfähigkeit der Frau zunehmend staatlich zu kontrollieren? Warum wird die Frau wegen ihrer biologischen »Natur« in diesem Prozeß in die gesellschaftliche Reproduktionssphäre verwiesen? Wie verändert sich der Mythos einer Gleichsetzung der Gebärfähigkeit der Frau mit der Fruchtbarkeit der Natur? Inwieweit drücken sich diese Prozesse in der Medizingeschichte aus? Welche Verbindung besteht zwischen der Zunahme gesellschaftlicher Triebunterdrückung und dem Verbot der aktiven Geburtenregelung?

2. Weise Frauen

»Tausend Jahre hindurch war die Hexe der einzige Arzt des Volkes. Die Kaiser, Könige, Päpste, die reichen Barone hatten einige Doktoren aus Salerno, Mauren und Juden, aber die Masse jeden Standes, ja man könnte sagen in der Welt, fragte nur die Saga oder kluge Frau um Rat. Wenn sie nicht heilte, beschimpfte man sie und nannte sie Hexe. Aber gewöhnlich belegte man sie aus einem mit Furcht gemischten Respekt mit dem Namen ›gute Frau‹ oder schöne Frau (bella donna), derselbe Name, den man den Feen gab.«[174]

Woher kommt diese Frau? Wo finden wir historische Spuren ihrer Tätigkeit? Hebamme war sie manchmal von Beruf, sagt der *Hexenhammer* und fügt hinzu, daß sie alle anderen Hexenarten an Bosheit übertreffe: »Niemand schadet dem katholischen Glauben mehr als die Hebammen.«[175]

Die berufsmäßige Hebamme, die nur noch für die Geburtshilfe zuständig ist, gibt es erst in den entstehenden Städten. Bevor sich eine besondere, geregelte medizinische Versorgung in den mittelalterlichen Städten etabliert hatte, war die Hebamme, die weise Frau, die »gute« oder »weise« Hexe, wahrscheinlich ein und dieselbe Person. Die gesamte Heilkunde scheint ihr Bereich gewesen zu sein und ist es, vor allem auf dem Lande, geblieben, dort nämlich, wo sich keiner der »studierten« Laienärzte hinverirrte, und wo die Kirche, wie Michelet treffend schreibt, als Heilmittel nichts außer Wasser anzubieten hatte. Hier half sich die Bevölkerung selbst und griff auf Strukturen der medizinischen Versorgung zurück, die sie aus ihrer vorchristlichen Gesellschaftsordnung noch besaß – auf die (germanische)[176] Volksmedizin. Träger dieser medizinischen Versorgung waren in erster Linie die Frauen. Christina Hole beschreibt deren Funktion:

»Die weiße Hexe oder der Weise war der Beschützer der Gemeinschaft, wie ihr krimineller Gegner ihr Feind war. Ähnlich den Schwarzkünstlern verließen sie sich auf Magie, benutzten sie aber hauptsächlich zu wohltätigen Zwecken, zum Heilen von Krankheiten, zum Brechen von Zaubersprüchen, zum Entlarven von Dieben, zum Auffinden gestohlener Güter sowie dazu, den Nachbarn vor allen möglichen Übeln zu bewahren. [...] In einer Zeit, da es nur wenige und unter diesen kaum geschickte Ärzte gab, kurierten sie einfache Leiden oft mit Kräutern und unter Zuhilfenahme des gesunden Menschenverstandes, garniert mit allerlei Zauberformeln. [...] Die weise Frau versah die Aufgaben der Hebamme. [...] Ihr Wert für die Gemeinde beruhte darauf, daß man sie kannte, für vertrauenswürdig hielt, und deshalb in Not- und Krankheitsfällen rufen konnte, wenn man einen Fremden, so gelehrt er auch sein konnte, niemals hinzugezogen hätte.«[177]

Während des Mittelalters stoßen wir nicht nur auf die »weisen Frauen«, sondern ganz allgemein gehörte es zu den Aufgaben der Frauen, die Kranken zu versorgen. Bevor ausländische Ärzte diese Funktion übernehmen, sind es die adeligen Frauen, die die Wunden der – etwa bei den Turnieren – verletzten Ritter behandeln.[178] Selbst unter den studierten Ärzten in den Städten fanden sich Ärztinnen, jedenfalls so lange, bis den Frauen das Medizinstudium an den Universitäten verboten wurde; und eine Frau schrieb das interessanteste Buch über die mittelalterliche Klostermedizin: Hildegard von Bingen.

Vielleicht verwalteten diese heilkundigen Frauen den letzten Bereich einer europäischen matristischen Vergangenheit, dessen Überreste wohl durch die Hexenverfolgungen endgültig zerstört wurden.

Um die Herkunft der »weisen Frauen« aufzuspüren, ist es geboten, in die vormittelalterliche Zeit zurückzugehen. Bei den Germanen lag die Heilkunde und vor allem die Geburtshilfe in den Händen von kräuterkundigen Frauen[179], und in den Sagas sind sie wegen ihres Wissens berühmt. Sie behandeln kranke Männer und Frauen gleichermaßen und machen erste Fortschritte in der Geburtshilfe, indem sie die Geburt durch die Anwendung schmerzlindernder, krampfstillender, wehenfördernder Kräuter wie Wacholder, Kamille, Beifuß oder Mutterkorn erleichtern.[180] Daß die Frauen der patriarchalisch organisierten germanischen Stämme in der Heilkunde eine so hervorragende Rolle spielten, entsprach dem im religiösen Kult zum Ausdruck kommenden Naturverständnis der Germanen. Die Frau wurde durch ihre Gebärfähigkeit, die unter anderem die Fruchtbarkeit der Natur symbolisierte, in einem engeren Verhältnis zu der von Dämonen beherrschten Natur gesehen. Daher wurden ihr auch seherische Gaben und die besondere Kenntnis von zauberkräftigen (= heilenden) Kräutern zugeschrieben.[181] Diese über die biologische Reproduktionsfähigkeit bestimmte Wertschätzung der Frau drückte sich auch im germanischen Recht aus. Die Ermordung einer schwangeren Frau wurde dreimal so streng bestraft wie die Tötung eines Mannes oder einer Nichtschwangeren.[182]

Die Germanen glaubten, daß die Frau während des Geburtsvorgangs besonders von Dämonen bedroht sei. Daher mußten die notwendigen medizinischen Hilfeleistungen zusammen mit rituellen – nur den Frauen bekannten – Beschwörungsformeln vorgenommen werden.

Die Gebärende kniete oder hockte auf einer Kuhhaut, auf einem Ochsenfell oder auf einem Teppich wohlriechender Kräuter. Anstatt Formeln zur Dämonenbeschwörung zu singen oder zu murmeln, wurden der Gebärenden Runenzeichen auf die Hand gemalt.[183] Nach der Entbindung wurde das Kind auf die Erde gelegt, damit diese ihre magische Kraft auf das Kind übertrage. Die Mutter rief Freya, die Göttin der Fruchtbarkeit und der Liebe, in ihrer Funktion als Beschützerin des Frauenlebens dankend an.

In Dänemark und Schweden, wo bis heute die hockende Gebärstellung anzutreffen ist, heißt die Hebamme »Jordgumma, Jordemoder«, was Erdmutter bedeutet.[184] Erinnert diese

Bezeichnung nicht an frühere Muttergottheiten? Wie diese Göttinnen Fruchtbarkeits- und Todesgöttinnen zugleich waren, so lassen sich auch ähnliche Elemente in den Tätigkeiten der frühen Hebammen finden. Gillian Tindell vermutet, daß es die ursprüngliche Aufgabe der Hebammen war, sowohl die Geburtshilfe als auch die Geburtenregelung – durch antikonzeptionelle Mittel oder Abtreibung – vorzunehmen.[185] Mit Hilfe des Mutterkorns und eines uns unbekannten »Adlerfarns« sollen sie in der Lage gewesen sein, eine Empfängnis zu verhindern oder eine Fehlgeburt einzuleiten.[186]

Kindesaussetzung und Abtreibung waren bei den Germanen erlaubte Mittel der Geburtenregelung. Der Kindesvater und die Sippe mußten hierfür die Genehmigung geben, die Mutter jedoch hatte das Vetorecht; in keinem Falle durfte eine Abtreibung oder Kindesaussetzung gegen ihren Willen durchgeführt werden. Es war im allgemeinen straffrei, ein Kind vor seiner ersten Nahrungsaufnahme auszusetzen.[187]

Der Prozeß der Christianisierung Nordeuropas ging nur langsam voran, da die alte Naturreligion den Lebensverhältnissen der Bauern oftmals angemessener war als die abstrakten Glaubenssätze des Monotheismus. Aber auch nachdem sich das Christentum durchgesetzt hatte, behielten die Bauern noch viele Elemente ihrer alten Religion bei. Die Verachtung und Funktionalisierung der Frau, der Ehe, der Fruchtbarkeit, der diesseitigen menschlichen Arbeit und Naturbeherrschung überhaupt, wie sie in kirchlichen Auffassungen der Zeit nicht selten zum Ausdruck kam, geriet oftmals in Widerspruch zur täglichen Realität der Bauern, des größten Teils der Bevölkerung. Denn für sie konnte der abstrakte Gott als einziges kreatives Wesen nicht völlig die Natur repräsentieren, wie sie ihnen täglich in ihrer Arbeit entgegentrat. Neben anderen naturreligiösen Bräuchen blieb die Gebärfähigkeit der Frau ein Symbol für die Fruchtbarkeit des Bodens und der Natur.[188] Die Kirche integrierte und veränderte zwar im Verlauf des Christianisierungsprozesses heidnische Rituale, indem sie zum Beispiel den Heiligenkult und die Marienverehrung schuf.[189] Aber im Volk lebten viele Elemente der alten Religion weiter, vor allem in Bereichen, die die Kirche noch nicht übernehmen und kontrollieren konnte, z. B. in der medizinischen Versorgung und in der Geburtshilfe.

Bis zum Entstehen der Scholastik im Hochmittelalter war die Kirche unfähig, die Formen progressiver menschlicher Naturbeherrschung in die christliche Lehre zu integrieren, und sie stand besonders den »vorwissenschaftlichen« magischen Formen der Auseinandersetzung mit der Natur feindlich gegenüber: greift doch hier der Mensch, indem er sich mit der dämonischen Natur identifiziert, sich mit ihr gleichsetzt oder, besser, in sie hineinversetzt ist, in die Allmacht Gottes ein. Der kirchliche Primat der Askese, des Leidens als Zweck menschlichen Daseins, ließ die Kirche dem Leben selbst feind sein. Praktische Bedürfnisse der medizinischen Versorgung wurden nicht selten ignoriert, denn das irdisch-reale Leben galt als Vorbereitung auf das jenseitige Leben, das man sich mit Leid und Buße zu erringen hatte.

In der Realität des Alltags jedoch mußte die Kirche mit der Volksmedizin leben. Die Mönche lernten von der Volksmedizin, schrieben magische Rezepte auf und trugen, wenn auch in ihren abgeschlossenen Klöstern nur in begrenztem Umfang, zur medizinischen Versorgung der Bevölkerung bei. Da bis zu Beginn des Hochmittelalters nur der Klerus über die Kenntnisse des Lesens und Schreibens verfügte, sind dessen Aufzeichnungen die einzigen überlieferten Quellen über die Bräuche und Gebräuche der Volksmedizin. Diese »Mönchsärzte«, welche die der Volksmedizin bekannten Heilkräuter in ihren Gärten zogen und als Heilmittel verwendeten, nahmen viele magische Indikationen in ihren Rezeptbüchern auf, veränderten aber die dämonischen Implikate der Volksmedizin, indem sie Gebete und Segenssprüche an die Stelle der heidnischen Beschwörungsformeln setzten, die Heilkraft grundsätzlich Gott zuschrieben, für Besessenheit den Teufel verantwortlich machten und die Vermittlerrolle zwischen Mensch und Natur (= Gott) nur dem Klerus zuwiesen. Der magische Charakter der Heilkunde blieb damit auch in der Klostermedizin erhalten.

Man kann zwar in frühen Klosterhandschriften Material über allgemein volksmedizinische Praktiken finden, aber sie geben keinen Aufschluß über die Art der Geburtshilfe oder über die Behandlung von Frauenkrankheiten.[190] Daß sich in den Klosterhandschriften – auch bei Hinzuziehung der Übersetzungen antiker medizinischer Werke – nichts über Gynäkologie findet, mag einmal darin begründet sein, daß die Klöster ursprünglich Männerklöster waren, die Mönche sich um die Pflege ihrer kranken Mitbrüder bekümmerten und Frauen – und damit verbunden die Frauenheilkunde – nicht in ihren Gesichtskreis traten. Andererseits darf aber auch die allgemeine sexualfeindliche Haltung der Kleriker nicht übersehen werden, die den Genitalbereich vollkommen tabuisierte. Noch im 13. Jahrhundert schrieb der Theologe Thomas von Brabant, er verschweige vieles, was über die Geschlechtsorgane im Zusammenhang mit der Heilkunde zu sagen wäre.[191] Das, was die Theologen dieser Zeit über die Physis der Frau mitzuteilen hatten, lehnte sich vor allem an die von Augustinus übernommenen aristotelischen Zeugungstheorien an[192] und diente nur dazu, der Frau eine passive Stellung in Kirche und Gesellschaft zuzuweisen, indem die Frau lediglich als Gefäß des Mannes im Hinblick auf das Hervorbringen von Kindern angesehen wurde. Für die praktische Gynäkologie gewann diese Ideologie jedoch noch keine Bedeutung.

Der Hauptgrund aber, weshalb wir in den ersten handschriftlichen Überlieferungen nichts über die Heilpraxis der weisen Frauen erfahren, besteht wohl eher darin, daß die Weitergabe und Fortentwicklung der Frauenheilkunde ausschließlich unter den Frauen vor sich ging, die Kleriker also gar nichts davon erfahren konnten.

Im Althochdeutschen taucht die Bezeichnung *hevianna*[193] für Hebamme auf. Ab dem 12. Jahrhundert folgen Namen wie *hebeamme, hebemuoter,* Bademooder (Oldenburg), Krücklersweib (bayrische Oberpfalz), Wehfrau (sächsiches Erzgebirge), Kindermutter, weise Frau, Wehmutter.[194] Da diese in der Geburtshilfe bewanderte Frau oft auch als weise Frau[195] oder als weise Mutter bezeichnet wird, darf man annehmen, daß sie nicht nur für die Geburtshilfe zuständig war, sondern auch bei Krankheitsfällen zu Rate gezogen wurde.

Wir wissen nicht, wie diese Frauen zu Hebammen oder Ärztinnen wurden, ob das medizinische Wissen von Mutter auf Tochter weitergegeben wurde (wie z. B. in den Märchen, wo die Hexenmutter ihrer Tochter ihre Kunst lehrt) und ob der weisen Frau unter bestimmten Ritualen ihr Wissen vermittelt wurde. Vielleicht sind die Hebammen ursprünglich auch bei rituellen Festen von den Frauen des Dorfes gewählt worden. Solche Wahlen soll es schon im Frühmittelalter gegeben haben, und sie sollen gar unter Kontrolle der Kirche in Form von »Sendgerichten« stattgefunden haben. W. E. Peuckert beschreibt einen Brauch aus dem Sundgau und aus Unterfranken, dem zufolge die Hebammen am »Hirzmontag« von den Frauen eines Dorfes auf ein Jahr gewählt wurden.[196]

Es ist in städtischen Hebammenordnungen, Kleider- und Festordnungen überliefert, daß während des ganzen Mittelalters Wochenbett- und Kindstauffeiern stattgefunden haben, bei denen nur Frauen anwesend waren. Teilweise nahmen diese Feste einen außerordentlich orgiastischen Charakter an, so daß die Obrigkeit es den Frauen verbot, weiterhin solche Feste abzuhalten. Peuckert berichtet von einem Brauch in Nordschleswig, der angeblich bis in vormittelalterliche Zeit zurückgeht:

»In früheren Zeiten waren die Frauen, wenn einer ein Kind geboren war, wie rasend. Je wahnsinniger sie sich benahmen, desto besser. Die Nachbarinnen des Hauses, in welchem das Kind zur Welt gekommen war, liefen im Ort herum und rissen den Frauen, denen sie begegneten, die Hauben ab, und ebenso den Männern die Hüte, die sie zerfetzten und mit Kot vollfüllten; dann tanzten sie wie Besessene mit jedem, den sie erwischen konnten, [...] und eine zweite Nachricht sagt, es sei ein Singen, Hurrahrufen und Hallo, so daß man es über den ganzen Ort hin hören kann, der Zug geht im Ort herum, es ist wie eine richtige Wilde Jagd, sie brechen in alle Häuser ein, nehmen was sie erwischen können, Fleisch, Eier, Brot. Singend und tanzend geht es weiter und wenn sie einem Mann begegnen, so reißen sie ihm sofort den Hut herunter, dann muß er mit [...] auf der Gasse tanzen.«[197]

Wollten die Frauen mit ihrem Geschrei vielleicht die bösen Geister von dem Neugeborenen abhalten und ablenken? Auf jeden Fall, so glauben wir, können diese Frauenfeste anläßlich einer Geburt dahingehend interpretiert werden, daß sich die Frauen durchaus nicht nur als ein passives Gefäß bei der Zeugung von Kindern verstanden. Vielmehr könnte man darin den Ausdruck eines Bewußtseins »kollektiver Macht« erkennen, deren konstituierendes Merkmal die Gebärfähigkeit war. Die Frauen empfanden ihre »weibliche Natur« offensichtlich noch als Teil der gesamten Natur.

Die Anwesenheit von Hebammen bei der Geburt scheint im

mittelalterlichen Denken so fest verankert gewesen zu sein, daß selbst bei der Geburt Jesu Hebammen zugegen sein mußten. In einer Legende, die in den verschiedensten Versionen seit dem 9. Jahrhundert erzählt wird, bestellte Josef zwei Hebammen als Beistand für Maria, die sich allerdings verspäteten, so daß Engel an ihrer Stelle Geburtshilfe leisteten.[198] Die menschlichen Hebammen jedoch, so heißt es weiter, untersuchen Maria anschließend, ob es ihr auch wohlgehe und ob sie die Geburt gut überstanden habe: Die eine Hebamme »griff ihr an das Haupt«:

> si greif ir an daz houbet
> unt suocht her unt dar
> 850 unt nam vlîzeclîchen war,
> wes die âder phlâgen,
> ob sie slüegen oder stille lâgen.
>   Dô si dâ sieches niene vant,
> si lie slîfen ir hant
> 855 unt greif in manic ende
> hals, arme unde hende,
> dar nâch an die bruste.
> die vant si ze rîcher chuste
> mit milche berâten harte wol,
> 860 als von rehte chindes muoter sol.
> daz herze dar under sanfte lac.
> sine greif ouch *dâ d*eheinen slac,
> dar an dehein siechtuom schine.
> nu greif si müeziclîchen hine
> 865 uber den bûch, an diu bein.
> dô dâ niht ungesundes schein,
> dô suocht si an den füezen.
> *die v*ant si der süezen
> ze rehte warm, chalt noch heiz.[199]

Allerdings zweifelten die Hebammen wohl an der jungfräulichen Geburt, denn in einer Fassung der Legende heißt es ausdrücklich, daß sie den Muttermund untersuchten: »Auch den Muttermund sie sehen/ ganz wie er bei Jungfrauen ist.«[200] Die Hebammen der damaligen Zeit müssen also von der Veränderung des Muttermundes während der Schwangerschaft gewußt haben, und es muß gerade ihnen, aufgrund ihrer spezifischen Kenntnisse von den Funktionen des weiblichen Körpers, besonders schwergefallen sein, das kirchliche Dogma von der jungfräulichen Geburt Marias anzuerkennen. Nun dienten die Legenden ja dazu, die kirchlichen Lehren allgemeinverständlich »unters Volk« zu bringen, und da durfte es nicht angehen, daß solcher Zweifel an den Wundern Gottes ungestraft blieb. Als die zweite Hebamme Maria ebenfalls einer eingehenden Untersuchung unterziehen will, weil sie den Tatbestand immer noch nicht fassen kann, erlahmt ihr die Hand: »Unzüchtig ließ die Hand sie schleifen; sie wollte die Magd [= Maria] angreifen, da erlahmte sie zur Stund.«[201]

Aber so sehr die Kirche es auch wünschte, sie konnte die Wißbegierde der Hebammen und weisen Frauen nicht eindämmen, noch real bestrafen, ja sie mußte, wie sich erschließen läßt, den Hebammen notgedrungen das Recht der Nottaufe übertragen.[202]

Die geradezu wahnwitzige Besorgnis der Kirche um das Seelenheil des ungeborenen Kindes hat offenbar sogar zur Erfindung einer Taufspritze geführt, »die mit Weihwasser gefüllt, unsteril und oft rostig bis in die Gebärmutter eingeführt wurde, um das Kind zu bespritzen«.[203]

Allerdings dürften die Hebammen diese Nottaufe oft verweigert haben, wohl deshalb, weil sie die Anwendung der unsterilen Spritze für gefährlich hielten.[204] Bekundeten die kirchlichen Verordnungen über die Nottaufe schon geringe Sympathie für das Wohlergehen der Mutter, so gingen die Bestimmungen über die Durchführung eines Kaiserschnittes noch weit darüber hinaus: Die Hebammen sollten einen Kaiserschnitt nur dann ausführen dürfen, wenn die Mutter schon tot war. Aber diesen Vorschriften zum Trotz versuchten die Hebammen, einen Kaiserschnitt schon zu einem Zeitpunkt vorzunehmen, zu dem auch das Überleben der Mutter noch gewährleistet war.[205]

Die Kirche verfügte die Nottaufe, damit keine Seele dem Reich Gottes entginge oder etwa versuchte, ungetauft ins Himmelreich einzugehen. Aus dem gleichen Grund stellte sie auch schon sehr früh die Abtreibung unter strengste Strafe, während zum Beispiel im weltlichen Recht bis zur *Carolina* im 16. Jahrhundert lediglich die Tötung eines Kindes mit Strafe belegt wurde. Die frühmittelalterliche Kirche hatte dagegen die aristotelischen Zeugungstheorien voll übernommen und sah schon im Samen des Mannes einen »Homunculus«, ein beseeltes menschliches Wesen – eine Anschauung, die der Kirchenvater Augustin dahingehend revidierte, daß der menschliche Fötus erst ab dem 40. Schwangerschaftstag als beseelt zu gelten habe.[206] Denn wenn schon der Samen des Mannes beseelt sei, meinte Augustin, so gingen ja täglich viele Seelen dem Reich Gottes verloren, und das könne nicht in der Absicht des Herrn liegen. Im Grunde genommen war die augustinische Zeitfestsetzung der Beseelung für die kirchliche Rechtspraxis jedoch vollkommen irrelevant, denn auch die Abtreibung einer unbeseelten Frucht wurde bestraft. Ebenso galt die Anwendung von Verhütungsmitteln als Eingriff in die göttliche Natur und mußte gebüßt werden. Die Strafen für diese Vergehen sind in den Bußordnungen, Poenitialien und Canonessammlungen festgehalten. Die Abtreibung einer beseelten Frucht war dem Menschenmord gleichgestellt und mußte mit dem Tode oder mit lebenslänglicher Verbannung gesühnt werden.[207]

Doch die Praxis der Volksmedizin ließ sich wohl nur bedingt von solcher kirchlichen Lehre beeinflussen, und die Hebammen und weisen Frauen fuhren unbeirrt in der Anwendung schmerzstillender Mittel bei der Geburt fort, uneingedenk des Satzes: »Unter Schmerzen hast du empfangen, unter Schmerzen sollst du gebären.« Außerdem wurden sie, trotz der drohenden Strafen von seiten der Kirche, wohl auch weiterhin in Fällen von Abtreibung und zur Beschaffung von Verhütungsmitteln in Anspruch genommen. Denn die Hebammen und weisen Frauen waren dafür bekannt, daß sie Kräuter mit antikonzeptioneller oder abortiver Wirkung kannten. Neben verschiedenen Pflanzen und Wurzeln war ihnen auch das Mutterkorn als wehenförderndes Mittel vertraut, und sie benutzten es z. B., um Fehlgeburten einzuleiten. (In geringen Dosen verabreichtes Mutterkorn bewirkt eine Beschleunigung der rhythmischen Kontraktionen des Uterus, wodurch der Gebärvorgang verkürzt werden kann. Gibt man eine entsprechend hohe Dosis, kann dies eine spastische Kontraktion des Uterus zur Folge haben und einen Abort bewirken.)[208] Hovorka und Kronfeld sind allerdings der Überzeugung, daß die Anwendung dieses oder anderer Mittel entweder völlig wirkungslos oder lebensgefährlich gewesen sei.[209] Es ist den Autoren in gewisser Weise zuzustimmen, denn das Risiko der richtigen Dosierung des hochgiftigen Mutterkorns ist wohl nicht zu unterschätzen. Doch darf man den Hebammen unterstellen, daß sie ein ausreichend hohes Maß an Erfahrung besaßen, um in den meisten Fällen genau die gewünschte Wirkung zu erzielen.

Dieselben Autoren halten dagegen die antikonzeptionelle Wirkung bestimmter ätherischer Öle, gewonnen zum Beispiel aus Petersilie, Mayoran, Thymian, Rosmarin, Lavendel etc., für höher, besonders wenn diese Kräuterextrakte an bestimmten Tagen des weiblichen Zyklus getrunken wurden.[210] Die Verwendung dieser Kräuter soll sehr alt und verbreitet gewesen sein und ist in einem noch heute bekannten Kinderreim überliefert:

> »Rosmarin und Thymian
> wächst in unserm Garten,
> Jungfer Ännchen ist die Braut
> kann nicht länger warten.
> Roter Wein, weißer Wein,
> morgen soll die Hochzeit sein.«[211]

Es ist anzunehmen, daß die weisen Frauen, die so genau über die Veränderung des Muttermundes während der Schwangerschaft Bescheid wußten, auch die Funktionen des weiblichen Zyklus gekannt haben, selbst wenn sie ihn magisch interpretiert haben mögen; sogar in einer Klosterhandschrift findet sich ein volksmedizinisches Rezept zur Regulierung der Menses, für den Fall, daß sie den Frauen zum normalen Zeitpunkt ungelegen kam.[212] Daraus ließe sich schließen, daß die mittelalterlichen heilkundigen Frauen in gewisser Weise in der Lage waren, die biologische Natur der Frau zu kontrollieren, sie »magisch« zu beherrschen. Aber wir wissen nicht, in welchen Fällen Verhütungsmittel angewandt oder Abtreibungen vorgenommen wurden. Denn für die Frau bestand gerade in der mittelalterlichen Familie die Notwendigkeit zu gebären, waren doch die Kinder als mithelfende Familienangehörige von größter Wichtigkeit.

Dennoch dürfte es aufgrund der schlechten ökonomischen Situation des größten Teils der Bevölkerung unmöglich gewesen sein, daß die Frauen alle ihre Schwangerschaften austrugen. Weder die bäuerliche Wirtschaft noch die kleinen Handwerksbetriebe warfen so viel Ertrag ab, um alle Mitglieder der

Familiengemeinschaften auch nur annähernd ausreichend ernähren zu können. Die Frauen werden dies aus Erfahrung gewußt und vielleicht deshalb Schutzvorkehrungen getroffen haben, um nicht Kinder zur Welt bringen zu müssen, die nicht ernährt und aufgezogen werden konnten.

Gerade den Vorwürfen, welche den Frauen in den Hexenprozessen gemacht wurden, können wir manches über die Praxis der heilkundigen Frauen entnehmen. Meist stand sie in offenbarem Widerspruch zum Alleinvertretungsanspruch der Kirche, wird aber dem praktischen Lebenszusammenhang der Frauen vermutlich besser entsprochen haben. Manche dieser Vorwürfe decken sich mit dem, was über die ›weisen Frauen‹ gesagt worden ist. Auch deren magische Wissenschaft war nicht dem Gott des Christentums untergeordnet; sie scheinen sich vielmehr stärker mit alten Naturdämonen identifiziert zu haben. So war auch die Natur für sie nichts Abstraktes, Autoritäres, Unbeeinflußbares; sie versuchten vielmehr, mit Hilfe von Zauberei auf sie einzuwirken. Die kirchliche Sexualfeindlichkeit teilten sie nicht; im Gegenteil, sie brauten und verabreichten Liebestränke und akzeptierten nicht, daß die Frauen wegen Evas Erbsünde zum permanenten – und das heißt: schmerzvollen – Gebären verurteilt sein sollten. Deshalb benutzten sie antikonzeptionelle Mittel, nahmen Abtreibungen vor und verwendeten bei der Geburt schmerzstillende Heilkräuter. Durch ihre Praxis machte die weise Frau dem Priester, dem Mönch seinen Anspruch, alleiniger Vermittler zur heilenden Natur zu sein, streitig.

Aber gerade in dieser Vermittlerrolle zur Natur liegt ursprünglich auch die negative Seite der Tätigkeit der »weisen Frau«. Denn obwohl die weise Frau das Vertrauen der Bevölkerung genoß, hatte ihre Tätigkeit durch die Verbindung von Heilkunst und Zauberei doch einen ambivalenten Charakter. Denn ihre therapeutischen Erfolge wurden weniger ihrer Kräuterkenntnis, der Anwendung ihres gesunden Menschenverstandes zugeschrieben, als vielmehr ihrer Fähigkeit, den verwendeten Mitteln durch Zauberei Heilkraft zu verleihen. Andererseits wurden ihre Mißerfolge auf den Einfluß eines bösen Zaubers zurückgeführt. Die weise Frau stand demnach im Bunde mit den dämonischen Kräften der Natur. Sie war daher ebenso gefürchtet wie geachtet.

Genes. am 3. Capitel.

Vnd zum Weib sprach Gott der HERR: Ich wil dir Schmertzen schaffen/wenn du schwanger wirst/Du solt mit Schmertzen deine Kin-

der gebären/vnd dein Will sol deinem Mann vnterworffen seyn / vnd er sol dein Herr seyn.

6. *Geburt* (Darstellung nach dem Hebammenbuch von J. Ruff, 1580)

Für die weise Frau, die Hebamme auf dem Lande, die die beiden Gesichter der Fee – der guten, aber auch der bösen Hexe – trägt, gibt es in den historischen Quellen nur wenige Belege. Dennoch können wir annehmen, daß ihre praktischen Kenntnisse die Basis für eine Weiterentwicklung der Medizin im Mittelalter waren. Ihre Heilpraxis war im Gegensatz zu der des Klerus und der des später entstehenden Ärztestandes nicht mit dem Herrschaftssystem des Feudalismus verbunden. Sie war keine »professionelle« Heilkundige, eher Bäuerin, Leibeigene, vielleicht auch Einsiedlerin, die ihre Heilkunst »nebenbei« ausübte. Die Klostermedizin nahm Teile ihrer Kenntnisse auf, und auch die ersten berufsmäßigen männlichen Ärzte benutzten ihre Heilmethoden.

3. *»Studierte« Ärztinnen*

Die ersten berufsmäßigen Laienärzte, die seit Beginn des Hochmittelalters in Deutschland vereinzelt an den Höfen und in den Städten zu finden sind, kamen zumeist aus dem Ausland. Vor allem waren es Mauren und Juden – auch Jüdinnen –, die im Zuge des Vordringens der Araber nach Europa neues medizinisches Wissen mitbrachten.

Die Entwicklung einer neuen weltlichen Kultur ermöglichte es nun auch Laien, medizinische Werke zu studieren; der Klerus als alleiniger Träger der Schriftlichkeit wurde abgelöst. Durch den kulturellen Einfluß der Araber entstand nach 900 in Salerno die erste medizinische Hochschule. Obwohl die Rezeption arabischer und orientalischer Autoren wie Galen, Avicenna oder Soranus überwog, wurden auch die praktischen Erfahrungen der europäischen Volksmedizin miteinbezogen. An dieser Hochschule waren auch Frauen zum Studium zugelassen, und es gibt Zeugnisse dafür, daß zumindest eine Reihe adeliger Italienerinnen dort gelernt und gelehrt hat, wie die Tochter des Herzogs von Salerno, Sichelgaita, die Chirurgin Franziska de Romana, Constanza Calenda, Rebecca Guarnia und die Ärztin Mercuriades.[213]

In die Lehrbücher, die in Salerno verfaßt wurden und die als Grundlage der Medizinwissenschaft dienten, gingen auch die Heilpraktiken der *»mulieres salernitatae«*, wahrscheinlich der salernischen weisen Frauen, mit ein. So findet sich im *Circa* *instans (liber de simplici medicina),* einer im 12. Jahrhundert entstandenen salernischen Medizingeschichte, ein Rezept der »mulieres salernitatae« zur Behandlung der kranken Milz.[214] Frauen verfaßten auch selbst medizinische Werke: Einer Abella wird das Buch *De atribile,* einer Trotula das einzige salernische Spezialwerk über Frauenheilkunde zugeschrieben.[215] Die Gynäkologie blieb auch in Salerno den Frauen vorbehalten, denn die männlichen Ärzte zeigten für diesen Bereich noch kein Interesse. Trotulas Buch umfaßte die Behandlung von Frauenkrankheiten, Rezepte zur Verhütung von Schwangerschaft, kosmetische Ratschläge, und in dem Kapitel über die Geburtshilfe wurde zum erstenmal in der Medizingeschichte die Dammnaht beschrieben, wohl ein praktischer Erfolg salernischer Hebammenkunst.

Obwohl nichts vom Studium deutscher Frauen an der salernischen Hochschule bekannt ist, so waren doch auch sie an der Weiterentwicklung der Medizin beteiligt.

In den entstehenden deutschen Städten waren die Heilberufe zunächst noch frei, so daß relativ viele Frauen auf diesem Gebiet tätig waren. In einigen städtischen Urkunden ist die Existenz von Ärztinnen festgehalten, so zum Beispiel noch bis zur Mitte des 15. Jahrhunderts in Frankfurter Steuerlisten: »In den Jahren 1423, 1427, 1428, 1431, 1436 und 1446 werden weibliche Augenärzte erwähnt, und zwar teils christliche teils jüdische.«[216] Im 14. Jahrhundert gab es in Frankfurt vierzehn Ärztinnen, darunter drei Augenärztinnen und vier Judenärztinnen, und die Tochter des ersten Frankfurter Stadtarztes »kyretierte« im Jahre 1393 selbständig die Verwundeten.[217] In Ulm übte eine Frau Margaretha 1383 den Beruf der Apothekerin aus.[218] Auch die in städtischen Urkunden als »*medicinae*« bezeichneten Hebammen scheinen neben der Geburtshilfe allgemein medizinisch tätig gewesen zu sein. Hauptsächlich werden die Frauen sich wohl chirurgisch betätigt haben, da die Chirurgie nicht zu der an den Hochschulen gelehrten Medizin gehörte, sondern auf praktischer Erfahrung basierte, quasi ein Lehrberuf war.

Leider erfahren wir aus den historischen Quellen nur von der Existenz solcher Ärztinnen, aber nichts über deren nähere Lebensumstände: Aus welchem Stande kamen sie? Wie lebten sie? In welcher Form praktizierten sie? Kamen die Patienten zu ihnen, gingen sie in deren Häuser oder boten sie ihre Dienste gar öffentlich feil?

Es gab in Deutschland schon sehr früh Frauen, die das tradierte medizinische Wissen durch das Studium medizinischer Werke aus anderen Kulturkreisen zu erweitern suchten. Die Volksmedizin der Merowingerzeit (450-750) stützte sich auf Reste antiken Wissens, und auch die Kenntnis des arabischen Hebammenkatechismus von »*Musico*« war, laut P. Diepgen, unter den heilkundigen Frauen des Mittelalters schon vor der Entstehung der Buchmedizin weit verbreitet.[219] Wie aber gelangten die heilkundigen Frauen zu diesem Wissen? Wurde es ihnen mündlich überliefert, etwa durch fahrende (jüdische) Ärztinnen? Oder konnten diese Frauen lesen und schreiben, so daß sich das Wissen auf diese Weise vermitteln ließ?

Von den adeligen Frauen wissen wir, daß sie die ersten waren, die es neben dem Klerus zu Kenntnissen im Lesen und Schreiben brachten und die wohl ihre neugewonnenen Fähigkeiten auch benutzten, um zu neuem medizinischen Wissen zu gelangen. Die heiliggesprochene Cunigundis fand und beschrieb zu Anfang des 11. Jahrhunderts ein neues Heilkraut, das nach ihr benannt wurde; von Luitgarde, der Gemahlin Konrads des Großen, wird in dem *Chronicum montis sereni* des 12. Jahrhunderts berichtet, »daß sie zur Ader gelassen habe«.[220] Phillipine, Freiin von Zinnenberg, besaß Ende des 16. Jahrhunderts »eine reich ausgestattete Apotheke, nahm selbst an der Arzeneiberatung teil und legte ihre Erfahrung in einem, zum größten Teil von ihr selbst niedergeschriebenen Rezeptbuch nieder...«[221]

Obwohl nur wenig Schriftliches über die medizinischen Praktiken der adeligen Frauen überliefert ist – und das Wenige nur sehr undetailliert –, kann man doch annehmen, daß die oben genannten Frauen keine Einzelerscheinungen waren. Nur von einer einzigen Frau, Hildgard von Bingen, besitzen wir eine genauere Überlieferung ihrer medizinischen Kenntnisse. Hildegard war Äbtissin und wegen des großen Ansehens, das sie genoß, und ihrer hohen gesellschaftlichen Stellung konnte sie es sich erlauben, einen Mönch mit der Aufgabe zu betrauen, nach ihrem Diktat ihr Wissen aufzuschreiben, um dieses der Nachwelt zu überliefern. In ihre Bücher *De physica* und *Causae et Curae* (Über die Ursachen und Behandlung der Krankheiten) fließt so viel von Hildegards Persönlichkeit und Weltanschauung ein, daß sie durchaus Aufschlüsse geben können nicht nur über den Stand der Medizinwissenschaft der damaligen Zeit, sondern auch über den ideologischen Kontext, in dem die Heilkunde stand. Es scheint uns aus diesem Grunde interessant, uns näher mit Hildegards von Bingen Schriften zu beschäftigen.

Hildegard von Bingen wurde 1099 als Tochter eines Ministerialen oder Ritters aus dem damals herrschenden Ottonengeschlecht in Beckelheim an der Nahe geboren. Ihre adeligen Eltern versprachen sie schon als Kind dem Benediktinerinnenkloster auf dem Disibodenberg. Nachdem sie dort erzogen worden war, entschloß sie sich, selbst Nonne zu werden, gründete das Kloster auf dem Rupertsberg und wurde im Jahre 1136 dort Äbtissin. Die Aktivitäten, die sie in dieser Position entfaltete, waren keineswegs nur geistlicher Natur. Die Bildung eines standesgemäßen Herrschaftsbewußtseins wurde in ihrer Klostererziehung wohl nicht vernachlässigt, denn sie versuchte als Äbtissin nicht nur auf die kirchliche, sondern auch auf die weltliche Politik Einfluß zu nehmen. Sie führte einen Briefwechsel mit vielen der politisch machtvollen Personen ihrer Zeit: mit den Päpsten Eugen, Anastasius, Hadrian, mit König Konrad III., Kaiser Friedrich Barbarossa und Bernhard von Clairveaux. Sie war eine ausdrückliche Anhängerin der feudalen Standesordnung, und in ihren Briefen verurteilte sie die ketzerischen Bewegungen, vor allem der Katharer. Ihre Ablehnung der häretischen Bewegungen war wohl darin begründet, daß Hildegard eine der emphatischen Vertreterinnen der deutschen Mystik war; und diese religiöse Richtung des 11. Jahrhunderts, die vor allem von Frauen getragen wurde (Nonnenmystik), geriet, obwohl sie in die Kirche integriert war, oft in den Verdacht der Ketzerei. Hildegard mußte sich deshalb wohl besonders von der Häresie distanzieren. Es verwundert nicht, daß die Kirche die Mystik zwar duldete, ihr aber nicht wohlgesonnen war, denn die Mystikerinnen übergingen in ihrem Drang nach einem gründlich individuellen Verhältnis zu Gott die Vermittlerrolle des Priesters und stellten daher, wenn auch sicher unbewußt, die hierarchische Organisation der Kirche in Frage. Es dürfte kein

Zufall sein, daß gerade Frauen in der Mystik ein eigenes Verhältnis zu Gott suchten. Die Kirche hatte sie wegen Evas Sündenfall mit einem besonderen Makel behaftet und daraus die Konsequenz gezogen, daß die aktive Kommunikation mit Gott nur durch männliche Vermittler, durch Priester, möglich sei. Die Mystikerinnen in den Klöstern wollten auf die paradiesische Vereinigung mit Gott nicht bis nach dem Tode warten. In ihren Visionen fühlten sie sich als Teilhaberinnen der göttlichen Liebe, ja »empfingen« göttliche Weisungen, eine Auszeichnung, die sonst nur höchste Priester für sich in Anspruch nahmen. Diese Mystikerinnen waren aber offenbar keineswegs von religiösem Wahn besessen, wie es in der Literatur dargestellt zu werden pflegt. Die religiöse Ekstase dieser Frauen muß als das Resultat des Versuchs angesehen werden, sich ein gleichberechtigtes Verhältnis zu Gott auch im irdischen Dasein zu schaffen. Sie strebten damit einen Zustand an, welcher den Frauen der mittelalterlichen Feudalgesellschaft nirgendwo zugestanden wurde.

Doch selbst eine Frau wie Hildegard, die wegen ihrer Klugheit und ihrer Stellung hochangesehen war, hatte große Schwierigkeiten, ihre Ideen zu verwirklichen. So wurde der Einzug in ihr neugegründetes Kloster immer wieder von den kirchlichen Behörden verzögert – ein Umstand, unter dem Hildegard so gelitten haben muß, daß sie monatelang schwer krank war und erst, »wie durch ein Wunder genesen«, vom Krankenlager aufstand, als die Genehmigung erteilt war. Wegen ihres ambivalenten Selbstverständnisses belasteten ihre Visionen ihr Leben eher, als daß sie ihr den richtigen Weg wiesen: Wie sie selbst beschreibt, fühlte sie sich einerseits unter dem Zwang, ihre Wahrnehmungen mitzuteilen, hielt sich aber andererseits als Frau für nicht kompetent genug, da die kirchliche Ideologie auch ihr Denken geprägt hatte. Auch dieser Zwiespalt äußerte sich in physischem Leiden, bis ihr in einer ihrer Visionen Jesus direkte Anweisungen erteilt und ihr den Auftrag gibt, ihre Wahrnehmungen der Welt mitzuteilen: »Breite dich also in überfließendem Quell aus und ströme aus in mystischer Belehrung, damit jene von deiner Ausgießung und Bewässerung erschüttert werden, die dich wegen Evas Übertretung für verächtlich halten wollen.«[222] Nach diesem Auftrag erstarkte Hildegards Selbstbewußtsein, worauf sie auch physisch wieder völlig gesundete. Die Kraft zu einer solchen Haltung wurde Hildegard aber nicht *nur* von Gott verliehen. Es werden in ihr Denken und Wirken noch Reste des *»sanctum et providum«* ihrer Vorfahrinnen hineingespielt haben, die sie unbewußt beeinflußten. Analogien zu den germanischen Seherinnen lassen sich leicht herstellen: Hildegard war durch ihre Visionen eine Seherin, durch ihre Wunderheilungen eine göttliche Zauberärztin, ja sie besaß sogar die Fähigkeit, bei Besessenheit die Dämonen auszutreiben. Durch ihre religiösen Visionen und ihre Wunderheilungen wurde ihr als einzelner Frau eine Verehrung zuteil, die früher den Frauen allgemein gegolten hatte. Weil sie aber all ihr Handeln im Rahmen des christlichen Glaubens vollzog und ihre Fähigkeiten als von Gott gegeben angesehen wurden, wurde sie konsequenterweise von der Kirche heiliggesprochen. Hätte Hildegard außerhalb des »göttlichen Bezugsrahmens« die gleichen Wunder vollbracht, wäre sie wahrscheinlich mit der gleichen Konsequenz von der Kirche als Ketzerin verdammt worden. So aber ordnete sie ihre magischen Fähigkeiten der Autorität der Kirchenlehre unter und konnte, unter dem Schutzmantel des autorisierten Glaubens, die gleichen Ansichten über die Heilkunde vertreten wie die weisen Frauen.

In ihrem Buch *De physica*, der umfassendsten volksmedizinischen Rezeptesammlung der mittelalterlichen Klostermedizin, beschreibt sie die magischen und heilenden Fähigkeiten der Natur, der Gestirne, Pflanzen, Tiere und Mineralien. Die unbeseelten Dinge und Lebewesen besäßen ambivalente Eigenschaften, die der Mensch sich zunutze machen könne. In *Ursachen und Behandlung der Krankheiten* schreibt sie über die giftigen Reptilien:

»Haben sie aber auch Gift in sich, so haben doch einige davon als Heilmittel für Mensch und Tier Wert, und wenn man sie auch nicht ganz dazu gebrauchen kann, so doch einige Teile ihrer Körper, die sie vom guten Saft der Erde haben, weil eben der gute Saft auch gute Kräuter hervorsprießen läßt.«[223]

Der Mensch sei durch die ihm vom heiligen Geist eingegebene Vernunft in der Lage, die Ambivalenz auch seiner eigenen Natur zu überwinden: »So wird der Mensch in seiner Natur ein anderer, weil das, was himmlisch ist, das irdische besiegt und überwindet, so daß sich alles in Gott erfreut und die alte

Schlange verächtlich wird.«[224] Doch sei der Mensch noch durch die Sündhaftigkeit belastet, und als Folge davon entstünden Krankheiten und Naturkatastrophen:

> »Solche Unwetter kommen meist auf Gottes Gericht hin entweder in Folge vergangener Verbrechen und von Menschen verschuldeter Übeltaten oder auch um künftige Gefahren, wie Krieg, Hunger und plötzliches Sterben, anzudeuten. Alle unsere Werke berühren nämlich die Elemente und stehen auch unter ihrer Einwirkung, weil sie Beziehung zu den Elementen haben.«[225]

Aber durch diese Beziehung zu den Elementen habe der Mensch die Möglichkeit, Gutes hervorzubringen, wenn er sich in seinen Taten von der übergroßen Liebe Gottes leiten lasse. Hildegards christliches Weltbild war im Gegensatz zu dem der christlichen Lehre keineswegs pessimistisch und asketisch; es war vielmehr dem Leben, den Erscheinungen der Natur zugewandt. An das Gute im Menschen glaubte sie mehr als an die Macht des Bösen. Ihre Beschreibung der Physiologie und Pathologie menschlicher Krankheiten ist von der antiken Theorie beherrscht; aber bei ihr setzte sich nie die Frauenfeindlichkeit der Antike durch, wie wir sie bei männlichen Klerikern derselben Zeit finden.

Es ist jedoch interessant, daß die Auffassungen selbst dieser selbständigen Frau die Grenzen der tradierten Ideologie in wesentlichen Punkten nicht überschritten. So stellte sie sich nicht offensiv gegen das kirchliche Dogma von der Unterlegenheit der Frau. Auch sie war der Meinung, daß die schmerzvolle Geburt und die Menstruation die Strafe für Evas Sündenfall seien, die Frau eine schlechtere physische Konstitution habe und deshalb dem Manne unterworfen sein müsse. Doch bestand sie darauf, daß die Frau vor allem auch positive Eigenschaften besitze. Das wird besonders deutlich in ihren Beschreibungen der menschlichen Charaktereinteilungen, die sie auf der antiken Blut- und Säftetheorie des menschlichen Körpers aufbaute. Mann und Frau definieren sich für sie gleichermaßen über die Fähigkeit zur Fruchtbarkeit. Es gibt innerhalb ihrer Charaktereinteilung in Sanguiniker(-innen), Choleriker(-innen), Melancholiker(-innen) und Phlegmatiker(-innen) jeweils Frauen- und Männertypen, welche besonders fruchtbar sind, und andere, die weitgehend unfruchtbar bleiben müssen. Erstaunlicherweise sind die positivsten Charaktere bei Hildegard in ihren Verhaltensweisen tendenziell androgyn, nämlich die Phlegmatikerin und der Sanguiniker. Beide besitzen Eigenschaften des anderen Geschlechts, sind liebesfähig, können aber auch abstinent leben, während die ausgeprägtesten weiblichen und männlichen Stereotype von der Vereinigung mit dem anderen Geschlecht so abhängig sind, daß sie bei sexueller Enthaltsamkeit krank werden. Diejenigen Charaktere, die nach Hildegards Beschreibung zur Unfruchtbarkeit neigen, haben ihrer Meinung nach eine nur ungenügend ausgebildete weibliche oder männliche Physis. Männliche Aggressivität lehnt Hildegard ab; aggressive Männer seien nicht fähig, ihre Frauen und andere Menschen wirklich zu lieben. Aktive und kluge Frauen, die, wie die Cholerikerin, wegen ihrer Klugheit von den Männern gefürchtet werden, schätzt sie dagegen sehr hoch ein. Hildegard übernahm die aristotelischen Zeugungstheorien; aber in ihrer Beschreibung der Empfängnis ist die Frau keineswegs nur passives Gefäß, sondern aktiv an der Entstehung des Lebens beteiligt:

>»Von der Empfängnis. Ist die Frau mit dem Mann vereinigt, dann verkündigt die Hitze in ihrem Gehirne, die eine Lustempfindung in sich schließt, den Geschmack dieser Lust in dieser Vereinigung und dem Samenausguß. Und ist der Same an seinen Platz gefallen, *dann zieht ihn die erwähnte große Hitze an sich und hält ihn fest*. Hierauf werden die Nieren dieser Frau zusammengezogen und alle Glieder, die in der Menstruationszeit zur Öffnung bereit sind, werden alsbald geschlossen. [...] Und dann vermischt sich das Monatsblut mit diesem Samen und macht ihn blutreich und gibt ihm Fleisch. Und nachdem er Fleisch geworden, *umgibt ihn dieses Blut wie der Wurm, der sich aus sich selbst ein Haus bereitet. Und so bereitet das Blut dieses Gefäß von Tag zu Tag, auf daß der Mensch in ihm gebildet werde und den Lebenshauch empfange.*«[226]

Auch die Lustfeindlichkeit der Kirche teilte Hildegard nicht, denn für die »richtige« Zeugung von Kindern hält sie sowohl gegenseitige Liebe als auch Lustempfinden von Frau und Mann für notwendig. Allerdings, die Erzeugung von Knaben wertete sie, entsprechend ihrem gesellschaftlichen Bewußtsein, höher als die Zeugung von Mädchen:

>»Wenn der Mann starken Samen vergießt und sich in richtiger herzlicher Liebe seinem Weibe naht, und auch das Weib zu dieser Stunde die richtige Liebe zum Manne hat, dann wird ein Knabe empfangen, weil es

so von Gott angeordnet ist. Und es kann auch gar nicht sein, daß etwas anderes als ein Knabe empfangen wird, weil Adam aus Lehm gebildet wurde, der doch ein kräftigerer Stoff als das Fleisch ist.«[227]

Ist des Mannes Samen aber dünn, so wird ein Mädchen geboren werden. Trotzdem ist die Physis mancher Frauen auch in diesem Zusammenhang bestimmend: »Die Hitze der Frauen, die von Natur beleibt sind, *überwindet* den Samen des Mannes, so daß das Kind gar häufig im Gesicht der Mutter ähnlich gebildet wird.«[228]

Wie in ihren praktischen Heilmethoden volksmedizinische Einflüsse dominieren, so finden sich auch in der Beschreibung der weiblichen Konstitution noch viele Analogien, die daran erinnern, daß die Frau lange Zeit als Repräsentantin der Fruchtbarkeit der Natur galt. So schreibt sie zum Beispiel:

»Vom Lustgefühl des Weibes. Die fleischliche Lust des Weibes vergleicht sich der Sonne, die mild und sanft die Erde mit ihrer Wärme andauernd durchdringt, damit sie Früchte hervorbringen kann. Würde sie anhaltend und stärker auf sie niederbrennen, so würde sie die Früchte mehr schädigen als sie hervorbringen. So ist auch die fleischliche Lust beim Weibe einschmeichelnd und gelinde; dafür aber besitzt sie die anhaltende Wärme, Nachkommenschaft zu empfangen und zu gebären, weil, wenn das Weib andauernd im Brand des Lustbegehrens verbliebe, es zur Empfängnis und Zeugung ungeeignet sein würde.«[229]

Vorstellungen, daß den Frauen übersinnliche Fähigkeiten zukommen, klingen an, wenn Hildegard die paradiesischen Eigenschaften Evas charakterisiert:

»Eva. Adam war vom Grün der Erde mannhaft und von den Elementen ungemein stark. Eva aber war weich in ihrem Marke und *hatte einen luftigen, scharfen Sinn und ein köstliches Leben, weil sie der Erde Gewicht nicht drückte.*«[230]

Adam ist also stark und darf Eva sich unterordnen. In der Luftigkeit, der Leichtigkeit, der »angeborenen weiblichen Schwäche« indes liegt die Stärke der Frau, wie Adams Stärke, seine Bindung an die Erde, zugleich seine Schwäche impliziert. Evas paradiesischer »scharfer Sinn« ist für Hildegard nicht in dem Maße negativ besetzt wie für die Kirchenlehrer, die in ihm die Ursache der Erbsünde sahen.

Die positiven Wertungen »natürlicher« weiblicher Eigenschaften tauchen in Hildegards Schriften ständig, aber immer wie zufällig auf. Es scheint, als hätten ihr das starre kirchliche

Dogma von der göttlichen Ordnung und die Rezeption antiker Theorien nicht ausgereicht, um den Sinn des irdischen Daseins der Frau zu erfassen und zu erklären; als sei sie, aufgrund ihrer eigenen Erfahrung, zu einer anderen, von der kirchlichen Lehre der Inferiorität der Frau abweichenden Einschätzung der Weiblichkeit gelangt. Diese positive Bewertung der Frau mag aber auch aus den Relikten eines überlieferten archaischen vorchristlichen Frauenbildes herrühren, das zur Zeit Hildegards zwar von der Kirche bereits verworfen worden war, in den Köpfen des Volkes aber durchaus noch existierte.

So beeinflußte die Vorstellung von der Frau als Erdmutter auch Hildegards *Sequenz zu Ehren Sankt Mariens*. Maria wird zur Erdmutter – oder wurde die Erdmutter zu Maria? Indem Maria nämlich Jesus gebiert, gebiert sie auch wieder die Fruchtbarkeit der Erde, die nach Evas Sündenfall verdorrt war:

»Herrlich sprossend Reis, sei gegrüßt, daß Du Dich im Windhauch des Sehnens und Suchens der Heiligen erhobst. Da die Zeit kam, da Du in Deinen Zweigen blühen solltest, klinge Dir Gruß und Gruß entgegen, weil Sonnenglut wie Balsamgeruch in Dir kochte.

Denn in Dir blühte die Wunderblume empor, die allen Gewürzen Duft gab, allen die vertrocknet waren.

Und alle erschienen nun in voller Blüte.

Darum ließen die Himmel Tau über das Gras sprühen, und die ganze Erde ward froh, weil ihre Eingeweide Korn hervorbrachten und weil die Vögel des Himmels auf ihr ihre Nester hatten.

Und den Menschen ward Speise gegeben und den Speisenden große Freude. Und darum süße Jungfrau, hört in Dir die Freude nimmer auf.

All das verachtete Eva.

Nun aber sei Preis dem Allerhöchsten!«[231]

Die Äbtissin Hildegard von Bingen gelangte durch ihre Bildung und Persönlichkeit schon zu ihren Lebzeiten zu außerordentlicher Berühmtheit. Doch auch viele andere adelige Frauen, über die und von denen es keine schriftlichen Überlieferungen gibt, hatten Gelegenheit, Zeit und Muße, sich zu bilden und ihren »Geist zu schärfen«. Lange Zeit galt die Fähigkeit, lesen und schreiben zu können, als »Weiber- und Mönchskram«; die Beschäftigung mit Büchern, so hieß es, halte die Männer nur von ihrer eigentlichen Aufgabe, dem Kampf, ab.

Erst im Verlauf des Hochmittelalters wurde Evas »scharfer Sinn« der Kirche und der sich entwickelnden Wissenschaft immer mehr zu einem lästigen Ärgernis – speziell wenn er sich auf die Heilkunde richtete. Die Strategie, die benutzt wurde, um diesem Ärgernis zu wehren, läßt sich anhand der Entwicklung der Buchmedizin und der Entstehung einer geregelten Medizinversorgung in den Städten zeigen.

4. Die Buchmediziner

Im Verlauf des Hochmittelalters entstand die Buchmedizin, die entscheidend zum Untergang der weiblichen Heilkunde beitrug. Die Hochschule von Salerno mit ihrer weitgehend auf die praktische Erfahrung ausgerichteten Medizin war seit der Entstehung der ersten Universitäten unbedeutend geworden. Während des 12. und 13. Jahrhunderts entstanden Universitäten in Montpellier, Bologna, Paris, Oxford, Cambridge und Padua. Die erste deutsche Universität wurde 1348 in Prag gegründet. Das Medizinstudium wurde ein Teil des *Studium universale* und war eher Gegenstand theoretischer Betrachtung als Resultat praktischer Erfahrung. Die Universitäten standen unter starkem kirchlichen Einfluß; viele der Rektoren waren Kleriker. Frauen waren an diesen Universitäten nicht zugelassen. Die Rezeption antiker Autoren wurde neben der christlichen Lehre zur Basis der sich entwickelnden scholastischen Wissenschaft, dem ersten Ansatz einer theologischen Naturphilosophie.

An diesen Universitäten befaßte man sich nun auch theoretisch mit der Gynäkologie, indem die frauenfeindlichen aristotelischen Theorien von der Zeugung, dem Wesen des Sexus und der schwächeren Konstitution des Weibes systematisch rezipiert und verbreitet wurden. Analog der gesellschaftlichen Funktion und Rolle der Frau beschäftigte man sich nur mit ihrer Gebärfähigkeit und zollte einzig der Frau als Mutter Respekt. Die Hochachtung vor der Mutterschaft verleitete gar Albertus Magnus, die Frau mit der Kirche zu vergleichen. Im *Liber de muliere forti* vergleicht er in der Interpretation eines Passus des biblischen *Buchs der Sprüche* die Kirche mit dem »tapferen Weibe« und zieht Parallelen zwischen den Funktionen der Samenaufnahme, der Hütung und Nährung des Kindes im Mutterleib, der Geburt und dem Stillgeschäft und den geistigen Einwirkungen der Kirche auf die Seele des Menschen.[232]

Obwohl nun die studierten Ärzte für sich in Anspruch nahmen, die allein autorisierten Vertreter aller medizinischen Bereiche zu sein, blieb es ihnen noch für Jahrhunderte verwehrt, eigene praktische Erfahrungen in der Frauenheilkunde zu sammeln, da es ihnen von kirchlicher Seite untersagt war, den Frauenkörper zu untersuchen.

Die Ärzte konnten ihren Herrschaftsanspruch jedoch mit der Existenz einer geregelten medizinischen Versorgung in den hochmittelalterlichen Städten durchsetzen, sobald sie in diesen die führenden Positionen eingenommen hatten.

Zunächst besaßen die Frauen in den Städten noch die Möglichkeit, den Heilberuf auszuüben und sich davon zu ernähren. Durch die herumreisenden Fernhandelskaufleute, durch die Zunahme der »Fahrenden«, der Gaukler und Spielleute, durch fahrende Ärzte und Ärztinnen waren die Städte zu Informationszentren geworden, in denen Wissen aus verschiedenen Kulturbereichen ausgetauscht wurde. Von diesem vor allem mündlich überlieferten Wissen konnten wohl auch die heilkundigen Frauen profitieren. Das beweist nicht nur die Existenz spezialisierter Ärztinnen, sondern auch die bis zur Kunstfertigkeit entwickelte Geburtshilfe der Hebammen in den Städten. Auch wenn den Frauen das Medizinstudium untersagt war, so blieben sie doch in der medizinischen Praxis noch lange den Buchmedizinern überlegen. Letztlich aber wurde ihnen zum »Verhängnis«, daß für die städtische Bevölkerung ein geeigneter Modus der Medizinversorgung gefunden werden mußte; durch die freie Ausübung des Arztberufes war die ärztliche Versorgung der seit dem 13. Jahrhundert durch die Landflucht zunehmenden armen städtischen Bevölkerung nicht mehr gewährleistet. Seit Beginn des 14. Jahrhunderts wurde nun die städtische Medizinversorgung so geregelt, daß der Rat einen Stadtarzt einsetzte, der aus der Stadtkasse bezahlt wurde und der verpflichtet war, sowohl den Armen als auch den Reichen im Krankheitsfalle beizustehen.[233] Durch die Einrichtung des Stadtarztes gelang es den Buchmedizinern allmählich, ihren Alleinherrschaftsanspruch in der wissenschaftlichen Medizin durchzusetzen. In Frankfurter Urkunden wird im Jahre 1393 der erste Stadtarzt erwähnt, aber bis zur Mitte des 15. Jahrhunderts gab es dort neben ihm auch noch weibliche Ärzte. Solange sich nämlich nicht genügend Buchmediziner in der Stadt etabliert hatten, erlaubte man den Frauen noch die Ausübung des Heilberufs.

Bis zum Ende des 15. Jahrhunderts wurden die Frauen in den Städten völlig aus dem Heilberuf verdrängt, da sie nicht die gesellschaftlich anerkannte Qualifikation für den Medizinberuf, das Universitätsstudium, besaßen. Städtische Verordnungen enthielten seit Mitte des 14. Jahrhunderts Bestimmungen, welche den Frauen die Ausübung des Arztberufes untersagten. In den 1350 in Breslau erschienenen, von dem Titularbischof und Buchmediziner Thomas von Sarepta verfaßten Statuten der Kunstärzte, Wundärzte und Apotheker heißt es: »Frauen, die Urin zu beschauen pflegen, dürfen nicht Arzneikunst und Apothekerei betreiben.«[234]

Auf der anderen Seite wurde die medizinische Kompetenz der Buchmediziner von der Bevölkerung lange nicht anerkannt, da die Buchmediziner aufgrund ihres rein theoretischen Studiums kaum in der Lage waren, praktisch zu heilen. Der Arzt Paracelsus schrieb in der ersten Hälfte des 15. Jahrhunderts, daß die Bauern die gelehrten Ärzte oft auslachten und dazu auch ein Recht hätten, denn diese könnten oft nicht das kleinste Zahnweh heilen, verlangten aber hohen Lohn für ihren Rat.[235] Der Mangel an praktischer Erfahrung führte Paracelsus dazu, das Medizinstudium zu kritisieren und zu fordern, der angehende Arzt solle nicht so sehr in den überlieferten Büchern lesen, als vielmehr aus eigener praktischer Erfahrung und aus der Anschauung der Natur sein Können beziehen. Da die Natur den Menschen krank mache, müsse sie ihn auch heilen können; der Arzt sei Vermittler dafür.

Allmählich setzten sich Paracelsus' Ansichten durch; die heilkundigen Frauen jedoch, auf deren Wissen diese Medizin rekurrierte, wurden weiterhin von den mit ihnen konkurrierenden Ärzten denunziert. Auch Paracelsus, der so viel von den Frauen gelernt hatte, konnte sich nicht enthalten, in seiner Beschreibung des weiblichen Wesens die Frauen als »halbe Kreaturen« zu diffamieren; denn auch er zweifelte nicht an der geistigen Suprematie des Mannes.

5. Die berufsmäßigen Hebammen

Nachdem die Ärztinnen in den Städten aufhören mußten zu praktizieren, heilkundige Frauen aber noch überall, vor allem auf dem Lande, mehr oder weniger heimlich kurierten, mußten die Buchmediziner noch immer die Geburtshilfe, Frauen- und Kinderheilkunde den Hebammen überlassen. In den Städten entstand der zünftig organisierte Beruf der Hebamme; die Hebammen konnten Lehrmädchen ausbilden, die Geburtshilfe wurde also wie ein Handwerk erlernt. Ein Bruchteil ihres Könnens ist in den seit dem 16. Jahrhundert auftauchenden Hebammenbüchern der Buchmediziner aufgezeichnet worden. Obwohl diese Ärzte alles, was überhaupt in ihren Büchern über praktische Anleitungen für Geburtshilfe geschrieben stand, nur von den Hebammen erfahren haben konnten, bemühten sie sich, ihre mangelnde Erfahrung in diesem Bereich zu vertuschen und die Überlegenheit ihrer Wissenschaft zu beweisen, indem sie die Hebammen als Pfuscherinnen abqualifizierten. Eucharius Rößlin, der Verfasser des meistverbreiteten Hebammenbuches *Der Schwangeren frawen und Hebammen roßgarten* klagte im Vorwort:

>»Ich meyn die Hebammen alle sampt/ Die also gar kein Wissen handt./ Dazu durch yr Hynlessigkeit/ Kind verderben weit und breit./ Und handt so schlechten Fleiss gethon/ Das sie mit Ampt eyn Mort begon.«[236]

Dies war wohl eher eine böswillige Unterstellung; sicher unterliefen auch den Hebammen hin und wieder Fehler bei der Geburtshilfe, manche von ihnen waren vermutlich auch weniger geschickt als andere. Im allgemeinen aber wurden die städtischen Hebammen wegen ihres Könnens so sehr geachtet, daß sogar die Adligen sie zur Geburtshilfe an ihre Höfe beorderten. In einer Straßburger Handschrift des 16. Jahrhunderts finden sich Aufzeichnungen einer Hebamme oder »ehrbare[n]« Frau.[237] Dadurch sind uns einige besondere Beschreibungen der Geburtshilfe erhalten, wie sie in den von Männern verfaßten Hebammenbüchern nie auftauchten. Diese Frau beschreibt unter anderem äußerst geschickte Maßnahmen, wie das Kind bei schwierigen Geburten im Mutterleib zurechtzurücken oder wie der Damm bei der Geburt zu schützen sei, damit er nicht reißt. Nie vorher wurde der Dammschutz in den Hebammenbüchern erwähnt, ein Beweis dafür, daß die Hebammen wahrscheinlich weitaus mehr Wissen besaßen, als die Ärzte je von ihnen erfuhren.

Kaiserschnitt und Dammnaht waren, wie schon erwähnt, Bestandteil ihrer Geburtshilfe. Nach alter volksmedizinischer Tradition versuchten sie anscheinend auch, zu früh geborene Kinder in den Bauch eines frisch geschlachteten Schweins wie in eine Art Brutkasten zu legen, um sie so am Leben zu erhalten. Wie weit dies gelang, wissen wir nicht.[238] Je nach den Erfordernissen des Geburtsvorganges ordneten die Hebammen bestimmte Gebärstellungen und Bewegungen an. Vorwiegend gebaren die Frauen im Hocken; eine Frau hielt die Gebärende auf den Knien in den Armen, während die Hebamme zwischen den Knien der werdenden Mutter hockte. Erst gegen Ende des Mittelalters setzte sich die Geburtshilfe bei sitzender Stellung der Gebärenden durch, jede Hebamme sollte nun einen oder mehrere Gebärstühle zur Verfügung haben. Sorgsam und genau bereiteten die Hebammen Arzneimittel nach alten volksmedizinischen Rezepten zu und benutzten diese, wenn es die Situation erforderte. Für die Geburtshilfe besaßen sie eine Anzahl von Instrumenten, welche sie in ihrer »Hebammentasche« bei sich führten. Sie verwendeten verschiedene Arten von Gebärmutterspiegeln und Geburtszangen, die sie aber nur dann gebrauchten, wenn tote Kinder aus dem Mutterleib auf keine andere Weise entfernt werden konnten. Zu ihrer Geburtshilfe gehörten jedoch nicht nur Instrumente wie Garn, Schere und Salbfläschchen, sondern sie berücksichtigten auch die psychische Situation der werdenden Mutter, sprachen ihr Mut zu und beruhigten sie durch Streicheln. Mit selbst zubereiteten Salben oder ätherischen Ölen wurden die Geschlechtsteile der Gebärenden eingerieben und elastisch gehalten, und auch die Instrumente wurden damit eingeölt, um sie leichter einführen zu können.

Wie die weisen Frauen behandelten auch die Hebammen Frauenkrankheiten vorwiegend mit Kräutern, doch auch operative gynäkologische Eingriffe waren ihnen vertraut, wie die »Entfernung von Atresien, Eröffnung von Abszessen, Teilabtrennungen von nekrotischen Partien an der Portio, von Polypen und harmlose Korrekturen an den äußeren Genitalien«.[239] Bei der Behandlung von Krampfanfällen versuchten die Hebammen die Patientin zunächst zu beruhigen, indem sie sie zur Masturbation anhielten oder, wenn die Patientin zu geschwächt war, sie selbst stimulierten, bis sie entspannt war. Ihre Hände hatten sie zuvor mit wohlriechenden Substanzen eingerieben.[240]

Derartige Behandlungsmethoden entsprachen natürlich nicht der klerikal geprägten Medizinwissenschaft und wurden von der Kirche angegriffen. Die Hebammen forderten ja durch solche Methoden zur »Masturbationssünde« auf, deren Bestrafung in den kirchlichen Bußbüchern einen breiten Raum einnahm.

Der Hebamme konnten ihre Behandlungsverfahren erst dann vorgeschrieben, ihre Arbeit erst dann kontrolliert werden, als die Städte begannen, auch die Geburtshilfe als Teil der Medizinversorgung in den Hebammenordnungen zu regeln. Diese Regelung des Hebammenwesens in den Städten setzte erst in der zweiten Hälfte des 16. Jahrhunderts ein, fast ein Jahrhundert später als die Einrichtung des Stadtarztes. Die hierfür erstellten Ordnungen enthielten auch progressive Aspekte, vor allem wurden die Hebammen durch Eid dazu verpflichtet, Armen und Reichen gleichermaßen bei Geburten beizustehen. Sie sollten aber nur von den reichen Bürgern Geschenke für ihre Hilfeleistung annehmen. Ihre eigentliche Besoldung sollte aus Mitteln der Stadtkasse erfolgen. Manche Hebammenverordnung sah auch eine Altersversorgung aus der Stadtkasse vor. Auf die fachliche Ausbildung der Hebammen wurde besonderes Gewicht gelegt. Allerdings erweisen sich bei näherer Betrachtung solche Tendenzen als nur bedingt progressive: In Wahrheit waren die Hebammenordnungen eine der ersten Kampfmaßnahmen der Feudalgesellschaft, die die Geburtshilfe aus dem Frauenbereich herauslösen sollten, um sie gesellschaftlicher Kontrolle zu unterwerfen.

Es war gewiß kein Zufall, daß gegen Ende des Mittelalters die Buchmediziner, die Kleriker – gerade auch nach der Reformation – und die städtischen Verwaltungen ein so starkes Interesse an der Frau als Mutter entfalteten. Es scheinen sich neue Maßstäbe ausgebildet zu haben, anhand derer die Geburt von Kindern bewertet wurde. Wahrscheinlich wurden Kinder als zukünftige Arbeitskräfte für die Gesellschaft wichtiger, und es erschien daher geboten, die Kontrolle über die weibliche Gebärfähigkeit nicht mehr nur den Frauen zu überlassen.

Doch es war nicht einfach, die jahrhundertealte Tradition der weiblichen Geburtshilfe zu zerbrechen. Denn außer über berufsmäßige Hebammen funktionierte, wie auf dem Land, die Geburtshilfe in den Städten auch als eine Art Nachbarschaftshilfe unter Frauen; eine städtische Regelung der Geburtshilfe mußte also als Eingriff in einen tabuisierten weiblichen Bereich empfunden werden. So wurde die erste geschichtlich feststellbare Hebammenordnung aus dem Jahre 1452 für Regensburg noch mit Hilfe einer Hebamme aus Nürnberg verfaßt[241], und bis zu Beginn des 16. Jahrhunderts oblag die städtische Kontrolle der Hebammenpraxis ausschließlich Frauen. »Weise«, »ehrbare«, »oberste« oder, wie in Frankfurt, patrizische Frauen besaßen die Oberaufsicht über die Hebammen, prüften ihr Wissen und sollten in schwierigen Fällen von den Hebammen zu Rate gezogen werden. Aber nur in Leipzig war es noch bis 1653 üblich, daß die Wahl und Prüfung der Hebammen durch die Gattin des Bürgermeisters vorgenommen wurde.[242] In den anderen Städten hatte sich seit Beginn des 16. Jahrhunderts die Aufsichts- und Prüfungspflicht des Stadtarztes über die Hebammen und ehrbaren Frauen durchgesetzt.

Die Hebammen wehrten sich offenbar gegen die ärztliche Aufsichtspflicht. Es scheint ihnen in den Ordnungen zur Pflicht gemacht worden zu sein, sich von den Ärzten belehren zu lassen, die von Männern verfaßten Hebammenbücher fleißig zu lesen und den Ärzten in den Prüfungen bereitwillig und genau ihr Wissen kundzutun.[243] Wie sollten sie aber solche Lehrbücher akzeptieren oder die wissenschaftliche Kompetenz der Ärzte auf dem Gebiet der Geburtshilfe anerkennen? Sie waren diesen schließlich durch ihre tägliche Praxis und durch das in Jahrtausenden gewachsene weibliche gynäkologische Wissen weit überlegen. Sie ahnten vielleicht, daß die ärztliche Aufsichtspflicht auch dazu dienen sollte, den Buchmedizinern auf diese Weise Kenntnisse der Geburtshilfe zu verschaffen. Oft waren die Hebammen in den Prüfungen widerspenstig, fühlten die bedrohliche Konkurrenz der männlichen Ärzte und wollten das bisher nur unter Frauen verbreitete Wissen nicht preisgeben. Zudem waren viele der Angaben in den Hebammenbüchern, welche als Basis der Prüfungen dienten, falsch und widersprachen der täglichen Praxis der Frauen.[244]

Solange die Geburtshilfe nur den Frauen gehörte, war für sie die Gebärfähigkeit vorwiegend etwas Positives, ein Ausdruck – wenn auch sicherlich stark mystifizierter – natürlicher weiblicher Macht, und wahrscheinlich wurde daher jede erfolgreiche Geburt als Sieg der Frau bei den nur unter Frauen stattfindenden Kindbettfesten gefeiert. In den Hebammenbüchern und -ordnungen wurde aber die christliche Lehre als verbindlicher Rahmen für die Geburtshilfe durchgesetzt. Die Gebärfähigkeit der Frau war danach mit dem Fluch der schmerzvollen Geburt belegt, und daran wurden die Frauen in den Hebammenbüchern und städtischen Verordnungen ständig erinnert. Das Titelbild eines der verbreitetsten Hebammenbücher von Jacob Ruff aus dem Jahre 1580 ist überschrieben mit dem Bibelzitat:

»Und zum Weib sprach Gott der Herr: Ich will dir Schmerzen schaffen/ wen du schwanger wirst/ Du sollst mit Schmerzen deine Kinder gebären/ und dein Will soll deinem Mann unterworfen sein/ und er soll dein Herr seyn.«[245]

Ortolff von Bayernland, der Verfasser eines anderen Hebammenbuches, beschrieb alle Vorgänge der Geburt nur in Schreckensbildern. Die erste Frankfurter Hebammenordnung von 1573, verfaßt vom Stadtarzt Adamus Lonicerus, enthielt im ersten Teil den göttlichen Fluch:

»Von erwehlung der Personen der Ammen. C. . Dieweil wir alle durch den schmertzen/ von wege des erstenfalls/ und auferlegten fluchs/ geboren werden/ und nicht wenig unraths in der Geburt/ nicht allein der Mutter/ sondern auch der Frucht/ durch Ungeschicklichkeit/ und auch zuweilen durch Bosheit etlicher Ammen/ widerfahren kann/ Sol man billich zur erwehlung der Ammen fleißig achtung und auffsehen haben.«[247]

Diesen Ansichten entsprachen die in den Ordnungen formulierten Pflichten der Hebammen:

1. Sie mußten ein ehrbares und christliches Leben führen und darauf auch bei den von ihnen betreuten Frauen achten.

2. Uneheliche Kinder sollten sie sofort dem Rat anzeigen, zudem den Vater zu erfahren suchen.

3. Sie durften keine Abtreibungen vornehmen, Versuche der Abtreibung mußten sie anzeigen.
4. Sie mußten die Nottaufe ausführen.

Auf diese Regeln mußten die Hebammen auch den Hebammeneid schwören. Bei der Taufe sollten sie unehelich geborene Kinder unter ihrem Mantel verborgen in die Kirche tragen. Nicht immer hielten sie sich an diese Regelung; als 1376 im Andernacher Bezirk eine Hebamme sich »erfrechte«, die unehelichen Kinder ebenso wie die ehelichen öffentlich in die Kirche zur Taufe zu tragen, wurde sie vom Andernacher Rat mit einem Pfund Wachs für die Kirche bestraft, und es wurde ihr befohlen, »sich hinfurter der alten Ordnung gemäß zu halten«.[248]

Den Hebammen unterstand auch die gesundheitliche Kontrolle der Prostituierten; es wurde in den Hebammenordnungen immer wieder darauf hingewiesen, daß die Hebammen gerade bei diesen Frauen und bei den unverheirateten Mägden scharf darauf achten sollten, ob diese nicht versuchten, eine Frucht abzutreiben, oder Verhütungsmittel nahmen; die Hebammen waren angehalten, solche Fälle anzuzeigen.

Die Geburtenregelung, die wohl immer Bestandteil der von den Frauen praktizierten Gynäkologie war, wurde seit dem 16. Jahrhundert aus der medizinischen Wissenschaft ausgeschlossen. Der letzte Schutz der mittelalterlichen Frauen vor der totalen Ausbeutung ihrer Gebärfähigkeit war zerbrochen, in den Städten des 16. Jahrhunderts waren zwanzig Geburten im Leben einer Frau keine Seltenheit.

Nicht nur die Geburtenregelung wurde den Hebammen untersagt. Durch die Hebammenordnungen wurden sie überdies gezwungen, bei schwierigen Fällen den Arzneiarzt oder Wundarzt hinzuzuziehen, und allmählich wurde es ihnen gänzlich verboten, Arzneimittel herzustellen und anzuwenden. Alle chirurgischen Eingriffe, sogar den Kaiserschnitt, mußten sie dem Wundarzt überlassen.

Die Hebammenordnungen untersagten den Frauen nicht zuletzt, sich der alten volksmedizinischen Mittel bei der Geburtshilfe, vor allem der Zaubersprüche oder dämonischen Beschwörungsformeln zu bedienen, die noch bis ins späte Mittelalter Bestandteil der weiblichen Geburtshilfe gewesen sein müssen. Wurden dennoch dämonische Beschwörungsformeln bei einer Geburt angewendet, so war die Hebamme gehalten, dies anzuzeigen. Dieser Sachverhalt läßt sich noch in einer Gothaischen Landesverordnung des 17. Jahrhunderts finden.[249]

Der von den Städten geregelte Hebammenberuf umfaßte nicht nur die Geburtshilfe, sondern setzte die Hebamme auch als Kontrollinstanz über das Frauenleben ein. So sollte sie dafür Sorge tragen, daß der letzte Frauenkult, das Kindbettfest, aus dem städtischen Leben verschwand: »und nach der Tauf ist es nit fein [...] mit den Frauen ein großes Fressen und Trinken zu veranstalten.«[250] Die Frauenfeste um Wochenbett, Kindstaufe und Geburt waren einer der wenigen Freiräume der mittelalterlichen Frau. Es war bei der Geburt üblich, daß nicht nur die Hebamme, sondern auch zahlreiche weibliche Verwandte oder befreundete Frauen zu diesem Ereignis zusammenkamen, um dann freudig den Erfolg der Geburt zu feiern. An diesen »Kindbetthöfen« durften nur Frauen teilnehmen, und es ging dort sehr lustig zu. Es wurde gut gegessen, Wein getrunken, ausgelassen getanzt, und meist dauerte dieses Fest so lange, bis die junge Mutter das Wochenbett verließ. Auch das erste Bad der Wöchnerin nach der Geburt war Anlaß zu einer gemeinsamen Feier mit ihren Freundinnen.

Diese Frauenfeste widersprachen offenbar der sich ausbildenden, auf Ökonomie und Effektivität zielenden Ideologie, wie sie sich zu Ende des Mittelalters durchgesetzt hatte; daher versuchten die städtischen Behörden seit dem 15. Jahrhundert, auch diese Festlichkeit einzuschränken. So durfte nach einer Frankfurter Verordnung des 15. Jahrhunderts ein gemeinsames Mahl der Frauen nur am ersten und am letzten Tag des Kindbettes stattfinden, wobei genau vorgeschrieben war, was die Frauen essen durften: »In Frankfurt durfte den besuchenden Frauen nur Kuchen oder gewöhnliches Konfekt, rohes Obst, Käse, Brod und gewöhnlicher Wein gereicht werden.«[251] In einer Verordnung von Zittau wurde der Patin untersagt, »die Wöchnerin mehr als dreimal zu besuchen, was dort aus dem Grunde nötig schien, weil die Patinnen dabei stets mit einem ganzen Gefolge anderer Frauen erschienen«.[252]

Aber auch die Teilnahme an der Taufe wurde eingeschränkt: »In Württemberg wurde 1495 die Begleitung zur Taufe überhaupt auf höchstens 5 Frauen beschränkt. Zu Wimpfen durften die zur Taufe Eingeladenen das Kind bei der Rückkehr nur bis zur Haustür begleiten, und bloß den nächsten Verwandten, nebst ein oder zwei Nachbarinnen durfte im Hause mit Speis und Trank aufgewartet werden.«[253] In Nürnberg sollten nur zwölf Frauen eingeladen werden, von denen neun mit in die Kirche gehen durften; eine Württemberger Kindtaufordnung von 1459 erlaubte nur die Teilnahme von fünf Frauen; eine Verordnung von Zittau die von sechs Frauen, denen aber nach der Kindtaufe kein gemeinsames Mahl mehr gestattet war.[254]

Es scheint, als sei den Frauen zu Beginn der Neuzeit von der patriarchalischen feudalen Gesellschaftsordnung alles genommen worden, was sie während des Mittelalters zu Zeiten oder immer besaßen. Aus den Zünften ausgestoßen, mußten sie sich in den entstehenden Manufakturen gegen einen Hungerlohn verdingen. Ihr medizinisches Wissen wurde von den männlichen Ärzten usurpiert oder sie durften es nicht mehr anwenden. Von der Weiterentwicklung der Medizin blieben sie ausgesperrt, als Hebamme durften sie nur so viel davon erfahren, wie es den Ärzten nötig schien. Auf die Geburt als den letzten weiblichen kreativen Akt durften sie nicht mehr stolz sein und ihn nicht mehr als ihren und der anderen Frauen Erfolg feiern. Der letzten Erinnerung an die naturhafte Macht der Frauen aus einer mutterrechtlichen Vorzeit, der weiblichen Geburtshilfe und Heilkunde sowie der Frauenfeste, wurden sie beraubt. Aber nicht genug damit. Diese Entwicklung bereitete den Boden für die Hexenverfolgungen des 16. und 17. Jahrhunderts. Hatten sich die heilkundigen Frauen, die Hebammen, welche nun als besonders böse Hexen abgestempelt wurden, ihrer Verdrängung aus der Medizin widersetzt? Taten sie das heimlich, indem sie weiterhin Abtreibungen vornahmen und Verhütungsmittel anwandten?

Eines nur ist sicher: Jeder etwaige Widerstand der heilkundigen weisen Frauen des Mittelalters war nach der Zeit der Hexenverfolgungen gebrochen. Der Durchsetzung des Bildes von den bösen Hexen durch die Inquisitoren folgte nun auch in der Bevölkerung das Negativbild von der Hebamme und weisen Frau, so wie es in den Hebammenbüchern, den städtischen Hebammenordnungen, bereits angelegt war. Die weibliche Heilkunde war tot; die männliche, »wissenschaftliche« Medizin ging als Sieger hervor und bereitete sich darauf vor, auch die Geburtshilfe zu übernehmen. Diese Entwicklung hatte für die gebärenden Frauen oft katastrophale Folgen, denn vieles aus dem fortgeschrittenen Wissen der Hebammen des Mittelalters war vergessen, und die männlichen Geburtshelfer ließen nicht selten wichtige Regeln, wie die der Sterilität bei der Geburtshilfe, außer acht, so daß in Wien während des 18. Jahrhunderts noch Tausende von Frauen an Kindbettfieber sterben mußten. Zudem war die männliche Geburtshilfe »in ihren Anfängen ein wahrhaft finsteres Unterfangen«. Bis in die Mitte des 19. Jahrhunderts (!) »behandelten Ärzte die Frauen blind tastend unter der Bettdecke, deren Ende sie sich wie eine Serviette um den Hals banden, in dunklen Zimmern, oft mit verbundenen Augen. Noch war die Macht der Kirche so groß, daß die Ärzte es nicht wagen konnten, eine Frau nackt zu untersuchen«.[255]

Obgleich sich die Gynäkologie heute zweifellos anders präsentiert als im 18. und 19. Jahrhundert, verknüpfen viele Frauen ihre Kritik an der medizinischen Praxis mit einem Rekurs auf die mittelalterlichen Hebammen. Z. B. haben vor einiger Zeit amerikanische Feministinnen in Santa Cruz ein Hebammenkollektiv gegründet, das versucht, eine alternative frauenfreundliche Geburtshilfe zu entwickeln.[256]

Anmerkungen

1 Wolfram von den Steinen, *Menschen im Mittelalter*, 1967.
2 Vgl. von den Steinen, S. 200, 11, 42, 48 f.
3 Ebd. S. 41.
4 Ebd. S. 19 f.
5 Ebd. S. 261 ff.
6 Ebd. S. 216.
7 Es ist immer wieder versucht worden, diesen Antifeminismus mit Scheingründen zu rechtfertigen und zu sanktionieren, vor allem in kirchentreuen Kreisen. Exemplarisch dafür etwa Konrad Schnürer, *Kirche und Kultur im Mittelalter II*, 2. Aufl. 1929, S. 491 f.: »Wie es heute Weiberhasser gibt, so hat es im Mittelalter an manchen nicht gefehlt, die verbittert über Frauen sprachen, und unter den Geistli-

chen werden nicht wenige geurteilt haben wie Aegidius Collona in seinem Philip dem Schönen gewidmeten Buch über Fürstenerziehung: ›Im allgemeinen findet sich mehr Neigung zum Bösen beim weiblichen Geschlecht als beim männlichen, und zwar wegen der geringeren Urteilskraft.‹ Immer können wir aber auch solche Äußerungen anführen, in denen für Frauen würdevolles Verständnis gezeigt wurde. Ich erwähne nur die ernste, liebevolle Art, in der Vincenz von Beauvais in seinem für die französische Königin Margarete bestimmten Buch *De Eruditione* von der Erziehung der Mädchen schreibt: ›Die Mädchen sollen auch wie die Knaben in den Wissenschaften unterrichtet werden, vornehmlich aber in den guten Sitten‹ usw.« Vgl. auch den Artikel *Frau*, in: *RGG* II, 1958³, Sp. 1069 ff. und *Ehe*, ebd., Sp. 320 ff.

8 Matthäus Bernards, *Speculum virginum. Geistlichkeit und Seelenleben der Frau im Hochmittelalter* (Forschungen zur Volkskunde Bd. 36/38), 1955, S. 203 und 207.

9 Zum Jungfräulichkeitsideal und seinen historischen Formulierungen vgl. Elisabeth Schneider, *Das Bild der Frau im Werk des Erasmus von Rotterdam*, 1955, S. 20 ff., 24 f.

10 Vgl. Bernards, S. 205, der auf den Satz des Kirchenvaters Hieronymus rekurriert, Gott könne, obwohl ihm alles möglich sei, dennoch nicht die einmal verlorene Jungfräulichkeit zurückgeben und eine Gefallene *(corrupta)* krönen, möge er auch die Strafe erlassen. Diese Auffassung wird, wie Bernards zeigt, im 11. und 12. Jahrhundert zum Ausgangspunkt eingehender theologischer Erörterungen.

11 Vgl. Elisabeth Schneider, *Erasmus*, S. 22 f.

12 Vgl. Schneider, *Erasmus*, S. 22 f.

13 Vgl. Bernards, S. 214.

14 Vom Konzil von Mâcon (585 n. Chr.) ist sogar die Bemerkung eines Bischofs überliefert, daß Frauen nicht Menschen genannt werden können *(mulierem non posse hominem vocitari)*; vgl. dazu G. Schnürer, *Kirche und Kultur im Mittelalter II*, S. 489.

15 »Seinem Schrifttum nach ist die Frau für den Mönch Gift.« Vgl. für Belege Bernards, Seite 172 f.

16 Vgl. dazu Schneider, *Erasmus*, Seite 24 ff. – Siehe auch M. E. Manser, *Die Frauenfrage nach Thomas von Aquin*, 1919. – Vgl. unten S. 25 f., 288 f.

17 Zitiert nach Hannelore Christ, *Frauenemanzipation durch solidarisches Handeln*, in: *Literatur in der Schule II*, 1976, S. 74 f.

18 Thomas nennt daher das weibliche Kind im Unterschied zum männlichen auch einen zufälligen (= mißlungenen) Mann *(Mas occasionatus)*. Vgl. den Text bei Christ, a.a.O., S. 74.

19 Weimarer Ausgabe, *Tischreden* Bd. IV, S. 122.

20 Ebd. Bd. I, S. 528.

21 Ebd. Bd. I, S. 532.

22 Ebd. Bd. IV, S. 162 f. – Bd. VI, S. 273 f. – Bd. VI, S. 46.

23 Vgl. dazu außer der angegebenen Literatur auch Annerose Schneider, *Zum Bild der Frau in der Chronistik des frühen Mittelalters*, in: *Forschungen und Fortschritte* 35, 1961, S. 112-14.

24 Vgl. dazu Marieluise Portmann, *Die Darstellung der Frau in der Geschichtsschreibung des frühen Mittelalters*, Diss. Basel 1958.

25 Vgl. dazu Thilo Voglsang, *Die Frau als Herrscherin im hohen Mittelalter*, Göttinger Bausteine zur Geschichtswissenschaft 7, 1954.

26 Vgl. Voglsang, S. 57 ff., 68 ff.

27 Vgl. Bernards, S. 217, sowie Voglsang, S. 90 ff.

28 Zum Frauenbild der Dichtung vgl. außer der unten aufgeführten Literatur

auch: C. Soetemann, *Das schillernde Frauenbild mittelalterlicher Dichtung*, in: *Amsterdamer Beiträge zur älteren Germanistik*, Heft 5, 1973, S. 74-94; R. T. Morwedge (Hrsg.), *The Role of Women in the Middle Ages*, New York 1975; Joan M. Ferrante, *Woman as an Image in Medieval Literature*. New York 1975; Sybille Harksen, *Die Frau im Mittelalter*, 1974.

29 Vgl. Herbert Grundmann, *Die Frau und die Literatur im Mittelalter*, in: *Archiv zur Kulturgeschichte* 26, 1936, S. 129-161.

30 Ebd. S. 133.

31 Vgl. dazu auch Grundmann, S. 137 ff.

32 Vgl. dazu J. Quint, *Mystik*, in: *Reallexikon der deutschen Literaturgeschichte* II, 1965, S. 546 ff.

33 Vgl. Bernards, *Speculum virginum*, a.a.O.; sowie T. Ahlden, *Nonnenspiegel und Mönchsvorschriften*, 1952.

34 Bernards, S. V. Über die Schattenseiten des Ehelebens äußerte sich z. B. der *Jungfrauenspiegel*, vgl. Bernards, S. 48 f.: »Die Lage einer Ehefrau wird durch die Rücksicht auf den Gatten, die Abhängigkeit von der Vermögenslage, Geburt, die standesmäßige Erziehung, sowie die Teilnahme noch an dem künftigen Geschick der Kinder, einer Knechtschaft vergleichbar.« Vgl. auch Bernards, S. 217.

35 Vgl. Peter Kern, *Trinität, Maria, Inkarnation* (*Philologische Studien und Quellen* 58), 1971; Peter Kesting, *Maria-Frouwe. Über den Einfluß der Marienverehrung auf den Minnesang bis Walther von der Vogelweide* (*Medium Aevum* 5), München 1965. – Wichtige Aufsätze sind gesammelt bei Hans Fromm (Hrsg.), *Der deutsche Minnesang* (*Wege der Forschung* Bd. XV), Darmstadt 1969. – Vgl. auch Anm. 36.

36 Zum Minnesang vgl. de Boor, *Die höfische Literatur* (*Geschichte der deutschen Literatur* II) 1957³, S. 215 ff.; G. R. Taylor, *Im Garten der Lüste*, 1970; Denis de Rougemont, *Die Liebe und das Abendland*, S. 86 ff.

37 de Boor, *Die höfische Literatur* II, S. 10.

38 Ebd. S. 9.

39 Ebd.

40 Vgl. dazu etwa das Buch von Eva-Maria Carne, *Die Frauengestalten bei Hartmann von Aue* (*Marburger Beiträge zur Germanistik* Bd. 31), 1970; sowie die Untersuchung von Hans-Joachim Böckenholt, *Untersuchungen zum Bild der Frau in den mittelhochdeutschen Spielmannsdichtungen*, Diss. Münster 1971.

41 Carne, a.a.O., S. 142.

42 Vgl. de Boor, *Die deutsche Literatur im späten Mittelalter* (*Geschichte der deutschen Literatur* III, 1), 1962, S. 270 ff.

43 Vgl. Hannelore Christ, a.a.O., S. 36 ff.

44 de Boor, *Die deutsche Literatur im späten Mittelalter*, S. 271.

45 Vgl. H. Gattermann, *Die deutsche Frau in den Fastnachtsspielen*, Diss. Greifswald 1911.

46 Zitiert nach Georg Gruppe, *Kulturgeschichte des Mittelalters*, Bd. 5,1. 1919, S. 180 f.

47 Agrippa von Nettesheim, *Declamatio de nobilitate et praecellentia foeminei sexus*, Antwerpen 1529.

48 Die zum Teil erstaunlichen Ausnahmeentwicklungen in bezug auf die weibliche Erwerbstätigkeit während des 13. bis 15. Jahrhunderts werden im folgenden Teil ausführlich dargestellt.

49 1. Kor. 11.3.

50 Marx/Engels, *Werke*, Bd. 3, Berlin 1963, S. 539.

51 Vgl. Conrad, Bd. I, S. 345.
52 *Sudhoffs Archiv der Geschichte der Medizin und der Naturwissenschaften*, Band 29, 1936, S. 87 (im folgenden zitiert als *Arch. Gesch. Med.*).
53 Ebd.
54 Jutta Menschik, *Gleichberechtigung oder Emanzipation*, Frankfurt 1971, S. 28.
55 *Arch. Gesch. Med.*, S. 94.
56 Antonie Kraut, *Die Stellung der Frau im württembergischen Privatrecht*, Tübingen 1934, S. 10.
57 Robert Bartsch, *Die Rechtsstellung der Frau als Gattin und Mutter*, Leipzig 1903, S. 10/11.
58 Vgl. Georg Adenauer, *Das Ehe- und Familienrecht im Mühlhäuser Reichsrechtsbuch*, Diss. Bonn 1962, S. 3.
Seit dem 7./8. Jahrhundert existierten auch die sogenannten Friedelehen, bei denen allein der Konsens der Ehepartner ausschlaggebend war. Das Mädchen heiratete gegen den Willen seiner Sippe und verlor deshalb das Erbrecht. Die Frau konnte die Ehe einseitig wieder auflösen, da sie bei dieser Eheform nicht in das Haus und die Sippe des Mannes eintrat. Diese Form praktizierten vor allem die oberen Schichten, da die Frau dabei nicht ihren gesellschaftlichen Stand verlor. Die persönliche Zuneigung spielte bei dieser Ehe die größte Rolle. (*friedel* = Freundin, Geliebte) Vgl. hierzu ebenfalls Adenauer, S. 11, sowie Conrad, S. 37.
59 Das Vermögen der Frau bestand aus Aussteuer und Morgengabe des Mannes, diese überreichte er ihr nach der Hochzeitsnacht. Ursprünglich waren Frauen vom Grundbesitz ausgeschlossen und hatten nur Anteil an der beweglichen Habe.
60 Vgl. Conrad, S. 37.
61 Vgl. Weinhold, Bd. 2, S. 23: »Brach die Frau die eheliche Treue, so folgte in der alten Zeit die schwerste Strafe augenblicklich und nichts konnte vor ihr retten. Sie, die von den nächsten Verwandten vor Zeugen vermählt worden war, wurde, wie Tacitus (Germ. c. 19) berichtet, vor den Augen ihrer Sippe schimpflich aus dem Hause gestoßen, des Schmuckes der Freien, des langen Haares, beraubt, und im dürftigsten Gewande unter Schlägen von dem Manne durch das Dorf gejagt. Wir müssen hinzusetzen, daß sie all ihr eingebrachtes Vermögen an den Mann verlor, und daß diese öffentliche schimpfliche Verstoßung nur eine Milderung für den Tod war. Als altes Recht des Germanen galt, sein ehebrecherisches Weib samt dem Ehebrecher auf frischer That zu erschlagen; sie lagen ungebüßt, denn solche That der Rache galt für keinen Mord.«
62 Rudolph Sohm, *Das Recht der Eheschließung*, Neudruck Aalen 1966, S. 52 f. Die Entstehung des kanonischen Rechts seit dem 11. Jahrhundert stellte eine neue Epoche des kirchlichen Rechts dar: »Das kanonische Recht wurde ähnlich dem römischen Recht durch Glossen, Summen und Traktate behandelt. Die Anwendung des kanonischen Rechts in der Praxis der Kirche und der geistlichen Gerichte trug zu seiner weiten Verbreitung und Einwirkung auf das weltliche Recht bei. Vor allem wurde durch die Ausdehnung der Zuständigkeit der kirchlichen Gerichte auf Ehe-, Testaments- und Erbrechtssachen der Einfluß des kanonischen Rechtes auf das weltliche Recht verstärkt. So konnte in Deutschland das kanonische Recht noch vor dem römischen Boden gewinnen. Zunächst bildete das kanonische Recht allein den Gegenstand der wissenschaftlichen Rechtslehre an den deutschen Universitäten. Erst im 15. Jahrhundert wurde das römische Recht an den deutschen Universitäten zum selbständigen Lehrfach« (Conrad, S. 368).
63 Bartsch, S. 48; vgl. dazu das *Dictum Gratiani* ad c. 2 C. XXXII, qu. 2.

64 Vgl. Joseph Freisen, *Geschichte des kanonischen Eherechts*, Aalen/Paderborn 1963, S. 357 f.
65 A.a.O., S. 27. Vgl. Adenauer, S. 6.
66 Augustin in c. 14 1.c. (*Quaest. Deuteron.* V, qu. 33).
67 Dieses war immer an der Erhaltung des Vermögens in der Familie interessiert. »Die Hauptgefahr einer Beeinträchtigung des in Frauenhand befindlichen Vermögens lag darin, daß die Frau vom öffentlichen Leben ausgeschlossen und deshalb bei Gericht nicht zugelassen war. Hier vor allem bedurfte es eines Muntwalts, dessen Tätigkeit aber nicht um der Person der Frau, sondern allein um des Familienvermögens willen für notwendig erachtet wurde« (Antonie Kraut, S. 10 f.).
68 Conrad, S. 411.
69 Vgl. Conrad, ebd. (Ssp. Ldr. 1 23 § 1).
70 Entsprechend der Einfachheit der Lebensverhältnisse bestimmten die Volksrechte der fränkischen Zeit ein Mündigkeitsalter von 15 Jahren. Als die Verhältnisse verwickelter und komplizierter wurden, setzte man die Mündigkeitsgrenze auf 18 Jahre (die *Goldene Bulle* von 1356 bestimmte dies für die Kurfürsten). Außerdem gab es Mündigkeitstermine von 20, 24 und 25 Jahren. Der *Schwabenspiegel* setzte das Mündigkeitsalter auf 25 Jahre fest, wohl unter dem Einfluß des römischen Rechts. Im *Sachsenspiegel* gab es Sonderregelungen: er unterschied zwischen einer notwendigen Vormundschaft für Unmündige bis 12 Jahre und einer freiwilligen Vormundschaft für Mündiggewordene zwischen 12 und 21 Jahren. Konnte man wegen mangelhafter Geburtenregister das Alter nicht genau bestimmen, so richtete man sich nach den Zeichen der körperlichen Reife. Vgl. hierzu Conrad, S. 397 f. Das mittelalterliche Recht kannte keine gesetzliche Vertretung des Unmündigen durch den Vormund, sondern dieser handelte im eigenen Namen für das Mündel. Der Vormund unterlag der Aufsicht der Vormundschaftsbehörde bzw. des Gerichts. Ein schlechter Vormund konnte abgesetzt werden. Über die Vormundschaftsführung mußte Rechenschaft abgelegt werden. Das Mündel konnte über sein Vermögen nur unter Mitwirkung des Vormunds verfügen. Nach Beendigung der Vormundschaft mußte das Vermögen dem Mündel herausgegeben werden. Vgl. hierzu ebenfalls Conrad, S. 412.
71 Vgl. Hans Fehr, S. 53 und G. K. Schmelzeisen, S. 91.
72 Vgl. Conrad, S. 398 (Ssp. Ldr. I. 45 § 2; 46).
73 Vgl. Schmelzeisen, S. 90.
74 Vgl. Sohm, S. 93.
75 Ebd.
76 Schwsp. c. 10 § 2. – Vgl. Conrad, S. 400; Adenauer, S. 35; Kraut, S. 13 f.
77 Vgl. Fehr, S. 2. – Die Weistümer sollten Recht weisen. Sie stellten einen Normenkomplex mit gewohnheitsrechtlichem Inhalt dar. Sie galten für jeweils lokal eng begrenzte Rechtskreise und waren deutschrechtlich geprägt, da die bäuerlichen Gemeinden grundsätzlich dem römischen Recht abgeneigt waren. Das Weistumsrecht ist kasuistisch, es enthält keine Prinzipien. Vgl. Fehr, Einleitung.
78 Vgl. Bartsch, S. 63 und Weinhold Bd. 2, S. 189.
79 Fehr, S. 59.
80 Vgl. Bartsch, S. 90.
81 Vgl. Fehr, S. 44 f.
82 Weinhold, Bd. 2, S. 22.
83 Vgl. a.a.O., S. 27 (Ssp. I. 31, 1.45,2).
84 Vgl. hierzu Weinhold Bd. 2, S. 33.
85 Fehr, S. 86. – In den Familien der Unfreien war der Tod des Vaters immer

ziemlich belanglos, Frau und Kinder blieben weiterhin auf der Hufe, und der Muntherr behielt die Familiengewalt. Wo die Witwe die Bewirtschaftung des Guts selbst leisten konnte, war sie die Leiterin des Haushalts, erzog die Kinder weiterhin und setzte das vermögensrechtliche Verhältnis einfach fort. Vgl. hierzu Bartsch, S. 77 und 103.

86 Fehr, S. 87.
87 Bartsch, S. 103.
88 Vgl. Fehr, S. 69 f.
89 Vgl. Weinhold Bd. 1, S. 192.
90 Vgl. Weinhold Bd. 1, S. 192.
91 Vgl. Conrad, S. 155 f.
92 Vgl. ebd., S. 156.
93 *Arch. Gesch. Med.,* S. 84.
94 Vgl. Freisen, S. 357 f.
95 Arch. Med. Gesch., S. 94.
96 Conrad, S. 397 (zit. nach Ss.p.).
97 Schmelzeisen, S. 89 (Ssp. I. 45 §§ 2,46).
98 Ebd., S. 95.
99 So bezeichnet Jutta Menschik die arbeitenden Ehefrauen des Mittelalters; Menschik, S. 28.
100 Vgl. Schmelzeisen, S. 93.
101 Ebd. S. 96.
102 Vgl. ebd. S. 98.
103 Vgl. ebd. S. 98 f.
104 Vgl. ebd. S. 89: *an* = ohne; *wirt* = Herr, Hausherr.
105 Vgl. ebd., S. 91.
106 »Zu Beginn des Städtewesens [...] war die unterste Wirtschaftseinheit das Haus, das in erster Linie von dem als Händler oder Handwerker tätigen Hausherrn versorgt wurde. Vielfach blieb es dabei in der ganzen weiteren Entwicklung, namentlich dort, wo der Wirtschaftsverkehr gering war und der Verdienst des Hausvaters entsprechend den bescheideneren Lebensverhältnissen für den Unterhalt der Familie reichte. Auch in der Stadt lebte man zunächst nach dem Bedarfsdeckungsprinzip.
Mit der Blütezeit der Städte und dem stärkeren Zuzug vom Lande steigerte sich aber oft genug für den Einzelnen der Daseinskampf. Da ist es schon bald keine Seltenheit mehr, daß die Frauen und Töchter neben den Söhnen im Gewerbe des Vaters Beschäftigung finden« (Schmelzeisen, S. 9).

107 Vgl. hierzu Schmelzeisen, S. 102.
108 Ebd., S. 103.
109 Ebd.
110 Vgl. ebd., S. 104.
111 Vgl. ebd., S. 111 f.
Das *Senatus consultum Vellejanum* und die auf Ehefrauen bezogene *Authentica si qua mulier* werden allgemein rezipiert und enthalten Bestimmungen über Handlungsunfähigkeit. »[...] für die eheherrliche Munt gab es keine Analogie im römischen Recht. Daher wurden Einzelbestimmungen, die zu dem Gedanken des eheemännlichen Rechtes zu passen schienen, mit Freuden aufgegriffen: so das S. C. Vellejanum. Während es im römischen Recht eine singuläre Bestimmung war, ist die Darstellung in der Rezeptionszeit eine solche, als wäre es eine Konsequenz allgemein geltender Prinzipien« (Bartsch, S. 114 und 117 f.).

112 Vgl. Bartsch, S. 135 und Schmelzeisen, S. 110.
113 Vgl. Bartsch, S. 115.
114 Nivardus von Gent 1150, zit. nach: Siegfried Epperlein, S. 60 f.
115 Bernt Engelmann, *Wir Untertanen – ein deutsches Antigeschichtsbuch*, 1976, S. 44.
116 Ebd., S. 39.
117 Im ganzen Mittelalter war der Grund und Boden das Hauptproduktionsmittel, deshalb läßt sich die Arbeit der Frauen in der ländlichen Familienwirtschaft als gesellschaftlich produktive Arbeit definieren.
118 Vgl. Epperlein, S. 86.
119 Ebd. S., S. 91.
120 Ebd., S. 92.
121 Aus der Landfeste zu Hattingen, zit. nach Epperlein, S. 93.
122 Im Gegensatz zu den Städten, wo die Frauen im Laufe der Zeit immer mehr von den öffentlichen Festlichkeiten ausgeschlossen wurden, nahmen die Frauen auf dem Lande stets gleichberechtigt an den Festen teil.
123 Die Tradition des mittelalterlichen Maifestes enthält Elemente germanischer Vegetationskulte, in denen Frauen offenbar die Funktion von Priesterinnen der Fruchtbarkeitsgöttin innehatten und der Baum die Fruchtbarkeit der Erde symbolisierte. Vgl. zur Geschichte des heidnischen Ritus: Mayer, *Erdmutter und Hexe*.
124 Zitiert nach Epperlein, S. 102.
125 Ebd., S. 103.
126 Ebd. S. 104.
127 Vgl. ebd., S. 113.
128 Vgl. ebd., S. 112.
129 Vgl. Engelmann S. 40 f.
130 Vgl. *Frankfurt um 1600*. Ausstellungskatalog des historischen Museums Frankfurt/Main, 1976.
131 Vgl. Karl Bücher, S. 6.
132 Vgl. ebd., S. 8.
133 Mit der Entwicklung des Handels wuchsen die Ausgaben für Konsumgüter bei dem Landadel und den geistlichen Feudalherrn im reziproken Verhältnis zu ihren Einnahmen aus Grund und Boden, so daß sie sich immer mehr verschuldeten.
134 Vgl. Luise Heß, S. 56 f.
135 Vgl. G. K. Schmelzeisen, S. 69 ff.
136 Vgl. ebd. S. 65.
137 Die Leineweberei wurde teilweise bis ins 19. Jahrhundert allein von Frauen betrieben.
138 Schmelzeisen, S. 74 f.
139 Bücher, S. 22.
140 Vgl. Schmelzeisen, S. 10 f.
141 Johannes Bühler, *Klosterleben im deutschen Mittelalter*, 1921, S. 445.
142 Zitiert nach Bühler, S. 247.
143 Vgl. Ottmar Decker, *Die Stellung des Predigerordens zu den Dominikanerinnen (1207-1267)*, 1935.
144 »Us gantzem grund mins hertzen winsch ich dier ain sälig zit und ales das, darnach din hertz sich senen tut. So hoft ich minem wilen bescheet genug, der gantz zu dier stat und ston sol, so lang dus, hertzlieb, von mier begeren tust. Dan ich in rechter wahrhait nit gefeligers han uf erden dan dich alain und lid fil haimlichen schmertzen an minem hertzen, das ich dich, hertzlieb, nit gehaben mag nach mines

hertzen gier. Dan al welt ist ganth tod in minem hertzen bis alain an dich hertzlieb. Und tu, als ich dir truen, und schick, min hertzlieb, das ich wird getrost mit der grösten fröd, so ich sie wais uf in aler welt. Und gedenk im nach bis morgens, so wil ich, ob got wil, bi dier sin und alerlaig mit dier reden, das ich warlich nit erschriben kan. Und ich war komen uf suntag, do was uins die klaid nit gemacht. Und, hertzlieb, sind die schnuer gemacht, so gibts dem buben und las mich dier befolchen sin, als min truen stat zu dier stet und ston sol. Ach, hertzlieb, schicks, das ich morn gnug mug mit dier reden nach gier mins hertzen. Jetzt zemal nit me, dan got sig mit uins. A.E.L.B. Ich begeren din ewig zu sin.« Steinhausen, *Privatbriefe des deutschen Mittelalters*, zitiert nach Harksen.

145 Bühler, S. 496 f.

146 In der uns zur Verfügung stehenden Literatur fanden wir nur bei Bücher Hinweise auf die *Samungen*. Vgl. S. 27 ff.

147 Vgl. Otto Nübel, *Mittelalterliche Beginen- und Sozialsiedlungen in den Niederlanden*, 1970, S. 1 ff.

148 Ebd. S. 26.

149 Ebd. S. 118.

150 Vgl. Harksen; von S. Harksens Buch war nur eine Fotokopie ohne Seitenzahlen zugänglich, so daß leider keine Seitenangaben gemacht werden können.

151 Aus Frankfurt, das im 14. Jahrhundert 9000 Einwohner hatte, sind in dieser Zeit 57 Beginenhäuser bekannt, in denen 200 Beginen lebten, über 6% der erwachsenen weiblichen Bevölkerung. Vgl. Bücher S. 34.

152 Bücher berichtet von solchen Gefängnissen in Frankfurt und Köln. Vgl. S. 39.

153 Vgl. Bücher S. 35.

154 Vgl. Harksen.

155 »Ach werent sy zu Portugall
ach werents an derselben statt,
do der pfeffer gewachsen hatt,
und nymmer möchten her gedenken!
Ich wollt in gern das weggeld schenken.«
Sebastian Brant, zitiert nach: Bücher, S. 43.

156 Bühler, S. 497 f.

157 Heß, S. 136.

158 Vgl. Bücher, S. 52.

159 Vgl. Bücher, S. 50.

160 Vgl. Bücher, S. 50. Grimmelshausen beschreibt im 16. Jahrhundert in seinem Roman *Die Abenteuer der Landstorzerin Courage* das Leben einer mit den Landsknechten umherziehenden Frau.

161 Vgl. Bücher, S. 56.

162 Vgl. Bücher, S. 65.

163 Vgl. Bücher, S. 59. Eine genaue Zahl der Frauenhäuser läßt sich nicht mehr bestimmen, nach Bücher sollen es etwa 2-3 pro Stadt gewesen sein.

164 Heß, S. 138.

165 Vgl. Heß, S. 139.

166 Vgl. dazu: Brot und Rosen, *Frauenhandbuch Nr. 1*, überarb. u. erw. Auflage, Berlin 1974, S. 123 ff.; und: Barbara Ehrenreich, Deidre English, S. 17 ff.

167 Jules Michelet, S. 20.

168 Thomas Szasz, S. 132 ff.

169 Brot und Rosen, *Frauenhandbuch Nr. 1*, S. 124.

170 Die Hebammen sind in der BRD zwar berechtigt, selbständig Geburtshilfe zu betreiben. Die überwiegende Mehrheit der Frauen bringt jedoch ihr Kind in der Klinik zur Welt. Hier führt die Hebamme alle zur normalen Geburt notwendigen Griffe aus. Alle chirurgischen Eingriffe, auch die einfachsten, darf allerdings nur der bei allen Klinikgeburten anwesende Arzt ausführen.

171 Zum Beispiel H. Ploss in seiner anthropologischen Studie über *Das Weib in der Natur- und Völkerkunde*, Bd. II. Leipzig 1885, S. 134: »Die Bedeutung der Hebammen ist culturhistorisch nicht gering anzuschlagen. So lange die primitive Geburtshilfe allein in ihren Händen ruhte, so lange sich nicht die berufsmäßigen Vertreter der Heilkunst, die Ärzte, auch ernstlich und persönlich dem Fache der Geburtshilfe zuwandten, kann ein rechter Fortschritt nicht wahrgenommen werden [...] Die weibliche Hülfe wird immerdar am Geburtsbett unschätzbar sein und bleiben. Allein sie hat ihre Grenzen und muß sich dort nur in zweite Linie stellen, wo Rath und That des ärztlich gebildeten Mannes mit seinen tieferen Kenntnissen und seinem umsichtigeren Handeln dem Weibe allein Hülfe gewähren kann.« Ähnliche Argumentationen finden sich auch in Heinrich Fassbenders *Geschichte der Geburtshilfe*, Jena 1906, Neuauflage Hildesheim 1963, S. 78 ff.

172 Zum Beispiel Paul Diepgen, a.a.O.

173 Unter aktiver Geburtenregelung verstehen wir die gesellschaftlich erlaubte Anwendung antikonzeptioneller Mittel, der Abtreibung und der Sterilisation. Als passive Geburtenregelung würden wir Folgen stärkerer gesellschaftlicher Triebunterdrückung sehen: absolute sexuelle Enthaltsamkeit, Impotenz, Frigidität u. ä.

174 Jules Michelet, S. 20.

175 Vgl. *Malleus Maleficarum*, hrsg. v. Schmidt, S. 159.

176 Nicht nur die germanische Volksmedizin ist grundlegend – obwohl sie laut P. Diepgen (*Frau und Frauenheilkunde*, a.a.O.) dominiert: denn »aus der Mischung und gegenseitigen Durchdringung der keltisch-germanisch-slawischen Stammesmedizin ist die europäische Volksmedizin hervorgegangen« (O. v. Hovorka, A. Kronfeld, *Vergleichende Volksmedizin*, Bd. 1, Stuttgart 1908, S. XX. Die antiken Elemente haben noch nicht die ideologische Relevanz, die sie mit der Errichtung der ersten Universitäten für die Medizinwissenschaft erhalten.

177 Christina Hole, *Witchcraft in England*, neue Auflage, New York 1966, S. 129 ff.

178 Sibylle Harksen, a.a.O.

179 Vgl. Paul Diepgen, S. 56 ff.; und Hermann Schelenz, *Frauen im Reiche Äsculaps* (1900), Neudruck Würzburg 1975, S. 19 ff.

180 Vgl. Paul Diepgen, S. 56.

181 Die bessere Kräuter- und Pflanzenkenntnis der Frauen früher menschlicher Gesellschaften hängt wohl damit zusammen, daß sie, wie neuere ethnologische Forschungen herausgefunden haben, die Erfinderinnen des Ackerbaues waren.

182 Vgl. Paul Diepgen, S. 52 und O. Ehinger, W. Kimmig, *Ursprung und Entwicklungsgeschichte der Fruchtabtreibung*, München 1910, S. 38.

183 Vgl. H. Fassbender, S. 78.

184 H. Ploss, *Das Weib in der Natur...*, a.a.O., S. 133.

185 Gillian Tindall, *A Handbook on Witches*, London 1965, S. 35.

186 Das germanische Recht enthält im allgemeinen nur die Bestrafung der Abtreibung, wenn sie fahrlässig oder gegen den Willen der Schwangeren vorgenommen wird. So z. B. im *Edictus Longobadorum*: »Hier wird nämlich nur die fahrlässige Abtreibung erwähnt, und für diesen Fall die Hälfte vom Wehrgeld eines Freien für die Frucht gefordert; vorsätzliche Abtreibung durch einen Dritten scheint so gut

wie nie vorgekommen zu sein, und wenn sie durch die Schwangere selbst oder mit ihrer Einwilligung verübt wurde, so war sie straflos, wie aus dem Gesetz unmittelbar hervorgeht« (Otto Ehinger, Wolfram Kimmig, *Ursprung und Entwicklungsgeschichte...*, S. 41).

187 Vgl. O. v. Hovorka, A. Kronfeld, a.a.O., S. 8.

188 A. Mayer weist in seinem Buch *Erdmutter und Hexe* Reste alter Vegetationskulte für das Mittelalter nach, die vor allem am 1. Mai stattfanden und bei denen Frauen rituell die Fruchtbarkeitsgöttin vertraten.

189 In den Bräuchen der Volksmedizin werden Bereiche, für die vorher weibliche Gottheiten zuständig waren, der Jungfrau Maria zugeordnet. So gilt zum Beispiel der Tag Maria Himmelfahrt (Kräuterfrautag) oder der Tag Maria Geburt als günstiger Zeitpunkt, Heilkräuter zu sammeln. Vgl. Heinrich-Marzell Gunzenhausen, *Der Zauber der Heilkräuter*, in: *Sudhoffs Archiv der Geschichte der Medizin und der Naturwissenschaften*, Band 29, S. 20.

190 Vgl. P. Diepgen, a.a.O., S. 60.

191 Vgl. ebd. S. 60.

192 Vgl. ebd. S. 80 ff.

193 Aus den Stämmen *hevi* – (= heben) und *ana* (= Ahne, Großmutter).

194 Vgl. H. Poss, *Das Weib...*, a.a.O., Bd. II, S. 133.

195 Z. B. »*wiese fruwen*« (Wismar 1672), nach: Georg Burckhard, *Studien zur Geschichte des Hebammenwesens* I, 1. Heft, Leipzig 1912, S. 3.

196 Vgl. W. E. Peuckert, *Geheimkulte*, Heidelberg 1951, S. 227.

197 Ebd. S. 228.

198 Vgl. Elseluise Haberling, *Beiträge zur Geschichte des Hebammenstandes* I, Berlin 1940, S. 3 ff.
Laut E. Haberling sind in der Ursprungslegende, die angeblich aus Israel stammen soll, die Hebammen auch bei der Geburt zugegen, werden aber dann durch Engel ersetzt, da der Kirche menschliche Hebammen zu profan waren.

199 Konrad von Fußesbrunnen, *Die Kindheit Jesu*. Kritische Ausgabe von Hans Fromm und Klaus Grubmüller, 1973, S. 103 f. Zur Erklärung des Textes: was jede Ader machte (851); ob sie schlugen oder still waren (852); als sie dort nichts Krankes fand, ließ sie ihre Hand gleiten und faßte an manchen Stellen (853-855); von reicher Beschaffenheit (858); versehen mit (859); konnte auch da nichts finden, woran etwas Krankes sich gezeigt hätte (862 f.). Zum Überfluß griff sie noch (864); Bauch (865); nichts Krankes offenbar wurde (866); bei der süßen Jungfrau (= bei der Gottesmutter) (868).

200 Fassung dieser Legende aus dem 13. Jahrhundert: *Bruder Philipps des Cartäusers Marienleben*, hrsg. von Rückert, Quedlinburg/Berlin 1853, vgl. Vv. 2000-2135.

201 Ebd.

202 1277 wurde von der Trierer Synodalsynode schriftlich festgehalten, daß die Priester auch den Frauen Taufunterricht geben sollten. Vgl. E. Haberling, *Beiträge...*, a.a.O., S. 16.
Möglicherweise resultierten diese Bestimmungen daraus, daß die Männer von allen mit der Geburt zusammenhängenden Vorgängen ausgeschlossen waren, oder daß, wie auch in anderen Bereichen, die Priester sich von »ihren eigentlichen Aufgaben« abgehalten glaubten, wenn sie sich auch noch um das Taufgeschäft kümmern mußten.

203 Brot und Rosen, *Frauenhandbuch* Nr. 1, a.a.O., S. 126.

204 Vgl. dazu E. Haberling, S. 85.

205 Vgl. ebd., S. 81 ff.
206 Vgl. I. Ehinger, W. Kimmig, S. 39 ff., Augustinus stützt sich damit allerdings auf eine falsche Übersetzung des *Alten Testaments*.
207 Vgl. H. Ploss, *Zur Geschichte, Verbreitung und Methode der Fruchtabtreibung*, Leipzig 1883, S. 6.
208 Hans Braun, *Heilpflanzenlexikon*, Frankfurt/Main 1971, S. 38 ff.
209 Hovorka, Kronfeld, S. 163 ff.
210 Ebd. S. 33 ff.
211 Ebd.
212 Vgl. P. Diepgen, S. 60.
213 Vgl. Hermann Schelenz, *Frauen im Reiche Äsculaps*, Leipzig 1900, Neudruck Würzburg 1975, S. 26 ff.
214 Vgl. Heinrich Marzell, *Ein magisches Rezept der »Mulieres Salernitatae«*, in: *Forschungen und Fortschritte* 29, Heft 4, 1955.
215 Vgl. H. Schelenz, ebd.
216 G. L. Kriegk, *Deutsches Bürgertum im Mittelalter* I, Frankfurt/M. 1871, S. 14.
217 W. Kalmogen, *Siebenhundert Jahre Heilkunde in Frankfurt/M.*, Frankfurt/M. 1936, S. 53.
218 Vgl. H. Schelenz, S. 51.
219 Vgl. P. Diepgen, S. 66 ff.
220 H. Schelenz, S. 31.
221 Ebd., S. 33. Dieses Buch befindet sich heute in der Wiener Hofbibliothek.
222 Johannes Bühler (Hrsg.), *Schriften der heiligen Hildegard von Bingen*, in: *Der Dom, Bücher deutscher Mystik*, Leipzig 1922, S. 172.
223 Ebd., S. 66.
224 Ebd., S. 58.
225 Ebd., S. 43.
226 Ebd., S. 97 (Hervorhebung d. Verf.).
227 Ebd., S. 66.
228 Ebd., S. 67 (Hervorhebung d. Verf.).
229 Zitiert nach Hugo Schultz, *Der Äbtissin Hildegard von Bingen Ursachen und Behandlung der Krankheiten*, München 1933, S. 76.
230 Johannes Bühler, S. 73 (Hervorhebung d. Verf.).
231 Johannes Bühler, S. 319.
232 Vgl. Paul Diepgen, S. 83.
233 Vgl. J. Greiner, *Dinkelsbühler Arztinstruktion von 1556*, in: *Sudhoffs Archiv für Geschichte der Medizin und Naturwissenschaften* Bd. 28, Wiesbaden 1965.
234 H. Schelenz, S. 51.
235 Vgl. W. E. Peuckert, *Pansophie. Ein Versuch zur Geschichte der weißen und schwarzen Magie*, Berlin 1956.
236 H. Ploss, *Das Weib*, Bd. II, S. 168.
237 Vgl. dazu E. Haberling, S. 110.
238 Vgl. ebd., S. 81.
239 Paul Diepgen, S. 225.
240 Vgl. P. Diepgen, S. 183.
241 W. Kallmogen, S. 66.
242 Vgl. Heinrich Fassbender, S. 81.
243 Vgl. Georg Burckhardt, *Studien zur Geschichte des Hebammenwesens*, Bd. I, Erstes Heft, Leipzig 1912.

244 Vgl. Elseluise Haberling, S. 99.
245 Zit. nach Almut Junker, *Frankfurt um 1600, Alltagsleben in der Stadt*. Kleine Schriften des historischen Museums, Heft 7, Frankfurt/Main 1976, S. 78.
246 Vgl. P. Diepgen, S. 183 ff.
247 *Adamum lonicerum Medicum – Reformation oder Ordnung für die Hebammen*, Frankfurt/M. 1573.
248 E. Haberling, S. 19.
249 Vgl. Luise Heß, S. 19.
250 H. Ploss, Bd. II, S. 174.
251 G. L. Kriegk, S. 195.
252 Ebd., S. 194.
253 Ebd., S. 197.
254 Ebd.
255 *Das Frauenhandbuch*, S. 131.
256 Vgl. B. Ehrenreich, D. English, S. 55-77.

II Zur Genese und Aktualität des Hexenbildes

Helmut Brackert
»Unglückliche, was hast du gehofft?«
Zu den Hexenbüchern des 15. bis 17. Jahrhunderts

Der amerikanische Historiker Henry Charles Lea, der sich zeit seines über achtzigjährigen Lebens mit dem Hexenproblem beschäftigt hat, schreibt in seiner dreibändigen *Geschichte der Inquisition* von 1888/89:

»Der Frühling des Jahres 1568 ließ in den Rheinlanden lange auf sich warten; die Kälte dauerte bis Juni. Das konnte nur die Folge von Hexenbosheit sein, weshalb der Erzbischof von Trier in Pfalzel 118 Frauen und 2 Männer verbrannte, denen das Geständnis erpreßt worden war, daß sie durch ihre Zaubersprüche den Winter verlängert hatten.«

Lea setzt als Kommentar hinzu:

»Die Anschauung, daß Satan durch die Vermittlung seiner Verehrer wirke, war so vollständig in den Gedankengang jener Zeit eingedrungen, daß man jeden außergewöhnlichen Vorgang in der Natur unbedenklich ihm und seinen Helfershelfern zuschrieb.«[1]

Fragt man, wie denn die Voraussetzungen für solche Auffassungen und die daraus resultierende Verfolgungspraxis geschaffen worden waren, so wird man vor allem jenes Werk nennen müssen, das, wie der aufgeklärte Pastor Johann Moritz Schwager in seinem *Versuch einer Geschichte der Hexenprozesse* von 1784 nicht ohne Empörung schreibt, »von dem Hexenmeister Jacob Sprenger und seinem Mitbüttel Henricus Institoris« im Jahre 1486 »zusammengeflickt und ausgebrütet«[2] und 1487 zum ersten Mal in Druck gegeben wurde: den *Malleus Maleficarum* oder zu deutsch: den *Hexenhammer*.[3] Er erlebte im 15., 16. und 17. Jahrhundert 29 Auflagen und gehört damit zu den meistgedruckten Werken der Frühzeit des Buchdrucks – sicherlich ein Zeichen seiner, jedenfalls für die damalige Zeit, beträchtlichen Wirkung. Und – um noch ein weiteres Indiz der langanhaltenden Nachwirkung des *Hexenhammers* zu nennen – das Buch Schwagers verwendet über die Hälfte seines Umfangs darauf, den *Malleus* zu referieren und mit kritischen Anmerkungen zu versehen, immerhin: 300 Jahre nach dessen erstem Erscheinen.[4]

Schwagers Empörung resultiert aus einem aufklärerischen Impuls. Er stellt die Geschichte der Hexenverfolgung dar als »eine Geschichte der Rasereyen, Thorheiten und Irrthümer der Menschen«, von der er sich und seine Leser geschieden weiß:

> »Jeder billige Leser wird es fühlen, daß wir wenigstens jetzt klüger sind, als es unsere Vorfahren vor mehr als hundert Jahren waren, und wer nicht gar zu große Prädilektion für sein Zeitalter hat, wird es wenigstens nicht leugnen, daß unsere Nachkommen noch klüger sein werden, als wir es sind.«[5]

Und man darf hinzufügen: noch klüger sein werden, weil sie durch die Lehrmeisterin »Geschichte« belehrt werden und sich belehren lassen können.

Die großen Historiographen des Hexenwesens – von Soldan über Lecky und Lea bis hin zu Hansen, die alle in der Zeit vor dem Ersten Weltkrieg wirkten – stehen in solcher aufklärerischen Tradition. Ob sie nun vom »Anfang des Rationalismus in Europa« sprachen, von der »Überwindung des mittelalterlichen Geistes« oder von der Aufhebung der »schmachvollsten Verirrung des menschlichen Geistes« überhaupt – immer gingen sie davon aus, daß die Geschichte gerade dieses Phänomens, das heißt der allmählichen Überwindung des Hexenwahns in der Neuzeit, mit besonderer Deutlichkeit die kontinuierliche und progressive Entfaltung der Vernunft, der Toleranz und der Humanität dokumentiere und daß die permanente Verbesserung des gesellschaftlichen Lebens ihre Auswirkungen gefunden habe in einem unbeirrbaren Fortschreiten liberaler Ideen.

Solchem Optimismus, wie er der bildungsbürgerlichen Liberalität des 19. und frühen 20. Jahrhunderts noch eigen war, stehen wir heute allerdings fremd gegenüber. Nach über einem Halbjahrhundert geschichtlicher Ereignisse, die sich dem Oberbegriff »Vernunft« in der Regel nicht subsumieren lassen, sehen wir Geschichte als einen Prozeß, dessen Progreß allenfalls darin besteht, die »Dialektik der Aufklärung« zu entfalten. Dabei kam Lea dieser Einsicht schon recht nahe, als er das Kapitel »Zauberei und geheime Künste« seines Werkes über die Inquisition mit den Worten begann: »Es gibt wenige

Dinge, die so unausrottbar sind wie der Aberglaube. [...] Die geheiligten Riten eines entthronten Glaubens werden zur verbotenen Magie des neuen, der auf ihn folgt. [...]«[6] Doch solche Einsicht diente ihm lediglich als Erklärungsansatz, die mittelalterlichen und frühneuzeitlichen Verhältnisse besser zu verstehen, nicht aber als ein zu verallgemeinernder Grundsatz, dem auch noch die neuere Geschichte zu unterstellen gewesen wäre. Im Gegenteil: Diese wurde fast ohne Selbstzweifel dem schon skizzierten Fortschrittsglauben subsumiert.

Und in der Tat, man möchte ihm recht geben, wenn man solche Gegenwartsbestimmung am *Hexenhammer* mißt, also an jenem Werk, dem sich die älteren Historiographen des Hexenwesens samt und sonders nur mit dem Ausdruck des größten Abscheus und Ekels zuwenden. Hansen bezeichnet es als ein »unglaubliches Monstrum voll geistiger Sumpfluft«[7], Lea nennt es »das ungeheuerlichste Denkmal des Aberglaubens, das die Welt hervorgebracht hat«[8], Riezler spricht von dem »verruchtesten und zugleich läppischsten, verrücktesten und dennoch unheilvollsten Buch der Weltliteratur«.[9] Man könnte die Reihe fortsetzen.

Läßt man einige interessante und durchaus wichtige Vorläufer des *Hexenhammers* hier einmal außer Betracht, so kann man sagen, daß dieses Werk gleichsam das Tor bildet für jene breite literarische Tradition der Hexenbücher, die im 16. und zumal im 17. Jahrhundert anschwillt und erst im 18. Jahrhundert mit dem allmählichen Zurücktreten der Hexenverfolgung und Hexenprozesse abklingt. Einige Stationen dieser Tradition sollen im folgenden markiert werden, wobei zunächst einmal im wesentlichen der Inhalt einiger wichtiger Hexenbücher referiert, sodann auf der Basis der so gewonnenen Materialien und vor dem Hintergrund der durch die Hexenprozesse und Hexenverfolgung konstituierten Realereignisse eine Einschätzung der literarischen Entwicklung versucht werden soll. Diese ist nur im Zusammenhang der politischen und allgemeinen soziokulturellen Situation möglich, da die Hexenbücher, stärker als andere literarische Gattungen, auf eine ganz reale Verwendung bezogen waren. In ihnen wurden für den konkreten Fall Legitimationshilfen gegeben, wurden die Leser mit handfesten theologischen Argumentationen versorgt – etwa zum Wirken des Teufels und der Dämonen in der Welt, zur

Bedeutung der Hexen im Zusammenhang des teuflischen Wirkens und der göttlichen Zulassung –, aber auch mit ganz konkreten Handlungsanweisungen und Verhaltensmaßregeln. In ihnen wurden das Wirken der Hexen, ihre Gefährlichkeit und die Arten der Gegenwehrmöglichkeiten genau beschrieben; in ihnen waren die Verhörformen, die Arten der Folterungen, die Prozeßformen und Urteilsbegründungen erläutert. Und dies alles, wie sich zeigen wird, im Kontext sowohl kirchlich-konfessioneller als auch politisch-staatlicher Funktionalisierungen.

Da der *Malleus Maleficarum* für den gesamten Zeitraum eines der wichtigsten Hexenbücher bleibt, wird er nicht nur am Anfang stehen, sondern, seiner Wichtigkeit gemäß, auch ausführlicher behandelt werden.

1. Heinrich Institoris und Jacob Sprenger, *Malleus Maleficarum*, Köln 1487

Um es gleich zu sagen: Der *Hexenhammer* ist nicht nur seines Inhalts wegen ein unangenehmes Buch; auch die Darstellung ist, obwohl (oder vielleicht: weil) sie vordergründig den klaren Prinzipien scholastischer Gedankenentwicklung folgt, eher irreführend und, in gewiß einmaliger Mischung, zugleich naiv und tückisch. Die Verfasser haben die Kapitel so angelegt, daß jeweils eine Frage an deren Anfang steht, etwa: Ob der Dämon mit dem Hexer mitwirke? oder: Ob die Hexen durch gauklerische Vorspiegelungen die männlichen Glieder behexen, so daß sie gleichsam gänzlich aus den Körpern herausgerissen werden? Nach solcher Exposition der Fragestellung werden zunächst die Auffassungen zusammengestellt, gegen die sich die Verfasser wenden, also etwa – uns heute sehr vernünftig erscheinende – Einwände von Laien oder sonst herrschende Gegenmeinungen. Die Reihe der Gegenargumente, die mit der Kennzeichnung: »Antwort«, »Dagegen« usw. auftritt, stützt sich in der Regel auf Worte der Schrift, auf Auffassungen von Kirchenvätern oder kirchliche Lehrmeinungen.

Schon Michelet hat dieses Verfahren zutreffend, wenn auch etwas boshaft-karikierend beschrieben (wobei er noch, der alten Lehrmeinung folgend, Sprenger für den Hauptautor des *Hexenhammers* ansieht):

»Ein anderer würde versuchen, den Einwänden auszuweichen, sie zu schwächen und zu verringern, Sprenger nicht! Von der ersten Seite an stellt er die natürlichen, die offenbaren Gründe einen nach dem anderen klar vor Augen, warum man nicht an die Wunder des Teufels zu glauben habe, nachher fügt er kaltblütig hinzu: ebenso ist es mit den ketzerischen Irrtümern, und ohne Gründe zu widerlegen, kopiert er die konträren Texte, den heiligen Thomas, die Bibel, die kanonischen Heiligenlegenden und Glossatoren; er zeigt zuerst den gesunden Menschenverstand und vernichtet ihn dann durch die Autorität. Zufriedengestellt ruht er heiter und als Sieger aus und scheint zu sagen: ›Nun, was sagt ihr jetzt dazu? Wollt ihr wohl noch verwegen genug sein, eure Vernunft zu brauchen?‹«[10]

Das Werk ist in drei Bücher eingeteilt; das erste legt dar, was Zauberei ist und welche Rolle dem Teufel, den Hexen oder Hexern und Gott dabei zukommt. Hier geht es also um die Voraussetzungen der Hexerei, um die Fragen, ob es Zauberei gebe, ob der Dämon mit der Hexe zusammenwirke, was es mit dem *Incubus* und *Succubus* auf sich habe, woher die Vermehrung der Hexenkünste stamme, ob die Hexerei nur ein Trug sei oder wirklich, ob die Zulassung Gottes dafür nötig sei oder nicht.

Der zweite Teil führt dann zunächst die verschiedenen Malefizien der Hexen vor, wobei die traditionellen Merkmale der Hexen wie Luftfahrt, Teufelsbund, Sabbatrituale usw. eine vergleichsweise geringe Bedeutung erhalten. Im Mittelpunkt stehen die Übeltaten, mit denen die Hexen ihre Mitmenschen quälen: sie hemmen die Zeugungskraft des Mannes, indem sie seinen Penis weghexen; sie verwandeln Menschen in Tiere, sie hexen ihnen Krankheiten an, sie fügen den Haustieren Schaden zu und verwüsten die Felder durch Hagel- und Blitzschlag; die Hexenhebammen töten überdies Kinder oder übergeben sie den Dämonen. Und es gibt, wie die Schlußkapitel des 2. Teils darlegen, kaum Gegenmittel.

Der dritte Teil handelt von den »Arten der Ausrottung oder wenigstens Bestrafung durch die gebührende Gerechtigkeit vor dem geistlichen oder weltlichen Gericht«.[11] Die Verfasser weisen in einer Vorklärung den Bischöfen und weltlichen Gerichten größere Vollmachten zu, wollen dagegen die Gerichtsbarkeit der geistlichen Inquisitoren nur auf die eindeutig häretischen Fälle beschränkt wissen. In diesem 3. Teil wird dann vor allem die Prozeßführung beschrieben. Aufgenommen wird nicht der Anklageprozeß, sondern der bei Ketzern übliche Inquisitionsprozeß. Dieser kennt keinen Ankläger, sondern nur einen Denunzianten, der lediglich die Wahrheit seiner auf Indizien beruhenden Aussage zu beschwören, nicht aber persönlich vor Gericht auszusagen braucht. Die weiteren Kapitel handeln von den Indizien, dem üblen Ruf, den verschiedenen Graden des Verdachts, den Zeugen, der Einkerkerung der Angeklagten, dem Verhör, der Folter, der Verteidigung, die so gut wie gar nicht existiert, und schließlich den Endurteilen; Advokaten sollten zwar zur Verteidigung zugelassen werden, doch warnt der *Hexenhammer* die Richter, ihnen Glauben zu schenken. Auf gar keinen Fall sollen sie oder gar die Angeklagten erfahren, von wem die denunziatorische Anklage ausgegangen ist. Das Entscheidende wird darin gesehen, die Angeklagte – mit welchen Mitteln auch immer: Folter, Versprechungen, Kreuzverhör, heuchlerischem Zureden, vorgespiegelter Hoffnung auf Begnadigung – zum Geständnis zu bewegen, da sie sonst nicht verurteilt werden kann. Den schwersten Kampf hat der Richter mit dem vom Teufel bewirkten *maleficium taciturnitatis,* das heißt mit dem hartnäckigen Schweigen der Gefolterten, zu bestehen. Da die armen Opfer wußten, daß ein Geständnis sie nur belasten konnte, sie andererseits aber auch in der Regel nichts zu gestehen hatten, schwiegen sie selbst bei der stärksten Marter. Der *Hexenhammer* gibt hier Hinweise, wie der Richter durch »Fortsetzung« der Folter den Widerstand der Delinquenten zu brechen vermag.

Man hat in der Forschung mit Recht oft darauf hingewiesen, daß alle wesentlichen Punkte, die Sprenger und Institoris in ihrem Buch aufgreifen, bereits in der frühen Hexenliteratur enthalten waren. Ja, man kann sagen, daß die beiden Autoren nichts anderes taten, als in Anlehnung an Vorgänger wie Nicolaus Eymericus, den Verfasser des *Directorium inquisitorum* von 1376, oder Johannes Nider, den Verfasser des *Formicarius* von 1437, und unter ausgiebiger Verwendung der Zeugnisse ihrer Gewährsmänner das vorliegende Material zu systematisieren und in eine bestimmte Richtung hin auszulegen.

Schon der Titel *Malleus Maleficarum* kündigt die Tendenz an: 1. gegenüber der Tradition, die stärker die herkömmlichen Hexenmerkmale hervorhob, legen die Verfasser entscheidendes Gewicht auf die *maleficien,* auf die zauberischen Schädigungen, die die Hexen ihren Mitmenschen zufügen; 2. diejenigen, von denen die Schädigungen ausgehen, sind grundsätzlich weiblich, also als Hexen vorgestellt, und deshalb heißt es im Titel *maleficarum* und nicht *maleficorum;* 3. durch die Ausweitung der richterlichen Kompetenz auch auf die weltlichen Gerichte soll die Verfolgung total gemacht und zugleich der Rechtspraxis der Ketzergerichte vorgebeugt werden, reuige Sünder zu begnadigen bzw. begnadigen zu müssen; schließlich soll 4. auf diese Weise einem Widerstand der Bischöfe gegen die Inquisitionspraxis, wie ihn die beiden Inquisitoren von seiten des Salzburger Bischofs Golser kennengelernt hatten, entgegengewirkt werden.[12]

Tatsächlich ist die weitere Entwicklung in Deutschland, um auf diesen Gesichtspunkt des *Hexenhammers* hier noch ganz kurz einzugehen, im Sinne der von Sprenger/Institoris initiierten Richtung fortgeschritten: Die Hexenverfolgung fiel hier als »verhängnisvolle Erbschaft der Inquisition bald vollständig der weltlichen Gerichtsbarkeit anheim«, aus dem *crimen mixtum,* das weltlicher wie geistlicher Verfolgung unterlag, wurde ein *crimen,* für das sich *vor allem* die weltliche Gerichtsbarkeit als zuständig erkannte.[13]

Im ersten Buch sprechen die Verfasser »Über die Hexen selbst, die sich den Dämonen unterwerfen«. Vor allem geht es ihnen darum zu begründen, »warum in dem so gebrechlichen Geschlechte der Weiber eine größere Menge Hexen«[14] sich findet als unter den Männern. Es ist nun interessant zu sehen, daß sich in diesem Kapitel gegenüber anderen Kapiteln des Werkes die Argumentationsstruktur geändert hat: Die Verfasser stellen fest, es sei überflüssig, »Argumente für das Gegenteil herzuleiten, da außer den Zeugnissen der Schriften und glaubwürdiger Männer die Erfahrung selbst solches glaubwürdig mache!«[15] Mit anderen Worten, die beschriebene Praxis der Inquisitionsprozesse, eine Verteidigung für die Angeklagten nicht zuzulassen, setzt sich hier auf theoretischer Ebene fort. Ohne daß Gegengründe aufgeführt werden, wird von einer fast durchgängigen Verderbtheit des weiblichen

7. *Der Teufel als Liebhaber der Hexe* (Detail einer Holzschnitt-Illustration aus der Inkunabel *Tractatus von den bosen Weibern/ die man nennet Hexen*, Ulm, um 1490)

Geschlechts ausgegangen, besonders aber von einer ins Ungeheure gesteigerten sexuellen Triebhaftigkeit, für die unter anderem das Zeugnis der *Sprüche Salomonis 30* herangezogen wird: »Dreierlei ist unersättlich, und das vierte, das niemals spricht: es ist genug: nämlich die weibliche Scheide.«[16] Solche sexuelle Unersättlichkeit ist nach den Vorstellungen der Autoren nur zu stillen durch übermenschliche, und das heißt für sie: satanisch-dämonische, Mächte. Die abwegige Etymologie *femina* = Zusammensetzung von *fides* und *minus* (also: »die weniger Glauben hat, schneller vom Glauben abfällt«)[17] akzentuiert die besondere Gefährlichkeit der Frauen. Ging es den traditionellen männlichen Teufelsbündlern, wie sie in der Legende oder etwa in der Geschichte vom Dr. Faustus auftraten, um individuelle und daher an sich harmlosere Erkenntniserweiterung bzw. um die Erlangung spezieller zauberischer Fähigkeiten, so kann der Bund zwischen Satan und den Frauen, der auf der weiblichen sexuellen Triebhaftigkeit basiert, zu einer Gefahr für die gesamte Menschheit werden: denn durch ein Riesenheer von Hexen, die ihm alle hörig sind, vermag der Teufel die natürliche und gesellschaftliche Ordnung der Welt empfindlich zu stören, wenn nicht gar, wie die Autoren befürchten, völlig zu zerstören.

Die Zunahme der Hexerei ist für Sprenger und Institoris Anzeichen dafür, daß die Welt sich schon weit von ihrem Schöpfungsursprung und von ihrem Schöpfer entfernt hat. Denn »zur Zeit des Naturgesetzes, und zwar wegen der noch frischen Erinnerung an die Schöpfung der Welt«[18], also zu einer Zeit, als die göttliche Ordnung der Natur noch nicht von bösen Menschen durchkreuzt und in Unordnung gebracht war, gab es noch keine Hexen; erst als die Menschen ihre natürliche Freiheit, sich für das Gute oder das Böse entscheiden zu können, mißbrauchten, das heißt: »als die Bosheit der Menschen wuchs, fand der Teufel größere Gelegenheit, solche Art von Schändlichkeit zu säen«.[19]

Warum aber, so stellt sich die Frage, läßt Gott das Böse überhaupt zu? Sprenger und Institoris geben eine, wie sie selbst schreiben, schwer zu verstehende, in ihrem Kern aber sicher ganz traditionelle Antwort: »Gott erlaubt das Böse, mag er auch nicht wollen, daß es geschieht; und zwar wegen der Vollkommenheit des Universums.«[20] Das Böse also dient, auf eine dem Menschen freilich nicht immer einsichtige Weise, der Vollendung des Weltentwurfs, »insofern nämlich auch das, was schlecht heißt, wohlgeordnet und an seinen Platz gestellt, das Gute deutlicher hervortreten läßt...«[21] Nach Sprenger und Institoris soll das Böse indes nicht nur der Verdeutlichung des Guten dienen; es müsse vielmehr mit einer hier unbedingt gebotenen Rücksichtslosigkeit ausgelöscht werden; denn »die Vernichtung des einen« dient hier der »Erhaltung des anderen«.[22] Vernichtet werden aber müssen die Hexen, weil sie das extreme Gegenbild des vollkommen guten Menschen sind, indem ihre Sünden

> »alle anderen übertreffen, sowohl an Scheußlichkeit, da sie den Gekreuzigten ableugnen, als auch an Geilheit, da sie fleischliche Unflätereien mit den Dämonen treiben, und an Geistesblindheit, da sie sich in wilder Lust auf jegliche Schädigung der Seelen wie der Körper der Menschen und Tiere mit dem ganzen Geiste der Bosheit stürzen...«[23]

Kein Wunder also, wenn die Autoren der Auffassung sind, daß nur die denkbar schwersten Strafen eben ausreichen, die Hexen wirksam zu bekämpfen.

So hält denn die Beschreibung der Prozesse und Verfahren, die das dritte Buch präsentiert, Handlungsanweisungen für Richter und andere Hexenverfolger bereit, die, gemäß der praktischen Zielsetzung des Werkes, von harter Deutlichkeit sind: Richter auf dem geistlichen wie weltlichen Forum sollen daraus nicht nur die Arten der Untersuchung, Urteilsfindung und Urteilsfällung ablesen können, sie sollen angehalten, ja geradezu agitiert werden zu einer hexenfeindlichen Durchführung der Verhöre, Folterungen und Bestrafungen. So gibt gleich die erste Frage des Buches genaue Anweisung, wie ein Prozeß zu beginnen sei: nämlich mit einem Aufruf zur Denunziation. An die Türen der Parochialkirchen oder der Rathäuser soll angeschlagen werden, daß innerhalb einer Frist von 12 Tagen jedermann bei Strafe der Exkommunikation zu enthüllen habe, »wenn er weiß, gesehen oder gehört hat, daß irgendeine Person als Ketzerin oder Hexe übel beleumdet oder verdächtig sei und daß sie im besonderen so etwas treibe, was zur Schädigung der Menschen, Haustiere oder Feldfrüchte und zum Schaden des Staatswesens auszuschlagen vermag«.[24] So ist es auch kein Wunder, daß die Autoren von den drei Arten des Prozesses, die sie unterscheiden:

- 1. der Ankläger tritt selbst den Beweis seiner Anklage an;
- 2. der Denunziant bleibt als solcher anonym;
- 3. der Inquisitor leitet auf ein Gerücht hin selbst den Prozeß ein;

eindeutig die zweite und dritte Form favorisieren und den Leser gegen die erstgenannte einzunehmen suchen:

»Dazu ist zu bemerken, daß der Richter die erste Art zu prozessieren nicht gern zuläßt; einmal, weil sie in einer Glaubenssache nicht gebräuchlich ist, noch auch in einer Sache der Hexen, die ihre Behexungen im geheimen ausführen; dann auch weil sie für den Ankläger wegen der Strafe der Wiedervergeltung sehr gefährlich ist, mit der er gebüßt würde, wenn er im Beweisen versagte; dann auch, weil sie viele Streitigkeiten im Gefolge hat.«[25]

Was die Zeugen angeht, so meinen Sprenger und Institoris, daß im Falle der Denunziation zwei Zeugen notwendig seien, daß sie unter Eid genommen und zu mehrfacher Aussage aufgefordert werden könnten und daß, mit Ausnahme von Todfeinden, jede Art von Zeugen – auch Exkommunizierte, berüchtigte Verbrecher, Meineidige, selbst Hexen – zulässig sei. Auf jeden Fall aber sollen, wie alle anderen Zeugen, auch die fragwürdigsten Gestalten immer nur als Belastungs-, niemals als Entlastungszeugen gehört werden.

Der zweite Teil des letzten Buches enthält Anweisungen für die Verhöre – zum Teil mit ausgearbeiteten Befragungsmustern – sowie für die Inhaftierung. Hier wird auch festgesetzt, daß der Denunziant als Zeuge der Anklage dem Angeklagten nicht namentlich genannt werden dürfe, sondern anonym zu bleiben habe. Besonderes Gewicht legen die Verfasser auf die Klärung jener Fragen, die mit den peinlichen, also mit Folter verbundenen Verhören zu tun haben. Hier ermahnen sie den Verhörrichter zu größter Vorsicht; aber nicht aus Rücksichtnahme gegenüber den Hexen, sondern weil, wie in einem längeren Passus dargelegt wird, der Teufel die Hexe so unempfindlich gegen Schmerzen macht, »daß sie sich eher gliederweise zerreißen läßt, als etwas von der Wahrheit«[26] zu bekennen. Die Gefahr bestehe also, daß ein gutgläubiger Richter sich täuschen läßt und die nicht geständige Hexe freiläßt. Es sei daher in jedem Falle zunächst zu versuchen, mit anderen Mitteln die Hexe zum Geständnis zu bewegen, unter anderem durchaus auch dadurch, daß man ihr die Erhaltung des Lebens zusichert, auch wider besseres Wissen. Wie weit der Richter nach Auffassung der Verfasser in der Täuschung der Angeklagten gehen darf, zeigt die 16. Frage des dritten Buches, wo es unter anderem heißt:

>»Wenn sie immer noch in ihrer Verstocktheit verharrt, er ihre Mitschuldigen verhört hat, die gegen und nicht für sie ausgesagt haben, oder auch wenn er dies nicht getan hat, dann besorge er einen anderen vertrauenswürdigen Mann, von dem er weiß, daß er der in Haft gehaltenen nicht unangenehm ist, sondern gleichsam ihr Freund und Gönner, der an irgendeinem Spätabend bei der Hexe eintritt, die Gespräche hinzieht, und schließlich, wenn er nicht zu den Mitschuldigen gehört, vorgibt, es sei viel zu spät zur Rückkehr, und im Gefängnis bei ihr bleibt, wo sie dann in der Nacht in gleicher Weise miteinander sprechen. Wenn er aber zu den Mitschuldigen gehört, dann besprechen sie sich auch unter Essen und Trinken über die begangenen Dinge; und dann sei angeordnet, daß außerhalb des Gefängnisses an einer geeigneten Stelle Aufpasser stehen, die sie aushorchen und ihre Worte sammeln; und wenn es nötig sein sollte, sei ein Schreiber bei ihnen...«[27]

Bei der Behandlung der Folter wird größtes Gewicht gelegt auf die Beachtung folgender Vorsichtsmaßregeln: 1. sei zu ermitteln, ob die Hexe in die »Hexenkunst der Verschwiegenheit gehüllt sei«[28], was der Richter vornehmlich daran erkennen könne, daß die Hexe keine Tränen vergießen kann; 2. sei zur Vermeidung von Verhexungen jede körperliche Berührung mit der Angeklagten zu vermeiden; zur Vorbeugung sei es ratsam, zum Beispiel geweihtes Salz und geweihte Kräuter bei sich zu tragen; 3. sei, damit versteckte Amulette gefunden werden und die Hexen sich nicht gegen Folterschmerzen schützen können, den Hexen jeder behaarte Teil des Körpers zu rasieren. Die Autoren belegen die Notwendigkeit solcher Vorsichtsmaßnahmen mit einem Beispiel:

>»Eine gewisse Hexe in Hagenau [...] wußte solche Hexenkunst der Verschwiegenheit dadurch zu bewirken, daß ein eben geborenes Kind männlichen Geschlechtes, nicht getauft und dazu ein erstgeborenes getötet, im Ofen gebraten und mit anderen Dingen, die ausdrücklich zu nennen nicht frommt, eingeäschert und pulverisiert wurde. Wenn eine Hexe oder ein Verbrecher davon etwas bei sich trug, konnte sie auf keinen Fall ihre Verbrechen gestehen.«[29]

Der letzte Teil des dritten Buches behandelt die endgültigen Urteilssprüche und enthält, entsprechend seiner pragmatischen Bestimmung als Anweisung für die Prozeßpraxis, für jede Konstellation genaue Vorschriften, also zum Beispiel

»wie über eine angezeigte und zwar eine nur übel beleumdete« (Frage 21) oder »wie über eine übel beleumdete und dem peinlichen Verhör auszusetzende« (Frage 22) oder »wie über eine von einer anderen eingeäscherten oder einzuäschernden Hexe angezeigte Person« (Frage 33) usw. das Urteil zu fällen sei. In diesem Abschnitt wird auch die Feuerprobe behandelt, jedoch als unzureichendes Mittel der Rechtsfindung zurückgewiesen. Allerdings wieder nicht aus Überlegungen, die zum Schutze der Hexen dienen, sondern weil, nach Auffassung der Verfasser, der Teufel den Hexen zu Hilfe kommen könne, ihm damit also ein Mittel in die Hand gegeben werde, seine Hexen der irdischen Gerichtsbarkeit zu entziehen.

2. Ulrich Molitor, *De Laniis et Pythonicis Mulieribus*, Konstanz 1489

Die Schrift des Konstanzer Juristen Ulrich Molitor, von der bis zum Jahre 1495 bereits fünf lateinische und bis 1508 drei deutsche Auflagen nachgewiesen werden können und die seit dem Ende des 16. Jahrhunderts wiederholt als Anhang des *Malleus Maleficarum* oder anderer hexenfeindlicher Schriften abgedruckt worden ist, ist im Auftrag des Erzherzogs Sigismund von Österreich und seiner Räte verfaßt worden.[30] In der Form eines Gesprächs zwischen drei Gesprächspartnern – Erzherzog Sigismund vertritt den kritischen Zweifler und Fragesteller, der Konstanzer Schultheiß Konrad Schatz ist der Sprecher der theologisch-gelehrten Tradition, der Autor sucht die möglichen Antworten zu differenzieren und jeweils die Summe aus den vorgetragenen Auffassungen zu ziehen – werden die wichtigsten Probleme des Hexenwesens und der Hexenverfolgung erörtert.

Die Unterredung beginnt mit der Frage, ob die Hexen Macht haben über Hagel und Unwetter. Dem Hinweis auf den allgemein verbreiteten Volksglauben und die Selbstaussagen der Hexen antwortet der Erzherzog mit der zweifelnden Erwiderung, daß oftmals populäre Meinungen irrtümlich seien und gerade durch die Folter auch falsche Aussagen erzwungen würden. Als Feldherr stelle sich ihm die Frage, weshalb etwa bei Kriegsausbruch nicht einfach eine Hexe in das feindliche Territorium entsandt werden könnte, mit dem Auftrag, das Feindesland zu verwüsten. Die Beantwortung dieser Frage wird zunächst zurückgestellt. Ähnlich wird im zweiten Kapitel argumentiert, wo es darum geht, ob denn die Hexen Krankheiten und im besonderen Impotenz hervorrufen könnten. Eine Reihe von Lehrautoritäten – Augustin, Hieronymus, Heiligenlegenden, Kirchenrecht, Thomas von Aquin – vermögen den Herzog letztlich nicht zu überzeugen, der den Rekurs Konrads auf populäre Auffassungen und Folterbekenntnisse scharf zurückweist und auch der – gerade für das Scheidungsrecht so wichtigen – Möglichkeit einer *impotentia ex maleficio* eher skeptisch gegenübersteht. Auch Ulrichs Bericht von eigenen Prozeßerfahrungen ändert die Haltung des Herzogs nicht.

Kapitel 3 diskutiert dann die Frage, ob die Hexen sich oder andere in Tiere verwandeln können. Sigismund versucht, die Ablehnung einer solchen Vorstellung durch den Rückgriff auf den *Canon episcopi* zu begründen, und wird darin, gegen Konrads Einspruch, durch die Lehrmeinung Augustins bestärkt: der Teufel könne den beteiligten Personen durch Trugbilder suggerieren, daß das, was in Wahrheit nicht sei, doch zu sein scheine. Auch das Problem der Luftfahrt und nächtlichen Sabbatreise, das im vierten Kapitel zur Sprache kommt, wird als dämonisches Phantasma entlarvt. Die bösen Geister könnten nämlich anstelle von Menschen erscheinen und für diese selbst gehalten werden; so erkläre es sich, daß ein Mensch an einem Ort sei und sich gleichzeitig ein Geist statt seiner an einem anderen Ort zeige. Gerade dies Argument von der körperlichen Transformation der Dämonen, das im fünften Kapitel weiter entfaltet wird, erweist sich für das Folgende wichtig, weil damit stillschweigend vorausgesetzt werden kann, daß die Dämonen auch mit den Menschen Geschlechtsverkehr aufnehmen können. Allerdings wird im sechsten Kapitel strikt bestritten, daß aus dieser Verbindung Kinder, sogenannte Wechselbälger, hervorgehen könnten.

Das Gespräch wendet sich mit der Frage, ob denn die Hexen die Zukunft prognostizieren könnten, einem anderen Gegenstand zu und kommt zu dem Ergebnis, daß solche Voraussagen teuflische Einflüsterungen seien und nur Gott die Wahrheit wisse.

Die Kapitel 7, 8 und 9 greifen frühere Fragen wieder auf: Können die Hexen über Hagel und Unwetter verfügen; Krankheiten hervorrufen; Impotenz bewirken; sich und andere in Tiere verwandeln; in nächtlichen Fahrten den Sabbat besuchen? Ulrich antwortet: Sie könnten es nicht, wenn nicht Gott selbst ihnen aus irgendwelchen Gründen die Macht dazu einräume. Der Gegenfrage des Herzogs, wie denn die Hexen der Auffassung sein könnten, diese Malefizien selbst zu bewirken, antwortet Ulrich, dies sei Folge ihrer Dummheit: zum Beispiel eile der Teufel – so Ulrichs rationale Erklärung –, wenn er ein natürliches Unwetter herannahen sehe, schnell zu einer Hexe und fordere sie auf, durch ihre ritualisierte Magie eben jenes Naturereignis hervorzurufen, das in Wahrheit einzig und allein durch den Willen Gottes zustande komme. So geschähen denn auch alle Verwandlungen allein in der Phanta-

8. *Hexenzauber* (Aus: Cicero, *De officiis*, Augsburg 1531)

sie. Die Dämonen vermöchten die Sinne der Menschen so zu verwirren, daß ihnen Wirklichkeit als Trug, Trug als Wirklichkeit erscheine. So sei auch die nächtliche Ausfahrt eine Fiktion und dem entsprechend auch die angebliche Begegnung mit anderen Menschen auf dem Sabbat bloße Einbildung.

In Kapitel 10 wird die scholastische Lehre von der Zeugungsfähigkeit bzw. Empfängnisfähigkeit des *Incubus* bzw. *Succubus* durch Samenübertragung verworfen. Mythologische Beispiele wie die Geburt von Giganten oder die des Zauberers Merlin versucht Ulrich gänzlich rational zu erklären. In dem einen Fall sei von einer Gigantenhaftigkeit einiger damaliger Menschen auszugehen, im anderen Fall von der Einbildungskraft der Mutter Merlins. Das Kapitel (und damit die Schrift) endet mit einer Zusammenfassung der wesentlichen Punkte und zieht den Schluß, daß die Hexen trotz ihrer eigentlichen Wirkungslosigkeit dennoch bestraft werden müssen, und zwar in jedem Falle mit dem Tode. Diese nicht ganz plausibel scheinende Härte wird damit begründet, daß Hexerei – gleichgültig, wie wirkungslos oder wirkungsvoll sie letztlich sein mag – immer, jedenfalls dem subjektiven Selbstverständnis der Hexe nach, Abfall von Gott, also Häresie sei. Die Schrift schließt mit einer speziellen Aufforderung an die Frauen, den Einflüsterungen des Teufels zu widerstehen, und zeigt damit, daß hier die gleiche Zuspitzung auf die weiblichen Hexen erfolgt wie im *Hexenhammer*.

3. Johann Weyer, *De Praestigiis Daemonum et Incantationibus ac Veneficiis*. Basel 1563[31]

Nach einer Widmungsvorrede an den Herzog von Cleve, Jülich und Berg, dessen Leibarzt Weyer war, und einer kurzen Vorrede, in der er dem Leser den Ariadne-Faden durch das Labyrinth der unwegsamen Hexen-Landschaft zu zeigen verspricht, entwickelt der Verfasser einen Überblick über sein weitläufiges Werk, das in sechs Abschnitte untergliedert ist.

Buch I handelt vom Teufel, seinem Ursprung und seinem geschichtlichen Wirken seit Adam und Eva, seiner Gewalt und den Grenzen seiner Macht. In den mit vielen Beispielen und

Erzählungen durchsetzten Erörterungen führt Weyer aus, daß Gott dem Teufel die Macht gegeben habe, die Menschen mit jeder Art von Übeln heimzusuchen; von der Zerstörung mächtiger Weltreiche bis hin zur Verführung und konkreten Schädigung Einzelner reiche seine Macht; allerdings habe diese Macht ihre Grenze an dem höheren Fügungswillen Gottes. Der Teufel ist nach Weyer die Zuchtrute Gottes, sie züchtige genau in dem Maße, in dem Gott den Menschen Strafe zumessen will. Da aber der Teufel nur in den Grenzen von Gottes Geboten wirksam werden könne, sei es ihm nicht möglich, selbständig etwas aus dem Nichts zu erschaffen, etwas in etwas anderes zu verwandeln oder die Substanz eines Dinges zu verändern.

Buch II führt die Zauberer vor, die im Dienste des Teufels wirken und die Menschen mit ihren Voraussagen täuschen. In dem Begriff ›Zauberer‹ geht nach Weyer vielerlei aus der Tradition und also vielerlei Unterschiedliches, ja Widersprüchliches ein. Er will daher den Begriff Hexe aus dem größeren Bereich der Zauberei ausgrenzen. Zauberer will er alle diejenigen nennen, die – durch welche Mittel auch immer – versuchen, mit Hilfe des Teufels etwas zu bewirken oder Auskünfte über künftige Ereignisse zu erteilen. Dieser Definition folgt eine lange historische Erkundung: von den Anfängen der Zauberei bei den Ägyptern, Babyloniern und Persern bis in die eigene Zeit, in der Weyer vor allem über Dr. Faustus, Agrippa von Nettesheim, Trithemius berichtet, wird die Genese der Zauberkunst verfolgt. Danach werden die vielfältigen Formen der Magie genauer unterschieden.

Mit dem dritten Buch kommt Weyer auf sein eigentliches Thema, die Hexen. Von Anfang an macht er deutlich, daß der Teufel zu den Übeltaten, Versuchungen und Schädigungen, die er im Auftrag Gottes verübt, keine menschliche Hilfe brauche, auch nicht die der Hexen. Weyer führt das Hexenwesen zum einen auf die grundsätzliche und von der Tradition bestätigte Schwachheit der Frauen zurück, auf ihre größere Bereitschaft zu jeder Art von Verführung und Einbildung; zum andern auf die den Frauen eigene Melancholie, die Quelle unzähliger krankhafter Einbildungen[31a]. Dem Teufel, so berichtet Weyer, sei es ein leichtes, gerade an die gefährdeteren Frauen heranzutreten, auf sie mit seiner ungewöhnlichen Verführungskraft einzuwirken und ihren Geist noch mehr zu verwirren, als dieser es ohnehin schon sei. Der Teufel vermag auf diese Weise vor allem alten Weibern jene Vorstellung zu suggerieren, die sie später, wenn sie sie unter der Folter bekennen – und zwar allen Ernstes, wenn auch verblendeten Geistes –, als Hexen erweisen. Nach Weyer kann den Hexen zwar suggeriert werden, sie könnten durch die Luft fahren, seien auf dem Hexensabbat gewesen, könnten einem Menschen Schaden antun, könnten Unwetter und Hagel hervorrufen usw.; aber es sei an der Zeit, diese Suggestionen des Teufels als solche zu erkennen und den armen Frauen, die diese Suggestionen selbst eben nicht als solche zu entdecken vermöchten, zu helfen. Dabei wende der Teufel, um diese Hexen in der Sicherheit einer gewissen Machtfülle zu wiegen, schlimme Tricks an: So eile er, wenn er ein Unwetter herannahen sehe, schnell zu einer Hexe, bringe sie dazu, zum Schaden irgendeiner ihr verhaßten Person mit magischen Beschwörungen ein Unwetter herbeizuzaubern. Wenn dies dann eintrete, sei die Hexe in dem Gefühl besonderer Naturbeherrschung bestärkt. Hexen können aber nach Weyer keine Unwetter beschwören. Sonst könnte ja im Krieg eine Hexe allein das Land des Feindes verwüsten. Was solle dann noch eine Armee? Gegen die Türken brauchte man dann nur eine einzige solche Frau zu schicken.

Für Weyer sind die Hexenvorstellungen in den delirischen Träumen und Einbildungen der Hexen begründet, die sich selbst in diese Träume und Einbildungen mit Hilfe von Drogen und Salben hineinsteigern. Weyer gibt genaue Rezepte bekannt, wie diese zusammengesetzt sind und wie sie wirken. Er berichtet auch von eigenen Experimenten, die er mit einer alten, bekannten Hexe angestellt habe: Diese habe zwar bei dem Experiment darauf bestanden, daß sie allein in dem Versuchsraum blieb; Weyer habe aber durch einen Türspalt beobachtet, wie sie sich selbst gesalbt habe und dann in einen tiefen Schlaf gefallen sei. Wieder erwacht, sei sie allerdings fest davon überzeugt gewesen, über Berge und Seen geflogen zu sein. Damit sei bewiesen, so Weyer, daß alles nur in der Einbildung existiere. Gleiches gelte, wie Weyer dann weiter ausführt, auch für die *Incubus-Succubus*-Vorstellung und für andere der traditionellen Hexen-Vorwürfe.

Buch IV führt dann aus, daß diejenigen, die sich für behext halten, in Wahrheit vom Teufel besessen oder von Gott heimgesucht seien, ohne daß dabei eine Hexe als Zwischeninstanz nötig sei. Weyer geht in diesem Buch von der Geschichte Hiobs aus und hält es für evident, daß der Teufel auf sich selbst gestellt, allerdings mit der Zustimmung Gottes, agiere. Alle Übeltaten, die den Hexen zugeschrieben werden, seien in Wahrheit allein sein Werk. Denn die Hexen seien die eigentlich Verhexten oder besser Verteufelten; sie seien so sehr vom Teufel besessen, daß sie unter der Folter aussagen, sie seien die Komplizen des Satans. Davon könne aber keine Rede sein, da die Hexenwerke allein vom Teufel begangen würden. Weyer versucht, diese Einschätzung der Hexerei an zahlreichen Geschichten zu belegen.

Im V. Buch zeigt Weyer, daß diejenigen, die für behext gelten, auf natürliche Weise geheilt werden könnten. Es bedürfe nicht der traditionellen, nach Weyers Auffassung obskuren Mittel. Die beste Weise, sich gegen Hexerei zur Wehr zu setzen, sei nach wie vor Vorsorge durch ein frommes, gottvertrauendes Leben. Dagegen seien die Mittel, mit denen man Teufel austreiben oder Hexen zu bekämpfen suche, samt und sonders dubios. Weyer zitiert viele, zum Teil recht absurde Beispiele, die seiner Auffassung nach selbst darstellen, was sie bekämpfen sollen, nämlich Formen des Aberglaubens. Durch viele Geschichten und durch den Rekurs auf Stellungnahmen namhafter Gelehrter möchte Weyer seiner Auffassung eine sichere Basis geben.

Im letzten Buch des Werkes stellt Weyer seine Ansichten zur Frage der Bestrafung von Zauberern und Hexen dar. Wenn auch die Strafen, die Weyer vorschlägt, sehr unterschiedlich sind, die Todesstrafe hat er auf jeden Fall aus dem Umkreis der möglichen Strafen ausgeschlossen. Was die Hexen betrifft, so geht Weyer auch hier von der Voraussetzung aus, daß Hexen keine Ketzer seien, sondern arme, unwissende, vom Teufel getäuschte und mißbrauchte Frauen. Ketzer dagegen seien dadurch definiert, daß sie im vollen Bewußtsein, etwas Unrechtes zu tun, den falschen Pfad verfolgen. Im Unterschied zu ihnen sei deshalb den Hexen mit Freundlichkeit zu begegnen, seien ihnen erst einmal die Augen für ihre Verfehlung zu öffnen. Aber was geschehe statt dessen? Die sogenannten Hexen werden in dunkle, grausige Gefängnisse gesperrt, den schlimmsten Verhören und Foltern unterworfen, so daß sie schließlich alles gestehen, nur um den Grausamkeiten nicht länger ausgesetzt zu sein. Weyer setzt sich mit Entschiedenheit dafür ein, daß das Geständnis allein nicht als ausreichend angesehen wird. Das Gericht habe im Gegenteil die Aufgabe, erst einmal den Nachweis zu führen, daß tatsächlich kriminelle Handlungen begangen worden seien. Wenn dieser Nachweis nicht zu führen sei, müsse die Gefangene freigelassen werden. Weyer bringt zahlreiche Beispiele, die belegen sollen, daß der Strafvollzug seiner Zeit mit besonderer Schärfe, Grausamkeit und Unlogik gerade gegen die Hexen vorgehe. Nur in einem besonderen Falle, im Falle der Giftmischerinnen, spricht sich auch Weyer für harte, allerdings, dem jeweiligen Fall entsprechend, vom Gericht festzusetzende Strafen aus.

4. Peter Binsfeld, *Tractatus de Confessionibus Maleficorum et Sagarum*. Trier 1589

Das Werk des gelehrten Trierer Diözesan-Bischofs Peter Binsfeld *Tractatus de Confessionibus Maleficorum et Sagarum*, das 1589 in Trier erschien und in den folgenden Jahrzehnten verschiedene Nachdrucke erlebte, hat auf die Hexen-Literatur der Zeit einen großen Einfluß genommen.[32] Das wird nicht zuletzt daran deutlich, daß Binsfeld in der Folgezeit einer der am häufigsten zitierten Autoren bleibt.

Wie andere vor ihm sieht auch Binsfeld in der zunehmenden Verschlechterung der Welt das Anwachsen der Macht des Teufels; doch geschehe dies mit Willen Gottes, der angesichts der vermehrten Sündhaftigkeit den satanischen Kräften zur Strafe der Menschen immer mehr Spielraum lasse. Auf diese Weise gelinge es den Dämonen, immer mehr Menschen in ihre Gewalt zu bringen, unter ihnen die *Malefici,* die Verworfensten der Gesellschaft, die unschuldigen Mitmenschen Gewalt antäten, indem sie ihnen alle Schäden zufügten, die die traditionelle Lehre der Wirksamkeit der Hexen zuschreibe. Göttliches wie menschliches Recht fordere, daß sie aus der menschlichen Gesellschaft eliminiert werden, weil es grausam sei, die grausamen Verfolger der Unschuldigen am Leben zu lassen.

Nach Binsfelds Auffassung werde erst zu seiner Zeit erkennbar, wie weit und tief diese giftige Brut bereits die Gesellschaft innerlich ausgehöhlt und zerfressen hat, und wie schwer deren Bekämpfung ist, zumal viele naiv-gutmütige Weltverbesserer aus mangelnder Einsicht in die Größe der realen Gefahr gerade die Beendigung der Prozesse fordern. Gegen diese – unter ihnen vor allem Weyer – stellt sich der Autor, und er wendet sich an jene, die noch zweifeln und sich nicht zu entscheiden wagen: Sie will er davon überzeugen, daß die Feuer brennen müssen, solange es *Malifici*, Hexen und Zauberer gebe.

Um das Wirken der Dämonen am handgreiflichen Beispiel zu demonstrieren, geht Binsfeld von einem Hexenprozeß aus, der erst im Oktober 1590 mit der Verbrennung einer Hexe seinen Abschluß fand und bei dem die Hexe, eine Mutter von vier Kindern, von ihrem eigenen, zur Hexerei verführten Sohn denunziert worden war. Binsfeld schildert dann die Hierarchie der Unterwelt, die Machtstellung Luzifers, die Fähigkeit des Teufels, jede menschliche und tierische Gestalt anzunehmen, mit Ausnahme der christlichen Symboltiere Taube und Schaf. Nach einem kurzen Blick auf den Spuk von Dämonen in verhexten Häusern und die Zerstörung der Ernte anderer durch vom Dämon besessene Hexen trifft Binsfeld die Entscheidung, daß die Hexendelikte sowohl vor die weltlichen wie vor die geistlichen Gerichte gehörten – vor die weltlichen, insofern es sich um weltliche Schädigungen handelt; vor die geistlichen, insofern Hexerei im Spiel ist. Aber trotz der Ungeheuerlichkeit der Verschuldigung, wie sie im Hexendelikt vorliegt, wendet sich Binsfeld energisch gegen die Konfiskation der Güter der Angeklagten: Zum einen wegen der ungerechtfertigten Bereicherung der Richter, zum anderen aber vor allem wegen der Witwen und Waisen, durch deren Verarmung die Verführungskraft des Teufels nur erneut verstärkt werde.

Der Hauptgrund für die Verbreitung der Hexerei ist nach Binsfeld in der Ignoranz der Priesterschaft, der Indifferenz der zivilen Behörden, der allgemeinen Unredlichkeit, der eitlen Neugier, der unstillbaren Habsucht, dem triebhaften Drang nach Wollust, der Blasphemie, der Schwachheit und Rachsucht der Frauen zu erblicken. Der Grund, weshalb die Hexen an der Hexerei und dem Teufelspack so beharrlich festhalten, sei die Überzeugung, die der Teufel wohl in den Hexen befestige: daß Gott von ihnen unwiderruflich verletzt worden sei.

Nach Binsfeld können Zauberer und Zauberinnen keine Wunder wirken. So sei es Ketzerei zu meinen, Dämonen oder Zauberer könnten Menschen in Tiere verwandeln; vielmehr erweckten diese lediglich die Vorstellung, daß Menschen in der Gestalt von Tieren, Tiere in der Gestalt von anderen Tieren erscheinen. Andererseits sei die Auffassung jener Naturwissenschaftler und Juristen zu befehden, die die Möglichkeit einer geschlechtlichen Vereinigung von Dämonen einerseits, Männern und Frauen andererseits leugnen; denn gegen diese Auffassungen sprächen die Erfahrungen von mehr als tausend Jahren, bezeugt von den Vätern und Lehrern der Kirche seit Augustin.

Nach einem Rekurs auf einen Hexen-Fall, den Bartholomäus de Spina berichtet, wendet sich Binsfeld der Unterscheidung zwischen gewöhnlichen Delikten und Sonderverbrechen zu: Bei den gewöhnlichen Delikten sei der Richter verpflichtet, sich an die Regeln der Verfahren zu halten, und denunzierte Personen gälten nicht als angeschuldigt. Bei Sonderverbrechen sei jedoch das Gegenteil geboten: Der Richter dürfe alle Möglichkeiten der Befragung ausschöpfen, und denunzierte Personen müßten inhaftiert werden. Allerdings dürfe der Richter nicht die Denunziation durch die Nennung individueller Namen vorwegnehmen, es sei denn, diese Personen seien bereits durch bestimmte Indizien belastet; eine durch einen einzigen Zeugen ausgesprochene Denunziation dürfe nur zu einer weiteren Untersuchung führen; um eine Folterung zu rechtfertigen, müßten noch andere Indizien hinzukommen. Wie viele Indizien erforderlich sind, steht nach Binsfeld im Ermessen des Richters. Jedoch warnt Binsfeld davor, zu viele zu fordern, denn sonst könne ein Prozeß weder in Gang kommen noch abgeschlossen werden. Er warnt auch davor, dem Widerruf eines Delinquenten vor der Exekution Glauben zu schenken, denn dann sei der Geist schon verwirrt; vielmehr sei dem Angeklagten vor dem Urteilsspruch noch einmal Gelegenheit zum Widerruf zu geben.

Nach Binsfeld gilt bei gewöhnlichen Verbrechen mit Recht die Devise: Sicherer ist es, im Zweifelsfall den Schuldigen freizusprechen, um nicht den Unschuldigen zu verurteilen. Auf Sonderverbrechen wie Hexerei treffe jedoch zu, was auch für Ketzerei gelte: Grundsätzlich sei zum einen davon auszugehen, daß die Anschuldigungen richtig und daher nur das belastende, nicht aber das entlastende Material zu berücksichtigen sei; zum anderen mache es, da die Versammlungen der Hexensekte heimlich und die Mitgliedschaft unbekannt sei, die Natur dieser besonderen Rechtsfälle nötig, alle Arten von Zeugen zuzulassen, also nicht nur Erwachsene, sondern auch Kinder, ja sogar nicht integre, nicht zurechnungsfähige, übel beleumdete, ja selbst verbrecherische Personen. Nur die Todfeinde der Angeklagten müssen nach Binsfeld vom Verfahren ausgeschlossen werden.

Binsfeld geht auch auf die Wasserprobe ein, die, wie er schreibt, vielfach in den Hexenprozessen zur Urteilsfindung angewendet werde, die aber, wie die Feuerprobe und die Denunziation durch Hellseher, mit Entschiedenheit zu verwerfen sei; desgleichen sei der Auffassung Bodins scharf zu widersprechen, daß der Richter sein Verhör auch auf eindeutig falsche, lügnerische und verleumderische Anschuldigungen stützen dürfe. Denn Richter sollten das Recht stützen, da sie Diener des Gesetzes seien.

Die Frage, ob den Verurteilten das Sakrament des Abendmahls zuteil werden solle, wenn sie es wünschten, bejaht Binsfeld; er schließt sich also nicht jenem zitierten Ausspruch eines Priesters an, der es einem Delinquenten mit den Worten versagte: »Das heilige Sakrament soll nicht den Hunden vorgeworfen werden.« Binsfeld verurteilt auch die Praxis einiger Exekutivbehörden, die Verurteilten vor der Hinrichtung betrunken zu machen, da ihnen auf diese Weise die Chance der Reue genommen werde, so daß sie nicht nur den irdischen, sondern auch den ewigen Tod erlitten. Binsfeld schließt sein Werk mit Berichten über die Wirkung von Kirchenglocken, bei deren Laut Hexen, die verspätet vom Sabbat zurückkehren, vom Himmel herabfallen; mit einer energischen Zurückweisung der im *Canon episcopi* aufgestellten Thesen von der Unwirklichkeit des Hexenflugs; und schließlich mit der Widerlegung des Arguments, die Dämonen könnten beim Sabbat auch die Gestalt von Unschuldigen annehmen, die dann von einer angeklagten Hexe ganz fälschlich denunziert würden.

Bei aller Entschiedenheit ist Binsfeld doch bestrebt, rational zu verfahren, zu argumentieren und zu begründen. Daß dies häufig zu Auffassungen führt, die unseren Vorstellungen von Rationalität nicht entsprechen, mag ein Beispiel aus Binsfelds zweitem Buch, dem *Commentarius in Titulum Codicis Lib. IX de Maleficis et Mathematicis* von 1622 erhellen. Der Autor setzt sich dort mit der Frage des Paulus Grillandus auseinander, wie denn die spitzen Gegenstände (Nadeln, Nägel, Messer, spitze Steine usw.), die verhexte Personen bei ihrer Heilung aus sich herauszuwürgen pflegen, in die betreffenden Menschen hineingekommen sein können. Nach Binsfelds Meinung läßt der Dämon die verhexte Person in einen tiefen Schlaf fallen und führt die Gegenstände dadurch in den Körper ein, daß er ihn aufschneidet und vor deren Erwachen wieder schließt. Nur so sei es erklärlich, daß, wie Binsfeld glaubhaft zu machen sucht, von ein und derselben Person ausgebrochen worden seien: ein langes rundes Stück Holz, vier scharfe und als Säge geformte Stahlmesser, zwei rauhe Stücke Eisen und ein Knäuel Haare.[32a]

5. Friedrich von Spee, *Cautio Criminalis*, Rinteln 1631

1631 erschien in Rinteln an der Weser, anonym und mit einem Nachwort eines gleichfalls ungenannten Herausgebers versehen, die *Cautio Criminalis*.[33] Eine Druckerlaubnis der Ordensoberen lag nicht vor, der Herausgeber hatte sich, wie er im Nachwort schreibt, gegen den Willen des Autors des Manuskripts bemächtigt und es in Druck gegeben: eine Fiktion – denn eine solche war es, und sie war nötig –, die dem Verfasser einen Zusammenstoß mit seinen Ordensoberen ersparte.

»Im Juli 1631 bestätigte der Ordensgeneral dem Provinzial der niederrheinischen Provinz den Empfang eines aus dem Mai datierten Briefes über einen vom Pater Spee verfaßten, aber ohne sein Wissen veröffentlichten Traktat; er wünschte zu wissen, welche Schuld Spee dabei treffe und wie der Buchdrucker in den Besitz des Manuskriptes gekommen sei. Die Antwort des Provinzials muß nicht ungünstig gewesen sein: Am 18.

Oktober schrieb der General, da nicht hinreichend zu beweisen sei, daß Spee die Drucklegung seines Buches veranlaßt habe, könne auch keine Bestrafung wegen Verletzung der Zensurvorschriften erfolgen; Spee aber möge ernstlich ermahnt werden, in Zukunft seine Schriften besser zu verwahren ...«[34]

Ob nun die briefliche Äußerung des Philosophen Leibniz zu Recht besteht, wonach Spee »im Fränkischen das Amt des Beichtvaters gerade damals« versah, »als im Würzburger und Bamberger Gebiet viele Angeklagte [...] verbrannt wurden«, oder ob, wie die neuere Forschung meint, dieser Bericht sich auf falschen Informationen gründet und Spee vielmehr in gleicher Funktion im Bistum Paderborn tätig war, als dort »die Hexenprozesse [...] in grauenhaftem Umfange auf[kamen]«[35] – Spees *Cautio Criminalis* ist aufgrund der einen oder anderen praktischen Tätigkeit seines Autors mit Sicherheit das realste, die realen Verhältnisse der Verfolgungspraxis der Zeit am stärksten in die Darstellung einbeziehende Hexenbuch, das in Deutschland verfaßt worden ist. Es soll im folgenden versucht werden, wenigstens einen Eindruck von der Reichhaltigkeit des in 51 Fragen eingeteilten umfangreichen Werkes zu geben.

Im Unterschied zu manchen anderen Hexenbüchern, die weitaus stärker mit den Materialien der Tradition arbeiten, gehen in Spees Fragestellung und vor allem in die gegebenen Antworten überall reale Erfahrungen ein. Ob er über die Hexen oder über die Gerichtspraxis oder über die Folter oder über die Denunziation schreibt, an seinen exakten Angaben, an den genauen Beschreibungen, an den zahlreichen Details und zahllosen erlebten Geschichten wird erkennbar, daß er weiß, wovon er spricht. Und diese reale Beschreibung ist nicht Selbstzweck. Sie steht vielmehr im Dienste einer aufklärerischen Idee, die nichts Geringeres zum Ziel hat als die Abschaffung der Hexenprozesse, und die dieses Ziel mit einer Leidenschaft verfolgt, wie sie nur aus einer mit-leidenden Identifikation mit den Opfern erwächst.

Spee setzt seinem Buch als »Epitome« oder »Summe« zwei Worte der Schrift voraus: »Ich sah unter der Sonne an der Stätte des Gerichts Gottlosigkeit und an der Stätte der Gerechtigkeit Unrecht« (*Sprüche Salomonis* 3,10) und: »Und nun ihr Könige! verstehet; laßt euch weisen, die ihr Richter seid auf Erden« (*Psalm Davids* 2,10). In dem einen der beiden Zitate ist der Tenor des Werkes bezeichnet: der Nachweis der Unzumutbarkeit, Ungerechtigkeit, Grausamkeit, Unzulänglichkeit, Widersprüchlichkeit, Niederträchtigkeit, Grauenhaftigkeit der Hexenprozeßpraxis seiner Zeit; in dem anderen ist der Adressat bezeichnet, von dem Spee eine Beendigung der Greuel erwartet: der Adel, die Fürsten, vor allem der Kaiser. Und gerade darin ist die *Cautio Criminalis* ein eminent politisches Buch: Spee tritt damit vor die Großen dieser Welt, der kleine Jesuitenpater und Beichtiger der Hexen tritt vor sie als Aufrüttler, als Forderer, als einer, der den großen Herren mit leidenschaftlicher Gebärde zu zeigen versucht, was ihnen fehlt: einer, der die Wahrheit spricht. Wie sieht sie aus, diese Wahrheit?

Spee leugnet nicht, daß es Hexen, Zauberinnen und Unholde gibt; er verweist jedoch die Vorstellung, daß es in Deutschland mehr Hexen und Unholde als andernorts gebe, in den Bereich der Unwissenheit und des Aberglaubens. Daß beim Menschen wie beim Vieh manchmal neue Krankheiten auftreten und daß in der Natur zuweilen Unerklärlich-Wunderbares geschieht, lehrten Mediziner und andere Gelehrte.

»Aber laß einmal irgend so etwas in Deutschland, besonders unter der Landbevölkerung, sich zeigen [...] – schon überläßt man sich Gott weiß welchem Leichtsinn, Aberglauben und Unsinn, denkt nur an Hexenwerk und schiebt die Schuld auf die Zauberer.«[36] Die zweite Quelle des Hexenglaubens heißt nach Spee: Neid und Mißgunst des Volkes. In jedem Land werde man zugeben, daß Gott die Güter der Erde gleich verteilt habe und manche schneller zu Reichtum gelangten als andere:

»Geschieht dies aber einmal im deutschen Volk, so stecken gleich ein paar Nachbarn, denen das Glück weniger hold ist, die Köpfe zusammen und setzen, von Hexen raunend, haltlose Verdächtigungen in die Welt.«[37]

Auch für Spee ist die Hexerei ein »ungeheuerliches, schweres und abscheuliches Verbrechen«[38], ja sogar ein Sonderverbrechen, das nicht den gewöhnlichen Gesetzesbestimmungen unterliege. Aber er kämpft mit Leidenschaft gegen die Auffassung, bei diesem Sonderverbrechen dürfe daher nach Gutdünken und Willkür vorgegangen werden. Sein Grundsatz lautet: »Auch im Verfahren gegen Sonderverbrechen darf nichts geschehen, was der gesunden Vernunft widerspricht.«[39]

In diesem Sinne appelliert Spee an die Vernunft der Fürsten:

»Soviel die Fürsten auch noch verbrennen mögen, sie werden es doch nicht ausbrennen, sofern sie nicht alles verbrennen. Sie verwüsten ihre Länder mehr, als es jemals ein Krieg tun könnte und richten doch nicht das allergeringste damit aus: es ist, um blutige Tränen darüber zu vergießen.«[40]

Gerade weil es sich hier um ein so ungeheures Verbrechen handele, müsse einerseits energisch, andererseits jedoch mit der äußersten Vorsicht, Besonnenheit und Umsicht dagegen vorgegangen werden. Sonst müßten Hexenprozesse immer wieder denselben unsinnigen Verlauf nehmen: sie zögen sich über Jahre hin, ganze Dörfer würden ausgerottet, die Zahl der Verdächtigen wachse lawinenartig an, bis schließlich dem Verfahren durch einen Machtspruch ein Ende gemacht werden müsse, weil sich die gegenseitige Ausrottung schließlich ad absurdum führe.

Spee wendet sich in diesem Zusammenhang gegen die Praxis, das Gehalt der Richter und Inquisitoren nach der Kopfzahl der Verurteilten festzusetzen; er hält den Fürsten vor, daß Fehler, die auf diesem Gebiet gemacht würden, in der Regel wegen der unabsehbaren Folgen des Rufmordes schwer wiedergutzumachen seien. Vor allem seien die Fürsten mit Nachdruck davor zu warnen, die Verantwortung auf ihre Beamten abzuwälzen, denn diesen sei nicht jene Weisheit und Güte eigen, mit denen Gott – nach Spees Auffassung – die Fürsten bedacht habe. Daher habe der Fürst die Pflicht, durch wiederholte eigene Prüfung oder durch geheime Bevollmächtigte die Prozeßführung seiner Beamten zu überwachen. Wie sehr auf diesem Gebiet die Willkür herrsche, macht Spee an folgendem Beispiel klar: Zwei Inquisitoren eines mächtigen Fürsten hätten nach der Lektüre des Buches von Tanner, in dem die Exekutive zu vorsichtiger Führung ihres Amtes ermahnt wird, »zu sagen gewagt, wenn sie diesen Menschen zu fassen bekämen, dann würden sie ihn ohne langes Zögern foltern lassen«.[41] Es lasse sich denken, wie diese Inquisitoren erst mit den Hexen umsprängen, wenn sie schon einen hervorragenden, bekannten Theologen und Angehörigen des Jesuitenordens auf diese Weise zu behandeln gedächten.

Scharf weist Spee dann die Auffassung zurück, die von den Verfechtern der Hexenprozesse immer wieder in die Diskussion gebracht worden ist: Gott werde es doch nicht zulassen, daß Unschuldige mit den Schuldigen zusammen umkämen. Schon der Blick auf die christlichen Märtyrer, so Spee, lasse diese Auffassung als falsch erscheinen. Es sei daher, auch gegen andere Hexen-Theoretiker wie Binsfeld oder Delrio, schärfstens zu unterstreichen, daß tatsächlich und vielfach immer wieder unschuldige Frauen verfolgt, verurteilt und hingerichtet worden seien. Spee beruft sich in diesem Kontext auf seine eigene Erfahrung:

> »... so muß ich gestehen, daß ich an verschiedenen Orten so manche Hexe zum Tode begleitet habe, an deren Unschuld ich noch jetzt nicht zweifle: ich habe nichts finden können als Schuldlosigkeit allenthalben und [...] so wird man sich leicht ausmalen können, mit was für Gefühlen ich solch bejammernswerten Tod mit angesehen habe.«[42]

Wie kann ein Fürst nun seine Verantwortung richtig wahrnehmen? Zum einen sollte er sich nicht von den falschen Ratgebern antreiben lassen; zum anderen sollte er wirklich nur geeignete Beamte einsetzen, die den Angeklagten im Zweifelsfall eher günstig als ungünstig gesonnen seien; des weiteren müsse den Beamten ein festes, von der Kopfzahl der Verurteilten unabhängiges Gehalt gezahlt werden; auch dürfe nicht das Vermögen der Verurteilten eingezogen werden, weil sonst die Hexenverbrennungen als bequemes Mittel der Bereicherung verstanden werden könnten: schließlich müsse, solange der Kaiser noch keine neue, allgemeine, das ganze Reich bindende Halsgerichtsordnung erlassen habe, von den Fürsten eine besondere, genaue Verfahrensvorschrift in Strafsachen ausgearbeitet werden. Für die letztere macht Spee genaue Vorschläge: Nicht nur Juristen, sondern auch Theologen und Mediziner sollten dazu gehört, Akademien befragt werden; die vorgeschlagenen Verordnungen sollten erst ein Jahr erprobt und danach neu beraten werden. Nur auf diese Weise werde etwas Tüchtiges zustande kommen.

Nachdem Spee die Frage erörtert und bejaht hat, ob man in Fällen von Hexerei den Gefangenen die Verteidigung gestatten und einen Rechtsbeistand gewähren solle, faßt er in der 18. Frage die Ergebnisse des bis dahin Gesagten zusammen und wendet sich dem Hexenprozeßverfahren seiner Zeit zu. Dabei handelt er vor allem von der Folter (Frage 20-39); vom Widerruf des Schuldbekenntnisses (Frage 40); vom Kerker

(Frage 41 und 42); von den Hexenmalen und deren Evidenz (Frage 43); von der Denunziation (Frage 44-50). Er gelangt zu folgenden Schlüssen: Die als Hexen Angeschuldigten dürfen nicht, wie es üblich sei, von vornherein als schuldig angesehen und der Folter übergeben werden. Die Qualen der Folter seien so ungeheuerlich, daß viele, um sich ihnen zu entziehen, lieber ein Verbrechen eingeständen, das sie gar nicht begangen haben; daher bestehe die Gefahr, daß die Folter nur die ungeheure Zahl der schuldlosen Opfer vermehre. Die Gefährlichkeit des Hexenprozesses werde aber noch dadurch erhöht, daß es sich zumeist um Frauen handele:

»Jeder weiß, was für ein schwaches Geschöpf das Weib ist, wie unfähig, Schmerzen zu ertragen und wie geschwätzig es ist. Wenn, wie gesagt, nicht einmal gewissenhafte Männer so charakterfest sind, daß sie den Tod nicht den Qualen der Folter vorziehen, was soll man dann von jenem gebrechlichen Geschlecht erwarten?«[43]

Die Gefahr werde weiter dadurch erhöht, daß in den Hexenprozessen die Folter meist schon auf bloße Denunziation hin beschlossen werde, daß in der Regel auch schärfere Folterwerkzeuge angewendet würden als bei anderen Delikten, daß Art und Dauer der Folter ganz willkürlich gehandhabt würden, daß die Richter offenbar zumeist gar keine reale Vorstellung von der Fürchterlichkeit der Folterwerkzeuge besäßen. Letzteres gehe so weit, daß nicht selten der Spruch ergehe, die Angeklagte habe sich ohne Folter schuldig gemacht, genauere Nachprüfung aber ergebe, daß sie durchaus gefoltert worden sei:

»Als ich nämlich nachzuforschen begann, ob es denn wirklich so wäre, da kam ich dahinter, daß sie sämtlich gefoltert worden waren. Aber doch nur mit einer breiten eisernen Presse, deren vordere, mit scharfen Zähnen versehene Platte, fest auf die Schienbeine – wo man besonders empfindlich ist – gepreßt wird; dabei spritzt das Blut zu beiden Seiten heraus und das Fleisch wird zu Brei zerquetscht! Das verursacht naturgemäß einen Schmerz, den auch die kräftigsten Männer unerträglich gefunden haben. Und doch nennen jene das: ohne Folter gestehen! Das verbreiten sie im Volk, das schreiben sie den Fürsten: sie hätten keinen Zweifel an der Schuld der Hexen, da ja viele sie sogar ohne Tortur eingestünden. Was werden die schon einsehen können, die für solche Schmerzen kein Verständnis haben? Wie sollen da die um ein Gutachten angegangenen Gelehrten urteilen und entscheiden, die noch nicht einmal die Sprache, die Fachausdrücke der Inquisitoren verstehen?«[44]

Die Gefahr werde ferner durch den allzu großen Übermut und die Eigenmächtigkeit der Henker erhöht, die die Anweisungen der Richter überschreiten und »nach ihren Gelüsten die Art der Folterung bestimmen«.[45] Eine weitere Gefahrenquelle resultiere aus der widerrechtlichen Verfahrensweise vieler Richter bei der Folterung. So würden häufig, entgegen dem gesetzlichen Verbot, die Angeklagten zu namentlichen Denunziationen gezwungen; Spee berichtet von Richtern, die direkt nach Personen fragten:

»›Kennst du denn die Titia nicht auch? Hast du sie nicht beim Hexensabbat gesehen? Wagte dann eine zu antworten, sie wisse aber doch gar nichts Böses von ihr, dann wandte der Richter sich zum Henker und sagte ›zieh, spanne die Stricke an!‹ Wenn das geschah, und die Gefolterte von Schmerzen übermannt, schrie: ›Ja, ja! Halt ein, Henker! Ich kenne sie, ich kenne die Titia und habe sie gesehen, ich will es nicht mehr leugnen!‹ dann wurde diese Beschuldigung in die Akten eingetragen. Und danach fragte er dann alsbald auf die gleiche Weise nach Sempronia.«[46]

Gerade die permanente Willkür und Widerrechtlichkeit des Verfahrens wird von Spee besonders unterstrichen. So würden zum Beispiel entgegen dem Gesetz die Folterungen auch *mehrfach* angewendet; denn die Richter ließen eine Angeklagte ungern frei, weil sie damit den Vorwurf zu bestätigen fürchteten, sie hätten bei der Inhaftierung fahrlässig gehandelt; die Henkersknechte schlössen sich dem bereitwillig an, zum einen aus einer natürlichen Lust am Quälen, zum anderen aus gekränkter Berufsehre – man könnte ihnen ja vorwerfen, ihre Folterung habe versagt; schließlich auch deswegen, weil mit jedem Freigelassenen ihr Kopfgeld geschmälert würde.

Nachdem Spee die Auffassung entkräftet hat, das Schweigen einer Angeklagten bei der Tortur sei ein besonders deutliches Zeichen für deren Schuldhaftigkeit, geht er mit der Frage, ob denn die Folter überhaupt ein taugliches Mittel sei, die Wahrheit an den Tag zu bringen, mitten in das Zentrum des Problems. Die Beantwortung der Frage ist vorsichtig, aber für den gewissenhaften Leser deutlich:

»Ich antworte also, ob die Tortur ein geeignetes Mittel zur Wahrheitsfindung ist, das möchte ich nicht so ausdrücklich entscheiden. Ich will es vielmehr dem Leser überlassen, sich selbst aufgrund des schon Gesagten und noch zu Sagenden eine Meinung zu bilden.«[47]

Deutlich wird Spees eigene Stellungnahme dadurch, daß er vorher (in den Fragen 20-26) und nachher (in den Fragen 28-39) Argumente bringt, die eindeutig gegen die Folter sprechen, und daß er in der Frage 29 aus dem Gesagten sogar die logische Folgerung zieht,

»daß daher die Tortur völlig abzuschaffen und nicht mehr anzuwenden ist. Oder wenigstens muß jedes Moment im allgemeinen und im besonderen beseitigt oder anderweit geregelt werden, das die Tortur zu einer so gefährlichen Einrichtung macht. Einen anderen Ausweg gibt es nicht.«[48]

Die Anweisungen für die Hexenbeichtiger in Frage 30 sind in Wahrheit ein Plädoyer für die – nach Spees Ansicht – unschuldigen Opfer der Prozesse. Die Beichtiger, so Spee, dürften nicht auf seiten des Gerichtes stehen; sie dürften auf keinen Fall das Beichtgeheimnis verletzen. Sie müßten vielmehr, zumal bei der bestehenden Gerichtspraxis, grundsätzlich davon ausgehen, daß die Angeklagten auch schuldlos sein könnten. Ja, Spee geht sogar weiter, wenn er seine eigenen praktischen Erfahrungen dahingehend zusammenfaßt:

»Persönlich kann ich unter Eid bezeugen, daß ich jedenfalls bis jetzt noch keine verurteilte Hexe zum Scheiterhaufen geleitet habe, von der ich unter Berücksichtigung aller Gesichtspunkte aus Überzeugung hätte sagen können, sie sei wirklich schuldig gewesen.«[49]

In den Abschnitten 31-39 werden dann weitere Aspekte der Folter- und Verhörpraxis behandelt, unter anderem die wichtigen Fragen,
– ob der Henker die Opfer vor der Tortur scheren soll – eine Frage, in deren negativer Beantwortung durch Spee der ganze Zusammenhang zwischen Hexenverfolgung und Sexualverdrängung deutlich wird. Zwar ist Spee auch hier vorsichtig, aber er zielt sicherlich auf mehr als nur auf einen Einzelbeleg, wenn er das Kapitel mit folgendem Bericht schließt: »Es ist mir nämlich zu Ohren gekommen, daß eine Angeklagte geschoren werden sollte, von einem solchen verworfenen Wüstling erst vergewaltigt worden ist und er hernach der Schnelligkeit halber« die Haare mit einer Fackel abgesengt hat«[50];
– ob ein Gerücht allein Indiz für die Tortur abgibt, was Spee verneint;
– ob es auch dann nicht zur Tortur ausreicht, wenn es sich um ein Sonderverbrechen, d. h. um ein schwer zu beweisendes

Vergehen handelt;
– ob im Falle der Sonderverbrechen die allgemeinen Beweismittel, die bei gewöhnlichen Verfahren nicht genügen, hinreichend sind;
– ob eine Angeklagte, die auf der Folter nicht gestanden hat, verurteilt werden darf.

Im Sinne der von Spee erteilten negativen Antworten und im Sinne ihrer Begründungen ist es nur logisch, daß in der *Cautio Criminalis* dem auf dem Richtplatz vollzogenen Widerruf einer Denunziation im Gegensatz zur Tradition allergrößte Bedeutung beigemessen wird.

Die Nähe zur Rechtspraxis der Zeit, die für Spees Werk charakteristisch ist, zeigt sich vor allem auch in den Schlußkapiteln 41-50: So führt Spee den Tod von Angeklagten im Kerker, der nach landläufiger Vorstellung mit dem Wirken dämonischer Kräfte in Verbindung gebracht wurde, auf rein natürliche Ursachen zurück: Die Angeklagten stürben entweder eines natürlichen Todes oder würden von den Henkersknechten umgebracht (41-42); so entkräftet er die These, die Hexenmale gäben ein Indiz zur Folterung und zur Verurteilung, indem er nachweist, daß bestimmte Körperstellen aus ganz natürlichen Gründen unempfindlich sein könnten, und daß zum anderen gerade hier von seiten der Untersuchungsrichter und Henkersknechte jeglichem Betrug Tor und Tür geöffnet sei (43); so baut er die Beweiskraft und Glaubwürdigkeit der Denunziationen in einer ausführlichen Argumentation ab (Frage 44-46, 49-50) und zeigt sich davon überzeugt, daß der Teufel die Anwesenheit Unschuldiger auf den Hexensabbaten vorspiegeln könne (Frage 47 u. 48).

Das Werk schließt mit einer »Übersicht des heutzutage bei vielen Hexenprozessen gebräuchlichen Verfahrens«[51], in der in einer einmaligen Präzision, Anschaulichkeit und Offenheit, allerdings auch in entschiedener Parteilichkeit, der Gang des Hexenprozesses in seinen einzelnen Phasen beschrieben und in seiner unmenschlichen Automatik bloßgestellt wird. Und in bitterer Resignation stellt Spee angesichts der geschilderten Rechtspraxis die Frage:

»Wenn die Hexe so umkommen muß, ob sie ein Geständnis abgelegt hat oder nicht, dann möchte ich um der Liebe Gottes willen wissen wie hier irgendjemand, er sei noch so unschuldig, soll entrinnen können?

Unglückliche, was hast du gehofft? Warum hast du dich nicht gleich beim ersten Betreten des Kerkers für schuldig erklärt? Törichtes, verblendetes Weib, warum willst du den Tod so viele Male erleiden, wo du es nur einmal zu tun brauchtest? Nimm meinen Rat an, erkläre dich doch vor aller Macht für schuldig und stirb. Entrinnen wirst du nicht. Das ist letzten Endes die unselige Folge des frommen Eifers Deutschlands.«[52]

Gemäß dem politischen Ziel seines Buches und gemäß seiner Einschätzung der Erreichbarkeit dieses Ziels, die ganz und gar abhängig gemacht wird von der Einsicht der Herrschenden, wendet sich Spee am Schluß an die Obrigkeiten und Fürsten:

»Sie mögen sich nicht wundern, wenn ich sie zuweilen heftig und leidenschaftlich ermahne; es gebührt mir nicht, unter denen zu sein, die der Prophet stumme Hunde heißt, die nicht zu bellen wissen. Sie mögen auf sich und ihre ganze Herde achtgeben, die Gott einmal strenge aus ihrer Hand zurückfordern wird.«[53]

Freilich, Spee ist sich der Fragwürdigkeit dieses Appells im voraus bewußt, wenn er dem Werk eine Vorrede mitgibt, in der er die Aporie politischer Überzeugungsversuche exemplarisch formuliert:

»Den Obrigkeiten Deutschlands habe ich dies Buch gewidmet; vor allem denen, die es nicht lesen werden, weniger denen, die es lesen werden. Denn welche Obrigkeit so gewissenhaft ist, daß sie sich verpflichtet fühlt, zu lesen, was ich hier über die Hexenprozesse geschrieben habe, die hat bereits das, um dessen Willen das Buch gelesen werden sollte, nämlich Gewissenhaftigkeit und Sorgfalt bei der Prüfung dieser Fälle. Sie braucht es darum nicht erst zu lesen um solche Eigenschaften aus ihm zu lernen. Welche Obrigkeit aber so sorglos ist, daß sie es nicht lesen will, die hat es dringend nötig, das Werk zu lesen und aus ihm Sorgfalt und Behutsamkeit zu lernen. Darum sollen die es lesen, die es nicht wollen. Die es lesen wollen, brauchen es nicht erst zu tun.«[54]

6. Benedikt Carpzov, *Practica nova Imperialis Saxonica Rerum Criminalium*, Wittenberg 1638

Carpzov, einer der berühmtesten Juristen seiner Zeit, Mitglied des höchsten sächsischen Gerichtes, verfaßte mit seinen *Practica Rerum Criminalium* ein Strafgesetzbuch, das lange Zeit als führende Autorität galt.[55] Es unter den Hexenbüchern aufzuführen, rechtfertigt sich aus der Tatsache, daß hier ausführlich über die Inquisitions- und Hexenprozesse gehandelt wird, jedoch auch daraus, daß dieses Buch in der späteren Hexenliteratur bis über Thomasius hinaus immer wieder als Kronzeuge für oder gegen eine Auffassung zitiert wird.

Carpzov unterscheidet bei den Verbrechen schwere (*atrocia*) und sehr schwere (*atrocissima*); schwere sollen mit der einfachen Todesstrafe, sehr schwere wie Zauberei und Hexerei mit der grausameren Todesstrafe des Verbrennens bestraft werden; bei schweren Verbrechen sei die zweifache, bei sehr schweren die dreifache Folterung erlaubt. Carpzov beschreibt den regulären Gang des Inquisitionsprozesses, wie er in Sachsen festgelegt war, auf folgende Weise: zuerst werden die faktische Anschuldigung und das *Corpus delicti* festgestellt, dann wird mit Hilfe der Indizien von einem kompetenten Richter der Angeklagte ermittelt, sodann der Angeklagte verhaftet und gefangengesetzt. Die Artikel der Anklage werden aufgesetzt, zu welchen der Angeklagte vernommen wird. Wenn er leugnet, werden die Zeugen in seiner Gegenwart eingeschworen. Der Angeklagte darf sich verteidigen, seine Zeugen sind genau und ausführlich zu vernehmen, die ganze Akte ist dann an das höchste Gericht zu senden, dessen Spruch – ob Verurteilung, Freispruch oder Folterung – für den weiteren Fortgang des Prozesses strikt zu befolgen ist.

Verglichen mit den Vorschlägen des *Malleus* ist der Rechtsgang, den Carpzov beschreibt, wesentlich weniger repressiv gegenüber dem Angeklagten, wenngleich er ziemlich repressiv bleibt. So ist den Angeklagten zwar nicht erlaubt, Fragen an die Belastungszeugen zu stellen, aber immerhin dürfen sie in ihrer Verteidigung schon Gegenargumente vorbringen; immerhin wird ihnen bereits die Anklage in allen Punkten bekanntgemacht; immerhin können sie bereits eine Konfrontation mit den Zeugen verlangen; immerhin wird der Richter angehalten, die Verteidigung wohlwollend zu prüfen. Carpzov ist sich allerdings darüber im klaren, daß die Rechtspraxis seiner Zeit in der Regel anders aussieht, und hier nimmt er Kritik auf, wie sie auch Spee übt: gewissenlose und geldgierige Richter und Henkersknechte verfahren mit absoluter Willkür, foltern die Angeklagten auf windige Vorwürfe hin, werfen sie in grausige Gefängnisse, so daß sie schließlich bereit sind, alles zu gestehen, was man ihnen suggeriert.

Ausführlich diskutiert Carpzov die Folter, deren verschiedene Arten er zunächst beschreibt. In Sachsen, so Carpzov, gebe es drei Folterstufen: 1. nach der *territio*, bei der der Folterknecht den Angeklagten ergreift und ihn mit Worten und heftigen, bei der Folter gebräuchlichen Bewegungen bedroht, werden um Finger und Füße der Angeklagten Seile gewunden und zusammengezogen, sodann Daumen- und Fußschrauben angelegt, die nach Carpzovs Worten »unglaublichen Schmerz« verursachen; 2. werden die Angeklagten auf die Leiter gespannt und auseinandergezogen; 3. werden bei Sonderverbrechen, um die notwendigen Indizien zu erzwingen, mit Kerzen oder Fackeln Teile des Körpers versengt oder auch verbrannt, oder es werden hölzerne Keile unter die Nägel getrieben und dann angezündet. Allerdings soll nach Carpzov die Folter in der Regel nur bei Erwachsenen – und auch hier nicht leichtsinnig, sondern nur aufgrund eindeutiger Indizien – angewendet werden; anderseits gebe es jedoch Verbrechen, und Hexerei gehöre zu ihnen, bei denen überhaupt nur durch Folterungen zu den für eine Verurteilung ausreichenden Beweisen zu gelangen sei.

Welche Indizien reichen nun aus, um eine Frau oder einen Mann wegen Hexerei zu verklagen? Mit Bodin und anderen ist Carpzov der Auffassung, daß aufgrund der Differenziertheit der Materie keinerlei Regeln aufgestellt werden können. Vier Grundindizien werden von der *Carolina*[56], der peinlichen Halsgerichtsordnung Karls V., angegeben: 1. Wenn Hexen oder Hexer anderen ihre Zauberkünste lehren, besonders etwa ihren Kindern; 2. wenn jemand droht, Zauberei anzuwenden (was vor allem bei den geschwätzigen Frauen zumeist der Fall sei) und das angedrohte Ereignis auch wirklich eintrifft; 3. wenn jemand in enger Beziehung zur verurteilten Hexe steht; 4. wenn jemand Gegenstände besitzt, die beim Hexen gebraucht werden, wie etwa Gifte, Töpfe mit Kröten und dergleichen. Aber wie die Wasserprobe, die Carpzov verwirft, reichen alle diese Indizien nicht aus, wenn nicht ein ausgesprochener Verdacht hinzukommt, daß es sich tatsächlich um eine Hexe handelt.

Immer wieder also geht es Carpzov um die Grundforderung, daß der Nachweis der Schuld zu erbringen sei. So gibt es für ihn – und hier dürfte er mit der härteren Rechtspraxis seiner Zeit im Widerspruch stehen – keinen Zweifel, daß Angeklagte, die auch nach dreifacher Folterung noch die Anschuldigung leugnen, freigelassen werden müssen. Allerdings müsse der Richter hier besonders aufmerksam sein und untersuchen, ob die Fähigkeit, die Folterschmerzen aushalten zu können, nicht eine Folge der Anwendung zauberischer Mittel sei. Daher sei streng darauf zu achten, daß nicht etwa Besucher die Gefangenen im Gefängnis mit Zaubergegenständen versehen.

Die Abschnitte über die Hinrichtungsarten und die Fristen, über Urteilsspruch und Hinrichtung sowie über Verjährung von Verbrechen und mildernde Umstände können wir, da sie nicht spezifisch sind für die Hexenprozesse, hier übergehen und uns sogleich jenen Teilen des Werkes zuwenden, die speziell von der Hexerei handeln. Hier geht es nach Carpzov um das schlimmste und rechtswidrigste Verbrechen, nämlich um die Verletzung der göttlichen Majestät, denn Hexen oder Hexer schwören dem christlichen Glauben ab, schließen einen Pakt mit dem Teufel, mit dessen Hilfe sie den Menschen und Tieren Böses antun und zauberische Handlungen vollbringen. Unbegreiflich daher, daß es Christen gibt, wie etwa Weyer und andere, die die Hexen verteidigen und für mildere Strafen plädieren. Carpzov beruft sich bei seinem heftigen Angriff gegen diese Helfershelfer des Teufels auf das Wort der Schrift: »Zauberer sollst du nicht am Leben lassen!« (*Exod.* 22,18). Er führt eine Unmenge Zeugnisse für die Rechtmäßigkeit der Todesstrafe an, von Plato bis zu den Konzilien. Im Rekurs auf Bodin, Remy und Grillandus polemisiert er besonders gegen Weyer. Dieser ignoriere die Tatsache des Teufelspaktes, der doch schließlich durch Bekenntnisse der Hexen selbst bezeugt sei. Auch sei durch die jahrzehntelange Praxis der Gerichte bestätigt, daß die Hexen alle jene Malefizien tatsächlich begehen, die in der Hexenliteratur immer wieder zusammengestellt worden seien. Es sei auch, entgegen Weyers Ansicht, keineswegs eine absurde Annahme, daß die Hexen zum Sabbat flögen; denn wenn Engel Menschen durch die Luft befördern könnten, müsse es der Teufel auch können, der doch Christus durch die Lüfte getragen habe. Es bestehe allerdings auch die Möglichkeit, daß die Hexen gar nicht leibhaftig, sondern nur in ihrer Vorstellung am Sabbat teilnähmen. Aber das könne an

9. Der Holzschnitt zeigt den Teufel, der zu Wolfsberg (Kärnten) eine Frau durch die Luft davongetragen haben soll (Detail aus einem Flugblatt von 1517)

der Strafe nichts ändern, da für das Strafmaß allein das Teufelsbündnis und der Gehorsam gegenüber den Dämonen ausschlaggebend seien. Ja, es sei das Wirken der Hexen deshalb so schwer zu bestrafen, weil der Teufel ohne die menschlichen Medien nichts Böses in der Welt wirken könne: Die Hexen müßten ihre Zustimmung geben. Und diese Zustimmung erlange der Teufel, indem er Gewalt anwende, oder aber indem er die Frau als *Incubus*, den Mann als *Succubus* zum Beischlaf verführe und sich sexuell hörig mache. Da der Teufel diese Opfer niemals mehr aus seiner Gewalt entlasse, sei die Todesstrafe allemal nötig, und es sei die Auffassung derer zu verwerfen, die für eine Milderung der Strafe plädieren, wenn die Angeklagten vor dem Urteil Reue zeigten. Carpzov kennt hier keine Gnade.

Der Abschnitt über die Hexerei wird abgeschlossen durch eine Reihe von Urteilen des höchsten sächsischen Gerichtes, dessen Mitglied Carpzov war. Sie setzen ein mit dem Jahr 1558 und enden 1622. Mit der Ausnahme von zwei oder drei Fällen handelt es sich um Prozesse gegen Hexen; im Mittelpunkt der Anklage steht jeweils die geschlechtliche Beziehung zu Dämonen. Diese Zusammenstellung bestätigt, daß sich die Verhöre sehr stark auf diesen Punkt konzentrierten. Auffällig ist auch hier die Stereotypie der Hexenaussagen, die zum einen zeigen, daß die Vorstellungen vom Aussehen und von der Gestalt des Teufels fest fixiert waren, und die zum anderen erkennen lassen, daß in den Verhören immer wieder durch gezielte Fragen eben diese Vorstellungen suggeriert wurden.

Christian Thomasius, *De Crimine Magiae,*
Kurtze Lehr-Sätze von dem Laster der Zauberey.
Ins Deutsche übersetzt von Johann Reichen, Halle 1704

Thomasius' Dissertation *De Crimine Magiae*[57], die 1701 in lateinischer Sprache erschien und bereits 1702 »von einem Liebhaber seiner Muttersprache«[58] ins Deutsche übertragen wurde, nimmt in der Geschichte der Hexenverfolgungen einen wichtigen Platz ein. Ihr »wird der Erfolg zugeschrieben, dieser religiös-politischen Verwirrung ein Ende gesetzt zu haben«.[59] Doch diese Einschätzung, die im grundsätzlichen etwas Richtiges erfaßt, bestimmt als punktuelles Ereignis, was doch erst Ergebnis eines langen, an Gegenschlägen reichen Prozesses war: dreißig Jahre lang hat Thomasius, der noch 1694 auf der Grundlage von Carpzovs *Practica Rer. Crim.* ein Rechtsgutachten für einen schwebenden Hexenprozeß erstellte und erst durch die Einwände seiner Fakultät zur besseren Einsicht geführt wurde, gegen die orthodoxe Verteidigung der Hexenverfolgung gekämpft: durch Vorlesungen, Rechtsgutachten, Übersetzungen und selbständige Schriften.

Die Untersuchung *Von dem Laster der Zauberey,* die in 56 Paragraphen eingeteilt ist, unterstreicht zunächst die Notwendigkeit, angesichts der weiten Verbreitung zahlloser falscher Vorstellungen über Hexerei und Magie den Zusammenhang dieser Materie einmal gründlich zu klären, zumal die »berühmten Scribenten so wohl der Catholischen wie Protestierenden Schriften [...] mit allerhand Fabeln von Zauberern und Hexen angefüllet«[60] und nur wenige wie Weyer, Becker und vor allem der – Thomasius noch unbekannte – Autor der *Cautio Criminalis* den landläufigen Irrlehren entgegengetreten seien.

Mit § 6 tritt Thomasius in die eigentliche Untersuchung ein, indem er statuiert, daß

»zwar ein Teufel außer dem Menschen sey, und daß derselbe gleichsam von außen, jedoch auf eine innerliche und unsichtbare Weise in den Gottlosen sein Werk treibe; ich leugne aber hinwiederum, daß Hexen und Zauberer gewisse Verträge mit dem Satan aufrichten sollten ...«[61]

Nach Thomasius ist der Teufel »ein geistliches oder unsichtbares Wesen [...], welches auff eine geistliche oder unsichtbare Weise vermittelst der Lufft oder auch wässeriger und erdener Cörperchen in den gottlosen Menschen seine Wirkkung hat.«[62] Damit ist nach Thomasius ein Kernstück des Hexenmusters, der Teufelspakt, widerlegt: als unkörperlicher Geist könne nämlich der Teufel weder körperliche Gestalt annehmen noch körperliche Bündnisse mit den Hexen eingehen.

Im folgenden unterscheidet Thomasius die natürliche oder künstliche, das heißt »vorzuläßliche«, Magie einerseits und die teuflische, das heißt strafbare, Zauberei anderseits. Letztere, so wird in § 13 festgestellt, muß nachgewiesen werden, und derjenige, »so behauptet, daß ein Laster der Zauberey sei«[63], trage die Beweislast. »Wolan so soll demnach Carpzovius zu erst auftreten und wider den bekandten Wier und andere darthun, daß ein Laster der Zauberey sey«.[64] In den folgenden Paragraphen werden die Argumente Carpzovs nacheinander untersucht und widerlegt, wobei vor allem die Bibelstellen, auf die der Zwist seine Beweisführung gründet, eine genaue Interpretation erfahren und die bloße Berufung auf Gewährsmänner der Tradition als unzulässig zurückgewiesen wird.

Die Widerlegung der Argumentation Carpzovs schließt mit den Worten:

»Es urtheile ein jeder, der nur wenig Verstand[...] und sensum communem hat, ob es einem so vornehmen Rechts-Gelehrten nicht höchst schimpflich sey, der in einer so ernsthafften und wichtigen Sache andere so liderlich zu hintergehen und zu betriegen sucht.«[65] Nachdem auch der Sekundant Carpzovs, der Theologe Spitzelius, auf ähnliche Weise abgefertigt worden ist, faßt Thomasius seine Gegengründe zusammen:

1. »Weil der Teuffel nicht kan einen Leib annehmen. Der Satan, welcher Christum versuchet, ist kein leiblicher Teuffel gewesen« (§ 31).
2. »Weil Christus selber saget, ein Geist hat nicht Fleisch und Bein« (§ 32). 3. »Weil der Teuffel die Kraft der unsichtbaren Natur nicht

turbiren (verwirren, d. Verf.) kan« (§ 33). 4. »Weil der Teuffel nach der Meynung der Wiedrig-Gesinneten ein so ohnmächtiger Geist ist, daß er mit einem Furtze kan verjaget werden« (§ 34). 5. »Weil das Bündnis des Teuffels mit den Menschen keine Wirckung und Nutzen hat, weder an Seiten der Menschen« (§ 35), »noch an Seiten des Teuffels« (§ 36).

Mit § 37 beginnt Thomasius, die Genese der Hexenvorstellungen und der Zauberei zu beschreiben, wobei er von den Griechen ausgeht, von dort über die jüdische, frühchristliche, scholastische und reformatorische Tradition die Entwicklungslinie bis in seine Tage nachzeichnet. Als besonderes Merkmal seiner eigenen Zeit gilt Thomasius die »Vielheit der Hexen Processe«[66], deren Überwindung sich jedoch im Zeichen der Cartesianischen Philosophie abzuzeichnen beginne. Allerdings sei Descartes bei seiner Widerlegung der platonischen und scholastischen Geistlehre in das andere, keineswegs zu billigende Extrem gefallen.

Im Schlußteil seiner Schrift setzt sich Thomasius mit den Bestimmungen der *Peinlichen Halsgerichtsordnung Karls V.*, der sogenannten *Carolina*, auseinander, indem er die einzelnen Bestandteile des Artikels 44 einer genauen Prüfung unterwirft. Im letzten Paragraphen (§ 56) zieht er dann den – vor allem auch politischen – Schluß aus seiner gesamten Argumentation:

> »Was mich betrifft, weil ich das Laster der Zauberey vor eine Fabel halte, rate dise einzige Behutsamkeit: Ein Fürste solle niemals verstatten, daß wegen des Lasters der Magie, das ist, wegen des Bündnisses der Menschen mit dem Teuffel [...] eine Inquisition angestellet werde, und die niedrige Obrigkeit vollziehe solche niemals ...«[67]

Um eventuellen Einwendungen gegen seine Thesen vorzubeugen, gibt Thomasius dann im zweiten Teil seines Programmes, *Erinnerung wegen seiner Künftigen Winter-Lektionen, so nach Michaelis dises 1702. Jahres ihren Anfang nehmen werden*[68], weitere Erläuterungen und Präzisierungen zum Problemkreis Teufelspakt und Schadenszauber. Allerdings konnte er dadurch nicht verhindern, daß eine lebhafte, zum Teil aggressiv und polemisch geführte Debatte einsetzte, in die Thomasius sowohl durch kleinere Beiträge als auch durch so gewichtige Schriften wie die Dissertation über die Folter von 1705 und die Untersuchung *Von Ursprung und Fortgang des Inquisitionsprocesses wider die Hexen (De Origine ac Progres-*

su Processus Inquisitorii contra Sagas) von 1712 eingriff.⁶⁹ Besonders das letztgenannte Werk, in dem die Geschichte der Hexenvorstellungen und Hexenverfolgung auf eine für seine Zeit erstaunlich genaue, wenn auch heutigen Ansprüchen nicht mehr genügende Weise dargestellt wird und in dem vor allem auch ausländische Autoren zu Worte kommen, hat in der Folgezeit beträchtlich gewirkt, vor allem in Preußen, wo König Friedrich Wilhelm I. am 13. Dezember 1714 ein Edikt erließ, das praktisch die Beendigung der Hexenprozesse in diesem Land einleitete.⁷⁰

Betrachtet man die Hexenbücher der Hexenverfolger, von denen hier einige wenige referiert sind, einmal im ganzen, so wird vor allem dies deutlich: Sie gehen alle, ob explizit oder implizit, davon aus, daß die Welt in einem unheilvollen Zustand ist; daß sich die Zeitläufte und also die Menschheit von Jahr zu Jahr, von Tag zu Tag, ja von Stunde zu Stunde verschlechtern; daß diese Verschlechterung dem gefährlichen Wirken des Teufels die beste Ansatzfläche bietet; daß der Teufel sich zu seinem bedrohlichen Wirken der Hexen bedient, indem er sie sich sexuell hörig macht und dann die Abhängigen in den totalen Gehorsam zwingt; daß diese Wirksamkeit des Teufels und des schon ungeheuren Heeres von Hexen im verborgenen geschieht und es dem Teufel durch mancherlei Täuschung gelingt, das wahre Ausmaß der sich anbahnenden Katastrophe zu verschleiern; daß dieses schreckliche Wirken des Teufels mit Duldung Gottes erfolgt, der es nicht länger ansehen will, wie sein Schöpfungswille – und damit die Reinheit der anfänglichen Natur – durch die Schlechtigkeit der Menschheit zunehmend in sein Gegenteil verkehrt wird.

Im Rahmen dieser Voraussetzungen wird in den Hexenbüchern ein System von Vorstellungen entworfen, das, wenigstens nach den Intentionen der Autoren, den Gesetzen der Systematik und Logik folgt oder doch folgen soll. Und in der Tat, hat man sich die oben formulierten Voraussetzungen erst einmal zu eigen gemacht, folgt das meiste fast mit Konsequenz: Die Tränenlosigkeit der Hexen bei der Folter⁷¹, das Schweigen beim Verhör und die hartnäckige Ableugnung der Hexerei werden zu um so untrüglicheren Indizien für eine den

Verfolgern ungreifbare Unterstützung durch den Teufel, je qualvoller die Tortur gehandhabt wird; auf der anderen Seite kann übertriebenes Klagen, Bitten, Flehen, Händeringen, verzweifeltes Aufschreien im Rahmen solcher Voraussetzungen nur als der Versuch interpretiert werden, an das Mitleid und die Menschlichkeit des Folterers zu appellieren, um der Verurteilung zu entgehen und auf diese Weise die unselige Tätigkeit im Dienst des Teufels unbehelligt fortsetzen zu können.

Man könnte die Beschreibung solcher Einzelzüge, deren Gegensätzlichkeit sich auf der Basis der beschriebenen Voraussetzungen aufhebt, fortsetzen. Hier genügt die Feststellung, daß es angesichts der gerade auch bei Binsfeld oder besonders Carpzov erkennbaren Bemühung, die innere Logik des Systems zu erhöhen, sicherlich unangemessen wäre, die Hexenverfolger an den Maßstäben allgemeiner moralischer Grundsätze zu messen und sie als besonders unmenschlich, tückisch, grausam und unempfindlich hinzustellen. Sie verhielten sich, freilich im Rahmen der von ihnen vertretenen Bedingungen, nur konsequent. Das Problem stellt sich vielmehr anders: Wie war es möglich, daß sie diese Bedingungen zu den ihren machten und, durch die Vermittlungsform der Hexenbücher, offenbar auch zu denen vieler anderer? Wie war es möglich, um ein Beispiel aufzugreifen, daß Sprenger und Institoris ihr Buch in dem unerschütterlichen Bewußtsein schreiben konnten, sie müßten von ihren Zeitgenossen eine Gefahr abwenden, die diese zu spät erkennen würden, wenn sich ihnen nicht jetzt endlich die Augen öffneten?

Greifen wir dies hier noch einmal auf: Sprenger und Institoris hatten vor der Abfassung des *Hexenhammers* ihre persönlichen Erfahrungen gemacht.[72] Mit einer Papstbulle ausgerüstet, in der sie zu Inquisitoren von Deutschland ernannt worden waren, hatten sie nach 1484 zunächst einmal die Diözese Konstanz zu säubern versucht, waren auch »erfolgreich« gewesen und hatten 48 Personen auf den Scheiterhaufen geschickt. Dann aber, als Institoris sein Wirken auf Tirol und Salzburg ausdehnte, hatte er einen Sturm der Entrüstung im ganzen Land erregt, der Bischof Golser war seinem Verhör- und Folterwahn entgegengetreten und hatte ihn in höflichem, aber entschiedenem Ton aufgefordert, das Land zu verlassen. Der Bischof wurde von den Landständen und vom

Landtag unterstützt, die bei ihrem Landesherrn, dem Erzherzog, die Klage einbrachten, es seien »in jüngster Zeit viele Personen gefangen, gemartert und ungnädiglich gehalten worden, was doch merklich wider Gott und seiner fürstlichen Gnaden Seelen Seeligkeit und wider den Glauben ist.«[73]

Der Landesherr, selbst eigentlich den Hexenverfolgern gegenüber eher wohlwollend, beauftragte den angesehenen Juristen und Prokurator der bischöflichen Kurie in Konstanz, Ulrich Molitor, mit einem Rechtsgutachten – jenem oben referierten Hexenbuch –, das etwa gleichzeitig mit dem *Hexenhammer* entstand.

Wie das Referat dieser Schrift uns zeigte: Von dem eifernden Vernichtungsdrang, der die Autoren des *Hexenhammer* beseelt, findet sich hier nichts. Allerdings, auch Molitor ist fest davon überzeugt, daß die Hexen bestraft werden müßten, und zwar mit der Todesstrafe; denn ihrem Selbstverständnis nach seien sie Abtrünnige, hätten Gott abgeschworen und seien mit dem Teufel einen Pakt eingegangen.

Festzuhalten aber ist, daß der heftige und unduldsame Appell der beiden Inquisitoren, die sich als Werkzeuge Gottes verstehen, auf Widerstand stößt und dieser Widerstand auch politisch motiviert ist. Dem verfolgungsgeneigten, von Molitor in seiner Schrift leicht umgefälschten Landesherrn stehen der Bischof und die Landstände gegenüber, die sich gegen die Übergriffe zur Wehr setzen.

Das Beispiel zeigt, daß es ganz offenbar Widerstände gab, Widerstände, die auch auf der Ebene der Hexenbuch-Argumentation wirksam wurden und die immanente Logik des Systems durchbrachen: etwa in den rationalen Erklärungen und Zweifelsfragen, die Molitor in seiner Schrift pikanterweise dem Landesherrn in den Mund legt, die aber doch eher die Skepsis des Autors formulieren, auch wenn er selbst durchaus daran festhält, daß die Hexerei ein todeswürdiges Verbrechen darstelle. Freilich, die Vernunft, die sich in solchen Erklärungen und Zweifeln zu Wort meldet, bezieht sich immer nur auf einzelne Momente des Systems, noch nicht auf das System selbst. Aber sicherlich ist gerade durch solche immanente Aushöhlung, ja selbst durch manche rationale Überlegungen erklärter Hexengegner, den Argumentationen der Hexenverteidiger vorgearbeitet worden. So etwa, wenn

Carpzov und vor ihm im Ansatz schon Binsfeld die Divergenz von Verfolgungs-Theorie und Verfolgungs-Praxis scharfsichtig herausarbeiten und beklagen; oder wenn Carpzov darauf besteht, es müsse auf jeden Fall im Hexenprozeß der Beweis der Schuld erbracht werden. Von hier aus war es nicht mehr weit zu Fragen, wie sie dann neben anderen vor allem Spee formulierte: Wie können Rechtsformen sinnvoll sein, deren Voraussetzungen dem Angeklagten überhaupt keine Möglichkeit bieten, sich selbst je von dem Verdacht zu reinigen; die dem Richter fast keine Handhabe geben, die Angeklagten auch freizusprechen; die die Schuldzuweisung vor jeglicher gerichtlichen Untersuchung bereits festlegen und daher den Einsatz der Folter erzwingen, bis ein Geständnis diese vorgängig feststehende Schuld bestätigt?

Freilich, auf die Tatsache, daß sich seit dem frühen 16. Jahrhundert die Hexenverfolgung auf die Verfolgung von Frauen zuspitzt, gehen die Hexenbücher kaum eigens ein, weder die der Gegner noch die der Verteidiger. Sieht man einmal von Spee und wenigen anderen ab, so wird man feststellen müssen, daß die reale Situation der Frauen, wie sie uns in unzähligen Gerichts- und Folterprotokollen deutlich wird, in die Hexenbücher kaum eingegangen ist: weder in die der Verfolger, deren irrationaler Rationalismus dem ganzen Phänomen zumeist mit kalter Systematik zu Leibe rückte, noch in die der Verteidiger, deren Interesse zumeist auch kein spezifisches, auf das Schicksal dieser Frauen gerichtetes Interesse war, und die im übrigen in der Regel sogar mit den Verfolgern die negativen Urteile über Frauen teilten.

Thomasius etwa, der große Aufklärer aus Halle, dem, wie oben zitiert, der Erfolg zugeschrieben wird, »dieser religiös-politischen Irrung ein Ende gesetzt zu haben«[74], erblickte in dem ganzen Hexensyndrom primär ein allgemein theologisch-philosophisches Problem, das er, gestützt auf Descartes, zu lösen versuchte, indem er das Kernstück, den Teufelspakt, herausbrach:

»Ich aber [...] glaube nicht allein, sondern verstehe auch einigermaßen, daß der Teufel, der Herr der Finsternis und der Fürst in der Luft, ein geistliches oder unsichtbares Wesen sei, welches auf eine geistliche oder unsichtbare Weise [...] in gottlosen Menschen seine Wirkung hat.«[75]

Daß die Hexenverfolgung sehr viel mit dem Verhältnis der

Geschlechter, mit Sexualverdrängung, mit einer tiefen Angst des Mannes vor der Frau, vor der Natur, vor der Sinnlichkeit zu tun hatte, daß der Sexualhaß mittelalterlicher Askese sich hier mit der leistungsorientierten, aber genußabweisenden Leibfeindlichkeit der Reformation zu einer vielleicht heiligen, aber sicherlich nicht lebensfördernden Allianz verband und die Prozesse in einem Interesse am Leben hielt, dessen wahre Gründe den Verfolgern so unentdeckt blieben wie den Verteidigern – diese Zusammenhänge ließen sich so nicht aufdecken. Damit, daß – wie Friedrich der Große schrieb – seit Thomasius' Auftreten das weibliche Geschlecht wieder in Frieden alt werden und sterben konnte[76], war das eigentliche Problem, das tief und, aufgrund realer, geschichtlich gewordener Bedingungen, seit alters gestörte Verhältnis der Geschlechter, nicht zu beheben. Damit, daß man den Teufel vergeistigte und als Paktpartner eliminierte, hatte man die teuflischen Lebensverhältnisse noch nicht geändert, die Unerträglichkeiten einer rein patriachalischen Welt noch nicht beseitigt. Oder nehmen wir Weyer.[77] Für ihn sind die Hexen arme, geistesverwirrte alte Weiblein, die der Suggestion erliegen, mit dem Teufel einen Bund geschlossen zu haben und mit seiner Hilfe nun zaubern zu können. Weyer verlegt also alles, was den Hexen von der Tradition vorgeworfen wird, in den Bereich der puren Einbildung. Er ignoriert freilich auch alle jene naturhaft-magischen Kräfte, alle jene positiven Dispositionen, die einmal der wesentliche Anlaß dafür gewesen sein dürften, daß Frauen als Hexen verfolgt wurden. Indem er sie zu Kranken erklärt, zu unzurechnungsfähigen und defizienten Geschöpfen, sucht er zwar die Verfolgung der Inquisition von ihnen abzuziehen; aber diese seine Verteidigung ist von einer Verständnislosigkeit bestimmt, die der der Verfolger kaum nachsteht.

Hier stellen sich nun allerdings Zwischenfragen, die ins Grundsätzlichere führen; Fragen, die in den Hexenbüchern nicht aufgeworfen werden, von deren Beantwortung aber gleichwohl die richtige Einschätzung dieser literarischen Gattung abhängt. Weshalb, so ist zu fragen, konnte das Hexen-Syndrom überhaupt eine solche Wirkungskraft und Wirkungsdauer erlangen? Und weshalb werden seit dem Anfang des 16. Jahrhunderts fast ausschließlich nur noch Frauen verfolgt, weshalb werden die vereinzelten Prozesse der früheren Zeit jetzt auf mindestens zwei Jahrhunderte durch eine nicht mehr zum Stillstand kommende, gewaltige, Millionen von Opfern fordernde Vernichtungsmaschinerie abgelöst?

Man wird hier allerdings vorerst nur eine Reihe von Teilmomenten zusammenstellen können, und es bleibt fraglich, wie weit und ob sich diese Teilerklärungen bereits zu einem ganzen Bild zusammenfügen lassen. Gerade hier scheinen der Forschung noch beträchtliche Aufgaben zu harren.

Als ein wichtiges Teilmoment erweist sich die frühneuzeitliche Abdrängung der Frauen vom Berufsleben, in das sie, wie in anderem Zusammenhang ausführlich erörtert[78], zur Zeit des hohen und zunächst auch noch späten Mittelalters stärker integriert waren, wenn auch schon zu dieser Zeit der zunehmende Frauenüberschuß zu beträchtlichen Versorgungsproblemen führte. Das Zusammenleben von Frauen in Gemeinschaftshäusern, das der Kontrolle der Männer zu einem großen Teil entzogen war, sowie der offenbar starke Anschluß von Frauen an ketzerische Bewegungen mögen Ängste geweckt haben, die der gesellschaftlichen Ächtung der Frauen eine Basis boten. In diesem Zusammenhang wird man zu bedenken haben, daß die Hexenverfolgungen des 16. und 17. Jahrhunderts in wesentlichen Aspekten den Verfolgungen der Juden im 14. und 15. Jahrhundert entsprechen. Beide Male handelt es sich um eine Aufrichtung von Feindbildern, die dazu dienten, Teilgruppen der Gesellschaft die Schuld an ungelösten oder gar unlösbaren Problemen zuzuweisen.

Ein weiteres Teilmoment ist die traditionelle Frauenfeindlichkeit der Geistlichkeit, die im *Hexenhammer* in fast absoluter Form erscheint.[79] Die Psychopathologie dieser Frauenfeindlichkeit, wie sie in den theologischen Diskussionen, in den Predigten und anderen Texten des Mittelalters immer wieder auftritt und durch das Gegenbild der Verherrlichung der Frau als Jungfrau nur bestätigt wird, ist trotz einiger Ansätze bis heute noch nicht geschrieben. Die Literaturhistoriker werden hier auf die Mitarbeit von historisch interessierten und versierten Psychologen und Religionswissenschaftlern angewiesen sein, wenn sie für den erkennbaren Sexualwahn und für Phantasien, wie sie etwa den *Hexenhammer* beherrschen, eine Erklärung suchen. Daß hinter solchen Hexenphobien Sexualängste stehen, scheint einleuchtend. Wichtiger wäre allerdings noch, zu klären, weswegen diese Sexualängste gerade am Ende des Mittelalters und zu Beginn der Neuzeit solche wahnhaften Formen annehmen und aus welchen Gründen sie offenbar als Verdrängungspotential auch bei Nicht-Geistlichen mehr und mehr vorausgesetzt werden, daher auch mobilisiert werden konnten. Hier wird vor allem zu untersuchen sein, welche Folgen die Einengung der Moral auf die reine Sexualmoral, die zunehmende Sexualunterdrückung, wie sie sich zu Beginn der Neuzeit abzeichnet, auf die Ausbildung von Verdrängungsmechanismen gehabt hat und wie diese historisch konturiert waren.

Ein weiteres Erklärungsmosaik für die Ausbildung des weiblichen Hexenschemas wird in der allgemeinen Krisensituation am Ausgang des Mittelalters zu suchen sein: in der durch die Reformbewegungen geschwächten Stellung der Kirche; in der durch die Territorialisierung bewirkten Zersetzung des Reichsverbandes, in der mit beidem zusammenhängenden Auflösung eines – bei aller Disparatheit doch noch relativ geschlossenen – Weltbildes, die eine Folge des sich wandelnden, stärker diesseitig orientierten Verhältnisses von Mensch und Natur, Mensch und Gesellschaft war.[80]

Vor allem im Zuge der Gegenreformation versuchte die Kirche, ihre alte Macht wiederzuerlangen; allerdings in einer veränderten Zeit. Was früher durch die Orientierung an übergreifenden Ideenkonzeptionen gesichert worden war, konnte im Zeichen einer zunehmenden subjektivistischen, ja egoistischen Leistungsorientiertheit, wie sie sich im Zusammenhang einer nicht mehr feudalen, sondern frühkapitalistischen Ordnung anbahnte, nicht mehr zurückgewonnen werden, es sei denn mit Gewalt und systematischer Einschüchterung. Und hier waren es offenbar die Frauen, die stellvertretend büßen mußten für die allgemeine Emanzipation. Gerade die Tatsache, daß die christliche Kirche als organische, kollektive Wirklichkeit, als einzige und lebendige Gemeinschaft der Gläubigen, an innerem Gewicht verlor, daß der Klerus zerfiel und seine Funktionen ungenügend oder gar nicht mehr wahrnahm, mit einem Wort: die innere Zersetzung der alten Glaubensinstitution, hatte Auswirkungen: zum einen verstärkte sich dadurch das allgemeine eschatologische Bewußtsein, in einer untergehenden, verworrenen, vom Teufel und dessen

Gehilfen beherrschten Endzeit zu leben, ein Bewußtsein, das sich im Laufe des 16. Jahrhunderts noch verschärfte und von Katholiken wie Protestanten geteilt wurde; zum anderen wuchsen, vornehmlich in der Zeit der Gegenreformation und wiederum sowohl in der alten wie in der neu sich herausbildenden protestantischen Kirche, die energischen Bestrebungen, die verlorene Einheit durch äußere Mittel, durch gesellschaftliche Abkapselung, durch religiösen Fanatismus und Intoleranz, durch Freiheitsbeschränkung und kirchliche Verbote, mit einem Wort: durch kämpferische Aktivitäten, zu behaupten bzw. wiederzuerlangen. Daß gerade in der Zeit der Gegenreformation die Hexenprozesse ihre wahnhafte Steigerung erfuhren, und zwar bei Katholiken, Lutheranern wie Calvinisten, steht mit diesem Glaubenskampf, der sich selbst als Entscheidungskampf gegen die satanisch-dämonischen Mächte verstand, in innigem Zusammenhang. Es war ein verzweifelter Versuch, der zunehmenden Verweltlichung, der Diesseitsorientierung des menschlichen Lebens, den Gefahren der Sinnlichkeit dadurch zu begegnen, daß man gegen die Hexen, die durch und durch verworfenen und alle moralischen Anstrengungen durchkreuzenden Hörigen des Teufels mit Feuer und Schwert zu Felde zog.

Ein weiterer Gesichtspunkt, der diese Zusammenhänge in einem anderen Licht erscheinen läßt, kommt hinzu: Mit der zunehmenden Verfügung über die Natur seit dem ausgehenden Mittelalter problematisiert sich das Verhältnis von Mensch und Natur, Subjekt und Objekt, Diesseits und Jenseits. Die Defekte im göttlichen Weltplan, die man früher noch als sinnvollen Heilsplan Gottes zu interpretieren wußte, wurden um so irritierender, je deutlicher die diesseitige Naturbeherrschung ins Zentrum des Interesses rückte. Die alten Erklärungsmuster, die dem Weltlauf ein endgerichtetes Erfüllungsziel zuschrieben, reichten nicht mehr aus, wurden nicht mehr akzeptiert. Analog der Tatsache, daß vor allem die Naturerkenntnis stärker praxis- und zweckbezogen, das heißt: auf die konkreten Bedürfnisse und Ziele von Menschen ausgerichtet wurde und weniger, wie im Mittelalter, Suche nach ewigen, unveränderlichen Wahrheiten war, wurde auch die Suche nach den Defekten der Weltkonstitution konkreter. Es genügte jetzt nicht mehr, ein allgemeines Prinzip wie den

Teufel, und mochte er noch so real vorgestellt sein, für alles haftbar zu machen. Der Teufel mußte irdisch konkretisiert werden, mußte in seinen irdischen Realisationen real erscheinen. In dieser Situation wird in der Gestalt der Hexe ein Feindbild entwickelt, das wesentliche Schwierigkeiten zu lösen schien: Zum einen ließ sich dadurch die Schuld an der allgemeinen Krisensituation oder an speziellen Katastrophen personalisieren; zum anderen wurde eine Gruppe betroffen, auf die sich traditionellerweise bereits Anti-Affekte richteten; schließlich handelte es sich um eine Gruppe von Menschen, die als Heilkundige, Kräuterfrauen, Hebammen, Mütter zum (als magisch empfundenen) Naturbereich seit alters eine größere Affinität besaßen als die Männer, mit denen sich daher die Vorstellung größerer Naturbeherrschung relativ leicht verbinden ließ. So wurde im tradierten Hexenschema eine Erklärung für die vielfältigen Störungen der Weltordnung angeboten: für Impotenz, Wetterschäden, Krankheitsfälle, Unfruchtbarkeit und manches andere. Der Teufel und seine irdischen

10. *Milchdiebstahl durch eine Hexe* (Ausschnitt aus einer Holzschnitt-Illustration in Geilers von Kaisersberg *Emeis*, Straßburg 1516 und 1517)

Statthalter, die Hexen, mußten für das herhalten, was nicht mehr einem göttlichen Heilsplan integriert war und noch nicht durch eine naturwissenschaftlich-exakte Erklärung verstanden werden konnte.[81]

Gerade das letztgenannte Argument könnte auch erklären, weshalb die Hexenverfolgung nicht auf die alte Kirche beschränkt blieb, sondern fast im gleichen Umfang und mit gleicher Grausamkeit in der protestantischen Welt betrieben wurde. Der englische Historiker Trevor-Roper hat diesen Sachverhalt in seinem Buch *Religion, Reformation und sozialer Umbruch* von 1956 herausgearbeitet:

> »Hatten die katholischen Prediger den Hexenwahn begründet, so sollten ihn die protestantischen rasch wiederbeleben und verbreiten. Schon in den 40er Jahren des 16. Jhds. vernahm man Warnzeichen. 1540 wurden im Wittenberg Luthers 4 Hexen verbrannt. Luther war in dieser Hinsicht ebenso abergläubisch wie ein Dominikaner, und mit zunehmendem Alter vergrößerte sich auch sein Aberglaube an succubi, incubi, Nachtfahrt und anderem mehr. Hexen, verkündete er, sollten auch dann verbrannt werden, wenn sie keinen Schaden anrichteten, und zwar nur deswegen, weil sie mit dem Teufel paktierten. In Zürich hielt sich Zwinglis Nachfolger nicht an dessen maßvolle Einstellung. In Genf führte Calvin dieselbe Sprache wie Luther. [...] ›Die Zauberinnen sollst du nicht leben lassen‹. Mit grimmigem Wohlbehagen sollte der protestantische Klerus – ob nun Lutherisch, Calvinistisch oder Zwinglianisch – die nächsten 100 Jahre über diese würzig formulierte Textstelle predigen. [...] Wohin die Protestanten auch kamen, sie brachten den Hexenwahn mit sich.«[82]

Auf der anderen Seite läßt sich, wie Trevor-Roper auch gezeigt hat, die These nicht halten, daß der Protestantismus zur Zeit des ausgehenden 16. und beginnenden 17. Jahrhunderts in diesem Bereich noch fanatischer gewirkt habe als die katholische Seite:

> »Wenn die protestantischen Glaubensprediger den Hexenwahn in die Länder trugen, die sie der Reformation gewannen, dann taten die katholischen das gleichermaßen mit den Gebieten, die sie Rom zurückeroberten. Einige der berühmtesten Jesuiten zeichneten sich auch durch die Verbreitung des Hexenwahns aus. [...] Die katholische Wiedereroberung brachte den Hexenwahn in einer schrecklichen Form nach Bayern, wo die Herzöge Wilhelm V. und Maximilian I., die als bedeutende Schirmherren der Jesuiten hervortraten, dafür sorgten, daß die Scheiterhaufen für die Hexen nicht erloschen. Die Rückführung zum katholischen Glauben dezimierte in den 90er Jahren das Rheinland, und hier standen Jesuiten

hinter den größten Henkern, nämlich dem Erzbischof von Trier und seinem Weihbischof Binsfeld ...«[83]

Trevor-Roper interpretiert, und sicherlich mit Recht, die Hexenverfolgungen des 16. und 17. Jahrhunderts als Ergebnis des zwischen den Konfessionen ausgetragenen Konflikts, als die »soziale Folge eines neu belebten ideologischen Kampfes und des daraus entstandenen Klimas der Angst«.

Die Hexenbücher der Zeit bestätigen dies durch ihre Auswechselbarkeit. Gewiß, sie sind unterschiedlich in ihrer Argumentation, sie setzen auch die Akzente verschieden. Im allgemeinen aber kann man sie nicht nach Konfessionen unterscheiden, sondern nur nach ihrem Pro oder Contra:

»So stimmten schließlich Katholiken und Protestanten in der Beurteilung der Tatsachen überein und standen sich hinsichtlich der Auffassung von Einzelheiten durchaus nahe. Der Katholik Binsfeld zitiert die Protestanten Erastus und Daneau, der Calvinist Voetius und der Lutheraner Carpzov zitieren den von Dominikanern verfaßten Hexenhammer und den Jesuiten Delrio. Protestanten und Katholiken verurteilten in gleicher Weise jene infamen Skeptiker, die ihnen ständig entgegenhielten, daß sogenannte Hexen nur als irregeleitete, melancholische alte Weiber anzusehen seien und daß die Bibel bei der Androhung der Todesstrafe für Hexen nicht an solche Personen gedacht habe.«[84]

Ob Katholiken oder Protestanten – wenn sie in ihren Hexenbüchern die Hexenverfolgung sanktionierten, sahen sie allemal gleich aus, waren sie allemal von gleicher Rigorosität. Sie waren sich sogar darin einig, daß man mit gleicher Leidenschaft und Härte wie gegen die Hexen auch gegen deren Verteidiger vorzugehen habe. Die von Spee berichtete Äußerung zweier Inquisitoren über Tanner, die oben zitiert ist, spricht hier eine ebenso deutliche Sprache wie das anonyme Erscheinen einiger Anti-Hexenbücher.[85]

Im Zeitalter ihrer mit aller Macht angestrebten Konsolidierung suchten die Konfessionen gegnerische Auffassungen systematisch zu unterdrücken, was nur noch gewaltsam, nur noch mit dem vollen Einsatz von Terror möglich war.[86] Aber diese gewaltsame Unterdrückung gegnerischer Ansichten erfüllte, wie das gewaltsam-terroristische Vorgehen gegen die Hexen, im gesellschaftlichen Zusammenhang des Zeitalters offenbar eine Stabilisierungsfunktion: Durch das systematische Aufrichten von Feindbildern ließen sich die Reihen der

›wahren‹ Christen zusammenschließen und stärken. Wie wir aus vielen Hexenprozessen wissen, setzte sich zumal das Volk oftmals mit besonderer Leidenschaft für die grausame Folterung und Hinrichtung der Angeklagten ein, identifizierte sich also mit den terroristischen Praktiken seiner eigentlichen Verfolger und Unterdrücker.[87] Die vehemente Einschüchterung, die durch die Denunziation und planmäßige Ausrottung der ›anderen‹, der Nicht-Konformen erfolgte und die eine Schutzmaßnahme nach außen wie nach innen darstellte, ließ noch die erzwungene Selbstverstümmelung als sadistische Befriedigung erfahren.

Aber das Zeitalter der Hexenprozesse ist nicht nur das Zeitalter der Konfessionskämpfe, der Kirchenreform, der Orthodoxie, der Distanzierung von Andersgläubigen und der Disziplinierung der Rechtgläubigen, es steht auch politisch im Zeichen des Konfessionalismus und ist vor allem das Zeitalter, in dem der Absolutismus zu seiner endgültigen Festigung fortschreitet. In Deutschland wird dieser erst zu Beginn des 18. Jahrhunderts erreicht. Schauen wir uns jedoch auch in anderen europäischen Ländern um, so ist der Zusammenhang zwischen dem politischen Prozeß der Ausbildung absolutistischer Herrschaft und dem Anwachsen sowie allmählichen Abklingen der Hexenverfolgung nicht zu übersehen. In Ländern wie Holland und England, in denen das Bürgertum schon früh ein Mitspracherecht erkämpft, werden auch am frühesten die Widerstände gegen die Hexenprozesse rege, werden die Verfolgungen auch am ehesten beendet. In einem Land wie Spanien, wo die Herrschaft schon früh konsolidiert ist, gibt es auch nur wenige Prozesse. Und entsprechend seiner zerrissenen Struktur und Geschichte wüten sie in Deutschland am heftigsten und längsten. Sie werden wiederum dort am frühesten beendet, wo sich, wie in Preußen zu Beginn des 18. Jahrhunderts, der absolutistische Staat am frühesten gefestigt hat.

Schon dieser Vergleich läßt erkennen, daß die Hexenverfolgungen nicht nur im kirchlichen Machtkampf als Mittel der Disziplinierung funktionierten, sondern auch im staatlichen Bereich: Das Volk wurde einer Willkür ausgesetzt, der gegenüber nicht mehr, wie im Mittelalter, ein Widerstandsrecht, sondern nur noch ein Appellationsrecht bestand, dem der

Fürst entsprechen konnte, wenn er es wollte. Und die Geschichte lehrt, daß er, zur Disziplinierung seiner Untertanen, in der Regel eher selbstherrlich verfuhr.

Die Hexenprozesse, die z. B. am Ende des 17. Jahrhunderts im westfälisch-lippischen Lemgo wüteten[88] – und diese Stadt soll hier stellvertretend stehen für zahllose andere Gebiete –, waren »nichts als ein politischer Machtkampf, bei dem die Machthaber den Prozeß als wirksamste Waffe gegen ihre Kritiker benutzten«[89] und systematisch gegen die konkurrierenden mächtigen Familien der Stadt vorgingen. Ihrer eigenen Ausrottung suchten diese Opfer durch wiederholte Appellationen an den gräflichen Gebietsherrn entgegenzuwirken. Sie erhielten entweder keine Antwort oder wurden überdies noch als ›Meuterer‹ bestraft. Der Graf unterstützte also durch sein Verhalten das Schreckensregiment, das in der Stadt herrschte.

Verbinden wir beides, die kirchlich-konfessionelle und die politisch-territoriale Funktionalisierung der Hexenverfolgung, so laufen sie auf ein und dasselbe hinaus:

> »Fast auf Schritt und Tritt trat die Kooperation dieser beiden Gewalten in Erscheinung. Der Bevölkerung gegenüber liefen die Bemühungen von Kirche und Staat mehr oder weniger in der gleichen Richtung. Eine Gewalt lieh der anderen ihren Arm. Beide erzogen die Untertanenschaft dazu, daß sie der einen wie der anderen Gewalt den gebührenden Respekt erwies. Weder die politische noch die kirchliche Obrigkeit duldete irgendeine Widerspenstigkeit. Denn beide verstanden sich als gottgesetzte Gewalten, die mit ihren spezifischen Mitteln den gleichen Auftrag zu erfüllen hatten. [...] Ihre wechselseitige Unterstützung entsprang der Überzeugung, daß ›blintheit und unerkanntnus‹ für das Wort Gottes und Ungehorsam gegen die Obrigkeit die eigentlichen Quellen seien, worin ›dann viel ander unrath, allerhand sünden und schanden‹ ihre Ursachen hätten...«[90]

Die weite Verbreitung der Hexenbücher im Zeitalter des Konfessionalismus und sich verfestigenden Absolutismus entspricht der Funktion, die ihnen im kirchlich-politischen Zusammenhang ganz offenbar zukam: In der Regel von Geistlichen oder Juristen verfaßt, dienten sie dem ganz praktischen Zweck einer Absicherung und Legitimation der Verfolgungspraxis durch ausgreifende Argumentation und pragmatische Systematik. Zweifellos ist bei alledem auch ein apologetisches Moment im Spiel. Dominant aber bleibt der affirmative Bekenntniseifer, der, vor allem seit dem *Hexenhammer,* die eigentlichen Hexenbücher von den aufklärerischen Anti-Hexenbüchern unterscheidet und gerade in deren leidenschaftlicher Bekämpfung und Verdammung deutlichen Ausdruck gewinnt.

Freilich, in welchem Ausmaß diese Bücher über den Kreis der Gebildeten hinaus eine Wirkung gehabt haben, ist kaum mehr auszumachen. Eine solche Wirkung war wohl eher indirekt, sicherlich aber beträchtlich, da die hier entwickelten Thesen und Auffassungen durch die Geistlichen und Juristen in der täglichen Lebenspraxis ihre Multiplikation erfuhren. Man braucht sich nur etwa die Predigten der Zeit anzusehen, um die ganz konkreten Konsequenzen solcher Gedanken zu erkennen – und dies meist im Zusammenhang mit zeitgenössischen, oft ganz momentanen Ereignissen, zu denen aus dem Un-Geist der Hexenbücher heraus Stellung genommen wurde.[91]

Freilich, auch volksläufige Sagen und Erzählungen scheinen die finsteren Gedankengänge, den kalten Rigorismus, die unerbittliche Konsequenz, die fromme Unmenschlichkeit der Hexenbücher widerzuspiegeln, keine wohl ähnlich grausam und grauenvoll wie jene kurze Erzählung aus dem Badischen:

»Zu einem siebenjährigen Mädchen in Flehingen sprach eines Tages seine Taufpate: ›Wenn du morgen in der Frühe aufstehst, so unterlasse zu beten, kämme und wasche dich nicht, und komme gleich zu mir herüber, da will ich dir etwas Schönes lehren.‹ Das Kind machte es so und lernte von der Frau Milch aus einem Handtuch melken. Hieran hatte es solche Freude, daß es beim Heimkommen seinem Vater gleich seine Kunst zeigte. Da öffnete ihm derselbe eine Ader und ließ es sich verbluten, indem er es beschwor, ihm kund zu tun, ob es in den Himmel oder in die Hölle gekommen sei. Als das Mädchen tot war, kam ein Rabe auf das Haus geflogen und schrie: ›Wer Gott einmal verschworen, ist auf immer und ewig verloren!‹«[92]

Welche Kälte, Erbarmungslosigkeit und leidenschaftlos-sachliche Selbstverständlichkeit, mit der hier das Kind als Hexe getötet wird! Der Bericht zeigt auf beklemmende Weise, womit die als Hexen angeklagten Frauen zu rechnen hatten. Wenn schon ein Vater seine Tochter mit solcher Schonungslosigkeit opferte, was sollten da die Frauen noch hoffen?[93] Friedrich von Spee, so sahen wir, hat in seiner *Cautio Criminalis* die

Frage gestellt: »Unglückliche, was hast du gehofft?« Er hat sie selbst auch beantwortet: Wo die angeklagten Frauen noch zu hoffen wagten, gab es in Wahrheit keine Hilfe, gab es nur: Verzweiflung.

Anmerkungen

1 Lea, *Geschichte der Inquisition*, S. 614. Zum Geschichtsbild liberaler Historiker vgl. Trevor-Roper, S. 165 ff.
2 Johann Moritz Schwager, *Versuch einer Geschichte der Hexenprozesse*, Berlin 1784, S. 56 f.
3 Im folgenden zitiert nach der Übersetzung von Schmidt, 1906 (1974²). Vgl. auch die unten abgedruckten Ausschnitte, S. 344 ff.
4 Schwager, a.a.O., S. 56-228; das ganze Buch hat 344 Seiten.
5 Ebd., S. 13 f.
6 Lea, S. 429.
7 Hansen, *Zauberwahn*, S. 474.
8 Lea, S. 607.
9 Riezler, S. 102 f.
10 Michelet, S. 122.
11 *Hexenhammer*, III, S. III.
12 Vgl. Ziegeler, S. 82 ff.
13 Vgl. Hansen, *Zauberwahn*, S. 498 ff.
14 *Hexenhammer*, I, S. 92 ff.
15 Ebd., I, S. 93.
16 Ebd., I. S. 106.
17 Ebd., I. S. 99 f.
18 Ebd., II, S. 63.
19 Ebd.
20 Ebd., I, S. 162.
21 Ebd.
22 Ebd., I, S. 167.
23 Ebd., I, S. 181.
24 Ebd., III, S. 33 f.
25 Ebd., III, S. 32.
26 Ebd., III, S. 82.
27 Ebd., III, S. 101 f.
28 Ebd., III, S. 90.
29 Ebd., III, S. 94.
30 Vgl. dazu vor allem Ziegeler, S. 111 ff.
31 Im folgenden zitiert nach: Johann Weyer, *De praestigiis daemonum. Vom Teufelsgespenst, Zauberern und Gifftbereytern*. Übersetzt von Johann Fuglinus, Frankfurt 1586 (Neudruck Darmstadt 1968). – Zu Weyer vgl. Soldan-Heppe I, S. 450 ff.; Baschwitz, S. 117 ff. Vgl. auch den unten abgedruckten Abschnitt, S. 373 ff.
31a Zur Melancholie im Weierschen Sinne vgl. unten S. 441, Anm. 118.
32 Zu Binsfeld vgl. Soldan-Heppe I, S. 471 f.

32a Vgl. dazu Ziegeler, a.a.O.
33 Zitiert nach der Ausgabe von Ritter, 1939 (1967²).
34 Ritter, S. XIV.
35 Ebd., S. XX.
36 Ebd., S. 3.
37 Ebd., S. 4.
38 Ebd., S. 5.
39 Ebd., S. 7.
40 Ebd., S. 9.
41 Ebd., S. 23.
42 Ebd., S. 31.
43 Ebd., S. 82.
44 Ebd., S. 85.
45 Ebd., S. 86.
46 Ebd., S. 88.
47 Ebd., S. 123.
48 Ebd., S. 134.
49 Ebd., S. 153.
50 Ebd., S. 156.
51 Ebd., S. 279.
52 Ebd., S. 286.
53 Ebd., S. 289.
54 Ebd., S. XLII.
55 Vgl. Soldan-Heppe II, S. 212 ff.
56 Vgl. dazu unten S. 370 f.
57 Im folgenden zitiert nach der Ausgabe von Lieberwirth, 1967. Vgl. auch besonders die informative Einleitung dieser Ausgabe, S. 31-107.
58 Lieberwirth, S. 19.
59 Ebd., S. 13.
60 Ebd., S. 37.
61 Ebd., S. 45.
62 Ebd., S. 47.
63 Ebd., S. 53.
64 Ebd.
65 Ebd., S. 67.
66 Ebd., S. 91.
67 Ebd., S. 107.
68 Ebd., S. 221-224. Vgl. auch unten, S. 430 f.
69 Vgl. Christian Thomasius, *Über die Folter. Untersuchungen zur Geschichte der Folter*. Übersetzt und herausgegeben von Rolf Lieberwirth (Thomasiana H. 4), Weimar 1960.
70 Lieberwirth, 1967, S. 28.
71 Dazu vgl. Hans v. Hentig, *Über das Indiz der Tränenlosigkeit im Hexenprozeß*, in: Ders., *Studien zur Kriminalgeschichte,* hrsg. von Christian Helfer, 1962, S. 93-103.
72 Zum folgenden vor allem Ziegeler, S. 82 ff.
73 Zitiert nach Soldan-Heppe I, S. 253.
74 Vgl. oben S. 168.
75 Lieberwirth, 1967, S. 73.
76 Zitiert nach Ritter, S. XXXVI.

77 Vgl. zum folgenden Johann Weyer, S. 384-478.

78 Vgl. oben S. 61 ff.

79 Vgl. dazu oben S. 14 ff.

80 Zum folgenden vgl. Walther Peter Fuchs, *Das Zeitalter der Reformation*, in: Gebhardt, *Handbuch der deutschen Geschichte* Bd. 2, 1970, S. 27 ff.; sowie Ernst Walter Zeeden, *Das Zeitalter der Glaubenskämpfe*, ebd. S. 119 ff.

81 Vgl. dazu Keith Thomas, *Religion and the Decline of Magic*, London 1971, S. 638 f.: »In a society technologically more backward than ours the immediate attraction of the belief in witchcraft is not difficult to understand. It served as a means of accounting for the otherwise inexplicable misfortunes of daily life. Unexpected disasters – the sudden death of a child, the loss of a cow, the failure of some routine household task – all could, in default of any more obvious explanation, be attributed to the influence of some malevolent neighbour. There was virtually no type of private misfortune which could not thus be ascribed to witchcraft, and sometimes the list of iniuries might be extremely miscellaneous. At Maidstone in 1652, for example, a group of witches was accused of being responsible for the deaths of nine children and two adults, the loss of five hundred pounds' worth of cattle, and the shipwreck of a large quantity of corn. [. . .] There was thus a standing disposition to attribute to witchcraft a variety of deaths and diseases, aches and pains, which would cause us no intellectual problem today. Rheumatismus, arthritis, creeping paralysis, tuberculosis: all can be recognized in the symptoms of the seventeenth-century witch's supposed victims. Today's doctors, for example, might have no difficulty in diagnosing the case of Roger Boyden, who, when threshing corn, was ›suddenly stricken down to the ground and taken lame, both in his right arm and left leg, and so continued till his death‹; or of his daughter, Luce Boyden, who ›after a ravenous manner did devour an extraordinary proportion of sustenance, yet she pined away to skin and bones and so died‹.«

82 Vgl. Trevor-Roper, S. 134 f.

83 Ebd., S. 135 f.

84 Ebd., S. 140.

85 Vgl. oben S. 154 ff.

86 Zum folgenden vgl. Zeeden, S. 119 ff.

87 Vgl. ebd. S. 223.

88 Vgl. dazu Karl Meier-Lemgo, *Geschichte der Stadt Lemgo*, 1962², S. 163 ff.

89 Ebd., S. 175.

90 Zeeden, S. 222 f.

91 Vgl. etwa J. Paulus, *Württembergische Hexenprozesse aus dem 16. Jahrhundert*, in: *Diöcesanarchiv von Schwaben* 15, H. 6, 1897, S. 81 ff.; sowie Midelfort, S. 30 ff.

92 Zitiert nach: *Deutsche Volkssagen*. Herausgegeben von Leander Petzoldt, München 1970, S. 14.

93 Zum Thema vgl. M. Tramer, *Kinder in Hexenglauben und Hexenprozeß des Mittelalters*, in: *Zeitschrift für Kinderpsychiatrie* 11, 1944/1945, S. 140-149; 180-187.

Ines Brenner / Gisela Morgenthal
Sinnlicher Widerstand während der Ketzer-
und Hexenverfolgungen
Materialien und Interpretationen

Diese Arbeit stellt den Versuch dar, die Hexen in einer Tradition magischer Kultformen zu sehen, die bis ins späte Mittelalter reicht. Dabei haben wir auf nur wenige Primärtexte zurückgegriffen, die bis jetzt unseres Erachtens noch nicht ausreichend interpretiert worden sind. Ausführliche Quellenzitate bilden die Grundlage unserer Interpretation, die nur ein erster Anfang sein kann, das Hexenwesen und die Hexenverfolgung in einem anderen Licht zu betrachten.

Der Begriff des »sinnlichen Widerstands«, wie wir ihn verwenden, impliziert nicht ein bewußtes Sich-Wehren einzelner oder Gruppen der Gesellschaft, sondern eine eher vorbewußte Verweigerung geforderter Anpassung an neue soziale Strukturen durch Regression auf ältere Lebens- und Kultformen.

Verhältnis zum Körper

Die Beschreibung der Lebensformen während des Mittelalters ist deshalb von Bedeutung, weil das Alltagsleben weniger von christlichen Wertvorstellungen und Normen geprägt war, als wir es heute vorauszusetzen pflegen. In dieser zum größten Teil agrarisch strukturierten Gesellschaft konnte sich der christliche Kult mit seinen abstrakten Symbolen, die in der Realität schwer konkretisierbar und erfahrbar waren, noch nicht voll im Bewußtsein der Menschen festsetzen. Er blieb äußerlich; das Verhältnis der Menschen zu ihrem Körper und zu ihrer Sinnlichkeit war noch unmittelbarer, als wir es uns heute vorstellen können, gleichwohl kein ursprünglich natürliches. Erst in der Periode des Übergangs zur Geldwirtschaft gewann die christliche Ablehnung der Sinnlichkeit an Bedeutung für breitere Bevölkerungsschichten.

Dieses direktere Verhältnis zum Körper läßt sich aufzeigen

an den Eß-, Schlaf- und Badegewohnheiten, der Einstellung zum nackten Körper und zur Sexualität schlechthin.

Weder die Speisenfolge noch die Tischsitten unterliegen einer strengen Regulierung:

». . . aber, verglichen mit der späteren Zeit, zeigen uns auch die Bilder von Tafelnden bis ins 15. Jahrhundert hinein durchgehend wenig Tafelgeschirr, wenn auch im einzelnen gewiß mancherlei Änderungen zu verzeichnen sind. [. . .] Jeder nimmt sich – oder läßt sich kommen –, wonach er gerade Verlangen hat. Man bedient sich aus den gemeinsamen Schüsseln. Man nimmt feste Stoffe, vor allem Fleisch, mit der Hand, flüssige mit Kellen oder Löffeln. Aber sehr oft werden Soßen und Suppen noch getrunken. Man hebt Teller und Schüsseln zum Mund. Lange Zeit hindurch gibt es auch nicht gesonderte Geräte für verschiedene Speisen. Man bedient sich der gleichen Messer, der gleichen Löffel. Man trinkt aus den gleichen Gläsern. Häufig essen zwei der Tafelnden von der gleichen Unterlage.«[1]

»Die Manieren sind gemessen an den späteren in jedem Sinne des Wortes ungezwungen. Man soll nicht schmatzen und schnauben beim Essen. Man soll nicht über die Tafel spucken und sich nicht ins Tischtuch schneuzen, das ja auch zum Abwischen der fettigen Finger dient, oder nicht in die Finger selbst, mit denen man in die gemeinsame Platte faßt. Aus der gleichen Schüssel oder auch von der gleichen Unterlage mit anderen zu essen, ist selbstverständlich. Man soll sich nur nicht über die Schüssel hermachen, wie ein Schwein, nicht das Abgebissene wieder in die allgemeine Soße tauchen.«[2]

Diese Beschreibung macht deutlich, daß hygienische Vorschriften nur den geringsten Bestandteil der Tischsitten ausmachten (nicht spucken, sich nicht in die Finger oder ins Tischtuch schneuzen etc.); die meisten Regeln sind rein sozialer Natur. Erst als die Individuation und Atomisierung der Menschen in stärkerem Maß fortschreitet, die Entfremdung vom eigenen Körper wächst, beginnt die Ekelreaktion auf die körperliche Nähe der anderen als Ausdruck des Abscheus und der Angst vor der eigenen Naturhaftigkeit. Bei der Beschreibung der Tischsitten wurde sehr viel Wert darauf gelegt, die Üppigkeit der Speisen wie auch die häufig über Tage ausgedehnten »Eßfeste« anläßlich von Hochzeiten oder anderen Feiern (die auch heute noch in überwiegend agrarischen Gegenden begangen werden) darzustellen. Wir können uns diese Feste als Kompensation für die häufigen Fastenzeiten vorstellen, die offenbar nicht primär von der Kirche gefordert, sondern eher durch äußere Umstände wie Lebensmittelknappheit erzwungen wurden.

Nacktsein war im Mittelalter weder im Alltag noch bei besonderen Anlässen tabuiert:

»Man schlief nackt, zog sich gemeinsam an und aus, man wusch sich nackt, entweder im Haus oder an einem öffentlichen Wasser. Das Badehaus war Treffpunkt für Geistliche, Bürger, Jungfrauen und junge Männer. Man sah Liebhaber mit ihren Liebchen, Dirnen mit ihren Kunden. Sogar Dörfer verfügten über ein Badehaus. Ganze Familien zogen bisweilen nackt oder nur teilweise bekleidet dorthin. Nacktsein war sozial statthaft und funktionell gerechtfertigt. Man stellte Christus, Adam und Eva, Heilige, Fürsten, Eremiten in der Wüste, Engel, Götter und Göttinnen aus der Antike oder alttestamentarische Gestalten ganz oder teilweise nackt dar. Man schätzte das Nackte auch in Aufzügen und Schauspielen. So erzählt Erasmus, daß in einer Prozession der Schrein der heiligen Genoveva von vier Geistlichen getragen wurde ›toto corpore nudi‹. Alles weist darauf hin, daß Nacktsein nicht in eine Sphäre der Sündhaftigkeit, Reizbarkeit oder in einer Art voyeuristischen Genießens erlebt wurde ...«[3]

»In der mittelalterlichen Gesellschaft war auch diese Funktion [das Schlafen; d. Verf.] nicht in solcher Weise privatisiert und aus dem gesellschaftlichen Leben ausgesondert. Es war durchaus üblich, in den Räumen, in denen Betten standen, Besuch zu empfangen, und die Betten selbst hatten daher je nach ihrer Ausstattung einen Prestigewert. Es war sehr gewöhnlich, daß viele Menschen in einem Raum übernachteten, in der Oberschicht der Herr mit seinem Diener, die Frau mit ihrer Magd oder ihren Mägden, in anderen Schichten häufig selbst Männer und Frauen in dem gleichen Raum, oft auch Gäste, die über Nacht blieben.

2. Wer nicht in den Kleidern schlief, zog sich völlig aus. Im allgemeinen schlief man in der Laiengesellschaft nackt, in den Mönchsorden je nach Strenge der Regel völlig angezogen oder völlig ausgezogen. Die Regel des heiligen Benedikt – wenigstens zum Teil schon aus dem 6. Jahrhundert – schrieb den Ordensmitgliedern vor, in ihren Kleidern zu schlafen und sogar den Gürtel anzubehalten. Die Regel der Cluniazenser erlaubte im 12. Jahrhundert, als der Orden wohlhabender, mächtiger und die asketischen Zwänge lockerer wurden, unbekleidetes Schlafen. Die Zisterzienser, in ihren Reformbestrebungen, kehrten wieder zu der alten benediktinischen Regel zurück. Von einer spezialisierten Nachtbekleidung ist in den Ordensregeln dieser Zeit nie die Rede, erst recht nicht in den Zeugnissen, den Epen oder Illustrationen, die uns die weltliche Gesellschaft hinterlassen hat. Das gilt auch für Frauen. Es war eher auffallend, wenn jemand sein Taghemd beim Schlafengehen anbehielt. Es erweckte den Verdacht, daß der oder die Betreffende mit einem körperlichen Schaden behaftet sei – aus welchem anderen Grunde sollte man seinen

Körper verstecken? – und es hatte auch in der Tat meist einen Grund dieser Art.«⁴

Wenn man für heutige Verhältnisse sagen kann, daß Schamhaftigkeit der Individuen deren Selbstschutz (als Hütung der Intimsphäre) vor dem »Zurückfallen« ins Kollektiv bedeutet und damit ein Moment krampfhaften Festhaltens an bürgerlicher Individualität, so läßt sich für das oben Beschriebene konstatieren, daß solche Angst vor Selbstpreisgabe die mittelalterlichen Gemeinschaften nicht beherrschte: Dieselbe Unbefangenheit, die man seinem Körper und auch dem Körper eines anderen gegenüber bekundete, hatte man auch gegenüber den körperlichen Funktionen, die sexuellen eingeschlossen.

»Es gibt zahlreiche Zeugnisse für die prosexuelle Einstellung und Lebensweise des Menschen im 15. und 16. Jahrhundert. Allgemein wurde anerkannt, daß jeder seinen Sexualtrieb äußern dürfe, damit seine Gesundheit nicht gefährdet werde. In einigen Städten wurden von der Obrigkeit Bordelle eingerichtet. Die Körperlichkeit wurde in einer Weise praktiziert, die wir heute verlernt haben. Man berührt sich, streichelt und umarmt sich, küßt sich; Ammen und Eltern masturbieren kleine Kinder, um sie ruhig zu halten. Ältere Menschen haben Kontakte zu Jugendlichen, die wir heute als sexuell bezeichnen würden. Die Selbstbefriedigung wird erst zu Beginn des 18. Jahrhunderts von Medizinern und viel später von Geistlichen bekämpft. Die vorehelichen geschlechtlichen Beziehungen sind institutionalisiert, desgleichen in einigen Schichten auch der außereheliche Geschlechtsverkehr. Mangelhafte Antikonzeption wird von den Kirchen verurteilt. Die Fürsten und der Adel huldigen der Promiskuität, die kaum jemals kritisiert wird. Studenten und Soldaten tun, was ihnen gefällt. Die Geistlichkeit nimmt es nicht so genau mit dem Zölibat. Daheim schläft man nackt. Die ganze Familie und die Bediensteten in einem Raum. [...] Ein reichhaltiger Wortschatz für das Sexuelle steht zur Verfügung. Die jungen Menschen brauchen keine sexuelle Aufklärung, da sie aus der Welt der Erwachsenen sehen, fühlen und lernen können, was sie wissen müssen.«⁵

Man muß hier einwenden, daß es vehemente Kritik an den sexuellen Praktiken von offizieller kirchlicher Seite durchaus gab, dafür gibt es zahlreiche Zeugnisse. Diese dadurch geforderte Beschränkung wirkte sich aber erst sehr viel später auf das alltägliche Leben des Volkes aus. Es ist auch schwierig, von einer »Institutionalisierung« des vor- und außerehelichen Geschlechtsverkehrs zu sprechen. Angebracht wäre es, von einem stillschweigend geduldeten Überleben noch vorchristlicher Zustände zu reden, zumal es nicht möglich war, die Menschen von der Notwendigkeit einer »freiwilligen« Aufgabe ihrer Lebensgewohnheiten zu überzeugen. Außerdem ist zu bemerken, daß zum Beispiel die Einrichtung von Bordellen nicht etwa auf positive Sinnlichkeit, sondern auf einige, dem Patriarchat natürliche Triebverstümmelungen schließen läßt. Wo Sexualität käuflich ist, ist die Frau bereits zum Objekt degradiert. Aber während für Männer der Besuch von Bordellen noch gesellschaftlich toleriert wird, können Frauen ihre Sinnlichkeit nur im gesellschaftlichen Abseits ausleben. Schon die römischen Bacchanalien, clandestine nächtliche Feiern, die zunächst nur von Frauen besucht wurden, waren im spätantiken patriarchalischen Staat verboten. Ebenso unerwünscht waren solche Ausbrüche natürlich im Christentum, das in allen Formen kollektiver Abweichung, von den Tänzern des 4. Jahrhunderts über die Häretiker bis zu den Hexen des frühen 17. Jahrhunderts, eine manifeste Gefahr sehen mußte. Dennoch gelang es ihm nicht, die Relikte älterer Kulte aus dem Lebenszusammenhang der Menschen völlig zu verdrängen. Dafür spricht, daß rein magischen Kultformen noch nicht ihre Voraussetzung, die vorherrschend agrarische Naturalwirtschaft, entzogen war.

Die katholische Kirche konnte diese Riten nur zum Teil – und dann nur entsinnlicht und symbolisch – integrieren, so daß die älteren, heidnischen Riten *zusätzlich* zum christlichen Ritus ausgeübt wurden, obwohl die offizielle Kirche negative Sanktionen für solche Praktiken verhängte.

Tradierung magischer Riten – die Tänzer

Für zwei Formen kollektiver Abweichung vom christlichen Ritus – Tänzer und Häretiker – gibt es Zeugnisse, die von den Anfängen des Christentums bis zum Ende des Mittelalters reichen; sehr viele Beobachtungen in diesen Zeugnissen weisen Ähnlichkeiten und Übereinstimmungen mit Phänomenen des Hexenwesens auf, über das allerdings erst ab Ende des Mittelalters Dokumente vorliegen.

Obwohl die Kirche in der Zeit der Christianisierung Zuge-

11. *Hekate, die dreigesichtige Göttin der dunklen Künste* (Antike Gemme)

ständnisse an »bekehrungswillige Heiden« machen mußte – davon zeugen bis heute die Prozessionen und Feldgänge, die Erntedankfeste usw., die die Fruchtbarkeitsbeschwörungen der agrarischen Religionen fortsetzen –, zeigten sich schon bald Auflehnungserscheinungen in der Bevölkerung, die sich offenbar gegen die zunehmende Entfernung sinnlicher Elemente aus den christlichen Riten richteten. Schon im 4. Jahrhundert schreibt Basilius:

»Schamlose Weiber haben, vergessend die Furcht Gottes und verachtend das ewige Feuer, eben an dem Tage, an dem sie in Erinnerung an die Auferstehung hätten zu Hause bleiben und jenes Tages gedenken sollen, an dem der Himmel sich öffnen und der Richter vom Himmel her uns erscheinen wird, die Posaunen Gottes erschallen und die Toten auferstehen werden, gerechtes Gericht gehalten und einem jeden nach seinen

Werken vergolten wird, solche Weiber haben, anstatt mit solchen Gedanken sich zu beschäftigen und ihre Herzen von bösen Begierden zu reinigen, die früheren Sünden mit Tränen abzuwaschen und sich auf die Begegnung mit Christus am großen Tage seiner Ankunft vorzubereiten, das Joch der Dienstbarkeit Christi abgeschüttelt, haben die Schleier der Sittsamkeit von ihrem Haupte entfernt, Gott verachtet, seine Engel verachtet, haben sich jedem männlichen Blicke schamlos ausgesetzt, die Haare schüttelnd, die Kleider schleppend, mit den Füßen trippelnd, mit lüsternem Blicke und ausgelassenem Gelächter wie rasend sich in den Tanz gestürzt, haben allen Mutwillen der jungen Leute gegen sich herausgefordert und vor der Stadt bei den Gräbern der Märtyrer Tänze aufgeführt und so die geheiligten Orte zur Werkstätte ihrer Schamlosigkeit gemacht. Sie haben die Luft mit ihren buhlerischen Gesängen entweiht, entweiht mit ihren unreinen Füßen die Erde, die sie bei ihren Tänzen stampften, haben einen Schwarm junger Leute als Zuschauer um sich versammelt, wahre Buhldirnen und ganz verrückt, daß sie verrückter nicht hätten sein können. Wie kann ich dazu schweigen? Wie das recht beklagen? Der Wein hat uns um diese Seelen gebracht, jene Gabe Gottes, die den Mäßigen zur Labung in der Krankheit gegeben ist, aber jetzt bei den Unmäßigen ein Werkzeug der Zügellosigkeit ward.«[6]

Frauen sind es, die den magischen Kult bewahren und ausüben. Sie hoffen nicht auf das Jenseits, lassen die Toten nicht ruhen bis zum Tag des Jüngsten Gerichts, sondern glauben, daß die Kräfte der Toten im Diesseits wirksam sind und beeinflußt werden können.

Es handelt sich offensichtlich um ein Frühlingsfruchtbarkeitsritual, das eine starke Ähnlichkeit mit dem dionysischen Kult aufweist. Die Frauen sind berauscht und durchbrechen die ihnen aufgezwungene Zurückhaltung und Beschränkung auf den Hausbereich. Im ekstatischen Tanz werfen sie die zivilisatorische Hülle ab und versuchen, sich der Natur gleichzumachen, um Natur zu beeinflussen.

Es scheint möglich, daß sich im Mittelmeerraum noch dionysische Frauenbünde, wie sie Livius beschreibt, erhalten hatten, vor allem deshalb, weil diese zum großen Teil Geheimbundcharakter hatten, auch dort aufgrund der handfesten Unterdrückung, die den Frauen in allen gesellschaftlichen Bereichen widerfuhr[7]:

»Anfänglich sei dieses Heiligtum nur für Frauenzimmer bestimmt gewesen und gewöhnlich keine Mannsperson zugelassen worden. Nur drei bestimmte Tage im Jahre hätten sie gehabt, an welchen sie bei Tage den Bacchantinnen geweiht würden. Zu Priesterinnen habe man regelmäßig Standesfrauen, eine nach der andern gewählt. Pakulla Annia, eine Kampanerin, habe als Priesterin, gleichsam als Eingebung der Götter, alles abgeändert. Sie sei die erste gewesen, die Mannspersonen, ihre Söhne, die beiden Cerrinier, Minius und Herennius, eingeweiht und aus dem Gottesdienste bei Tage einen nächtlichen, aus den drei Weihtagen im Jahre fünf für jeden Monat gemacht habe. Seitdem Männer mit Weibern bei den Feiern vermischt gewesen, und die Ungebundenheit der Nacht dazu gekommen sei, wäre hier kein Frevel, keine Schandtat unausgeübt geblieben. Die Männer begingen mehr Unzucht unter sich als mit Weibern. Litten einige die Entehrung nicht willig genug, oder wären sie zu schüchtern, sie an andern zu üben, so würden sie als Schlachtvieh geopfert. Nichts für Sünde halten, sei unter ihnen das Grundgesetz der Religion. Die Männer sprächen, wie wahnsinnig, unter schwärmerischen Verzuckungen des Körpers, Weissagungen: die Weiber liefen in Bacchantinnentracht, mit fliegenden Haaren und brennenden Fackeln an die Tiber hinab, tauchten ihre Fackeln in das Wasser und zögen sie, weil sie mit gediegenem Schwefel und Kalk überzogen wären, in voller Flamme wieder heraus. Von den Göttern entrückt hießen die Menschen, welche man an eine Winde gebunden und in verborgene Höhlen fortgerissen, verschwinden lasse. Das wären aber solche, die nicht hätten mitschwören, oder an den Untaten teilnehmen, oder die Entehrung leiden wollen. Die Gesellschaft sei von bedeutender Größe, fast schon ein zweites Volk; und darunter mehrere Männer und Frauen von Stand! [...] Erstens also besteht ein großer Teil aus Weibern, und von ihnen rührt eigentlich das Übel her; zweitens sind es ganz weibliche Mannspersonen, Geschändete und Schänder, Nachtschwärmer, vom Weine, vom nächtlichen Getöse und Geheule betäubt. [...] Über siebentausend Männer und Weiber hatten sich, wie es hieß, in diesen Geheimbund eingelassen.«[8]

In der magischen Religion überdauern Momente matriarchaler Lebensformen bis in späte patriarchale Gesellschaften, weil in ihr der Frau eine wichtige Mittlerfunktion zur Natur zukommt. Dies ist begründet in ihrer stärker sichtbaren Naturhaftigkeit – ihrer Fähigkeit zu gebären. In den Anschuldigungen gegen die Bacchantinnen, die zur Verfolgung des Kults führten, tauchen bereits alle Elemente auf, die später die wesentlichen Bestandteile der Anklagen gegen Tänzer, Ketzer und vor allem Hexen werden sollten: die Führungsrolle der Frauen, sexuelle Enthemmung, Homosexualität, Zauberei (bei Livius noch rationalistisch erklärt) und Mord.

»... Einst, vor nicht sehr vielen Jahren, war auch in diese Stätte die Frechheit der Tänzer eingedrungen. In diese so heilige Stätte, wo eines so heiligen Märtyrers Leib ruht, wie sich viele erinnern, die älter sind; in eine so heilige Stätte, sage ich, war die Seuche und Frechheit der Tänzer eingedrungen. Die ganze Nacht wurde hier Frevelhaftes gesungen und während sie sangen, wurde getanzt. Weil es der Herr durch unseren heiligen Bruder, euren Bischof, so wollte, wich jene Pest, sobald man hier begann, die heiligen Vigilien zu feiern, nach einigem Sträuben der Sorgfalt, errötete vor der Weisheit.«[9]

In diesem Zitat des Augustinus wird deutlich, daß die christliche Verurteilung dieser Riten selber von magischem Denken durchsetzt ist: dem heidnischen Zauber stellt sie einen »wirksameren«, christlichen Gegenzauber entgegen. Gegen die Sinnlichkeit der Tänzer werden Naturverneinung und Askese eingesetzt (Vigilien).

Diese geradezu idiosynkratische Haltung gegenüber Natur wird zur »Weisheit« erklärt und siegt über Unvernunft und Sünde, als die sie sie denunziert.

Da jede Tanzform, auch wenn sie versucht, das rein Orgiastische zu unterdrücken, eine Bejahung des Leibes bedeutet, ist es nur folgerichtig, wenn das Christentum diese Art des Ausdrucks verdrängen wollte.

»Schwieriger allerdings ließ sich der Tanz an, als der Leib selber nicht mehr dreinsprechen sollte. Das Christentum hat der Absicht nach nicht nur den sinnlichen, auch den religiösen Tanz zurückgedrängt. Bedenken gegen ihn, wenigstens als trancehaften, beginnen bereits bei den Juden: Tanz gehört zu den Baalpriestern. Diese schäumen, diese hinken um den Altar (1. Kor. 18.26). Diese haben ihre Derwische, und auch noch die jüdischen ›Prophetenhaufen‹ zur Zeit Sauls traten wie Derwische auf, Pauken schlagend und ekstatisch (1. Sam. 10,5); eben deshalb wurden sie verachtet. Und eben deshalb wurde verwundert gefragt: ›Ist Saul auch unter den Propheten?‹ (1. Sam. 10,12); letztere galten damals noch als heidnisch besessen. Wird daneben oder darüber, mit hoher Ehrung, der Tanz Davids vor der Bundeslade berichtet, so empfand nicht nur Michal, sein Weib, das als eine Erniedrigung, sondern David selber gab ihr die Erniedrigung zu (2. Sam. 6,22), obzwar mit umgekehrten heiligen Vorzeichen, als Trance vor Jahwe. Diese Heiligung aber blieb sowohl im frühen Christentum wie in der Kirche aus; der Tanz blühte im Mittelalter als höfischer und als Volkstanz, doch nicht liturgisch. ›Es ist keinem gestattet‹, so bestimmt ein Konzil von 680, ›Spiele und Tänze aufzuführen, welche, vom Teufel eingegeben, die Heiden erfunden haben‹; – die Gesten des Leibs sind der transzendierenden seelischen Bewegung nicht mehr der Ort, worin sie sich einheimisch macht. Die vorgeschriebenen Schritte der katholischen Priester vor dem Altar enthalten zwar vielleicht noch eine

Erinnerung an römische Tempeltänze, aber sie ist auf sparsamste symbolische Andeutungen reduziert, und die Prozession hat einen steifen Schritt. Ekstatischer Tanz bricht nur noch irregulär aus, so bei den Geißlern zur Zeit des schwarzen Tods, und ist dann konvulsivisch.«[10]

Anders als die Tänzer des 4. Jahrhunderts, die noch magischen Traditionen verhaftet sind, unterliegen die Tänzer, die in der Mitte des 14. Jahrhunderts auftreten, einer kollektiven sporadischen Regression.

Sie geben sich nicht etwa nur den irrationalen Ängsten vor dem schwarzen Tod hin. Vielmehr ist der reale Hintergrund der Tanzwut darin zu sehen, daß Leibeigene in größerem Ausmaß freigesetzt werden, das heißt vom Land vertrieben werden und die Städte überschwemmen; zur Ausbreitung der »Tanzepidemien« tragen überdies Hungersnöte und Krankheiten bei, die im Verlauf der Pauperisierung Not und Entbehrung weiter vergrößern. Die Tänzer werden auf ihren eigenen Körper zurückgeworfen, er ist ihr einziger Besitz, das Tanzen eine der wenigen Möglichkeiten, sich seiner selbst gewiß zu bleiben inmitten aller materiellen Unsicherheit.

»Anno 1374 zu mitten im Sommer, da erhub sich ein wunderlich Ding auff Erdreich, und sonderlich in Teutschen Landen, auff dem Rhein und auff der Mosel, also daß Leute anhuben zu tantzen und zu rasen, und stunden je zwey gegen ein, und tantzeten auff einer Stätte ein halben Tag, und in dem Tantz da fielen sie etwan offt nieder, und ließen sich mit Füßen tretten auff ihren Leib. Davon nahmen sie sich an, daß sie genesen wären. Und lieffen von einer Stadt zu der andern, und von einer Kirche zu der andern, und huben Geld auff von den Leuten, wo es ihnen mocht gewerden. Und wurd des Dings also viel, da man zu Cölln in der Stadt mehr dann fünf hundert Täntzer fand. Und fand man, daß es eine Ketzerey war, und geschahe um Gelds willen, und daß ihr ein Theil Frau und Mann in Unkeuschheit mochten kommen, und die vollbringen. Und fand man da zu Cölln mehr dann hundert Frauen und Dienstmägde, die nicht eheliche Männer hatten. Die wurden alle in der Täntzerey Kinder-tragend, und wann daß sie tantzeten, so bunden und knebelten sie sich hart um den Leib, daß sie desto geringer wären. Hierauff sprachen ein Theils Meister, sonderlich der guten Artzt, daß ein Theil wurden tantzend, die von heißer Natur wären, und von andern gebrechlichen natürlichen Sachen. Dann deren war wenig, denen das geschahe. Die Meister von der heiligen Schrift, die beschwhoren der Täntzer ein Theil, die meynten, daß sie besessen wären von dem bösen Geist. Also nahm es ein betrogen End, und währete wohl sechzehen Wochen in diesen Landen oder in der Maß. Auch nahmen die vorgenannten Täntzer Mann und Frauen sich an, daß sie kein roth sehen möchten. Und war ein eitel Teuscherey, und ist verbottschaft gewesen an Christum nach meinem Bedünken.«[11]

Michelet konstatiert für diesen Zeitraum in Frankreich das gleiche Phänomen der Tanzwut:

> »Die Pest verwüstet den Erdball und ›tötet ein Drittel der Welt‹. Der Papst ist degradiert. Die großen Feudalherren sind geschlagen, gefangen und pressen ihr Lösegeld aus dem Leibeigenen heraus, nehmen ihm noch sein Hemd weg. Die große Epilepsie der Zeit beginnt, es folgt der Krieg der Leibeigenen, die sogenannte Jacquerie. Man ist so rasend, daß man tanzt.«[12]

Die Verzweiflung über die ausweglose Situation findet ihren Ausdruck in der Tanzwut; alte mimetische Verhaltensweisen brechen wieder hervor; im Tanz wird der desparate Lauf der Welt, die einem Karussell gleicht, nachgeahmt. Das Treten des Leibs, das in der *Limburger Chronik* beschrieben ist, wiederholt die Unterdrückung, der die Menschen durch die Feudalherren ausgesetzt werden, und bedeutet gleichzeitig die totale Identifikation mit dem Dasein, um sich so dessen Macht zu entziehen.

Widerstand gegen die Leibfeindlichkeit: der sinnliche Aspekt der Gnosis

Ritus und Sexualität

Auch das Urchristentum bildete keine einheitliche Gemeinde; Polemik gegen »Häretiker« wurde schon früh laut. Daß Ketzerverfolgungen in größerem, vor allem systematischem Ausmaße unterblieben, lag wohl an der noch nicht ausreichend gefestigten Macht der Kirche auf der einen Seite, an der noch relativ geringen Bedrohung durch die Ketzer auf der anderen Seite.

In den gegen die Ketzer gerichteten Angriffen warf man ihnen, die einen unverfälschten Gehalt der Botschaft Jesu bewahren wollten, die das befreiende Evangelium für die Wirklichkeit virulent werden lassen wollten, Völlerei und Ausschweifung vor. Sicherlich haben diese Angriffe ihren Wahrheitsgehalt darin, daß in einigen frühen Christengemeinden und Gemeinden der Gnostiker der Leib noch nicht die negative Besetzung erfahren hatte, wie sie vor allem später bei allen christlichen Moraltheologen auftritt; so waren die Agape-Feiern durchaus Feste sinnlicher Freuden. Man aß reichlich, trank berauschende Getränke, man berührte und umarmte einander.

Diese Hingabe an die Welt, an das Leben ist aber nur einer der beiden Aspekte, die allen dualistischen Religionen und Sekten gemeinsam sind und die in der *Dialektik der Aufklärung* so beschrieben werden:

> »Promiskuität und Askese, Überfluß und Hunger sind trotz der Gegensätzlichkeit unmittelbar identisch als Mächte der Auflösung.«[13]

Es ist offensichtlich, daß die Askese aufgrund der bewußten Verneinung des Leibes diesem »eine über Gebühr« hohe Aufmerksamkeit zukommen lassen muß, denn um dessen Regungen zu unterdrücken, muß sie ihn genauestens beobachten, während die »Libertinage« zu suggerieren sucht, daß sie, wenn sie allen Regungen des Körpers willfährt, seine Nichtigkeit demonstriert. Beide Richtungen aber sind der offiziellen Kirche eine zu hohe Konkretion der Heilserwartung, die sie lieber auf das Jenseits vertagt, da sie den Status quo der Kirche als weltlicher Institution mit materiellen Interessen in Frage stellt.

Die beiden Pole der dualistischen Moral stehen im Gegensatz zu den herrschenden Sitten- und Moralvorstellungen im Feudalismus. Sie bedeuten, wie unbewußt auch immer, außerdem Opposition gegenüber der patriarchalischen Unterdrückung der Frau, indem die Anschauung vertreten wird, daß ein Unterschied zwischen Mann und Frau nur in der vergänglichen Materie besteht, nicht aber in den Seelen, womit die theoretische Begründung für eine ansatzweise Gleichberechtigung der Frau geliefert wird. Aber auch in der Praxis der Askese bedeutet die Leibfeindlichkeit keine Abwertung der Frau; die Keuschheit zwischen Männern und Frauen läßt den verachtungswürdigen Körper und damit die Unterschiede der Geschlechter zurücktreten. Im Libertinismus tritt dasselbe Phänomen mit umgekehrtem Vorzeichen auf: Die Frau ist dem Mann in den »Ausschweifungen« gleichgestellt, sie wird dadurch nicht etwa geschändet oder erniedrigt. Es verwundert daher nicht, daß sich Frauen in größerer Anzahl den gnostischen Sekten anschlossen und dort auch Funktionen innehatten, die ihnen von der offiziellen Lehre verweigert wurden.

Die von uns zitierten Quellen beziehen sich hauptsächlich auf den libertinen Aspekt der Gnosis, der den zeitgenössischen Kommentatoren, die sich auf diese Weise die Erinnerung an die eigene Verstümmelung fernhielten, die größte Angriffsfläche bot. Allerdings glauben wir, daß man diese Berichte nicht nur als reine Projektion sexuell verklemmter Kleriker abtun kann, sondern daß man deren Wahrheitsgehalt und die darin implizierte andere Stellung zur Natur herausfiltern sollte.

Epiphanius berichtet im 4. Jahrhundert über eine gnostische Sekte, die Phibioniten, eine im Grunde matriarchalisch orientierte Sekte:

>»Sie haben ihre Fauen gemeinsam, und wenn einer dazukommt, dem ihre Lehre fremd ist, so haben die Männer gegenüber den Frauen und die Frauen bei den Männern ein Erkennungszeichen in der Art, wie sie die Hand zum Gruße geben, indem sie unter der Handfläche eine Art kitzelnder Berührung verursachen, wodurch sie herausbekommen, ob der Ankömmling zu ihrem Dienst gehört.«[14]

Die gnostischen Gemeinden waren teilweise wie Geheimbünde organisiert. Diese Art der Organisation war spätestens seit dem Religionsedikt von 380 gerechtfertigt. Zu diesem Zeitpunkt erklärten die Kaiser Theodosius und Gratianus den Glauben der zahlenmäßig stärksten Christenfraktion zur Staatsreligion, und Häresie wurde zu einem Staatsverbrechen, das verfolgt werden mußte:

>»Wir befehlen, daß diejenigen, welche dieses Gesetz befolgen, den Namen ›katholische Christen‹ annehmen sollen; die übrigen dagegen, die wir für toll und wahnsinnig erklären, haben die Schande zu tragen, Ketzer zu heißen. Ihre Zusammenkünfte dürfen sich nicht als Kirchen bezeichnen. Sie müssen zuerst von der göttlichen Rache getroffen werden, sodann auch von der Strafe unseres Zornes, wozu wir die Vollmacht dem himmlischen Urteil entlehnen.«[15]

Die Abweichungen der häretischen Rituale von der offiziellen Liturgie, die bis zum Rückgriff auf heidnische Kultsymbole bei den Ophiten gehen, machen die Spannung zwischen den einzelnen Strömungen deutlich:

>»Sie halten nämlich eine natürliche Schlange und ziehen sie in einem

12. *Haeresis Dea* (Kupfer von Anton Eisenhut)

Behälter auf, die sie zur Zeit ihrer Mysterien aus dem Schlupfwinkel hervorholen, und, während sie Brote auf einem Tisch anhäufen, rufen sie ebendiese Schlange herbei; wenn nun der Schlupfwinkel geöffnet ist, kommt sie hervor. Und wenn so die Schlange vermöge ihrer Weisheit und Klugheit herbeikommt und schon deren Dummheit erkennt, geht sie auf den Tisch und wälzt sich in den Broten. Und dies, sagen sie, sei das vollkommene Opfer. Und dann, wie ich von jemandem gehört habe, brechen sie nicht nur die Brote, in denen sich die Schlange gewälzt hat, und teilen sie an die Kommunizierenden aus, sondern jeder küßt auch die Schlange mit dem Mund, da die Schlange durch einen magischen Beschwörungsgesang zahm gemacht worden ist oder das Tier durch eine andere teuflische Kraft zu ihrer Täuschung milde gemacht worden ist. Sie werfen sich also vor diesem nieder und nennen dies Eucharistie, die das geworden ist durch sie [die Schlange], die sich herum gewälzt hat, und indem sie dann dem oberen Vater durch sie [die Schlange], wie sie sagen, einen Hymnus emporsenden, vollenden sie so ihre Mysterien.«[16]

Das Kultsymbol der Ophiten (von *Ophis* = Schlange) ist also die Schlange, die hier als Symbol von Weisheit und Fruchtbarkeit fungiert, möglicherweise in der Tradition eines Bewußtseins, in dem Vernunft noch nicht im Gegensatz zur Sinnlichkeit steht.[17]

Erst im Mittelalter wird von größeren Initiationsriten gesprochen:

». . . Denn wenn ein Novize in sie [die Gemeinschaft] aufgenommen wird und zum ersten Mal in die Versammlungsräume der Vorgenannten eintritt, erscheint ihm eine Art Frosch, den einige eine Art Kröte zu nennen gewohnt sind. Indem einige diesen auf das Hinterteil und andere auf das Maul verdammenswert küssen, nehmen sie die Zunge und den Speichel des Tieres in ihren Mund auf. Dieser [Frosch] erscheint bisweilen in ungebührlicher Größe und manchmal vom Ausmaß einer Gans oder Ente; sehr oft auch nimmt er die Größe eines Backofens an. Dem weitergehenden Novizen begegnet darauf ein Mann von wunderlicher Blässe, er hat ganz schwarze Augen [und ist] so abgezehrt und mager, daß bei geschwundenem Fleisch einzig die übriggebliebene Haut über die Knochen gezogen scheint. Diesen küßt der Novize, und er empfindet ihn kalt wie Eis; und nach dem Kuß schwindet die Erinnerung an den katholischen Glauben vollständig aus seinem Herzen. Nachdem sie sich bald darauf zum Mahl niedergelassen haben und, wenn dieses Mahl beendet ist, sich erhoben haben, steigt aus einer Statue, die in solchen Versammlungsräumen zu sein pflegt, rückwärts ein Kater vom Ausmaß eines mittelgroßen Hundes, schwarz, mit erhobenem Schwanze, den zuerst der Novize, dann der Meister, darauf alle einzelnen, jedoch nur die, die würdig und vollkommen sind, nach ihrer Rangordnung auf das Hinterteil küssen. Die Unvollkommenen aber, die sich nicht für würdig halten, empfangen den Friedenskuß vom Meister, und nachdem sich alle [wieder] auf ihre Plätze gesetzt haben und, das Haupt zum Kater hingeneigt, gewisse Sprüche gesagt haben, sagt der Meister: ›Durch sich für uns‹; während der Nachbar antwortet: ›Wer befiehlt dies?‹ und ein dritter sagt: ›Der höchste Meister‹, sagt ein vierter: ›Wir müssen gehorchen.‹ [. . .]

Nachdem aber der so außerordentlich gottlose Frevel vollbracht ist und die Kerzen wiederum angezündet sind, tritt, nachdem sie sich alle wieder an ihren Plätzen befinden, aus einer dunklen Ecke der Versammlungsräume, die den ruchlosen Menschen nicht fehlt, ein Mann hervor, oberhalb der Hüften glänzend und heller als die Sonne, sei er auch darunter ein alberner Kater, dessen Glanz den ganzen Raum erleuchtet. Alsdann sagt der Meister, indem er etwas vom Gewand des Novizen ausreißt, zu jenem Glänzenden: ›Meister, dieses mir Gegebene gebe ich dir.‹ Worauf der Glänzende antwortet: ›Gut hast du mir gedient; mehr und besser wirst du dienen, deiner Sorge vertraue ich an, was du [mir] gegeben hast.‹

Und nachdem dies gesagt worden ist, verschwindet er sogleich. Außerdem empfangen sie in jedem Jahr am Osterfest den Leib des Herrn aus der Hand des Priesters und, indem sie diesen im Munde in ihre Häuser tragen, werfen sie ihn in den Abtritt zur Schmähung des Erlösers ...«[18]

Dies hat wohl – im Gegensatz zum Rückgriff der Ophiten auf heidnische Elemente – die Qualität eines Reaktionsritus, der sich ausdrücklich auf den christlichen Ritus beruft und ihn umkehrt. Hier kommt bereits der Kuß auf den Anus vor, der später in den Anklagen bei den Hexenprozessen eine große Rolle spielen wird, genauso wie die Verehrung von Tieren wie Frosch und Kater.

Seit den Anfangszeiten des Christentums sind wesentliche Vorwürfe gegenüber den Ketzern immer gegen die sexuelle Libertinage dieser Gruppen gerichtet:

»Nachdem sie nun einander erkannt haben, gehen sie darauf sofort zur Mahlzeit. Üppige Speisen tragen sie auf, essen Fleisch und trinken Wein, auch wenn sie arm sind. Wenn sie so miteinander getafelt und sozusagen die Adern mit ihrem Überschuß an Kraft angefüllt haben, gehen sie zur Anreizung über. Und der Mann verläßt den Platz an der Seite seiner Frau und spricht zu seinem eigenen Weibe: Stehe auf und vollziehe die Agape mit dem Bruder. Die Unseligen aber vereinen sich miteinander, und wie ich mich in Wahrheit schäme, ihre schimpflichen Handlungen zu erzählen (weil, um mit den Worten des heiligen Apostels zu sprechen, das, was bei ihnen geschieht ›auch zu sagen schändlich‹ ist), so werde ich mich dennoch nicht scheuen, das zu sagen, was sie zu tun sich nicht scheuen, damit ich in jeder Hinsicht bei den Lesern der von ihnen verübten Unzüchtigkeiten einen Schauder errege. Nachdem sie sich nämlich vereint haben, erheben sie, nicht genug an dem Laster der Hurerei, noch ihre eigene Schande gen Himmel: Weib und Mann nehmen das, was aus dem Manne geflossen ist, in ihre eigenen Hände, treten hin, richten sich nach dem Himmel zu auf mit dem Schmutz an den Händen und beten als sogenannte Stratiotiker und Gnostiker, indem sie dem Vater, der Allnatur, das, was sie an den Händen haben, selbst darbringen mit den Worten:

›Wir bringen dir diese Gabe dar, den Leib des Christus.‹ Und dann essen sie es, kommunizieren ihre eigene Schande und sagen: ›Das ist der Leib des Christus, und das ist das Passah, um dessentwillen unsere Leiber leiden und gezwungen werden, das Leiden des Christus zu bekennen.‹ So machen sie es auch mit dem Abgang des Weibes, wenn es in den Zustand des Blutflusses gerät. Das von ihrer Unreinheit gesammelte Menstrualblut nehmen sie ebenso und essen es gemeinsam. Und sie sagen: ›Das ist das Blut Christi.‹ Und wenn sie daher in der Apokalypse lesen: ›Ich sah einen Baum, der trug zwölfmal Früchte im Jahre, und er sprach zu mir: das ist der Baum des Lebens‹, so deuten sie das allegorisch auf den in jedem Monat eintretenden weiblichen Blutgang. [...]

Noch vielerlei anderes Abscheuliche wird von ihnen unternommen. Wenn sie wieder einmal unter sich in Ekstase geraten sind, besudeln sie ihre Hände mit der Schande ihres Samenergusses, strecken sie aus und beten mit den befleckten Händen und nackt am ganzen Körper, um durch diese Handlung eine freie Aussprache mit Gott finden zu können. Ihre Leiber aber pflegen sie bei Nacht und bei Tage, Weiber und Männer, mit Salben, Baden und Speisen und widmen sich dem Schlaf und Trunk. Wer aber fastet, den verwünschen sie und sagen: man darf nicht fasten; denn das Fasten ist ein Werk dieses Archons, der den Äon geschaffen hat. Man muß sich vielmehr nähren, damit die Körper kräftig sind, auf daß sie Frucht bringen können zu ihrer Zeit.«[19]

Unter der theologischen Prämisse, daß der Körper zu dieser materiellen Welt gehöre und dadurch eine Schöpfung des bösen Gottes des *Alten Testaments* sei, während allein die Seele vom guten Gott geschaffen sei, war es den Mitgliedern von manichäischen und neumanichäischen Sekten durchaus möglich, ihre Sinnlichkeit auszuleben und zu pflegen – ist der Körper für das ewige Heil irrelevant, so können dessen Bedürfnisse befriedigt werden: ohne Schuldgefühle. Die hier beschriebenen phibionitischen Ketzer (die der libertinen Richtung des Manichäismus angehören) pflegten ihre Körper, aßen bei ihren rituellen Zusammenkünften viel und gut und verboten das Fasten, weil es den Körper schwäche. Das Liebesgebot begriffen sie nicht nur als geistiges, sondern ebenso als körperliches. Sperma und Menstrualblut wurden, in magischer Tradition, als Ausdruck menschlichen Lebens und als höchstes Opfer an den »guten Gott« verstanden. In den Anklagen der Kirche, die sich auf den libertinen Aspekt der Ketzerei beziehen, findet man alle Anklagepunkte zur Sexualität der Hexen nicht nur in nuce, sondern durchaus schon explizit vor: die Vorwürfe von Promiskuität, Inzest und Homosexualität.

»Und wenn dies so vollzogen ist, werden die Kerzen ausgelöscht, und man schreitet zum schändlichsten Werke der Unzucht, wobei man keine Unterscheidung macht zwischen Fernstehenden und Verwandten. Und wenn etwa vom männlichen Geschlecht einige über die Zahl der Frauen hinaus übrig sind, so vollziehen die Männer, die zu den Leidenschaften der Schande in ihren Begierden gegenseitig entbrennen, bei den Männern die Schimpflichkeit. Ebenso kehren auch die Frauen, die natürliche Ausübung um in die, die gegen die Natur ist, indem sie bei sich dasselbe verdammenswürdigerweise tun.«[20]

Wenn nicht der Körper »rein« zu halten, sondern die Seele zu läutern ist, und wenn Sexualität alles andere ist als ein Mittel zur Zeugung, dann wird der Vorwurf, daß in den Ketzergemeinden homosexuelle Akte ausgeführt wurden, durchaus glaubhaft, zumal diese ritualisierte Homosexualität auch ein Vorgang des Mitempfindens der Sinnlichkeit des eigenen Geschlechts ist. Eben dies muß in den Augen der Kirche als besonders verdammungswürdig erscheinen, da sie, in strikter Fortsetzung der jüdischen Tradition – dort als idiosynkratische Reaktion auf noch teilweise matriarchalisch organisierte Nachbarvölker –, jede nicht auf Zeugung gerichtete Aktivität als gegen die göttliche Ordnung verstoßend begreift. Es kommt hinzu, daß das Ausleben der verdrängten eigenen homosexuellen Strebungen bei den Verfolgern der Häretiker auf besonders hohe Ekel- und Abwehrschranken stoßen mußte.

Schon im 12. Jahrhundert legitimiert der Vorwurf der praktizierten Homosexualität das massive Vorgehen gegen die Templer; Initiationsriten und absoluter Gehorsam spielen ebenfalls wesentliche Rollen:

». . . der genannte Bruder P., der ihn in einer Kapelle dieses Hauses aufgenommen habe, habe ihm, als sich der nämliche Zeuge aller Kleider, die er trug – ausgenommen Hemd und Hose – entledigt habe, die Ordenskleider und den Mantel übergeben; und er habe denselben Zeugen geküßt, erstens auf den Mund, zweitens auf den Nabel, drittens auf das Rückgrat, oberhalb der Stelle, wo der Gürtel getragen wird, und er sagte, der gleiche Bruder P. habe demselben Zeugen die Kleider vorn und hinten emporgehoben, als er ihn, wie gesagt, auf den Nabel und auf das Rückgrat geküßt habe.

Ebenso sagte er, derselbe Bruder P. habe nach dem Vorausgegangenen sogleich ein Kreuz herbeigebracht und dem nämlichen Zeugen befohlen, auf das genannte Kreuz zu spucken, es mit den Füßen zu treten und dreimal Jesus abzuschwören; und als derselbe Zeuge sich über die genannten Küsse auf den Nabel und das Rückgrat sowie über derartige Befehle gewundert habe, wie er sagte, und sich zu tun gesträubt habe, was der genannte Bruder P. ihm befahl, habe derselbe Bruder P. ihm gesagt, daß er das Obenerwähnte tun müsse, weil dies zu den Regeln des Templerordens gehöre, und daß, wenn er das Befohlene nicht täte, sie wohl wüßten, was sie mit ihm tun würden; und alsbald habe der Bruder Guillaume de Bure, Priester dieses Ordens, ein – nunmehr toter – Blutsbruder desselben Zeugen, der und kein anderer, wie er sagte, bei der gesagten Aufnahme anwesend gewesen sei, demselben Zeugen gesagt, daß er das Obenerwähnte tun solle; nachdem er dies gehört habe, habe derselbe Zeuge dreimal Jesus abgeschworen, mit dem Munde, wie er sagte, nicht mit dem Herzen, und er habe einmal neben das Kreuz gespuckt, es jedoch nicht mit den Füßen getreten. Ebenso sagte er, unmittelbar nach dem vorher Gesagten habe der besagte Bruder P. aus einem Schrank dieser Kapelle ein Haupt hervorgeholt, es auf den Altar gestellt und um das besagte Haupt eine Schnur gelegt, jene Schnur demselben Zeugen übergeben und ihm befohlen, sich mit ihr beständig über dem Hemd zu gürten; dennoch aber, sagte er, habe er sie nicht getragen [...] Gefragt, mit welchen Worten er Jesus abgeschworen habe, antwortete er, durch diese Worte: Ich widersage Gott, ich widersage Gott, ich widersage Gott. Gefragt, ob all das vorher Gesagte am gleichen Ort geschehen sei, antwortete er: ja, und zwar in der nämlichen Kapelle, vor dem Altar, nach der Morgenröte, ohne Hinführung an einen anderen Ort. Gefragt, ob in dieser Kapelle damals Lichter waren, antwortete er: nein; aber er habe gut gesehen, weil der Tag angebrochen gewesen sei, so daß er das besagte Kreuz gut unterschieden habe. Gefragt, aus was das besagte Kreuz gewesen sei, antwortete er, aus Holz, und es sei bemalt gewesen mit dem Bilde des Gekreuzigten und von der Länge etwa eines halben Armes (gewesen). Gefragt, wie beschaffen das besagte Haupt gewesen sei, antwortete er, es sei nicht aus Holz gewesen, sondern es habe ausgesehen wie aus Silber oder aus Kupfer oder aus Gold; und es sei ganz wie ein Menschenhaupt gewesen, mit einem Gesicht und einem langen, fast weißen Bart. Gefragt, wessen Haupt es gewesen sei, antwortete er, er wisse es nicht und er habe späterhin das besagte Haupt nicht mehr gesehen, weil er, wie er sagte, seitdem nicht in dem genannten Hause gewesen sei, sondern nur an den beiden Tagen, und der genannte Lehrer habe, nachdem die besagte Aufnahme vollzogen worden sei, dasselbe Haupt in den vorher erwähnten Schrank zurückgestellt.«[21]

Zunächst ist zu bemerken, daß man die Berichte gerade aus dem Prozeß gegen den Templerorden mit Vorsicht lesen muß, da dieser Prozeß gegen einen sehr reichen und einflußreichen Orden ein höchst politischer war. Er endete damit, daß vierundfünfzig Mitglieder des Ordens, unter ihnen der Großmeister, hingerichtet und alle Güter des Ordens von der französischen Krone eingezogen wurden. Es liegt nahe, daß deshalb in den Prozeßakten ein Ritus beschrieben wird, der den christlichen völlig pervertiert: das Kreuz zu bespucken, statt es zu küssen; Gott abzuschwören, anstatt dem Satan; Mund, Nabel und Rückgrat der Brüder zu küssen anstelle des Bruderkusses auf die Wange.

Allerdings ist es möglich und wahrscheinlich, daß der Orden, der hauptsächlich im vorderen Orient operierte, dort in Berührung mit männerbündischen Riten gekommen ist und diese übernommen hat. Das Haupt, von dem hier die Rede ist, wird an anderer Stelle als das Haupt des Baphomet beschrieben, einer Zwittergottheit, die im Vorderen Orient als Patron der Homosexuellen galt, und die Texte deuten durchaus darauf hin, daß es rituelle homosexuelle Handlungen gab.

»Ebenso sagte er, der Genannte, der ihn aufgenommen habe (Raoul der Gisy), habe sich in seiner und der anderen assistierenden Brüder Gegenwart ganz nackt ausgezogen und habe ihm befohlen, ihn auf das Gesäß zu küssen, aber er habe es abgelehnt, dies zu tun; er habe ihn jedoch von hinten auf das nackte Fleisch der Schulter geküßt, und er (Raoul) habe ihm gesagt, daß alles Befohlene zu den Regeln des Ordens gehöre. [...]
Ebenso zu 36-39[21a], antwortete er, sie vollzögen die Aufnahmen heimlich bei geschlossenen Türen und Fenstern, in Gegenwart nur von Ordensbrüdern, und vier Jahre, wie er sagte, bevor er in den Orden eingetreten sei, habe er sagen hören, daß sie sich auf das Gesäß küßten, und er sagte, er habe das Erwähnte von mehreren Leuten und an mehreren Orten gehört, und wegen der erwähnten Heimlichkeit und Küsse habe Verdacht gegen den oben erwähnten Orden bestanden; der Zeuge selbst habe jedoch damals das Erwähnte nicht geglaubt, wie er sagte, da er, wenn er es geglaubt hätte, keinesfalls in den Orden eingetreten sei. [...]«[22]

Noch 1906 kann Wilhelm Fischer, im übrigen ein Mann, der den Glauben an Hexen und deren Verfolgung als »abergläubisch« verurteilt, über eine gnostische Sekte des zweiten Jahrhunderts schreiben:

»Noch schärfer kam der Satanismus bei den *Kainiten,* einer Sekte der gnostischen Ophiten zum Durchbruch. Der Triumph der Materie über den Geist war das Ziel ihrer Lehre. Sie beteten daher den Teufel an, billigten den Brudermord Kains, die Verbrechen Esaus, Korahs und der Sodomiten, den Verrat Judas Ischariots, den Geschlechtsgenuß bis zur

Promiskuität, die Prostitution bis zum Incest und die mann-männliche Liebe, die Tribadie usw. bis zur Sodomie. Mit einem Wort, sie setzten das Gute ab, um das Böse zu verehren. Um die Frauen für diese monströse ›Religion‹ zu gewinnen, lehrte eine schöne Tribade namens Quintilia den Frauen die ›Moraltheologie‹ der Sappho mit solchem Erfolg, daß die ungeheuerliche Sekte sich im Norden Afrikas und besonders in dem lasterhaften Karthago riesig ausbreitete. Die Propaganda dieser seltsamen Prophetin illustriert sehr deutlich die bekannte Petition auf Aufhebung des § 175 unseres Strafgesetzbuches derart, daß ihn ein weiser Gesetzgeber statt aufzuheben, im Sinne des österreichischen Strafgesetzbuches auch auf Frauen ausdehnen müßte. Ich für meinen Teil habe diese Forderung in meiner ›Geschichte der Prostitution‹ bereits gestellt und kann sie nur wiederholen. Die verbrecherische und revolutionäre Tendenz der Kainiten, dieser fürchterlichsten Sekte und ihr Satanismus äußert sich darin, daß sie die Schlange, welche im Paradies Eva verführte, zu ihrer Himmelskönigin machten, die sie anbeteten. Zu verwundern ist nur, daß diese satanisch-sodomitische Sekte ein ganzes Jahrhundert lang, und zwar vom 2. bis 3. Jahrhundert die Welt verpesten konnte« (Hervorhebung im Original).[23]

Aus diesem Text geht deutlich hervor, daß sich die Ablehnung der Hexenverfolgung, die Angst vor der Frau und vor ihrer Dominanz nicht nur vereinbaren lassen, sondern einander ergänzen. Das Zeitalter der entwickelten instrumentellen Vernunft hat es nicht mehr nötig, Hexen zu verbrennen – denn das heißt gleichzeitig, sie sehr ernst zu nehmen. Heute zeichnet man das Andere mit dem Stigma der Irrationalität, gibt es der Lächerlichkeit preis oder isoliert es. Diesen Schritt hat Fischer bereits vollzogen. Es bleibt aber die Angst vor der »grenzenlosen« Sexualität – vor allem der Frau –, die Bedrohung, die von der Verkehrung und Ablehnung der mühsam hergestellten Normen ausgeht. Hier wird bis heute die Forderung nach Strafe laut.

Anthropophagie

In den manichäischen Sekten wird Zeugung deshalb als Sünde betrachtet, weil dieser Akt die Herrschaft des bösen alttestamentarischen Gottes verlängert, dem die ganze Materie untersteht. Ihn kann man nur besiegen, indem man das Menschengeschlecht aussterben läßt, sich selber opfert, letztlich die Identifikation mit Christus anstrebt. Wird solchermaßen

Schwangerschaft zum sündhaften Zustand, so ist es verständlich, daß versucht wird, die Schwangerschaft zu verhindern oder rückgängig zu machen:

> »Wenn sie sich aber auch miteinander vermischen, so lehren sie doch, daß man keine Kinder zeugen dürfe. Denn nicht zur Kinderzeugung wird bei ihnen die Schändung betrieben, sondern um der Lust willen, da der Teufel mit ihnen sein Spiel treibt und das von Gott geschaffene Gebilde verhöhnt. Sie aber treiben die Wollust bis zur Vollendung, nehmen den Samen ihrer Unreinheit für sich und lassen ihn nicht zur Kindererzeugung tiefer eindringen, sondern essen die Frucht ihrer Schande selbst. Wenn aber einer von ihnen dabei ertappt wird, daß er den natürlichen Samenerguß tiefer einströmen ließ und das Weib schwanger wurde, so höre, was sie noch Schlimmeres unternehmen: Sie reißen nämlich den Embryo heraus zu dem Zeitpunkt, wo sie ihn mit den Händen fassen können, nehmen diese Fehlgeburt und zerstoßen sie in einer Art Mörser mit der Mörserkeule, und hierein mengen sie Honig und Pfeffer und andere bestimmte Gewürze und wohlriechende Öle, damit sie es nicht ekelt, und dann versammeln sie sich alle, diese Genossenschaft von Schweinen und Hunden, und jeder kommuniziert mit dem Finger von dem zerstampften Kinde. Und nachdem sie diesen Menschenfraß vollbracht haben, beten sie schließlich zu Gott: ›Wir ließen nicht Spiel mit uns treiben vom Archon der Lust, sondern sammelten die Verfehlung des Bruders.‹ Auch das halten sie nämlich für das vollkommene Passah.«[24]

Es ist durchaus möglich, daß auch neugeborene Kinder getötet wurden, zumal dem Leben keine sonderlich große Bedeutung beigemessen wurde und Kindesaussetzungen bis in die frühe Neuzeit häufig die einzige Möglichkeit waren, den unerträglichen Belastungen, die eine zu große Familie mit sich brachte, auszuweichen.

Allerdings ist es nicht leicht zu entscheiden, ob es sich bei dem Fressen von Kindern um eine Ausgeburt der Projektionen eigener, unbewußter Wünsche der Bekämpfer des Ketzertums handelte oder um kannibalische Praktiken, die sich erhalten hatten. Für die zweite Annahme spricht, daß in Sammlungen von Kriminalfällen bis ins 17. Jahrhundert solche Handlungen erwähnt werden:

> »Ferner findet man, daß grausame Mörder und Straßenräuber sehr fleißig aufgepasset, wenn sie schwangere Weiber bekommen können, solche aufzuschneiden, die ungebohrne und ungetaufte Kinder gleichfalls zu öffnen, ihre Hertzlein zu pulverisieren und zu fressen, daß wenn sie etwan gefangen würden, dennoch auf der Volter nichts bekennen möch-

ten, oder aber aus deren Fingern Diebes-Lichter zu machen, wovon die Leute in Häusern drin sie stehlen in einen tiefen Schlaff fallen und nicht eher aufwachen bis solche in (Frauen?) Milch ausgeleschet worden: allermassen aus folgenden Exempeln erhellet: In Schlesien ist An. 1623 ein Ertz-Mörder gewesen, G. B. als der *Prinzipal* unter der Schelmen-Zunfft, sonst die grüne Farbe genannt, welcher nicht allein an Fremden, sondern auch an den Seinigen grausame Mordthaten begangen: Denn es hatte ihn lange Zeit nach ungetauffter Kinder-Blut gelüstet, und da sein Weib gleich auf schwerem Fuß gegangen, so hat er ihr ein Fenster-Brett auf den Leib geworffen, worauf zwey Leibes-Früchte von ihr gegangen, dadurch die Mutter so erschrocken, daß sie bald gestorben. Hierauf hat der lose Vater beyde Kinder erwürget, dieselbe an den Rücken aufgeschnitten, ihre Hertzlein aus dem Leibe gerissen, auf Stücken zerschnitten in Backöfen gedörret, gepulvert, in eine Suppen gestreuet, und dieser seinen andern Cameraden davon zugetruncken. Ein ander Weib dieser Mörder, so man die Teichfrau geheissen, hat nach der Geburth ihrem Kinde selbst den Leib aufgeschnitten, das Hertze herausgerissen, es eben wie die Vorigen zugerichtet und mit ihren *Consorten* verschlucket, der Hoffnung, wenn sie ja zur gefänglichen Hafft möchten gebracht werden, *daß ihnen diese Suppe wider die Marter dienen, würde*« (Hervorhebung im Original).[25]

Wenn man diesen Berichten glauben kann, so hieße das, daß es sich hierbei um rituellen Kannibalismus handelt, der den Sinn hat, sich die Eigenschaften des Menschen, den man ißt, anzueignen. In diesem Fall geht es hauptsächlich um die Sprachlosigkeit des kleinen Kindes, die man sich zum Schutz vor der Befragung auf der Folter zu eigen machen will.

Es ist bezeichnend, daß sich die Vorwürfe gegen die Häretiker: sexuelle Libertinage, Anthropophagie, Homosexualität und Teufelsanbetung, in den frühen wie in den späten Berichten beinahe bis aufs Wort gleichen. Man sollte daraus freilich nicht den Schluß ziehen, schon daran sei zu erkennen, daß es sich um reine Verleumdungen der Ketzer handle, die die Verfasser voneinander abgeschrieben hätten. Es scheint vielmehr so zu sein, daß sich bis zum Ende des Mittelalters Reste der alten Fruchtbarkeitsreligionen kultisch und sozial erhalten haben, wenn sie auch größtenteils patriarchalisch pervertiert waren.

In den beiden nächsten von uns zitierten Texten zu diesem Komplex, die aus dem 11. und 12. Jahrhundert stammen und neumanichäische Sekten beschreiben, sind die Vorwürfe noch einmal komprimiert zusammengefaßt:

»... Sie versammelten sich nämlich in gewissen Nächten in dem genannten Hause, wobei alle Laternen in den Händen hielten, ebenso wie sie die Anrufungen der Dämonen-Litanei hersagten, bis sie plötzlich einen Dämon in Gestalt irgendeines Tieres unter sich herabsteigen sahen. Sogleich riß jeder – nachdem, damit ihnen jene Vision glaubhaft erschien, alle Lichter gelöscht waren – eine Frau, die ihm unter die Hände kam, zum Mißbrauch an sich; ohne Rücksicht auf Sünde, und ob Mutter oder Schwester oder Nonne besessen wurde, die Begattung wurde von ihnen als etwas für sie Heiliges und Religiöses geschätzt; wenn in dieser schmutzigen Begattung ein Kind gezeugt worden war, würde es am achten Tag in ihrer zahlreich versammelten Mitte bei angezündetem Feuer geprüft, durch das Feuer nach Sitte der alten Heiden, und so im Feuer verbrannt. Seine Asche wurde mit so großer Verehrung gesammelt und aufbewahrt, wie die christliche Frömmigkeit den Leib Christi aufzubewahren pflegt, um ihn den Kranken, die aus dieser Welt gehen, zur Wegzehrung zu geben. Es wohnte nämlich eine solche Kraft teuflischen Betruges dieser Asche inne, daß jeder, der von der besagten Häresie angesteckt war, und dem von dieser Asche, wenn er auch noch so wenig genommen hatte, vorgesetzt worden war, kaum jemals später den Schritt des Geistes von dieser Häresie weg zum Weg der Wahrheit zu lenken vermochte ....«[26]

»Die Versammlungen halten sie in geheimen Gewölben oder Innenräumen ab, dabei ohne Unterscheidung des Geschlechtes, (sie), die bei angezündeten Kerzen einer nach vorn gebeugten Dirne mit, wie gesagt wird, entblößtem Gesäß unter dem Blicke aller sie (die Kerzen) von hinten darbringen; und sobald dann diese (Kerzen) ausgelöscht sind, verkünden sie laut das Chaos in jeder Weise, und jeder vereinigt sich mit der, die ihm als erste unter die Hände kommt.

Wenn nun eine Frau daselbst schwanger wird, kehrt sie erst nach erfolgter Geburt ebendahin zurück.

Ein großes Feuer wird entzündet, von den um es Sitzenden wird das Kind von Hand zu Hand durch die Flamme geworfen, bis es (das Feuer) ausgelöscht ist. Darauf wird es (das Kind) zu Asche gemacht; aus der Asche wird Brot bereitet; wem (davon) ein Teil als Eucharistie ausgeteilt wird, der kommt nach solchem Genuß fast niemals mehr von dieser Häresie weg zur Vernunft.«[27]

Zwar wird bei den Ketzern diese magische Einflußnahme nicht bewußt angestrebt, während die Magie der Hexe auf die Beeinflussung der Natur abzielt. Dennoch ist der Schritt von hier bis zum vollkommenen »Chaos« der Hexe klein.

Die Hexen

Der Sabbat als Ort der Verschwörung der Frauen gegen Ordnung und Vernunft

»Die Mänaden aber, weit hinter den Nymphen zu Hause, zeigten von alldem nur verschwiegener Tänze unheimliche, dionysische Bewegung. Die Arme der Mänaden waren mit Schlangen umwunden, und ihr Gang beschwor den unterirdischen Bacchus mit dem doppelten Geschlecht und dem Stierkopf. Doch verschwand freilich die abbildliche Bewegung um die Nacht-, Fruchtbarkeits-, Abgrundgötter im gleichen Grad wie der dionysische Abgrund überbaut wurde.«[28]

Dieser dionysische Abgrund konnte jedoch nicht so total überbaut oder zugeschüttet werden, daß sich nicht doch während des gesamten Mittelalters Brüche feststellen ließen, Einbrüche, die um so verständlicher erscheinen, als sie in einer Zeit unvorstellbarer Not und Entbehrung auftraten. Von der christlichen Kirche waren weder Wunder noch Erlösung im Diesseits zu erwarten, im Gegenteil, in aller Regel bestätigte sie das Unglück lediglich und legitimierte es als in letzter Instanz unerforschlichen Ratschluß Gottes. Erleichterung und Vergessen fand man auf nächtlichen Festen, die die Zwänge und die Verzweiflung des Alltags in der Lust des Augenblicks auflösten. Dort schienen Religion und Sinnlichkeit wieder eins, wie Natur wieder eins schien mit dem menschlichen Leben.

»Die ordentlichen Kuriere des Sabbats sind die Frauen, seine Mysterien gehen (mehr) durch ihre Hände als durch die der Männer. Nun, sie fliegen und eilen zerzaust wie Furien, nach der Sitte des Landes, indem sie einen so leichten Kopf haben, daß sie auf ihm keine Bedeckung ertragen können. Man sieht sie dort nackt, bald eingefettet, bald nicht. Sie kommen an oder entfernen sich (denn jede hat einen unheilvollen und bösen Auftrag), indem sie auf einem Stock oder Besen sitzen oder von einem Bock oder einem anderen Tier getragen werden, ein oder zwei arme Kinder auf dessen Kreuz, wobei sie den Teufel bald vorn als Führer, bald hinten und am Schwanz als einen derben Peitscher haben. Und wenn Satan (selbst) sie durch die Luft befördern will (was überdies nur den Fähigsten gegeben wird), schwingt er sie hoch und erhebt sie wie tosende Raketen, und wenn sie niedergehen, finden sie sich an dem besagten Ort vor und stürzen sich herab, hundertmal schneller als ein Adler oder ein Milan sich auf eine Ammer stürzen könnten ...«[29]

Die nächtliche Gemeinschaft wird vor allem von Frauen hergestellt und zusammengehalten. Frauen legen mit ihren Hauben ihre gesellschaftliche Diskriminierung ab – der Satz: »Das Weib aber schweige in der Gemeinde« gilt nicht auf dem Sabbat. Michelet meint, daß Männer überhaupt nur in Begleitung von Frauen zugelassen waren.[30]

13. *Hexen-Sabbat auf dem Blocksberg* (Aus: *Blockes-Berges Verrichtung* von J. Praetorius. Leipzig 1669)

In der patriarchalischen Vorstellung ist das »Chaos« weiblich, und die Frauen erzeugen es immer wieder neu, wenn man sie nicht daran hindert. Nach dieser Projektion ist es ihre Aufgabe, Schaden zu stiften, um die von Gott geordnete Natur zu verwirren; der Teufel gibt nicht nur den Hexen Kraft dazu, er selbst setzt Naturgesetze außer Kraft oder überschreitet sie. Der Sabbat aber verkörpert das Chaos:

»Der Sabbat ist wie ein Markt von zusammengewürfelten, rasenden und außer sich geratenen Händlern, die von allen Seiten her eingetroffen sind. Ein Zusammentreffen und ein Gemisch von hunderttausend blitzschnellen und vorübereilenden Dingen, die zwar durchaus neuartig, aber von einer abscheulichen Neuartigkeit sind, die das Auge beleidigt und das Herz empört. Unter diesen Dingen sieht man solche, die real sind, und andere, die Blendwerk und Trug sind. Einige (wenn auch sehr wenige) sind angenehm, wie die Schellen und die wohlklingenden Instrumente, bloß daß man sie dort dergestalt hört, daß sie nur dem Ohr schmeicheln und nichts im Herzen anrühren, indem sie mehr in Lärm, der betäubt und erschreckt, bestehen als in Harmonie, die gefällt und erfreut. Die anderen (Dinge), die unangenehm, voll Häßlichkeit und Greuel sind, bezwecken nur Zügellosigkeit, Beraubung, Verderben und Zerstörung. Wo die Menschen vertieren und sich in Tiere verwandeln, indem sie die Sprache verlieren, solange sie so sind. Und die Tiere hingegen sprechen dort und scheinen mehr Vernunft als die Menschen zu haben, indem jedes seinem Wesen entfremdet wird.«[31]

Die Angst de Lancres vor dem Fortschritt – die Metapher des Marktes taucht sicher nicht von ungefähr auf –, einer ungewissen Zukunft, ist die Angst vor der Wiederkehr des Chaos, das man in der Errichtung und Proklamation der göttlichen Weltordnung ein für alle Mal besiegt zu haben glaubte. Diese Angst drückt sich in idiosynkratischen Reaktionen gegenüber neuartigen und unbekannten Dingen aus, deren Wesen nicht mehr erfaßt werden kann, in Ekel und Abscheu vor Menschen, die scheinbar vertieren, d. h. die entsprechend ihren augenblicklichen, gleichwie irrationalen Bedürfnissen Aufschub nicht mehr dulden und beim Ausleben ihrer Sinnlichkeit Vernunft und Sprache einbüßen; das wiederhergestellte Verhältnis zur Körperlichkeit setzt voraus, daß die Entfremdung vom eigenen Wesen rückgängig gemacht wird, und ist hier also nur über die Ausschaltung von Vernunft realisierbar.

Daran freilich, daß die Tiere als »menschlicher« und »vernünftiger« geschildert werden, zeigt sich die Unfähigkeit des Autors, sich den Sabbat anders denn als eine Umkehrung gewöhnlichen Zusammenseins vorzustellen. Das Wesentliche der Sabbate – deren Momente die neuen Qualitäten freisetzen – gerät so erst gar nicht ins Blickfeld.

»Man sieht dort große Kessel, voll von Kröten und Vipern, Herzen von ungetauften Kindern, Fleisch von Gehenkten und anderem schauderhaften Aas, und stinkende Brunnen, Töpfe mit Fett und Gift, das bei diesem Jahrmarkt gebraucht und ausgegeben wird...«[32]

Für die sich herausbildende instrumentelle Vernunft hat jedes Ding nur eine Seite; eine Pflanze kann giftig oder heilend sein, nicht aber beides: einmal definiert, wird das So-Sein der Dinge zum göttlichen Gesetz, das von Menschen nicht durchbrochen werden kann. Die Hexe jedoch erkennt noch die empirische Vielfalt der Natur an, sie steht als Heilkundige nicht ausschließlich in einem Zweck-Mittel-Verhältnis zu ihr.

»Necato, eine berüchtigte Hexe, überlegen und herausragend über alle anderen, deren [...] Natur sie ihres Geschlechtes beraubt hat, um aus ihr einen Mann oder einen Hermaphroditen zu machen [...], dunkelbraun und rußfarben wie ein Sylvan oder Wilder [...], bärtig wie ein Satyr, [...] hat behauptet, daß sie, während sie auf dem Sabbat gewesen sei, es unter anderen gewesen sei, die den Giftkessel zum Kochen aufgesetzt habe (und) die Schlangen und Kröten enthäutet habe, und während sie ihnen den Kopf mit einem Messer, das sie bei sich gehabt habe, abgetrennt habe (und) ihre wilden Augen zum Himmel erhoben habe, habe sie unter anderen Blasphemien gesagt [...]: ›Ha, Philipp, wenn ich dich hielte, würde ich dir ebensowohl den Kopf abtrennen, wie ich es bei diesen Kröten und Schlangen mache‹; nachdem sie dann den Schlag gegeben habe, habe sie diese in den siedenden Kessel geworfen, wo diese giftigen Drogen gekocht hätten...«[33]

Der Hermaphrodit ist auf zweifache Weise bedrohlich: einmal erinnert er an die alten Zwittergottheiten der heidnischen Fruchtbarkeitskulte, zum anderen stört er die Trennung der Geschlechter, bei der es nur männlich und weiblich gibt, nichts Drittes, und wird so zum Element des Chaotischen. Unangepaßte, unbeherrschte Natur ist die »Wildheit« dieses Zwitterwesens, das schon vom Aussehen her völlig vom Gewohnten, Bekannten abweicht – wie viel mehr noch dessen Aufbegehren gegen die »natürliche« Ordnung der Welt und der Gesellschaft. Mit »Philipp« ist entweder Philipp von

Valois gemeint, der Urheber des Hundertjährigen Krieges, oder Philipp der Schöne, der den Prozeß und die Verurteilung der Templer angestrengt hatte. Hier wendet sich also Todesmagie gegen institutionalisierte Herrschaft, wird zu einem zwar ungenügenden, aber bedrohlichen Mittel eines sich wohl auch politisch verstehenden Widerstands gegen den *Ordo mundi*.

> »Was die Hinkenden, die Verkrüppelten, die alten Gebrechlichen und Hinfälligen betrifft, so sind dies diejenigen, die wieder leicht tanzen, denn dies sind Feste der Verwirrung, wo alles ohne Regel und gegen die Natur erscheint. Und es ist eine bemerkenswerte Tatsache, daß der Ort selbst und die Erde, auf der sie tanzen und mit den Füßen stampfen, einen solchen Fluch empfängt, daß darauf kein Gras oder etwas anderes wachsen kann . . .«[34]

Indem die Kranken und Alten im Tanz ihre Gebrechen ausstellen und wiederholen, überwinden sie gleichzeitig ihre gesellschaftliche Ächtung als nicht mehr funktionstüchtige Wesen. Der Versuch der Versöhnung mit dem eigenen Körper wird interpretiert als Widernatur, die die göttliche Natur völlig zu entmachten droht.

> »Seine [Satans; d. Verf.] Züge verdichten sich schließlich zur völligen Umkehrung aller Attribute, die gemeinhin Gott zukamen: Ordnung, Vernunft, Sitte sind von der chaotischen Hexe bis zur Unkenntlichkeit (d. h. für den ordnungsliebenden Mann Gottes) entstellt, und ihre Affinität zum Antichrist verbindet sie mit einer Art Widernatur, die die vom Verfall Bedrohten soweit verängstete, daß sie schließlich sogar die Omnipotenz Gottes vergaßen und sie dem Satan zuschrieben.«[35]

Dieses Chaos hat, nach Meinung der Hexenverfolger, Methode: Die Bulle Innozenz' VIII., *Summis Desiderantes*, Sprenger und Institoris, die Verfasser des *Hexenhammers*, und de Lancre gehen von der Existenz einer satanischen Hexensekte aus; entweder explizit wie Innozenz oder implizit wie de Lancre, einfach durch die Schilderung von Sabbaten mit Tausenden von Teilnehmern. Real an dieser Annahme scheint zu sein, daß es einen wenn auch nur latenten, so doch breiten Widerstand gegen die zunehmende Entfremdung von der eigenen agrarischen Arbeit und damit vom eigenen Körper gab, der sich hauptsächlich in einem kollektiven Wiederaufgreifen älterer kultischer Ausdrucksformen manifestierte und in einem damit verbundenen dionysischen Element. Dieser

Widerstand, in Verbindung mit dem beginnenden Widerstand der Bauern gegen den sich immer mehr verstärkenden materiellen Druck, stellte sich als reale Bedrohung der bestehenden feudalen Macht dar. Frauen, die im Verlauf der Veränderung der Produktionsverhältnisse mehr und mehr aus der Produktionssphäre ausgeschlossen wurden, deshalb nicht mehr völlig in die Gesellschaft integriert waren und schon allein durch ihre körperlichen, also ihre Gebär-Funktionen unmittelbarerer zur Natur waren, stellten nicht nur die größere Anzahl von Mitgliedern dieser sogenannten Sekten, sondern übten in ihnen auch entscheidenden Einfluß aus, indem sie die wesentlichen kultischen Funktionen übernahmen. Gerade zu Zeiten jedoch, in denen sich fundamentale Umwälzungen des gesamten gesellschaftlichen Lebens vollziehen, erscheinen als Möglichkeiten der Abwehr der Krise sowohl der Rückfall in vermeintlich unbeherrschte Natur (= Chaos), wie ihn die Hexen zu vollziehen scheinen, als auch die Versammlung der technischen Kräfte (Naturwissenschaften) zu deren effizienterer Beherrschung. Daß letztlich sowohl die feudal-klerikale Allianz wie auch die Vertreter »moderner« Naturwissenschaften zugunsten des Fortbestandes der Gesellschaft diese »Regression« nicht dulden konnten, ist wohl der Grund für das Systematische wie auch für die Vehemenz der Verfolgung der Hexen. Der Ausgang der Krise, die potentiell beide Möglichkeiten – Regression wie Fortschritt – offenhält, wird entschieden durch die nunmehr systematische Abwehr und Verdrängung der Natur im Menschen. Gerade dadurch aber gewinnt Natur, und zwar ausschließlich deren destruktiver Aspekt, in den Verfolgern die Oberhand (und nicht unbedingt in den Hexen, denen er als Pakt mit dem Satan unterstellt wird).

Das Moment der Utopie, das in der »Regression« der Hexen wie in der Antizipation der Naturwissenschaften steckt, versuchen (zumindest in der offiziellen Geschichtsschreibung) die Wissenschaften durch die totale Naturbeherrschung allein für sich zu beanspruchen, während in den Hexen das Moment der Versöhnung mit Natur ungebrochen aufrechterhalten wird.

Der Kult der Hexen

»Gleichwohl waren die Hexen gerade nicht an solche wilde Natur ausgeliefert, eher war es wohl ihr sympathetisches Verhältnis zu ihr, das die idiosynkratischen Reaktionen ihrer Verfolger beschwor. Ihr inniges Verhältnis zur Natur muß in den theologischen Gemütern offenbar den Gedanken ausgelöst haben, daß es sich sehr wohl mit dem Teufel leben lasse – und damit jeden Absolutheitsanspruch kategorisch in Frage gestellt haben.«[36]

Es liegt nahe, daß, wo unbeherrschte Natur verteufelt wird, diejenigen, die sich der Natur nicht mit Gewalt, sondern mit Einfühlung nähern, den Teufel als obersten Herrn wählen, trotz der negativen Attribute, die die offizielle Lehre ihm beilegt:

»Der Teufel, unumschränkter Gebieter der Versammlung, tritt dort öfters auf als stinkender und bärtiger Bock: die schrecklichste und scheußlichste Gestalt, die er unter allen Tieren entlehnen kann, und diejenige, mit welcher der Mensch den geringsten Umgang hat. Bisweilen ist er (der Teufel) dort anzutreffen und zu sehen als schreckerregender Baumstamm von der Form eines düsteren und ungeheuer (großen) Menschen. [...] Wenn er dort als Mensch erscheint, dann als ein Mensch, der gequält, gepeinigt, rot und flammend wie ein Feuer ist, das aus einem glühenden Ofen herausschlägt. Als verschwommener Mensch, dessen Gestalt nur zur Hälfte in Erscheinung tritt, mit einer gebrochenen, angekränkelten und unartikulierten Stimme, die jedoch gebieterisch, rollend und entsetzlich ist. Dergestalt, daß man bei seinem Anblick nicht gut zu sagen wüßte, ob es ein Mensch, ein Baumstamm oder ein Tier ist. Er sitzt auf einem Stuhl, der vom Aussehen golden ist, aber flammend; die Königin des Sabbats zu seiner Seite, die eine Hexe ist, die er verführt hat (und) die er prunkvoll erscheinen läßt, geschmückt mit vielem falschem Putz und gekrönt als Königin, um die anderen anzulocken. Wobei er obendrein fast allen eine abscheuliche Gestalt gibt, die auf dieser fluchwürdigen Versammlung sind, deren Gesichter beim trügerischen Licht dieser Kerzen aus Pech, die dort zu sehen sind, düster, barbarisch oder verschleiert erscheinen; und die Menschen (scheinen) von ungeheurer Statur und Größe oder von außerordentlicher und fehlerhafter Kleinheit (zu sein)...«[37]

Dieser Teufel zeigt sich auch bei de Lancre als undifferenzierte Natur: Man weiß nicht, ob er Baum, Tier oder Mensch ist. Als Tier nimmt er die Gestalt des Bockes an, eine Gestalt, die an antike Fruchtbarkeitsgötter erinnert, zum Beispiel an Faune und Satyren. In seiner menschlichen Erscheinung wird er ein Identifikationsobjekt für alle Unterdrückten: gequält, aber sich nicht mit seinem Leiden abfindend – Ausdruck der Revolte gegen die ungerechte Ordnung der Welt, die in der Unterdrückung der Natur im Menschen gipfelt. Folgerichtig erscheinen auch die Menschen auf dem Sabbat verzerrt; sie sind nicht eindeutig wahrzunehmen, weil nicht wahr sein kann, was nicht wahr sein darf.

»Die Frauen und Mädchen, mit denen er (der Teufel) sich paaren will, sind bedeckt mit einer Nebelwolke, um die Abscheulichkeiten und Schändlichkeiten zu verbergen, die es dabei gibt, und um das Mitleid fernzuhalten, das man mit den Schreien und Schmerzen dieser armen Unglücklichen haben könnte. Und dabei will er die Ruchlosigkeit mit der Schandtat der Zauberei verbinden, um ihnen den Anschein zu erwecken, er wolle, daß sie mit einer Form von Religion lebten; der Dienst oder göttliche Kult, an dessen Nachäffung oder Abbildung er sich versucht, ist so wild und zuchtlos und außerhalb allen gesunden Menschenverstandes, daß der falsche Opferpriester, der einen Altar zugerichtet hat, den Schein erweckt, dort eine Form von Messe zu lesen, um über die Christen zu spotten. Und er läßt dort eine – aus einer schmutzigen, schwarzen und rußfarbenen Materie gemachte – Hostie erscheinen, auf der er als Bock dargestellt ist. Dieser falsche Priester mit dem Kopf nach unten und den Füßen nach oben und mit dem Rücken in schimpflicher Weise gegen den Altar gewandt...«[38]

»Umgekehrt« erscheint lediglich die Wahrnehmung des Beobachters, der die Andersartigkeit der Sabbatriten dennoch konsequent als Persiflage der Liturgie begreift; wohl kaum wird ein solcher »Priester« sich die Qualen ausdauernder Kopfstände zu deren Verunglimpfung zugemutet haben. (Wenn im 19. Jahrhundert tatsächlich etwelche Priester kopfstehend die Schwarze Messe zelebriert haben sollten, so läßt sich dies nur daraus erklären, daß der Hexenbewegung – wie wir meinen – ihre Substanz bereits genommen war und sie in sektenhafter Skurrilität die Sabbate nur noch parodieren konnten.)

Es scheint, daß die Hexen zunächst ihren Kult als komplementären begriffen haben:

»Marie de la Ralde, achtundzwanzig Jahre alt, eine sehr schöne Frau, [...] sagt aus, daß sie nicht geglaubt habe, etwas Schlechtes zu tun, wenn sie zum Sabbat gegangen sei, und daß sie dort viel größere Lust und Befriedigung gehabt habe, als wenn sie zur Messe gegangen sei, weil der Teufel sie glauben gemacht habe, daß er der wahre Gott sei, und daß die

Freude, welche die Hexer [s. Anm. 39] auf dem Sabbat empfingen, nur ein Beginn einer viel größeren Herrlichkeit sei, indem er (der Teufel) unseren Herrn herabgesetzt habe und ihm mehrere Blasphemien gesagt habe ...«[40]

In dieser Zeugenaussage, wie auch in der folgenden, wird das Angebot der Verschmelzung von sinnlichen Bedürfnissen mit der christlichen Religion, wie sie zum Teil in gnostischen Sekten herausgebildet war, klar abgewiesen.

»Ebenso [haben sie gesagt], daß sie nicht glaubten, es sei böse getan, auf den Sabbat zu gehen, sowie, daß es vielmehr eine Bosheit sei, ihnen eine so große Befriedigung zu untersagen und zu verbieten; daß diese Ausübung sie nicht der Gnade Gottes beraube; daß sie trotzdem alle Tage zur Kirche gingen und nicht glaubten, ihren Anteil am Paradiese verloren zu haben, und selbst wenn man in die Hölle kommen müsse, glaubten und dächten sie, wenigstens schon mit dem Teufel vertraut zu sein, und daß die ewigen Strafen, das Feuer der Hölle und das des Sabbats dieselbe Sache seien.«[41]

Diese kognitive Dissonanz, in der das Auseinanderfallen von Sein und Sollen noch nicht als Widerspruch empfunden wird, ist auch bei den Teilnehmern dieses Sabbats festzustellen, die am Tage in die Kirche gingen und ohne das Bewußtsein, etwas Böses zu tun, nachts den Sabbat besuchten. Es war ihnen auch offensichtlich immer noch nicht einsichtig, warum etwas, das sinnliche Lust bereitete, Sünde sein sollte.

Auf dem Sabbat wird die Einheit von Sinnlichkeit und Religiosität immer wieder neu hergestellt. Der Teufel ist längst nicht so fremd und so fern wie der abstrakte Gott; vor dem Vertrauten aber ist die Angst geringer als vor dem unbekannten Gott, der ohnehin die Schöpfung sich selbst überließ und Heil nur im Jenseits versprach, während die Erlösung im Diesseits bereits stattfinden sollte.

»Weiter sagt sie, daß sie gesehen habe, wie mehrere kleine Dämonen ohne Arme ein großes Feuer angezündet hätten, und wie, während sie sie ohne Schmerzen herausgezogen hätten, der Teufel ihnen (den Hexen) gesagt habe, daß sie kein größeres Leid haben würden durch das Feuer der Hölle ...«[42]

Da die Hexen von vornherein in eine Position gedrängt wurden, in der sie auch weiterhin nur als die Negation des christlichen Glaubens gesehen werden konnten, konnten sie, der Meinung ihrer Feinde und Verfolger nach, sich einzig zu dem Zweck zusammengeschlossen haben, Böses zu tun, Schaden zu stiften und in jeder Weise die Gebote zu mißachten. Das aber hat den Charakter einer sich selbst erfüllenden Prophezeiung, die dem Verurteilten keine Chance läßt, wende er sich wie er wolle, seine ihm zugeschriebene Rolle als Sünder und Schuldiger abzustreifen.

»Gewißlich, es ist neulich nicht ohne große Beschwerung zu unsern Ohren gekommen, wie daß in einigen Theilen des Oberteutschlandes, wie auch in den Mäinzischen, Cöllnischen, Trierischen, Saltzbergischen und Bremischen Ertzbistümern, Städten, Ländern, Orten und Bistümern sehr viele Personen beyderley Geschlechts ihrer eigenen Seligkeit vergessend und von dem catholischen Glauben abfallend, mit denen Teufeln, die sich als Männer (*incubis*) oder Weiber (*succubis*) mit ihnen vermischen, Mißbrauch machen und mit ihnen Bezauberungen, und Liedern und Beschwerungen, und anderen abscheulichen Aberglauben und zauberischen Uebertretungen, Lastern und Verbrechen, die Geburthen der Weiber, die Jungen der Thiere, die Früchte der Erden, die Weintrauben und die Baumfrüchte, wie auch die Menschen, die Frauen, die Thiere, auch die Weinberge, Obstgärten, Wiesen, Weiden, Korn und andere Erdfrüchte, verderben, ersticken und umkommen machen und verursachen, und selbst die Menschen, die Weiber, allerhand groß und klein Vieh und Thiere mit grausamen sowohl innerlichen als äußerlichen Schmertzen und Plagen belegen und peinigen und eben dieselbe Menschen, daß sie nicht zeugen, und die Frauen, daß sie nicht empfangen, und die Männer, daß sie den Weibern, und die Weiber, daß sie den Männern die eheliche Werke nicht leisten können, verhindern. Ueberdieses den Glauben selbst, welchen sie bey Empfangung der heiligen Taufe angenommen haben, mit eidbrüchigem Munde verleugnen. Und andere überaus viele Leichtfertigkeiten, Funden und Laster, durch Anstiftung des Feindes des menschlichen Geschlechts zu begehen und zu vollbringen, sich nicht fürchten, zu der Gefahr ihrer Seelen, der Beleidigung göttlicher Majestät und sehr vielen schädlichem Exempel und Aergerniß.«[43]

Der Hauptvorwurf in Innozenz' Bulle ist der Schadenszauber, der an Mensch, Tier und Ernte ausgeübt werde. Dieser Vorwurf ist insofern selbst noch magisch, als zum Fruchtbarkeitszauber notwendigerweise der Schadenszauber dazugehört: wenn man gutes Wetter zaubern kann, ist es auch möglich, schlechtes Wetter zu erzeugen. Wichtig ist hier, daß es jetzt nur noch um den Schadenszauber geht. Es ist klar, daß in einer Zeit, in der sich die Geldwirtschaft herausbildete, der Ertrag der Ernte eine viel wichtigere Rolle spielt als vorher: während früher die Abgabe an den Landesherrn in Naturalien und in Relation zu dem tatsächlichen Ernteertrag geleistet wurde, wird nun die Abgabe mindestens teilweise nicht mehr nur in Naturalien, sondern auch in Geld erbracht, unabhängig vom Ernteertrag. Da man jetzt also seine Erzeugnisse verkaufen muß, allein um die Abgaben bezahlen zu können, ist jede Mißernte katastrophal und kann zur Vernichtung der bäuerlichen Existenz führen. War früher die bäuerliche Produktionsweise bestimmt von der Zusammenarbeit aller Individuen im Dorf, so beginnt jetzt ein harter Kampf ums Überleben. Dieser Konkurrenzkampf instrumentalisiert die noch vorhandene magische Praxis: die Hexe übt auf diese Weise in jedem Fall Schadenszauber aus und kann so im Bewußtsein der Bevölkerung als Projektionsobjekt allen widerfahrenen Unheils gelten.

Die Orgien auf dem Sabbat

»Daß sie dort Tische gesehen habe, hergerichtet mit einer Menge Lebensmittel, aber wenn man davon habe nehmen wollen, habe man nichts in der Hand vorgefunden, außer wenn man dort getaufte oder ungetaufte Kinder aufgetragen habe, denn von beiden habe sie dort sehr oft servieren und essen gesehen, [...] daß man sie (die Kinder) auf dem Sabbat abseits zerschneide, um davon mehreren Pfarreien etwas zuzuteilen.«[44]

Bei den nächtlichen Versammlungen, bei denen man sich noch Phantasien hingab, mag die naheliegende Wunschvorstellung die gewesen sein, üppig gedeckte Tafeln zu haben, um sich endlich einmal sattessen zu können. Diese Phantasie verkörpert eine Welt wesentlicher, aber noch nicht vollzogener Realität, die sich sofort entzieht, sobald man die Illusion als Bestandteil der realen Welt behandeln möchte. Die Vorstellung vom Überfluß erinnert an die phantastische Antizipation eines reichen Erntesegens in den Fruchtbarkeitsriten primitiver Stämme, ohne die die Menschen die Mühe der Arbeit, die diese Illusion Wirklichkeit werden läßt, nicht hätten ertragen können. Ein solch direkt funktionaler Bezug für die unmittelbare Zukunft läßt sich hier sicher nicht feststellen, vielmehr erscheint die magische Beschwörung des Überflusses durch dessen Halluzination viel allgemeinerer Natur zu sein. Sie scheint eher eine archaische Geste als Zeichen der Not denn ein konkretes Mittel zu deren Überwindung zu sein, zumal die dem archaischen Zauber komplementäre Arbeit in der Epoche der ursprünglichen Akkumulation ihre Basis verliert. Wichtiger aber zur Überwindung des Leidens an der Wirklichkeit ist der Tanz:

»Der Tanz war stets die erste und leibhaftigste Form, auszufahren. An einen anderen Ort als den gewohnten, wo man sich als Gewohnter befindet. Und zwar fühlt sich der primitive Tänzer durchgängig, mit Haut und Haaren verzaubert. Sein Tanz beginnt orgiastisch, soll aber auch ein weithin vertragendes Werkzeug sein. Denn gerät der Besessene außer sich, so hofft er sich zugleich in die Kräfte zu verwandeln, die außerhalb seiner, außerhalb des Stamms und seiner Hütten im Busch, in der Wüste, am Himmel hausen.«[45]

So bedeutet Tanz nicht nur die Möglichkeit, die Grenzen der Realität zu überschreiten; seine mimetischen und antizipatorischen Funktionen fallen zusammen, die Kräfte der Natur sollen einverleibt werden, um Natur wieder zu beeinflussen – die Fruchtbarkeit der Natur wird so in der mimetischen Darstellung zu ihrer Stimulierung symbolisiert, die reiche Ernte vorweggenommen.

»Man sagt also, daß man dort immer mit dem Rücken zum Mittelpunkt des Tanzes gewendet tanzt, was bewirkt, daß die Mädchen so sehr gewöhnt sind, die Arme bei diesem Rundtanz nach hinten zu tragen, daß sie dabei den ganzen Körper nachschleppen und ihm eine nach hinten gekrümmte Biegung geben, wobei sie die Arme halb gedreht halten, dergestalt, daß der größte Teil einen ordinär großen, aufgeblasenen, vorspringenden Bauch hat. Ich weiß nicht, ob der Tanz ihnen das verursacht oder der Kot und das schlechte Fleisch, das man sie essen läßt.«[46]

Die aufgetriebenen Bäuche, deren Präsentation de Lancre mit Abscheu erfüllt, sind ein beinahe untrügliches Zeichen für Unterernährung – die baskische Region war auch im 16. und 17. Jahrhundert ein armes Gebiet, in dem sich die Hungersnöte häuften. Die unverblümte Darstellung dieser Hungerbäuche, die zugleich an die Bäuche schwangerer Frauen gemahnen, erregte offensichtlich die idiosynkratische Reaktion: weniger die Körperteile als vielmehr die Ausdrücke des Leidens und der Verzweiflung sind inkriminiert, ekelerregend. Ausdruck schlechthin, nicht nur von konkretem Leiden allein, unterlag dem Verbot, denn das Leiden hat in aller Unauffälligkeit die Basis christlich kanalisierter Erlösungssehnsucht zu bilden. Oder, wie Johannes Chrysostomos (»der Goldmündige«) es ausdrückt:

> »Auch der Teufel half ihr (der Salome) ja mit dazu, durch ihren Tanz das Wohlgefallen zu erregen und so den Herodes zu fangen. Wo eben ein Tanz ist, da ist auch der Teufel dabei. Nicht zum Tanze hat uns ja Gott die Füße gegeben, sondern damit wir auf dem rechten Weg wandeln; nicht damit wir ausgelassen seien, nicht damit wir Sprünge machen wie Kamele (denn auch diese führen widerliche Tänze auf, nicht bloß die Weiber), sondern damit wir mit den Engeln den Chorreigen bilden.«[47]

Frauen, die mit ihrem Tanz die Wollust der Männer erregen können, sind gefährlich; sie zerrütten damit die wohlgeordnete Gemeinschaft. Indem sie den Männern irdisch-sinnliche Vergnügungen zu versprechen scheinen, lenken sie sie von den kosmischen Freuden ab. Die Warnung des Chrysostomos gilt anscheinend allein den Männern, die Frauen haben den rechten Weg schon verlassen, vielleicht auch nie betreten. Als negatives Beispiel von nicht ganz domestizierbarer Natur, die sich zeitweilig der patriarchalischen Ordnung widersetzt oder sie in Frage stellt, wird die Frau mit dem Kamel verglichen, dessen Sprünge seiner zweckgerichteten Funktion als Lasttier widersprechen.

> »Übrigens tanzt dort sehr selten einer mit einem, das heißt ein einzelner Mann mit einer Frau oder einem Mädchen, wie wir es bei unseren Gaillarden tun; ebenso haben sie uns gesagt und versichert, daß man dort nur drei Arten von Branles tanzt, wobei sich im allgemeinen die Schultern des einen gegen die des anderen drehen und der Rücken eines jeden in die Tanzrunde blickt und das Gesicht nach außen. Der erste (Branle) ist der nach Zigeunerart, denn auch die Zigeuner-Landstreicher sind zur Hälfte Teufel. [...]
> der zweite Branle ist der mit Sprüngen, wie ihn unsere Gaukler machen in den Städten und Dörfern, auf den Straßen und Feldern, und diese beiden Branles sind kreisförmig. Und der dritte Branle ist auch mit gedrehtem Rücken, der jedoch ganz gerade gehalten wird, und ohne die Hände loszulassen, nähern sie sich einander so sehr, daß sie sich berühren, und sie treffen sich Rücken an Rücken, ein Mann mit einer Frau; und bei einer gewissen Kadenz stoßen sie sich an und schlagen unzüchtig Gesäß gegen Gesäß. [...]
> Oder sie tanzen zum Ton der kleinen Trommel und der Flöte und bisweilen mit diesem langen Instrument, das sie um den Hals tragen, dann verlängern sie es sich bis zum Gürtel und schlagen es mit einem kleinen Stab; bisweilen (tanzen sie) zu einer Violine. Aber das sind nicht die einzigen Instrumente des Sabbats, denn wir haben von mehreren erfahren,

daß man dort jede Art von Instrumenten hat, von einer solchen Harmonie, daß es kein Konzert in der Welt gibt, das dem gleichgestellt werden könnte.«[48]

Der rituelle Tanz wird nur selten paarweise ausgeführt, sondern meist zu mehreren im Kreise, dabei ist das Gesicht nach außen gewandt, Hände oder Rücken berühren einander. Da man einander nicht sehen kann, verlieren die anderen ihre Individualität, die ständige, manchmal auch zufällige Berührung stellt ein Gemeinschaftsgefühl her, durch das sich die Tänzer wieder als ein Ganzes begreifen können. Die Homogenität, das Gefühl, ein einziger Körper zu sein, verleiht den Menschen in einer zunehmend arbeitsteiligen, vereinzelnden Gesellschaft die Chance und die Kraft, ein Widerstandspotential zu entwickeln, das schließlich in Aufständen münden kann. Tänze, die solchen Widerstand initiieren, sind immer Reihentänze mit enger Berührung gewesen, bei denen weder ein Paar noch ein Einzelner hervortritt, so zum Beispiel die meisten Tänze der Griechen.

Die dritte beschriebene Form des Branle, die paarweise getanzt wird und mit eindeutig erotischen Gesten und Handlungen durchsetzt ist, kann als eine der Zeit entsprechende derbe Form der Liebeswerbung wie auch als handfeste Parodie höfischer Tanzsitten gedeutet werden. Sie steht im totalen Gegensatz zu den sterilen höfischen Tänzen, die zwar paarweise, aber ohne Berührung – höchstens unter wechselseitiger Berührung der Fingerspitzen – getanzt werden.

»Nach dem Tanz schicken sie sich bisweilen an zu springen, und sie wetten dabei sogar, wer den schönsten Sprung machen wird. [...]«[49]

Die Hexen tanzen und springen wie Gaukler und Zigeuner, die beiden Gruppen also, für die weder im Feudalismus noch in der entwickelten Warengesellschaft ein sicherer Platz war. Indem sie sich aus ihren gewohnten Orten begeben, versuchen die Hexen, sich das wieder anzueignen, was sich nur wenige Gruppen bewahren konnten: die Unverstümmeltheit tänzerischen Ausdrucks.

»Jeanette d'Abadie [...] hat uns gesagt, daß der Teufel dem Tanz bisweilen nur als Zuschauer zusehe, bisweilen führe er den Tanz an, indem er oft die Hand wechsele und die Hand derjenigen ergreife, die ihm am meisten gefalle [...]. Diejenigen, welche die beschrieben haben, die nach der Françoise tanzen, sagen, daß die Hexen von Logny zu sagen pflegen: ›Har – Har, Teufel – Teufel, Spring hier – spring da, Spiel hier – spiel da‹, und die andern sagen: ›Sabbat – Sabbat‹, das heißt das Fest und der Tag der Ruhe, wobei sie die mit Besen versehenen Hände erheben, um ein gewisses Zeichen des Jubels zu geben, und daß sie aus vollem Herzen dem Teufel dienen und ihn anbeten, und auch um die Anbetung zu imitieren und nachzuäffen, die die Christen Gott zukommen lassen, wobei es wohl sicher ist, daß die alten Hebräer, wenn sie ihre Opfergaben zum Tempel brachten, zu tanzen begannen, sobald sie sich dem Altar näherten...«[50]

Satan tritt hier nicht nur als Antipode der göttlichen Macht auf, wie de Lancre selbst feststellt, sondern auch als Konkurrent des irdischen Königs, dessen Gepflogenheiten beim Tanz man ohne Schwierigkeiten in denen des Teufels wiedererkennen kann.

Verweigerung der funktionellen Sexualität

»Und mehrere andere haben uns gesagt, daß die Vergnügungen und die Lust dort so groß und von so vielerlei Art seien, daß es weder einen Mann noch eine Frau gebe, die nicht sehr gerne dorthineilten; es gebe dort nur die Kinder, die durchaus keine Furcht hätten, zudem seien es nur die sehr kleinen, welche die Kröten hüteten. Die Frau treibe ihr Spiel in Gegenwart ihres Ehemannes ohne Argwohn und ohne Eifersucht, er sei dabei oft sogar der Kuppler; der Vater defloriere die Tochter ohne Scham, die Mutter raube die Unberührtheit des Sohnes ohne Scheu, der Bruder (die) der Schwester; man sehe dort die Väter und Mütter ihre Kinder bringen und anbieten. Zu den großen Versammlungen schließlich, die an den jährlichen Festen abgehalten werden, gehen und kommen auf den Sabbat so viele Leute aus allen Teilen der Erde, daß eine uns sagt, sie habe dort so viele Leute gesehen, wie es Sterne am Himmel (gebe).«[51]

»In bezug auf die Paarung (hat sie ausgesagt), daß sie gesehen habe, wie jedermann sich auf inzestuöse Weise und gegen alle Ordnung der Natur vermischt habe [...], wobei sie sich angeklagt hat, selbst durch Satan defloriert worden zu sein und unzählige Male (fleischlich) erkannt worden zu sein durch einen ihrer Verwandten und andere, die sie dazu aufzufordern geruht hätten; daß sie der Paarung mit dem Teufel ausgewichen sei, weil er, da er ein aus Schuppen gebildetes Glied habe, die Erduldung eines außerordentlichen Schmerzes bewirke; außerdem, daß sein Samen äußerst kalt sei, so sehr, daß er niemals schwängere, auch nicht derjenige (Samen) der anderen Männer auf dem Sabbat, obwohl er natürlich sei. Daß sie außerhalb des Sabbats niemals Schuldhaftes getan habe, daß sie aber auf dem Sabbat ein wunderbares Vergnügen bei diesen

Paarungen gehabt habe, bei anderen Paarungen als bei der mit dem Satan, von der sie gesagt hat, daß sie schrecklich sei . . .«[52]

Die Teilnehmer des Sabbats verstoßen nicht nur gegen die Ordnung der Natur, sie übertreten auch die Inzestschranken, die ersten und strengsten gesellschaftskonstituierenden Gesetze. Michelet versucht, den Inzest mit der unvorstellbaren Armut dieser Zeit zu erklären. So begeht die Mutter Inzest mit dem Sohn, um ihn an den Hof zu binden, der Bruder mit der Schwester, weil nur der Älteste heiratet und die anderen Geschwister weiterhin zusammen auf einem Hof leben. Durch den Inzest wurden also Arbeitskräfte auf dem Hof gehalten, obwohl er natürlich nicht immer diese eine, zweckgerichtete Funktion hatte. Vielmehr ist anzunehmen, daß der Inzest durch das gesamte Mittelalter hindurch eine geübte Praxis war, die allein schon durch die Schlafgewohnheiten begünstigt wurde. Im Gegensatz zu diesem akzidentellen Inzest, der dennoch tabuiert war, hat der Inzest auf dem Sabbat eine rituelle Funktion; er bedeutet Kompensation für die strengen Gesetze gegen Blutschande. Ein ähnlicher ritueller Tabubruch läßt sich bei verschiedenen Eingeborenenstämmen beobachten:

»Auf den Fiji-Inseln sind diese Vermeidungsregeln besonders strenge; sie betreffen dort nicht nur die blutsverwandte, sondern selbst die Gruppenschwester. Um so sonderbarer berührt es uns, wenn wir hören, daß diese Wilden heilige Orgien kennen, in denen eben diese verbotenen Verwandtschaftsgrade die geschlechtliche Vereinigung aufsuchen, wenn wir es nicht vorziehen, diesen Gegensatz zur Aufklärung des Verbotes zu verwenden, anstatt uns über ihn zu verwundern.«[53]

Der Sabbat wird zum gesellschaftlichen Freiraum: Vor der totalen Subsumtion des Lustprinzips unter das Leistungsprinzip in der Warengesellschaft wird der Sabbat zum Ort, an dem Lust noch ungehindert sich ausleben will, denn das Leben der Menschen wird zunehmend auf Arbeit reduziert, der Körper zur Maschine; Selbstbeherrschung, die Zurückhaltung von Affekten und Trieben sollen eine bessere Arbeitsleistung bewirken. Da Arbeit allein das Versprechen des Glücks und der Zufriedenheit nicht einlösen kann, wird der Verzicht auf unmittelbare Befriedigung sinnlos. Das soll das Treiben auf dem Sabbat demonstrieren, das der Lust ihren Eigenwert zurückgibt und in analoger Umkehrung die Arbeit ausschließt, also die Frage nach dem Sinn menschlicher Produktion aufwirft.

Aspekte der Inquisition: Befragung und Tortur

Anhand eines Fragenkatalogs im Landrecht von Baden-Baden aus dem Jahre 1588 wollen wir die Struktur der jeder einzelnen Hexe gemachten Vorwürfe aufzeigen.

»Ob sie von Hexenkunst gehört, von wem und was für Hexenwerk; – Item (weil man bishero Hexen verbrannt), ob sie nicht auch von ihren Kunststücklein gehört; denn die Weiber ohne Zweifel aus Fürwitz danach fragen und dessen ein Wissens begeren. Und so sich dessen entschuldigt wird, ist es ein Anzeichen, daß Solches nicht gar ohne werde sein, und woher ihr das komme, durch wen sie es erfahren, wer dieselben Personen und weß Namens sie seien; item, was es für Hexenwerk und für Stücke sie zum Wettermachen und zur Schädigung des Viehes haben müssen. – Und so sie solches bestehet, muß und soll man ferner nachfragen: Ob sie auch etliche Stücklein, sie seien so gering sie wollen, gelernt, als: den Kühen die Milch zu nehmen, oder Raupen zu machen, auch Nebel und dergleichen. Item, von wem und mit was für Gelegenheit solches beschehen und gelernt, wann und wie lange, durch was für Mittel, ob sie kein Bündnis mit dem bösen Feind (eingegangen), ob es allein ein schlecht Zusagen oder ein Schwur und ein Eid? Wie derselbe laute? Ob sie Gott verleugnet, und mit was für Worten? In wessen Beisein, mit was für Ceremonien, an was für Orten, zu was für Zeiten und mit oder ohne Charakter? Ob er keine Verschreibung von ihr habe, ob dieselbe mit Blut, und was für Blut oder mit Tinte geschrieben? Wann er ihr erschienen?«[54]

Gerade diesen anfänglichen Fragen ist die *double-bind*-Struktur inhärent. Leugnet die Frau, jemals von Hexenwerk gehört zu haben, ist sie eine Hexe, denn jeder weiß ja, daß Hexen verbrannt werden, daß folglich sie und ihre Werke existent sind. Gibt sie zu, daß sie von Hexenkunst gehört hat, ist es logisch, weiterzufragen, denn »alle Frauen sind neugierig und suchen alles in Erfahrung zu bringen«. Bestreitet sie, nachgefragt zu haben, so ist das ein Verstoß gegen ihre weibliche »Natur«, mit dem sie bereits unter das Verdikt »Hexe« fällt. Entschuldigt sie sich dafür, nachgefragt zu haben, so ist das ein Anzeichen dafür, daß sie »gelernt« hat. Mit einem Wort: Wie immer sie antwortet, sie ist schuldig.

Es beginnen hier auch bereits die Aufforderungen zur Denunziation, die auf der Projektion der Existenz einer Hexensekte, der weltweiten Verschwörung gegen den christlichen Glauben, beruhen. Ebenfalls taucht gleich zu Anfang die Idee des Teufelsbundes auf, ohne den die Hexe angeblich nichts erreichen könne. Dabei ist zunächst wichtig, auf welche Art der Bund geschlossen wird.

»Wann er ihr erschienen? Ob er auch Heirath oder allein Buhlschaft von ihr begehrt? Wie er sich genannt, was er für Kleider (getragen), wie auch seine Füße ausgesehen? Ob sie nichts Teuflisches an ihm gesehen und wisse? Auch sollte der Richter (natürlich deutsch) fragen: an Diabolum post initum pactum cum rea concubuerit? quonam modo Diabolus reae potuerit eripere virginitatem? Quale fuerit membrum virile Diaboli, quale eius semen? (Auf welche Frage die Angeschuldigten mit 'kalt! antworten sollten.) An concubitus cum Diabolo meliore et maiore ream affecerit voluptate quam concubitus cum viro naturali? An et ream semen emiserit? An Diabolus cum rea noctu pluries rem habuerit et semper cum seminis effluxione? Utrum rem cum rea peregerit in ipso membro muliebri an et in aliis corporis locis? An et ab aliis viris naturali ratione gravida facta? Quid cum partu fecerit? An vivus fuerit partus? Quomodo partum enecaverit? [. . .][55]

Wer sie es gelernt, wer ihr dazu geholfen, was sie sonsten für böse Stücke als mit Stehlen, Brennen, Kinder verthuen, Morden u. dgl. in der Welt begangen? An contra naturam peccaverit? Quomodo cum viris, cum mulieribus, secum ipsa, cum bestiis?[56] Mit Holz, Wachs, Gewächs, Kräutern?«[57]

Zum Teufelspakt gehört notwendig die Teufelsbuhlschaft. Hierbei ist die Innigkeit der Verbindung wichtig, ob es sich »nur« um Buhlschaft oder um Heirat handelt (man vergleiche die Nonne als »Braut Gottes«). Zunächst muß die Angeklagte das äußere Erscheinungsbild des Teufels beschreiben, wobei Wert darauf gelegt wird, daß es möglich ist, ihn sofort zu erkennen.

Die Fragen nach der Sexualität sind sehr detailliert. Dafür gibt es wohl zwei Ursachen. Einmal gehören die Inquisitoren der Geistlichkeit an, die jetzt strenger an den Zölibat gebunden ist als früher. Zum zweiten bringen die Entfremdung vom eigenen Körper und die Verknüpfung von Sexualität und Leistung die Männer dazu, starke Potenz- und Konkurrenzängste zu entwickeln, zumal die Frauen offensichtlich öfter in der Lage sind, zu koitieren. Der Teufel ist immer potent; aber dann soll es wenigstens unangenehm für die Frauen sein, ihre sexuellen Begierden zu befriedigen. Deshalb ist das Glied des Teufels kalt, heiß oder mit Widerhaken versehen.

Unterschiedlich sind die Meinungen der Inquisitoren – und damit auch die Aussagen der Frauen auf der Folter – in der Frage, ob der Teufel zeugen könne. Doch immer wird vorausgesetzt, daß die Frauen nicht willig seien, Kinder aufzuziehen, was sich vor allem an der inquisitorischen Frage nach Abortus und Kindsmord zeigt.

Der sexuelle Umgang mit einem Dämon zählt nach der damaligen Moraltheologie zu den Verbrechen gegen die Natur, wobei selbstverständlich unterstellt wird, daß Natur mit dem *Ordo mundi* identisch ist.

Darüber hinaus wird nach den sexuellen Praktiken des Teufels gefragt, darunter auch nach Analverkehr und Fellatio, die das Verbrechen der Hexe noch verschärfen.

Der Pakt mit dem Teufel befähigt außerdem die Frauen dazu, sich von den Männern völlig abzukehren; die Verweigerung der Frauen, die sich dann der Homosexualität oder der Selbstbefriedigung zuwenden, scheint so gefährlich, daß nur ihre totale Vernichtung die Gefahr bannt; denn die Schwäche und Verführbarkeit, die die christliche Moraltheologie den Frauen unterstellt, ist letztlich doch nur eine männliche Wunschprojektion. Die Angst vor der Machtfülle der Frauen herrscht vor, wie auch diese Befragung zeigt:

»Ob sie auch Leuten in Kraft ihres Schwurs und wem geschadet mit Gift, Anrühren, Beschwören, Salben? Wie viele Männer sie gar getödtet, Weiber, Kinder? Wie viele sie nur verletzt? Wie viele schwangere Weiber? Wie viel Vieh? Wie viel Hagel und was dieselbe gewirkt? Wie sie die eigentlich gemacht und was sie dazu gebraucht?«[58]

»Wie viele junge Kinder sie geholfen essen, wo solche hergekommen und zuwege gebracht, wem sie solche genommen oder auf den Kirchhöfen ausgegraben, wenn sie solche zugerichtet, gebraten und gesotten, item. wozu das Häuptlein, die Füße und die Händlein gebraucht, ob sie auch Schmalz von solchen Kindern bekommen, und wozu sie das brauchen, auch ob sie zur Machung der Wetter nicht Kinderschmalz haben müssen? Wie viele Kindbetterinnen sie umbringen helfen, wie solches zugegangen und wer mehr dabei gewesen? Oder ob sie Kindbetterinnen auf den Kirchhöfen geholfen ausgraben und wozu sie es gebraucht, item wer dabei und mitgewesen, wie lange sie daran gesotten, oder ob sie unzeitige Kindlein ausgegraben und was sie damit angerichtet? Bezüglich der Hexensalbe sollte der Richter weiter fragen: Wie solche zugerichtet und was für Farbe sie habe, item ob sie auch eine zu machen sich getraue?

Da sie so Menschenschmalz haben müssen und consequenter so viele Morde begangen und weil sie (die Hexen) gemeinlich das Schmalz aussieden oder im Braten schmelzen: was sie mit dem gekochten und gebratenen Menschenfleisch gethan? Item: brauchen allezeit zu solchen Salben Menschenschmalz, es sei gleich von todten oder lebendigen Menschen, deßgleichen desselben Bluts, Farrensamen etc., des Schmalzes aber ist allezeit dabei. Die anderen Stücke werden oft ausgelassen; doch von todten Menschen taugt es zur Tödtung von Menschen und Vieh, aber von lebendigen zum Fahren, Wettermachen, unsichtbare Gestalten an sich zu nehmen. – Ferner: Wie viele Wetter, Reife, Nebel sie geholfen machen und wie lange solches geschehen, auch was Jedes ausgerichtet, und wie solches zugehe und wer dabei und mitgewesen? Ob ihr Buhle auch im Examen oder im Gefängnis zu ihr gekommen?

Ob sie auch die consecrirte Hostiam bekommen, und von wem, auch was sie damit ausgerichtet? Und ob sie auch zum Nachtmahl gegangen und dasselbe recht genossen? – Wie sie Wechselkinder bekommen und wer's ihnen gibt? Item: den Kühen die Milch entziehen und zu Blut machen, auch wie solchen wieder zu helfen? Ob sie nicht Wein und Milch aus einem Weidenbaum lassen könne? – Item: wie sie den Männern die Mannschaft nehmen, wodurch und wie ihnen wieder zu helfen? u. s. w.«[59]

Auf das Thema Schadenszauber haben wir bereits oben Bezug genommen; zu bemerken bleibt, daß jeder Hexe die gleichen Vorwürfe gemacht werden: es gibt hier kaum Unterschiede von de Lancre bis zum Badischen Landrecht. Die totalitäre Struktur der Befragung läßt sich nicht nur daran feststellen, daß sie überall ähnlich verläuft, sondern auch an der Art und Weise, wie versucht wird, das Leben der Betroffenen systematisch zu durchleuchten; dabei ist die Schamhaftigkeit, die die Beschuldigten wohlbekunden sollten, den Inquisitoren längst verloren gegangen. Die Befragung, die auch nicht das banalste Geheimnis duldet, ist, da sie auf psychische Vernichtung hinausläuft, selbst schon Folter; die eigentliche Tortur soll die Angeklagten endgültig, auch physisch, eliminieren.

Wenn die Angeklagten die einzelnen Fragen nicht beantworteten, oder die Antwort den Inquisitoren falsch oder nicht ausreichend erschien, wurde die Folter angedroht; waren die Delinquenten dann immer noch »verstockt«, wurde sie angewandt. Zu jeder Frage konnten alle fünf Grade der Tortur durchlaufen werden. Vor der Anwendung der Folter mußten

14. *Die Weiberherrschaft* (Kirchliche Skulptur des 16. Jahrhunderts)

sich die Angeklagten noch einer anderen Prozedur unterwerfen, die aber wohl nicht weniger qualvoll war als die eigentliche Tortur, wie aus der Beschreibung Friedrich von Spees hervorgeht.

»Wann sie sich nun über Nacht also bedacht hat, stellet man sie des folgenden Morgens wieder für, und da sie bei ihrer gestrigen Antwort bleibet, so lieset man ihr das decretum torturae für, nicht anders, als ob sie gestern nichts geantwortet, noch die Indicia im Geringsten widerleget hätte. Ehe sie aber gefoltert wird, führet sie der Henker auf eine Seite und besiehet sie allenthalben an ihrem bloßen Leib, ob sie sich etwan durch zauberische Kunst unempfindlich gemacht hätte. Damit ja nichts verborgen bleibe, schneiden und sengen sie ihr die Haare allenthalben, auch an dem Orte, den man vor züchtigen Ohren nicht nennen darf, ab und begucken Alles aufs Genaueste, haben doch bisher dergleichen noch wenig gefunden. Und zwar, warum sollten sie solches den Weibern nicht thun, da sie doch der geistlichen Priester hierinnen nicht schonen?«⁶⁰

Durch die völlige Entkleidung werden die Schutzlosigkeit der Angeklagten und das Ausgeliefertsein an die Inquisitoren und den Henker noch einmal physisch verdeutlicht; mit dem Verlust der Haare wurden sie symbolisch ihrer natürlichen Kraft beraubt. Solchermaßen erniedrigt wurden die Angeklagten der Folter ausgesetzt.

»Man begann die Tortur [...] gewöhnlich mit dem Daumenstock, indem man den Angeklagten entblößte und anband und dessen Daumen in Schrauben brachte, diese langsam zuschraubte und so die Daumen quetschte.

Half dieses nichts, so nahm man die Beinschrauben oder spanischen Stiefel, durch die Schienbein und Waden glatt gepreßt wurden, nicht selten bis zur Zersplitterung der Knochen. Zur Erhöhung der Qual wurde dabei noch zwischendurch mit dem Hammer auf die Schrauben geschlagen. Um nicht durch das Jammergeschrei der Gefolterten molestiert zu werden, steckte ihnen der Scharfrichter ein Kapistrum in den Mund, das das Schreien unmöglich machte.

Der nächstfolgende Grad der Folterung war der Zug, die Expansion oder Elevation. Dem Angeschuldigten wurden hierbei die Hände auf den Rücken gebunden und an diese ein Seil befestigt. An diesem Seile wurde nun der Unglückliche bald frei in der Luft schwebend durch einen an der Decke angebrachten Kloben, [...] bald an einer aufgerichteten Leiter, bei der oft in der Mitte eine Sprosse mit kurzen, spitzen Hölzern – dem ›gespickten Hasen‹ – angebracht war, gemächlich in die Höhe gezogen bis die Arme ganz verdreht über dem Kopfe standen, worauf man ihn mehrmals rasch hinabschnellen ließ und ›gemächlich‹ wieder hinauf zog. Erfolgte auch jetzt noch kein Geständnis, so hing man die Gefolterten, um die Glieder noch ärger und qualvoller auseinanderzurecken, schwere Gewichte an die Füße und ließ ihn so eine halbe, oft eine ganze Stunde und noch länger hängen, legte ihm oft noch die spanischen Stiefel an.

In Zürich wurde 1660 eine neue Tortur eingeführt, indem zwei Bretter mit hölzernen Nägeln an die Füße und Knie gebunden wurden, und womit die Hexen täglich sechs Stunden lang gestreckt wurden, ›bis ihnen der Krampf durch alle Adern ging‹. Es kam dabei vor, daß während dieser Zeit das Gerichtspersonal abtrat, um sich bei Speis und Trank zu erholen.

Von Wächter berichtet nach einem Bamberger Protokoll, ›daß ein wegen Zauberei Angeschuldigter drei und eine halbe Stunde lang mit Beinschrauben und mit Daumenstock gefoltert und am Ende, da er nicht gestand, an einem Strick acht Schuhe hoch von der Erde hinaufgezogen und ihm an die große Zehe ein Gewicht von zwanzig Pfund gehängt wurde. Half auch diese oder eine ähnliche Tortur nichts, so träufelte man dem Inquisiten brennenden Schwefel oder brennendes Pech auf den nackten Körper oder hielt ihm brennende Lichter unter die Arme oder die Fußsohlen oder an andere Teile des Körpers.‹ [...]

Im Fürstentum Münster pflegte der Scharfrichter dem Angeklagten in diesem letzten Stadium der Folter die Arme und die Schulterknochen auszubrechen, die Arme rückwärts am Hinterkopf fest zusammenzuschnüren und ihn durch seine Knechte so aufziehen zu lassen, daß seine Füße einige Spannen weit vom Boden hingen. Zur Vergrößerung der Schmerzen brachte der Scharfrichter in Zwischenpausen an den Händen und Füßen des Unglücklichen wieder die Daumenschrauben und die spanischen Stiefel an und ließ sie von Zeit zu Zeit versetzen und fester anschrauben. Außerdem schlugen ihn die Henkerknechte mit Ruthen oder mit Lederriemen, die am Ende mit Blei beschwert oder mit scharfen Haken versehen waren, und zwar so lange, bis der Scharfrichter mit der Peinigung einzuhalten befahl, damit nicht der Tod des Gefolterten erfolge.«[61]

Zu den Berichten über die für uns unmenschlich erscheinenden Foltermethoden muß gesagt werden, daß die Torturen nicht nur in Inquisitionsprozessen und nicht nur gegen Hexen angewendet wurden, sondern daß sie eine allgemein übliche

15. Marterung und Hinrichtung eines Bauern aus Bedburg bei Köln, der ein Werwolf gewesen sein soll. Mit ihm werden zwei Hexen eingeäschert (Flugblatt, Nürnberg 1589)

Praxis zur Erzwingung von Geständnissen auch in Akkusationsprozessen waren.

Außerdem müssen Schmerz- und Empfindungsschwellen im Mittelalter und auch noch zur Zeit der Hexenverfolgungen weitaus höher gelegen haben; das erwähnen wir nicht, um die Grausamkeit der Foltermethoden gegen die Hexen zu »relativieren«, sondern um eine Erklärung dafür zu finden, daß es Angeklagte gab, die trotz härtester Folter nicht zu einem Geständnis veranlaßt werden konnten.

Wichtig in diesem Zusammenhang ist wohl auch das Bewußtsein der Inquisitoren, die Vorstellung, die sie von der Naivität der Hexen haben:

»Außerdem (ist es so) daß Satan an diesem Ort so viele sonderbare und neuartige Dinge tut, daß ihre (der Hexen) Einfältigkeit und Täuschung das für irgendwelche Wunder nimmt, in der Weise, daß sie, wenn sie von der Justiz angeklagt werden, nicht weinen und eine einzige Träne vergießen, ja ihr falsches Martyrium, sei es das der Folter oder das des Galgens, ist für sie sogar so lustvoll, daß es manche kaum erwarten können, hingerichtet zu werden, und sie erdulden es sehr freudig, daß man ihnen den Prozeß macht, insofern sie es kaum erwarten können mit dem Teufel (vereint) zu sein. Und sie werden so durchaus nicht ungeduldig in ihrem Gefängnis als nur darüber, daß sie es ihm (dem Teufel) nicht bezeugen können, wie sie für ihn leiden und zu leiden begehren, *wobei sie es sehr seltsam finden, daß eine so angenehme und lustvolle Sache bestraft oder untersucht wird.* Der Teufel selbst gibt ihnen die Befriedigung und diesen Trost, sie dabei zu leiten, während sie im Gefängnis sind.«[62] (Herv. d. Verf.)

Die Folter erscheint den Inquisitoren entschuldbar, da die Hexen offensichtlich noch Vergnügen an ihren Qualen finden und begehren, für Satan zu leiden. Masochismus wird bei den als Hexen angeklagten Frauen als selbstverständlich vorausgesetzt. Erstaunlich ist in diesem Zusammenhang allerdings, daß es kaum Foltermethoden gab, die speziell gegen Frauen gerichtet waren. Der Bock, der im folgenden Zitat erwähnt wird, war wohl eher die Ausnahme.

»Bey der dritten Tortur, so der (Henker) von Dreißigacker verrichtet, seye es ärger zugegangen, als der sie mit einer ledernen Peitschen umb die Lenden, und sonst gehauen, daß das Blut durchs Hembde gedrungen, [...] Ferner sie auffgezogen, [...] ihr die Daumen und große Zehen zusammen geschraubet, sie also im Bock sitzen lassen, und weren der Henker neben denen Gerichtspersonen, zum Morgenbrodt gangen, ungefehr von Mittage, umb 10 Uhr, darinnen sie gesessen bis 1. Uhr, nach Mittag, daß auch ein benachbarter Beamdter zu Zedgen kommen, und gesagt, warumb man so unbarmhertzig mit den Leuten umbgienge, man hette zu Neustadt davon gesagt, daß die zu Poßneck so unbarmhertzig weren, [...] Darauff sie abermal mit der Carbatschen jämmerlich zerhauen, und seye es hierbey ersten Tages verblieben, [...] den andern Tag (notetur) were man noch einmal (doch absque sententia praevia) mit ihr durchgangen, Tortur hette bißweiln mit der Peitschen zugehauen, aber nicht so sehr, wie den vorigen Tag, es were ein abscheulich Werck gewesen, [...] – diesem Zeugen stimmet in den meisten Punkten bei testis 4. Christoph Rhot, auch Richter usw.«[63]

»Der hier erwähnte Bock war ein in scharfer Schneide auslaufender Holzbock, auf den die Hexe rittlings gesetzt wurde, so daß zufolge des eigenen Körpergewichts die spitzzulaufende Kante des Bockes tief in den entblößten Damm und Schamteil einschnitt, da durch gleichzeitig erzwungenes Spreizen der Beine jeder andere Stützpunkt entzogen wurde.«[64]

Da Sexualität im zeitgenössischen Bewußtsein nicht nur auf Genitalität beschränkt war, kann man in jeder Tortur eine Bestrafung von Sinnlichkeit sehen, auch von eigener Sinnlichkeit, die von den Inquisitoren auf die Hexe projiziert wurde: mit der Verbrennung einer Hexe auf dem Scheiterhaufen wurde für einen Moment die Begierde des Inquisitors gestillt. Aber da das verbotene Verlangen immer wieder auflodderte, mußte auch ständig eine neue Hexe gefunden und verbrannt werden. So entsteht ein Zirkel; indem einerseits die Sinnlichkeit der angeblichen Hexen zerstört wird, macht sich die destruktive Lust der Inquisitoren Luft: Sinnlichkeit schlechthin ist immer miteinbezogen, gerade dort, wo sie am wenigsten vermutet wird. Während Liebe entsinnlicht der christlichen Gottheit dargeboten werden sollte, wurden ihre destruktiven Anteile von ihr isoliert und ins Diesseits entlassen.

»Der offene Bruch mit der göttlichen Ordnung, der sich in den Sakrilegien der Hexensabbate, den rauschenden Bacchanalien manifestiert, spricht implizite die Wahrheit aus, daß die göttliche Vernunft insubstantiell wurde, wie die Rekurse auf magische Beschwörung die Kritik an der herrschenden Form der Produktion darstellen. Implizite drückt sich darin aus, daß Vernunft, das was sie versprach, nicht einhalten konnte. Keine Transzendenz, die substantiell genug gewesen wäre, das Heilsversprechen einzulösen, als die Rückgewinnung der verschenkten Transzendenz der Natur, der die Hexen auf mimetischem Wege sich wieder näherten. Doch geriet solche bestimmte Negation nicht nur ins

Feuer feudaler Reaktionäre, die den Status Quo der auf Agrarkultur gründenden Gesellschaft zu retten hatten; zugleich stellte sie prinzipiell jede Naturbeherrschung in Frage, die sich auf rückhaltlose Abstraktion gründete: der patriarchalischen Herrschaft über Natur stellten sie die Idee der matriarchal versöhnten Naturaneignung entgegen, die sich genausowenig wie der Marienkult einzulösen vermochten. Die Regression auf eine archaische Form der mimetischen Naturaneignung, das scheinbare Aufgehen in Natur, mag die gleiche idiosynkratische Reaktion provoziert haben, die das Individuum heute beim Anblick unzugerichteter Natur zeigt.«[65]

Erst mit dem Übergang von der Natural- zur Geldwirtschaft, mit aufkommender Arbeitsteilung, mit dem Auseinanderfallen von Produktion und Konsumtion, mit der Notwendigkeit zunehmenden Triebaufschubs und Triebverzichts wird das Lustprinzip immer mehr durch das Leistungsprinzip verdeckt. Dies real abzustützen und mit Sinn zu versehen, leistete die Morallehre der Kirche, die in ihrer Frühzeit noch keinen weitreichenden Einfluß auf das reale Verhalten der Menschen hatte und somit die Ablehnung von Sinnlichkeit zwar theoretisch fordern, aber praktisch nur bei einzelnen Individuen in ihren eigenen Reihen, nicht aber auf breiter Basis durchsetzen konnte. Nachdem allerdings die ökonomischen Voraussetzungen geschaffen waren, bekamen die kirchlichen Morallehren Gewicht für das gesellschaftliche Leben und legitimierten die in der Phase der primären Akkumulation angelegten lustfeindlichen Tendenzen.

Die grundsätzliche Leibfeindlichkeit der Kirche führt nun zur Verachtung, zum Haß gegen alles, was nicht der reinen Ratio, dem reinen Willen unterworfen ist. Wo bereits der Vorgang der Zeugung als schuldbeladen, das Ereignis der Geburt nur mit Ekelreaktionen (»zwischen Kot und Urin sind wir geboren«) erlebt wird, da ist die Entfremdung des Menschen von seiner eigenen Naturhaftigkeit bereits deutlich bestimmt. Dort, wo dem »Machet euch die Erde untertan«, dem »Seid fruchtbar und vermehret euch« die Bejahung der eigenen Naturhaftigkeit entzogen wird, bleibt nichts als brutale Gewalt gegenüber der Natur, die Verstümmelung der eigenen Sinnlichkeit und der Haß gegen die Frau, die offensichtlich noch nicht völlig ihres Naturbezugs beraubt werden konnte.

Anmerkungen

1 Elias, S. 65.
2 Ebd., S. 142.
3 I. van Ussel, *Geschichte der Sexualfeindschaft*, Reinbek 1970, S. 60 f.
4 Elias, S. 222 f.
5 Ussel, S. 25.
6 Basilius, *Homilia XIV in ebriosos*, I., zit. nach Zacharias, S. 40 f.
7 Vgl. Simone de Beauvoir, S. 95 ff.
8 Livius, zit. nach *Schwarze Messen*, S. 13 ff.
9 Augustinus, *Sermo CCCXI*, 5, zit. nach Zacharias, S. 41.
10 Bloch, S. 465.
11 *Limburger Chronik,* zit. nach Zacharias, S. 44.
12 Michelet, S. 245 f.
13 Horkheimer/Adorno, S. 31.
14 Epiphanius, *Panarion haer. XXVI*, 4.5, zit. nach Zacharias, S. 30.
15 Deschner, S. 274, zit. nach: Joachim Kahl, *Das Elend des Christentums oder Plädoyer für eine Humanität ohne Gott*, Reinbek 1968, S. 42.
16 Epiphanius, zit. nach Zacharias, S. 36.
17 Man vergleiche die Schlangenkulte auf Kreta. – Vgl. Hunger, *Lexikon der griechischen und römischen Mythologie*, Reinbek 1976³, S. 75.
18 Gregor IX, Dekretale *Vox in rama* vom 13. Juni 1233 an König Heinrich (VII.), zit. nach Zacharias, S. 52 f.
19 Epiphanius, zit. nach Zacharias, S. 30 ff.
20 Gregor IX, zit. nach Zacharias, S. 52 f.
21 *Le Proces des Templiers.* Aus dem Verhör des Huguet de Bure (24. IV. 1310), zit. nach Zacharias, S. 100 ff.
21a Wahrscheinlich die Numerierung der Anklagepunkte.
22 Templiers, zit. nach Zacharias, S. 102.
23 Wilhelm Fischer, *Aberglauben aller Zeiten. Die Geschichte des Teufels*, Stuttgart o. J. (1906), S. 61 ff.
24 Epiphanius, zit. nach Zacharias, S. 31.
25 Nach Fischer, Teil V, S. 25 ff.
26 *Gesta Synodi Aurelianensis an. MXXII⁴, adversus novos Manichaeos.*, zit. nach Zacharias, S. 49 f.
27 Guibert von Nogent, *De vita sua* III, 17., zit. nach Zacharias, S. 51.
28 Bloch, S. 463 f.
29 Pierre de Lancre, *Tableau de l'Inconstance des mauvais Anges et Demons*, Paris 1612, zit. nach Zacharias, S. 67.
30 Vgl. Michelet, S. 103, leider ohne Quellenangabe.
31 De Lancre, zit. nach Zacharias, S. 66 f.
32 De Lancre, a.a.O., S. 68.
33 De Lancre, a.a.O., S. 72 f.
34 De Lancre, a.a.O., S. 75.
35 Klaus Schneller, unveröffentlichte Seminararbeit, 1976, S. 1.
36 Schneller, S. 1.
37 De Lancre, a.a.O., S. 67 f.
38 De Lancre, a.a.O., S. 68 f.
39 An diesem Übersetzungsfehler mag einiges deutlich werden: das französische »sorciers« im Originaltext wird mit »Hexer« (mask. pl.) übersetzt; während der

Kontext die Lust der Frauen akzentuiert, subsumiert die maskuline Pluralform im Französischen selbstverständlich auch anwesende Frauen. In diesem Kontext aber darf es als sicher gelten, daß mehr Frauen als Männer anwesend waren. Die französische Grammatik aber gebietet, auch wenn nur ein Mann unter tausend Frauen sich befinden sollte, die maskuline Pluralform zu verwenden.

40 De Lancre, a.a.O., S. 69.
41 De Lancre, a.a.O., S. 72.
42 De Lancre, a.a.O., S. 71.
43 Innocenz VIII, zit. nach Soldan-Heppe I, S. 249 f.
44 De Lancre, a.a.O., S. 70 f.
45 Bloch, S. 462 f.
46 De Lancre, a.a.O., S. 74.
47 Zit. nach Zacharias, S. 42.
48 De Lancre, a.a.O., S. 74 f.
49 De Lancre, a.a.O., S. 75.
50 De Lancre, a.a.O., S. 75 f.
51 De Lancre, a.a.O., S. 71 f.
52 De Lancre, a.a.O., S. 70.
53 Sigmund Freud, *Totem und Tabu*, S. 17.
54 Landrecht von Baden-Baden, 1588, zit. nach Soldan-Heppe, I, S. 373 f. – Vgl. auch unten Materialien Nr. 23.
55 Ob der Teufel nach eingegangenem Pakt mit der Angeklagten koitiert habe? Auf welche Weise der Teufel der Angeklagten die Jungfräulichkeit habe rauben können? Wie das männliche Glied des Teufels sei, wie dessen Samen? Ob der Beischlaf mit dem Teufel bessere und größere Lust bei der Angeklagten errege als der Beischlaf mit einem natürlichen Mann? Ob er auch seinen Samen in die Angeklagte ergossen habe? Ob der Teufel mit der Angeklagten in der Nacht mehrmals geschlafen habe und jedesmal mit Samenerguß? Ob er die Sache mit der Angeklagten in derem eigenen weiblichen Geschlechtsteil vollzog oder auch in anderen Körperteilen? Ob sie auch von anderen Männern auf natürliche Weise geschwängert wurde? Was sie mit der Leibesfrucht gemacht habe? Ob die Leibesfrucht lebendig war? Auf welche Weise sie die Leibesfrucht erwürgt habe?
56 Ob sie gegen die Natur gesündigt habe? Auf welche Weise mit Männern, mit Frauen, mit sich selbst, mit Tieren?
57 Landrecht, a.a.O., S. 374.
58 Landrecht, ebd.
59 Landrecht, a.a.O., S. 375 f.
60 Friedrich von Spee, *Cautio criminalis*, zit. nach Soldan-Heppe, Bd. II, S. 195 f.
61 Soldan-Heppe, I, S. 348 ff. – *Kapistrum* = Knebel
62 De Lancre, zit. nach Zacharias, S. 72.
63 Soldan-Heppe, I. S. 352 f. Vgl. unten Materialien Nr. 30.
64 Soldan-Heppe, I, S. 353.
65 Schneller, a.a.O., S. 6.

Klaus Schneller
Paracelsus: Von den Hexen und ihren Werken

Der folgende Versuch, Paracelsus' Stellung zu den Hexen und zur Hexerei zu interpretieren, stützt sich in erster Linie auf die nur fragmentarisch erhaltene Schrift *De sagis et earum operibus*[1], eine Schrift, die zum ersten Teil der *Philosophia magna* gehört und vermutlich in den Jahren 1537-38 entstand, allerdings erst nach dem Tode Paracelsus' (1541) vollständig in einem Kölner Druck erschien (1567). Die Schrift enthält in komprimierter Form Elemente der Paracelsischen Magietheorie, ausschließlich angewandt auf das Phänomen der Hexerei. Sie läßt sich grob in zwei Teile einteilen: einen, in dem die Bedingungen für die Möglichkeit von Zauberei, das heißt teuflischer Magie, untersucht werden, und in einen zweiten, in dem die subjektive Disposition der als Hexen bezeichneten Frauen im Mittelpunkt steht.

Der vorliegende Versuch soll vorrangig die Konstitution des Paracelsischen Befundes nachvollziehen. Dieser basiert auf einem neuen Naturbegriff in der Weltanschauung des Paracelsus, der die Stellung zum Besonderen, Individuellen entscheidend bestimmt. Es ist daher notwendig, auf die allgemeinen Voraussetzungen des hermetisch-neuplatonischen Weltbildes einzugehen. Dazu ist es unerläßlich, wenigstens kurz das Spannungsfeld, das von Platon und Aristoteles dem mittelalterlichen und neuzeitlichen Denken vorgegeben war, zu skizzieren.

Gleichwohl kann in diesem Rahmen keine Vollständigkeit angestrebt werden. Eher versteht sich dieser Versuch als Diskussionsvorschlag, als Vorentwurf einer Problematik, die nach allen Seiten noch zu vertiefen und zu präzisieren wäre. Eine der Hauptintentionen ist dabei die, jene Interpretationsansätze, denen an einer Verwässerung und Zurichtung des Paracelsischen Naturbegiffs gelegen ist – zugunsten der Reinstallation eines magisch-mythischen Naturbezuges –, ihrer Falschheit zu überführen, um an deren Stelle erneute Reflexion zu setzen, die vor der Totalität des geschichtlichen Prozesses nicht kapituliert. Geschichte steht in einem Opfer-

16. Sogno

zusammenhang, den es mit der Einlösung des Anspruchs auf Autonomie zu durchbrechen gilt. An der bürgerlichen Selbstsetzung der Subjektivität hat Paracelsus als einer ihrer bedeutendsten Vorläufer teil, insofern auch an den Aporien, die sich aus ihr ergeben: diese nachzuzeichnen und deren Folgen, die bis heute nicht aufgehört haben zu expandieren, ist das vordringliche Interesse einer Auseinandersetzung mit Paracelsus. Solange Fortschritt in der Geschichte sich hauptsächlich als technischer versteht – an dessen Innovationen Paracelsus maßgeblich mitwirkte –, gilt es, auch dessen Opfer zu bedenken. Sie zu unterschlagen heißt gleichzeitig, den disparaten Geschichtsverlauf auf sein So-Sein festzuschreiben und sich dessen Heteronomie zu unterwerfen.

Platon bestimmte die Ideen, denen höchste Allgemeinheit, wahrhaftes Sein zukommen sollte, als außerhalb der Materie liegend. Diese war charakterisiert als das schlechthin Zufällige, Endliche, dem im Gegensatz zur Ewigkeit der Ideen kein reales Sein zugesprochen wurde: Der ständigen Veränderung unterworfen wie die sinnliche Wahrnehmung von ihr, bot sie keinen Anhaltspunkt für Objektivität. Diese konnte nur erlangt werden, indem der synthetischen Tätigkeit des Verstandes, der die Vielfalt der empirischen Einzeldinge im Begriff zur Einheit brachte, das wirkliche Sein – allerdings dem einzelnen Subjekt enteignet und als vorgängiges auch von dessen sinnlicher Präsenz abgezogen – zugemessen wurde. Der platonische Chorismos von Idee und Materie kennzeichnet so zugleich die Stellung des Subjekts zu der es umgebenden Natur, eine Stellung, deren historische Konstitution mit ihrem Erreichen verdrängt wurde und deren Festschreibung als immer schon so gewesene Harmonie der Weltordnung den Rückfall in davorliegende Stufen der gesellschaftlichen Entwicklung theoretisch unmöglich machte. Die letztlich durch Projektion gewonnene Objektivität war zugleich die einzig gültige Voraussetzung für wissenschaftliches Denken, dem Feststellen von allgemeingültigen Gesetzen, denen die veränderlichen Dinge unterliegen sollten: eine unabdingbare Voraussetzung der planmäßigen Aneignung äußerer Natur, die als von der Idee radikal getrennte und somit eigentlich nichtseiende a priori dem Zugriff ausgeliefert wurde. Aristoteles kritisierte am platonischen Chorismos, daß das Wesen an sich nichts Substantielles sein könne, nicht außerhalb des empirischen Dinges, dessen Wesen es sein sollte. Die Dynamik, die auch Platon ursprünglich den Ideen hatte zuschreiben wollen, die er unter Verzicht auf stringente Vermittlung mit der Materie im Chorismos aber unterdrückte, wurde von Aristoteles neu konzipiert: Die Idee als Ursache des Besonderen, Empirischen wurde restauriert, das Einzelne wurde zum Substrat des Allgemeinen, zum bloßen Stoff, dem erst in der Form Wirklichkeit zukommen sollte. Stoff erhielt erst die Würde des Seienden in der Form, die zugleich den Zweck ausmachte, durch den sich die Idee mit dem Einzelding vermittelte. Gleichwohl wird durch diese Konzeption alles schlechthin noch nicht Vergesellschaftete, das heißt durch den Menschen Ungeformte, abermals zum Nichtseienden degradiert. Vor der Vernunft hat nur Bestand, was durch sie bereits hindurchgegangen ist.

Im Neuplatonismus verbinden sich Platons und Aristoteles' Metaphysik durch die Verarbeitung Plotins und Proklos' hindurch mit der christlichen Lehre der Kirchenväter zur Scholastik, deren explizite Bestrebung, die systematische Vereinigung von Vernunft und Glauben, zum Dogma wird. Das spezifisch Neue der Plotinschen Historisierung des Entfaltungsprozesses des göttlichen Weltgeistes tritt uns in der Niedergangsperiode der Scholastik, nachdem es lange Zeit weitgehend verdrängt war, in der negativen Theologie Nikolaus von Cues' modifiziert entgegen und bildet bei Paracelsus die Basis des Weltbildes: Die Selbstentfaltung des transzendenten Gottes in der Zeit stellt sich dar als der Prozeß der Ordnung des materiellen Chaos zum Kosmos, metaphorisch umhegt von der Erhellung des diabolischen Dunkels durch das Licht der göttlichen Vernunft (eine Terminologie, der sich die Aufklärung später bedienen wird). Paracelsus löst die Aporien der neuplatonischen Ideenlehre in der Konstruktion der Kongruenz von Mikro- und Makrokosmos über die Rolle, die er der Astrologie zuschreibt. Sie ist weniger abergläubisches Weissagungsinstrument als Organon vernunftmäßiger Erkenntnis, die nicht bei der sinnlichen Wahrnehmung sich bescheiden will. Sie überbrückt den Graben zwischen materieller Wirklichkeit und den an den Himmel verbannten Ideen und betont die Anstrengung des Subjekts, das Wesen der

Dinge, das sich durch Erfahrung allein nicht ergründen läßt, einerseits als Apotheose mimetischer Nähe zum empirischen Gegenstand und andererseits als Eroberung des Allgemeinen, dessen Begriff Paracelsus nicht als erkenntnistheoretische Kategorie zu verwenden verstand. Daß das Wesen eines Dinges sowohl in ihm als auch außerhalb seiner selbst sei: an dieser Spannung arbeitet sich die Paracelsische Begrifflichkeit ab. Als Äußerliches erkennbar hypostasiert, wird es zum Erkennbaren schlechthin. So bekommt die Möglichkeit der Erkenntnis apriorischen Charakter, deren Wahrheit sich allerdings nur im Verein mit der sinnlichen Erkenntnis, der Erfahrung im weitesten Sinn, erweist. Das entkleidet die platonische Anamnesislehre ihrer Abstraktion und bereitet den Weg für den modernen Empirismus. Erfahrung wird zur Methode. Als Methode jedoch verliert sie ihren Unmittelbarkeitscharakter, der die spezifische Kenntnis etwa der Kräuterfrauen ausmachte, auf die sich Paracelsus in den heftigen Polemiken gegen die Schulmedizin seiner Zeit berief. Natur, der Gegenstand der das Heil im Jenseits suchenden christlichen Abscheu, wird so zum vorzüglichen Gegenstand des Paracelsischen Interesses; sie sich untertan zu machen, lautet der alttestamentarische Auftrag, der den Vorwurf der Ketzerei in Paracelsus' Augen ad absurdum führt und die Aneignung der Natur durch den Menschen objektiv legitimiert. Gleichzeitig ermöglicht er die Selbstsicherheit zur Konstitution des Subjekts, das sich mit dem Anbruch der bürgerlichen Gesellschaft anschickt, der Natur als Autonomes entgegenzutreten, um sie in Besitz zu nehmen. Die Selbstentfaltung Gottes in der Geschichte wird zur Umschreibung der Unterwerfung der Natur durch den menschlichen Geist, deren Ausgang damit festgelegt ist als *totale* Inbesitznahme. Alles Fremde, Unbekannte – »Dunkle« – gewinnt bei Paracelsus als Gegenstand der Erkenntnis Priorität, um seiner Fremdartigkeit entkleidet zu werden. Was der »Einfalt« nicht leicht begreifbar erscheint und zum Gegenstand abergläubischer Spekulation »aus Unverstand« wurde, muß durch die Tätigkeit der ordnenden menschlichen Vernunft, die somit an der Selbstentfaltung des göttlichen Nous partizipiert, aus dem dunklen Chaos in den lichten Kosmos überführt werden: Gott ist der Inbegriff von Ordnung. Die realen Erfolge der Erkenntnis werden damit zu vorab zu erwartenden Ergebnissen einer *self-fulfilling prophecy*, der Zurichtung der Natur zum System, das sich ihr als System des Verstandes vorab unterlegt. Auch wenn Natur bislang noch nicht alle ihre Geheimnisse preisgegeben hatte, so wird es nun zur Selbstverständlichkeit, daß sie sie hergeben wird, denn in der Totalität der Entfaltung des Nous werden die Zwecke der Natur mit dem Telos der menschlichen Geschichte identisch. Wenn das auch bedeutet, daß Natur überhaupt wieder ins Blickfeld geriet, so gerät sie es doch nur in reduzierter Form: ihr An-Sich ist von vornherein zum Für-Uns deklariert.

Die Methodisierung der Erfahrung läuft einher mit expliziter Ursachenforschung: so ermöglicht sich der totalitäre Charakter des Zugriffs selbst, indem er das Objekt von beiden Seiten her einkreist, seine Besonderheit dem Allgemeinen integriert. Aber noch firmiert das Verfahren bei Paracelsus unter Magie, »*magia naturalis*«, die sich von der schwarzen Magie, Zauberei, vor allem durch ein höheres Maß an Einsicht in die Ursachen ihrer Wirkungsweise unterscheidet und deren weiteres, entscheidendes Kriterium Nützlichkeit ist. Eine dritte nicht zu unterschätzende Differenz ist ihre Überlegenheit, mit deren Demonstration das Fragment beginnt. Sie zeigt anhand der Überlegenheit der mosaischen Magie über die ihrer ägyptisch-heidnischen Konkurrenten mit ihrer Superiorität zugleich ihre göttliche Sanktion, die als ihre Quelle ausgegeben wird. Selber als *magus* sich begreifend, wird Paracelsus die Zauberei der Hexen seiner Zeit als Produkt abergläubischer Einbildung, nicht zuletzt der Hexen selber, verwerfen, denn weder sie noch der »einfeltig man« wissen, »was gewalt die creatur, der mensch, auf erden macht habe«.[2]

Um den vernünftigen Prozeß der Naturaneignung zu gewährleisten, ist es nötig, die Kinder zu erziehen, denn auf diese lauert bei ihrer Geburt der *ascendens*:

> »das sind die geist, vor den uns Christus gebeut aufsehen zu hon und zu wachen, dan unser feint der feire nicht. das sind die ascendenten, daraus falsch ler gelernet werden.«[3]

Aus den vom »ascendens« beherrschten Kindern ». . . wachsen die mörder, also die spiler und die jenigen alle, die wider die ler Christi hantlen und wantlen«.[4] Gleichermaßen auch die Hexen:

> »also wachsen auch die hexen in der geburt, so der geist, der hexen vater und macher, nit ausgetrieben wird, so wurzlet er in der hexen so lang, bis er sie underricht. zugleicher weis, wie er den dieb führt, lernt, underweist zu stelen, gibt im geschiklikeit, sein stelen am geschiklgsten anzugreifen, do kein liecht der natur zukompt.«⁵

Das Licht der Natur, Metapher für den autonomen Verstandesgebrauch auf der Basis der Erfahrung, wird asozialen und kriminellen Elementen abgesprochen; sie werden zum Opfer von ihnen unerkannten Mächten gebrandmarkt, denen sie zum Verderben ausgeliefert sind, wenn es nicht zuvor gelingt, den *ascendens* unschädlich zu machen, um sie so den Erfordernissen der Ordnung des Kosmos anzupassen. Was sich dabei als humanitärer Zug an Paracelsus ausnimmt, daß er die als Hexen inkriminierten Frauen nicht an die Inquisition ausgeliefert sehen will, liegt durchaus in der Konsequenz seiner ideologischen Vorgabe: Vernunft, die sich als göttliche ausgäbe und nicht in der Lage wäre, im Angesicht der Negativität zu verharren, um sie zu erforschen, würde sich ihres Anspruchs auf Totalität begeben und sich unglaubwürdig machen wie jene scholastischen Systeme, die die hypostasierte Omnipotenz Gottes auf die Satansgestalt übertrugen, deren Charakter sie bei der Verfolgung ihrer vermeintlichen Untaten dann in der politischen Realität annahmen. Die Selbstsicherheit, mit der der Paracelsische Weltgeist einherschreitet, hat allerdings die Inferiorität alles bloß Natürlichen wie letztlich auch bedrohlichen Teuflischen bereits einkalkuliert; auch wenn der »gemeine, einfeltige man« die »himlischen kreft«, die sich da bewegen, vorerst noch nicht verstehe, so geht die Zuversicht Paracelsus' dahin, daß

> ». . . so heimlich wird kein kunst bei inen sein, die nit werd geoffenbaret den menschen auf erden, vor dem und das zerbrechen der welt geschehen wird. darnach wird glaubt werden, das die ding natürlich ie und ie bescheen sind, die iezt dem teufel zugeleit werden, der da nicht könte ein har weiss oder schwarz machen«⁶,

wodurch dem Optimismus und dem Fortschritt ihre theologische, das heißt: objektive, Legitimation beigesellt wird.

Die Wichtigkeit, die Paracelsus der kulturellen Latenzzeit des Individuums während seiner Sozialisation beimißt, überrascht durch die naive Bündigkeit, mit der sie die Möglichkeit der Schädigung durch jegliche Kriminalität an das Erwachsensein bindet:

»als ein dieb der do stilt, der muss zu dem alter komen, das er dem stelen gewaltig sei, wie dan von hexen solchs sonderlich nach fleischlichem begird ir alter zu han, notturft erfordert.«[7]

Allerdings wird in ihr mögliche Subjektivität, Selbstbestimmung theoretisch wie realiter negiert.

»Darauf so merken[8], das alle ding, die wir im alter gebrauchen sollen, von jugent auf in uns erzogen müssen werden und das erziehen bringt und macht ein felsen in uns. dan was von jugent auf die gewonheit inbildet, das ist ein fels, darauf die natur bauet. wie dan auch geistlich Christus auf den felsen Petri gebauen hat. was also Christus auf den felsen bauet, das falt nit under.[9] was also die natur auf iren felsen auch bauet, das falt in ir auch nit under.«[10]

Die Bestimmung des Kindes zur Zurichtung, Erziehung zu einem »felsen, auf welchem die ding fix bleiben, die von jugent auf gelernt sind worden...«[11], legt in ihrer beredten Sprache das Herzstück der Dialektik von anhebender Aufklärung frei: die Erstarrung, die am Menschen einst durch den Schrecken übermächtiger Natur hervorgerufen worden sein mag, steht mittlerweile als offene Forderung an jedes einzelne Mitglied der Gesellschaft. Idiosynkrasie und Ablegung mimetischer Fähigkeiten fallen als *coincidentia oppositorum* ineins; was von Mimesis noch übrig blieb, ist die abstrakte Anpassung an die Naturgewalt, die als Herrschaft des Subjekts über sich selbst und andere, ohne daß dies sich dieser Konjunktion bewußt wäre, den Naturzwang in der Gesellschaft weitertransportiert, (gerade wegen und) trotz der erweiterten Herrschaft über äußere Natur. Tendenziell degradiert Erziehung den zu Erziehenden ebenfalls zu bloßem Naturstoff, dem erst nach seiner Zurichtung zur gesellschaftlich adäquaten Form vollwertiges Sein zukommt, denn dem Jugendlichen wird allein die Fähigkeit zur Kriminalität schon abgesprochen. Das wird am drastischsten an der von Paracelsus aufgestellten Typologie der Erkennungsmerkmale der Hexen deutlich.

»1. mann fliehen, / 2. feirtag eben observirem,[12] / 3. zeichnet an inen selbs, / 4. zeichnete kinder,[13] / 5. ceremonien gebrauchen, / 6. verbergen, alein sein, mann nicht fahen, / 7. künstlern nachfragen,[14] / 8. an sich hengen zeuberin[15] und lernen, darzu sie der geist treibt, / 9. kein mann ansehen, / 10. selten kochen, haar, stirn nicht waschen, das fleisch, / 11. hinder sich in kirchen umbkehren,[16] / 12. wol ligen, allein sich versperren.

das sind die hauptzeichen, die die hexen an inen haben, so sie der geist ascendens überwunden hat und wil sie zu meistern machen.«[17]

Form wird darin zum Mittelmaß stilisiert, zur Normalität. Was an körperlichen Mißbildungen wie auch an abweichendem Verhalten diagnostiziert wird, zeigt sich als das Stigma ungeformter erster Natur (die dem gesellschaftlichen Durchschnitt als häßlich erscheint). Die Reaktion darauf kann selber ihren idiosynkratischen Charakter nicht verschweigen: fast scheint es, als sträubten sich Paracelsus die Haare vor soviel »Unordnung«, die sich aus der pedantisch angelegten und teilweise auffällig sich wiederholenden Aufzählung – vor allem was die Verweigerung des ehelichen Geschlechtsverkehrs anbetrifft bzw. das Sich-Versperren vor Männern überhaupt – ausspricht.

»Nun folgt auf das, das auch der mensch ein fleischliche art aus Adam angeboren an im hat (nicht aus dem gestirn) welchs fleisch an im selbs neit und hass, untreu selbs mit im bringt und dergleichen. dises fleisch lässt der ascendens zunemen, bis er kompt auf sein höchste exaltirung, als dan er so besint[18], das der angeborn neit[19] in dienstlich sein würde, so reizt er in an dan kein hex ist nicht, sie sei dan des höchsten neits und untreu vol, also lauschet der ascendens so lang, bis im das spiess in die haut kompt. und wie die kinder in solchem neit und hass aufwachsen, so reizt ers auf sein fürnemen[20], damit er in irem alter die gewonheit in der hant hab.«[21]

Der *ascendens* verfährt also analog zu den Menschen mit dem Kinde so, daß, während jene dessen Tugenden zur Gewohnheit machen, er dessen »Unarten« zur Gewohnheit (dem Synonym für »fels«) werden läßt. Bestehen die Tugenden unter anderem in der Reglementierung respektive der Unterdrückung der »fleischlichen art aus Adam«, so wird in der der Hexen dennoch keine vermeintlich ursprüngliche, naturhafte Sexualität angenommen, sondern vielmehr eine »exaltierte«, die nicht dem subjektiven Willen untersteht. Dieser Aspekt erfaßt ein Moment der Wahrheit, da – versteht man das Hexenwesen als einen Versuch des Widerstands gegen die auf Verdinglichung und auf Unterwerfung der Sinnlichkeit unter die anwachsende instrumentelle Rationalität zielenden gesellschaftlichen Tendenzen – auch der Widerstand mit der Signatur der Unterdrückung behaftet ist. Bei Paracelsus wird dieses

Moment auf einen psychopathologischen Befund zurückgenommen, der die im Widerstand sich äußernde Subjektivität wieder kassiert und die Hexen zu reinen Opfern stempelt, deren Praktiken auch keine wirkliche Wirkung haben sollen, da sie Produkte der vom *ascendens* verursachten Einbildungen sind, denen außerhalb der Einbildung keine Realität zukommt.

»so nun der ascendens einen solchen strich für sich nimpt und die angebornen neit, hass, verbunst[22] dohin reizt, das sie zu der rach begeren, iren nächsten zu schedigen, wie sie könten und möchten, aber sie mögens aus eigner kraft nit, so folgt auf das die schul, in der sie lernen irem rach begeren genüge zu tun. und die ist also, das die geist im traum sie lernen, also das in fürkompt, tue das oder tue im also, so wird deim Feind das beggenen. diser treum geben die ascendenten sovil, das alle incantationes[23] iren ursprung dermassen nemen und so verstendig, das auch einer möchte durch solche treum ein doctor der zauberei werden. und also dieweil die hexen in neit und hass gefelset sind, so mögen die ascendenten auf den felsen ir hexenwerk wol bauen. wiewol nicht allein im traum, sondern auch, das sie in das fantasiren gericht werden, speculiren und hitzig nachtrachten, do allemal der ascendens einbildet, so lang bis die ding in sie gebracht werden, die sie für hexenkunst halten. wiewol nichts an im selbs, dan was (sie) tun oder wirken, das ist nur ein wenen, der ascendens tuts gleich.«[24]

Der spirituelle, körperlose *ascendens* verbindet als wirkende Ursache ähnliche Aspekte des mikrokosmischen Menschen mit dem Makrokosmos, der Welt. Wo sich in ihr die Herrschaft des Menschen über die Natur noch nicht vollzogen hat, korrespondiert dem die mangelnde Selbstbeherrschung des Subjekts: Chaos und individuelle Devianz werden als korrespondierende durchaus richtig erfaßt. Mit der gleichen Intuition wird das hexische Unwesen als Ausdruck eines Rachebegehrens begriffen, wenn auch dieser Topos gleich wieder verdrängt werden wird – wohl weil die gefährliche Nähe zu einer Eigengesetzlichkeit von Natur die idiosynkratische Berührungsangst provoziert, die dennoch nicht umhin kann, mit dem verabscheuten Objekt Kontakt wenigstens durch seine Erwähnung aufzunehmen.

Die Anpassung der Hexen an die gesellschaftlichen Normen und Erfordernisse ist unumgänglich; für sie steht eine Konzeption der Isolation und Nacherziehung bereit, die zwar eine selbstbestimmte Entfaltung der Hexen nicht vorsieht, sich aber zweifelsohne gegenüber der Liquidationsstrategie der Inquisition fortschrittlich und humanitär ausnimmt. Daß dies mit der, wenn auch freilich nur zögernd sich vorantastenden, Entdeckung des Komplexes des Unbewußten zusammenhängt, bleibt als Fortschritt ebenso unbestritten, wie im gleichen Atemzuge seiner Entdeckung auch schon dessen gewaltsame Beherrschung angestrebt wird. Vor allem aber scheinen für Paracelsus für die Auswirkung solch psychischen Geschehens in der Hauptsache Frauen anfällig zu sein:

»Also lont euch die zeichen angenem sein mit guter achtung der werken. dan die werken bezeichnen das ganz end und besteten auch die zeichen, [...] domit nicht das sie dester ergerlicher[25] gehalten werden oder zum feur verurteilt und dergleichen. sonder das sie in die arznei komen und von den dingen erlöst werden, dieweil uns Christus sovil tröst, so wir fasten und beten, dodurch die geist mögen austreiben, dieweil und sie so heftig ansezen[26], sonderlich in den alten weibern, die von wegen ir ungestalt, auch merers neit dan in den jungen, auch das ir weniger geacht wird von mannen, sich diser ascendens dester bass[27] exaltiren mag. wie sie aber all, sind sie durch die arznei, [...] hindan zufüren und sonderlich an zu halten, dieweil die ersten zeichen gefunden werden.[28] zu gleicher weis als so die nasen oder glider zeichen trügen, gedenken, das nit on ursach do stont. dan ein ieglicher, der an im tregt ein solchs zeichen, vor dem sol man sich hüten. was aber die natur zeichnet, nimpt und gibt nicht; die zeichen aber, so also werden, sind gleich an zu nemen als die zeichen, so einer durch die backen gebrent wird, die oren abgeschnitten usw. also zeichnet der henker sein kinder, also der ascendens sein kinder. darumb die gezeichneten kinder sind zu meiden in iren werken, aber ab zu wenden nottürftig.«[29]

War es vorher noch die Natur, die die Hexen zeichnete, so taucht plötzlich daneben der *ascendens* als Urheber auf: Das verweist auf beider Identität, die allerdings dadurch wieder diffundiert wird, daß alle Dynamik in der Natur auf den *ascendens* übertragen wird, der hinwiederum mit zunehmend anthropomorphen und technoiden Zügen ausgestattet wird: »kan der mensch schmiden aus den dingen was er wil, so könnens die geist noch viel bass.«[30] Was der Hexe in Paracelsus' Vorstellung an Subjektivität noch erlaubt bleibt, ist lediglich das Wünschen der Verwirklichung ihrer »begird«: Dieses bewirkt nach Paracelsus, daß der *ascendens* seine allgewaltigen technischen Fähigkeiten für die Hexen einsetzt, denn die Unwetter, die man bis dahin der Produktion der Hexen zuschrieb, macht der *ascendens* nach der Art eines Handwerkers selber; selbst die Zeremonien, die die Hexen zur *incantation* gebrauchen, lernen sie in der ascendentischen »schul« durch Träume, während der *ascendens*, in Analogie zur platonischen Idee, bereits alles Wissen in sich trägt:

»darumb ist not, das der selbig ascendens ein wissen trag der ganzen himlischen sphaer, do alle tag somer- und wintersternen gefunden werden[31], auf das, welche stunt sich begebe, den unholden die werk zu beweisen gerüst sein.«[32]

Die Annahme, daß die *ascendenten* von Raum und Zeit unabhängig seien, ansonsten aber von den Naturgesetzen abhängig, bildet im Grunde den einzigen, aber schwerwiegenden Unterschied zwischen menschlicher und ascendentaler Technik. Die Aufhebung von Raum und Zeit entspricht deren Aufhebung in unbewußten Abläufen, was die Ähnlichkeit zwischen dem mikrokosmischen Geschehen und dem makrokosmischen stiftet, dieses letztere gleichzeitig aber als Projektion erkennbar macht.

Die Welt insgesamt ist »gemachte«, ebenso wie die natürlichen Erscheinungen immer wieder nur als Produkt begriffen werden,

»dan der himel ist ein acker, was er treit[33], das verwerken[34] die bauleut, sie sind schmit, formirer und giesser aller himlischen früchten, so auf die erden fallen. sie mögen behalten ein donderzeug, ein hagelzeug, ein schnêzeug, so lang bis die stunt inen füglich wird. zu gleicher weis wie ein goltschmit, der sein silber ligen lasst on verarbeit, bis der kaufmann kompt, der ein arbeit an in früme[35], macht die darnach, wie ers begert.«[36]

Die Analogie geht bis in die Erklärung hinein, daß der Pakt, den die Hexe mit dem infernalischen *ascendenten* geschlossen hat, durch »warzeichen«, die der *ascendens* z. B. in den Hagel hineinschlägt, bestätigt wird:

»wie einer der do frümbt[37] ein zal schineisen und bestet[38] den kauf, das er sein sei, mit gegbnem weinkauf und bezalung. darumb bilich auf das folget, das des selben kaufmanns zeichen darauf geschlagen werde. also hie auch beschicht[39], warzeichen zu geben, das zeichen in die arbeit zu schlagen durch den unholdischen ascendenten, das selbig zeichen und den selbigen arrham[40] der der selbigen unholdin zugehört.«[41]

Nun schaffen die *ascendenten* allerdings nicht nur Unwetter, die von den Hexen an den Ort gewünscht werden, »do der neit und hass sein radium[42] ausstrecket«[43], sie verursachen vor allem Krankheiten, wobei die Verursachung männlicher Impotenz die besondere Aufmerksamkeit Paracelsus' erregt, wie vorher schon die erotischen Wege der Frauen, die von Familiengründungs- oder gar -erhaltungsabsichten nicht berührt schienen. Akzeptiert man die materialistische These von der Familie als der Keimzelle nicht nur des Staates, sondern der Gesellschaft schlechthin, so versteht man vielleicht eher den Nachdruck, mit dem Paracelsus die ›Liebe »zu laster«‹ verfolgt, als wenn man daran lediglich biographische Spekulationen knüpft oder den Sachverhalt mit der pauschalisierenden und nichts erklärenden Formel der Weiberfeindschaft auf den Begriff bringt.

»Die Familie besorgt, als eine der wichtigsten erzieherischen Agenturen, die Reproduktion der menschlichen Charaktere, wie sie das gesellschaftliche Leben erfordert, [...]. Als bewußte Tätigkeit ist diese Funktion der Familie besonders im Zeitalter der Reformation und des Absolutismus hervorgehoben worden. Das Individuum daran zu gewöhnen, in jener harten Welt der sich ausbreitenden neuen Arbeitszucht nicht zu verzweifeln, sondern seinen Mann zu stehen, verlangte, daß die kalte Schonungslosigkeit gegen sich und andere ihm zur Natur wurde.«[44]

Was hier vor allem als ideologische Reglementierung, die bis zur »felsung« zu gehen hat, angedeutet wird, als Reproduktion von Charakteren, steht bei Paracelsus allerdings eher im Hintergrund der Argumentation, während deren Basis, die biologische Reproduktion der Gattung qua Geschlechtsakt, zu dem die Frau als bloßer Naturstoff sich zur Verfügung zu halten hat, Priorität genießt. Der Angriff – und geschehe er auch nur über den Wunsch, auf die Potenz des männlichen Welteroberers einzuwirken – scheint für Paracelsus hingegen allein den Anspruch schon zu sabotieren, sich auf gesellschaftliche Weise die Welt untertan zu machen. Daher kann er kein Auge für die Not der Frauen haben, die des Liebeszaubers bedürfen, um die Vormachtstellung des Mannes auch im zwischenmenschlichen, patriarchalisch ausgerichteten Bereich zu brechen, indem sie mittels Kräutern seine Sexualfunktionen lähmen oder sie zu provozieren suchen. Auch wenn er dies dann zur »superstition« erklärt und ihm dafür andererseits wieder etwas gelingt, das einer tiefenpsychologischen Erkenntnis männlicher Impotenz nahekommt (– interpretiert man den vielschichtigen Begriff des *ascendens* in diesem Zusammenhang als Ausdruck psychischer Dynamik –), so bleiben dennoch weitere Ressentiments gegen die Frau zurück: der bloße Wunsch in ihr genügt, um die Ranküne, die sich eigentlich gegen den *ascendens* zu richten hätte, gegen die empirisch faßbare Person der Frau zu wenden. So wird ihr denn die Hauptschuld an Ehezwistigkeiten zugeschoben, auch wenn das eigentliche Handeln immer wieder dem *ascendenten* übertragen wird:

»also werden die liebe erholet, nicht zun êren, sondern zu laster. und so ein ehe draus wird, so schlegt kein einikeit drein; dan was also die ascendenten machen aus anbringen irer menschen, das reicht alls in ein feintschaft, und wird in der gestalt erlanget, das deren zweien ascendenten, ein ieglicher den seinen regir und neidisch mach auf ein andern, als das exempel ausweist. ich sez es wer ein ehe, die wer freuntlich und lieb an ein ander und es wer ein hex da, die selbig wölt den mann einer andern huren zuwegen bringen. so nimpt sie ir das für, am ersten die superstitiones[45] der ceremonien, auf den selben vermeinten glauben handelt der ascendens und macht ein conspiration[46] mit des selben manns ascendenten, als so sich zwei vertragen, dem dritten schetlich zu sein. nun ist des manns ascendens also geschickt, dieweil der mann on neit nit is, so nimpt er den selben neit zu hülf und wurzlet drauf. darnach so die frau ein ursach gibt, die einer bulerin möchte gleich sein, so reizt der ascendens an in kraft des selbigen angebornen neits, als sprech er, das ist nicht einer frommen frauen geberd. durch solch anreizen, auch in ander weg, nit not zu beschreiben, treibt ers dohin, das an dem ort ein feintschaft einwachst. so nun die gemacht ist, als dan stupft er in wiederumb, sucht ir ein bulen. iezt folgt darauf kuplerei, mit dem maul, und anreizen von selbigen ascendenten. das sind die planeten, die huren und buben machen, nit venus.«[47]

Der Krieg aller gegen alle auf der Erde hat seine Entsprechung bei den »himmlischen ascendenten« (die infernalischen bilden ihrerseits, wie die *philosophia sagacitas* lehrt, gleichzeitig noch eine Art Konkurrenzunternehmen zu den »englischen«). Das Verhältnis von Hexe zu *ascendens* basiert auf wechselseitiger Abhängigkeit: Die Hexe bedarf des »geists«, um ihrer »rach« Genüge tun zu können, der immaterielle *ascendens* bedarf ihrer, um in der materiellen Welt wirksam zu werden; seine objektiven Grenzen allerdings sind die Gesetze der Natur, die er freilich, und das hat er als Wesentlichstes dem Menschen voraus, bereits sämtlich kennt (darin ähnelt er, wie oben angedeutet, der Bestimmung der platonischen Idee, in der auch alles Wissen bereits angelegt ist, das nur wiedererkannt werden muß), weshalb er auch effizienter über Natur verfügen kann. Denn seine Überlegenheit beruht auf Technik, die er zum Schaden anwendet. Die Verfügungsgewalt über Technik indes macht ihn erst dem Menschen wirklich interessant. Die Erkenntnis, daß auch der *ascendens* »nur« nach den Gesetzen der Natur handeln kann, ist ein Schritt zu seiner Depotenzierung unter dem Banner der Aufklärung, stellvertretend für die Depotenzierung der Natur selber. Er zielt auf die endgültige Freisetzung des autonomen Subjekts, noch verkleidet als Anähnelung an den als transzendent und omnipotent vorgestellten Schöpfergott und dessen Distanz zu seiner Schöpfung, die der neuplatonischen Vorstellung nach als Natur deren unterste Stufe darstellt, die es zu verlassen gilt.

Das Begreifen des Allgemeinen im Besonderen, das im Falle der Hexen deren *ascendenten* darstellen, macht sie tendenziell zu a priori fungiblen Objekten der Herrschaft: Indem der *ascendens* begriffen wird, wird die Hexe beherrschbar; sie offenbart sich *bloß* als Natur, die Paracelsus noch so sicher nicht von Geist zu unterscheiden weiß. Das aber konserviert ein Stück der Wahrheit, daß Geist so einfach von Natur nicht zu trennen ist, wie der scholastische Realismus und in seiner Nachfolge nicht zuletzt der moderne Positivismus es gern möchten. Zwar verfolgt Paracelsus tendenziell bereits die abstrakte Gegenüberstellung von Subjekt und Objekt der Naturaneignung, doch ist er noch zu sehr in magisch-mythischen Vorstellungen von der Natur als Totalität der in ihr wirkenden Bezüge gefangen, als daß es ihm rein und bruchlos gelingen könnte. Das liegt nicht zuletzt daran, daß er seine Lehren »von unten herauf« in bewußter Ablehnung scholastischer Begriffsanstrengung entwickelt. Daß er dennoch aufs Allgemeine, auf Kategorien zielt, macht die eigentümliche Spannung seiner Werke aus, auch eine gewisse Unentschiedenheit, wie sie sich gerade in *De sagis...* hinsichtlich der Schuldfrage bei der Hexerei bekundet. Zwar sind die Hexen einerseits durchaus entschuldigt, da das eigentliche technische Bewirken der ihnen zugeschriebenen Werke ja den *ascendenten* zugeschrieben wird, andererseits treffen sie die negativen Folgen, die quasi als Wiedereinschmelzung des Rohstoffs

Mensch mit sich daran anschließender korrigierender Neubearbeitung zu verstehen sind.

So wird der Mensch im Laufe der Naturaneignung sich selber zum Material; immer weiter schreitet die Abstraktion vom Sinn der Naturaneignung zu deren automatischem Vollzug, der die Opfer, die von den einzelnen Mitgliedern zu dessen reibungslosem Ablauf verlangt werden, erstens nicht reflektiert, weil er sie aus verselbständigter Gewohnheit heraus auch nicht mehr recht wahrnimmt, weiter aus dem gleichen Grunde auch den Sinn dieser Opfer – das Gewährleisten langfristiger Befriedigung vitaler Bedürfnisse durch den Verzicht auf unmittelbare Bedürfnisbefriedigung – zunehmend verliert und das Opfer damit verewigt. So auch das Verwerfen unmittelbarer Sexualbefriedigung: Paracelsus ist keineswegs ein Prediger der Askese, vielmehr hält er den selbstquälerischen Verzicht für mindestens ebenso ablehnenswert wie die zügellose Promiskuität: nicht Auslöschung des Leibes, sondern dessen Regulierung ist das Ziel – die Harmonisierung der Natur nach dem Vorbilde der in den Himmel projizierten Ordnung. Dies meint auch der Begriff der *venus*, worunter man sich eine ihrer unkontrollierbaren Züge beraubte Sinnlichkeit (im Gegensatz zur *luxuria*) vorzustellen hat.

Durch diese – gegenüber den noch mindestens zwei Jahrhunderte andauernden Praktiken der Inquisition sich äußerst human ausnehmende – veränderte Stellung zur Sinnlichkeit verläßt Paracelsus den Bannkreis des Zeitgeistes und wird zum »Unzeitgemäßen«, der im Grunde schon das Modell für die in der Realität erst rudimentär herausgebildeten durchrationalisierten Verkehrsformen der bürgerlichen Gesellschaft antizipiert, freilich ohne sich dessen bewußt zu sein. (Ebensowenig wie die bürgerliche Gesellschaft in *dieser* Hinsicht in Paracelsus einen ihrer Protagonisten vermutet; gewöhnlich wissen Mediziner und Naturwissenschaftler ihn nur als Stammvater des Experiments zu würdigen, während der Kulturbetrieb ihn zur Stützung des Faust-Klischees gern ausbeutet.) Allein, vor dem Aberglauben, den Paracelsus bekämpft, ist er deshalb nicht gefeit. Während er noch mit selbstsicherer Aufgeklärtheit den Mythos der Teufelsbuhlschaft zerstört[48], wird ihm unter den Händen daraus ein anderer: Indem er etwa versucht, das Wesen der Unzucht mit Tieren rational zu erklären, glaubt er doch fest daran, daß einer solchen Verbindung ein tierisch-menschliches Mischwesen entspringen könne. Während vorher ein recht deutlicher Trennungsstrich zwischen psychischer und außerpsychischer Realität gezogen wurde, verwischen sich von nun an beider Grenzen wieder, wofür vor allem die Faszination der imaginierten Omnipotenz des *ascendens* verantwortlich zu machen ist. Dessen Gewalt aber ist die des Naturzwangs selber, dem der Mensch mit der Herausbildung der Rationalität zu entkommen hoffte. Als mit der Materie entzweiter »geist« war dieser von deren ursprünglicher Schrecklichkeit befreit. Entschärft, geglättet aber ist sie in seine spiritualisierte Form als deren Attribut wieder eingekehrt. Zugleich wird mit der Konstruktion des *ascendens* der platonische Chorismos überbrückt, indem er die ebenso idealistische Entelechievorstellung des Aristoteles, daß das Wesen eines Dinges sich in diesem ausdrücke, mit zunehmend anthropomorphen Zügen ausstattet und, beider Verwerfung antiker materialistischer Naturerklärung korrigierend, mit den von ihnen gewonnenen abstrakten Einsichten vermengt. Platonisches und Aristotelisches werden so in ein Spannungsverhältnis gesetzt, das beider Wahrheit aufbewahrt, wobei erst in letzter Instanz der platonischen der Vorzug gegeben wird, denn schließlich sind es die teuflischen, bösen *ascendenten* und nicht die »englischen«, die den Rückschritt in unbeherrschte Natur vollziehen und den Menschen von der Sublimierung seiner Natur zum göttlichen Geist abhalten. So wird Fortschritt zum Mimesisverbot und auf Expansion technologischer Verfügungsgewalt festgelegt. Das aber bezeichnet die Bahn der gesellschaftlichen Entwicklung bis zum heutigen Datum. In ihrem Zentrum steht das Opfer aus Sachzwang. In den Hexenverfolgungen wird es uns in gigantischem Ausmaß noch vor dem eigentlichen Beginn der bürgerlichen Gesellschaft als Exekution des Besonderen durch die Unterwerfung unters Allgemeine, als Versöhnungsangebot des Allgemeinen ans Besondere, ans Individuum, deutlich. Die Setzung des Guten aber erfolgt als dem Einzelnen heteronomes Objektives, dem man sich nur unterordnen kann. Das verrät den erzwungenen Charakter der Entsagung als moralischer Leistung des Subjektes.

Anmerkungen

1 *De sagis et earum operibus (Von den Hexen und ihren Werken)*, in: Theophrast von Hohenheim, gen. Paracelsus, *Sämtliche Werke*, 1. Abt. in 14 Bänden, hrsg. von Karl Sudhoff, Berlin 1922-1933.
2 A.a.O., Bd. 14, S. 6.
3 A.a.O., S. 8. *Vor den uns Christus gebeut aufsehen zu hon* = Vor denen Christus uns gebietet uns in Acht zu nehmen.
4 A.a.O., S. 8.
5 A.a.O., S. 9.
6 A.a.O., S. 19.
7 A.a.O., S. 10. *Wie dan von hexen solchs sonderlich nach fleischlicher begird ir alter zu han, notturft erfordert* = wie dann auch Hexen, besonders hinsichtlich ihrer fleischlichen Begierde, das entsprechende Alter erreicht haben müssen.
8 *Darauf so merken* = Daher merkt Euch.
9 *Das falt nit under* = Das stürzt nicht ein.
10 A.a.O., S. 10.
11 Ebd.
12 *Feirtag eben observierem* = Die Feiertage sorgfältig einhalten.
13 *Zeichnete kinder* = (die Hexe) hat mißgebildete Kinder.
14 *Künstlern nachfragen* = »Schwarzkünstlern« nachfragen.
15 *An sich hengen zeuberin* = entweder: sich an Zauberinnen anschließen, oder: Zauber (-mittel) an sich hängen.
16 *Hinder sich in kirchen umbkeren* = sich von den kirchlichen Riten abkehren (um sich deren imaginierter magischer Wirkung zu entziehen).
17 A.a.O., S. 12/13.
18 *Als dan er so besint* = sobald er dann bemerkt.
19 *Neit* = Neid.
20 *Auf sein fürnemen* = im Hinblick auf sein Vorhaben.
21 A.a.O., S. 10/11.
22 *Verbunst* = Mißgunst.
23 *Incantationes* = Zauberriten, Beschwörungen.
24 A.a.O., S. 11; *wenen* = Wahn, Wähnen. - *gleich* = durchweg.
25 *Dester ergerlicher* = Desto ärger.
26 *Dieweil und (uns?) sie so heftig ansetzen* = Sobald sie uns so heftig zusetzen.
27 *Dester bass* = Desto besser.
28 *Hindan zuführen und sonderlich an zu halten, dieweil die ersten zeichen gefunden werden* = Beiseite zu nehmen und abgesondert zu halten (oder: beiseite zu nehmen und auf besondere Art und Weise anzuhalten, i. e. zu erziehen).
29 A.a.O., S. 13.
30 A.a.O., S. 15.
31 *Do alle tag somer- und wintersternen gefunden werden* = Wo zu jeder Zeit Sommer- und Wintergestirn zu sehen sind (d. h. wo die Gesetze von Raum und Zeit aufgehoben sind).
32 A.a.O., S. 14.
33 *Treit* = Trägt.
34 *Verwerken* = Verarbeiten.
35 *An in früme* = Bei ihm bestellt, in Auftrag gibt.
36 A.a.O., S. 15.
37 *Frümbt* = Bestellt.

38 *Bestet* = Bestätigt.
39 *Beschicht* = geschieht.
40 *arrham* (Akk. zu lat. *arrha*) = Angeld, Anzahlung (mhd. *arre*).
41 A.a.O., S. 15.
42 *Radium* (Akk. zu lat. *radius*) = Strahl.
43 A.a.O., S. 14.
44 *Autorität und Familie*, in: Max Horkheimer, *Kritische Theorie*, Frankfurt/M. 1968, Bd. 1, S. 330.
45 *Superstitiones* = Aberglauben.
46 *Conspiration* = Verschwörung.
47 A.a.O., S. 22/23.

Silvia Bovenschen
Die aktuelle Hexe, die historische Hexe
und der Hexenmythos
Die Hexe: Subjekt der Naturaneignung
und Objekt der Naturbeherrschung

I. Die aktuelle Hexe – Die Wiederkehr der Hexe

Das Thema ›Hexe‹ ist Mode geworden, es hat bereits einen fatalen Glamour. Auch hat es in jüngster Zeit eine wissenschaftliche Nobilitierung erfahren.

Die Tatsache, daß sich die Wissenschaft nun wieder des historischen Phänomens ›Hexenverfolgung‹ annimmt, ist keineswegs die Ursache für das vitale Interesse, das das Thema heute findet. Dies wäre die eitle Annahme eines sich autonom wähnenden Forschergeistes, der noch nicht gemerkt hat, daß er sich bereits im Nachtrab befindet.

Auf einer Demonstration gegen den italienischen Abtreibungsparagraphen in Rom riefen 100 000 Frauen: »La Gioia, la gioia, la si inventa, donne si nasce, le streghe si diventa!« (ungefähr: Die Freude, die Freude, sie wird entdeckt; als Frau geboren, zur Hexe gemacht!) und: »Tremate, tremate, le streghe son tornate!« (Zittert, zittert, die Hexen sind zurückgekehrt!).

Steht das Hexenbild als Desiderat angesichts der unrealisierten weiblichen Potentiale? Sind die Hexen für den Feminismus das, was Spartakus, die aufständischen Bauern, die französischen Revolutionäre und die Bolschewiki für die sozialistischen Bewegungen sind? Bei einer Protestaktion anläßlich eines Prozesses in Itzehoe, der von der Sensationspresse reißerisch kommentiert wurde, weil zwei Frauen angeklagt waren, die ein lesbisches Verhältnis zueinander hatten – das Strafmaß fiel vergleichsweise ungewöhnlich hoch aus –, erklärten Frauen das Verfahren zum Hexenprozeß. Auf vielen Frauendemonstrationen verkleideten sich die Teilnehmerinnen als Hexen. Frauenlokale heißen z. B. ›Blocksberg‹, Bücher tragen

17. *Das Weib lenkt den Lauf der Welt* (Deutscher Holzschnitt des 16. Jahrhunderts)

Titel wie ›Hexengeflüster‹, eine Frauenrockband verkündet die Wiederkehr der Hexen ... Ein Wort läuft um, ein Bild verdichtet sich. Aber offensichtlich ohne erklärte Absicht, ohne Kalkül und ohne die Intention, im nachhinein eine revolutionsgeschichtliche Kontinuität des Feminismus zu konstruieren. Die Aufnahme der Hexe ins Sprach- und Bildrepertoire verdankt sich keinem Plan, vollzog sich eher spontan, atmosphärisch, situativ. Die Belebung des Wortes, des Bildes, des Motivs hat zweifellos etwas mit der Neuen Frauenbewegung zu tun (in der alten spielte das kaum eine Rolle), aber sicher nicht in dem Sinne, daß sich gelehrte Frauen bedächtig unter Zuhilfenahme ihres wissenschaftlichen Instrumentariums an die feministische Geschichtsarchäologie begeben, viele historische Schichten abgetragen und schließlich das Hexenpogrom des ausgehenden Mittelalters als Beweis für die Unterdrückung der Frau (da gibt es in der Gegenwart genug) für sich entdeckt hätten. Es waren nicht die nun flutartig einsetzenden historisch-theoretischen Aufarbeitungen, die den Anstoß zu der häufigen exemplarischen Anwendung des Wortes und des Bildes gegeben, die der Hexe zu ihrer überraschenden Renaissance verholfen haben.

Die empirischen Hexen von heute – jene Frauen, die sich selbst mit diesem Wort charakterisieren – haben mit der historischen Hexe, die auf dem Scheiterhaufen verbrannte, zunächst wenig gemein. Sie hatten bis vor kurzem sicher nicht einmal eine klare Vorstellung von deren vergangener Existenz (in den Schulstuben wurde davon zumeist nichts berichtet). Da nicht anzunehmen ist, daß sich jene 100 000 Frauen in Rom, aus deren Kehlen drohend das Wort Hexe erklang, zuvor schwer zugängliche Geschichtskenntnisse angeeignet hatten, muß es zwischen dem Wort – vielleicht verbunden mit einer diffusen geschichtlichen Vorstellung – einerseits und der eigenen Erfahrung der Frauen von heute andererseits ein direkteres, vorbegriffliches Verhältnis geben.

Das Wort, das Bild schlugen ein, sie trafen ein Erfahrungsmoment jenseits ihrer ehemaligen historischen Bedeutung.

»Das wahre Bild der Vergangenheit *huscht* vorbei, nur als Bild, das auf Nimmerwiedersehen im Augenblick der Erkennbarkeit eben aufblitzt, ist die Vergangenheit festzuhalten.«[1]

Diese Form der situativen Aneignung von Vergangenheit unterscheidet sich qualitativ von der wissenschaftlich-archivarischen – jedenfalls was deren geläufige Erscheinung betrifft. Sie nimmt etwas anderes auf, als uns die überlieferten Quellen, Daten und Kommentare zu bieten haben. In ihr vermischen sich Elemente historischer und sozialer Phantasie, die für das

Untergrunddasein verbotener Bilder sensibel sind; sie ist anarchisch, aufsässig im Verzicht auf Chronologie und historische Sorgfalt.

»Die Vergangenheit führt einen heimlichen Index mit, durch den sie auf Erlösung verwiesen wird. Streift denn nicht uns selber ein Hauch der Luft, die um die Früheren gewesen ist?«[2]

Es ist, als hätten die empirischen Hexen den ›Hauch‹ verspürt, von dem Benjamin spricht; als seien sie als von der Gegenwart unmittelbar Betroffene näher an der Vergangenheit als die auf Vergangenes gerichtete Reflexion, die die Sehnsucht nach ›Erlösung‹ immer nur benennen kann. Ein theoretisches Interesse, das auf die Virulenz des Hexenbildes gerichtet ist, kann sich immerhin des Verdachts der historisierenden Verselbständigung entziehen.

»Vergangenes historisch artikulieren, heißt nicht, es erkennen ›wie es denn eigentlich gewesen sei‹. Es heißt sich einer Erinnerung bemächtigen, wie sie im Augenblick einer Gefahr aufblitzt.«[3]

In der Wechselwirkung von phylo- und ontogenetischen Konstituentien des Bewußtseins – in der »das Individuum selbst noch in archaischer Identität mit der Art steht« (Marcuse)[4] – ging das, was die männliche Geschichtsschreibung ausgelassen, verdrängt und tabuiert hat, offensichtlich nicht einfach verloren; selbst das situative Handeln ist in bestimmten Momenten historisch bewußt, insofern als es die kollektive ›Wiederkehr des Verdrängten‹ provoziert. Diese Wiedererinnerung ist nicht reflektiv, aber auch nicht schlechthin intuitiv – sie ist möglich vor dem Hintergrund einer durchgängigen und unvermindert unabgegoltenen Sehnsucht nach Befreiung, die sich orientiert an den exponiertesten Beispielen für das, was das Leiden immer noch bestimmt. Die Vergangenheit kann so nah nur rücken, weil sich die Strukturen der geschlechtsspezifischen Unterdrückung so gleich geblieben zu sein scheinen – wenn wir auch im Moment vor dem Scheiterhaufen einigermaßen sicher sind.

»Die wiederentdeckte Vergangenheit liefert kritische Maßstäbe, deren Anwendung die Gegenwart verwirft und verbietet. Mehr noch, die Wiederherstellung des Erinnerungsvermögens geht Hand in Hand mit der Wiederherstellung des erkennenden Gehalts der Phantasie.«[5]

Zwischen der historischen und der empirischen Hexe wirkt

die Hexenmythologie, im Schnittpunkt von Weiblichkeitssyndrom und aggressiver Selbstdarstellung. Im Trivialmythos stehen die Hexen an der Seite der alten Muttergöttinnen. Lange Zeit hatten die Frauen Angst vor dem Titel Hexe, gehörte er doch zum von ihnen internalisierten Repertoire männlicher Invektiven. Sie jagten der Chimäre nach, dem Hexenschicksal entgehen zu können – aber »zur Hexe wird die Frau *gemacht*«, wie die römischen Demonstrantinnen riefen. Wie wir als Kinder aus den Märchen lernten, genügt es dafür schon, alt und ein wenig sonderbar zu sein. Alt werden wir alle, und als sonderbar gelten wir, wenn wir uns in unser vorgeschriebenes weibliches Schicksal nicht willig fügen.

Als die Frauen anfingen, sich ostentativ in der Hexenrolle einzunisten, handelten sie keineswegs so unvermittelt und willkürlich, wie es scheinen mag.

Will-Erich Peuckert (der lange den Hexen auf der Spur war) fühlt sich zum Beispiel angesichts irgendwelcher »Zusammenrottungen« (er nennt das zuweilen auch »Vergesellungen«) von Frauen immer spontan an die historischen Hexen erinnert:

»Mein Assistent kam eines Montagsmorgens aus den Ferien zurück. Er ist in einen Waggon geraten, den eine Frauengesellschaft für eine Kaffeeausflugsfahrt benützte. Anscheinend fühlten sie sich durch ihren männlichen Mitreisenden belästigt. Es wurden anzügliche ›Witze‹ laut, Zotenworte gingen hin und her, dann stimmte der ganze Chor den ›Sanitätsgefreiten Neumann‹ an und attackierte den Mann mit Worten, ob es ihm denn nicht möglich sei, das ›Wirtshaus an der Lahn‹ in seiner ganzen Unverkürztheit vorzutragen. Es waren [...] gutbürgerliche Frauen des gehobenen städtischen Mittelstandes, die im Zusammenschluß und in der Feierstunde sich erregten und deren Äußerungen dann zu allem möglichen Mutwillen aufgewachsen sind.«

Und ein weiteres Beispiel:

»Ein zweites Mal erlebte ich die Weiber. [...] Es waren die Wochen nach Pfingsten und der Kuckuck schrie – sie pflanzten am Vorwerk. Und sie übernahmen sich an Zoten. Sie übernahmen sich am geilen und entbundenen Tun; ich weiß nur noch, daß sie die jüngeren Mädchen ausgezogen haben, daß sie alle zusammen die Röcke abtaten und halb nackend tanzten.«[6]

Es sind nicht so sehr die Vorgänge als vielmehr die Beschreibungsarten, die, wie ich finde, einen Eindruck von Obszönität hinterlassen. Angedeutet ist die vermeintlich überzeitliche Dimension des Hexenwesens: »Ich glaube«, so Peuckert,

»daß die Hexen schon in früherer Zeit sich vergesellten – wenn sie zueinanderkamen, und sich verlustierten – wie es die Weiber ihrer Zeit und ihrer (wohl einst weiberzeitlichen) Kultur zu machen pflegten.«[7]

Dies alles wäre einfach nur tief ideologisch und eklig, bezeugte es nicht zugleich die Resistenz des Hexenbildes, diesmal in der männlichen Projektion. Peuckert sucht den Grund für diese Resistenz dort, wo er zumeist gesucht wird: in der weiblichen Sexualität, in einer »sexuellen Getriebenheit«, die einer »Anlage«, »besser, einer eingeborenen Gültigkeit« entstamme. Dieses reaktionär-antifeministische Grundschema, das mit der angeblich so gefährlichen Hypertrophie der weiblichen Sexualität operiert, lag schon den Schriften der Hexenverfolger zugrunde, es erfährt hier nur eine abschwächende Liberalisierung.

Das Wort Hexe hatte bis vor einiger Zeit keinen guten Klang, es weckte Kindheitsängste – ältere Lehrerinnen, die wir nicht leiden konnten und vor denen wir uns fürchteten, haben wir manchmal so bezeichnet. Es erging ihm dann ähnlich wie dem Wort ›schwul‹, oder dem Wort ›Prolet‹; es wurde von den Betroffenen aufgenommen und gegen den diskriminierenden Feind gerichtet. Spätestens zu diesem Zeitpunkt wurde den Frauen klar, daß sie, indem sie andere Frauen mit diesem Wort etikettierten (ähnliche Funktionen hatte zum Beispiel das Wort ›Blaustrumpf‹), das gleiche taten wie der angepaßte Homosexuelle, der mit dem Finger auf die Tunte zeigt, in der Hoffnung, die Pression treffe diese und nicht ihn. Wir wollten also mit der Anwendung auf andere von uns selbst ablenken. Sartre erzählt die Geschichte des jungen Genet, der einmal etwas stahl. Da sagten die Leute: »Er ist ein Dieb«, und da wurde er ein Dieb. Bei Genet war das ein individueller Akt. In dem Maße aber, in dem die Frauen sich des Schreckbildes bemächtigen, den Mythos kollektiv übernehmen, fällt er von der einzelnen ab.

Es handelt sich gleichsam um eine mimetische Annäherung an die eigene Geschichte im Medium mythologischer Suggestion, wenn sich die Frauen bei ihren Aktionen und Festen als Hexen verkleiden. Sie hexen gewissermaßen. Die antifeministische Geschlechtsmetaphysik hat die magisch-dämonischen Potentiale der Weiblichkeit so lange beschworen, bis diese auf sie zurückschlugen. Die Magie nähert sich der Realität über Bilder, und die »Zauberei ist wie die Wissenschaft auf Zwecke aus, aber sie verfolgt sie durch Mimesis, nicht in fortschreitender Distanz zum Objekt«.[8] Das mimetische Moment in den Aktionen bezeichnet so einerseits eine Kritik und Ironisierung der männlichen Weiblichkeitsmystifikationen, zum anderen aber ein tatsächlich unterschiedenes Verhältnis zu Geschichte und Natur. *Im Bild der Hexe oszillieren Vergangenes, Mythisches, aber auch ein aktuelles Los. Im überlebenden Mythos sind Natur und geronnene Geschichte aufbewahrt.* In der Hinwendung zu einem historischen Bild ist nicht so sehr das geschichtliche Phänomen selber gemeint als vielmehr das, wofür es stehen kann:

»So hat utopische Funktion sehr oft doppelten Abgrund, den der Versenkung mitten in der Hoffnung. Was aber nur heißen kann: hier ist der Hoffnung in dem archaischen Rahmen streckenweise vorgearbeitet. Genauer: in jenen immer noch Betroffenheit erregenden Archetypen, die aus der Zeit eines mythischen Bewußtseins als Kategorien der Phantasie, folglich mit einem unaufgearbeiteten nichtmythischen Überschuß gegebenenfalls übriggeblieben sind.«[9]

Die phantastischen Qualitäten der Imagination greifen weit über das hinaus, was der bildfeindliche theoretische Diskurs vermitteln kann.

»Die Phantasie hat insofern erkennende Funktion [. . .], insofern sie die Ansprüche des Menschen und der Natur auf vollständige Erfüllung gegen alle unterdrückende Vernunft bewahrt und schützt. Im Reich der Phantasie wurden die unvernünftigen Urbilder der Freiheit vernunftvoll.«[10]

Die historische Hexe *post festum* zu einem Urbild weiblicher Freiheit und Kampfkraft zu erheben, wäre ein Zynismus angesichts ihres millionenfachen Leidens, für das die Vorstellungskraft wohl kaum ausreicht. Andererseits steht die Aktualität des Hexenbildes für eine heutige Möglichkeit des Widerstands, die der historischen Hexe versagt war.
Dieses Widerstandsmoment aber ist gegenwärtig und politisch, nicht mythologisch begründet, mag es sich gelegentlich auch der mythologischen Bildsprache bedienen.
Gefährlich dagegen erscheint mir die Zitation der Mythen

zum Beweis für die Wiederkehr des Immergleichen, die die Differenz zwischen Mythos, Historie und Realität verwischen soll.

Zwar wurde die Wiederentdeckung der historischen Existenz matristischer Gesellschaften über die Mythen- und Symbolforschungen von Bachofen erst möglich (später haben die Anthropologen, Ethnologen und Kulturhistoriker seine Forschungsergebnisse weitgehend bestätigt), aber der unmittelbaren, bruchlosen Reminiszenz an vergangene weibliche Macht, die von heute via Hexe zu den Ursprüngen – zu Gaja, Demeter, Aphrodite usw. – zurückführen soll, ist zu mißtrauen; sie ist in ihrer Ambivalenz jeweils interpretationsbedürftig. Das geschichtsfeindliche ursprungsmythische Denken speiste die reaktionären Ideologien des 19. und 20. Jahrhunderts und mündete – was diesen Zusammenhang betrifft – fast immer in der Ontologisierung des Geschlechtergegensatzes und der Biologisierung der Weiblichkeit. Gemeint ist »die genealogisierende Beschwörung der Mächte des Ursprungs, [...] wie sie durch die Aktivierung einer ursprungsmythischen Geisteslage [...] immer wieder in der Profangeschichte zu einem mächtigen politischen Werkzeug tauglich war und ist.«[11] Diese Beschwörung spielt den Mythos gegen die Geschichte aus. Die Theorien, in denen sie ihren Platz hat, haben in ihrer zivilisationsfeindlichen Attitüde, indem sie mit einem unkritischen Entfremdungsbegriff operieren, auch heute noch ihre Attraktivität. Gerade im Zeitalter der ökologischen Krisen mag die Anrufung der alten Naturgöttinnen einen Ausweg verheißen.

Früher oder später wird man den Frauen vorwerfen, sie stünden damit, daß sie sich auf die historischen und mythologischen Signale ihrer vernachlässigten und verdrängten Geschichte beziehen, in jener Theorietradition, die in einer groben ideengeschichtlichen Skizzierung dem Strang Bachofen-Klages-Jung zugeordnet werden könnte. Dieser Vorwurf wird zu Unrecht erhoben, meine ich. Er verfinge nur dann, wenn wir auf dem Niveau etwa der Jung-Schülerin Esther Harding eine bruchlose Synthese von genealogisierender Rückbindung an Ursprungsmächte und aktuellem Frauenschicksal intendierten.

»In den Mythen und Gebräuchen, die wir betrachtet haben, spiegelten sich schattenhaft die Gefühle, die Reaktionen, die Männer und Frauen nicht sowohl einer bestimmten Frau gegenüber empfanden, als den Frauen an sich, dem weiblichen Prinzip, das trotz aller Vermännlichung der modernen Frau der Urquell des Frauentums geblieben ist und ihr physisches Leben sowohl wie das Sein ihrer Seele beherrscht.«[12]

Die Substantialisierung des Weiblichen suggeriert zunächst Größe. Sie beruft sich auf vergangene Bedeutung und deren immer noch bestehende, wenn auch verdeckte Gültigkeit.

»Es ist daher von größter Wichtigkeit, daß wir uns bemühen, wieder eine bessere Beziehung zum weiblichen Prinzip herzustellen, oder, wie die Alten es ausdrücken würden, zu der Großen Mutter, der Magna Dea.«[13]

Unter Absehung von den gesellschaftlichen Strukturen, auf denen die einstige Macht der Gaja beruhte, wird diese noch einmal aufgerufen, ihre alten Herrschaftsbereiche zu verteidigen. Das Faszinosum liegt wahrscheinlich in der Konstruktion einer ›alten Bindung‹ an einen ›letzten Grund‹, die zur metaphysischen Absicherung des Alltagslebens taugt und auch das trostloseste Frauenschicksal noch mit vermeintlichen Sinngehalten auffüllen soll. Esther Harding ist ein gutes Beispiel dafür, in welch trüben Kanälen ein solcher Denkansatz fließt. Sie vollführt einen Balanceakt: auf der einen Seite will sie dem weiblichen Prinzip wieder zu Anerkennung und verstärkter Wirkung verhelfen – zumal männliche *ratio* die Welt nicht besserte –, auf der anderen Seite darf aber weibliche Destruktionskraft nicht voll zum Einsatz kommen.

»Wenn dieses weibliche Prinzip, oder wie der naive Mensch es ausdrückt, diese *Göttin* in der Natur wirkt, erweist sie sich als blinde Macht, furchtbar und grausam, gebärend und vernichtend zugleich. [...] Das ist das weibliche Prinzip in seiner dämonischen Gestalt[14] [...], eine bewußt höher entwickelte Frau kennt diese Gefahr und wacht gewissenhaft, solch verhängnisvolle Wirkung zu vermeiden. Denn nur durch eine Disziplin der Begierde kann Liebe und seelische Beziehung zwischen den Geschlechtern gewährleistet werden.«[15]

Eine Politik und eine Ideologie, die die Frauen auf diese archetypischen Wesensbestimmungen zurückwarfen, machten aus der Großen Mutter die ausgebeutete Mutterkreuz-Empfängerin. Die Mutterschaftsideologie reduziert gerade in ihrem Rückbezug auf matristische Ursprünge die Frauen auf biologische Funktionen. Von der Machtfülle, die die Frauen in matristischer Zeit am frühen Beginn der Ackerbaukulturen tatsächlich hatten, bleibt in der Projektion dieser Bilder auf die hochindustrialisierte Gesellschaft des 20. Jahrhunderts nur noch das Gebärvermögen bestehen – als entspräche diese Reduktion nicht einer alten misogynen Weiblichkeitsideologie. In der unpolitischen Folge produzieren solche Vorstellungsgehalte eine eskapistische Zivilisationsfeindlichkeit (Stadtflucht, Sektierertum etc.), wie sie z. B. für die amerikanischen *eco-freaks* typisch ist, von der nur noch die Reformhäuser profitieren.

Theorien wie die der Esther Harding werden die Frauenbewegung vermutlich nicht vorantreiben. Sie sind es auch nicht, die die Aktualität des Hexenbildes begründen. Für sie gilt das, was Ernst Bloch über die Jungschen Archetypen schrieb:

> »... alles Neue ist eo ipso wertlos, ja wertfeindlich; neu ist nach Jung und Klages lediglich die heutige Instinktzerstörung, die Zersetzung des uralten Instinktgrundes durch den Intellekt [...] Psychosynthese – Gegenwart fliehend, Zukunft hassend, Urzeit suchend – [...]. Erst recht rangiert dann noch der wüsteste Aberglaube über der Aufklärung; denn selbstverständlich fließt Jungs Kollektiv-Unbewußtes im Hexenwahn dicker als in der reinen Vernunft.«[16]

Es ist der »nicht unwichtige Phantasiebestand der Archetypen« (Ernst Bloch), auf den Jung wie auch E. Harding stießen, der hier auch in anderer Weise, interessiert: der Vorgang nämlich, in dem blockierte Erfahrung über Mythen, Bilder und Symbole lebendig und bewußt wird (besonders wichtig für diesen Zusammenhang sind die Arbeiten von Kerényi). Dieser Vorgang ist dann, wenn er, wie in dem Beispiel der italienischen Frauendemonstration, Moment eines Widerstands, eines Kampfes ist, selber Geschichte. Der Mythos verliert seine starre Form, in der er die Philologie beschäftigt. Er wird nicht erneuert, er verliert vielmehr seinen Charakter als ›entpolitisierte Aussage‹ (Roland Barthes)[17], und wird

> »aus seiner genealogischen Bindung an eine ursprungsmythische Geisteslage gelöst. [...] Es ist darum kein Widerspruch, wenn auch der entmythologisierende Protest [...] in mythischen Bildern vorgetragen wird.«[18]

Erst diese Entmythifikation innerhalb der kämpferischen Handlung läßt die Assoziation mit Hexen und alten Weiblichkeitsmythen der Vergangenheit zu etwas werden, das nicht nur Vergangenheit, sondern primär Gegenwart und Zukunft betrifft: Befreiung von Rollenzwang und diffuser Angst, die zu einem Teil auch im Abbau der über die Jahrtausende der patriarchalischen Herrschaft aufgeschütteten Weiblichkeitseinschätzungen und -mythifikationen besteht. Die Zitation des Weiblichkeitsmythos ›Hexe‹ durch die Frauen bezeugt Souveränität, und *nur zum Schein* entsteht ein neuer Mythos.

»Der Mythos kann in letzter Instanz immer auch den Widerstand bedeuten, den man ihm entgegensetzt. Die beste Waffe gegen den Mythos ist in Wirklichkeit vielleicht, ihn selbst zu mythifizieren, das heißt einen *künstlichen Mythos* zu schaffen.«[19]

Eine weiterführende Frage nach dem Grund für die Mobilisierung alter und neuer Mythen und Weiblichkeitssymbole innerhalb der Frauenbewegung zielt auf die eigentümliche Resistenz und Invarianz verschiedener Mythologeme quer durch die Geschichte. Der gefahrverheißende Filmvamp wird noch mit den gleichen Attributen ausgestattet, mit denen Esther Harding ihre furchtbaren Muttergöttinnen beschreibt; die Hexen werden ähnlicher Vergehen bezichtigt, wie sie der *femme fatale* im Roman und im Drama des 19. Jahrhunderts zu einer so bedrohlichen Literaturexistenz verholfen haben. Die Frau als Sphinx, als Dämon, als entfesseltes Sinnenwesen, schlimmstenfalls sogar ausgestattet mit der berüchtigten *vagina dentata*, geistert durch die Kulturgeschichte. Tatsächlich – das stellte schon der Kulturhistoriker Egon Friedell fest – besteht zwischen der Diffamierung der Frau, wie sie der *Hexenhammer* massiv vorführt, und einem Antifeminismus, wie er sich zum Beispiel in den Strindbergschen Frauengestalten zeigt, gar kein erheblicher Unterschied.

»Vom Hexenwahn der Reformationszeit führt eine lange, aber gerade Linie bis Strindberg.«[20]

Im Mittelpunkt fast aller sexualtheoretischen Ausführungen seit dem *Hexenhammer* – sowohl jener, die die Frau in die bürgerliche Ordnung hineinkommandieren, als auch jener, die im Weib die gerade noch in Schach gehaltene Sinnlichkeit per se sehen – steht implizit, zumeist sogar mit deutlicher Betonung, die Behauptung, daß die Gefahr, die vom Weibe ausgehe, und die einzige Macht, die es faktisch ausüben könne, in seiner destruktiven Sexualität liege. Dieser auf die Frau projizierte Herrschaftsanspruch wurde immer wieder beschworen. Schon in den Erziehungsempfehlungen, die Rousseau für die *Sophie* gibt, ganz deutlich bei Schopenhauer oder Weininger, aber auch weniger spekulativ und vermeintlich wissenschaftlicher begründet bei Sexologen wie Krafft-Ebing finden wir die skandalöse Vision von der mit politischer Macht ausgestatteten Kurtisane, dem alles verschlingenden Sinnenweib, welches sich bei einer Liberalisierung der Geschlechterbeziehungen wieder ihrer Möglichkeiten erinnern könnte: die Angst vor der Wiederkehr der Hexen. In dieser Sicht steckt in jeder Frau ein Stück Hexe, ein Stück Hetäre, auch in der bravsten Hausfrau noch. In verklärter Form findet sich dieses Motiv bei verschiedenen Schriftstellern der Décadence und der Schwarzen Romantik wieder, für die die antike Welt der mächtigen mythologischen Frauengestalten noch der Ort war, wo man alles dürfen durfte, wo vor dem Einbruch der christlichen Morallehre mit ihrem Kanon der Sexualsanktionen die Sinnlichkeit noch ihre Entfaltung im gesellschaftlichen Leben finden konnte. In jeder Form – auch in dieser Verklärung – entsprechen diese Mythisierungen einem männlichen Wunschdenken. Die Empfehlung jedoch, die die Koryphäen des geistigen Lebens an ihre Geschlechtsgenossen in der Regel (mehr oder weniger verdeckt) weitergaben, war die einer wachsamen und unnachgiebigen Domestikation der Frau. Die Durchgängigkeit bzw. die geringe Variabilitätsbreite, die diese Substantialisierungen des Weiblichen in der Geschichte der Ideologien aufweisen, verleiten zur Anthropologisierung des Phänomens. Dabei geschieht es sehr häufig, daß die Ideologisierungen nicht mehr auf ihr jeweiliges historisches Substrat untersucht werden, sondern daß die in der Tat durchgängigen Meinungen zu Sachverhalten gerade hinsichtlich der Weiblichkeitseinschätzungen wie reale Sachverhalte selber behandelt werden. Die Bereiche Mythos, Historie und Gegenwartsaktualität verschwimmen zu einem eindrucksvollen, aber undifferenzierten Nebel.

Die Tatsache, daß sich die Hetz- und Diffamierungsschriften ausnahmslos in der Ausmalung der Bedrohung durch die weibliche Sexualität ergehen – darin blieb der *Hexenhammer* ein unübertroffenes Vorbild –, läßt psychologisierende Erklärungsvorhaben ungemein plausibel erscheinen. Zumeist basieren sie auf der Annahme eines männlichen Angstsyndroms: Kastrationsangst, Angst vor der alles verschlingenden Mutter. Der Frage, warum diese Angst gerade zur Zeit der Hexenverfolgung ein mörderisches Ausmaß erreichte, begegnen diese Theorien häufig mit eher schwammigen Hinweisen auf die Sexualfeindlichkeit der Kirche (Warum, so bleibt zu fragen, erreichte diese gerade im ausgehenden Mittelalter ihre höchste Steigerung?) und auf – das ist eine Konzession – etliche historische Variablen, die zumeist keine genauere Ausdeutung erfahren.

»Fast scheint es, als hätten sich jene männlichen Grundängste, deren Spur sich durch die ganze Menschheitsgeschichte verfolgen läßt, auf irgendeine rätselhafte Weise reaktiviert. Natürlich gibt es sehr viele historische Variablen, daß sich nur mutmaßen läßt, wie sehr sich zivilisationsbedingtes Unbehagen steigernd auf Spannungen der männlichen Psyche auswirkt.«[21]

So gesehen bleibt uns Frauen nur übrig, um unser Leben zitternd die Zeitläufte daraufhin zu beobachten, ob sich nicht eine neue Spannungssteigerung für die männliche Psyche darin abzeichnen könnte. Dabei wären wir aber für ein paar Beobachtungskriterien sehr dankbar. E. Jones beläßt es nicht bei der Annahme einer psychosexuellen Angstdisposition der Männer, er erweitert diesen Ansatz auf die Frauen. Er ist der Meinung,

»daß die Angst, die sich hinter dem Glauben an dieses Maleficium verbarg, die im tiefsten Grunde der Menschenseele ruhende Angst vor Unfähigkeit oder Versagen der sexuellen Funktionen war. (Beim Manne: ›Kastrationskomplex‹, beim Weibe: ›Angst vor der Kinderlosigkeit‹).«[22]

Er sieht in der »Hexenepidemie« (schon die Bezeichnung suggeriert ein historisches Krankheitsbild) weniger eine männliche als vielmehr eine weibliche Projektion. Die Ängste, die Träume und die Sehnsüchte der Frauen waren es dem zufolge, die den Stoff für die Anklage lieferten.

»Die hier aufgestellte These lautet, daß der Hexenglaube im wesentlichen eine Projektion verdrängter sexueller Wünsche des Weibes darstellt, insbesondere jener, die sich auf das weibliche Gegenstück zum Ödipus-Komplex beziehen, nämlich die Liebe zum Vater und den Neid und die Feindseligkeit gegen die Mutter. Ebenso wie das Kind das Bild des Vaters in seine wohltätigen und böswilligen Züge auseinanderlegt und damit den Glauben an Gott und den Teufel ermöglicht, so teilt es auch die Mutter in die beiden Hälften, woraus sich der Glauben an Göttinnen (Mater Dei) und weibliche Teufel entwickelt.«[23]

Demnach hätten die Frauen selber das Bild geliefert (projiziert), nach dessen Vorlage sich die organisierte Eliminierung dann vollzogen haben soll. Lediglich die Tatsache, daß es keine Frauen waren, die die Millionen Hexen folterten, qualvoll verhörten und schließlich ermordeten, läßt sich offensichtlich nicht im nachhinein noch zu Gunsten der Henker uminterpretieren.

Eine Analyse der Dispositionen für den Glauben an Gott und Teufel, an gute und böse Frauen, die die Reflexion in keinem Moment auf die realen Bedingungen für die psychosexuelle Entwicklung eines Kindes im 15. Jahrhundert richtet, erscheint mir zumindest problematisch.

Die *einseitige* Applikation psychoanalytischer Kategorien auf das Phänomen Hexenverfolgung hat hier objektiv die Funktion einer Relativierung und Verharmlosung. E. Jones, der den ›Hexenwahn‹ als epidemische Ausbreitung eines neurotischen Syndroms vor allem bei den Frauen begreift, zieht zu deren Erklärung in tautologischer Weise die gleichermaßen erklärungsbedürftige hysterische Sexualfeindlichkeit der mittelalterlichen Theologie heran.

Ein Interpretationsangebot, das einem historischen Massenphänomen mit individualpsychologischen Kategorien begegnet, kommt über die Charakterisierung der Hexenverfolgung als geschichtlicher Regressionsstufe nicht hinaus. (Ich beziehe mich hierbei nur auf *die* psychoanalytisch orientierten Texte, die sich mit dem Hexenwesen beschäftigen, wobei die Arbeit von Jones älter ist – sich also nicht auf dem Niveau der heutigen psychoanalytischen Theoriediskussion bewegt.) Der Hinweis auf die Überzeitlichkeit der ödipalen Situation mit ihren verschiedenen, sich aber immer wiederholenden Verlaufsmöglichkeiten kann zwar bis zu einem gewissen Grad die Resistenz der Weiblichkeitsmythifikationen erklären, aber nicht mehr den Unterschied zwischen ›normaler‹, latenter, mehr oder weniger gewaltsamer Unterdrückung und der Massenvernichtung der Frauen im ausgehenden Mittelalter.

Ein Verdacht, der einmal von H. Marcuse formuliert wurde,

drängt sich bei der Lektüre der Jonesschen Hypothesen zum Hexenphänomen auf:

»Das patriarchalische Realitätsprinzip hält die psychoanalytische Deutung unter seinem Einfluß. Nur jenseits dieses Realitätsprinzips können die mütterlichen Urbilder des Über-Ichs Versprechungen statt nur Erinnerungsspuren vermitteln – Bilder einer freien Zukunft an Stelle einer dunklen Vergangenheit.«[24]

Es soll nicht geleugnet sein, daß sich in den Bildern, Mythen und Trivialdarstellungen männliche Sexualphantasie und -angst manifestiert – das wäre angesichts des überwältigenden Beweismaterials allein der letzten 500 Jahre auch irrwitzig. In der Tat wurde der Widerspruch zwischen Norm und Triebanspruch auf das männliche und das weibliche Geschlecht projiziert, wie das Marcuse am Beispiel des Prometheus-Mythos entwickelt.

»Prometheus ist der Archetyp des Helden des Leistungsprinzips. Und in seiner Welt erscheint Pandora, das weibliche Prinzip. Sexualität und Lust als Fluch – zersetzend und zerstörend – ›Warum sind Frauen solch ein Fluch?‹ Die Anklage gegen das weibliche Geschlecht, mit der das Kapitel schließt, betont vor allem ihre ökonomische Nutzlosigkeit; [...] ihre Schönheit, das Glück, das sie versprechen, sind der Arbeitswelt der Kultur nur verhängnisvoll.«[25]

In der Literatur lebte das Pandora-Motiv immer wieder auf, beinahe ungebrochen erhielt sich der Mythos bis hin zur Wedekindschen Verarbeitung. Wichtig ist: Marcuse deutet mit dem Hinweis auf die jeweiligen gesellschaftlichen Auswirkungen der geschlechtsspezifischen Arbeitsteilung eine über das psychologische Modell hinausgreifende Interpretation für die konstatierbare Resistenz der Weiblichkeitsmythologeme und der männlichen Angst an. Das faktische Substrat der antifeministischen Geschlechtsmetaphysik wäre dann nicht mehr allein in einem als statisch angenommenen Moment der menschlichen Psyche zu suchen, sondern im widersprüchlichen Verhältnis von Leistungsnorm und Glücksversprechen – in dessen jeweils historisch zu bestimmenden Auswirkungen auf die Geschlechter –, mithin in den Formen der Beherrschung von innerer und äußerer Natur.

»Die Frau ist nicht Subjekt. [...] Ihr war die vom Mann erzwungene Arbeitsteilung wenig günstig. Sie wurde zur Verkörperung der biologischen Funktion, zum Bild der Natur, in deren Unterdrückung der

Ruhmestitel dieser Zivilisation bestand. Grenzenlos Natur zu beherrschen, den Kosmos in ein unendliches Jagdgebiet zu verwandeln, war der Wunschtraum der Jahrtausende.«[26]

II. Die historische Hexe – Der Untergang der Hexe

Immer schon repräsentierte die Frau Natur; das galt auch für die frühen Formen der Naturaneignung. Ein unheiliges Bündnis – so sah es die Kirche; ein fortschritthemmendes Bündnis – so mag es den Aufklärern, den ›Entzauberern der Welt‹[27], erschienen sein. In der Folgezeit, als man hoffte, die magisch-numinosen Kräfte der Frauen endgültig gebannt, das chthonische Mana zusammen mit der weiblichen Zaubermacht in den Scheiterhaufen erstickt zu haben, implizierte Beherrschung und Nutzbarmachung der Natur – das ist eine These der Kritischen Theorie – immer auch Herrschaft von Menschen über Menschen. Alle praktische und theoretische Anstrengung war nunmehr einzig auf diesen Funktionszusammenhang der Berechenbarkeit, Disziplinierung und Ausbeutung der inneren und äußeren Natur gerichtet – so stellt es sich rückblickend in einer weiträumigen Typisierung dar.

> »Naturbeherrschung schließt Menschenbeherrschung ein. Jedes Subjekt hat nicht nur an der Unterjochung der äußeren Natur, der menschlichen und nichtmenschlichen teilzunehmen, sondern muß, um das zu leisten, die Natur in sich selbst unterjochen. [...] Da die Unterjochung der Natur innerhalb und außerhalb des Menschen ohne ein sinnvolles Motiv vonstatten geht, wird Natur nicht wirklich transzendiert oder versöhnt, sondern bloß unterdrückt.«[28]

Die neue Rationalität etablierte sich um den Preis der fortschreitenden Distanz der Menschen zur Natur und damit auch zu Teilen ihrer selbst. »Die Menschen bezahlen die Vermehrung ihrer Macht mit der Entfremdung von dem, worüber sie Macht ausüben.«[29]

Diese Ambivalenz, die dem Fortschritt der Naturbeherrschung zugrunde liegt, prägt bis heute das Bild von der Frau; sie teilt gewissermaßen das Schicksal der unterjochten Natur. Der Verlust der Einheit von Ich und Natur ist allerdings wesentlich älter als die Hexenverfolgung, war auch schon lange Thema philosophischer Reflexion, er erhielt jedoch mit

18. *Das Weib leiht jedem die Kraft* (Deutsche symbolische Karikatur des 16. Jahrhunderts)

dem Aufkommen nicht-agrarischer Produktionsweisen und der Zerstörung der intakten Agrarkulturen eine neue radikale, endgültige Form. Die Trennung vollzog sich durch die Individuen hindurch, aber mit geschlechtsspezifisch unterschiedlichen Folgen. Schon in der Feudalgesellschaft sinkt die Frau

– faktisch entfernt aus den relevanten Herrschaftsbereichen, ideologisch ausgeschlossen von der Partizipation an den allgemeinen Ideen – herab zur Repräsentantin des Diffusen, Nichtidentischen.

In dem blutigen Vernichtungsexzeß gegen die magiebegabten Frauen (und Magie galt den Schlächtern nicht als Profession, sondern als weibliche Potenz – das betraf also tendenziell alle Frauen) kulminiert ein langer Transformationsprozeß, der alle gesellschaftlichen Bereiche erfaßte und an dessen Ende die Subsumtion der Arbeit unter das Kapital, die Subsumtion des Singulären unter den Begriff stand – und als dessen Resultat die Emanzipation der Gattung von den unmittelbaren Naturverhältnissen eine neue Qualität erhielt.

War die Frau schon aus dem großen Entwurf, mit dem die Hochscholastik noch einmal alle Erscheinungen der kirchlichen Macht unterwerfen wollte, herausgefallen, so vertrugen sich die Formen und Mittel, mit denen die Frauen angeblich und bis zu einem gewissen Grad auch faktisch die Kräfte der Natur für das Wohl (der klerikalen Interpretation zufolge: zum Schaden) der Menschen lebendig machten, erst recht nicht mit dem neuen System der Naturaneignung unter der Regie der formalisierten Vernunft. So wurden die Hexen zerrieben zwischen den beiden gewaltigen Blöcken der alten und der neuen Macht.

»Der erbleichende Glaube und die aufblühende Vernunft stritten miteinander: inmitten dieser beiden bemächtigte sich irgendjemand des Menschen.«[30]

Diesem ›qualitativen Sprung‹, den die Kritische Theorie systematisierend beschreibt und den Michelet in diesem Zitat idealtypisch benennt, entsprach in seinem historischen Verlauf eine lange Periode der schärfsten Kämpfe, Krisen und Widersprüche (die aus diesem breitmaschigen Interpretationsnetz notwendig herausfallen). Die Hexen waren eine solche Krisenerscheinung.

Als die großen Hexenpogrome einsetzten, war die europäische Welt bereits in Aufruhr: Religionskriege, Reformation und Gegenreformation, Bauernkriege, Ketzerverfolgungen und -verbrennungen, Inflation, Nahrungsmittelknappheit, Auflösung der Zünfte, Herausbildung neuer Produktionsmittel und -techniken, erstarkende Geldwirtschaft, Bevölkerungszuwachs, enormer Frauenüberschuß, Verelendung und Brutalisierung breiter Bevölkerungsschichten – es ließe sich noch vieles mehr aufzählen –: das alles schuf das hochexplosive Gemisch jener Zeitspanne, in der zur Verblüffung vieler Historiker der Feldzug gegen das weibliche Geschlecht möglich wurde. Diese sehr summarische Aufzählung sozialer Umwälzungen und struktureller Veränderungen soll kein historisches Erklärungsmodell einleiten; sie kann hier nur die Funktion haben, eine Ahnung von der Situation zu vermitteln, in der sich die Individuen im ausgehenden Mittelalter wiederfanden. (Das Ausmaß ihres Entsetzens wird am ehesten noch in einigen düsteren Produkten der bildenden Kunst spürbar – die dürre Aufzählung von Fakten und die Benennung von Strukturveränderungen vermögen da recht wenig.) Der Hinweis auf die subjektive Wahrnehmung der sozialen Einbrüche ist wichtig, denn die Saat der von der Papstkirche eingeleiteten Verhetzung ging ja auf; und wenn nicht korrelierende Dispositionen von Furcht, Panik und Haß in der Bevölkerung bestanden hätten, wären Massenwut und Massenangst nicht für eine solch grausige Verallgemeinerung des Geschlechterkampfes mobilisierbar gewesen. Die Legitimationskrise der Kirche, Ausdruck der Gefährdung ihrer ökonomischen und politischen Macht, hatte sich schon viel früher in der Theorie angekündigt: Der Beginn des Universalienstreits im 11. Jahrhundert signalisierte die erste Erschütterung des metaphysischen Dogmensystems. Nominalismus und Mystik stellten, obschon in sehr unterschiedlicher Weise, einen immanenten Angriff nicht nur auf die theologischen Prämissen, sondern indirekt auch auf das religiös-politische Machtsystem dar, indem sie den unmittelbaren Zugang des einzelnen zu Gott ohne die Vermittlung der Institution Kirche oder ihrer Vertreter für möglich hielten und die Dissoziierung von Glauben und Wissen, die später in den Schriften der Reformatoren programmatischen Ausdruck fand, antizipierten. Die theologischen Diskurse der nominalistischen Kritik – die Negation des ontologischen *a priori* der Universalien – bezeichnen einen entscheidenden historischen Prozeß: die notwendige Herausbildung eines subjektiven Glaubens, subjektiver Interpretationsformen zur Bewältigung des sozialen Kampfes.

»Mit dem Nominalismus war die Reduktion der Objektivität auf die Empfindungen und Wahrnehmungen der Subjekte gesetzt, die zuvor als objektiv gedachte Ordnung zerfallen, und damit die Orientierung der einzelnen Subjekte an einer allen gemeinsamen Objektivität theoretisch unmöglich geworden. Schien zuvor die Identität der Subjektivität garantiert durch die der objektiven Strukturen, welche die einzelnen Subjekte, indem diese auf jene bezogen waren, mittelbar auch zueinander in Beziehung brachte, so stürzte die nominalistische Kritik am Universalienrealismus mit der Hierarchie der Wesenheiten auch die Selbstverständlichkeit und Verbindlichkeit der subjektiven logischen Formen.«[31]

Nach dem Zerfall des *Ordo mundi* schienen auch die Naturgegenstände nicht mehr an ihrem alten Ort zu sein. Diese Entsprechung mag der philosophische Zweifel im menschlichen Alltag gehabt haben. Vom mittelalterlichen *Ordo mundi* kann freilich nur auf der Basis einer heuristischen Idealtypen-Konstruktion die Rede sein, denn so geordnet war diese Welt durchaus nicht; indes war sie statisch, ständisch, ohne soziale Mobilität. Typisierend ist auch das Folgende: aufgrund der sozialen Konvulsionen sahen sich die Individuen hilflos der chaotischen Mannigfaltigkeit der Erscheinungen – einer partikularisierten Wirklichkeit mit unüberschaubaren Konstellationen – ausgeliefert. Hatte die ›mittelalterliche Sozialordnung‹ den Menschen einen von ihrem Willen völlig unabhängigen Platz zugewiesen, so entsprach in den realen Lebenszusammenhängen des ausgehenden 15. und des 16. Jahrhunderts nichts mehr dieser Statik. Das starre religiöse Weltbild des Mittelalters war dem neuen Chaos nicht mehr angemessen.

Zweifellos dienten der Kirche Angst und Entsetzen, die ihre Verfolgungs- und Vernichtungsprogramme gegen Ketzer und Hexen in der Bevölkerung auslösten, zur Restauration ihrer Macht, zu einem Zeitpunkt, da ihr innerer institutioneller und legitimatorischer Raum längst hohl und verrottet war. Dennoch war die Hexenjagd nicht einfach die Folge eines großangelegten Plans, in dem Sinne, in dem Machiavelli später den kirchlichen und weltlichen Machtträgern die gezielte und bewußte Verbreitung von Angst und Schrecken zur Absicherung ihrer Herrschaft anempfahl. Die gemeinsame Wurzel von Mordaufruf und Mordausführung, von Anklage und panischer Bereitschaft zur Denunziation ist in dem anarchisch-chaotischen Charakter jener gesellschaftlichen Strukturveränderungen zu suchen, die die Menschen zu Beginn der Zivilisation in ihren Lebens- und Arbeitsverhältnissen betroffen hatten. Die Krise des ausgehenden Mittelalters schleuderte die Individuen auf sich selbst zurück. Ihre gesellschaftliche Stellung konnte nicht mehr in das statisch-integrative Bild einer einmaligen göttlichen Verfügung über Mensch, Natur und Gesellschaft eingeordnet werden. Die aus ihren traditionellen Zusammenhängen eskamotierten Menschen suchten nach neuen Sinngebungen und Interpretationsvorgaben für die Bewältigung ihrer Schicksale.

Da krochen die alten, von der Kirche nur sehr oberflächlich ausgetriebenen Dämonen wieder aus ihren Verstecken. Warum aber kristallisierten sich ihre Macht und ihre Umtriebe im Bild der Hexe?

Bei dem Versuch einer charakterisierenden Zusammenfassung dessen, was den Hexen vorgeworfen wurde und was ihre behauptete Schadenswirkung ausmachen sollte (bis zu ihrer Tätigkeit in den Volksmärchen), neigen wir dazu, in ihrer Kraft, die Naturgesetze aufzuheben, das signifikante Merkmal zu sehen (freies Schweben in der Luft, Veränderung der Dinge über weite Distanzen, Beeinflussung des Wetters und anderer Naturphänomene, Herbeiführung körperlicher Gebrechen und des Todes, Tierverwandlungen, magische Einflußnahme auf die Vorgänge der Sexualität, der Geburt etc.). Allerdings steckt in dieser Charakterisierung ein Dilemma – das hermeneutische Problem der Retrospektion. Zwar läßt sich nur von der Kenntnis des historisch Gewordenen (in diesem Fall der Formulierung der Naturgesetze) aus auf das zuvor Bestehende schließen, aber das verbaut bis zu einem gewissen Grad das Vorstellungsvermögen für die reale Befindlichkeit, die Denk- und Affektlage der zeitgenössischen Menschen. Es war den Menschen im Mittelalter sicher nicht möglich, zwischen der Heilung einer Krankheit durch Handauflegen einerseits und durch Verabreichung eines (pharmakologisch wirksam zusammengestellten) Kräutertrankes andererseits qualitativ zu unterscheiden. Das Kriterium für solche Differenzierungen war selber erst Resultat des sozialen Wandels, der die Menschen aus der Unmittelbarkeit des Naturprozesses entließ und dessen Opfer die Hexe wurde. Die sozialen Einbrüche, die er hervorbrachte, erschienen den Individuen ›naturhaft‹; und die

Natur erschien bevölkert mit (weiblichen) dämonischen Wesen mit Einzelkompetenzen. Die Kirche hatte zwar versucht, diese alten Götter und Dämonen, an die sich die Menschen mit Hilfe des Magiers und des Schamanen oder der Hexe direkt wenden konnten, durch ihre Schutzheiligen zu ersetzen, die gleichfalls ausgewiesene Zuständigkeiten besaßen; aber das waren im Vergleich doch recht blasse und stumme Gesellen. Auch ihnen wurde Wundertätigkeit zugeschrieben, auch sie ›hoben permanent Naturgesetze auf‹. Was der Kirche nicht behagte, war nicht der Glaube an Magie und Wundertätigkeit schlechthin (er ist Element jeglicher Religiosität bis heute), sondern die Ausübung solch magisch-animistischer Wundertätigkeit durch weltliche Individuen, gar durch Frauen, die einer sehr starken Tradition zufolge seit alters dazu prädestiniert schienen. Das Wunder – in diesem Beispiel: die Heilung – mußte sich im Zeichen Gottes vollziehen. Das aktuelle Problem zu der Zeit, da der *Hexenhammer* geschmiedet wurde, war, daß die Kirche, die jahrhundertelang jeden Glauben an Dämonen als Abweichung definiert hatte, sich nun gezwungen sah, auf die alten heidnischen Glaubensrelikte, die im Volk überdauert hatten, zurückzugreifen und sie zum religiösen Kitt ihres brüchigen Gebäudes zu machen. Im Bösen wurden die Hexen anerkannt, aber auch im Bösen mußte männliche Suprematie garantiert sein: Satan wurde inthronisiert.

Die oben angedeutete Unterscheidung zwischen den beiden Heilungsversuchen setzt – aus unserer Perspektive – die Trennung von Wissenschaftlichkeit und Obskurantismus voraus; aber die magischen Praktiken des Schamanen, der weisen Frau, des Zauberers waren weder obskur noch wissenschaftlich (sie sollten die Bedingung für beides werden):

»Solange die Naturerkenntnis vorwissenschaftlich blieb, war die Konstanz der zu bearbeitenden Gegenstände selbst noch nicht durch Arbeit garantiert; es konnte nur versucht werden, durch Beschwörung das Material zum Wohlverhalten zu bewegen, um den mit ihm verfolgten Zweck zu erreichen. Der Appell an die Naturmacht im Material war nicht beschränkt auf das bestimmte Material, er irradierte bis zur virtuellen Omnipotenz der Menschen über die Naturkräfte.«[32]

Wissenschaft im modernen Sinne nahm gerade erst ihren Platz ein. Die Erfassung der Vorgänge der Natur qua Gesetzmäßigkeit wurde erst in der Philosophie der Renaissance zum Gegenstand systematischer Reflexion, mit der Zielsetzung ihrer rationalen Beherrschung.

Es war – so ließe sich die oben formulierte Charakterisierung modifizieren – der Vorwurf der Komplizenschaft mit den geheimnisvollen Kräften der Natur (die den Menschen identisch erschienen mit jenen, die das Sozialgefüge sprengten), der im Zentrum des Verdachts gegen die Hexen stand. Das sympathetische Verhältnis der Frauen zur Natur, die Formen der magisch-mimetischen Naturaneignung, ihre Erfolge (wandten sie den Kräutertrank an), ihre Mißerfolge (legten sie Hand auf), waren als diesseitiger Versuch der Lebensbewältigung eine Bedrohung für die Kirche, sie standen aber zugleich auch dem Siegeszug der instrumentellen Vernunft im Wege. Letzteres erklärt ein wenig, warum auch von den Vertretern der neuen Wissenschaft von den Gesetzen der Natur, von den Protagonisten der modernen Rationalität, den Hexen so wenig Hilfe zuteil wurde. Kepler, der seine Mutter mit knapper Not von dem Verdacht der Hexerei befreien konnte, glaubte an Hexen! Aufklärung ist, nach Adorno, »die radikal gewordene mythische Angst«[33] – und darin bestand die Irrationalität der neuen Rationalität. Überdies mußte die Wissenschaft, um ihre Entstehung aus der Magie leugnen zu können, alle Reste davon auslöschen.

Worin aber gründete die oben schon dargestellte Annahme eines überaus intimen und machtverleihenden Verhältnisses der Frauen zur Natur?

»Vor allem aber ist man der Überzeugung, daß sie für die Magie, sei es Mittel ihrer Realisierung oder eigentliche Trägerinnen ihres Vollzugs sind. Die alten Frauen sind die Hexen, die Jungfrauen gelten als wertvolle Gehilfinnen.«[34]

Marcel Mauss weist in seiner *Theorie der Magie* diese Funktion der Frauen im magischen Ritual für verschiedene Kulturbereiche sehr schlüssig nach. Alle Momente des Schadenzaubers, wie sie der *Hexenhammer* in konzentrierter Form gegen die Frauen gerichtet darstellt, sind, neben dem Glauben an die positiven Zauberwirkungen, im heidnisch-magischen Denken schon vorhanden. In früherer Zeit hatte die Kirche solche Vorstellungskomplexe negiert. (So versuchte man im 9. und

10. Jahrhundert, die heidnischen Zaubersprüche zu christianisieren.) Trotz des Triumphes der Männer über die Frauen hatte die Anerkennung besonderer magischer Fähigkeiten der Frauen in heidnisch-patriarchalischer ebenso wie dann in christlich-patriarchalischer Zeit überdauert.

»Ebenso wurden die Frauen, deren Rolle in der Magie so bedeutsam ist, nur deshalb für Magierinnen oder Trägerinnen von Kräften gehalten, weil sie eine ganz besondere soziale Position innehatten. Man hält sie für qualitativ von den Männern unterschieden und mit spezifischen Kräften begabt: die Regel, die geheimnisvollen sexuellen Vorgänge und die Schwangerschaft sind nichts als Zeichen von Qualitäten, die man ihnen zuspricht. Die Gesellschaft, – die der Männer – hegt den Frauen gegenüber starke soziale Gefühle. [...] Daraus ergibt sich die rechtliche und insbesondere die verschiedene oder untergeordnete religiöse Lage.«[35]

Marcel Mauss sieht in der besonderen Stellung der Frauen (für ihn stellen Frauen sogar eine soziale ›Klasse‹ dar) nicht schlicht ein Resultat ihrer biologischen Organisation, sondern er untersucht den Stellenwert unterschiedlicher Biologie schon im Kontext geschlechtsspezifischer Arbeitsteilung – in ihrer sozialen Erscheinungsform und Funktion also.

Die Annahme magischer Fähigkeiten bei Frauen entsprach in vorpatriarchalischer Zeit ihrer realen gesellschaftlichen Macht, als die Menschen den Kausalzusammenhang von Kopulation und Geburt noch nicht kannten ...

»Der Erde aber wird die Frau in den matriarchalischen Kulturen gleichgestellt, denn aus beider Leib bricht das Leben, durch beide lebt die Sippe fort. In der Frau inkarniert sich Keimkraft und Fruchtbarkeit der Natur und die Natur schenkt Leben in Analogie zur gebärenden Frau. Kinder und Ernten erscheinen wie übernatürliche Gaben, Produkte einer magischen Macht.«[36]

... sie blieb in patriarchalischer Zeit vor allem im Zusammenhang mit dem agrarischen Lebenskampf erhalten. Vor die alten matristischen Muttergöttinnen hatten sich männliche Göttergestalten (oder Göttinnen, die für das männliche Prinzip agierten) geschoben, die nun das Firmament besiedelten, um schließlich dem *einen* christlichen Gott zu weichen. Die Repräsentantinnen weiblicher Macht blieben auf der Erde; in ihrer Erscheinung als Gottheiten zweiter Klasse, als Naturdämonen, waren sie den Menschen näher als die olympischen Götter oder der unnahbare Gott der Christen. Die Magierin wurde häufig durch den Magier ersetzt. So »kam es zu dem seltsamen Phänomen, daß der Mann der Magier ist, während der Frau die Magie angelastet wird«.[37] Stand die Gebärfähigkeit der Frauen einst im Kontext ihrer gesellschaftlichen Bedeutung, so wurden – nachdem diese Kausalität durchbrochen war – die physischen Eigenschaften der Frauen zur Grundlage sehr ambivalenter Einschätzungsmuster. Die assoziative Verknüpfung der Begriffe Frau und Natur blieb bis heute erhalten. So bezeichnete zum Beispiel der Romantiker Johann Wilhelm Ritter im 19. Jahrhundert die Frau als »die Fortsetzung der Erde«, der Philosoph Max Scheler definierte sie zu Beginn des 20. Jahrhunderts als quasi pflanzliches Wesen: »mit der schönen und ruhsamen Gelassenheit eines Baumes [...] steht sie im Grunde ihres Seins«[38], und auch die Liebesmetaphorik bis hin zur verkommenen Schlager-Lyrik beschreibt die Frau gern in botanischen Kategorien als ›knospend‹, ›blühend‹, ›reifend‹ und ›welkend‹.

In allen sogenannten primitiven Gesellschaften finden sich analoge Angstsyndrome und Tabuvorschriften in bezug auf die Sensationen der weiblichen Physis. Während der Menstruation wurden die Frauen sehr häufig isoliert, durften nicht berührt werden, denn angeblich gingen in diesen Tagen geheimnisvolle Kräfte von ihnen aus, sie machten die Natur launisch, so daß diese böse Streiche spielte: die Milch wurde sauer, der Wein gärte, Menschen starben unerwartet, das Kriegsglück blieb aus, etc. Im Mittelalter durften die Frauen häufig während dieser Zeit die Kirche nicht betreten, die Kommunion nicht empfangen. Nach den Worten des heiligen Hieronymus ist nichts unreiner als eine menstruierende Frau; alles, was sie anfasse, werde gleichermaßen unrein. Noch im 19. Jahrhundert war es tabu, Frauen während dieser Zeit zu operieren. Ähnliche Vorstellungen von allerlei Schadenswirkung verbanden sich oftmals mit dem Vorgang der Geburt (z. B. Fehlgeburten als Ursache für Dürrezeiten usw.). Auch im *Alten Testament*, im *3. Buch Moses*, in dem der männliche Jahwe-Kultus seinen Triumph über die weiblichen Gottheiten besiegelt, ist eine Liste solcher Verbots- und Reinigungsvorschriften zu finden. Diese Kultvorschriften betrafen keineswegs nur die menstruierende oder schwangere Frau; aber in der Zuspitzung auf diese Phänomene läßt sich die Wurzel der

Angst erkennen. Die angenommene Beziehung zwischen lunearem Monat und Menstruationszyklus suggerierte die Funktion der Frau als Mittlerin zwischen den Naturelementen und den Menschen (eine Assoziation, die auch für Michelet noch Attraktivität besitzt). So sehr die Frauen aller faktischen und politischen Machtausübung fernstanden, so nahmen sie doch in den intakten Agrarkulturen eine gewichtige Stellung innerhalb des magischen Weltbildes ein.

Die alten Göttinnen waren zwar degradiert, aber noch nicht völlig aus dem Bewußtsein der Menschen vertrieben worden. Selene, Aphrodite und Hekate – die erste göttliche Triade[39] – auch Isis und Diana – um nur einige zu nennen – wurden, obgleich sie aus verschiedenen Kulturkreisen stammen, zu austauschbaren Parallelfiguren, und als Göttinnen der Fruchtbarkeit, der Heilkunde, aber auch der Nacht und der Finsternis waren sie noch immer Zeichen weiblicher Macht.

Im *Canon episcopi* aus dem Jahre 900 (der die reale Existenz der Dämonen noch heftig bestreitet) taucht das Bild der Göttin Diana auf, der – nach dem dort zitierten Volksglauben – auf ihren wilden Fahrten durch die Lüfte eine große Horde von Frauen folgt. Auch zur Zeit der Hexenverfolgung – die Theologen (allen voran die Dominikaner Institoris und Sprenger) hatten einen wahrhaft kasuistischen Eiertanz hinter sich gebracht, ging es doch nun darum, zu beweisen, nicht nur *daß* es Dämonen gäbe, sondern daß sich ihre Macht hienieden auch ständig mehre – operierten die Kleriker mit der Warnung vor der Wiederkehr der matristischen Vormacht (so zum Beispiel Aventin und der Hexenverfolger Boguet).

Diese Warnung taucht auch bei vielen bürgerlichen Theoretikern später indirekt auf – bei Schopenhauer etwa, bei Weininger, ja selbst Bachofen richtete gegen Michelet den Verdacht, daß dieser das alte Isis-Prinzip zurückersehne.

Die Assoziation des gebildeten Klerus auf die alten weiblichen Gottheiten ist allein noch kein sicheres Indiz für das Nachwirken heidnisch-magischer, an den Frauen orientierter Glaubenselemente: sie hatten die Schriften der ›Alten‹ gelesen. Bei Horaz, Ovid, Apulejus, Seneca und Theokrit zum Beispiel findet sich schon das ganze Arsenal der Hexenzauberei. Auch das *Alte Testament* und der *Talmud* (Lilith) künden von dieser magischen Kraft. Damit aber hatten die meisten leseunkundigen Menschen nichts zu tun – die Zahl der Intellektuellen, die damals am Netzwerk der Herrschaftslegitimationen strickten, war verschwindend gering.

Aber die Völker waren, wie Freud einmal sagte, ›schlecht getauft‹. An Form und Inhalt der scholastischen Logik war nur das gelehrte Denken geschult. Die Hypothese eines Zusammenhanges von heidnischen Furchtbarkeits- und Erdkulten mit dem Hexenglauben (schon Jacob Grimm sah in den Hexensabbaten Nachklänge heidnischer Kultvorgänge – die ehemalige Existenz matristischer Gesellschaften konnte ihm allerdings noch nicht bekannt sein) kann demnach einige Plausibilität für sich beanspruchen.

»Die Verbindungslinien, die das spätere Hexenwesen über Vegetationszauber und Vegetationskult zurück auf den Erdmutterglauben hinführen, werden uns besonders dicht erscheinen, wenn wir die Dokumente aller Zeiten, namentlich auch der eigentlichen Hexenprozesse, daraufhin beobachten wie unendlich oft gerade der Feld- und Früchtezauber – und auch der Liebes- und menschliche Fruchtbarkeitszauber gehört in diesen Bereich – wie unendlich oft gerade diese Züge erwähnt werden; sie stellen von den ältesten Zeiten bis heute eine ununterbrochene Bahn dar.«[40]

Schwieriger nachprüfbar ist die These – wie sie zum Beispiel Margaret Murray[41] erörtert –, daß es sich damals nicht nur um residual vorhandene Kultvorstellungen und -rituale handelte, sondern daß es zu dieser Zeit tatsächlich weibliche Geheimbünde und Sekten gegeben habe. Es ist der heikle Punkt der historischen Aufarbeitung, daß es, genaugenommen, keine primären Informationen von den Betroffenen selbst gibt. Alle Aussagen und Beschreibungen laufen über die Vermittlung ihrer Richter und Henker (unter der Folter erzwungene Geständnisse und vorprogrammierte Aussagen), ihrer Verfolger (Hetzvorschriften und Gesetzesvorlagen) und ihrer wenigen Verteidiger – so daß die Quellen eher etwas über die Vorstellungen und Phantasien dieser Männer aussagen. Daher ist die Forschung in diesem Punkt auf Mutmaßungen, spekulative Textauslegungen und kühne kulturgeschichtliche Konstruktionen angewiesen. Für die fanatisierten Verfolger indes – das läßt sich den Quellen entnehmen – war *jede* Frau eine potentielle Hexe. Die Frage nach den ›organisierten Hexen‹ ist zwar sehr interessant, aber gleichwohl geeignet, der Massenvernichtung *post festum* eine vordergründige Plausibilität zu verleihen: Die Verfolgung von gesellschaftlichen Randgruppen ist zumeist relativ einfach zu erklären, die Verfolgung eines *ganzen Geschlechts* – das war damals wesentlich mehr als die Hälfte der Bevölkerung – dagegen bedarf einer intensiveren Interpretationsanstrengung.

Es ist anzunehmen, daß unter der dünnen Oberfläche des christlichen Glaubens alte heidnische Kultformen und Magievorstellungen weiterlebten (Peuckert war unermüdlich im Bemühen um den Nachweis, daß diese sogar bis weit in die Neuzeit in abgelegenen Gebieten aufzufinden seien). Nach Michelet überlebten die alten Naturdämonen im Innern der Eichen und am Herd des Leibeigenen. An diesem Herd wurden vermutlich auch die überlieferten Kenntnisse der Heilkunde von den Müttern an die Töchter weitergegeben.

>»Einfacher und rührender Anfang der Religion und Wissenschaften! Später wird sich alles teilen; man wird den Mann als Gaukler, Astrologe oder Prophet, Schwarzkünstler, Priester, Arzt erleben. Aber am Anfang ist die Frau alles.«[42]

Die Volksmedizin war, bevor sie von den Männern berufsständisch integriert wurde, von den Frauen nahezu allein getragen worden (Ingrid Strobl bezeichnet den Hexensabbat sogar als ersten Ärztinnenkongreß[43]). Ihre Kräuterkenntnisse versetzten die kundigen Frauen vermutlich auch in die Lage, die im Mittelalter als Brot der Armen offenbar sehr beliebten Rauschmittel zu kredenzen. Etliche Theoretiker(-innen) glauben, in der Beschreibung des Sabbats, der Hexenritte etc. die durch Rauschmittel hervorgerufenen halluzinatorischen Sensationen wiederzuerkennen. (E. Jones weist auf die für das magische Denken seiner Meinung nach charakteristische Unfähigkeit hin, zwischen den Träumen und der Realität zu unterscheiden, so daß die Individuen die Ereignisse innerhalb ihrer [Alp-]Träume für tatsächliche Vorkommnisse hielten.)[44]

Hier, in der Volksmedizin, hatten die weiße und die schwarze Magie ihren Platz, hier hatten die weise und die böse Frau ihre soziale Funktion. Diese Polarität entsprach zunächst noch nicht der moralischen Dualität von Gut und Böse, zu der das Christentum sie umfunktionierte. Sie betraf die Ambivalenz der Natureinwirkung auf die agrarische Existenz des Menschen: die gute Ernte und die schadenbringende Dürre, das heilende Kraut und der todbringende Pilz. Im Rückgriff auf die heidnische Dämonologie machte die Kirche zu der Zeit, da sie zum großen Schlag gegen die Frauen ausholte, diese nur noch für die als schädlich erfahrenen Auswirkungen der Naturkräfte verantwortlich. In Wahrheit sollten das alte Bündnis der Frauen mit der Natur gänzlich gelöst, die Aura weiblicher Magie endgültig zerstört werden.

»Als aber dann zwischen den Antinomien der gotischen Frömmigkeit, im Laufe der individualistischen Auflockerung der mittelalterlichen Kulthaltung, auch die bis dahin subjektivistische, von der Kirche verpönte Unterströmung des Hexenglaubens an die Oberfläche emporquoll und in das Gefüge der objektiven Glaubenswelt des Mittelalters einbrach, ohne daß deren Hüterinnen, Theologie und Kirche, noch Widerstand zu leisten vermochten, als bei diesem Vorgang die Prinzipien des Hexenwesens sich immer stärker aus dem Naturdämonischen ins eschatologisch Dämonische, von den geheimen Kräften der Erde und ihrer Vertreter hinüber zum Teufel und seiner Bosheit verschoben [...] da mußten die Anknüpfungspunkte an den alten Erdglauben und seine Ausstrahlung immer weniger werden.«[45]

Das ›schwarze‹ Prinzip war nun die Hexe im Gefolge von Satan, dem abtrünnigen Engel; das ›weiße‹ Prinzip war Maria, die Magd Gottes, die Denaturierte, die Entsinnlichte, die Frau mit der unbefleckten Empfängnis.

Während die antike Gnosis und der Manichäismus – die die Marienverehrung noch nicht kannten – ebenso wie die Ketzersekten der Frau eine nahezu gleichberechtigte Stellung zuwiesen (in den Ketzerbewegungen trifft das teilweise nur auf die Frühzeit zu), entspricht der Idolatrie der Maria in der Realität die schrecklichste Phase der Frauenverfolgung und -verachtung.

»Der Versuch des Christentums, die Unterdrückung des Geschlechts ideologisch durch die Ehrfurcht vor dem Weibe zu kompensieren und so die Erinnerung ans Archaische zu veredeln anstatt bloß zu verdrängen, wird durch die Rancune gegen das erhöhte Weib [...] quittiert. Der Affekt, der zur Praxis der Unterdrückung paßt, ist Verachtung, nicht Verehrung, und stets hat in den christlichen Jahrhunderten hinter der Nächstenliebe der verbotene zwangshaft gewordene Haß gegen das Objekt gelauert, durch das die vergebliche Anstrengung stets wieder in Erinnerung gerufen ward: das Weib. Es hat für den Madonnenkult durch den Hexenwahn gebüßt, der Rache am Erinnerungsbild jener vorchristlichen Prophetin, das die geheiligte patriarchale Herrschaftsordnung insgeheim in Frage stellte. Das Weib erregt die wilde Wut des halb bekehrten Mannes ...«[46]

Groteskerweise sahen nachfolgende Generationen gerade im Marienkult einen Beweis für die Erhebung der Frau durch die christliche Kirche. Die Ambivalenz der Weiblichkeitseinschätzung – vormals changierend zwischen magischer Verehrung und Angst – erscheint nun ideologisch verschoben und verzerrt in den voneinander abgelösten Bildern der Jungfrau und der Hexe. Die Frau wurde ›geteilt‹: Anknüpfend an das Dogma von der Dualität von Leib und Seele (wobei der Leib stets für das böse, diesseitig/naturhafte Prinzip, die Seele dagegen für das gute, geistige Prinzip stand), war die Hexe nun die Inkarnation der leiblichen Sünde, der weiblichen Geschlechtsfunktionen, des *tota mulier sexus*. (Dies hatte Tradition: Schon der Kirchenlehrer Ambrosius nahm die Einteilung vor: Adam = Seele, Eva = Leib, und lange Zeit hatten sich die Kirchenväter nicht darüber einigen können, ob der Frau überhaupt eine Seele zukomme.) Maria aber, die theologisch erst im Mittelalter richtig zum Zuge kam, war das Idealbild der Reinheit, der entsexualisierten Geistfrau (in der Mystik allerdings wurde ihr die Sinnlichkeit zurückgegeben, wenn auch nur als Verehrungsobjekt der Männer). Da das Kunststück der unbefleckten Empfängnis für die empirische Frau nicht nachvollziehbar war, die Frauen aber andererseits die Reproduktion der Gattung garantieren mußten, war ihre Entfernung zu Maria unüberwindbar, während sie jederzeit per Anschuldigung zur Hexe erklärt werden konnte. Der sündige Mann konnte in diesen sinnen- und lustfeindlichen Zeiten heuchlerisch seine Sexualität – die Ansprüche der ›inneren Natur‹ – verleugnen und nach außen hin verdammen.

War die Hexe, die Magierin, die Frau schlechthin zunächst die kundige Vertraute der Natur, so galt es schon in vorchristlicher Zeit, das patriarchalische Prinzip auch in dieser Sphäre durchsetzend, ihr den männlichen Magier, den Schamanen voranzustellen; so galt es für die Kirche des Mittelalters, sie im Bösen unter die Herrschaft des Satans zu zwingen; erst recht aber mußte die Wissenschaft, die sich teilweise im Schutze der Magie entwickelte, in männliche Regie übernommen werden.

»Techniken mit komplexen Zielsetzungen und von ungewisser Wirkung, wie die Arzneimittelkunde, die Medizin, Chirurgie, Metallurgie

[...] hätten nicht leben können, wenn die Magie ihnen keine Stütze geboten und sie nicht nahezu abgeschirmt hätte, um ihnen Dauer zu verleihen.«[47]

Die Emanzipation der Wissenschaft von ihrer magischen Herkunft ging gleichermaßen auf Kosten der Frauen. Zwar korrelierten die den Frauen zugeordneten magischen Fähigkeiten mit tatsächlichen Kenntnissen, die den Menschen zugute kamen (Geburtshilfe und Kräuterwesen waren von den Männern nicht geschätzt; die mittelalterliche Medizin stand jeder Empirie fern); zwar verbrannte Paracelsus, der eine merkwürdige Zwitterstellung zwischen Magie und Wissenschaft einnahm, die alten Bücher und verkündete, daß er alles, was er wisse, von den Hexen und den Hirten gelernt habe; jedoch im allgemeinen verleugneten die Wissenschaftler, »die aus dem Empirismus des Volkes, den man Hexenwesen nannte, hervorgingen«, diese ihre Herkunft, sie waren, wie Michelet sagt, »undankbar gegen die Hexe, die sie vorbereitet hat«.[48]

Die Veränderungen am Ideenhimmel, für die der Begriff Aufklärung als Orientierungshilfe und globaler geistesgeschichtlicher Fixpunkt firmiert, bezeichnen die Überwindung des magischen Weltbildes. Die formale Synthesis von Identität und Nichtidentität, die den Schein einer Versöhnung suggeriert, erklärt in einem universalen Deduktionssystem (das in der Kantschen Herabsetzung der empirischen Dinge zu bloßen Erscheinungen gipfeln sollte) wesentliche Dimensionen des sozialen Lebens zu Akzidenzien, in der Absicht, Natur kommensurabel zu machen. In diesem abstrakten Ideenkleid hatte die Magie keinen Platz. Das mimetische Vermögen der Frauen, das sich der Natur über die Mechanismen der Verdoppelung, sympathetischen Angleichung und Wiederholung näherte, wurde unter das Besondere, Willkürliche und Akzidentelle subsumiert und ging als Bestandteil jener Naturverhältnisse, die nun der geregelten Beherrschung unterliegen sollten, unter. Im *Gegensatz* zu den Naturverhältnissen, nicht im Einklang mit ihnen sollte sich das neue Subjekt konstituieren.

»Das magische Denken [...] kann nicht von der Abstraktion leben, [...] für sie [die Magier; S. B.] war die Natur nicht eine reine Idee, die die Gegensätze der Sympathie umfaßte, sondern eine klar umrissene Vorstellung von gewissen Eigenschaften. [...] Die magischen Riten lassen sich viel weniger leicht durch Anwendung abstrakter Gesetze erklären, denn als Übertragung von Eigenschaften, deren Wirkungen und Gegenwirkungen vorweg bekannt sind.«[49]

Als der Stoffwechselprozeß der Menschen mit der Natur in sein neues Stadium trat (darin ist das faktische Substrat für die neuen Formen und Inhalte der philosophischen Reflexion zu suchen), war die Zerstörung des alten Verhältnisses zur Natur, speziell des innigen Bündnisses der Frauen mit ihr, notwendig geworden. Die Individuen mußten an den neuen Zeit- und Arbeitsnormen ausgerichtet werden. Wenn es, wie Mauss schreibt, ein signifikantes Merkmal der magischen Naturaneignung war, daß zwischen dem Wunsch und dessen Realisierung keine Trennung bestand, so mußte sich nun zwischen das Bedürfnis und das Ziel die meßbare Arbeitsleistung als Preis für den Fortschritt schieben. Das magische Weltbild, das in letzter Instanz auf matristische Ursprünge verweist und das sein Untergrunddasein während der Jahrhunderte der Christianisierung behauptete, wurde mit dem Beginn der Manufakturperiode, dem Triumph der modernen Wissenschaft über die Theologie, eliminiert. Sein Totengräber aber war die Kirche (die den gleichen Prozeß mit dem Verlust ihrer ökonomischen und politischen Macht bezahlen sollte) – was die Morde an den Frauen betrifft, im wahrsten Sinne des Wortes. Zu dem Zeitpunkt, da die Frauen massenweise in die Folterkammern getrieben wurden, versuchte die Kirche zwar noch immer, die neuen Kräfte, die das geozentrische Weltsystem des Ptolomäus für obsolet erklärt hatten und in der Folge von Kopernikus ›die Form der Welt und die Symmetrie ihrer Teile‹ aufdekken wollten, niederzuhalten, indirekt aber, gerade in bezug auf die Verfolgung der Hexen, deutete sich die spätere Arbeitsteilung bereits an: hier handelte die katholische Kirche objektiv schon im Interesse der zukünftigen weltlichen Macht. Zumindest waren die Interessen kongruent, wenngleich es der ›protestantischen Ethik‹ vorbehalten war, das religiöse Über-Ich für die neuen Verhältnisse zu schaffen. Indes, auch die Protestanten standen den Hexen keineswegs ohne Mordlust gegenüber.

Zwar sind die gewaltsamen Umstrukturierungsprozesse, wie sie Marx für das ökonomisch weiter entwickelte England des

16. Jahrhunderts in seiner Analyse der ›sogenannten ursprünglichen Akkumulation‹ beschreibt, nicht in jedem Punkt pauschal auf den gesamten europäischen Raum übertragbar; dennoch lassen sich für alle Bereiche, in denen die Hexenverfolgung wütete, für die Verelendung der unteren Bevölkerungsschichten ähnliche Strukturen nachweisen.

»Die durch Auflösung der feudalen Gefolgschaften und durch stoßweise, gewaltsame Expropriation von Grund und Boden Verjagten, dies vogelfreie Proletariat konnte unmöglich ebenso rasch von der aufkommenden Manufaktur absorbiert werden, als es auf die Welt gesetzt ward. Andererseits konnten die plötzlich aus ihrer gewohnten Lebensbahn Herausgeschleuderten sich nicht ebenso plötzlich in die Disziplin des neuen Zustandes finden. Sie verwandelten sich massenhaft in Bettler, Räuber und Vagabunden.«[50]

Die neuen Produktionstechniken – zum Beispiel die der manufakturellen Fertigung –, aber auch die in weiten Teilen Europas einsetzende Kommerzialisierung der Landwirtschaft[51] forderten von den Individuen andere Grunddispositionen. Die Beschreibung dieses Prozesses zwingt zu pauschalen Typisierungen. Das hat seinen Grund unter anderem darin, daß keine auf die Menschen vergangener Zeiten – z. B. auf die des 15. und 16. Jahrhunderts – anwendbaren Sozialisationstheorien zur Verfügung stehen.

Mit der wachsenden Entfremdung von der ersten Natur wuchs die Angst vor ihren Einwirkungen auf das soziale Leben – und damit die Angst vor den Frauen die schon qua biologischer Funktion immer wieder an die kreatürliche Herkunft der Menschen erinnerten. Im patriarchalischen Einvernehmen mobilisierten ansonsten divergierende Machtträger die brutalste Zwangsgewalt, um sich dieser Erinnerung zu entledigen. Es konnte ihnen, trotz des millionenfachen Mordes an den Frauen, nicht gelingen.

Wenngleich die Vernichtung der Frauen in archaischen und barbarischen Vorstellungen verwurzelt war, so handelt es sich andererseits um eine sehr rationell geplante und modern durchorganisierte Verfolgungskampagne, die, unterstützt durch die gestapoähnliche Planungsrationalität der Dominikaner, eine schauerliche Breitenwirkung und Systematik hatte.

»Das Terrormittel der Hexenprozesse, das die verbündeten feudalen Rackets, als sie sich in Gefahr sahen, gegen die Bevölkerung anwandten, war zugleich die Feier und Bestätigung des Sieges der Männerherrschaft über vorzeitliche matriarchale und mimetische Entwicklungsstufen. Die Autodafés waren die heidnischen Freudenfeuer der Kirche, der Triumph der Natur in Form der selbsterhaltenden Vernunft zum Ruhme der Herrschaft über die Natur.«[52]

Selbst in matristischer Zeit hatten die Frauen – wenn wir den Forschungsergebnissen z. B. von Bachofen, Morgan und, in neuerer Zeit, von Ernest Bornemann in diesem Punkt Glauben schenken wollen – nicht über die Männer ›geherrscht‹. Sie hatten ihre Macht und ihre Kenntnisse auch in späterer Zeit nicht zur Herrschaft genutzt. So waren sie männlichen Herrschaftsansprüchen weitgehend schutzlos ausgeliefert. *Das Hexenpogrom kann als eine zweite Phase der patriarchalischen Machtergreifung zu Beginn des bürgerlichen Zeitalters gelten.*

Der ›neue Mensch‹ des industrialisierten Zeitalters war der Mann. Das magisch-mythische Bild von der Frau blieb in bürgerlicher Zeit erhalten, aber sie galt in keiner Weise fürderhin als Subjekt der Naturaneignung, sondern als Objekt der Naturbeherrschung; als Bestandteil der ausgebeuteten Natur war die Angst vor der Rache der Natur an ihr Bild fixiert, ebenso wie die Sehnsucht nach der Versöhnung mit der Natur.

Die Frauen waren an der ›Unterdrückung der Natur‹ nicht beteiligt, sie wurden selber in diesen Unterdrückungszusammenhang gestellt. Die Hexe steht an jenem Schnittpunkt der historischen Entwicklung, an dem die Ausbeutung der Natur ihren systematischen Charakter erhielt. Sie fiel der notwendig fortschreitenden Naturbeherrschung und, damit einhergehend, dem Sieg der abstrakten Vernunft, der formalen Synthesis von Identität und Nichtidentität, zum Opfer. Sie verschwand in der Allgemeinheit der Begriffe, mit denen das moderne Denken die Natur organisierte. In der Realität entsprach diesem Vorgang ein überaus brutaler Prozeß faktischer Vernichtung von Millionen Frauen. In seinem Verlauf wurden die letzten Momente einer Koinzidenz von Ich und Natur, die den magischen Praktiken der Hexen inhärent gewesen waren, zerstört. Das mißverstanden von Rousseau übernommene *retour à la nature*, das immer wieder in neuem ideologischen Gewand mobilisiert wird, ist Ausdruck der Betroffenheit, die diese Trennung noch heute bewirkt. Aufklärungskritik hat sich seitdem am Moment der gewaltsamen Subsumtion des

Nichtidentischen unter den Begriff gestoßen und gegen optimistische Fortschrittsgläubigkeit einerseits und zivilisationsfeindlichen Kulturpessimismus andererseits die Dialektik der historischen Entwicklungen betont.

»Ob die Menschen als geistige Lebewesen sich hätten konstituieren können, ohne daß Geist sich der Natur entgegensetzte, läßt aus der Perspektive dessen, was geworden ist, sich nicht mehr ausmachen.«[53]

Die Kunst sollte die Erinnerung an die ›verlorenen Paradiese‹ wachhalten; in der Sphäre der Erotik suchten die Menschen immer wieder die alte Einheit wiederzufinden.

Wie auch immer: Die Spekulation über einen möglicherweise anderen Geschichtsverlauf und über die Tragfähigkeit von Ersatzwelten sollte die Empörung nicht an das Gestern binden. Das Überleben der Hexe im Mythos mahnt die Frauen an etwas Aktuelles: an den notwendigen Widerstand heute.

III. Die Hexenmythologie – Die Metamorphosen der Hexe

»Der Ausschluß des Menschen aus der Natur hat das Exil der Hexe aus der bewohnten Welt zum Gegenstand«, schreibt Roland Barthes im Vorwort zu Michelets Buch *Die Hexe*.[54] Wo aber befindet sich dieses Exil, wo konnte die Hexe überleben?

»Die Zeit in der Weise einer mehr oder weniger okkulten Essenz durchlaufend, leuchtete sie nur in den theophanischen Momenten der Geschichte: in der heiligen Johanna (eine sublimierte Form der Hexe) in der französischen Revolution.«[55]

Die weise und die böse Frau hatten im spätmittelalterlichen Herrschaftsgefüge keinen sozialen Ort mehr. Die Angst vor der Wiederkehr vergangener matristischer Macht, deren blasser Widerschein noch in dem Wissen der Hexen über die Heilkräfte der Natur sichtbar gewesen war, *schien* mit dem großen Vernichtungsfeldzug gegen das weibliche Geschlecht gebannt. Der Dualismus von Körper und Geist, von Hexe und Heiliger setzte sich indes in der bürgerlichen Welt weiter durch. In den Gebrauchstypen Mutter und Prostituierte erhielt er seine institutionalisierte Form. Die Mutter und die Prostituierte waren in ein stabiles Sozialgefüge eingebettet; es

19. *Hexen-Treiben* (Zeichnung von Hans Baldung Grien, 1514)

bedurfte nicht mehr der äußeren Zwangsgewalt, sie zu zähmen. Aus der Heiligen, der Maria wurde säkularisiert die Hausfrau und Mutter (der man die Bewältigung eines großen Tugendkataloges zur Aufgabe machte), aus der Hexe wurde die Prostituierte und die Aufbegehrende. (Tritt nach Iwan Bloch die Prostituierte die Nachfolge an[56], so sind es nach Thomas Szasz die Wahnsinnigen[57] und nach Michelet die Intellektuellen[58].) Beide waren ganz von dieser Welt und unter männlicher Kontrolle. Aber über diesen bürgerlichen Gebrauchstypen erhob sich eine ideologische Glocke der Weiblichkeitsbilder. Die Hexe und die Heilige wurden zum Mythos. Die Idolisierung und die Dämonisierung – zwei Seiten derselben Münze – der Weiblichkeit wurden zwar von der empirischen Frau abgetrennt und abgehoben – dennoch bestand der Verdacht fort, daß der Kontakt jeder Frau zu den alten dämonischen Mächten nicht ganz abgebrochen sei. Die Angst lauerte noch.

»Die Darstellung der Kosmetik und der Körperpflege der italienischen Kurtisanen wäre unvollständig, wenn man nicht der eigentlichen Rolle gedächte, die Kurpfuschertum und Hexenwesen dabei spielten. [...] Es sind fast ausschließlich ehemalige Prostituierte und alte Kupplerinnen, die Kurtisanen in den magischen Künsten der Erotik unterrichteten und ihnen ärztliche Ratschläge oft recht abenteuerlicher Art erteilen.«[59]

Mit der weitgehenden Ablösung des Hexenbildes von den empirischen Frauen entfernten sich die modernen Weiblichkeitsmythen immer mehr von der Realität. Das Exil der Hexe, von dem Barthes spricht, das sie nun schon in ihrer mythologischen Gestalt aufsuchte, lag außerhalb der empirischen Misere der Frauen. Die bevorzugten Orte waren die Poesie, der Traum, die Zwischenbereiche der nichtlegalisierten Erotik und der nichtkasernierten Phantasie. Für diesen Bereich mißlang die Domestikation der inneren Natur, in ihnen konnten die Hexe und ihre Schwestern überleben. Die furchterregenden Gestalten der alten Zeit, die die Literatur des Bürgertums zu neuem Leben erweckte – Dalilah, Judith, Salome, Medea ... –, erscheinen von diesem Standpunkt aus als Rächerinnen für die blutige Vergangenheit der Hexen. Es handelt sich um von Männern erdachte Figuren, um Mythenproduktionen, an denen die Frauen keinen Anteil hatten, die aber dennoch ihre Geschichte betreffen.

»Wollen die Frauen sich daranmachen, diese Geschichte selber zu erzählen, werden sie, so ist nun einmal die historische und kulturelle Entwicklung, die Männer in Formulieren der Mythen ablösen. Handelt es sich darum, diese Mythen am Beispiel der ›weiblichsten‹ der Männer (Flaubert, Michelet) neu zu lesen, werden sich dabei notwendig andere Gesichtspunkte ergeben, eine neue Geschichtslektüre, gleichzeitig das Reale und das Imaginäre berücksichtigend, [...] für uns handelt es sich darum, die Geschichte dessen aufzuzeigen, was in uns an mündlicher Tradition verlorengegangen ist, an Legenden, an Mythen...«[60]

Die Jagd auf die Frauen war vorerst eingestellt, ins Haus verbannt war ihr Aktionsradius sehr klein. Der Literatur und der Kunst dagegen in ihren ›erhabenen‹ wie in ihren trivialen Formen wurden die Archetypen der Weiblichkeit zum großen Thema. Diese Archetypen – Ernst Bloch bezeichnet sie als »situationshafte Verdichtungskategorien vorzüglich im Bereich poetisch-abbildhafter Phantasie«[61] – treten in den Formen des Mythos, der Allegorie, der vielfältigen Symbolgestalten auf.

Stets dienten Frauenfiguren als Symbolträgerinnen bürgerlicher Macht, der revolutionären wie auch, später, der restaurativen: die Marianne, die Germania, die Britannia usw. Der Widerspruch zwischen der Machtrepräsentanz dieser Gestalten und dem völlig entmachteten Dasein der Frauen in der Realität ist eklatant. Er soll hier in den Zusammenhang mit der Doppelerscheinung der Frauen, in denen zugleich die rebellierende wie auch die beherrschte Natur gesehen wurde, gerückt werden. Die weibliche Allegorie erweist sich als ebenso ambivalent wie die Mythen der Weiblichkeit: einerseits geht »gerade in der Allegorie [...] die Fülle der poetisch arbeitenden Archetypen auf«, andererseits sind sie rückwärtsgewandte Geschichtsruinen.[62] Diese Ambivalenz spiegelt sich im Schicksal der ›Natura‹-Allegorie. »Sie stellt nach antiker Auffassung eine wunderbar schöne sitzende Frau dar, die vor dem Busen eine Weltkugel hält, auf die sie aus ihren Brüsten Milch spritzt.«[63]

Wolfgang Kemp, der Verbreitung und Beständigkeit dieser Allegorie untersucht hat, weist darauf hin, daß Mythologie und Allegorie der Natura im 15. Jahrhundert »zu einer öffentlichen Angelegenheit«[64] wurden. Schon einige Miniaturen des Roman de la Rose zeigen eine Natura-Figur, die auf einem

Amboß kleine Menschen schmiedet. In der *Iconologia* des Cesare Ripa erscheint sie mit einem Geier, da nach altem Glauben dieses Tier nur in weiblicher Version vorkomme und des Männlichen zur Fortpflanzung nicht bedürfe. Die Figur der Natura verschmilzt in den verschiedenen Darstellungen mit der der Isis und der der Diana Ephesia, häufig ist sie auch ausgestattet mit Attributen der Sphinx-Gestalt. Isis galt als Erfinderin des Ackerbaus, der Medizin und der Schrift. Die Natura repräsentierte im allgemeinen das Prinzip der Fruchtbarkeit, der Naturbeherrschung und erschien als Nährerin der Erde. Zuweilen war ihr die Schlange beigesellt; aber anders als im Sündenfall-Motiv, in dem die Schlange als Komplizin des Bösen firmiert, war sie hier, mit dem Verweis auf eine entsprechende Stelle in Virgils *Aeneis,* Symbol menschlichen Lebensgeistes. Die Sphinx symbolisierte die unzugängliche Weisheit; bei Bacon wird sie zur Allegorie der Wissenschaften. (Selbstverständlich sind ihre Rätsel für den Aufklärer lösbar, dennoch bleibt die Gestalt als beunruhigendes ikonographisches Moment bestehen und wird auch später immer wieder thematisiert.)

Die Natura blieb bis in das 19. Jahrhundert hinein eine durchgängig positive Symbolgestalt; aber sie wurde schon während der Aufklärung mehr und mehr von ihrem ursprünglichen Bedeutungsumfang abgelöst und stand bald für die Formen der (männlichen) Naturbeherrschung und für den Vernunftgedanken. Die Göttin der Vernunft, wie sie in der Französischen Revolution eine große Rolle spielte, hatte ihre Gestalt. Sie stand inmitten der großen Massenfeste der Revolution. Auf alten Stichen entsprechen diese überdimensionalen Statuen bis ins Detail der oben angegebenen Beschreibung der Natura. Die Straßburger sangen eine Hymne auf die Natura.

Die Figurinen blieben erhalten, es vollzog sich aber ein Bedeutungswandel – standen sie einst für die Formen der weiblichen Naturaneignung, der Fruchtbarkeit, für die Macht der alten Göttin und damit für die Macht ihres Geschlechtes, so repräsentierten sie nunmehr männliche Herrschaft. Die bürgerliche Gesellschaft hat den Fundus weiblicher Allegorien als Symbolträgerinnen für so ziemlich alles beträchtlich aufgestockt. So finden wir im 19. Jahrhundert die Allegorie der Maschine, der Technik, der Elektrizität neben politischen

Allegorien wie Freiheit, Revolution etc. Cecilia Rentmeister verweist angesichts des Widerspruchs zwischen der realen gesellschaftlichen Stellung der Frauen und der Vielzahl der weiblichen Allegorien auf ein Argument von E. Bornemann, nach dem das Patriarchat in einem Akt der Kompensation die Frau verehrt, um sich damit der Pflicht zu entledigen, ihr als lebendes Wesen Respekt zu bezeugen.

Wichtiger noch finde ich den Gedanken, daß sich offensichtlich die Frau als Trägerin ganz unterschiedlicher Symbolgehalte deshalb gut eignete, weil sie nicht sonderlich in das differenzierte arbeitsteilige System der Industrieproduktion integriert war.

> »Industrie aber, in der herrschenden Ideologie mit den positiven Begriffen von Fortschritt und Reichtum (ebenfalls in Frauen personifiziert!) verbunden, kann und muß weiblich verkörpert werden: in der Frau als beliebig füllbarer Leerform passiver Repräsentanz, als verkörperndem Körper ohne Eigenexistenz, als Leerform für Ideale schlechthin.«[65]

Indem die Allegorien des Industriezeitalters, verkörpert durch Frauengestalten, das Bezeichnete erstarren lassen und aus dem historischen Kontext heben, kann Technik wieder als bedrohliche Naturpotenz erscheinen. Über eine Allegorie der Maschine – eine an mänadische Vergangenheit gemahnende nackte Frau sitzt rittlings auf der riesigen Pleuelstange einer gigantischen Maschine, die winzige, zerstörte Männer ausspuckt – schreibt Eduard Fuchs:

> »Symbol der unheimlichen geheimen Kraft der Maschine, die alles zermalmt, was ihr in die Räder kommt, was die Wege ihrer Kurbeln, Stangen und Riemen kreuzt, oder was gar sinnlos vermessen in ihre Speichen greift, – das ist das Weib. Aber auch umgekehrt: Symbol des männerwürgenden Minotaurocharakter des Weibes ist die Maschine, die kalt und grausam ohne Rast und Ruh' Hekatomben von Männern opfert, als wären sie ein Nichts!«[66]

Dort, wo der technologische Fortschritt sich hinter dem Rücken derer entwickelt, die ihn initiierten, und sich gegen sie verselbständigt, steht für diese Bedrohung auch wieder die Frau, die an dem Prozeß von Anbeginn nicht teilhatte. Zerstörerische Technik erscheint als Naturkatastrophe, analog zur vermeintlich ungebrochenen Sinnlichkeit der Frau. Allegorie und Mythos behaupten Natur gegen den Widerstand des

Geschichtsverlaufs. Die Verwunderung darüber, daß sich die weiblichen Allegorien von der Antike bis in das 19. Jahrhundert konstant erhalten haben, und darüber, daß die Allegorien des industriellen Zeitalters, die neu in den Kanon aufgenommen wurden, weiterhin durch Frauengestalten transportiert wurden, obwohl sie Symbolgehalte repräsentierten, die mit der Alltagswelt der Frauen fast nichts zu tun hatten, schwächt sich ein wenig ab, wenn sich die Aufmerksamkeit nicht mehr nur auf die Inhalte, auf die Bedeutung, sondern auch auf Funktion und Form der Allegorie und des Mythos richtet. Weniger die allegorischen Inhalte haben jeweils etwas mit den Weiblichkeitssyndromen zu schaffen; die Verwandtschaft liegt mehr in der, wie Benjamin sagt, »Wendung von Geschichte in Natur, die Allegorischem zugrunde liegt«.[67] Überall dort, wo Geschichte zur ›erstarrten Urlandschaft‹ gerinnt – im Mythos, in der Allegorie –, bevölkern mächtige weibliche Figurinen das kulturelle Panoptikum. Waren in der Allegorie der Natura Bedeutung und Funktion einmal identisch, so verlor sich im Laufe der Zeit der innere Zusammenhang von Inhalt und Form – das ›Weibliche‹ überlebte nur formal.

Es soll in diesem Zusammenhang keinesfalls um die Fortsetzung der kunsttheoretischen Diskussion über Funktion und Stellenwert von Allegorie, Symbol und Mythos gehen, auch nicht um die motivgeschichtliche Aufarbeitung der verschiedenen Weiblichkeitsmythen und Allegorien, sondern einzig darum, einen Erklärungsansatz zu finden für die historische Resistenz eines Bildes von der fruchtbar-furchtbaren Frau, in dem die alten Isis/Demeter-Mythen mit den Hexenmythen und den modernen Weiblichkeitsmythen verschmelzen, im Medium einer auf das Weibliche applizierten Naturvorstellung.

Schon während der Verfolgung und Vernichtung der Hexen, die stets von dem Hinweis auf die verderblichen Einflüsse der Frauen auf die Naturereignisse begleitet war, fand dagegen die Allegorie der Natura/Diana/Isis/Sphinx – Sinnbilder der positiven Macht über die Natur – große Verbreitung. Diese Ambivalenz blieb erhalten, auch als die Vernichtungskampagne fast schon wieder vergessen war. Jene von Plutarch überlieferte Sockelinschrift der Isisstatue zu Sais: ›Ich bin alles, was ist, was gewesen ist und was sein wird. Kein sterblicher

Mensch hat meinen Schleier aufgehoben‹, beschäftigte Dichter und Philosophen noch lange. Dem Jüngling in Schillers Gedicht *Das verschleierte Bild zu Sais* (1795) ergeht es schlecht, als er den Schleier, dem göttlichen Gebot zuwiderhandelnd, lüftet – er wird schwermütig. Goethe hatte ein leicht mokantes Verhältnis zu dieser Figur: »Bleibe das Geheimnis teuer!/ Laß den Augen nicht gelüsten!/ Sphinx Natur, ein Ungeheuer,/ Schreckt sie dich mit hundert Brüsten.«[68]

Dieses Monster kam in der Realität freilich nicht vor, wurde auch nicht auf Realität bezogen. Im revolutionären Aufgabenkatalog des Bürgertums war nicht einmal die Gleichstellung der Frau enthalten. Sie blieb als Objekt der Naturbeherrschung durch den Mann zurückgeworfen auf ihre biologischen Funktionen – etwa auf das Gebären, einen Akt, der als kreatürlich und archaisch gleichzeitig tabuiert und mystifiziert wurde. Für die empirische Frau beschrieb Rousseau die Regeln der Dressur:

> »Allein schon durch das Gesetz der Natur sind die Frauen ebenso wie die Kinder dem Urteil der Männer ausgesetzt [...] So muß sich die ganze Erziehung der Frauen im Hinblick auf die Männer vollziehen. Ihnen gefallen, ihnen nützlich sein, [...] sie großziehen, solange sie jung sind, als Männer für sie sorgen, [...] das sind die Pflichten der Frau zu allen Zeiten, das ist es, was man sie von Kindheit an lehren muß.«[69]

An dieses Gesetz der Natur mochten die Romantiker nicht glauben. Die Frau, die über den Horizont ihrer restringierten häuslichen Rolle hinauswächst, lebt für sie näher an den Quellen der Natur – und das waren für die Romantiker auch die Quellen der Erkenntnis – als der Mann. ›Natur‹ war ihnen nicht das Mindere, sondern das Prinzip universaler Göttlichkeit. Nur in der Versöhnung von Natur und Gesellschaft konnte die Totalität des Individuums wiedergewonnen werden, nur hier leuchtete das ›Goldene Zeitalter‹ auf. Die Welt des Bürgertums, der kapitalistischen Arbeitsteilung bedeutete für sie Zerstörung von Natur und Individualität. Die Vorstellung einer aktiv-produktiven Beherrschung der Welt im Zuge einer planmäßigen Ausbeutung der Natur war den Romantikern eine Illusion. Daher kann es nicht verwundern, daß das Weiblichkeitsbild der Romantik nicht in der bürgerlichen Diffamierungstradition stand. Realiter nahmen die Frauen, die dieser Kulturbewegung angehörten, auch eine wesentlich bedeutsamere Stellung ein als die anderer Kunstzirkel. Die Schlegelsche Behauptung,

»daß die Frauen allein, die mitten im Schoß der menschlichen Gesellschaft Naturmenschen geblieben sind, den kindlichen Sinn haben, mit dem man die Gunst und die Gaben der Götter annehmen muß«[70],

ist der Affront gegen die Aufklärung, die das Individuum abstrakt als autonomes Subjekt gedacht und nur den Mann gemeint hatte, die für den Mann die Imperative von Pflicht und Leistung formulierte, die Frau aber in den Bereich der zu bearbeitenden Natur zurückversetzte. Auch der Romantik erscheint die Frau als Naturwesen; diese Vorstellung wird erneuert und idealisiert. Aber nicht nur sie soll Naturwesen sein, auch der Mann soll es werden. In diesem Punkt stand die Romantik gegen die Tradition.

»Einem gelang es – er hob den Schleier der Göttin zu Sais – aber was sah er? Er sah – Wunder des Wunders – sich selbst.
Ein Günstling des Glücks sehnte sich, die unaussprechliche Natur zu umfassen. Er suchte den geheimnisvollen Aufenthalt der Isis.«[71]

Der Jüngling aus dem naturphilosophischen Romanfragment von Novalis *Die Lehrlinge zu Sais* – dem es, wie zu sehen ist, besser erging als dem von Schiller erdachten – kann die Isis nur finden durch die Unterstützung einer »wunderlichen Frau aus dem Walde« (!), die wie weiland Paracelsus zuerst einmal das gelehrte Buch verbrennt. Nicht die instrumentelle, sezierende Vernunft weist ihm den Weg, sondern die Belebung und Beseelung der toten Natur in einem wechselseitigen Prozeß (ähnlich dem, auf dem die Hexenmagie einst beruhte) führt zum Ziel. Die Liebe und die Poesie sind nach Novalis die Medien dieser Magie, und so ist es auch vorrangig den Liebenden und den Poeten (nicht mehr so sehr den Frauen) vergönnt, mit den Gesetzen der Natur im Einklang zu leben, die alte Einheit wiederherzustellen, die Entfremdung aufzuheben und – wie der Jüngling, der den Schleier hob – zu sich selbst zu finden.

»Noch früher findet man statt wissenschaftlicher Erklärungen, Märchen und Gedichte voll merkwürdiger bildlicher Züge, Menschen, Götter und Tiere als gemeinschaftliche Werkmeister, und hört auf die natürlichste Art der Welt beschreiben. [...] Wenn diese mehr das Flüchtige mit leichtem Sinn verfolgten, suchten jene mit scharfen Messerschnitten den inneren Bau und die Verhältnisse der Glieder zu erforschen. Unter ihren Händen starb die freundliche Natur und ließ nur tote zuckende Reste zurück, dagegen sie vom Dichter, wie durch geistvollen Wein noch mehr beseelt, die göttlichsten und muntersten Einfälle hören ließ ...«[72]

In der Liebe und in der Poesie, jenen Verstecken der Hexe, erklingt die Klage über den Verlust der Einheit, für die die magische Hexe noch stand. Die Sehnsucht führte die Dichter zu den mythologischen Figuren, hinter denen sie sich heimlich verbarg, freilich ohne daß damit schon eine Anerkennung der empirischen Frauen verbunden war. Die Klage des Novalis steht allerdings nicht in dem Verdacht einer apologetischen Hinwendung zu einer – historisch genau fixierten – versunkenen Zeit, wie sie für den spätromantischen Mittelalterkult dann charakteristisch wurde.

»Die Definition des Novalis, derzufolge alle Philosophie Heimweh sei, behält recht nur, wenn dies Heimweh nicht im Phantasma eines verlorenen Ältesten aufgeht, sondern die Heimat, Natur selber als das dem Mythos erst Abgezwungene vorstellt.«[73]

Dieses Heimweh, bei Novalis noch gebunden an die Göttin zu Sais, wenn auch abgelöst von der empirischen Frau – an der es sich bei Schlegel und Schleiermacher (in den frühen Schriften) noch orientierte –, ist metaphorisch formuliert und war teleologisch gedacht. Später – bei einigen Vertretern der Spätromantik und der historischen Rechtsschule – verkam im dunkel-mythologischen Zusammenspiel der Begriffe Volk, Erde und Natur die romantische Verehrung der Frau zur Mutterschaftsideologie.

»Das Geschichtliche verband sich noch wachsend mit Archaischem und dieses mit Chthonischem, so daß das Geschichts-Innere bald wie Erd-Inneres selber dreinsah. Dies Truhengefühl, dies Inzestwesen des Eingehenwollens in den Mutterschoß Nacht und Vergangenheit kulminiert spät bei Bachofen, dem Lehrer des Mutterrechts, doch mit Grabliebe für die chthonische Demeter schlechthin.«[74]

Die Aufklärungskritik der Romantik in ihren utopischen und regredierenden Momenten machte die Erforschung der alten Mythen (und damit die Wiederentdeckung der Matriarchate) möglich, sie setzte gleichzeitig deren utopische Potentiale frei – zum Teil gegen das Erkenntnisziel. Benjamin kennzeichnet diesen Widerspruch:

»Denn wenn auch das Gefühlsinteresse Bachofens sich dem Matriarchat zuneigte, so richtet sich sein historisches Interesse ganz auf Herkunft des Patriarchats, als dessen höchste Form er die christliche Spiritualität auffaßte.«[75]

Diese christliche Spiritualität blieb Bachofens Mythenanalyse eigentümlich äußerlich, im Unterschied etwa zu den Schriften von Joseph v. Görres, der die Hexenverfolgungen, mit denen er sich in der *Christlichen Mystik* beschäftigt, nurmehr vom katholischen Standpunkt aus sehen kann. Die größte Breitenwirkung erzielte die romantische Forschung mit den *Gesammelten Volksmärchen* der Brüder Grimm. In ihnen – die Bearbeitung durch Wilhelm Grimm hat das ihre getan – ist die Hexe durchgängig alt und böse, gelegentlich erscheint sie auch integriert in den bürgerlichen Familienverband, als Stiefmutter. Das böse Prinzip lauert auch hier in jeder Frau, es wird sogar formal suggeriert: Als Hänsel und Gretel, nachdem sie die Hexe verbrannt hatten, aus dem Wald kamen, ist die Stiefmutter tot.

Schon Bachofen hatte auf das untergründige Weiterleben gynaikratischer Vorstellungen und Bilder hingewiesen. Bilder und Mythen vergangener Zeiten und vergessener Seelen können nicht sterben, weil sie immer noch ein unerlöstes Wunsch- und Sehnsuchtsreservoir repräsentieren. Diese Sehnsucht ist allerdings für alle Zwecke ausbeutbar: »Auch der Faschismus bedarf des Totenkults einer frisierten Urzeit, um die Zukunft zu verstellen, die Barbarei zu begründen, die Revolution zu blockieren.«[76]

Wenngleich auch der Faschismus von der Sehnsucht nach der Versöhnung mit der Natur profitierte, so desavouiert das den Rekurs auf mythische Bilder doch nicht generell.

»Wäre Archetypisches völlig regressiv, gäbe es keine Archetypen, die selber nach der Utopie greifen, während die Utopie auf sie zurückgreift, dann gäbe es keine vorschreitende, dem Licht verpflichtete Dichtung mit alten Symbolen; Phantasie wäre ausschließlich Regressio. Sie müßten sich als progressiv bestimmte vor allen Bildern, auch Allegorien, Symbolen hüten, die aus dem alten mythischen Phantasiegrund stammen. [...]
Ihre nächste Existenz haben Archetypen freilich allemal in menschlicher Geschichte; so weit nämlich Archetypen sind, was sie sein können: konzise Ornamente eines utopischen Gehalts. Utopische Funktion entreißt diesen Teil der Vergangenheit, der Reaktion, auch den Mythos; jede

dermaßen geschehende Umfunktionierung zeigt das Unabgegoltene an Archetypen bis zur Kenntlichkeit verändert.«[77]

Das Denken, das sich gegen die leere Allgemeinheit der Abstrakta richtete, gegen die Diktatur des Allgemeinen über das Besondere (unter das Weibliches stets subsumiert wurde) – unabhängig davon, ob es sich der Irrationalität verschrieb oder in aufklärungskritischer Absicht antrat –, hat sich gern an den Mythen orientiert. Ernst Bloch macht daher den Vorschlag einer ideologiekritischen Unterscheidung zwischen dem progressiven und dem reaktionären Rückbezug auf Mythologisches. Erst *der* Umgang mit Mythen, Allegorien, Symbolen und alten Bildern, der sie aus der Archaik heraushebt und negierend auf die schlechte Realität bezieht, wird sie verlebendigen, indem er in ihnen nicht die festgefrorenen Symbolgehalte, sondern vor allem die kollektiven Wunschträume sieht und aktualisiert.

Trotz der Invariabilität, die die Archetypen der Weiblichkeit – Sphinx, Hexe, die Frau als gefährliches Sexualmonster – aufweisen, sollte diese Gleichförmigkeit, etwa in der Tendenz zur Ontologisierung und Substantialisierung des Weiblichen, nicht in den Erklärungsansatz selbst schon eingehen. Da die Frauen seit der Vernichtung matristischer Gesellschaftsformation unter männlicher Herrschaft stehen, gibt es tatsächlich eine invariante Struktur: die ihrer inferioren gesellschaftlichen Stellungen nämlich. Diese Struktur muß aber für jede historische Situation differenziert analysiert werden.

In den Archetypen Hexe, Sphinx, in den Weiblichkeitsmythologien, kulminiert die Stabilität dieser Unterdrückungssituation, aber auch die Angst vor der fälligen Rache.

Innerhalb des geschlechtsspezifischen Herrschaftszusammenhangs hat sich die Situation der Frauen – wenn auch nicht grundlegend, so doch graduell – laufend verändert. Die leibliche Vernichtung fand nur statt, als dieser Zusammenhang, wie es schien, durch die Hexen massiv bedroht war. Aber erst die Frauenbewegung stellte ihn prinzipiell in Frage. (Wir haben bislang keine Theorie des Patriarchats, die die Menschheitsgeschichte analog zu der Analyse der Klassenherrschaft von Menschen über Menschen auf die Formen der Herrschaft von Geschlecht über Geschlecht systematisch untersuchte.)

Die Tatsache aber, daß wir ähnliche Bilder, wie sie schon in der Frühzeit der Menschen entworfen wurden, etwa im Mittelalter wieder vorfinden und auch heute in den Kunstprodukten und Träumen aufspüren können, sollte nicht zu der vorschnellen Annahme einer anthropologischen Invarianz der männlichen und weiblichen Psyche, einer Ontologisierung des Geschlechterwiderspruchs verleiten. Diese Durchgängigkeit der Bilder ist eher in der Unabgegoltenheit der weiblichen Befreiung begründet, wenn dies auch zumeist der Intention derer, die diese Bilder innerhalb des männlich orientierten Kultursektors immer wieder heranzogen, diametral entgegensteht.

Weil aber auch die Töchter und Enkelinnen der Hexen sich nicht zu Bürgerinnen emanzipieren konnten, weil sie entweder unmündig, weitgehend rechtlos und unproduktiv in ihrer guten Stube saßen oder aber als Lohnabhängige unter die doppelte Unterjochung von Kapital *und* Ehemann gezwungen waren, weil sie »nicht an der Aneignung der Natur, so auch nicht an der Beherrschung der Natur und deren Konsequenz, der Herrschaft des Menschen über den Menschen«[78] teilnahmen, weil die Ideologie sie zum *homo biologicus* machte, konnte die Natürlichkeit und Unmittelbarkeit in ihnen literarisch glorifiziert werden, gleichsam als Umkehrung des bürgerlichen Vorurteils zu ihren Gunsten, konnten sie in der Romantik und anderen Kulturströmungen zur Allegorie einer Sehnsucht nach Unmittelbarkeit jenseits der Vermarktung, Restringierung und Atomisierung der Individuen werden. Es handelt sich allerdings um eine sehr artifizielle Sehnsucht nach dem ›natürlichen‹ Leben vor dem ›Sündenfall‹ der Kommerzialisierung des Verhältnisses zur Natur und der Menschen zueinander. Es schien, als wären zumindest einzelne Exemplare des weiblichen Geschlechts den bürgerlichen Sozialisationszwängen entronnen: in ihrer Schuldlosigkeit am Geschichtsverlauf, dessen passives Opfer sie waren.

»Vermöge ihrer Distanz zum Produktionsprozeß hält sie [die Frau; S. B.] Züge fest, in denen der noch nicht ganz erfaßte, noch nicht ganz vergesellschaftete Mensch überlebt.«[79]

In diesem Anachronismus des weiblichen Rollenbildes liegt ein Widerstandspotential; seine Dysfunktionalität läßt utopisches Denken zu. Aber die vielfach beschworene Natürlichkeit der Frau ist nur zu einem Teil utopische Fiktion; auf der anderen Seite ist sie Bestandteil schlechter Realität. Die scheinbar so gegensätzlichen Bilder haben im Archetypus der Natura ihren Ursprung, von hier verläuft die Metamorphose auf der einen Seite von der Isis über die Hexe bis zu den modernen Medusen der Filmindustrie und auf der anderen Seite von der ›Großen Mutter‹ über das bürgerliche Mutterbild zur unterwürfig angepaßten Hausfrau, deren Leistung nicht anerkannt wird, mit dem ewig schlechten Gewissen, wie es die Werbung vorführt. Dennoch:

»Der Anachronismus hat eine spezifische Gewalt, die Gewalt des Bruchs, der Störung, der Veränderung, begrenzt allerdings auf imaginäre Verschiebungen. Alles spielt sich so ab, als ob die Widerstände der Vergangenheit in den Zeichen und Symptomen überlebten ...«[80]

Die Interpretation dieser Zeichen und Symptome war bislang Sache der Männer – Idolatrie und Diffamierung nahmen hier ihren Anfang. Diese Ideologien, »immerhin durchlässige Filter für Mythen« (Catherine Clément), sind Indizien für die Angst vor der Weiblichkeit, der bis heute die Liaison mit der Natur unterstellt wird. Während die einen in ihr die unberührte Natur, so, wie sie war, bevor sie zu einem Müllhaufen wurde, suchen, sehen die anderen in ihr die destruktiven Kräfte des anarchischen Eros.

»Die Sinnlichkeit kam in der Geschichte der Zivilisation nur als Moment der gesellschaftlichen Destruktionsmittel vor. Die Normalität vermittelt sich noch immer über die Vernichtung von Sinnlichkeit, die Angst vor der Sexualität und die Aggression gegen die Sexualität. [...] Das Fleisch ist böse. Das Fleisch liiert sich mit Sucht nach Alkohol, Drogen, Orgien, schwarzer Magie, kurz mit allem Bösen – und böse ist das, was die Funktionstüchtigkeit des Körpers stört, seine Anpassung an die Bedürfnisse des Apparates problematisch macht ...«[81],

schreibt Karin Schrader-Klebert in einer Analyse des ›Hexenfilms‹ von Roman Polanski, *Rosemaries Baby*, und des Ritualmordes an Sharon Tate.

Die ideologische Sehnsucht nach dem ›Zurück zur Natur‹ läßt sich zumeist in der Schrebergartenidylle und in den Pseudosensationen des Massentourismus in die inszenierten Naturlandschaften kanalisieren. Derart kleinbürgerlich gezähmt, wird auch die Frau zum Ideal, verliert ihren Schrecken. Aber die Idyllen erweisen sich immer wieder als trügerisch.

Die biologisch-naturhaften Momente der menschlichen Existenz sind nur scheinbar ganz aus dem männlichen Alltagsleben verdrängt worden. Das in Wirklichkeit unbewältigte Verhältnis zur inneren Natur wird auf die Frau projiziert. Für die Dysfunktionalität der eigenen (männlichen) ›Triebnatur‹ muß die Frau auch noch büßen. Die institutionalisierte Verdrängung ›naturwüchsiger‹, an die kreatürliche Herkunft gemahnender Vorgänge: Geburt, Tod, Pflege der Hilflosen, sorgfältig hinter Anstaltsmauern verborgen, rationell verwaltet und aus dem Alltagsleben herausgehoben, wird durch die Frau, die für die biologische und soziale Reproduktion der Gattung zuständig ist, tendenziell bedroht. Die schwangere Frau im Straßenbild erscheint wie ein Relikt aus einer archaischen Welt. Die Hebamme hat selbst im hypermodernen, mit der neuesten Technik ausgestatteten Kreißsaal noch ihre wichtige Funktion.

»Die mit Gewalt verbundene gesellschaftliche Aneignung der Natur dissoziiert sich von den Triebkräften dieser Aneignung. Das Verhältnis zu Zeugung, Geburt und Tod bleibt fingiertes Naturverhältnis.«[82]

Diese Gewalt ist für die Geschlechtsideologie nicht das strukturelle Moment einer patriarchalischen Gesellschaft, sondern sie wird personalisiert. Als tragisch-komische Schlacht erscheint sie auf der Bühne des Welttheaters. Von Hans Sachs über Strindberg und Albee bis zu Bergmans *Szenen einer Ehe* versteckt sie sich hinter der Konstruktion eines immerwährenden Kampfes zwischen *einem* Mann und *einer* Frau. Zulässig ist die Darstellung dieser Gewalt aber offensichtlich nur als Einzelfall. Generalisiert gilt der Hinweis auf dieses Gewaltpotential als radikal feministisch. Aber nicht die Frauen haben den Kampf von Geschlecht gegen Geschlecht begonnen, und die offene Gewalt gegen Frauen, das bekundeten kürzlich Frauenkongresse in Brüssel und München, gehört auch nicht der Vergangenheit an. Bei den heute angewandten Foltermethoden gegen Frauen zum Beispiel in Chile[83] ist das sexual-sadistische Moment so hervorstechend, als wären die Folterknechte noch die gleichen wie die der Hexenprozesse.

Die Einschätzung der Frauen als gefährliche Naturwesen basiert auf ihrem weitgehenden Ausschluß aus der Produktionssphäre und aus den relevanten Bereichen des öffentlichen

Lebens. Daran hat sich zwar in den letzten hundert Jahren einiges geändert, aber mit dem Resultat eines Rollenwiderspruchs: die Frau kann nun keiner Erwartung mehr völlig entsprechen, weder der Rolle der Mutter und Hausfrau, der fügsamen Sklavin, noch der der tüchtigen Karrierefrau. Nach wie vor zuständig für biologische Reproduktion, für Pflege und Erziehung der Kinder sowie Fürsorge jeglicher Art, vervielfacht sich ihre Belastung, versucht sie – zumeist wird sie dazu gezwungen –, allen Rollen gerecht zu werden. In dieser Ambivalenz des weiblichen Kultur- und Sozialcharakters liegen die Chancen und Potentiale der Frauenbewegung.

Lange Zeit reagierten die Frauen auf ihre bedrohliche Situation, auf die ihnen angetane Gewalt, die ihnen zugewiesene Existenzbestimmung als anachronistische Naturwesen entsprechend ›naturhaft‹ – durch reglose angsterfüllte Mimikry: *idiosynkratisch.*

»In der Idiosynkrasie entziehen sich einzelne Organe wieder der Herrschaft des Subjekts; selbständig gehorchen sie biologisch fundamentalen Reizen. [...] Für Augenblicke vollziehen sie die Angleichung an die umgebende unbewegte Natur. Indem aber das Bewegte dem Unbewegten, das entfaltetere Leben bloßer Natur sich nähert, entfremdet es sich ihr zugleich, denn unbewegte Natur, zu der, wie Daphne, Lebendiges in höchster Erregung zu werden trachtet, ist einzig der äußerlichsten, der räumlichen Beziehung fähig. Der Raum ist die absolute Entfremdung.«[84]

Mimikry war immer ein Scheinschutz, die reglose Erstarrung machte die Frauen wehrlos gegen die ihnen zugemutete Gewalt. Aber der partielle Ausschluß aus dem zivilisatorischen Prozeß bewahrte sie auch vor den Schäden.

»Die Strenge, mit welcher im Laufe der Jahrtausende die Herrschenden ihrem eigenen Nachwuchs wie den beherrschten Massen den Rückfall in mimetische Daseinsweisen abschnitten, angefangen vom religiösen Bilderverbot über die soziale Ächtung von Schauspielern und Zigeunern bis zur Pädagogik, die den Kindern abgewöhnt kindisch zu sein, ist die Bedingung der Zivilisation [...]. Alles Abgelenktsein, ja, alle Hingabe hat einen Zug von Mimikry. In der Verhärtung dagegen ist das Ich geschmiedet worden [...]. Anstelle der leiblichen Angleichung an Natur tritt die ›Rekognition im Begriff‹, die Befassung des Verschiedenen unter Gleiches.«[85]

Heute lösen sich die Frauen aus ihrer Erstarrung. Endlich. Dornröschen wacht wirklich auf, der Kuß des Prinzen hatte sie nur in einen neuerlichen verblödenden Dämmer versetzt. Idiosynkratisch reagierten die Frauen nur so lange, wie sie an die ihnen zugemuteten Existenzbestimmungen als pseudonatürliche Wesen selber glaubten. Heute, da sie ihr Schicksal aktiv in die Hand nehmen, die traditionellen Rollenzuweisungen negieren, die Spuren der eigenen Geschichte dechiffrieren, erwachen sie vollends aus dieser mimetischen Starre. Sie werden dabei der Versuchung widerstehen, die »weltgeschichtliche Niederlage des weiblichen Geschlechts« (Engels), deren theoretischer Ausdruck die Subsumtion der Frau unter den Begriff der Natur war, durch eben den Rekurs auf Natur gleichsam rückgängig machen zu wollen. Sie sind Wesen des 20. Jahrhunderts, sie können Autos reparieren, sie leisten (gezwungenermaßen) die schwerste, am schlechtesten bezahlte Arbeit in der Industrie, sie holen (mehr oder weniger gezwungenermaßen) für ihre Länder olympische Medaillen usw. Aber infolge ihrer anderen Geschichte, ihres Ausschlusses aus den wichtigen Sektoren der Herrschaft, der Produktion, infolge ihrer spezifischen sozialen Funktionen haben sich die Frauen tatsächlich nicht ›verhärtet gegenüber den Formen der Hingabe‹, bewahrten sie Verhaltensmöglichkeiten, die sich der zweckrationalen Ausrichtung widersetzen. Daher werden die Frauen, obwohl sie nicht die Naturwesen sind, zu denen die Männer sie machen wollten, solange ihre Unterdrückung währt, hexen.

Anmerkungen

1 Walter Benjamin, *Über den Begriff der Geschichte*, in: *Gesammelte Schriften*, Bd. I. 2, Frankfurt/M. 1974, S. 695.
2 Ebd., S. 691.
3 Ebd., S. 695.
4 Vgl. Herbert Marcuse, *Triebstruktur und Gesellschaft*, Frankfurt/M. 1967.
5 Ebd., S. 24.
6 Will-Erich Peuckert, *Ergänzendes Kapitel über das deutsche Hexenwesen*, in: Julio Baroja, *Die Hexe und ihre Welt*, Stuttgart 1967, S. 291.
7 Ebd., S. 295.
8 M. Horkheimer und Th. W. Adorno, *Dialektik der Aufklärung*, Amsterdam 1947, S. 21.
9 Ernst Bloch, *Das Prinzip Hoffnung*, Bd. I, Frankfurt/M. 1959, S. 181.

10 Herbert Marcuse, *Triebstruktur und Gesellschaft*, S. 159.
11 Klaus Heinrich, *Parmenides und Jona, Vier Studien über das Verhältnis von Philosophie und Mythologie*, Frankfurt/M. 1966, S. 25.
12 Esther Harding, *Frauen-Mysterien einst und jetzt*, mit einem Geleitwort von C. G. Jung, Zürich MCMXLIX, S. 247.
13 Ebd., S. 248.
14 Ebd., S. 255.
15 Ebd., S. 290.
16 Ernst Bloch, *Das Prinzip Hoffnung*, Bd. I, S. 67.
17 Vgl. Roland Barthes, *Mythen des Alltags*, Frankfurt/M. 1970.
18 Klaus Heinrich, *Parmenides und Jona*, S. 27.
19 Roland Barthes, *Mythen des Alltags*, S. 121.
20 Egon Friedell, *Kulturgeschichte der Neuzeit*, München 1931, S. 332.
21 Hoffman R. Hays, *Dämon Frau*, Düsseldorf 1969, S. 300.
22 Ernest Jones, *Der Alptraum in seiner Beziehung zu gewissen Formen des mittelalterlichen Aberglaubens*, Leipzig und Wien 1912, S. 106.
23 Ebd., S. 105.
24 Herbert Marcuse, *Triebstruktur und Gesellschaft*, S. 227.
25 Ebd., S. 160.
26 Horkheimer und Adorno, *Dialektik der Aufklärung* (Mensch und Tier), S. 298.
27 Vgl. ebd., S. 13 ff.
28 Max Horkheimer, *Zur Kritik der instrumentellen Vernunft*, Frankfurt/M. 1964, S. 94.
29 *Dialektik der Aufklärung*, S. 19 f.
30 Jules Michelet, *Die Hexe*, München 1974, S. 84.
31 Peter Bulthaup, *Zur gesellschaftlichen Funktion der Naturwissenschaften*, Frankfurt/M. 1973, S. 84.
32 Marcel Mauss, *Soziologie und Anthropologie I. Theorie der Magie*, München 1974, S. 43.
33 *Dialektik der Aufklärung*, S. 27.
34 Marcel Mauss, *Theorie der Magie*, S. 62.
35 Ebd., S. 152.
36 Karl-Heinz Deschner, *Das Kreuz mit der Kirche*, Düsseldorf–Wien 1974, S. 25.
37 Marcel Mauss, *Theorie der Magie*, S. 62.
38 Max Scheler, *Vom Umsturz der Werte*, Bd. I, Leipzig 1923, S. 308.
39 Vgl. Robert von Ranke-Graves, *Griechische Mythologie*, Bd. I, Reinbeck 1960, S. 13 ff.
40 Anton Mayer, *Erdmutter und Hexe*, München 1936, S. 46.
41 Vgl. M. A. Murray, *The Witchcult in Western Europe*, Oxford 1921.
42 Jules Michelet, *Die Hexe*, S. 19.
43 Vgl. Ingrid Strobl, *Wir Hexen*, in: *Neues Forum*, Mai/Juni 1976, Heft 269/270.
44 Vgl. Ernest Jones, *Der Alptraum...*, a.a.O.
45 Anton Mayer, *Erdmutter und Hexe*, S. 62 f.
46 Horkheimer und Adorno, *Dialektik der Aufklärung*, S. 133.
47 M. Mauss, *Theorie der Magie*, S. 173.
48 J. Michelet, *Die Hexe*, S. 181.
49 M. Mauss, *Theorie der Magie*, S. 108.

50 Karl Marx, *Die sogenannte ursprüngliche Akkumulation*, in: *Das Kapital* Bd. I, Berlin 1962, S. 761 f.
51 Vgl. Barrington Moore, *Soziale Ursprünge von Diktatur und Demokratie*, Frankfurt/M. 1969.
52 *Dialektik der Aufklärung*, S. 299.
53 Karl-Heinz Haag, *Philosophischer Idealismus*, Frankfurt/M. 1967, S. 16.
54 Roland Barthes, Vorwort zu: J. Michelet, *Die Hexe*, S. 7.
55 Ebd., S. 8.
56 Vgl. Iwan Bloch, *Die Prostituierte*, Bd. II, Berlin 1912.
57 Vgl. Thomas Szasz, *Die Fabrikation des Wahnsinns*. Olten 1974.
58 Vgl. J. Michelet, *Die Hexe*.
59 Iwan Bloch, *Die Prostituierte*, Bd. II, S. 111.
60 Catherine Clément, *Hexe und Hysterikerin*, in: *Alternative*, H. 108-109, 19. Jg. 1976, S. 151.
61 Ernst Bloch, *Das Prinzip Hoffnung* Bd. I, S. 184.
62 Vgl. Walter Benjamin, *Ursprung des deutschen Trauerspiels*, in: *Gesammelte Schriften* I.1.
63 Wolfgang Kemp, *Ikonographische Studien zur Geschichte und Verbreitung einer Allegorie*, Diss. Tübingen 1973, S. 18.
64 Ebd., S. 15.
65 Cecilia Rentmeister, *Berufsverbot für Musen*, in: *Ästhetik und Kommunikation*, Heft Nr. 25, September 1976.
66 Eduard Fuchs, *Die Frau in der Karikatur*, München 1906, S. 174 (zitiert nach C. Rentmeister).
67 Walter Benjamin, *Ursprung des deutschen Trauerspiels*, S. 358.
68 Johann Wolfgang Goethe, *Werke* Bd. 4, Weimar 1910, S. 137.
69 Jean-Jacques Rousseau, *Emile oder über die Erziehung*, Stuttgart 1970, S. 733.
70 Friedrich Schlegel, *Lucinde*, Frankfurt/M. 1964, S. 61.
71 Novalis, *Aufzeichnungen zu den Lehrlingen zu Sais*, in: *Werke und Briefe*, München 1968, S. 139.
72 Novalis, *Die Lehrlinge zu Sais*, S. 110.
73 Horkheimer und Adorno, *Dialektik der Aufklärung*, S. 97.
74 Ernst Bloch, *Das Prinzip Hoffnung*, Bd. I, S. 152.
75 Walter Benjamin, *Johann Jakob Bachofen*, in: *Materialien zu Bachofens ›Das Mutterrecht‹*, Frankfurt/M. 1975, S. 70.
76 Ernst Bloch, *Das Prinzip Hoffnung*, Bd. I, S. 70.
77 Ebd., S. 187.
78 Karin Schrader-Klebert, *Die kulturelle Revolution der Frau*, in: *Kursbuch* 17, Frankfurt/M. 1969, S. 5.
79 Th. W. Adorno, *Prismen, Kulturkritik und Gesellschaft*, Frankfurt/M. 1955, S. 93.
80 Catherine Clément, *Hexe und Hysterikerin*, S. 154.
81 K. Schrader-Klebert, *Verbrechen und Ritual*, in: *Ästhetik und Gewalt*, Gütersloh 1970, S. 120.
82 Ebd., S. 90.
83 *UN-Report über die Verletzung der Menschenrechte in Chile*, Dokumentation des Evangelischen Pressedienstes, Frankfurt/M., Mai 1976 (eine von vielen gleich schrecklichen Aussagen):
»Eine junge Frau berichtete, daß sie 30 Tage inhaftiert war, ausgezogen, auf den Boden geworfen und am ganzen Körper geschlagen wurde. Verschiedene Gegen-

stände wurden in ihre Geschlechtsteile gesteckt. Sie wurde dann angezogen zu anderen Gefolterten gebracht und weiter geschlagen; da sie nicht aufstehen konnte, schüttete man kaltes Wasser über sie und schlug sie nieder. Ihr wurde gesagt, daß sie erschossen werden würde. Sie wurde bewußtlos geschlagen, wiederbelebt, man verband ihre Augen, schlug sie und befragte sie erneut. Sie wurde mit anderen Frauen zusammen an einen Ort gebracht, wieder abgeholt, nackt ausgezogen, Elektroden wurden an ihren Brüsten befestigt, an ihren Ellenbogen, an den Geschlechtsteilen und bis hinunter zu den Füßen. Sehr junge Mädchen mußten zuschauen. Sie wurde auf einen Transport geschickt, erneut über Bomben und Waffen befragt und bis zur Bewußtlosigkeit gefoltert. Diese Zeugin brachte man mit einem Auto aus dem Gefängnis und warf sie auf die Straße. Sie ist deutlich sowohl geistig als auch körperlich geschädigt.«

84 Horkheimer und Adorno, *Dialektik der Aufklärung*, S. 212.
85 Ebd., S. 213.

III Daten und Materialien zur Entstehung und Geschichte der Hexenverfolgung

1. Tabellarische Übersicht

(nach Hansen, *Zauberwahn,
Inquisition und Hexenwahn im Mittelalter*. –
Die angegebenen Nummern beziehen sich auf den folgenden Materialien-Teil).

Zwischen 500 und 900. Die Bußbücher belegen reichhaltig, daß der alte Glaube an Wahrsager, Schadenzauber, Traumdeutung, Liebestränke und das Umherziehen in Tiermasken und Frauenkleidung am Jahresanfang noch lebendig war (selbst unter den Geistlichen, so daß die geistlichen Gerichte öffentlich gegen die Priester einschritten, die sich mit Zauber abgaben).

In den Bußbüchern werden die Zauberer in zwei Gruppen eingeteilt: die *malefici* oder *venefici* (Schädiger oder Giftmischer), also insbesondere die durch Tränke oder sonstige Zauberei Menschen schädigen, töten, die Leibesfrucht abtreiben, Liebestränke bereiten oder Wahnsinn erregen, und die *tempestarii* (Wettermacher). Der alte Glaube wird von der Kirche als sündhaft bekämpft, damit also durchaus noch ernst genommen. Die Heftigkeit des Kampfes zeigt die weite Verbreitung der alten Vorstellungen beim Volk.

Vor 800. Die Vorstellung vom Hexenflug, von der geschlechtlichen Vereinigung mit dem Teufel *(incubus, succubus)* und die Tierverwandlung sind noch nicht belegt, außer bei lateinischen Autoren wie Isidor von Sevilla, die an alte antike Traditionen anknüpfen.

742. Das Kapitular des Major Domus Karlmann bestätigt die Beschlüsse der ersten Nationalsynode: Bischöfe und Grafen sollen darauf achten, daß die Befolgung alter heidnischer Bräuche sowie die Wahrsagerei und Zauberei aufhören. In der Folgezeit werden immer wieder ähnliche Verbote gegen Wahrsager, Traumdeuter, Zauberer, Wettermacher u. a. verabschiedet.

860. Der Erzbischof Hinkmar von Reims nimmt einen Ehescheidungshandel zwischen König Lothar II. und Teutberga zum Anlaß, die Frage zu erörtern, ob Frauen durch Malefizien zwischen Eheleuten Haß oder Liebe erzeugen und Mann oder Frau unfruchtbar bzw. zeugungsunfähig machen können. Hinkmar nennt als Mittel, mit dem die Hexe gemeinsam mit dem Teufel solches vermag: eine Mixtur aus Knochen, Asche, Schamhaaren, Kräutern, Schlangen, Schnecken, usw.

ca. 906. Der sogenannte *Canon episcopi* (Nr. 1), eine Anweisung an Bischöfe, die vermutlich aus einem älteren fränkischen Kapitular stammt und die, aufgenommen in spätere Rechtssammlungen, auf Jahrhunderte hin eine verbindliche kirchliche Rechtsverordnung bleibt. Älteste Erörterung der Luftfahrt von Frauen und der Verwandlung von Menschen in Tiere. Die Hexentaten sind nach dem *Canon episcopi* Vorspiegelungen des Teufels und Wahnvorstellungen. Der alte Glaube wird als heidnischer Irrglaube zurückgewiesen. Wer an solche Wahnvorstellungen glaube, sei ein Kind des Teufels. Die Quellen zeigen, daß sich dieser Kanon gegen die volksläufige, nicht selten auch von Geistlichen getragene Tradition nicht recht durchsetzen konnte.

Seit dem 11. Jahrhundert. Kampf der Kirche gegen die Katharer in Frankreich, nach deren Lehre nicht Gott, sondern der Teufel die sichtbare materielle Welt geschaffen hat und die Seele an den Körper gefesselt hält, so daß es ihre Aufgabe ist, sich im Kampf gegen die Sinnlichkeit von dieser Welt unabhängig zu machen.

Seit ca. 1100. Die ältere Vorstellung der Teufelsbuhlschaft wird wiederaufgenommen. Dominant wird der Gedanke, daß dieses sexuelle Verhältnis von besonders sündigen Menschen freiwillig begonnen und fortgeführt wird.

ca. seit 1150. Die Verbrennung wird in Nordfrankreich und Deutschland die übliche Strafe für Ketzer.

1145/57. Petrus Lombardus (ca. 1100-1160) erörtert in seinem, für die gesamte Folgezeit richtungweisenden *Liber sententiarum (Buch der Sentenzen)* das Problem der Ehehinderung durch Zauberei *(impotentia ex maleficio)*. Nach seiner Auffassung können Ehen geschieden werden, wenn der Vollzug der Ehe durch Zauberei behindert und die Hinderung nicht durch kirchliche Gegenmittel (z. B. Exorzismus, Gebete oder Fasten) wiederaufgehoben werden kann.

Um 1200. »Der Zauberwahn ist am Beginn des 13. Jhds. im Volk wie im Kreis der Theologen noch im weitesten Umfang verbreitet« (Hansen, S. 144). Die Kollektivvorstellung vom Hexenwesen, wie sie vom 15. bis 18. Jhd. besteht und wie sie Hansen (S. 7) beschreibt (verworfene Menschen, vornehmlich Frauen, gehen einen Teufelspakt ein; erlangen dadurch zauberische Kräfte; fügen ihren Mitmenschen an Leib, Leben und Besitz Schaden aller Art zu; fliegen auf den nächtlichen Sabbat, wo sie dem körperlich erscheinenden Teufel Reverenz erweisen, dagegen die Kirche und die Sakramente verhöhnen; unterhalten mit Teufel und Dämonen geschlechtliche Beziehungen; bilden eine große umfassende Sekte; können sich in Tiere verwandeln) existiert noch nicht.

1209. Papst Innozenz III. befiehlt den Kreuzzug gegen die Albigenser, eine Ketzersekte in Südfrankreich. Bis um die Mitte des 14. Jhds. werden schätzungsweise 1 Million als Albigenser verdächtigte Franzosen umgebracht.

1215. Die Vierte Lateransynode in Rom beschließt die Disziplinierung von Juden und Ketzern. Die Juden dürfen keine öffentlichen Ämter mehr bekleiden, keine hohen Zinsen einnehmen, keine christlichen Dienstboten halten. Juden müssen ein bestimmtes Gewand oder einen Judenfleck tragen.

1225. Eike von Repgow setzt in seinem *Sachsenspiegel* für die Verbrechen der Ketzerei, der Zauberei und der Vergiftung die Todesstrafe fest. Der *Deutschenspiegel* von 1250 und der *Schwabenspiegel* um 1275 folgen ihm darin.

1227. Papst Gregor IX. richtet neben den Bischofsgerichten, in deren Kompetenz die kirchliche Rechtsprechung gegen Ketzer ursprünglich fiel, Inquisitionsgerichte ein. Mit deren Wahrnehmung betraut er die Dominikaner und Franziskaner. Aufgabe: Auffinden, Überführen und Hinrichten von Ketzern. Die starke Verminderung der Rechte des Angeklagten im Inquisitionsprozeß gegenüber dem traditionellen Akkusationsprozeß wird begründet mit der Schwere des Verbrechens (Sonderverbrechen = *crimen exemptum*).

Um 1230. Die neu eingerichtete Ketzer-Inquisition fand bereits die Vorstellung vor, daß die Ketzer auf ihren Zusammenkünften die christlichen Sakramente verhöhnen, dem Teufel huldigen, tanzen und rituelle Orgien feierten. Am 13. Juni 1233 erläßt Papst Gregor seine Ketzerbulle (Nr. 4), in der das angeblich wüste Treiben der Ketzer ausführlich geschildert wird. Seit dem Anfang des Jahrhunderts werden diese Vorstellungen auch auf die – besonders sittenstreng lebenden – Waldenser übertragen.

1239. Ketzerprozeß in Mont Aimé. 183 Katharer werden verbrannt. Eine Frau gesteht, sie sei in der Karfreitag-Nacht nach Mailand entführt worden, um dort den Katharern bei Tisch aufzuwarten, und habe an der Seite ihres schlafenden Mannes einen Dämon gelassen, der ihre Gestalt angenommen habe. Hier sind also zum ersten Mal die beiden Vorstellungen miteinander verbunden, die später auch bei den Hexen erscheinen: Ketzerei und Nachtflug bzw. Entrückung bzw. Gestaltentausch.

Um 1250. Nach theologischer Auffassung (z. B. Thomas von Aquin) nehmen auch die Engel und gefallenen Engel körperliche Gestalt an. Sie können sich in dieser Gestalt frei und relativ schnell bewegen, sprechen und essen, aber nicht verdauen, da sie kein vollkommen organisches Leben führen. Sie können mit den Menschen als *succubi* (Dämonen, die sich in weiblicher Gestalt den Männern »unterlegen«) oder *incubi* (Dämonen, die sich in männlicher Gestalt den Frauen »auflegen«) schlafen, aber keine Nachkommen zeugen, da sie keinen Samen hervorbringen können. Sie helfen sich, indem sie sich als *succubus* vom menschlichen Mann Samen holen und ihn dann als *incubus* einer menschlichen Frau zuführen. Die Vorstellung vom geschlechtlichen Verhältnis zwischen Mensch und Dämon gehört seit der Mitte des 13. Jhds. zum festen Inventar nicht nur der volksläufigen Meinungen, sondern auch der theologischen Lehre. Seit dieser Zeit tritt die sogenannte Teufelsbuhlschaft als Verurteilungsgrund auf. Im Templer-Prozeß spielt sie eine große Rolle. Dagegen verwahrt sich die theologische Argumentation im allgemeinen gegen die Vorstellung, Menschen könnten sich oder andere in Tiere verwandeln, da dies gegen die göttlichen Naturgesetze verstoße.

ca. 1250. Seit der Mitte des 13. Jahrhunderts gilt es als wissenschaftliche Lehrmeinung, daß die Zauberer sich von der Kirche lossagen und einen Bund mit dem Teufel eingehen. Aufgrund dieses Paktes sind sie befähigt, Malefizien auszuüben.

1250-1261. Der Bischof und Kirchenrechtler Hostiensis (vor 1200-1270) bestätigt in seiner *»Summa super tituli decretalium«*, einer der wichtigsten juristischen Schriften des Mittelalters, die *impotentia ex maleficio* (Impotenz durch Zauberei) und die dadurch legitimierte eheliche Scheidung und führt damit die Diskussion weiter, die durch das ganze Mittelalter hindurch geführt wird. »Bei der rechtlosen Lage der Frauen im Mittelalter, ihrer völligen Abhängigkeit vom Manne und von der wenigstens nachträglichen Sanktionierung geschlechtlichen Umgangs durch die Ehe mußte, wenn die natürlichen wie die in großer Zahl vorhandenen und genutzten zauberischen Mittel zur Erhaltung der Zuneigung des Geliebten wirkungslos geblieben waren, die Anwendung von solchen Zauberkünsten, welche die treulosen Männer ebenso wie die Nebenbuhlerinnen wenigstens am Genuß ehelicher Freuden zu hindern bestimmt waren, der verletzten weiblichen Ehre ebenso wie der Eifersucht und der Erbitterung als erwünschtes Mittel der Selbsthilfe immer wieder willkommen erscheinen. Daß auch in Deutschland um diese Zeit Zaubermittel von den Frauen vielfach angewendet wurden, um einen Gatten zu gewinnen, ergibt sich aus Berthold von Regensburgs Predigten (1250-1272).« (Hansen, S. 288).

1252. Das Mittel der Folter wird von Papst Innozenz IV. und 1265 von Clemens IV. ausdrücklich als legitimes Mittel des Inquisitionsprozesses anerkannt.

1254/56. Thomas von Aquin (1225-74) weist in seinem Kommentar zu den *Sentenzen* des Petrus Lombardus die Lehre von der Unwirklichkeit des Malefiziums zurück. Danach verstößt der Zweifel an der Wirklichkeit des Teufelspaktes und der daraus resultierenden Zauberei gegen die Autorität der Heiligen und gegen die Lehre von der Existenz der gefallenen Engel. Der Erörterung der Ehebehinderung durch Zauberei fügt er hinzu, daß der Teufel besondere Gewalt über den Zeugungsakt habe, durch den die Menschen im Zusammenhang der Erbsünde zu Sklaven des Teufels geworden seien. Im ähnlichen Sinne äußern sich nach ihm andere theologische Autoritäten.

Seit ca. 1270. Seit dieser Zeit sind sogenannte Interrogatorien, Listen mit Fragen, die die Inquisitoren den Angeklagten stellten, nachweisbar.

1275. Prozeß von Toulouse durch den Inquisitor von Toulouse, den Dominikaner Hugo von Boniols. Die 56 Jahre alte angesehene Frau Angela Barthe gesteht dem Richter, daß sie seit Jahren jede Nacht mit einem Dämon schlafe, daß sie mit ihm ein Monstrum (halb Wolf, halb Schlange) gezeugt habe und dieses mit kleinen Kindern füttere, die sie nachts auf ihren Streifzügen finge. Sie wird zusammen mit zahlreichen Ketzern verbrannt.

1275. Prozeß der Inquisition in Toulouse gegen Ketzer und Zauberer mit der Anklage, wiederholt an orgienhaften Sabbaten teilgenommen zu haben. Es ist der erste Prozeß, in dem dies miteinander verbunden erscheint.

ca. 1280. Fortsetzung des Roman de la Rose durch Jean de Meung. Entgegen der Hervorhebung des teuflischen Einflusses auf die Zauberer durch die Kirche führt Jean de Meung die Zaubereien und Hexereien auf Einflüsse der Gestirne und auf nächtliche Krankheits- und Fieberwirkungen zurück, die z. B. auch das Wetter bestimmen. So sei auch der Hexenflug bloße Halluzination melancholischer oder liebessüchtiger Frauen. Der Roman veranlaßt 1402 den Pariser Kanzler Gerson zu einer scharfen Gegenschrift; der Roman wirkt im Spätmittelalter und in der frühen Neuzeit vor allem durch sein negatives Bild der Frau, in der Jean de Meung alle Laster verkörpert sieht.

Zwischen 1300 und 1400. Nach Kieckhefer (S. 108 ff.) finden in England 10, in Frankreich 56 und in Deutschland 15 Prozesse gegen Zauber und Hexen statt.

1307-1314. Prozeß gegen den Tempelorden in Frankreich. Eine dominante Rolle spielt der Vorwurf, die Tempelritter hätten auf riesigen Ketzersabbaten die christlichen Sakramente verhöhnt, dem Teufel gehuldigt, getanzt, sowie rituelle Orgien gefeiert. Gerade im Templer-Prozeß wird deutlich, wie zwei Mächte – der französische König und der Papst – eine verfügbare Waffe zur Liquidation eines unliebsamen, sehr finanzstarken, politisch-mächtigen Gegners benutzten.

1320-1350. In Carcassonne werden 200, in Toulouse 400 Personen wegen Zauberei verbrannt.

ca. 1330. Die Vorstellung vom Vasallitätsvertrag wird von einigen Hexenverfolgern auf das Verhältnis Mensch-Teufel übertragen. Dies schließe wechselseitige Verpflichtungen ein: der mit dem Teufel paktierende Mensch wird Vasall des Teufels, leistet ihm den Lehnseid, erwirbt Anspruch auf Hilfe durch die Dämonen. Den Lehnskuß vermischte man offenbar mit dem Huldigungskuß, den die Ketzer angeblich dem in Menschen- oder Tiergestalt anwesenden Teufel auf den Hintern zu geben pflegten.

Ab Mitte des 14. Jahrhunderts. Es tritt eine deutliche Vermischung der meisten Elemente des Zauberwahns ein, also ein Übergang zum Sammelbegriff Hexe, wie er dann im 15. Jhd. zugrunde gelegt wird: die in den inquisitorischen Zauberprozessen »verurteilten Personen, welche sich nach den Ermittlungen der Ketzerrichter mit verschiedenartigen Malefizien einschließlich des Wettermachens abgaben, übten ihre Schandtaten aufgrund eines Paktes mit dem Teufel; sie waren Ketzer, welche Gott verleugnet haben und dem Teufel göttliche Verehrung erwiesen; sie nahmen am Ketzersabbat teil und trieben Unzucht mit den Dämonen, wie mit ihren ketzerischen Genossen; zum Sabbat wurden sie in vorläufig noch nicht deutlich präzisierter Weise körperlich entrückt; sie erhielten hier vom Teufel Anweisungen in Zauberkünsten und veranstalteten auf demselben Gelage, bei denen sie Kinder verspeisten, also das ausübten, was der Volkswahn seit jeher den herumschwebenden, kinderraubenden und verspeisenden menschlichen Strigen beizumessen pflegte, was aber die gebildete Welt und speziell auch die Theologen seither den menschliche Gestalt annehmenden Dämonen vorbehalten wissen wollten.« (Hansen, S. 343). Am voll ausgebildeten Hexenbild fehlen noch: Verwandlung der Zauberer in Tiere, Flug mit Hilfe des Teufels, Zuspitzung auf das weibliche Geschlecht.

1376. Directorium inquisitorum des Generalinquisitors von Arragon, des Dominikaners Nicolaus Eymericus. »Es wurde in Kreisen der Inquisition als goldenes Buch angesehen, [...] dessen Inhalt den Wächtern des Glaubens wie ein Kanon galt« (Hansen, S. 271). In diesem Buch wird eindeutig festgelegt, daß der Zauberer in der Regel als Ketzer zu gelten hat. Die sogenannten *sortilegi haereticales* (ketzerische Wahrsager) fallen unter die Rechtsprechung der Inquisition. Für sie gelten die Strafen, die für Häretiker gelten. Als entscheidend wird noch nicht das Malefizium angesehen, sondern die Verbindung von Mensch und Dämon.

1398. Gutachten der theologischen Fakultät zu Paris unter ihrem Kanzler Gerson: Malefizien sind real; jede Verbindung von Teufel und Mensch ist Abfall von Gott, damit Häresie.

Zwischen 1400 und 1500. In England finden nach Kieckhefer 38, in Frankreich 95, in Deutschland 80 Prozesse gegen Hexen oder Zauberer statt.

1410. Der Tiroler Dichter Hans Vintler fügt in sein episches Lehrgedicht *Die Blumen der Tugend* einen kritischen Abschnitt über den Zauber- und den allgemeinen Aberglauben seiner Zeitgenossen ein. Dieser Abschnitt ist ein wichtiges Indiz dafür, daß vor allem die Alpengegenden »natürliche Zentren volkstümlichen Wahns waren« (Hansen, S. 400). Hier finden denn auch gerade im 15. Jh. zahlreiche Prozesse statt (vgl. auch Nr. 7).

Ab 1440. Papst Eugen IV. erwähnt in einer Bulle, daß das Gebiet von Savoyen voll sei mit Männern und Frauen, die im Volk »*strigulae, strigones, vaudenses* genannt werden.« Bemerkenswert ist, daß der Sektenname der Waldenser *(Vaudois)* als Bezeichnung für die Hexensekte gebraucht wird; hier sind verschiedene Gesichtspunkte zusammengeflossen: »Die gegen die älteren Waldenser, die Armen von Lyon, schon seit dem 13. Jahrhundert und gerade jetzt wieder von den Inquisitoren erhobene Beschuldigung, daß sie nächtliche Sabbate unter dem Vorsitz des Teufels feierten; die in der Schweiz verbreitete Gewohnheit, mit der Übung widernatürlicher Unzucht als Ketzerei, demnach auch als *vauderie*, zu bezeichnen, endlich (wie es scheint) auch die Erinnerung an gewisse, im Waadtland (Pays de Vaud) übliche Versammlungen der Gemeinden auf den höher gelegenen Weideplätzen. Der Name verbreitete sich vom Jahre 1440 ab schnell im Verlauf der Verfolgung durch das ganze französische Sprachgebiet, welches ebenso wie das deutsche genötigt war, für den neuen Begriff eine neue Bezeichnung zu wählen, und sie wurde um 1460 von den Theologen schon einfach in der Weise erklärt, daß die alten Waldenser im Verlauf der Zeit noch weiter entartet und gewissermaßen zu berufsmäßigen Zauberern und Hexen geworden seien, während das Bewußtsein eines Unterschieds zwischen den beiden Gruppen vorderhand noch in der Bezeichnung Vaudenses statt Waldenses zum Ausdruck kommt. Zu der neuen Vauderie gehörte vor allem der Besuch des Sabbats, die Teufelsbuhlschaft und widernatürliche Unzucht; der Sabbat der *vaudois* fand fast ausschließlich auf entlegenen Bergeshöhen statt und war meist nur vermittels der Fahrt durch die Lüfte erreichbar.« (Hansen, S. 414 f.)

1450. Nachdem Jahrhunderte lang mehr oder weniger die Vorstellungen des *Canon Episcopi* über den Nachtflug der Hexen (= vom Teufel bewirkte, daher als Irrglauben zu bekämpfende Illusion) gegolten hat, unterscheidet der Dominikaner-Kardinal Johann von Turrecremata die Nachtflüge des alten Canons von denen der »modernen Hexen«, die vom Teufel realiter durch die Luft bewegt werden, um schauerliche Malefizien zu verüben und am Hexensabbat teilzunehmen.

Um 1450. In theologisch-kanonistischen Werken wird seit der Jahrhundertwende bis tief ins 16. Jahrhundert hinein der neue Hexenbegriff argumentativ vorbereitet und verankert; die Argumentation richtet sich vor allem gegen den *Canon Episcopi;* hier ist unter anderem zu nennen: Nicolaus Jaquier, *Flagellum Haereticorum* (1458), sowie die Übersetzung des Matthias von Kemnat (1475, Nr. 8).: Seit die Welt sich verschlechtert und dem Teufel sich ergeben habe, wachse eine riesige Hexensekte herauf, vom Teufel gestiftet, dem die Neulinge aus dem Sabbat geweiht werden und dem sie immer wieder huldigen, wofür Abfall vom alten Glauben nötig ist. Auf dem Sabbat werden die Sakramente geschändet und orgienhafte Laster verübt. Zum Sabbat fliegen die Hexen und Zauberer, vorher salben sie sich mit einer Zaubersalbe. Mitglieder der Sekte sind Männer und Frauen. Sie verrichten unzählige Malefizien gegen ihre Mitmenschen; sie sind nicht erkennbar, da sie sich sehr angepaßt verhalten und vor allem sehr fromm leben.

1474. Heinrich Institoris, der spätere Verfasser des *Hexenhammer,* wirkt als Inquisitor in Ober-Deutschland. Zusammen mit Jacob Sprenger versucht er, wie in den Alpenländern auch in Deutschland die massenhafte Verfolgung der Hexen zu initiieren und durchzusetzen. Sie stoßen auf Widerstand bei vielen Bischöfen.

1475. Der Hofkaplan des Kurfürsten Matthias von Kemnat übersetzt einen in Savoyen entstandenen Traktat über die *Gazarii* (Katharer) ins Deutsche, da er davon überzeugt ist, daß auch schon in Deutschland die Hexensekte massenhaft verbreitet ist (vgl. Nr. 8).

1484. Innozenz VIII. erläßt seine Hexenbulle (Nr. 9), mit der er Institoris und Sprenger als Inquisitoren Deutschlands einsetzt und die hauptsächlichen Malefizien der Hexen und Zauberer aufzählt. Erstes Dokument der Hexen-Literatur, das durch den Druck massenhaft verbreitet wird. Es erscheint als Einleitung in allen bis zum Ende des 17. Jahrhunderts gedruckten Ausgaben des *»Hexenhammer«.*

1487. Institoris und Sprenger veröffentlichen den »*Malleus maleficarum*«, den »*Hexenhammer*« (Nr. 10), und spitzen damit die Verfolgung auf die Hexen, d. h. auf Frauen, zu; das Werk gilt bis in die Neuzeit hinein als Enzyklopädie der Hexenverfolgung.

Die massenhaften Vernichtungen von Hexen im 15. und 16. Jahrhundert, der vielfältige erbitterte Kampf gegen die Hexenverfolgung und die hartnäckige Verteidigung der Bastion durch die Hexenjäger sind in einer kurzen Tabelle nicht mehr zu erfassen; die Fülle der Prozesse und Hinrichtungen in allen Teilen Europas würden lange Listen erforderlich machen und den Umfang dieses Bandes bei weitem überschreiten. Da die Hexenbücher sowie die Gegner und Verteidiger der Hexenverfolgung bereits in einem anderen Zusammenhang (vergleiche oben Seite 133 ff., sowie die Materialien S. 324 ff.) behandelt sind, folgen hier nur noch einige wenige Daten.

1557. Veröffentlichung des *Index Librorum prohibitorum* (Index aller verbotenen Bücher, die als ketzerisch oder der Ketzerei verdächtig oder schädlich von der Kirche mißbilligt werden). Dieser Index wird erst 1966 von Papst Paul VI. abgeschafft.

1572. Im lutherischen Sachsen wird Hexerei zum Kapitalverbrechen erklärt (vgl. Nr. 19).

1596. Nicolas Remy rühmt sich, als Generalstaatsanwalt von Lothringen zwischen 1581 und 1591 900 Hexen verbrannt zu haben.

1610. Letzte Hexenhinrichtung in Holland.

1684. Letzte Hexenhinrichtung in England.

1692. Hexenverfolgung in Salem-Mass. (USA).

1736. In England werden die Strafgesetze gegen Hexen aufgehoben.

1745. Letzte Hexenhinrichtung in Frankreich.

1775. Letzte Hexenhinrichtung in Deutschland (Kempten).

1782. Letzte Hexenhinrichtung in der Schweiz.

1793. Letzte Hexenhinrichtung in Polen.

2. Materialien zur Geschichte der Hexenverfolgung

Die folgenden Materialien und Auszüge aus Materialien sollen und können die Geschichte der Hexenverfolgung keinesfalls lückenlos dokumentieren; sie sind aber so ausgewählt, daß in ihnen die hauptsächlichen Entwicklungsphasen und die – im grausigen Sinne des Wortes – einschneidendsten Instrumentarien der Verfolgungspraxis verdeutlicht werden. Freilich, das Material ist hier fast unendlich groß, und jede Auswahl wird sich dem Vorwurf aussetzen, Wichtiges ausgelassen, weniger Wichtiges aufgenommen zu haben.

Ein Gesichtspunkt für die Auswahl, der das Material schon beträchtlich eingrenzte, lag darin, ob von dem betreffenden Text oder Textabschnitt, wenn er nicht in deutscher Sprache verfaßt war, eine Übersetzung existierte oder leicht herstellbar war. Es bleibt also als Desiderat eine Textsammlung, die stärker als es hier möglich war, die fremdsprachigen und vor allem die lateinischen Materialien berücksichtigt.

Das Material ist chronologisch und nicht nach thematischen Gruppen angeordnet. Die Überlegung dabei war, daß so die in den Aufsätzen dieses Bandes beschriebene Herausbildung des Hexenmusters und dessen jeweilige historische Wirkung am Material eine Verdeutlichung erfahren. Wichtige Stationen dieser Entwicklung sind vor allem:
– der *Canon episcopi* (noch von ihm bestimmten Vorstellungstraditionen (z. B. im 12. Jh. der *Policraticus;* noch im 16. Jh. Geilers Predigten oder Hans Sachs), in der der Nachtflug der Frauen als Vorspiegelung des Teufels angesehen, im Namen der rechten Lehre solcher Irrglaube zurückgewiesen und in aller Schärfe unter Strafe gestellt wird;
– die Papstbulle von 1484 und der *Hexenhammer* von 1486/87, in denen die Vorstellung des *Canon episcopi* diskutiert und unter Hinweis auf die unzähligen realen Malefizien der Hexen zurückgewiesen, zugleich zur systematischen Ausrottung der Hexen aufgerufen wird und Grundmuster für die Inquisitionspraxis in aller Ausführlichkeit entworfen werden;
– die Auseinandersetzung zwischen Weyer und Bodin (1563 und 1580), in der es zum ersten Mal um die Frage geht, ob die sogenannten Hexenwerke naturwissenschaftlich-medizinisch zu erklären seien, wie Weyer meint, oder, wie Bodin glaubt, auf die Wirkung satanisch-dämonischer Mächte zurückzuführen seien;
– die *Cautio Criminalis* von 1631, in der ein Kenner der Verhältnisse von seinen Erfahrungen als Beichtvater der Hexen berichtet, die unrechtmäßige, willkürliche, grausige Verfolgungspraxis seiner Zeit entlarvt und die Fürsten mit großer Leidenschaft auffordert, dem Morden ein Ende zu machen;
– schließlich Thomasius' Schriften, die in einigen Teilen Deutschlands

bereits zu politischen Konsequenzen führen und sicherlich einen wesentlichen Anteil an der Beendigung des Folter- und Hinrichtungswahnes haben.

Wichtiger als dieser historische Gesichtspunkt war indessen ein zweiter, mehr systematischer. Es ging mir darum, nicht nur die historischen Phasen zu dokumentieren, sondern auch die unterschiedlichen Dokumentationsbereiche zu zeigen: so finden sich nicht nur Auszüge aus wichtigen Hexenbüchern vom *Malleus Maleficarum* bis zu Thomasius, also Büchern, in denen sich die Diskussionen um die Hexenverfolgung niedergeschlagen und die, verschärfend oder entlastend, auf die praktische Hexenverfolgung eingewirkt haben, sondern es sind vor allem auch jene Zeugnisse aufgenommen, aus denen wir etwas über die Verhaftungs-, Verhörs, Folter- und Hinrichtungspraxis der Zeit erfahren, also Inquisitionsprotokolle, Urteilsbegründungen, Berichte von Folterungen, Listen von Hinrichtungen, durch die die abstrakten Überlegungen und Systembildungen der Hexenbücher erst ihre konkrete Kontur gewinnen. Man vergleiche einmal den Bericht von 1331 über die Bestrafung einer Hexe (in der zwar schon die Todesstrafe gefordert, bei Reue jedoch noch Schonung gewährt wird) und den durchaus noch fast sachlich-wissenschaftlich, wenn auch parteilich-entschiedenen Bericht von Hartlieb 1456 mit dem harten Rat, den Mathias Widman von Kemnat 1475 gibt, oder mit der unerbittlichen Schärfe der hexenfeindlichen Äußerungen aus der Zeit des endenden 16. und beginnenden 17. Jahrhunderts, um auch hier, im Vergleich dieser Berichte, die zunehmende Verschärfung und einseitige Zuspitzung der Verfolgung auf Frauen zu erkennen. Und bei diesen wenigen Berichten, die man nicht lesen kann ohne Grauen über die bestialische Brutalität der Verhöre und Torturen, muß man sich ständig vor Augen halten: die Schreie, die oft schon tränenlosen Klagen, die Hoffnungslosigkeiten und Verzweiflungen, die diese Protokolle festhalten, sie stehen für die Schreie, die Klagen und die Verzweiflung von Hunderten, Tausenden, nein Hunderttausenden sinnlos hingemordeter Frauen.

Von den Texten, in denen Dichter bzw. Schriftsteller im Zusammenhang eines literarischen Werkes Hexen auftreten lassen, werden hier nur wenige aufgenommen, da sie für unseren Zusammenhang meist nur ornamental-illustrierenden und weniger erkenntnisfördernden Wert besitzen (vgl. Hans Sachs 1531, Shakespeare 1606, Grimmelshausen 1669).

1. Ca. 906. Aus dem sog. Canon episcopi, *einer Anweisung an Bischöfe, die vermutlich aus einem älteren fränkischen Kapitular stammt und von Regino von Prüm (ca. 899) in die Rechtssammlung* Libri duo de synodalibus causis et disciplinis ecclesiasticis *und vom Bischof Burckhard von*

Worms in dessen berühmtes Decretum *(um 1020) übernommen wurde. Burckhards Dekret blieb auf Jahrhunderte ein Hauptwerk des Kirchenrechts.*

»[...] Dies darf nicht übergangen werden, daß es verbrecherische Weiber gibt, die, durch die Vorspiegelungen und Einflüsterungen der Dämonen verführt, glauben und bekennen, daß sie zur Nachtzeit mit der heidnischen Göttin Diana oder der Herodias[1] und einer unzählbaren Menge von Frauen auf gewissen Tieren reiten, über vieler Herren Länder heimlich und in der Totenstille der Nacht hinwegeilen, der Diana als ihrer Herrin gehorchend und in bestimmten Nächten zu ihrem Dienste sich aufbieten lassen. Leider hat eine zahllose Menge, getäuscht durch die falsche Meinung, daß diese Dinge wahr seien, vom rechten Glauben sich abgewendet und der Irrlehre der Heiden sich angeschlossen, indem sie annimmt, daß es außer dem einen Gott noch etwas Göttliches und Übermenschliches gebe. Daher sind die Priester verpflichtet, den ihnen anvertrauten Gemeinden von der Kanzel herab nachdrücklich einzuschärfen, daß alles dieses von Grund auf falsch sei und solche Blendwerke nicht vom göttlichen, sondern vom teuflischen Geist herrühren. Der Satan nämlich, der sich in die Gestalt eines Engels verkleiden könne, wenn er sich irgendeiner Frau bemächtige, unterjoche sie, indem er sie zum Abfall vom Glauben bringe, nehme dann sofort die Gestalt verschiedener Personen an und treibe mit ihr, indem er sie gefangenhält, im Schlaf sein Spiel, indem er ihr fern ab vom Wege, bald heitere, bald traurige Dinge, bald bekannte, bald unbekannte Personen vorführe. Dabei bildet sich dann der ungläubige Sinn des Menschen ein, während allein sein Geist dieses erleidet, daß dieses doch nicht in der Vorstellung, sondern in Wirklichkeit geschieht. Wer aber fährt nicht im Traum und in nächtlichen Visionen aus sich heraus und sieht vieles im Schlaf, was er im wachen Zustande niemals gesehen hatte? Und wer sollte so töricht und dumm sein, daß er glaube, alles das, was nur subjektives Erlebnis ist, habe auch objektive Wirklichkeit? Da doch auch der Prophet Hesekiel die Visionen Gottes [...] nur im Geiste, nicht aber mit dem Körper geschaut und gehört hat. Es ist daher allen Leuten öffentlich zu verkündigen, daß derjenige, der dergleichen Dinge glaubt, den Glauben verloren hat. Wer den wahren Glauben an Gott aber nicht hat, der gehört nicht Gott an, sondern dem, an den er glaubt, nämlich dem Teufel...«

2. 1156-1159. Aus dem Policraticus, *der Fürstenlehre des Johannes von Salisbury, Bischofs von Chartres (1120-1180).*

»Manche behaupten, daß die sogenannte Nachtfrau oder die Herodias[2] nächtliche Beratungen und Versammlungen berufe, daß man dabei schmause, allerlei Dienste verrichte und bald nach Verdienst zur Strafe gezogen, bald zu lohnendem Ruhme erhöht werde. Außerdem meinen sie, daß hierbei Säuglinge den Lamien[3] beigegeben und bald in Stücke zerrissen und gierig verschlungen, bald von der Vorsitzerin begnadigt und in ihre Wiegen zurückgebracht werden. Wer wäre so blind, um nicht zu sehen, daß dieses eine boshafte Täuschung der Dämonen ist? Dies geht ja schon daraus hervor, daß die Leute, denen dieses begegnet, arme Weiber und einfältige, glaubensschwache Männer sind. Wenn aber einer, der an solcher Verblendung leidet, von jemandem bündig und mit Beweisen überführt wird, so wird augenblicklich der böse Geist überwunden oder weicht von dannen. Das beste Heilmittel gegen solche Krankheit ist, daß man sich recht fest an den Glauben hält, jenen Lügen kein Gehör gibt und solche jammervollen Torheiten in keiner Weise der Aufmerksamkeit würdigt.«

3. ca. 1220. Caesarius von Heisterbach, Dialogus magnus visionum atque miraculorum (Wunderbare und denkwürdige Geschichten). *Die ausgewählten Abschnitte zeigen, wie sich in volkstümlichen Erzählungen des Mittelalters der Dämonenglaube spiegelte.*

»Ein Weib in der Gegend von Nantes wurde durch die Wollust eines frechen Dämons, da sie eingewilligt hatte, sechs Jahre lang in unglaublicher Weise gequält. Dieser lüsterne Geist war ihr in Gestalt eines sehr schönen Ritters erschienen und mißbrauchte sie oft unsichtbar, während ihr Mann in demselben Bett lag. Im siebenten Jahre wurde sie von Furcht ergriffen, und da der heilige Bernhard von Clairvaux in jene Stadt kam, warf sich die Unglückliche ihm zu Füßen, beichtete unter Tränen das entsetzliche Leiden und den teuflischen Trug und flehte um Hilfe. Nachdem er sie getröstet und belehrt hatte, was sie tun müsse, konnte nach der Beichte der Teufel nicht an sie gelangen, schreckte sie aber doch mit Worten und drohte fürchterlich, er werde nach des Abtes Weggang zu ihrer Qual zurückkehren. Der vormalige Liebhaber wurde zum grausamsten Verfolger. Da sie dies dem Heiligen meldete, so verfluchte er am nächsten Sonntag den unzüchtigen Geist bei brennenden Kerzen im Beisein zweier Bischöfe und unter Mitwirkung aller Gläubigen, die in der Kirche waren, und untersagte ihm im Namen Christi für die Zukunft sowohl zu jenem Weibe wie zu den Weibern überhaupt den Zutritt. Mit dem Erlöschen der heiligen Lichter war alle Kraft des Dämons erloschen, das Weib empfing, nachdem sie alle ihre Sünden gebeichtet, das Abendmahl und war völlig befreit.

Zu Bonn in der Pfarre des heiligen Remigius war vor wenigen Jahren ein Priester namens Arnold, der eine schöne Tochter hatte. Diese liebte er sehr, und wegen der Jünglinge, besonders der Bonner Domherren, hütete er sie so streng, daß er sie, sooft er ausging, im Söller des Hauses einschloß. Eines Tages erschien ihr der Teufel in Gestalt eines Mannes und begann sie innerlich durch geheime Eingebung von außen durch schmeichelnde Rede zur Sünde zu verlocken. Um es kurz zu sagen: Die Unglückliche ließ sich bereden, ward geschändet und gab sich nachher zu ihrem Unheil öfter dem Dämon preis. Einst ging der Priester nach dem Söller hinauf, fand die Tochter weinend und seufzend und konnte kaum den Grund ihres Kummers herausbringen. Sie gestand dem Vater, sie sei von einem Dämon betrogen und vergewaltigt, und also habe sie wohl Anlaß zur Trauer. Sie war so geistesverwirrt und von Sinnen, teils vor Kummer, teils durch die teuflische Einwirkung, daß sie Würmer, die sie von ihrem Busen sammelte, in den Mund steckte und kaute. Der betrübte Vater schickte sie über den Rhein, in der Hoffnung, sie werde durch die Luftveränderung genesen und durch das Hindernis des Flusses von dem Inkubus befreit werden. Als das Mädchen weg war, erschien der Dämon dem Priester, drohte ihm und sagte: Böser Priester, warum hast du mir mein Weib geraubt? Das soll dir übel bekommen. Und sogleich stieß er ihn so heftig vor die Brust, daß er Blut spie und am dritten Tage starb. Zeuge dieser Geschichte ist unser Abt, desgleichen unser Mönch Gerhard, vormals Scholastikus in Bonn, die mit dem Vorfall vertraut waren.

In der Stadt Soest war ein Bürger namens Heinrich, mit dem Beinamen Gemma (= Edelstein). Sein Gewerbe war, Wein in den Schenken zu verkaufen. Er hatte aber eine Schenke, die ein Stück von seinem Haus entfernt war. Als er nun eines Nachts nach seiner Gewohnheit spät von der Schenke heimkehrte und mit dem Geld, das er für den Wein eingenommen, nach Hause eilte, sah er eine weibliche Gestalt in weißem, leinenem Gewande an einem Ort stehen, wo die Bürger Gericht zu halten pflegen. Und als er, ohne Böses von ihr zu denken, hinzukam, zog sie ihn am Gewande und sagte: O Liebster, lange habe ich dich hier erwartet; du mußt mich lieben. Er riß ihr das Gewand aus den Händen und sagte: Laß mich, ich werde deiner Wollust nicht zu Diensten sein, sondern zu meinem Weib gehen. Sie setzte ihm stärker zu und wollte ihn zur Unzucht verlocken. Da ihr Zureden nichts half, nahm sie den Mann in die Arme, und ihn heftig drückend, hob sie ihn in die Luft, trug ihn bis über das Kloster des heiligen Patroklus, das recht hoch ist, und setzte ihn auf einer Weide nieder. Dort ließ sie ihn bewußtlos liegen. Nach einer Stunde erholte er sich etwas, stand auf, kam mit vieler Mühe auf allen vieren kriechend nach seinem Haus, das dem Kloster nahe war, und klopfte an. Als die Diener aufstanden, um Licht zu machen, schrie er: Steckt kein Licht an, es tut mir nicht gut, es zu sehen. Sie legten ihn ins Bett, denn er war sehr schwach, an Geist wie an Körper. Drei Nächte nacheinander klopfte derselbe Dämon bei stürmischem Wetter an die Tür, wobei

Heinrich schrie: Ich weiß, er kommt meinetwegen; ich weiß, er klopft meinetwegen. Danach lebte er noch ein Jahr, schwach und ohne Verstand. Dies hat mir unser Mönch Dietrich aus Soest erzählt, der sagte, es sei dort allbekannt. Sein Bruder lebt noch in der Kirche des heiligen Patroklus als Domherr.«

4. 1233. Aus der Bulle Gregors IX. gegen die Ketzer

»Wenn ein Neuling aufgenommen wird und zuerst in die Schule der Verworfenen eintritt, so erscheint ihm eine Art Frosch, den manche auch Kröte nennen. Einige geben ihm einen schmachwürdigen Kuß auf den Hintern, andre auf das Maul und ziehen die Zunge und den Speichel des Tieres in ihren Mund. Dieses erscheint zuweilen in gehöriger Größe, manchmal auch so groß wie eine Gans oder Ente, meistens jedoch nimmt es die Größe eines Backofens an. Wenn nun der Novize weiter geht, so begegnet ihm ein Mann von wunderbarer Blässe, mit ganz schwarzen Augen, so abgezehrt und mager, daß alles Fleisch geschwunden und nur noch die Haut um die Knochen zu hangen scheint. Diesen küßt der Novize und fühlt, daß er kalt wie Eis ist, und nach dem Kusse verschwindet alle Erinnerung an den katholischen Glauben bis auf die letzte Spur aus seinem Herzen. Hierauf setzt man sich zum Mahle, und wenn man sich von ihm erhebt, steigt durch eine Statue, die in solchen Schulen zu sein pflegt, ein schwarzer Kater von der Größe eines mittelmäßigen Hundes rückwärts und mit zurückgebogenem Schwanze herab. Diesen Kater küßt zuerst der Novize auf den Hintern, dann der Meister und so fort alle übrigen der Reihe nach, jedoch nur solche, die würdig und vollkommen sind, die unvollkommenen aber, die sich nicht für würdig halten, empfangen von dem Meister den Frieden. Wenn nun alle ihre Plätze eingenommen, gewisse Sprüche hergesagt und ihr Haupt gegen den Kater hingeneigt haben, so sagt der Meister: »Schone uns!« und spricht dies dem Zunächststehenden vor, worauf der dritte antwortet und sagt: ›Wir wissen es, Herr!‹ und ein vierter hinzufügt: ›Wir haben zu gehorchen!‹ Nach diesen Verhandlungen werden die Lichter ausgelöscht und man schreitet zur abscheulichsten Unzucht ohne Rücksicht auf Verwandtschaft. Findet sich nun, daß mehr Männer als Weiber zugegen sind, so befriedigen auch Männer mit Männern ihre schändliche Lust. Ebenso verwandeln auch Weiber durch solche Begehungen miteinander den natürlichen Geschlechtsverkehr in einen unnatürlichen. Wenn aber diese Ruchlosigkeiten vollbracht, die Lichter wieder entzündet und alle wieder auf ihren Plätzen sind, dann tritt aus einem dunklen Winkel der Schule, wie ihn diese Verworfensten aller Menschen haben, ein Mann hervor, oberhalb der Hüften glänzend und strahlender als die Sonne, wie man sagt, unterhalb aber rauh, wie ein Kater, und sein Glanz erleuchtet den ganzen Raum. Jetzt reißt der Meister etwas vom Kleide des Novizen ab und sagt zu dem Glänzenden: ›Meister, dies ist mir gegeben und ich gebe es dir wieder‹, worauf der Glänzende antwortet: ›Du hast mir gut gedient, du wirst mir mehr und besser dienen; ich gebe in deine Verwahrung, was du mir gegeben hast.‹ Unmittelbar nach diesen Worten ist er verschwunden.«

5. ca. 1331-1342. Gutachten des Bartolus von Sassoferrato, eines der bedeutendsten Juristen des Mittelalters, über die Bestrafung einer aus Orta im Bistum Novara (Oberitalien) stammenden Hexe.

»Die Hexe oder lateinisch zu reden: *lamia*[4], um die es hier geht, muß der äußersten Strafe, dem Feuer übergeben werden. Sie bekennt nämlich, Christus und der Taufe abgeschworen zu haben, also muß sie sterben, gemäß dem Wort unseres Herrn Jesus Christus (Johannes 15): ›Wenn jemand nicht in mir bleibt, der wird weggeworfen wie die Rebe und verdorrt, man sammelt ihn denn und wirft ihn ins Feuer und da verbrennt er.‹ Und das Gesetz des Evangeliums steht höher als alle anderen Gesetze und muß erfüllt werden auch im Streite des öffentlichen Lebens, da es das Gesetz Gottes ist. [...]

Ebenso bekennt die genannte Hexe, sie habe sich ein Kreuz aus Palten[6a] gemacht und dieses Kreuz mit Füßen getreten. [...] Es würde also schon ausreichen, daß sie aus allein diesem Grunde mit dem Tode bestraft werden muß. Es soll nämlich niemandem erlaubt sein, das Zeichen unseres Heilands Christus zu erniedrigen. [...] Überdies bekennt diese Hexe, sie habe den Teufel angebetet, indem sie vor jenem die Knie gebeugt habe. Also muß sie mit der äußersten Todesstrafe bestraft werden. [...] Sie bekennt auch, daß sie Kinder durch Berührung verhext habe, so daß jene tot waren, und ihr Tod allgemein bekannt wurde, und die Mütter erhoben darüber ihre Klagen. Also muß die Hexe gleich wie ein Meuchelmörder sterben. Ich habe nämlich von gewissen hl. Theologen gehört, daß diese Frauen, die Lamien oder Strigen[5] genannt werden, durch Berührung oder durch den Blick schaden können, und das geht bis zur Fähigkeit zu töten, indem sie Menschen oder Kinder oder Tiere behexen, wenn diese, die sie dem Dämon übergeben, einen labilen Geist haben. [...]

Aber wenn etwa, sobald jene Hexe zur Reue gelangt und zum katholischen Glauben zurückkehrt, bereit ihren Irrtum öffentlich abzuschwören [...], sie (was die zeitlichen Strafen und die Todesstrafe betrifft) geschont werden soll (und ich sage, daß sie es soll, wenn sie nach Auffinden des

Irrtums zum Glauben zurückkehrt und die Zeichen der Reue an ihr erscheinen) muß ihr in diesem Fall ohne Zweifel Schonung widerfahren, um sie von den Ketzern abzuziehen . . .«

6. *1456. Johann Hartlieb,* Puch aller verpotten kunst, unglaubens und der zauberey. *Hartlieb war Leibarzt seines Schwiegervaters, des Bayernherzogs Albrechts III., ab 1456 Leibarzt des Herzogs Siegismund. Der Adressat ist der Markgraf Johann von Brandenburg-Kulmbach.*

Das ains vnd dreissigst capitel von dem faren jn den lüften.
»Jn der bösen schnöden kunst nigramancia ist noch ain torhait, das die lewt machen mit jren zauberlisten. roß, die kommen dann jn ain hus, vnd so der man wil, so sitzt er daruff vnd reitt in kurtzen zeiten gar vil meil. wenn er absitzen will, so behelt er den zaum vnd so er wider vffsitzen will, so ruttelt er den zaum, so chomt das ros wider. Das ros ist jn wärhait der recht teuffel. zu solicher zaubrey gehört vleder meuß plüt. damit müß sich der mensch dem teuffel mit vnkunden[6] worten verschreiben, als ›debra ebra‹. das stück ist by ettlichen fürsten gar gemain. vor dem sol sich dein fürstlich genad hüten, wann es wär ymmer schad, solt dein hohe vernunft mit disen oder deßgeleichen diensten verknüpft sein vnd verlaitet werden.

Das zway vnd dreissigst capitel, wie das farn in den lüften zugang.
Zv sölichem farn nützen auch man vnd weib, nemlich die vnhulden ain salb die haist ›vngentum pharelis‹, die machen sy vß siben kreutern vnd brechen yegliches krautt zu ainem tag, der dann demselben krautt zugehört, als am suntag brechen vnd graben sy solsequin, am mentag lunariam, am eretag verbenam, am mittwochen mercurialem, am pfintztag barbon jonis, am freytag capillos veneris. daruß machen sy dann salben mit mischung ettlichs blutz von vogel, auch schmaltz von tieren, das jch als nit schreib, das yemant daruon sol geergert werden. wann sy dann wöllen so bestreichen sy penck oder seüll, rechen oder ofengabeln vnd faren dahin. das alles ist recht nigramantia vnd vast groß verboten . . .[7]

Das vier vnd dreissigst capitel von hagel vnd schawr ze machen.
Hagel vnd schawr zu machen ist auch der kunst aine, wann wer damit vmbgän will, der müß nit allain sich dem teuffel vnd geben, sundern auch gotz, des hailigen tauffs vnd aller cristenlichen gnad verleugnen. die kunst tund vnd treiben nit mehr dann die alten weib, die dann an got verzagt sind. hör vnd merck, o hochgelobter fürst, ain grosse sach, die mir selb begegnet ist vnd geschehen ist, da man zalt von Cristi Jhesu gepurt tusent vierhundert vnd ym sechß vnd viertzigsten jare. da wurden ettlich frawen

zu Haidelberg verprannt vmb zaubreye. jr rechte lermaistrin kam daruon. darnach jn dem andern jar kam jch jn potschafft von München zu dem durchleuchtigen, hochgepornen pfaltzgrafen hertzog Ludwig, dem got genad. wann sol ain fürst durch sein treu behalten werden, so ist er ye bey got. jn den selben tag kamen mär, wie die maistrin gefangen wär. jch batt sein genad, das er mich zu jr ließ. der fürst was willig. er tett die frawen auch den ketzermaister mir zu bringen jn ain stätlin haißt Götsham jn seins hofmaisters hus, genant Petter von Talhaym. jch erwarb von dem fürsten die genad, wann mich die fraw lernet schaur vnd hagel machen, das er sy leben wolt lassen, doch das sy sein lannd verswern⁸ solt. als jch zu der frawen vnd dem ketzermaister jn ain stuben allein kam vnd begert jr lere, die fraw sprach, sy möcht mich die sach nit gelernen, jch wolt dann alles tun, das sy mich lernet. jch frägt, was das wär, damit jch got nit erzürnet vnd nit wider cristenlichen gelauben tätt, das wolt jch tun. sy lag mit ainem fuß jn ainem eysen vnd sprach zu mir dise wort: ›lieber sun, du must am ersten gotz verleugnen vnd kain trost noch hilff von jm nymer begern. darnach must du verleugnen der tauff vnd aller sacrament, damit du gesalbt vnd bezaichnet bist, darnach must du verleugnen aller hailigen gottes vnd voruß⁹ seiner muter Maria. darnach so must du dich mit leib vnd sel ergeben den drey teuffeln, die jch dir nenn, vnd die geben dir ain zeit zu leben vnd versprechent dein willen zu laisten, als lang bis die zeit verendet wirt.‹ jch sprach zu der frawen: ›was muß jch mer tun?‹ die fraw sprach: ›nit mer. wann du der sach begerst, so gang an ain gehaym vnd ruff den gaisten vnd opfer jn das N,¹⁰ so chomen sy vnd machen dir jn ainer stund hagel, wa¹¹ du wilt.‹ jch sagt der frawen, das jch der sach kaine tun wolt, wann jch vor geredt hett, möcht sy mir sölich kunst mit tailen, das jch gott nicht erzürnet auch wider cristenlichen glauben nit tätt, so wolt jch sy ledig machen. sy sprach, das sy die sach nit anders kündt. die fraw ward wider geantwurt Hannsen von Talhain, der tett sy verbrennen, da er sy gefangen hett. o tugent, ernreicher fürst, hör vnd merck, wie schwär groß sünd das ist vnd wa es an dich chom, so leid der weiber kaine. es sind ettlich lewt, die das marter pildt Jhesu cristi jn ain tieffes wasser versencken vnd treiben damit jr zaubrey, das ain groß kätzrey vnd vngelaub ist. zu dem hilft vnd raitzt dann der teuffel, damit er die lüt verfürt vnd jn ewïg pein verlaitet.

7. 1459. 20. Januar bis 12. Mai. Andermatt am St. Gotthard. Geständnis einer zur Hinrichtung durch das Schwert mit nachfolgender Verbrennung verurteilten Hexe.

»Es ist ze wüssen, das in dem jar do man zalt von Kristan geburt 1459 jar, uf den 20. tag manoz des hindrosten winters, das da gifangen wart

Kattryna ze Steinbergen von hexery wegen, und das durch kundschaft, so denn für ein heimlichen rat ze Urseren kommen ist vor und nach.

Also ist sy gefraget des ersten, ob sy die kunst der hexery könni oder nütt? Da hat sy vergigen und geret[12a], sy künnyn wol etwas kunst und hat geseit, sy haby es gelernt des ersten von einem man, der hiesi Jagli Jeger, der lerty sy holtschaft[13] machen; aber spricht sy, das derselb Jagli Jeger ira heig geben[14] ein büxsen mit salb, das sy sich damit möchte machen zu einem fux, ze einer katzen, oder ze einem wolf, wenn sy wölt.

Item hat sy gered, das sy fürbas gelert haby ein frow, die hiessi Gret Schullin, und ist sesshaft gesin zum torf in Urseren[15]; aber hat sy vergigen, als sy kam uf den ersten tag ze tagen in dem Wallenboden, das sy müesst verschwören got und all sin heilgen.

Item aber hat sy geret, daz sy in eines futhes[16] wis si geriten in den Wallenboden, da kämend ander fier frowen zu ira uf wolfen und uf katzen, und hettin da ein rat, wie sy etwa bosheit tettind. Da wurdent sy das ein mitenander, das sy rittind gen Örielz[17] und woltend ein rüby[18] in das torf lassen gan und in die güter, das mocht nüt einen fürgang han, und giengen wieder harwert[19], und liesen ein rüby in einen korn acker gan.

Item sy hat och vergigen, sy haby den lüten etwan die milch genomen und die uf der helly[20] gemulchen, und sy ein schwarzy katz allweg danne uf der helly gesin, wenn sy das treib.

Item sy het verjechen[20a], das sy machet zu einem wolf, und ist geriten an Gletzmat an den stafel zuo der Nasen, und kommend ander dry frowen zu irra, und jagten das fech[21], das sich zwo kü erfiellent, und was ein ku Jenis ze Heimman, und die ander wüsst sy nüt wes.

Item sy hat och verjechen, das sy Gretty Jutzen het des salbs het zu trinken geben in wasser, das sy siech wart und lang ze bet lag.

Item sy hat och vergigen, das sy sich zu einem fuchs gemachet heigy, und heig den lüten ira schwin erwürgt, und hetz den fressen; da was eins Bar Reglis, das ander des Noeyers.

Item sy hat och vergigen, das sy sich einest in Schmidiger matt hat zu einem fuchs gemachet, und luff gen Ospental für ammans Schweigers hus, und salbet da das gwet[22] unden, und luf die wand uf untz uf den balken, und wolt den Garter ab dem bet werfen, und da sy in den balken kam, da muollet[23] der Garter in dem schlaf, und da erklüft[24] sy; und hörty der schluechter[25] den Garter also muollen im schlaf, und stiesy mit einem stecken uf an die dilli[26] das er erwachet. Da erklüft sy aber und luf die wand wider abhin, und da sy schier abhin kam, da fiel sy an den herd, das sy wond,[27] möcht nüt dannen kommen, und lag lang an dem herd, ê sy dannen möcht kommen.

Item sy hat och vergigen, sy wölty dem Marchstein gemachet han, das im wer wê worden und ein monat im bet solt sin gelegen oder länger. Och verjach sy, möcht ira sin hosen sin worden, so woltz im han gemachet, das im gros schwarz blatteren werin worden an den beinen.

Hieby was Gerung Russy und Jagly Krystan, Hänsly Regly und der Marchstein, Jeni Wolleben, da sy das alles verjach, und amman Regly.

Item aber hät sy vergigen, wie sy ir tochter hab gelert, wenn ira iemann waz ze leid tuy, das sij das eim wol verdienen[28] künn mit bosheit.

Item aber hät sy vergigen, das sy mit ira tochter sy gangen nebent der Hitzlinneregg in ein tal, und da ist der tüfel zu inen kommen und gab ir tochter Greten den eid, das sy müsst verschweren got und all syn heilgen.

Item aber ward sy gefraget, wie sy den eid tett? Da red sy, sy het die rechte hand uf dem hertzen und heb die lingen uf, und schwur sinen willen ze tuon.

Item aber wart sy gefraget, ob sy es jeman fürer[29] häty mut ze leren? Da verjach sy, sy wölte ammans Kristans tochter Gretty han gelert, und des langen Simons tochter Zilgy; da kond sy nüt zu inen kommen.

Item het sy vergigen, das ir tochter dem Suster haby we gemachet, der 5 wochen im bett lag.

Item aber het sy vergigen, das sy und ir tochter in dem Krützlisacker machtend, das ein rüby drin gieng.

Item aber het sy vergigen, das sy sich zu einem wolf heig gemachet, und erbeiss Jost Bennet ein ku.

Item aber het sy vergigen, das sy und ira tochter einist giengent an Unschy und liesent ein rüby in ira bassen[30] gut gan.

Item aber het sy vergigen, dass sy einist käm in Weltis Kattrinans hus, und sy hört, das jeni Kattrynan in den berg waz, und sy machte sich in eins fuchses wis, und gieng der tüfel mit ira und liesen ein lowy an, das jeni Kattrynan verdarb in der lowy.[31]

Item aber het sy vergigen, das sy und ira tochter inen selben zwo kue erfalten.[32]

Item aber het sy vergigen, das sy und ir tochter heigen dem Jost Bennet eis kalb ertött.

Item aber het sy vergigen, sy heig dem Jagly Regly ein kinde verderbt, das hiessy Töni Jagli, und erwurgts in der wiegen.

Item aber hat sy vergigen, das sy sich heig gemachet in eines wolfes wis, und sy gangen in das Rinbort und heig ein lowy gemachet, und liesy die gan in des Renners gut und in sins schwester gut, und reit der tüfel mit ira ouch uf einem wolf.

Item aber hat sy vergigen, das sy Heini Krieg wolt han gemachet, daz er ein manet[33] oder zwen im bet solt sin gelegen; da kann si nid zu im kommen.

Item aber het sy vergigen, das sy wolt dem Jörgen han ein kind erwürgt, und das endran ira us der hand, das heist Freny.

Item aber het sy vergigen, das sy und ir tochter wolten han ira tochterman den Petter vergift, da hattenz niena gift.

Item aber het sy vergigen, das sy den Marchstein heigi gemachet, das im ein rüby sy gangen in ein gut, heiset ze Liebbonen.

Item hat sy vergigen, das sy dem Rennert heig zwo kue verderbt.

Item aber het sy vergigen, wie sy einest gen Underwalden ging gen kuo zinsen, und sy kam in Merthis im Infang hus, und des wib was gros zum kind; der frowen gab sy ze essen, das ira das kind verdarb im lib.

Item aber het sy vergigen, das sy Gretty Sittinger heig ein kuo erfelt.

Item aber het sy vergigen, wie das sy heigy gehört, das Hans Bomatter und Jagly Tuftwalder wolten über Furgen[34] hin, und sy machet sich in eines wolfes wis, und machet ein lowy, das sy beid verdurbend in der lowy.

Item aber het sy vergigen, das sy sich heig gemachet in eins katzen wis, und is gangen gen Ospental in der Teilleren hus, und het Toman Regly ein Kind verderbt der mutter an der sitten.

Item aber het sy vergigen, das sy dem Jörgen heig einem kind we gemachet, das es nachhin starb, und das kind hies Töni.

Item aber het sy vergigen, sy heig ein knaben erfelt, der hiesy Jagly, und was eis sens[35] sun, hies Hans in Ager.

Item aber het sy vergigen, sy heig Welty Gattrynan, einem kind wê gemachet an einem bein, das es starb.

Item aber het sy vergigen, sy heig dem Möritzen zwen kinden gemachet, das sy der falleten siechtag angieng.

Item aber het sy vergigen, wie das sy selbfüft[36] ein rat het gehebet bi sant Peter, und wolten dem Gilly Schwitter han sin hus umbkeren, und ritten uf wolfen in die underen alp, und machten ein lowy wit und breit, und verschwalt[37] das wasser, und brach nachhin us, und gieng an die matt in das torf.

Item aber het sy vergigen, wie das sy Jagly Roten heig mit einem kind sy umbgangen, das sy schuldig dran sy worden.

Item aber het sy vergigen, wie das ir tochter und sy sich heiging gemachet[38], sy in eines fuchses wis und ir tochter in einer katzen wis, und wolten Heini Zwitter han ein bein oder ein arm abbrochen; da erward er sich mit dem messer vor innen vast kum.[39]

Urthel ergangen in Urseren durch amman Claus Waltsch und einem ehrsammen zwiefachen rath in Urseren uff dem rathhus über Kattryna Simon zu Steinbergen.

Uff dornstag den 12. Meien im jar da man zalt von Kristi geburt 1415 ze Urseren uff dem rathhus durch amman Claus Waltsch und einem gantzen ehrsammen rath, im bysin der herren ehren gesandten von unsern gnädigen herren vätern obern und getrüwen lyeben mitthallyten[40] von Ury, ist mit urteil und röcht erkhönd über den armen mönschen Kattryna Simon ze Steinbergen, die sin solli wegen ihren grosen sünden und wohlverdienter schuld, betröffend der leidigen hexerei und unnholdery, luth erkönntniss[41] vom leben zum tott gerichtet werden, und dem scharpfmeister an die handt gestöllt werden; und der solli si zu der richtstatt füeren und mit dem schwört uss ihrem lyb machen 2 stukh, dern der kopf der eine und

der körper der anderi sin solli, und dann so wyt und vollkommen ein
karren rath dazwischendt durchbassieren mögi, darnach ihr lyb sampt
dem kopf uff das für legen und alles ze pulffer und eschen zu verbrönnen;
löstlichen[42] alli eschen suber sammlen und in die Reuss streuwen, damit
kein wytern schaden darvon entstandy und ergebi.«

8. ca. 1475. Aus der Chronik des Mathias Widman von Kemnat, Hofkaplan des Kurfürsten Friedrich von der Pfalz in Heidelberg. Der hier abgedruckte Abschnitt über die Gazarii (= Unholde und Hexen) ist zum größten Teil eine Übersetzung des anonymen, wohl um 1450 in Savoyen von einem (vielleicht als Inquisitor tätigen) Geistlichen verfaßten Traktat Errores bazariorum. *Der italienische Name »Gazarii« ist eine Umsetzung von »Katharer«, meinte aber wohl auch andere Ketzer, da er Ende des 14. Jahrhunderts in Italien auch für Waldenser üblich war.*

»Nun komme ich uff ein ketzerei und sect, davon ich will schreiben, und
ist die allergroste und heisset ein irsall und sect Gazariorum, das ist der
unholden, und die bei der nacht faren uff besamen, offengabeln, katzen,
bocken oder uff andern dingen darzu dienend. Der hab ich vil sehen
verbrennen zu Heidelberg und auch an andern enden, und ist die allerverfluchtest sect, und gehort vil feuwers one erbarmung darzu, und ist die.
Zum ersten, wer in die verflucht sect wil komen, so man ine uffnimpt,
muss er schweren, als offt er berufft wirt von einem der sect, so soll er von
stund an alle ding ligen lassen und mit dem beruffer in die sinagoga[43] und
samelung gehn, doch also, das der verfurer salben, besame[43a] oder stecken
mit ime neme, das er dem verfurten antworten sol. Item wie sie in die
sinagoga komen, so antwort[44] man den verfurten armen menschen dem
deuffel, der zu stund erscheint in einer gestalt einer schwartzen katzen
oder bock, oder in einer andern gestalt des menschen. Darnach fragt der
deuffel oder der verfurer den verfurten, ob er in der gesellschafft wol
bleiben und gevolgig wol sein dem verfurer, und so antwort der arme
verfurt mensch: Ja. Darnach muss er schweren, als hernach steht. Item er
schwerdt, das er getreuw wol sein dem ketzermeister und alle seiner
gesellschafft; zum andern, das er alle, die er moge zu solicher gesellschaft
bringen, das er fleis darzu thun wolt; zum dritten, das er bis in den dot die
heimlichkeit verschwigen wol; zum vierten, das sie alle die kind, die under
drien jarn sint, wollen doten und in die geselschafft bringen; zum funfften
das, als offt er beruffen wirt, alle ding ligen lass und in die gesellschafft
eile; zum sehsten, das sie alle eheleut verwirren wollen und darvor woln
sein, das inen ire gemacht verhalten[45] werden mit zauberei oder sunst
sachen; zum siebenden, das sie wollen rechen mit allem fleiss das unrecht,
das man den personen duth, die in der sect sein. Und wen der arme die

artickel also geschwert, so kniet er nider und betet den ketzermeister an und gibt sich ime und kust ine in den ars, und sie sagen, es sei der deuffel selbs, der uff dem stul sitzt in eins menschen wise und gibt ime zins ein glidt von seinem leibe, so er gestirbt. Darnach so sint die in der gesellschafft frolich und freuwen sich des neuen gesellen und ketzers und essen, das sie haben, gebraten und gesodten kinder. Wen sie gessen haben, so schreit der deuffel oder der ketzermeister: ›Meselet, Meselet‹ und lescht die liecht aus; darnach lauffen sie undereinander und vermischen sich fleischlich und der vatter mit der dochter, desgleich bruder mit der schwester etc. und halten nit naturlich ordenung in dem werck. Darnach zunden sie die liecht wieder an, essen und trincken, und wen sie wider heim wollen geen, werffen sie vor den unflait irer natur in ein kuffen zusamen, und so man sie fragt, warumb sie das thun, antworten sie, das sie das zu schmacheit[46] thun dem heiligen sacrament. Item wen der arme verfurt mensch sich dem deuffel zu lehn hot gegeben, so gibt ime der meister ein buchssen mit salben, ein stabe, besame oder was darzu gehort. Uff den muss der verfurt in die schule gehn und lert ine, wie er den stab sol schmeren mit der salbe, und die salbe wirt deuffelisch gemacht von der feistigkeit der kinde, die gebraten und gesodten sein, und mit andern vergifften dingen, als schlangen, eidessen, krotten, spinnen. Die salben brauchen sie auch darzu, so sie iemant domit beruren oder bestreichen einmale, muss der mensch eins bosen dots sterben zustunde gehlingen.[47] Item sie machen pulver aus dem inngeweide, aus der lungen, leber, hertz etc., und so es neblichte ist, so werffen sie das pulver in den nebel, der zeucht es uff in die lufft. Derselbig lufft ist vergifft, also das die leut gehling sterben oder sunst ein ewig krankheit gewinnen, und das ist ursach, das in ettlichen dorffern pestilentz regiert und zu allernechst dobei ist man frisch und gesundt. Item wen sie einen menschen mögen haben, den man helt vor frome und heilig, so nemen sie ine und ziehen den nackent aus und binden ine uff ein banck, das er kein gelidt mag geregen, und legent allenthalb vergifft thier und wurm umb ine und nothigen die thier, den fromen menschen zu beissen und peinigen so lang, bis der arme stirbt one alle erbarmung, darnach hencken sie ine mit den fussen uff und setzen ein glesen geschir under sein mundt, und was heraus druffet, das sameln sie und thun darzu die feistigkeit, die do drufft von dieben an den galgen und von der kleinen kindlein inngeweid und gifftig thier, daraus machen sie ein salben; domit doten sie die menschen so sie sie domit anruren. Item sie nemen die haut von einer katzen, thun der salben darin und fullen die haut mit erbessen, linsen, gerstenkorner etc. und nehen die haut zu und legen sie in einen frischen brunnen. Drei tag darnach durren sie die frucht und pulvern sie, und wen es vast windig ist, so stiegen sie uff einen hohen berg und werffen das pulver in den wint, der weht es in die frucht des felds, davon wirt das gefilde unfruchtbar. Item ettlich haben bekennt von dieser schulle und sect, die man verbrant hatt, und sagen, das

das gebott ires deuffels und meister ist: so ungesthum in den lufften ist von wind, so mussen sie uff die hohen berg gehn und das eiss uff einander tragen ein grossen huffen und sagen einstheils, das sie das eiss mit ine furen in die lufte uff iren steben und verderben domit landt und leut und das gefilde irer feinde. Doch konnen die kunst nit alle, die in der geselschafft, und sint auch einstheils nit so kune[48] etc. Item so man sie fragt, warumb sie in ein solich schul und sect komen, antworten sie: durch drierlei sach willen. Item zum ersten, es seint einstheils leute also genatuert, das sie nit mit frieden mogen geleben und machen ine vil feinde, und als sie wider mennigklich seint, also ist auch mennigklich wider sie von dem geschlecht Ismaelis;[49] dan, wan sie sehen, das sie sich selbs nit mogen gerechen, ruffen sie den deuffel an. Und darumb, wen die von der sect sehen, das ire nachburen also bekommert sint, so machen sie sich zu ine, in gestalt als wolten sie trosten und clagen und fragen die ursach irer traurigkeit, und so sie erfarn, das neid und hass die ursach ist, so rathen sie ine in die sect und irsal zu komen, do sie sich in rechen mogen, und also verfuren sie ire nachbarn und sagen ine von gutem leben etc. Item die ander ursach darumb sie in die verflucht sect komen, ist die: Es sint ettlich, die haben gewont gutes wollebens und haben das ire boslich vertzert mit essen und drincken. So ist der deuffel do und gibt ein ettlichen von der sect, das sie zu ine gehn und mit in faren in die keller der reichen. Do essen und drincken sie, darnach fert ein iglicher wider zu hauss und sagen den armen von gutem leben, das sie haben. Domit reizen sie sie zu irer sinagoge. Item die dritte ursach ist die: es sint ettliche, die gewont haben nach wollust des fleisch mit unkeuschheit zu leben. Nun, in der sect lebt ein iglichs nach allem luste des fleisch nach seinem willen. Item der deuffel ist irer meister, verbeutt ine vast,[50] das ire keins stele golt oder silber oder kostlich kleinat, uff das sie nit gefangen werden und dardurch ire buberei geoffent werd. Item sie bekennen, wen ire einer thue wider ire gesetze oder wider ein von irer geselschafft, so gebeut ire meister einem in irer sect, das er ine bei der nacht straffe darumb, und sie forchten hart iren meister und sein geselschafft. Item die junger Johannes ires ketzermeisters hant bekannt, do man sie verbrant: wan einer wider erst in die geselschafft kome, so zich der teuffel oder meister dem verfurten das blutt aus den adern, domit schreibt er uff ein pergament und behelt die schrift bei ime, und vil aus der sect haben das gesehn. Item so sie kindlein dotten oder erstecken wollen, gehn sie zu nachte heimlich zu dem kinde und erworgen das und zu morgens, so man das kindt zu kirchen tregt oder zu dem grab, so komen sie die ketzer und clagen die eltern, und so man das kint begraben hat, zu nacht graben sie das wider aus und tragens in die sinagoge und samelung etc. und essen das, als vor gesagt ist. Item es sint ettlich frauwen gewesen, als Johanna, die man verbrant, die bekant vor mennigklich, das sie ire eigen kintbett gedot und gessen in der samelung[51] und ettlich, die do hetten gedot und gessen ein kint ire dochter. Item sie bekennen, das die die fromsten und besten sein in der sect, die offt das sacrament nemen, offt beichten und vil beten vor den leuten und gern mess horen, und thun das zu einem schein, das man nit argwonung uff sie hab, dardurch die buberei und ketzerei geoffent werd.

Also hastu woll vernommen die sect und samelung der nachtfarenden leute, unholden zauberin, die die katzen und besam reiten, als man sagt von den von Heidelberg, die uff die Angelgrub und Kurnav faren, und got behute uns vor solichem ubel zu gedencken, wil schwigen zu volnbringen. Vil feuers zu, ist der beste rath.«

9. 1484. 5. Dezember. Papst Innozenz VIII. beauftragt die beiden deutschen Inquisitoren Heinrich Institoris und Jacob Sprenger, in Deutschland gegen die Zauberer und Hexen vorzugehen. Er beschreibt die Malefizien, durch die diese Zauberer und Hexen ihre Mitmenschen quälen. Mit Nachdruck betont er, daß der Widerstand von Laien und Geistlichen, der gegen die Wirksamkeit der beiden Inquisitoren ausgeübt wird, widerrechtlich sei. Er fordert den Bischof von Straßburg auf, den Inquisitoren durch strenge Maßnahmen, z. B. die Verhängung kirchlicher Zensur, alle Hindernisse aus dem Weg zu räumen.

»Bischof Innozenz, ein Knecht der Knechte Gottes zum künftigen Gedächtnis der Dinge. Indem wir mit der höchsten Begierde verlangen, wie es die Sorge unseres Hirtenamtes erfordert, daß der katholische Glaube besonders in unseren Zeiten allenthalben vermehrt werden und blühen möge, alle ketzerische Schlechtigkeit aber weit von den Grenzen der Gläubigen hinweggetrieben werde, so erklären wir gerne (und setzen es auch von neuem) alles das, wodurch dieser unser gottseliger Wunsch die erwünschte Wirkung erlangen mag. Und zwar deswegen weil durch den Dienst unserer Arbeit sowie durch die Hacke eines vorsichtigen Arbeiters alle Irrtümer gänzlich ausgerottet werden, der Eifer und Beobachtung dieses Glaubens in die Herzen der Gläubigen umso stärker eingedrückt werden kann.

Gewiß ist es neulich nicht ohne große Beschwernis zu unseren Ohren gekommen, daß in einigen Teilen Oberdeutschlands wie auch in den Mainzischen, Kölnischen, Trierischen, Salzburgischen Erzbistümern, Städten, Ländern, Orten und Bistümern sehr viele Personen beiderlei Geschlechts unter Geringschätzung ihrer eigenen Seeligkeit, und von dem katholischen Glauben abfallend, mit Teufeln, die sich als Frauen mit ihnen verbinden, Mißbrauch treiben und mit ihren Bezauberungen, Liedern und anderen Verschwörungen sowie zauberischen Übertretungen, Lastern und Verbrechen bewirken, daß die Geburten der Weiber, die Jungen der Tiere, die Früchte des Feldes, die Weintrauben und die

Früchte der Bäume sowie auch die Menschen, die Frauen, die Tiere, das Vieh und andere Tiere unterschiedlicher Art, auch die Weinberge, Obstgärten, Wiesen, Weiden, Korn und andere Erdfrüchte verderben, absterben und umkommen, und daß sie auch die Menschen, die Weiber, allerhand großes und kleines Vieh und Tiere mit grausamen inneren wie äußeren Schmerzen und Plagen erfüllen und peinigen und zugleich verhindern, daß eben diese Menschen nicht zeugen, die Frauen nicht empfangen, die Männer den Frauen und die Frauen den Männern die ehelichen Pflichten nicht zu leisten vermögen, überdies den Glauben selbst, welchen sie durch den Empfang der hl. Taufe angenommen haben, mit eidbrüchigem Mund ableugnen. Und daß sie sich weiter nicht fürchten, indem sie den Feind des menschlichen Geschlechtes anstiften, andere überaus viele Leichtfertigkeiten, Sünden und Laster zu begehen und zu vollbringen, zur Gefahr ihrer Seelen, zur Beleidigung der göttlichen Majestät und zum schädlichen Exempel und Ärgernis für viele. Und daß sich, (obwohl die geliebten Söhne Henricus Institoris in den oben genannten Teilen Oberdeutschlands, in welchen auch die genannten Erzbistümer, Städte, Länder, Bistümer und andere Orte liegen sollen, und Jacobus Sprenger in einer gewissen Gegend des Rheinstromes, Mitglieder des Predigerordens und Professoren der Theologie, durch apostolische Briefe zu Inquisitoren des ketzerischen Unwesens bestellt wurden, was sie auch jetzt noch sind), dennoch einige Geistliche und Gemeine derselben Länder, welche mehr verstehen wollen als nötig wäre, und zwar weil in den Briefen ihrer (sc. der Inquisitoren) Bestallung solcherlei Erzbistümer, Städte, Bistümer, Länder und andere oben genannte Orte und deren Personen und solche Laster nicht namentlich und insbesondere ausgedrückt worden sind, nicht schämen, hartnäckig zu behaupten, daß solche daher auch gar nicht darunter begriffen und also den oben genannten Inquisitoren in diesen Erzbistümern, Städten, Bistümern, Ländern und Orten solches Amt der Inquisition zu verrichten nicht erlaubt sei und daß dieselben zur Bestrafung, Inhaftierung und Besserung solcher Personen, denen die vorgenannten Verbrechen und Laster zugeschrieben werden, nicht zugelassen werden dürfen. Weswegen dann in diesen Erzbistümern, Städten, Bistümern, Ländern und Orten die genannten Verbrechen und Laster, nicht ohne offenkundigen Schaden und ewige Gefahr für die Seelen, ungestraft bleiben.

Deshalb wollen wir, indem wir alle und jede Hindernisse, durch die die Verrichtung des Amtes der Inquisitoren auf irgendeine Weise verzögert werden könnte, aus dem Weg räumen und, damit nicht die Seuche des ketzerischen Unwesens und anderer solcher Verbrechen ihr Gift zu dem Verderben anderer Unschuldiger ausbreiten möge, für taugliche Hilfsmittel, so wie es unserem Amte gemäß ist, Sorge tragen und, da der Eifer des Glaubens uns dazu antreibt, damit nicht dadurch geschehen möge, daß die Erzbistümer, Städte, Bistümer, Länder und vorher genannten Orte in denselben Teilen Oberdeutschlands das nötige Amt der Inquisitoren entbehren, festsetzen, daß den Inquisitoren das Amt solcher Inquisition zu verrichten erlaubt sei und sie zur Besserung, Inhaftierung und Bestrafung solcher Personen, entsprechend den oben genannten Verbrechen und Lastern, zugelassen werden sollen, so als wenn in den genannten Briefen solche Erzbistümer, Städte, Bistümer, Länder und Orte und Personen und Verbrechen namentlich und je besonders benannt wären, kraft dieses unseres apostolischen Briefes. Und indem wir aus noch vermehrter Sorgfalt oben genannte Briefe und Bestellungsurkunden auch auf solche Erzbistümer, Städte, Bistümer, Länder und Orte und desgleichen auf solche Personen und Laster ausdehnen, so geben wir den genannten Inquisitoren... in den genannten Erzbistümern, Städten, Bistümern, Ländern und Orten wider alle und jede Person, wes Standes und welcher Ehrenstellung sie sein mag, solches Amt der Inquisition und beauftragen sie mit dem Vollzug, solche Personen, die in den genannten Delikten schuldig befunden werden, gemäß ihrem Verbrechen zu züchtigen, in Haft zu nehmen, an Leib und Vermögen zu strafen, überdies in allen und jeden Pfarrkirchen solcher Länder das Wort Gottes dem gläubigen Volk, so oft es nützlich sei und ihnen nützlich dünke, vorzutragen und zu predigen, auch alles und jedes was für die oben genannten Verfahren nötig und nützlich sein wird, frei und ungehindert zu tun, aus eben derselben Vollmacht.

Und beauftragen umso mehr unseren ehrwürdigen Bruder, den Bischof zu Straßburg, durch apostolische Briefe, daß er, durch sich selbst, oder durch einen anderen, oder durch andere, das oben Bezeichnete wo, wann und so oft er es für nützlich erkennt und er von Seiten der Inquisitoren oder durch einen der Inquisitoren darum ersucht wird, öffentlich kundtut und nicht gestattet, daß sie oder einer von ihnen entgegen dem Inhalt der genannten und vorliegenden Briefe durch irgendeine Gewalt beeinträchtigt oder sonst auf irgendeine Weise behindert werden; alle diejenigen, die sie beeinträchtigen und behindern, ihnen widersprechen und rebellieren, von was für Würden, Ämtern, Ehren, Vorzügen, Adel, Hoheit oder Stand und mit was für Privilegien oder Freiheiten der Privilegien sie versehen sein mögen, soll er durch den Bann, durch die Aufhebung der Privilegien und Verbote und andere noch schrecklichere Urteile, Bußen und Strafen, welche ihm immer belieben, auch mit Aussetzung jeglicher Appellation, bezähmen und in den von ihm zu haltenden rechtlichen Prozessen die Urteile, so oft es nötig sein wird, um unseres Ansehens willen mehr und mehr verschärfen und dazu, wenn es von Nöten sein wird, die Hilfe des weltlichen Amtes anrufen. Und dies ungeachtet aller und jeder vorigen und diesem widersprechenden apostolischen Rechtsschlüsse und Verordnungen. Und das, wenn auch einigen allgemein oder im Besonderen von dem apostolischen Stuhl zugestanden worden ist, daß wider sie kein Verbot, Aufhebung von Privilegien oder Bann sollte ergehen können, durch apostolische Briefe, in welchen solches nicht völlig und ausdrücklich festgesetzt ist, und wenn einigen allgemein oder insbesondere von dem apostolischen Stuhl zugestanden worden ist, daß gegen sie keine Verbote, kein Bann oder keine Aufhebung ihrer Privilegien ergehen könnte ... so soll die Wirkung dieser Gnade und jede andere, wovon gemäß dem ganzen Inhalt unseres Briefes besondere Meldung erfolgt, aufgehoben und aufgeschoben sein. Es soll mithin gar keinem Menschen erlaubt sein, unsere Verordnungen, Konzessionen und Befehle zu übertreten oder denselben aus übermütiger Kühnheit zuwider zu handeln. Wenn aber jemand sich herausnimmt, dieses zu tun, der soll wissen, daß er den Zorn des allmächtigen Gottes und seiner hl. Apostel Petrus und Paulus auf sich laden werde ...«

10. 1486/87 Heinrich Institoris und Jacobus Sprenger, Malleus Maleficarum (Hexenhammer). *Vielleicht das wichtigste, weil wirkungsmächtigste der Hexenbücher. Von den Verfassern gedacht als ein Handbuch der Hexenverfolger, das neben Begründungszusammenhängen und Argumentationshilfen auch ganz präzise Anweisungen für Richter enthält: wie zu verhören, wie zu foltern, wie zu verurteilen und wie zu bestrafen sei.*

Über die Hexen selbst, die sich den Dämonen unterwerfen, sechste Frage
»[...] Bezüglich des ersten Punktes, warum in dem so gebrechlichen Geschlechte der Weiber eine größere Menge Hexen sich findet als unter den Männern, frommt es nicht, Argumente für das Gegenteil herzuleiten, da außer den Zeugnissen der Schriften und glaubwürdiger (Männer) die Erfahrung selbst solches glaubwürdig macht. Wir wollen, ohne das Geschlecht zu verachten, in welchem Gott stets Großes schuf, um Starkes zu verwirren, davon sprechen, daß hierüber von Verschiedenen auch verschiedene, doch in der Hauptsache übereinstimmende Gründe angegeben werden, daher ist auch zur Ermahnung der Weiber dieser Stoff selbst wohl zu Predigten geeignet; und sie sind begierig zu hören, wie die Erfahrung oft gelehrt, wenn man solches nur diskret vorbringt.

Einige Gelehrte nämlich geben *diesen* Grund an: sie sagen, es gebe dreierlei in der Welt, was im Guten und Bösen kein Maß zu halten weiß: die *Zunge,* der *Geistliche* und das *Weib,* die vielmehr, wenn sie die Grenzen ihrer Beschaffenheit überschreiten, dann eine Art Gipfel und höchsten Grad im Guten und Bösen einnehmen; im Guten, wenn sie von einem guten Geiste geleitet werden, daher auch die besten (Werke) stammen; im Bösen aber, wenn sie von einem schlechten Geiste geleitet werden, wodurch auch die schlechtesten Dinge vollbracht werden.

[...] Von der Bosheit aber der Weiber wird gesprochen *Prediger* 25[52]: ›Es ist kein schlimmeres Haupt über dem Zorne des Weibes. Mit einem Löwen oder Drachen zusammen zu sein wird nicht mehr frommen als zu wohnen bei einem nichtsnutzigen Weibe.‹ Und neben mehreren, was ebendort über das nichtsnutzige Weib vorangeht und folgt heißt es zum Schlusse: ›Klein ist jede Bosheit gegen die Bosheit des Weibes.‹ Daher (sagt) *Chrysostomus*[53] über *Matth.* 19: ›Es frommt nicht, zu heiraten. Was ist das Weib anders als die Feindin der Freundschaft, eine unentrinnbare Strafe, ein notwendiges Übel, eine natürliche Versuchung, ein wünschenswertes Unglück, eine häusliche Gefahr, ein ergötzlicher Schade, ein Mangel der Natur, mit schöner Farbe gemalt? Wenn sie entlassen Sünde ist, wenn man sie einmal behalten muß, dann ist notwendig Qual zu erwarten, darum daß wir, entweder sie entlassend, Ehebruch treiben, oder aber tägliche Kämpfe haben.‹ *Tullius*[54] endlich sagt *Rhetor.* 2: ›Die Männer treiben zu einem jeden Schandwerke einzelne, d. h. *mehrere* Ursachen an, die Weiber zu allen Schandwerken nur *eine* Begierde: denn aller Weiberlaster Grund ist die Habsucht; und *Seneca*[55] sagt in seinen Tragödien: ›Entweder liebt oder haßt das Weib; es gibt kein Drittes. Daß ein Weib weint, ist trügerisch. Zwei Arten von Tränen sind in den Augen der Weiber, die einen für wahren Schmerz, die andern für Hinterlist; sinnt das Weib allein, dann sinnt es Böses.‹

Von den guten Weibern aber geht so großes Lob, daß man liest, sie hätten Männer beglückt, und Völker, Länder und Städte gerettet. Das ist bekannt von *Judith, Deborah* und *Esther*.[56] Daher sagt der Apostel, *Korinther* I, 7: ›Wenn ein Weib einen Mann hat, und dieser will mit ihr leben, soll sie den Mann nicht lassen; geheiligt ist nämlich der ungläubige Mann durch das gläubige Weib.‹ Daher sagt der *Prediger* 26: ›Glücklich ist der Mann eines guten Weibes, denn die Zahl seiner Jahre ist doppelt.‹ Vielerlei sehr Rühmliches führt er dort fast durch das ganze Kapitel hindurch von der Herrlichkeit der guten Frauen aus; und *Sprüche*[57] am letzten von der tapferen Frau.

Das alles hat sich auch im Neuen Testamente an den Frauen klar gezeigt, wie z. B. an den Jungfrauen und anderen heiligen Frauen, welche ungläubige Völker und Reiche vom Götzendienste der christlichen Religion zugeführt haben. Wenn jemand *Vincentius*[58], spec. hist. XXVI, 9 nachsehen will, möge er vom Reiche Ungarn, das durch die allerchristlichste Gilia, und vom Reiche der Franken, das durch die Jungfrau Clotilde, die dem Chlodwig verlobt war, viel Wunderbares finden. Was man daher immer an Tadeln liest, können sie verstanden werden von der Begehrlichkeit des Fleisches, so daß unter Weib verstanden wird die Begehrlichkeit des Fleisches, nach dem Worte: ›Ich fand das Weib bitterer als den Tod, und selbst ein gutes Weib ist unterlegen der Begehrlichkeit des Fleisches.‹

Andere führen noch andere Gründe an, weshalb sich die Weiber in größerer Zahl als die Männer abergläubisch zeigen; und zwar sagen sie, daß es drei Gründe seien: der erste ist der, daß sie leichtgläubig sind; und weil der Dämon hauptsächlich den Glauben zu verderben sucht, deshalb sucht er lieber diese auf. Daher auch *Prediger* 13: ›Wer schnell glaubt, ist zu leicht im Herzen und wird gemindert werden.‹ Der zweite Grund ist, weil sie von Natur wegen der Flüssigkeit ihrer Komplexion[59] leichter zu beeinflussen sind zur Aufnahme von Eingebungen durch den Eindruck gesonderter Geister; infolge dieser Komplexion sind viele, wenn sie sie gut anwenden, gut; wenn schlecht, um so schlechter. – Der dritte Grund ist, daß ihre Zunge schlüpfrig ist, und sie das, was sie durch schlechte Kunst erfahren, ihren Genossinnen kaum verheimlichen können und sich heimlich, da sie keine Kräfte haben, leicht durch Hexenwerke zu rächen suchen; daher der *Prediger* wie oben: ›Mit einem Löwen oder Drachen zusammen zu sein wird besser sein als zu wohnen bei einem nichtsnutzigen Weibe. Gering ist alle Bosheit gegen die Bosheit des Weibes.‹ – Item kann auch der Grund angefügt werden, daß, da sie hinfällig sind, sie auch [desto schneller den Dämonen Kinder opfern können, wie sie denn auch] so handeln.

Drittens gibt es einige, die noch andere Gründe anführen, welche die Prediger nur vorsichtig vorlegen und besprechen dürfen. Denn mögen auch die Schriften im Alten Testamente von den Weibern meist Schlechtes erzählen und zwar wegen der ersten Sünderin, nämlich Eva und ihrer Nachahmerinnen, so ist doch wegen der späteren Veränderung des Wortes, nämlich *Eva* in *Ave*, im Neuen Testamente und weil, wie *Hieronymus*[60] sagt: ›Alles, was der Fluch der Eva Böses gebracht, hat der Segen der Maria hinweggenommen‹ – daher über sie sehr vieles und zwar immer Lobenswertes zu predigen. Aber weil noch in den jetzigen Zeiten jene Ruchlosigkeit mehr unter den Weibern als unter den Männern sich findet, wie die Erfahrung selbst lehrt, können wir bei genauerer Prüfung der Ursache über das Vorausgeschickte hinaus sagen, daß, da sie in allen Kräften, der Seele wie des Leibes, mangelhaft sind,[61] es kein Wunder ist, wenn sie gegen die, mit denen sie wetteifern, mehr Schandtaten geschehen lassen. Denn was den Verstand betrifft, oder das Verstehen des Geistigen, scheinen sie von anderer Art zu sein als die Männer, worauf Autoritäten, ein Grund und verschiedene Beispiele in der Schrift hindeuten. *Terentius*[62] sagt: ›Die Weiber sind leichten Verstandes, fast wie Knaben‹; und *Lactantius*[63], *Institutiones* 3 sagt, niemals habe ein Weib Philosophie verstanden außer *Temeste;* und *Sprüche* 11 heißt es, gleichsam das Weib beschreibend: ›Ein schönes und zuchtloses Weib ist wie ein goldner Reif in der Nase der Sau.‹ Der Grund ist ein von der Natur entnommener: weil es fleischlicher gesinnt ist als der Mann, wie es aus den vielen fleischlichen Unflätereien ersichtlich ist. Diese Mängel werden auch gekennzeichnet bei der Schaffung des ersten Weibes, indem sie aus einer krummen Rippe geformt wurde, d. h. aus einer Brustrippe, die gekrümmt und gleichsam dem Mann entgegen geneigt ist. Aus diesem Mangel geht auch hervor, daß, da das Weib nur ein unvollkommenes Tier ist, es immer täuscht. Denn es sagt *Cato*[64]:

›Weint ein Weib, so sinnt es gewiß auf listige Tücke.‹ Auch heißt es: ›Wenn ein Weib weint, es den Mann zu täuschen meint.‹ Das zeigt sich am Weibe des *Simson,* welches ihm sehr zusetzte, ihr das Rätsel zu sagen, welches er ihren Genossen aufgegeben hatte, und als er es getan, es ihnen enthüllte und ihn so betrog. Es erhellt auch bezüglich des ersten Weibes, daß sie von Natur geringeren Glauben haben; denn sie sagte der Schlange auf ihre Frage, warum sie nicht von jedem Baume des Paradieses äßen? ›Wir essen von jedem, nur nicht etc., damit wir nicht *etwa* sterben‹, wobei sie zeigt, daß sie zweifle und keinen Glauben habe an die Worte Gottes, was alles auch die Etymologie des Wortes sagt: das Wort *femina* nämlich kommt von *fe* und *minus* (fe = fides, Glaube, minus = weniger, also femina = die weniger Glauben hat)[65], weil sie immer geringeren Glauben hat und bewahrt, und zwar aus ihrer natürlichen Anlage zur Leichtgläubigkeit, mag auch infolge der Gnade zugleich und der Natur, der Glaube in der hochgebenedeieten Jungfrau niemals gewankt haben, während er doch in allen Männern zur Zeit des Leidens Christi gewankt hatte.

Also schlecht ist das Weib von Natur, da es schneller am Glauben zweifelt, auch schneller den Glauben ableugnet, was die Grundlage für die Hexerei ist.

Was endlich die andere Kraft der Seele, den Willen, betrifft, so schäumt das Weib infolge seiner Natur, wenn es den haßt, den es vorher liebte, vor Zorn und Unduldsamkeit; und wie die Meeresflut immer brandet und wogt, so ist eine solche Frau ganz unduldsam. Darauf spielen verschiedene Autoritäten an: *Prediger* 25: ›Es ist kein Groll über dem Groll des Weibes‹; *Seneca,* Trag. 8:

> ›Nicht Gewalt des Feuers, nicht Sturmesbrausen,
> Ist zu fürchten so, noch auch Blitzesflammen,
> Als wenn wild im Zorn die verlass'ne Gattin
> Glühet und hasset.‹

Es zeigt sich an dem Weibe, welches Joseph falsch beschuldigte und ihn einkerkern ließ, weil er ihr nicht in das Verbrechen des Ehebruchs willigen wollte, *Genesis* 30.[66] Und wahrlich, die Hauptursache, welche zur Vermehrung der Hexen dient, ist der klägliche Zwist zwischen verheirateten und nicht verheirateten Frauen und Männern; ja auch unter den heiligen Frauen: was soll es dann mit den übrigen sein? Du siehst ja in der *Genesis,* wie groß die Unduldsamkeit und der Neid der *Sarah* gegen *Hagar* war, da diese empfangen hatte: *Genesis* 21; wie der *Rahel* gegen *Lea,* wegen der Söhne, welche Rahel nicht hatte, *Genesis* 30; wie der *Anna* gegen *Fennena,* die fruchtbar war, während sie selbst unfruchtbar blieb, *Samuelis* I, 1: wie der *Mirjam* gegen *Moses Numeri* 12, daher sie murrte und *Moses* verkleinerte, weshalb sie auch mit Aussatz geschlagen wurde; wie der *Martha* gegen *Magdalene*, die saß, während *Martha* diente: *Lucas* 10. Daher auch *Prediger* 37 (?): ›Verhandle mit dem Weibe darüber, wonach sie eifert‹, als wenn er sagte, es ist nicht mit ihr zu verhandeln, weil immer Eifer, d. h. Neid in einem bösen Weibe ist. – Und die es so unter sich treiben, wieviel mehr gegenüber den Männern! [. . .]

Und wie sie aus dem ersten Mangel, dem des Verstandes, leichter als Männer den Glauben ableugnen, so suchen, ersinnen und vollführen sie infolge des zweiten Punktes, der außergewöhnlichen Affekte und Leidenschaften, verschiedene Rache [, sei es durch Hexerei, sei es durch irgendwelche andern Mittel]. Daher ist es kein Wunder, daß es eine solche Menge Hexen in diesem Geschlechte gibt.

Was außerdem ihren Mangel an memorativer Kraft anlangt, da es in ihnen ein Laster von Natur ist, sich nicht regieren zu lassen, sondern ihren Eingebungen zu folgen, ohne irgendwelche Rücksicht, so strebt sie danach und disponiert alles im Gedächtnis. Daher sagt *Theophrastus*[67]: ›Wenn du ihr das ganze Haus zum Dienste überlassen und dir auch nur ein ganz Kleines oder Großes vorbehalten hast, wird sie glauben, man schenke ihr keinen Glauben; sie wird Streit erwecken; wenn du nicht schnell Rat schaffst, bereitet sie Gift, befragt Wahrsager und Seher.‹ Daher die Hexenkünste [. . .].

Suchen wir nach, so finden wir, daß fast alle Reiche der Erde durch die Weiber zerstört worden sind. Das erste nämlich, welches ein glückliches Reich war, nämlich *Troja*, wurde zerstört wegen des Raubes einer Frau, der *Helena*, und viele Tausende von Griechen kamen dabei um. Das Reich der *Juden* erlebte viel Unglück und Zerstörung wegen der ganz schlechten Königin *Jezabel* und ihrer Tochter *Athalia*, Königin in Juda, welche die Söhne des Sohnes töten ließ, damit sie nach des letzteren Tode selbst herrsche; aber beide Weiber wurden ermordet. Das römische Reich hatte viele Übel auszustehen wegen der *Kleopatra*, der Königin von Ägypten, eines ganz schlechten Weibes, ebenso die anderen Reiche. Daher ist es auch kein Wunder, wenn die Welt jetzt leidet unter der Boshaftigkeit der Weiber.

Endlich mit Untersuchung der fleischlichen Begierden des Körpers selbst: daraus kommen unzählige Schäden des menschlichen Lebens, so daß wir mit Recht mit *Cato Uticensis* sprechen können: ›Wenn die Welt ohne Weiber sein könnte, würden wir mit den Göttern verkehren‹; da in der Tat, wenn der Weiber Bosheiten nicht wären, auch zu schweigen von den Hexen, die Welt noch von unzähligen Gefahren frei bleiben würde. *Valerius ad Rufinum:* ›Du weißt nicht, daß das Weib eine Chimaira ist; aber wissen mußt du, daß jenes dreigestaltige Ungeheuer geschmückt ist mit dem herrlichen Antlitz des Löwen, entstellt wird durch den Leib der stinkenden Ziege, bewaffnet ist mit dem giftigen Schwanze einer Viper. Das will sagen: ihr Anblick ist schön, die Berührung garstig, der Umgang tödlich.‹

Hören wir noch von einer anderen Eigenschaft: der Stimme. Wie nämlich die Frau von Natur lügnerisch ist, so auch beim Sprechen. Denn sie sticht und ergötzt zugleich: daher wird auch ihre Stimme dem Gesange der Sirenen verglichen, welche durch ihre süße Melodie die Vorübersegelnden anlocken und dann töten. Sie töten, weil sie den Geldbeutel entleeren, die Kräfte rauben und Gott zu verachten zwingen. Nochmals *Valerius ad Rufinum:* Bei solchen Worten gefällt die Ergötzung, und sie sticht den Ergötzten. Die Blume der Liebe ist die Rose, weil unter ihrem Purpur viele Dornen verborgen sind. *Sprüche 5:* ›Ihre Kehle, d. h. ihre Rede, ist glatter denn Öl und zuletzt bitter wie Absynth.‹

Hören wir weiter von ihrem Einherschreiten, ihrer Haltung und ihrem Wesen: da ist Eitelkeit der Eitelkeiten! Es ist kein Mann auf Erden, welcher so sich abmüht, dem gütigen Gotte zu gefallen, als wie ein auch nur mäßig hübsches Weib sich abarbeitet, mit ihren Eitelkeiten den Männern zu gefallen. Davon ein Beispiel in dem Leben der *Pelagia,* als sie, der Welt ergeben, gar geschmückt durch Antiochien zog. Als ein heiliger Vater, *Nonius* mit Namen, sie sah, fing er an zu weinen und sagte seinen Gefährten, daß er in der ganzen Zeit seines Lebens solchen Fleiß niemals verwendet habe, Gott zu gefallen etc. Sie wurde endlich bekehrt durch seine Gebete.

So ist das Weib, von dem der *Prediger 7* spricht und über das jetzt die Kirche jammert wegen der ungeheuren Menge der Hexen: ›Ich fand das Weib bitterer als den Tod; sie ist eine Schlinge des Jägers; ein Netz ist ihr Herz; Fesseln sind ihre Hände; wer Gott gefällt, wird sie fliehen; wer aber ein Sünder ist, wird von ihr gefangen werden.‹ Es ist bitterer als der Tod, d. h. der Teufel. *Apokalypse 6:* Ihr Name ist Tod. Denn mag auch der Teufel Eva zur Sünde verführt haben, so hat doch Eva Adam verleitet. Und wie die Sünde der Eva uns weder leiblichen noch seelischen Tod gebracht hätte, wenn nicht in Adam die Schuld gefolgt wäre, wozu Eva und nicht der Teufel ihn verleitete, deshalb ist sie bitterer als der Tod.

Nochmals bitterer als der Tod, weil dieser natürlich ist und nur den Leib vernichtet; aber die Sünde, vom Weibe begonnen, tötet die Seele durch Beraubung der Gnade und ebenso den Leib zur Strafe der Sünde.

Nochmals bitterer als der Tod, weil der Tod des Körpers ein offner, schrecklicher Feind ist; das Weib aber ein heimlicher, schmeichelnder Feind. – Und daher heißt man sie nicht mehr eine bittere und gefährlichere Schlinge der Jäger, als vielmehr der Dämonen, weil die Menschen nicht bloß gefangen werden durch fleischliche Lüste, wenn sie sehen und hören, da [...] ihr Gesicht ist ein heißer Wind und die Stimme das Zischen der Schlange, sondern auch weil sie unzählige Menschen und Tiere behexen. Ein Netz heißt ihr Herz: d. h. die unergründliche Bosheit, die in ihrem Herzen herrscht; und die Hände sind Fesseln zum Festhalten; wenn sie die Hand anlegen zur Behexung einer Kreatur, dann bewirken sie, was sie erstreben, mit Hilfe des Teufels.

Schließen wir: Alles geschieht aus fleischlicher Begierde, die bei ihnen unersättlich ist. *Sprüche* am Vorletzten: ›Dreierlei ist unersättlich (etc.) und das vierte, das niemals spricht: es ist genug, nämlich die Öffnung der Gebärmutter.‹ Darum haben sie auch mit den Dämonen zu schaffen, um ihre Begierden zu stillen.[68] – Hier könnte noch mehr ausgeführt werden; aber den Verständigen ist hinreichende Klarheit geworden, daß es kein Wunder, wenn von der Ketzerei der Hexer mehr Weiber als Männer besudelt gefunden werden. Daher ist auch folgerichtig die Ketzerei nicht zu nennen die der *Hexer,* sondern der *Hexen,* damit sie den Namen bekomme a potiori;[69] und gepriesen sei der Höchste, der das männliche Geschlecht vor solcher Schändlichkeit bis heute so wohl bewahrte: da er in demselben für uns geboren werden und leiden wollte, hat er es deshalb auch so bevorzugt.

Daß die Hexen-Hebammen die Empfängnis im Mutterleibe auf verschiedene Weisen verhindern, auch Fehlgeburten bewirken und, wenn sie es nicht tun, die Neugeborenen den Dämonen opfern, elfte Frage.

Fünftens, sechstens und *siebentens* zugleich wird die oben genannte Wahrheit durch vier erschreckliche Handlungen bewiesen, welche die Weiber an den Kindern in und außer dem Mutterleibe vollbringen; und da die Dämonen solches durch Weiber und nicht durch Männer zu tun haben, deshalb will jener unersättliche Mörder[70] lieber Weiber als Männer sich verbinden. – Und es sind folgende Werke:

Nämlich die Kanonisten (mehr als die Theologen) sagen, wo sie a.a.O. von der Hexenhinderung sprechen, daß nicht nur dabei Hexerei geschieht, daß einer die eheliche Pflicht nicht erfüllen kann, worüber oben gehandelt ist, sondern es auch geschieht, daß ein Weib nicht empfängt, oder wenn sie empfängt, sie dann eine Fehlgeburt tue; und hinzugefügt wird noch eine dritte und vierte Art, daß, wenn sie keine Fehlgeburt verursachen, sie die Kinder auffressen oder dem Dämon preisgeben.

Über die *beiden ersten Arten* ist kein Zweifel, da durch natürliche Mittel, z. B. durch Kräuter und andere Mittel, ein Mensch ohne Hilfe der Dämonen bewirken kann, daß ein Weib nicht gebären oder empfangen kann, wie oben aufgeführt ist. Aber betreffs der beiden anderen, daß auch solches von Hexen bewirkt werde, ist zu reden; und es ist nicht nötig, Argumente vorzubringen, da die klarsten Indizien und Erprobungen es glaublicher machen.

Betreffs der ersten Art, daß bestimmte Hexen gegen die Weise aller Tiere, außer den Wölfen, Kinder zu zerreißen und zu verschlingen pflegen, ist der Inquisitor *von Como* (zu nennen), dessen oben Meldung geschehen, und der uns erzählt hat, er sei deshalb von den Einwohnern der Grafschaft Barby zur Inquisition gerufen worden, weil jemand, als er sein Kind aus der Wiege verloren hatte, durch Aufpassen zu nächtlicher

Weile eine Versammlung von Weibern gesehen und wohl gemerkt hatte, daß sein Knabe getötet, das Blut geschlürft und er dann verschlungen wurde. Darum hat er, wie früher erwähnt, in einem Jahre, welches war das jüngst vergangene, einundvierzig Hexen dem Feuer überliefert, während einige andere nach der Herrschaft Sigismunds, des Erzherzogs von Österreich, flohen. Zur Bestätigung dessen sind da gewisse Aufzeichnungen von *Johannes Nider* in seinem *Formicarius*[71], dessen Bücher, wie er selbst, noch in frischem Andenken stehen; daher solches nicht, wie es scheinen möchte, unglaublich ist; auch deshalb nicht, weil die Hebammen hierbei den größten Schaden bereiten, wie reuige Hexen uns und anderen oft gestanden, indem sie sagten: ›Niemand schadet dem katholischen Glauben mehr als die Hebammen. Denn wenn sie die Kinder nicht töten, dann tragen sie, gleich als wollten sie etwas besorgen, die Kinder aus der Kammer hinaus, und sie in die Luft hebend opfern sie dieselben den Dämonen.‹ – Die Art aber, die bei solchen Schandtaten beobachtet wird, wird im siebenten Kapitel des *zweiten* Teiles klar werden, der in Angriff genommen werden muß, nachdem vorher eine Entscheidung der Frage über die Zulassung Gottes vorausgeschickt ist. Denn es ist am Anfange gesagt worden, daß notwendig dreierlei zur Vollbringung der Hexentat gehöre: der Dämon, die Hexe und die göttliche Zulassung.

Daß die Hexen die schwersten Strafen verdienen, über alle Verbrecher der Welt
Endlich übertreffen ihre Schandtaten alle anderen. Das wird erklärt bezüglich der verdienten Strafe: erstens hinsichtlich der Strafe, die den Ketzern zuteil werden muß, zweitens hinsichtlich der Strafe, die den Apostaten auferlegt werden muß. [. . .] Sehr schwere Strafen verdienen auch ihre Anhänger, Aufnehmer, Begünstiger und Verteidiger; denn außer der von ihnen verwirkten Strafe der Exkommunikation werden die Ketzer samt ihren Begünstigern, Verteidigern und Aufnehmern, auch ihre Söhne bis ins zweite Glied, zu keiner kirchlichen Vergünstigung oder Leistung zugelassen: wenn der Ketzer nach der Ertappung in dem Irrtum sich nicht sofort bekehren will und die Ketzerei abschwört, muß er sogleich verbrannt werden, falls er ein Laie ist. Denn Fälscher des Geldes werden sofort getötet: wie viel mehr nicht Fälscher des Glaubens! Wenn es aber ein Geistlicher ist, wird er nach feierlicher Absetzung dem weltlichen Gerichtshofe zur Hinrichtung ausgeliefert. Wenn sie aber zum Glauben zurückkehren, müssen sie in ewiges Gefängnis geworfen werden, de haereticis excommunicamus 1 und 2, und zwar mit aller Strenge des Rechtes. Milder jedoch wird mit ihnen verfahren nach dem Abschwören, das sie tun müssen nach dem Gutdünken des Bischofs und des Inquisitors, wie im dritten Teile sich zeigen wird, wo über die verschiedenen Arten, solche Verbrecher zu richten gehandelt wird: wer gefaßt, überführt oder auch rückfällig genannt werde.

Auf diese Weise aber die Hexen zu strafen, scheint nicht genügend, da sie nicht einfache Ketzerinnen sind, sondern Abgefallene; und es kommt dazu, daß sie bei dem Abfalle nicht, wie oben festgestellt, aus Furcht vor Menschen oder fleischlicher Lust ableugnen, nein, sie geben, außer der Ableugnung, auch Leib und Seele den Dämonen preis und leisten ihm Huldigung. Daraus ist hinreichend klar, daß, wie sehr sie auch bereuen, und wenn sie auch zum Glauben zurückkehren, sie nicht wie andere Ketzer in ewiges Gefängnis gesteckt werden dürfen, sondern mit der schwersten Strafe zu bestrafen sind, und zwar auch wegen der zeitlichen Schäden, die (von ihnen) auf verschiedene Weisen Menschen und Vieh zugefügt werden. [...] Und es ist die gleiche Schuld, Verbotenes zu lehren und zu lernen. Die Gesetze reden von den Wahrsagern: wie vieles mehr gilt das von den Hexen, wenn wir sagen, daß ihre Strafe bestehe in Einziehung des Vermögens und Entziehung der Ehrenrechte. Und wer durch solche Kunst ein Weib zur Unzucht verleitet, oder umgekehrt, wird den Bestien vorgeworfen, wie es ebendort heißt. Davon steht geschrieben in der ersten Frage.

Es folgt die Weise, gegen fünf Argumente von Laien zu predigen, womit sie hier und da zu beweisen scheinen, daß Gott dem Teufel und den Hexern keine solche Macht läßt, derartige Hexereien zu vollführen, achtzehnte Frage (Auszug aus dem Kapitel: *2 Argumente und deren »Widerlegung«*)

Der Prediger sei endlich vorsichtig bei gewissen Argumenten der Laien oder auch einiger Gelehrten, die insoweit die Existenz der Hexen leugnen, daß, wenn sie auch die Bosheit und die Macht des Dämonen, nach seinem Willen derartige Übel zu bewirken, zugeben, doch leugnen, daß die göttliche Zulassung dabei im Spiele sei. Auch wollen sie nicht (glauben), daß Gott so furchtbare Taten geschehen lasse; und mögen sie auch keine (bestimmte) Weise des Argumentierens haben, sondern im Finstern wie die Blinden umhertappen und dabei bald das eine, bald das andere Mittel anfassen, so ist es doch nötig, ihre Behauptungen auf fünf Argumente zurückzuführen, aus denen schlechterdings all ihr Gefasel hervorgehen kann; zuerst, daß Gott dem Teufel nicht erlaubt, mit solcher Macht gegen die Menschen zu wüten.

Ob durch Ausführung einer Hexentat von einem Dämonen durch Vermittlung einer Hexe die göttliche Zulassung immer mitzuwirken habe? Es wird mit *fünf* Argumenten bewiesen, daß Gott es *nicht* zuläßt, weshalb auch die Hexentat auf Erden ein Nichts ist. Das wird hergeleitet *erstens* bezüglich Gottes, *zweitens* bezüglich des Teufels, *drittens* bezüglich der Hexe, *viertens* bezüglich der Krankheit, und *fünftens* bezüglich der Prediger und Richter, die so gegen die Hexen predigen und Urteile fällen, daß sie überhaupt nicht mehr vor ihnen sicher wären.

Erstens so: Gott kann den Menschen wegen der Sünde strafen; und er straft mit dem Schwerte, der Hungersnot und der Sterblichkeit; item durch verschiedene andere, mannigfache und unzählige Krankheiten, denen die menschliche Natur ausgesetzt ist. Weil er daher nicht nötig hat, noch andere Strafen hinzuzufügen, erlaubt er (die Hexerei) nicht.

Zweitens so: Wenn das wahr wäre, was von den Teufeln gepredigt wird, daß sie nämlich die Zeugungskraft hemmen könnten, so daß also ein Weib nicht empfängt, oder wenn sie empfängt, dann eine Frühgeburt tut, oder wenn sie keine Frühgeburt tut, daß sie auch dann noch die Geborenen töten, dann könnten sie ja schlechterdings die ganze Welt vernichten, und dann könnte man weiter sagen, daß die Werke des Teufels stärker seien als die Werke Gottes, nämlich als das Sakrament der Ehe, so Gottes Werk ist. [...]

Aber zur *Antwort auf die Argumente*. Wenn *erstens* gesagt wird, Gott strafte genügend durch natürliche Schwächen: Sterblichkeit, Schwert und Hungersnot, so wird darauf mit *dreierlei* geantwortet. *Erstens,* daß Gott seine Macht über den Lauf der Natur oder auch über den Einfluß der Himmelskörper nicht begrenzt hat, daß er nämlich ohne dies nicht handeln könne: weshalb er auch ohne dies sehr oft Bestrafung der Sünden bewirkt hat, durch Verhängung von Sterblichkeit und anderer Strafen, ohne jeden Einfluß dieser Körper, wie bei der Bestrafung der Sünde des Übermutes Davids, durch die über das Volk verhängte Sterblichkeit, weil jener das Volk gezählt hatte, etc.

Zweitens stimmt das sehr wohl zur göttlichen Weisheit, die über allen Dingen so waltet, daß sie dieselben nach ihrer eignen Bewegung handeln läßt. Wie es deshalb nicht paßt, die Bosheit des Dämonen gänzlich zu verhindern, sondern vielmehr sich ziemt, sie zuzulassen, so daß er handelt, soweit es auf das Gute des Universums sich beziehen kann, mag er auch beständig durch die guten Engel gezügelt werden, daß er nicht soviel schädige, als er schädigen möchte: so paßt es auch nicht, die menschliche Bosheit darin zu zügeln, wonach dieselbe nach der Freiheit des Willens streben kann, als da ist, den Glauben abzuleugnen und sich selbst dem Teufel zu geloben, was zu tun durchaus in der Macht des menschlichen Willens liegt. – Aus diesen beiden Gründen erlaubt Gott, wenn er auch dabei aufs heftigste befehdet wird, mit Recht das, was die Hexe wünscht, und um dessentwillen sie den Glauben abgeleugnet hat; auf was sich auch die Macht des Teufels erstreckt, als den Menschen, Tieren und Feldfrüchten Schaden zuzufügen.

Drittens: Gott erlaubt mit Recht, daß solches Böse geschieht, wodurch ja auch der Teufel indirekt gar gewaltig gepeinigt wird und den größten Kummer erlebt. Aber durch das Böse, was von den Hexen durch die Macht der Dämonen verübt wird, wird der Teufel indirekt aufs heftigste gepeinigt, indem gegen seinen Willen Gott das Böse benutzt zum Ruhm seines Namens, zur Empfehlung des Glaubens, zur Läuterung der Auserwählten, zur Häufung der Verdienste. Es ist nämlich sicher, daß unter allem Kummer, den der Teufel sich bereitet infolge seines Übermutes, der immer gegen Gott sich erhebt nach den Worten: ›Der Übermut derer, die dich hassen, steigt immer höher‹, der größte der ist, daß Gott alle seine Machenschaften zu seinem eignen Ruhme etc. wendet. – Also mit Recht läßt Gott alles zu.

Auf das *zweite Argument* ist weiter oben geantwortet; und es muß auf zweierlei geantwortet werden, was im Argument enthalten ist, nämlich, daß der Teufel nicht stärker genannt wird als Gott, noch seine Macht; im Gegenteil: man merkt, daß er nur sehr geringe Macht besitzt, da er nichts vermag als durch Zulassung Gottes: weshalb seine Macht sehr klein genannt werden kann, verglichen mit der Zulassung Gottes, mag sie auch sehr groß sein im Vergleich zu den körperlichen Kräften, die er natürlich übertrifft, nach dem oft angeführten Worte: ›Es ist keine Macht auf Erden, die ihm verglichen werden könnte‹, *Job* 41. – Das andere, worauf zu antworten ist: warum nämlich Gott lieber an der Zeugungskraft Hexerei geschehen lasse als an andern menschlichen Handlungen? Darüber ist oben auch schon gesprochen, in dem Thema von der göttlichen Zulassung, unter dem Titel: ›Wie die Hexen die Zeugungskraft und den Beischlaf hemmen können‹. Es geschieht nämlich wegen der Scheußlichkeit des Aktes, und weil die Erbsünde, durch die Schuld der ersten Eltern verhängt, durch jene Handlung übertragen wird. Das wird auch an der Schlange bewiesen, die das erste Werkzeug des Teufels etc. [...]

Die Wahrheit des Gesagten ist klar. Denn wenn man nach dem Grunde fragt, woher es komme, daß gewisse Hexen, unter jedweder, auch den furchtbarsten Folterqualen, auch nicht die geringste Wahrheit eingestehen; item, woher es komme, daß wenn der Zwang Gottes durch Vermittlung eines heiligen Engels nicht dazukommt, daß die Hexe gezwungen werde, die Wahrheit zu gestehen und das Verbrechen der Verschwiegenheit zu meiden, daß dann durch die Hilfe des Dämons geschieht, was auch immer sich ereignet: Verschwiegenheit oder Geständnis der Taten. Das erste geschieht bei denen, die, wie er weiß, mit Herz und Mund den Glauben abgeleugnet und ebenso die Huldigung geleistet haben; deren Beharrlichkeit ist er sicher, während er umgekehrt andere im Stich lassen wird, ohne sie zu schützen, darum, daß er weiß, daß solche ihm nur sehr wenig nutzen.

Die Erfahrung hat uns oft belehrt und aus den Geständnissen aller derer, die wir haben einäschern lassen, ist es klar geworden, daß sie selbst zur Begehung von Hexentaten nicht willig gewesen waren; und das sagten sie nicht in der Hoffnung, loszukommen, da sich die Wahrheit aus den Schlägen und Prügeln abnehmen ließ, die sie von den Dämonen bekamen, wenn sie ihnen nicht auf den Wink gehorsam waren; hatten sie doch sehr oft geschwollene, bläulich angelaufene Gesichter.

Ebenso, daß sie nach der Ablegung des durch die Folter erpreßten Geständnisses der Verbrechen immer ihr Leben durch einen Strick endigen wollen, das wird als wahr hingestellt durch unsere Praxis. Denn immer werden nach erfolgtem Geständnis der Verbrechen von Stunde zu Stunde Wächter abgeschickt, die darüber wachen. Man fand die Hexen dann bisweilen infolge der Lässigkeit der Wachen an einem Riemen oder am Kleide aufgehängt. Dies bewirkte wie gesagt der Feind, damit sie nicht durch Zerknirschung oder sakramentalische Beichte Verzeihung erlangen möchten, und die er nicht hatte verlocken können, mit dem Herzen (sich ihm zu weihen), so daß sie leicht bei Gott hätten Verzeihung finden können, so sucht er sie endlich durch Verwirrung des Geistes und schrecklichen Tod in die Verzweiflung zu stürzen. Freilich ist in Frömmigkeit anzunehmen, daß sie mit Gottes Gnade durch wahre Zerknirschung und aufrichtige Beichte auch Verzeihung erlangt hätten, wo sie nicht freiwillig jenen Unflätereien angehangen.

Danach ist klar, was in den Diözesen von Straßburg und Konstanz, und zwar in Hagenau und Ravensburg vor kaum drei Jahren geschehen ist. Nämlich in der ersten Stadt hing sich eine (Hexe) an einem schlechten und zerreißlichen Kleide auf. Eine andere, mit Namen Waltpurgis, war wegen der Hexerei der Verschwiegenheit wundersam berühmt, indem sie andere Weiber unterwies, wie sie sich solche Verschwiegenheit dadurch verschaffen mußten, daß sie einen Knaben, und zwar einen erstgeborenen, im Ofen kochten. – Diese Taten und Geschehnisse sind noch ganz neu; und ebenso ist es mit den in der zweiten Stadt Eingeäscherten, von denen hin und wieder gelegentlich die Rede sein soll.

Es gibt noch eine *vierte* Ursache, warum die Dämonen bei gewissen Hexen die Huldigung aufschieben, bei anderen aber nicht: darum nämlich, weil sie die Lebensdauer des Menschen leichter als die Astronomen erkennen und ihnen eher das Ziel des Lebens vorschreiben oder das natürliche Ende durch einen Zufall, auf die Weise, wie oben gesagt, beschleunigen können. [...]

Daher ist es kein Wunder, wenn der Dämon die natürliche Lebenszeit der Menschen wissen kann, mag es anders sein mit einem zufälligen Ende, welches (z. B.) durch Einäscherung einträte, die der Dämon am Ende ja bezweckt, wenn er, wie gesagt, die Hexen nicht willig findet und nun ihre Umkehr und Besserung fürchtet, während er andere, die er willig weiß, auch bis zum natürlichen Ende, bis zum Tode verteidigt.

Nun wollen wir noch in beider Beziehung Beispiele und Geschehnisse anführen, die von uns gefunden worden sind.

In der Diözese Basel nämlich gab es in einem Dorfe am Rheine mit Namen *Oberweiler* einen gut beleumundeten Leutepriester, mit der Ansicht oder vielmehr dem Irrtume, es gebe keine Hexerei in der Welt, sondern nur in der Meinung der Menschen, die derlei Taten schlechten Weibsstücken zuschrieben. Ihn wollte Gott dermaßen von seinem Irrtume heilen, daß auch noch andere Wege der Dämonen, den Hexen die Lebensdauer vorzuschreiben, ans Licht kämen. Denn als er einmal in Geschäften eilig über die Brücke schritt, kam ihm zum Unglück ein altes Weib entgegen, der er am Brückenkopf keinen Platz machen wollte, daß sie hinüberginge; sondern er schritt großspurig einher und stieß zufällig die Alte in den Dreck, weshalb sie empört in Schmähreden ausbrach und ihm zurief: ›Warte, Pfaff, du sollst nicht ungestraft hinübergehen.‹ Mochte er auch die Worte nur wenig beachten, so fühlte er doch in der Nacht, als er aufstehen wollte, unterhalb des Gürtels, daß er behext war, so daß er sich fortan immer von einigen Männern führen lassen mußte, wenn er die Kirche besuchen wollte. So blieb er drei Jahre unter der häuslichen Pflege seiner leiblichen Mutter. Als nach dieser Zeit jene Alte erkrankte, die er auch wegen der schmähenden Worte, mit denen sie ihm gedroht, immer im Verdacht gehabt hatte, sie müßte ihn behext haben, so traf es sich, daß sie in ihrer Krankheit zu ihm schickte, um zu beichten. Obwohl der Priester grob sagte, sie solle dem Teufel, ihrem Meister, beichten, so ging er doch auf die Bitten seiner Mutter, mit den Armen auf zwei Bauern gestützt, nach ihrem Hause und setzte sich zu Häupten des Bettes, in welchem die Hexe lag. Die beiden Bauern wollten von außen am Fenster horchen, ob sie die dem Leutpriester angetane Hexerei beichtete. Die Stube war nämlich zu ebener Erde. Nun traf es sich, daß, wenn jene auch während der Beichte mit keinem Worte ihre Hexentat erwähnte, sie doch nach Vollendung der Beichte sagte: ›Weißt du auch, Pfaff, wer dich behext hat?‹ Und als er mit freundlichem Tone sagte, er wüßte es nicht, fuhr sie fort: ›Du hast mich im Verdachte, und mit Recht; wisse, ich habe dich behext (aus dem und dem Grunde, wie oben gesagt ist).‹ Als nun jener um Befreiung bat, sagte sie: ›Siehe, die gesetzte Zeit ist gekommen, und ich habe zu sterben; doch ich will es so einrichten, daß du wenige Tage nach meinem Tode geheilt wirst.‹ Und so geschah es. Sie starb an dem vom Teufel bestimmten Tage, und der Priester fand sich dreißig Tage danach in der Nacht aus einem Kranken wieder gesund geworden. – Der Priester heißt Pfaff Häßlin, jetzt in der Diözese Straßburg.

Ähnliches ereignete sich in der Diözese Basel, auf dem Gute Buchel, nahe bei der Stadt Gewyll. Ein Weib, das endlich gefangen und eingeäschert worden, hatte sechs Jahre lang einen Incubus im Bette gehabt, sogar an der Seite ihres schlafenden Mannes; und zwar dreimal in der Woche, am Sonntag, Dienstag und Freitag, oder anderen noch heiligeren Zeiten. Sie hatte aber dem Teufel ihre Huldigung so dargebracht, daß sie ihm nach sieben Jahren mit Leib und Seele anheimgefallen wäre. In seiner Liebe rettete sie Gott jedoch: denn im sechsten Jahre eingefangen und dem Feuer übergeben, hat sie ein wahres und ganzes Geständnis abgelegt und wird wohl von Gott Verzeihung erlangt haben, denn sie ging gar willig in den Tod mit dem Worten, daß, wenn sie auch loskommen könnte, sie doch lieber den Tod wünschte, wenn sie nur der Macht des Dämons entginge.

Über die Art, wie die Hexenhebammen noch größere Schädigungen antun, indem sie die Kinder entweder töten oder sie den Dämonen weihen.

Es darf nicht übergangen werden von den Schädigungen zu sprechen, die den Kindern von Hexenhebammen angetan werden; und zwar erstens, wie sie sie umbringen, und zweitens, wie sie sie den Dämonen weihen. In der Diözese Straßburg, nämlich, und zwar in der Stadt Zabern, pflegt eine gewisse ehrbare und der seligsten Jungfrau Maria überaus ergebene Frau von einzelnen Besuchern der öffentlichen Herberge, die sie hält, – sie hat aber als Aushängeschild einen schwarzen Adler – zu erzählen, daß ihr folgender Fall zugestoßen sei: ›Von meinem Manne, der leider jetzt tot ist, war ich schwanger. Als der Tag der Niederkunft herannahte, drängte mich eine gewisse Frau, eine Hebamme, in lästiger Weise, ich sollte sie als Hebamme bei dem Kinde annehmen. Wenn ich nun auch beschlossen hatte, mir eine andere zu nehmen, da ich um ihren üblen Ruf wußte, so stellte ich mich doch mit friedlichen Worten, als ob ich ihren Bitten nachgeben wollte. Als ich aber beim Herannahen der Zeit der Niederkunft eine andere Hebamme gedungen hatte, betrat die erstere in einer Nacht, als kaum acht Tage verflossen waren, unwillig mit zwei anderen Weibern meine Kammer, und sie näherten sich meinem Bette. Als ich meinem Mann rufen wollte, der in einer anderen Kammer schlief, blieb ich an den einzelnen Gliedern und der Zunge so von den Kräften verlassen, ausgenommen Gesicht und Gehör, daß ich nicht eine Laus (?) hätte bewegen können.‹ Zwischen jenen beiden stehend stieß also die Hexe diese Worte aus: ›Siehe, diese schlechteste der Frauen soll nicht ungestraft davonkommen, weil sie mich nicht als Hebamme hat annehmen wollen.‹ Als die anderen beiden, die zur Seite standen, vor ihr ein gutes Wort einlegten, indem sie sagten: ›Sie hat ja niemals einer von uns geschadet‹, entgegnete die Hexe: ›Weil sie mir dieses Mißfallen erregt hat, will ich ihr etwas in ihre Eingeweide hineintun; doch so, daß sie um euretwillen innerhalb eines halben Jahres keine Schmerzen spüren wird; aber wenn das verflossen ist, wird sie genug gepeinigt werden.‹ Sie trat also heran und berührte meinen Bauch mit der Hand; und es schien mir, als ob sie nach Herausnahme der Eingeweide gewisse Dinge, die ich jedoch nicht sehen konnte, hineintät. Als sie dann weggingen und ich wieder Kräfte zum Schreien bekommen hatte, rief ich meinen Mann, so schnell ich konnte und enthüllte ihm das Geschehnis. Als er aber die Ursache dem Wochenbett zuschreiben wollte, fügte ich hinzu: ›Siehe, sie hat mir für ein halbes Jahr Frist gewährt; wenn nach dessen Ablauf mich keine Qualen überkommen, werde ich deinen Worten Glauben schenken.‹ – Ähnliche Worte trug sie auch ihrem Sohne, einem Geistlichen, vor, der damals Land-Archidiakonus war und an jenem Tage sie zu besuchen zu ihr gekommen war. Wozu noch mehr sagen? Nachdem sechs Monate auf den Punkt abgelaufen waren, befiel sie plötzlich ein folternder Schmerz in den inneren Eingeweiden in so grausiger Weise, daß sie weder am Tage, noch in der Nacht ablassen konnte, mit ihrem Geschrei alle zu stören. Und weil sie, wie vorausgeschickt worden ist, der heiligen Jungfrau und Königin des Mitleids sehr ergeben war, glaubte sie auch, wenn sie bei Wasser und Brot an den einzelnen Sonntagen fastete, durch deren Fürsprache befreit zu werden. Als sie daher eines Tages ein natürliches Geschäft verrichten wollte, da brach jene Unsauberkeit aus dem Körper hervor; und indem sie den Mann samt dem Sohne herbeirief, sagte sie: ›Sind das etwa eingebildete Dinge? Habe ich nicht gesagt, daß nach Verlauf eines halben Jahres die Wahrheit erkannt werden würde? Oder hat jemand gesehen, daß ich jemals Dornen, Knochen und zugleich auch Holzstücke gegessen hätte?‹ Es waren nämlich Rosendornen in der Länge von vier Fingerbreiten mit verschiedenen anderen Dingen ohne Zahl (ihr in den Leib) hineingetan worden.

Außerdem werden, wie sich im ersten Teile des Werkes aus dem Bekenntnis jener in Breisach zur Reue zurückgebrachten Magd ergeben hat, dem Glauben größere Schädigungen bezüglich der Ketzerei der Hexen von den Hebammen angetan, was auch das Geständnis einiger, die später eingeäschert worden sind, klarer als das Licht bewiesen hat. In der Diözese Basel nämlich, in der Stadt Dann, hatte eine Eingeäscherte gestanden, mehr als vierzig Kinder in der Weise getötet zu haben, daß, sobald sie aus dem Mutterleib hervorkamen, sie ihnen eine Nadel in den Kopf durch den Scheitel bis ins Gehirn einstach. Eine andere endlich, in der Diözese Straßburg, hatte gestanden, Kinder ohne Zahl – weil nämlich bezüglich der Zahl nichts feststand – getötet zu haben. Sie wurde aber so ertappt: Als sie nämlich aus der einen Stadt in die andere gerufen worden war, um eine Frau zu entbinden, und sie nach Erfüllung ihrer Pflicht nach ihrer Behausung zurückkehren wollte, fiel zufällig, als sie aus dem Tore der Stadt hinausging, der Arm eines neugeborenen Knaben aus dem Linnen, mit dem sie gegürtet war und in welchem der Arm eingewickelt gewesen war, heraus. Das sahen die in dem Tore Sitzenden; und als jene vorübergegangen war, hoben sie es als ein Stück Fleisch, wie sie glaubten, von der Erde auf. Als sie es aber betrachteten und an den Gliedergelenken erkannt hatten, daß es nicht ein Stück Fleisch, sondern der Arm eines Knaben sei, wurde ein Rat mit den Vorsitzenden abgehalten, und da befunden ward, daß ein Kind vor der Taufe mit Tod abgegangen war und ihm ein Arm fehlte, wurde die Hexe verhaftet, den Fragen ausgesetzt und das Verbrechen entdeckt; und so bekannte sie, wie vorher gesagt ist, Kinder getötet zu haben, ohne die Zahl anzugeben.

Aus welchem Grunde aber? Man muß jedenfalls annehmen, daß sie durch das Drängen böser Geister gezwungen werden, derlei zu tun, bisweilen auch gegen ihren Willen. Denn der Teufel weiß, daß solche Kinder vom Eintritt in das himmlische Reich wegen der Strafe der Verdammnis oder der Erbsünde ausgeschlossen werden. Daher wird auch das jüngste Gericht länger hinausgeschoben, unter dem sie den ewigen Qualen überliefert werden, je langsamer sich die Zahl der Auserwählten ergänzt: ist sie voll, so wird die Welt aufgehoben werden.

Und wie es im Vorausgeschickten berührt worden ist, haben sie sich auf Anraten der Dämonen aus solchen Gliedern Salben zu bereiten, die zu ihrer Benützung dient.

Aber auch diese schauderhafte Schandtat darf zur Verwünschung eines so großen Verbrechens nicht mit Stillschweigen übergangen werden, daß sie nämlich, falls sie die Kinder nicht umbringen, sie den Dämonen auf folgende Weise weihen: Wenn nämlich das Kind geboren ist, trägt es die Hebamme, falls die Wöchnerin nicht selber schon Hexe ist, gleichsam, als wollte sie eine Arbeit zur Erwärmung des Kindes vollbringen, aus der Kammer heraus und opfert es, indem sie es in die Höhe hebt, dem Fürsten der Dämonen, d. h. Luzifer, und allen Dämonen; und statt dessen über dem Küchenfeuer.

Als ein gewisser jemand, wie er selbst berichtete, bei sich erwog, daß seine Frau zur Zeit der Niederkunft, gegen die gewohnte Weise der Wöchnerinnen, keine Frau zu sich hinein kommen ließ, außer der eigenen Tochter allein, die das Amt der Hebamme versah, versteckte er sich um jene Zeit heimlich im Hause, da er den Grund derartigen (Verhaltens) erfahren wollte. Daher bemerkte er auch die Ordnung bei der Gotteslästerung und teuflischen Opferung in der vorbezeichneten Weise; dazu, daß, wie ihm schien, das Kind durch das Werkzeug einer Hänge (?), woran die Töpfe aufgehängt werden, nicht durch menschliche Hilfe, sondern durch die der Dämonen gestützt in die Höhe fuhr. Darüber im Herzen bestürzt, und da er auch die schauerlichen Worte bei der Anrufung der Dämonen und die anderen nichtswürdigen Riten bemerkt hatte, bestand er gar heftig darauf, daß das Kind sofort getauft würde; und da es nach einem anderen Flecken getragen werden mußte, wo die Parochialkirche war, und man dabei über eine Brücke über einen gewissen Fluß zu gehen hatte, stürzte er sich mit entblößtem Schwerte auf seine Tochter, die das Kind trug, und rief vor den Ohren der beiden Männer, die er sich zugesellt hatte: ›Ich will nicht, daß du das Kind über die Brücke trägst, weil es entweder allein hinübergehen wird, oder du in dem Flusse untergetaucht wirst.‹ Da erschrak sie samt den anderen Weibern, die dabei waren, und fragte, ob er nicht seiner Sinne mächtig sei; denn jenes Geschehnis war allen übrigen unbekannt, mit Ausnahme der beiden Männer, die er sich beigesellt hatte. Da rief er: ›Elendestes Weib, durch deine Zauberkunst hast du das Kind durch die Hänge hochsteigen lassen; bewirke jetzt auch, daß es über die Brücke geht, ohne daß es jemand trägt, oder ich tauche dich im Flusse unter!‹ Also gezwungen, legte sie das Kind auf die Brücke, und indem sie mit ihrer Kunst den Dämon anrief, sah man das Kind plötzlich auf der anderen Seite der Brücke. Nachdem also das Kind getauft worden war, kehrte er nach Hause zurück; und wenn er auch schon die Tochter durch Zeugen der Hexerei überführen konnte, während er das erste Verbrechen, die Opferung, gar nicht hätte beweisen können, da er ganz allein jenem gotteslästerlichen Ritus beigewohnt hatte, so verklagte er die Tochter samt der Mutter (erst) nach der Zeit der Reinigung vor dem Richter, und gleicherweise wurden sie eingeäschert und das Verbrechen der gotteslästerlichen Darbringung entdeckt, das durch Hebammen begangen zu werden pflegt. [...]«

11. 1486, August 29, Tiersberg (im südl. Schwarzwald). Verhör zweier Zauberinnen durch Amtmann und Schöffen; sie werden zum Tod auf dem Scheiterhaufen verurteilt. Der Gerichtsherr, Junker Hans Roeder, mildert das Urteil dahin, daß sie zuerst erdrosselt und dann verbrannt werden sollen.

Die Kunhin war Köchin bei Roeder. Von einer Folterung ist in dem Protokoll nicht die Rede. Hansen (Quellen, S. 548, Anm. 2) setzt aber wohl mit Recht voraus, daß sie angewendet worden ist.

Bekenntnisse der Kunhin.
»1. Sie habe auf Geheiss der Hussin einem Kinde ein Haar von einem Siechtuch in einen Arm gestossen. 2. Sie habe dem Kinde des Hug Jörg ein Löcklein Rosshaare in einen Arm gestossen, weil er ihr das Korn abgemäht. 3. Sie habe dem Lösler Jörg ein Rosshaar in ein Bein gestossen, während derselbe des Tags unter der Laube geschlafen. Das habe sie gethan, weil er gesagt: ›Wenn eine Hure irgend im Lande nicht mehr bleiben mag, kommt sie nach Tiersperg.‹ 4. Der Teufel, genannt Luginsland, habe sie gelehrt, den Leuten die Milch zu stehlen; sie solle einen Axtbigel in eine Säule schlagen und den Stiel melken. 5. Sie kenne noch einen andern Teufel, der heisse Schabenseiel und habe ihr Geld genug versprochen. 6. Wenn sie und ihre Genossen in der Frohnfastnacht ausfahren und zusammenkommen, hätten sie zu essen, zu trinken und was sie begehrten. 7. Sie sei von ihrem Teufel geheissen worden, der Weckenberin den Kopf zu vernieten, damit sie davon unsinnig werde. 8. Wenn sie ausfahren wolle, so setze sie sich auf einen Besen, der unbeschnitten sei. 9. Wenn sie vom kleinen Mathis ein Haar bekommen hätte, so würde sie ihm dasselbe in einen Arm gestossen haben. 10. Das Kalb, welches dem kleinen Michel gefallen, habe die Hussin geritten, weil ihr derselbe von Offenburg die Zwiebeln nicht heimfahren wollte. 11. Als sie die Ketzerei zuerst angefangen, habe sie Gott und die Jungfrau Maria verläugnen müssen. 12.–14. Zauberische Anschläge auf ein Kind des

Junkers Hans Roeder. 15. Wenn sie und ihre Vertrauten zusammenkommen wollten, so führe sie der Teufel in den Durbach, auf den Platz bei der grossen Eiche, dabei stehe eine Linde. Und wenn sie wieder heimzögen, so halse sie der Teufel. Er habe einen kleinen Zagel[72], der sei kalt. 16.–19. Allerhand Maleficien. 20. Als die Hussin sie zuerst (die Ketzerei) gelehrt, da habe dieselbe sie in den Durbach zu der grossen Eiche geführt und ihr einen Teufel gebracht und gesagt: ›Schau zu, wie hübsche, weidliche Leut sind das!‹ Da aber habe der Teufel zur Hussin gesprochen: ›Pfui, was soll mir das alte ungeschaffene Weib! warum brachtest du mir nicht eine hübsche Junge?‹ 21. Sie habe ferner einen Teufel, der heisse das bös Kritlein; er habe ihr verheissen, wenn sie gefangen werde, sie zu befreien. 22. Weiter habe sie einen Teufel mit Namen Belzebock, welcher sie gebeten, ihm ein hübsches junges Weib zu bringen.

Bekenntnisse der Hussin.
1. Die Hussin bekennt: Was die Kunhin von ihr gesagt habe, das sei wahr, und sie hab's auch also gethan. 2. Sie habe einen Teufel, der heisse Nüsslin. 3. Sie sei auf einer Katze, welche der Kunhin gehört hatte, geritten. 4. Die Kesslerin im Durbach habe die Kunhin gelehrt, vier Zapfen von Holz zu machen, um daraus Milch zu melken. 5. Sie habe die Kunhin geheissen, Buttere und Milch zu nehmen, das Kind des Junkers damit zu bestreichen und zu salben, damit es zu Gott fahre und man seiner abkomme, weil der Junker ihre Tochter Margareth in Halseisen habe stellen lassen. 6. Unter einer Linde beim Steg seien sie (die Hussin und Kunhin) zu Rath geworden, das Kind (des Junkers) zu tödten. 7. Ihr Teufel heisse Nüsslin, der mit ihr zu schaffen habe. Derselbe habe einen kleinen, schwarzen Zagel, wie ein Fingerlein, und der sei kalt. 8. Sie und die Kunhin seien über den Junker Hans gekommen, um ihm einen Strohwisch in ein Knie zu stossen; er sei aber gesegnet gewesen, wesshalb sie ihm nichts anhaben konnten. Damals sei jede von ihnen auf ihrem Teufel geritten. 9.–11. Mehrere Maleficien.

12. 1493. 1. August. Bericht von einem Hexenprozeß in Konstanz.

Uff den ersten tag Augusti ward ein unhold gefangen, was ein schuhmachers wib von Bregentz; als dieselb ihres handels gefragt ward, da zerblät ir der teuffel den hals, als gross als ain krüsel, und zoch ir das mul zu wie ain seckel, damit sy nit reden kündt, doch so bekannt sy, dass der teuffel Haintzle heisse, an den sij sich ergeben hett. Uff dass liess man sy rüwig bis morgens. In der nacht kam der teuffel zu ir in die Rüweneg mit grosser ungestumikeit, also dass der wechter gemaint hett, ess lüffent 20 oder 30 ross in dem turm umb; zulezt wand er ir den hals umb und würgt sy ze tod. Morgens do die herren wider zu ir kamen, do lag sy krum und ward ir das houpt verschiben.[73] Also schlug man sy in ain fass und fürt sy gen stigen hinab in den Rin und lasst sy hin rinnen. Die herren, so by ir im turm sind gewesen, waren Claus Schulthaiss und Steffan Rinspeck, zunfftmeister.

13. 1508. Geiler von Kaysersberg, Emeis.

Johann Geiler, 1445 in Schaffhausen geboren, war von 1478 bis zu seinem Tod 1510 Prediger am Straßburger Münster. Dort hielt er im Jahre 1508 über vierzig Fastenpredigten, von denen allein 26 von Hexen und Zauberern handeln – ein weiterer Beweis für die Aktualität dieses Themas zu dieser Zeit. Diese Predigten zeigen, daß auch unmittelbar nach dem Hexenhammer *noch durchaus andere, etwa auf der Basis des* Canon episcopi *sich bewegende Argumentationen möglich waren. Allerdings gibt es bei Geiler auch die Vorstellung, daß die Hexen tatsächlich mit Hilfe des Teufels fliegen können.*

»(17. Predigt.) Am Mitwoch nach Reminiscere. Von den Unholden oder von den Hexen.

Nun fragestu: Was sagstu uns aber von den weibern, die zu nacht faren und so si zusamen kumen? Du fragest, ob ettwas daran sei. Wen sie faren in fraw Venusberck, oder die hexen, wen sie also hin und her faren, faren sie oder bleiben sie, oder ist es ein gespenst, oder waz soll ich darvon halten? ich gib dir die antwurt als nach stot.

Nun zum ersten sprich ich, das sie hin und her faren und bliben doch an einer stat, aber sie wenen sie faren, wan der teuffel kan inen ein schein also in kopff machen und also ein fantasey, das sie nit anders wenen, dan sie faren allenthalben, und wenen sie geen beieinander und bei anderen frauwen und tantzen und springen und essen, und daz kan er aller meist dennen thun, die da mit im ze schaffen hond, im verpflicht seind. [...] Und das lass dich nit wunderen, das es ihnen so eigentlichen tröumpt, das sie wenen, es sei an im selber also. Dir tröumt etwan so natürlichen, so eigentlich von einem dinge, als wie du so vil guldin habst, oder etwan trömet dir, wie du bei den mannen seyest oder bei den frauwen, oder habest das und das zu essen, und trömet dir so eigentlichen, das dir trömpt, es sei kein traum, es sei also in der warheit, und wen du erwachest, so ist nüt da. Einer kann etwan ferers[74] in einem traum machen. Einer findet etwas in dem traum, das er in manchem (!) nit finden kan; kan das dye natur, wievil mee kann sollliches der bösz geist, da ein mensch went, das nit ist. Also hör ein exempel:

Ich lyß, das ein prediger kam in ein dorff, da was ein fraw, die sagt, wie sie zu nacht also umb für. Der prediger kam zu ir und strafft sye dorumb, sie sollt darvon ston, wan sie für nimmer, sie würd betrogen[74a]. Sie sprach: Wöllent ir es nit glouben, so wil ich es euch zeugen. Er sprach ja, er wolt es sehen. Da es nacht ward, da sie faren wolt, da rufft sie im; da sie faren wolt, da legt sie ein multen uff ein banck, da man deck in macht[75] in den dörffern, und besunder in dem land bachet iederman selber. Da sie in der multen also sass und sich salbet mit öl und sprach die wort, die sie sprechen solt, da entschlief sie also sitzen. Da wont[76] sie, sie führ und het semliche freud inwendig, das sie fechtet mit henden und mit füssen, und facht also fast, daz die mult über den bank ab fyel, und lag sie under der multen und schluog ir ein loch in den kopff.

Du sprichst: Was soll ich halten von den hexen? Künen sie oder mögen sie den menschen verwandlen, als die menschen in wölf, in schwein, in vögel? [...]

Zu dem ersten sprich ich, das du nüt daruff solt halten, das kein mensch weder in ein wolff noch in schwein verwandlet würt, dan es ist ein gespenst und ein schein vor den augen oder in dem kopf gemachet *(Hinweis auf c. Episcopi)* [...]

[...] ›das die wirckung der hexen oder des zaubrers ist nit wircklich ursach des werkes, das da geschicht. Du sist, das sie einem menschen suwbürsten oder ein wüschbletz[77] oder ein strowisch in ein schenkel stossen und hagel und wetter machen. Da sprich ich: Daz, das die hexen oder unholden thuon, dasselbig ist nit ein anfenklich wircklich ursach desselben, daz da geschicht; es ist nit me denn ein zeichen; wen der teufel das zeichen sicht und die wort hört, so weisz er, was sie gern hetten; der thut denn dazselbig, und der teuffel thut es, und nit sie. [...] Da hat der teuffel ein pact gemacht mit etlichen menschen und inen wort geben und zeichen; wen sie die zeichen thunt und die wort brauchen, so wil er tun, das sie begeren, und also thut es der tüffel durch irentwillen. Aber daz daz die hexen thunt, ist numen[78] ein zeichen und nit die wircklich ursach. Nim das exempel, so verstost du es. Ein hexin, die wil ein wetter oder hagel machen, so nimpt sie ein besem und stot in ein bach und würft dan mit dem besem wasser uber den kopf hinder sich aus, und den so kumpt der hagel. Das wasser hinder sich werffen und die wort sprechen, das macht als kein hagel. Aber der teufel, wen er die zeichen sicht und hört, der macht da oben in den lüften und in den winden sein gefert und macht das wetter. Ja, spricht mannich mensch, ich glaub nit, das sie es thun; ich glaub, wen ich mich gesegne, das mir kein hexin nüt tüge[79]; sie können es aber nit thun. Das sein unvernünftig red, man sicht es doch mit den augen, daz es geschicht; ja, sie thun es nit, es ist war, sie thun es nit, der teuffel kan es machen um irent willen, wen sie die zeichen setzen und die wort sprechen, das er sie gelert hat.‹ [...]

Nun wolan, du fragest, was sol ich daruff halten, künnent die hexen die kü verseihen und inen die milch nemen, das sie nicht mehr milch geben, und können sie die milch aus einer alen oder aus einer axthelmen melcken? Ich sprich: Ja, durch hilff des teuffels, so künnen sie es wol. Wie gat das zu? Das ist eine gewisse regel in der matery, das der teuffel kan ein ding von einem ort an das ander tragen, das leiplich ist (per motum localem), durch die angeschöpffte stercke, die er hat von got dem allmechtigen. Daher kummet es, das ein böser geist kan einen grossen felsen ertragen als ein fögelin. Ein anderer böser geist, der mag einen berg umstossen, und also vermag einer mehr dann der ander, wann er stercker ist dan der ander, ein ding von einem ort bewegen zu dem andern. Daher kummt es, wan ein hex uff ein gabel sitzt und salbet die selbig und spricht die wort, die sie sprechen sol, so fert sie dan dahin, wa sie numen wil. Daz hat die gabel nit von ir selber, die salb thuot es auch nit; sunst, wann sie ein gütterlin[79a] salbete, dasselb für auch darvon; darumb so thuet es der teuffel, der fürt sie uff der gablen hinweg, wan er sein sacrament und sein zeichen sicht von der hexin. Also ist es mit den küen auch; die milch ist ein leiplich ding, und wie gesagt ist, so mag der teuffel ein ieglich leiplich ding, wan es im got verhengt, tragen von einem ort an das ander. Also der milch in einer ku thut er auch also, die mag er aus ir nemen, aus irem leib ziehen und an ander ort tragen, wan er das zeichen sicht der hexen; und wan die hexin went[80], sie melck ein axthelm, so kan der teuffel in kurtzer zeit milch dar bringen, und sie ingiesen in ir geschir, und sicht man in nit, und so wenet dy hexin, sie lauff aus der säul oder ausz dem axthelm.«

14. 1510. Aus dem Laienspiegel *des Ulrich Tengler. Es handelt sich bei diesem Werk um eine Anweisung für die Prozeßführung der weltlichen Gerichte. Die erste, vom pfalz-neuburgischen Landvogt Ulrich Tengler noch allein verfaßte Ausgabe erwähnt die Zauberei nur sehr kurz. Erst die zweite Ausgabe, die Ulrichs Sohn Christoph Tengler, seines Zeichens Professor des kanonischen Rechts, mit Erklärungen versehen hat, geht ausführlich auf das Zauber- und Hexenwesen ein und weist den weltlichen Gerichten die Aufgabe zu, die Hexen systematisch zu verfolgen und zu bestrafen.*

»[...] Wann von den unholden oder häckssen, im latein phitonisse oder malefice genannt, als ettlich verkert und böß weibs person geacht, will beschwärlich und mislich, den grund in das teutsch püchlin[80a] mit kurtz antzutzaigen auß manigerlay ursachen, wann unserm cristenlichen glauben merklich an disem ubel gelegen und not ist, das von solher matery fürsichtiklich gehandelt werd; sol ain solh bös und verkert mensch hagel, schauren, reifen und ander ungestüm, ungewitter zu verletzung der frücht, auch den menschen und thiern kranckhaiten oder schmertzlich verserungen zufügen, von ainem zum andern faren, auch unkeuschait mit den bösen gaisten treiben, und vil ander uncristenlich sachen zu wegen bringen, ist in menschlicher vernunft nit liederlich zu begreifen, zu wissen oder zu glauben. Wann darumb bey den rechtgeleerten etwo manigerlay zweifel und disputation entstanden, als ob nichts an solhem kätzerlichen gebrauch der unholden noch zu glauben sein, das sy dardurch treiben, ainichen schaden thun oder zufügen solten, mögen deßhalben die weltlichen richter zu zeiten erpleügt[81], das solh übel an mer enden ungestrafft beleiben, biß dise kätzerey mercklich überhand genommen und das zu iungst durch päbstlich inquisitores solich geschichten in iren erfarungen, so kundtlich erfunden und geursacht, ettlich besonder lateinisch und teütsche püchlin, so ains tails und besonder ains genannt Malleus maleficarum gemacht, durch hochgeleert menner appobiert,[82] auch von der röm. kön. Maiestät als man zalt von Christi unsers lieben herrn geburt viertzehenhundert im sechßundachtzigsten jar zugelassen in ainen gedruckten puchstaben kommen und in drey besonder tayl, mit etwovil fragen und argumenten, underschiden. Und wiesol in den ersten zwaien tailen der grund und ursprung, auch wie sich die unholden mit den pösen gaisten verainigen, verpinden und mit irer hilf vil übels und beschedigung an früchten, menschen und dem vich auß verhencknuß des allmechtigen gots zu wegen bringen, und wie man sich vor solhen übeln bewaren mög, darinn etwo manig fragen und zweifel, so zu zeiten auch bey den schlechten und ainfaltigen entsteen, als ob man nit glauben, das etwas an irer übung sey, durch göttliche, gaistliche und kayßerliche recht, auch erfarung der warlichen geschichten angetzaigt und außgelöscht werden, so wollen doch dieselben zwen tail nit vil zu disem Layenspiegel und weltlichem regiment dienen. Aber so in dem dritten tail desselben Malleum begriffen, wie solch übel und missetaten außgereüt,[83] mit wolhen ordnungen die gaistlichen und weltlichen gericht da wider procedirn und verurtailen, peynigen und straffen, ist ain meldung hyerin beym kurtzsten angetzaigt, damitt sich die weltlichen regenten auch des mit pesser sicherhait darein schicken, wie die selben unholden durch erfarungen und gefäncknus zu der pein und straff am fügklichisten zu bringen sein mögen [. . .].

Wie die unholden peinlich zu fragen sein mögen.

Wie wol hievor ettlich fragstuck, damit die unholden des ersten gütlich zu ersuchen, so sein auch in disem püchlin hernach gemain underricht zu gestrenger oder peinlicher frag der übeltäter angetzaigt. Dieweil aber daz kätzerlich übel der unholden vor andern missethaten beschwärlich, so ist auch damit des höher fleiß antzukern. Darumb so mag ain geschickter richter ferrer, emalen er sy peinigt, nachfolgend mainung gütlich mit in reden also: Liebe N., ich befind in deinen reden und antwurten, die du auff mein erfarung und vorigs gütlich erfragen dir hab fürgehalten, das du weitleüffig, wanckelmutig und unstät in dem und dem. Nichtßminder bistu in solhem antzaigen erfunden, das ich[83a] haischen will, peinlich mit dir zu handeln. Und auff das man die warhait von dir gründtlich versteen und du mich nit lenger aufhaltest, so erman ich dich nochmals gütlich, das du mir in dem und in dem stuck gründtlich die warheit sagest, wann ich byn nit genaigt, dir als weiblichen pild mit gevärden nach deinem leben zu stellen, und so du gleichwol die warhait gütlich bekennen, möchtest du villeicht darumb nit getödt, sonder begnadet oder sunst in ander weg gestraft werden. Nun bist du ye im hailigen tauff in christenlichen glauben kommen, das du den weg zu ewiger säligkait suchen, dem pösen gaist widersteen und im nicht anhangen, sunder in von dir treiben solt, wann ich sorg und befind, das er dein arme seel zu ewiger verdammnuß verfürn will etc.

Wo dann solchs ye nit erschiessen,[84] so mag er sy den dienern bevelhen und sy durch erber frauen zuvor aller irer klaider außzyehen, auch den leib allenthalben wol ersuchen, auß der ursach, ob sy darin etlich zauberey hat, darumb sy nit bekennen, dieselben von ir zu tun etc. Darnach mag er sy lassen pinden, doch ir weiplich scham zuvor durch die erbern frauen mit anderm gewand wol vor bedecken, das har allenthalben abscheren lassen. Und eemaln sy vast peinlichen gemartert, mag sy auch durch mittelperson auf des richters erlaubnuß ermant werden, das sy dem pösen gaist zu lieb nit also zerbrechen, sonder die warhait an den tag kommen laß, wolten sy fleiß haben zu bitten, ob sy des lebens versichert, doch sol sy des durch niemants gewislich vertröst werden.

Wann aber aine auß ursachen also gleich versichert, so wär sy doch in ewige väncknuß mit wasser und prot zuverurtailen. Es solt ir aber nit also zu veröffnen sein, biß die urtail erkennt, man het sy dann des lebens ain zeit gefrist, so möcht sy nach derselben zeit, wo sy anders ain solhe namhafte unhold wär, verbrennt werden.

Ob aber aine die warheit, so man als ob steet sonst erfragt het, ye nit bekennen wolt, so möcht man ir gespilen darumb fragen, auch so icht büschlin oder ander zaichen in irn wonungen erfunden wörden, sich darein schicken. Wo sy dann also bekennen, das sy mit irn übungen schaden getan het, so möcht sy alßdann erst am jungsten[85] gefragt werden, ob und wie lang sy mit dem pösen gaist zu schaffen gehabt und des christlichen gelaubens also verlaugnet, wie und wer sy zu der sachen bewegt oder underricht, und ob sy sonst yemandts ander auch dartzu bracht oder wissen het von andern unholden. Auch ob sy yendert zwischen den leuten liebin oder veintschaft oder kranckhaiten gemacht, und was sy under den sachen in allweg geübt und gebraucht hab etc. Und der gleichen wie sy dann in den sachen von ainem aufs ander erfunden würdet.

Auf das alles und yedes mag alßdann ain richter berätig werden,[86] ob und wie er ain solich böß person von irer abtrinnigkait des christlichen glauben, kätzerlichen poßhait, übelthaten und verkerten willens wegen, damit sy von dem almechtigen gott getretten und sich dem teüfel ergeben, straffen oder tödten lassen mög.

Dieweil aber solh kätzerlich missetaten, so die unholden, häcksen, mann und weibs person also durch anraitzung, hilff und zutun der pösen gaist den menschen, tiern und früchten mit zauberey, warsagen, aberglauben, verpoten segen und in ander weg den almechtigen got und christenlichen glauben am höchsten belaidigen, auch in sunderhait in selbs an iren aigen seelen den allergrösten schaden zufügen und zu ewiger verdamnuß verfürn, nit allain der weltlichen sunder auch gaistlicher oberkait anhengig, darumb dann die gaistlichen recht allenthalben davon nit unpillich von der seelen verlurst wegen gantz sorckfeltig, und achten für beschwärlich, wo das weltlich gericht ausserhalben der gaistlichait mit der peinlichait zuvil gestreng oder gaech[86a], ob gleich wol summarie darumb zu procediern nichtß minder der weltlichen oberkait getzimben, wo solh übelthaten so gar offenbar sein und überhand nemen wöllen, so man die selben person und ir zuleger[87] mit rechtmässiger purgation und in ander bequemlich weeg sonst ye nit von der kätzerlichen poßhait und unglauben bringen, so mag man dem cristenlichen glauben zu hilf, handhabung und guten staten mit dem feur und andern aller grausamlichsten pein, als vor und nye nach steet, mit radthaben, zu straffen, abzutilgen und die gaistlichayt im namen gots damit unbelestigt lassen.

Es ist auch solh kätzerey und aberglauben nit allain den unholden und zaubern als veinden des allmechtigen gots, übertretern und verläugnern christenlichen glaubens, an iren seelen verdamblich, beschwärlich und im zeit hoch sträflich, sonder auch den jhen[87a], die sy hausen, hofen, underschleüfen, artzney, hilf oder rat bey in oder ichten zulegern suchen. Darumb so mögen solh beschlußreden darauß volgen, nämblichen das man nit reden halten noch glauben sol, ain zauberey mit der andern zu vertreiben, wann wer solhs frävenlich tat, wider den selben auch pillichen, als gegen kätzer zu procediern, und so yemants also heftigklich darin verharrn, als ain kätzer im feur zu straffen und zu verprennen, sunder wider sollich zauberey, teüflisch anfechtung und verseern allain zu dem allmechtigen gott und der christenlichen kirchen artzney zu fliehen sein.«

15. 1531. Gedicht des Nürnberger Schuhmachers und Poeten Hans Sachs.

Ein wunderlich gesprech von fünff unhulden.
Eins nachts zog ich im Niderland
(Die weg mir waren unbekand)
Durch einen dicken wilden waldt.
Zu einer wegscheyd kam ich bald.
Erst west ich nicht, wo ein noch auß.
Ich setzt mich undter einen strauß,
Zu bleiben an den morgen fru.

Do giengen mir die augen zu
Sichtlich sach ich in qualmes traum
Fünff weibs-bild undter einem baum,
Alt, geruntzelt und ungeheuer.
Redten gar seltzam abentheuer.

Die erst zauberin.
Die erst sprach: Hört, ir lieben gspiln,
Wir theten her einander zieln,
Iede ir kunst frey zu bewern
Und eine von der andern lern.
So wist, das ich mit meiner kunst
Bezwingen kan der mender[88] gunst!
Mit zauber-listen ich in thu,
Das sie haben on mich kein rhu.
Das manns-glied ich eym nemen kan.
Das er sunst nindert[89] ist kein man.

Die ander hex.
Die ander sprach: Du kanst nicht viel.
Mein kunst ich auch erzelen will.
Ich kan undter das gschwell eym graben,[90]
Das es darnach das gschoß muß haben.
Die gschoß kan ich segnen und heylen
Und melcken milch aus der thor-sewlen,
Die hattern bannen, den wurm segen,
Und wo beschrierne[91] kinder legen,
Kan ich machen wieder gesund.
Mein kunst im gantzen land ist kundt.

Die dritt teuffels-bannerin.
Die dritt sprach: Mein kunst solt ir hörn.
So kan den teuffel ich beschwörn
Mit meiner kunst in einem kreiß,
Das er verborgen schetz mir weiß.
Die kan ich graben, wenn ich will.
Inn der christall und der parill[92]
Kan ich auch sehen viel gesicht,
Was uber etlich meyl geschicht.
Den leuthen kan ich auch warsagen,
Wo man in etwas hat endtragen.[93]

Die vierdt wettermacherin.
Die vierdt sprach: Ir seit seicht[94] gelehrt.

Mein kunst mir allein ist beschert.
Den teuffel ich genommen han.
Ich bin sein fraw und er mein man.
Derselbig hilfft mir wetter machen,
Das sein die wuchrer mügen lachen,
Wann ichs trayd inn die erden schmitz[95]
Mit hagel, schauer, donner, plitz.
Mit gspenst mach ich ein raysing zeug,[96]
Damit ich die einfelting treug.[97]

Die fünfft unhuld.
Die fünfft sprach: Mein kunst ob euch ölln,[98]
Kan mich inn ein katzen verstelln.
Auch kan ich faren auff dem bock,
Far uber stauden, stein und stock,
Wo hin ich will, durch berg und thäler.
Auß der kuchen und dem wein-keller
So hol ich gut flaschen mit wein,
Würst, hüner, gense, wo die sein.
Damit erfreu ich meine gest.
Mein kunst ist noch die aller-best.

Der beschluß.
Inn dem ein vogel auff eym ast
Wurd flattern gar lautraysig fast.[99]
Da erwacht ich in dieser sag.
Da war es heller, liechter tag.
Da kund ich gar wol mercken bey,
Es wer ein traum und fantasey,
Geleich als wol als mit den weyben,
Die solche schwartze kunst sind treyben.
Ist doch lauter betrug unnd lügen.
Zu lieb sie nyemand zwingen mügen.
Wer sich die lieb lest ubergan,
Der selb hat im es selb gethan,
Das er laufft wie ain halber narr.
Nimpt man ires eingrabens war,
So ist es fantasey allwegen.
So sind erlogen all ir segen.
Der teuffel lest ein weib sich zwingen,
So ferr[100] ers inn unglaub müg bringen.
Auch wo man schetz waiß unverhol,[101]
Die grebt man on den teuffel wol.
So ist der christallen gesicht

Lauter gespenst, teuffels gedicht.[102]
Ir warsagen ist warheyt-lär,
Das zutrifft etwan ungefär.
Das wetter-machen sie bethort.
Schlüg sonst gleich wol auch an das ort.
Des teuffels eh und reutterey[103]
Ist nur gespenst und fantasey.
Das bockfaren kumpt auß mißglauben.
Der teuffel thuts mit gspenst betauben,
Das sie ligt schlaffen in eym qualm.
Maint doch sie far umb allenthalbm
Und treyb diesen und jhenen handel[104]
Und in ein katzen sich verwandel.
Diß als ist haidnisch und ein spot
Bey den, die nicht glauben in Gott.
So du im glauben Gott erkenst,
So kan dir schaden kein gespenst.

Anno salutis 1531, am 9 tag Aprilis.

16. 1532. Aus der Constitutio criminalis Carolina, *der peinlichen Gerichtsordnung Karls V., dem ersten allgemeinen deutschen Strafgesetzbuch, das in den meisten deutschen Territorien Geltung erlangte und formell bis Ende des 18. Jahrhunderts in Kraft blieb. Die* Carolina *sucht durch die genaue Fixierung von Verbrechenstatbeständen und Strafen der allgemeinen Willkür bei Verhaftungen, Folterungen und Hinrichtungen zu steuern.*

»52. So die gefragt persone zauberey bekennt.
Item bekent Jemandt ein zauberey: Man soll auch nach der ursach, umbstenden, als obstet fragen: und dess meher, wamit, wie und wann die zauberey beschehen, mit was worten oder wercken. So dann die gefragte persone anzeigt, das sy ettwas jngraben oder behallten het, das zu sollcher zauberey dinstlichen sein sollt: man soll darnach suchen, ob man sollliches finden könnde. Were aber sollliches mit andern dingen durch wort oder werck gethon, man soll dieselbenn auch ermessenn, ob sy zauberey uf jnen tragen. Sy soll auch zu fragen sein, von weme sy sollliche zauberey gelernet, unnd wie sy daran komen sey, ob sy auch sollliche zauberey gegenn meher personen geprauchet, unnd gegen weme, was schadens auch damit gescheen sey. [...]
109. Straff der zauberey.
Item so jemandt den leuten durch zauberey schaden oder nachteil

zufuegt, soll man straffen vom leben zum tode, unnd man solle solliche straff mit dem feur thun. Wo aber jemant zauberey geprauchet und damit nymandt schaden gethon hete, soll sunst gestrafft werden nach gelegenheit der sache; darinne die urtheiller raths geprauchen sollen, alls von rathsuchen hernach geschrieben steet.«

17. 1562. Ein Summa etlicher Predigten von Hagel und Unholden, gethon in der Pfarrkirche zu Stuttgarten im Monat Augusto. Durch D. Matheum Alberum und D. Wilhelmum Bidenbach, sehr nutzlich und tröstlich zu diser zeit zu lesen. *Die Predigten beziehen sich auf ein gerade aktuelles Ereignis: Am 3. August des Jahres hatte ein furchtbares Hagelwetter die Gegend von Eßlingen und Stuttgart auf 18 Meilen im Umkreis verheert. Der Oberpfarrer Thomas Naogeorgus aus Eßlingen hatte daraufhin mit einigen Amtsbrüdern seine Hexen-Predigten, die er schon zu Anfang des Jahres begonnen hatte, wiederaufgenommen und dadurch so große Aufregung hervorgerufen, daß der Rat der Stadt am 18. August ernstlich befahl, »der sache gemäß und nicht so [zu] predigen, wie neulich mit dem hagel geschehen sei, damit sie den gemeinen Mann nicht also verbitterten«. Alber und Bidenbach versuchten, einen vermittelnden Standpunkt zu formulieren. Statt heftig über die Hexen herzuziehen, ermahnten sie die Gemeinde zu Buße und Besserung des Lebens, da das große Hagelwetter die Strafe sei für das allgemeine gottlose Leben.*

»Was ist bei allen Ständen für eine Verachtung Gottes und seines Worts! Was ist für ein überschwängliches [...] Schwören bei Alten und Jungen, bei Manns- und Weibspersonen! Wie so eine schändliche Undankbarkeit gegen dem hl. Evangelio! Was für eine unmenschliche Unbarmherzigkeit gegen armen Leuten! Niemand will etwas zu Erhaltung der Kirchen, Schulen, Armenkästen, Spitäler und dergleichen Gottesdienste geben oder sonst armer Leut Noth und Anliegen recht ernstlich beherzigen. Was soll dann Wunders sein, wenn schon der Donner und Hagel drein schlägt und dasjenige, womit wir weder Gottes Ehre noch der Menschen Wohlfahrt fördern mögen, dem Teufel unter seine Hände geben würde, daß er's verderbe? [...]

[...] Hierauf ist zu antworten, daß die göttlichen und kaiserlichen Rechte die Zauberinnen und Hexen nicht darum strafwürdig erkennen und zum Tod verurteilen, als ob sie ihres eigenen Mutwillens und Gefallens können die Elemente und Geschöpfe verrücken, verkehren und verwirren, sondern darum, dieweil sie Gott und den christlichen Glauben verleugnen, sich ganz und gar dem Teufel zu eigen ergeben und von ihm dermaßen besessen und eingenommen sind, daß sie nach ihres Meisters, des Teufels, Art nichts anderes begehren, denn den Menschen allerhand

Schaden und Jammer zuzufügen, und sind aus des Teufels Verblendung dessen verwähnt, sie thun dasjenige, welches doch der Teufel aus Verhängnis Gottes thut. Denn wenn Gott dem Teufel einen Hagel zu erwecken verhängt, so mahnet er seine Unholden, so sich ihm ergeben, auf, heißet sie ihre Zauberei anrichten und dies oder jenes in ihrem Hagelhäfelein kochen und umschütten. Wenn dann der Hagel kommt, der ohne das aus Gottes Verhängnis kommen sollte, so meinen dann diese armen, verblendeten Leute, sie haben ihn verursacht, so ihn doch Gott zuvor durch seinen Schergen und Nachrichter, den Teufel, zugerichtet. Von dieses ungläubigen, argen, verzweifelten teuflischen Willens, Fürnehmens und Wahns wegen werden die Unholden billig, als Gottes und aller Menschen abgesagte Feinde, gestraft, gleichwie man einen Verräter und Brenner straft, der doch noch die Stadt nicht verraten oder mit Feuer angesteckt, aber gleichwohl des endlichen Willens und Vorhabens gewesen, wo es ihm so gut hätte mögen werden und er nicht vor der That wäre verkundschaft worden.

Hier sollen sich aber die Oberleiten und Richter wohl fürsehen, daß sie nicht leichtlich einem jeden Geschrei, so unter dem leichtfertigen, wankelmütigen Pöbel umgeht, glauben und gleich also auf hör ich sagen zufahren und die, so für Unholden ausgeschrieen, angreifen, gefänglich einziehen, foltern und peinigen, sie haben dann zuvor alle Umstände genugsam erfahren und seien auf eine gewisse Spur gekommen, sonst ist das Geschrei, wie auch der weise Heide Quintilianus[105] sagt, eine falsche ungegründete Rede, die aus Bosheit und Mißgunst ihren Anfang gewinnt und durch gern Glauben zunimmt und gestärkt wird, welches auch dem Allerunschuldigsten durch List und Trug seiner ungünstigen Widersacher widerfahren mag. So kann man auch nicht gewiß auf die peinlichen Fragen und Folterungen gehen, daraus oft falsche gefährliche Vermutungen und Urteile erfolgen, dieweil Etliche von Natur so hart, littig, unbeweglich und gleich Steinen sind, daß sie um kein Foltern nichts geben; hergegen Etliche, sonderlich das weiblich Geschlecht, von Natur so weich, zart, blöd und unlittig, daß sie von wegen der herben Marter fälschlich auf sich selbst und andere Leute bekennen und lügen, dahin sie etwan die Tage ihres Lebens nie gedacht, wie denn hievon etliche Beispiele möchten beigefügt werden. Derohalben sollen auch die Oberkeiten den zauberischen Nachrichtern keinen Glauben geben, die fürgeben, wenn den armen Weibsbildern, so für Unholden gehalten, ein leinenes Hemd, das an einem Tag gesponnen, gewebt und genäht sei, angezogen, auch sie an Orten des Leibs, da es aller Ehrbarkeit zuwider, beschoren, nicht mehr auf das Erdreich gelassen, oder da sie auf einen fremden Boden geführt werden, so müssen sie alsdann bekennen und werde ihnen dadurch alle ihre zauberische Kunst benommen, so doch dieses für sich selber abergläubig, auch des leidigen Teufels Werkzeug, und in Summa nichts anderes ist, denn eben, wie gemeldet, Teufel mit Teufel vertreiben, dadurch der Richter betrogen und die armen Leute unschuldig gepeinigt und verdammt mögen werden. Zudem ist es allweg besser, tausend Schuldige loslassen, denn einen Unschuldigen verurteilen und töten. Aber es werden sich christliche, verständige Oberkeiten hierin wohl wissen der Gebühr und nach Gestalt der Sachen unverweislich und ohne Beschwerung ihrer Gewissen zu halten.«

18. 1563. Johann Weyer, De Praestigiis Daemonum et Incantationibus ac Venificiis. Der calvinistische Leibarzt des Herzogs Wilhelm von Cleve, Schüler des Occultisten Agrippa von Nettesheim, war nach seinem Lehrer einer der ersten, die sich gegen die Verfolgung der Hexen mit Argumenten zu Wehr setzten. Für Weyer sind die als Hexen angeklagten Frauen harmlose und verwirrte alte Frauen, die in Wahrheit körperlich und geistig krank sind; nach seiner Auffassung sind für alle »Hexen«-Werke natürliche und nicht übersinnlich-dämonische Erklärungen zu suchen (siehe auch oben S. 146 ff.).

»Dann was den bund anlange/ so ist derselbige/ recht darvon zureden/ warlich ein falscher betrieglicher/ on deshalb untüchtiger krafftloser Bunde/ welchen der Teuffel aus seiner arglistigkeit/ durch viel unnd mancherley betrug unnd verblendung/ deß arbeitseligen Menschen/ anbrittlet.[106] Als wenn er ihm nemlich im Schlaff oder sonst/ ein phantasma/ das ist/ etwas gesichts/ oder einen bösen Geist/ mit eim phantastico corpore oder angenommen geborgeten leib/ ihn dardurch zubetriegen/ lest fürkommen: Oder aber die feuchtigkeiten und spiritus/ so dar zu tüglich/ in neruis opticis:[107] dermassen bewegt/ daß ihm seltsame speccies oder gestalten vorschweben/ darzu auch mit pfeifen/ kirren/ murmeln/ so zu solchem vorschwebenden Bild sich wol reimbt/ dasselbig in den instrumenten des gehörs/[108] confirmiert unnd bestätigt. Daß aber der sach also sey/ ist leichtlich abzunemmen/ wenn wir anderts das ungleich wesen beyer partheien/ so diesen Bunde eingehen/ deßgleichen die form/ weiß unnd maß deß Contracts/ sampt allen andern umbstenden fleissiglichen nach der Schnur der Vernunfft unnd auch unsers Christlichen Glaubens/ erwegen unnd betrachten wollen. Daher denn auch wirdt heiter unnd offenbar werden/ daß der mehrertheil stücken/ so bisher den hexen sind zugeschrieben worden/ und auch sie selbst/ vorab so man sie peinlich gefragt/ bekenne und verjähen[109] haben/ dieweil sie nicht wol bey ihnen selbst/ und die Virtus imaginatiua[110] oder vorbildung vom Teuffel verruckt/ nit der hexen/ sondern deß Sathans werck sind/ welcher denn/ seinen gewalt[111] zuerzeigen unnd werck zuverbringen/ eines Menschen hülff unnd beystand nicht umb ein haar bedarff/ auch von keines willen oder Gebott/ denn allein Gottes und seiner dienern/ der guten Engeln nemlich/ unnd gleubiger frommer Menschen/ mag bezwungen werden/ den Gottlosen aber und verrückten dient der alt Boswicht gern und mit gutem willen/ wiewol er niergendt dergleichen thut/ darmit daß er den Menschen dester besser in seine stricke bringe. Nun dieser Pact/ so allein durch die imagination unnd einbildung von der einen parthey/ von der andern aber betrüglich dolo malo[112] eingegangen wirdt (denn es jhe zwischen dem verblendenden/ verführenden Geist/ unnd dem arbeitseligen verstummten Menschen/ so nit aller dingen wol bey im selbst/ kaum anderst kan zugehen) bindet die zwo partheyen nit steiff unnd satt zusammen. Dann daß vom Teuffel gesagt wirdt/ er strecke die Hände auß/ unnd nem handtgelobe[113] von der hexe/ wissen alle vernünfftige Leuthe/ daß erstuncken unnd erlogen sey. Dann wie könte doch das immer möglich seyn/ da Christus der die warheit selber ist/ außtrücklich bezeuget/ daß ein geist weder Fleisch bei oder (wie aber an Menschen Händen zu sehen ist) an sich habe.

Ja möchte jemandts entgegen werffen/ die lose alte Schell hat den Christlichen Glaube verleugnet. O guter Freund/ es ist zubesorgen/ daß noch viel in dem Spittal kranckliegen/ denn alle die/ so ein andern weg zu dem heil unnd der Seelen seligkeit suchen/ denn allein Jesum Christum/ unnd nicht auß lebendigem Glauben/ der durch die lieben thetig/ seine Gebott halten/ und ihm nachfolgen/ die haben den Glauben schon verleugnet/ unnd solches in der warheit bezeuget mit der that/ bey guter vernunfft: So aber das arbeitselige Weib entweder alters halb/ oder von wegen der anstandthafftigkeit/ so Weiblichem Geschlecht von natur angeborn/ oder daß sie nit wol bey ihnen selbst/ durch falschen wahn/ vom bösen Feinde hinder das liecht geführt/ vermeint daß sie es gethan habe. Lieber mein habe doch ein wenig gedult/ unnd mercke auff die wort deß heiligen Apostels Pauli/ mit welchen er die alle/ so den Christlichen Glauben warlich verleugnen/ gar eigentlich und mit lebendigen farben beschreibt unnd abmahlet. Der Geist aber sagt deutlich/ daß in den letzten zeiten werden etliche von dem Glauben abtretten/ unnd anhangen den verführerischen Geistern unnd lehrern der Teuffel durch die/ so in gleißnerey lügenreder findt/ und brandtmal in ihren gewissen haben/ und verbieten ehelich zu werden/ und zu meiden die speiß/ die Gott geschaffen hat/ zu nemmen mit dancksagung den gleubigen und denen die die wahrheit erkennen.

wiewol ich nicht wil glauben/ daß wenn der Sathan mit dem Menschen den contract auffrichtet/ daß der Stirnen warlich etwas widerfahre/ sondern daß es ein lauter wahn unnd traum sey/ wie wir denn wol vermercken mögen/ daß in dieser sach viel ding gleicher weise zugehen. Welches aber alles von dem bösen Feinde zu dem zweck angerichtet wirt/ daß leichtgleubige/ unbesinnte Leuthe in ein phantasien unnd falschen wahn gerathen/ also daß sie genzlich vermeinen/ sie seyn nun hinfüro vom teuffel dermassen gefangen und verstrickt/ daß ihnen alle weg unnd mittel zu der Busse verlegt und versperret sey. Darmit sie endlich in ein verzweiffelung fallen/ unnd an irem heil verzagen. So doch diesen eben als wol als allen andern grossen/ schweren Sündern/ Thür unnd thor zu der unermeßlichen unaußsprechlichen Gnade und Barmherzigkeit Gottes deß himmlischen Vatters/ durch Christum den Herren/ weit unnd an dem angel offen stehet.

Und daß ich anderer stücken/ so folgends widerlegt werde/ auff dißmal geschweige/ so ist das für das erst ein grobe un unverschämpte lüge/ lautere einblasung deß Teuffels/ und loser aberglaube/ die jungen Kinder allein durch etwas Ceremonien mögen umbgebracht werden. Item/ daß sie dieselbe auß den Gräbern wiederumb heimlich ausgraben/ ist nichts anders denn ein falscher teuffels wahn/ so auß der vi imaginatiua[114], oder einbildung/ so in jenen verrückt unnd verderbt/ oder in einem tieffen schlaff versuncken/ sein uhrsprung hat. Welchs denn/ so man die gräber ersuchte/ darauß sie vermeinen daß sie die Kinder herauß genommen haben/ würde augenscheinlich erfunden werden. Denn die Cörperlein der Kinder gewißlich noch würden vorhanden seyn. Ich trag deß auch keinen zweiffel/ ihnen sey die phantasey vom sieden unnd kochen deß Kindlins Fleisch/ biß es zu einem tranck werde/ gleicher gestalt in den Sinn kommen. Denn es ist jhe dieser handel so gar unmenschlich erschröcklich/ grawsam unnd ungleublich/ daß/ wenn ichs schon mit meinen leiblichen augen gesehe/ ich viel mehr gedencken würde/ sie hetten mir mit einem betrieglichen vorschwebenden Bild deß erschröcklichen spectackels/ mein Gesicht verzaubert und verblendet/ denn daß ichs immermehr/ von wegen daß es gar nicht zu glauben/ für warhafftig halten würde. Aber laß seyn: daß dem Teuffel auß dem hindern/ solche Salbensiederin herfür kriechen/ die alle sanfftmütigkeit/ erbermdt/ mitleiden/ unn mit einem wort zurede/ die ganze Menschliche natur/ so ganz unnd gar von ihnen gelegt/ unnd zu grawsamen wilden Thieren seyn worden. So sage mir doch jemand an/ woher aber eben dieselbige Salbe die krafft empfangen habe/ so bald sie einem angestrichen wird/ daß er den nechsten eben die seltsamen gelüst unnd begierden uberkompt/ auch die verfluchten künst so wol ergreifft/ unnd auch in lüfften wieder unnd für fahren kan/ wie die Hexen selbst? Oder so man nicht mehr denn ein stul [...] damit salbet/ und einer er sey gleich wer er wolle/ darauff sitzet/ auch in einem augenblick/ als wenn er Fortunati[115] (wie man in fabeln lieset) wünschhütlein hette/ durch die lufft dahin fehret/ wie aber die Hexen dessen beredt sindt/ und das vorangezogen Buch/ Malleus Maleficarum, auch meldet.

Hiezwischen aber ist nicht ohn/ die arbeitseligen Weiblein werden vom bösen Geist durch die Gesicht/ so er irer einbildung so eigentlich lest einkommen/ dermassen überthöret/ daß sie/ nicht anderst/ denn als wenn es alles warlich beschehen were/ ordentlich darvon wissen zusagen. Wie es sich denn in der warheit lest ansehen/ daß alle ire thaten/ so ausserhalb der natur/ nicht mehr denn falscher wahn unnd träum seyn. Unnd derhalben so man sie peinlich[116] fragt/ oder jetzt das feuwer ihnen anhebt under die augen scheinen/ bekennen sie selbst öffentlich daß sie von ihren begangenen missethaten nicht anderst/ denn als ob sie ihnen in eim traum oder Gesicht seyn vorgeschwebt/ wissen zusagen. Es wirdt auch diese meine meinung in den Decretis confirmiert und bestätigt/ mit diesen worten: Etliche Weiblin so dem Sathan dienen/ werden von bösen Geistern dermassen hinder das liecht geführt/ daz sie genzlich bered sind/ sie können und mögen noch viel andere grawsame ding zu wegen bringe/ als nemlich/ junge seugende Kind von der Mutter Milch hinreissen/ braten und essen/ auch in ihren eigenen heusern durch die Camin oder Fenster einfahren/ und die Einwohner auff vierlerley weise unruhig machen. Welche ding alle sampt andern dergleichen/ nicht mehr denn phantastischer weise/ und durch ein falschen wahn zugehen. Mit deren[117] aber die ein grüblein macht/ unn darein Harn oder Wasser geust/ und vermeinet/ so sie es mit eim finger durch einander rühr/ möge sie ein grausam ungestümm wetter erwecken/ treibt der Teuffel der den lufft selbst trüb und dunckel macht/ nicht mehr denn sein affenspiel/ damit er sie ihm underthenig und gehorsam behalte.«

19. 1572. Aus der Kursächsischen Kriminalordnung. *In dieser Kriminalordnung wird die entsprechende Strafbestimmung der* Carolina *noch wesentlich verschärft, insofern als das Strafmaß unabhängig ist von der Frage, ob die betreffende Hexe einer anderen Person tatsächlich ein Malefizium angetan hat oder nicht.*

»So jemands in Vergessung seines christlichen Glaubens mit dem Teufel ein Verbündnis aufrichtet, umgehet oder zu schaffen hat, daß die selbige Person, ob sie gleich mit Zauberei niemands Schaden zugefügt, mit dem Feuer vom Leben zu Tode gerichtet und gestraft werden soll.«

20. 1580. Jean Bodin, Traité de la démonomanie des sorciers, *in der deutschen Übersetzung von Johann Fischart:* Vom ausgelassenen wütigen Teufelsheer der besessenen unsinnigen Hexen und Hexenmeister, Unholden, Teufelsbeschwörer, Wahrsager, Schwarzkünstler, Vergifter, Nestverknüpfer, Veruntreuer, Nachtschädiger, Augenverblender und aller anderen Zauberer Geschlecht, samt ihren ungeheuren Händeln: wie sie vermöge der Recht erkannt, eingetrieben, gehindert, erkundigt, erforscht, peinlich ersucht, und gestraft sollen werden, Straßburg 1581. *– Die* Dämonomanie *des Bodin war eines der bekanntesten Werke der Zeit.*

Innerhalb von 25 Jahren erschienen allein 15 Auflagen in verschiedenen Sprachen. Am Ende des 16. Jahrhunderts war es sicherlich eines der wichtigsten Hexenbücher überhaupt. Bodin nimmt im Anhang seines weiträumigen und auf theoretische Fundierung bedachten Werkes zu den Auffassungen von Weyer Stellung und versucht, ihn in einer ausführlichen, scharfsichtigen Argumentation (die in der deutschen Übersetzung sehr viel schwerfälliger wirkt) als Hexer zu entlarven.

»Als mir diß Werck zu end geloffen/ und es nu an dem war/ daß ich es zutrucken gäntzlich geben wolte/ sihe da/ so schickt mir der Buchtrukker/ dem ichs sonst zu verfertigen vertrawet hette/ des Herren Johannis Wier/ der Artzney Doctoris/ New Buch De Lamijs, darin er kurtzumb behaupten und erhalten will/ die Zauberer/ Hechsen und Hechssenmeister seien keins Wegs zu straffen: Welches dann eine zeitlang die Publicierung dieses Werks hat auffgehalten.

Zwar Doctor Weir ist eine merckliche zeit hievor lengst dieser Meynung gewesen. Vnd weil man jhm darauff nicht starck genug/ inn massen die Materi erheischet/ ist begegnet/ hat er solchermassen geantwort/ als het er den Sieg erhalten. Welches mich verursacht/ jhm dißmahl zu antworten/ zwar auß keinem Neid noch vergonst: sondern fürs erst/ umb handhabung Gottes Ehr/ wider welchen er sich zu Feld gelegt: und fürs ander/ damit etlichen Richtern eine böse meynung auß dem Sinn zu bringen/ welche dieser Wier/ wie er sich rhümet/ jhnen hat ein und von besserer Meinung abgeredet (dann er rhümet sich unverholen/ er hab dannoch mit seinem schreiben diß erhalten/ daß man jetzunder anfange/ die Zauberer und Unholden gäntzllich ledig zu schlagen/ und schildt dagegen die anderen Richter/ so sie hinrichten/ für Hencker und greulich Blutvergiesser.)

Welches mich heftig verwundert und erschreckt hat. Weil solche meynung entweders eines unverständigen/ unerfahrenen oder Heillosen Verruchten Menschen sein muß. Nun erweißt aber Johann Weir in seinen Schrifften daß er dißfals gar nicht der sachen unwissend/ sondern gibt auch so vil zu verstehen/ daß er ein Medicus sey/ und nit desto weniger beredt er in gedachten seinen Büchern unzählige Zauberereien/ also daß er auch die Wort/ Anruffungen/ Figuren/ Circul und Characteren der aller grösten Zauberey/ so je gewesen/ sezt und beschreibt/ dadurch daß man doch anlaß gibt unsäglich und schreckliche Schelmerey zu treiben. Welches ich warlich ohne entsetzen und grawen nicht habe können lesen. [...]

Derohalben mag man wol mit guten fugen den jenigen einen. [...] Betrieger nennen/ der nicht begnügig solche stuck zu treiben/ sondern über dasselbe auch noch andere solche Schelmereien und Boßheiten durch inn Truck gegebene Bücher understeht zu weisen und zu lehren: Vnd darneben/ damit er dieselbige bemäntele und verstecke/ bisweilen von

GOTT und seinem Wort redet. Welches dann ein solcher Betrug ist/ dessen sich der Sathan/ und seine Zugethane jederzeit haben bescholten beholffen. Das sie nämlich unter dem schein der Heiligkeit und Gottseligkeit allerley Gottlosigkeit und verruchtes wesen/ so immer zu erdencken/ pflegen hindurch zu bringen. [. . .] Dann Weier leßt ahn einem ort zu/ daß die Unholde mit dem Teuffel eine Vergleichung/ Bedingnuß und gemeinschafft haben/ auch durch sein hilff und fürderung viel unrechts und unglucks stifften: Und gleichwol widerspricht ers im Buch de Lamijs ahn Etlichen enden/ daß kein Pact zwischen jne bestehe/ sondern flattert herumb: Und sagt einmal/ man könn es beweisen/ das andermal/ man solle den Vergichten und Bekantnussen der Unholden keinen glauben zustellen/ und es betrige sich und andere die Leut/ welche meinen daß die/ so für Hechsen verschreyt sind/ solten diß können/ dessen sie sich außthun/ sondern es plag sie allein eine Melancholische sucht¹¹⁸ die sie so unrichtig macht.

Siehe da/ waran die/ so der sachen unverständig und unerfahren/ sampt denen so Zauberer seind oder mit jnen leichen/ sich pflegen zuheben und zubehelffen/ damit sie ihres gleichen ungestrafft durch bringen und des Sathans Reich vermehren.

Alle die/ so vor der zeit sagten/ es gieng durch Melancholey zu/ die glaubten nicht/ daß Geyster oder Engel/ oder auch ein GOTT were: Aber Doctor Weyer bekennet es sey eyn GOTT (gleich wie er die Teuffel auch bekennen/ und unter seiner Macht erzittern/ inmassen die Heilig Schrifft bezeugt) bekennet auch durch all sein Schrifften/ es seyen beydes gute und Böse Geyster/ welche mit den Menschen zu halten/ und bißweilen mit ihnen Vergleichungen Auffrichten und geheime Gemeinschafft haben. Warumb darff er dann das Gabel-, Besen- oder Bockfahren der Hexen und Zauberer/ deßgleichen ihre Verherungen und Verzauberungen/ und sonst ungeheure frembde Händel/ der Melancholey zuschreiben? Ja noch darzu ungläublicherweiß die Weiber uberauß Melancholisch machen? So doch die Alten dises für ein Wunder waregenommen und inn Verzeichnussen hinderlassen/ daß nie kein Weib von Melancholey oder unmuth/ und nie kein Mann vor Freuden gestorben sey/ Sondern im widerspiel/ viel Weiber vor unmäsiger Freud offt sterben.

Und demnach Weier ein Medicus ist/ so soll jm ja bewußt sein/ daß die Feuchtigkeiten und *Humores*, der Weiber/ gar der verbranten Melancholey widerstreben [. . .] Innmassen die Artzney gelehrten hierinn uberein stimmen. Seit einmal eins wie daz ander auß einer ubermässigen Hitz und tröckene entstehet/ wie Galenus¹¹⁹ im Buch *De atra bile* schreibet. Nun seind aber/ wie eben gedachter Author/ sampt allen Griechen/ Latinern und Arabern hellt und meldt/ die Weiber kalter und trockner Natur. [. . .]

Welches Doctor Weyer/ als ein Medicus/ ja billich wissen solt. Nun haben wir aber droben dargethan/ daß die Weiber gemeinlich mehr vom Teuffel Besessen werden: dann die Männer/ und daß die Unholden beydes offt mit dem Leib vertragen/ und sonst Teuffelischer weiß also verzuckt werden/ daß der Leib unempfindlich und starrig[120] da ligen bleibet.

Noch lautets viel Lächerlicher/ fürzugeben/ der Unholden Kranckheit entstand auß Melancholey/ so doch die Süchten/ so auß Melancholey entstehen/ allzeit gefährlich seind. Nun erfahren wir aber von etlichen Unholden/ das etliche dise schöne Kunst viertzig und Fünfftzig Jar haben getrieben/ auch von Zwölff Jaren (wie die mehrmals gedacht Johanna Harwilerin/ so den 29 Aprillis des 157 s. Jars Verbrannt worden/ und die Magdalena vom Kreutz/ Abtissin zu Corduba inn Hispanien/ Im Jar 1545.) Und mit dem Teuffel beydes inn Geheime Freundtschafft und fleischliche vermischung eingelassen/ die eine viertzig Jar die ander dreissig Jar.

Hierumb so muß ja nun Weyer gestehen/ das solchs ahn ihm/ als ein Medico/ eim ungeschickts sey/ und groß Unuerstand und Unwissenheit (aber was sag ich von Unwissenheit/ ich solt anders sagen) sey zubeschuldigen/ Wann er den Weibern die Melancholischen Kranckheiten darff zumessen: Welche ihnen eben so wenig zukommen/ dann die Löblichen Wirckungen und Effect einer temperierten Melancholey welche (Inmassen alle Alten Philosophi und Medici angezeigt[121]) den Menschen Klug/ Bescheiden/ Bedachtsam/ Nachsinnig und Contemplatifisch machen/ welche der gleichen Qualiteten und Affectionen seind/ die eim Weib gleich so wenig mögen gebüren und anhencken/ als das Fewr dem wasser. Ja Salomon/ der am besten Weiblicher Art und Temperatur erfahrēn gewesen/ spricht inn seinen Sprüchwörtren/ er hab under Tausent Männern einen witzig[122] gesehen/ aber von Weibern nicht eines.

Derwegen so laßt uns nun von disen dollen Fantastenköpffen/ welche die Weiber Melancholisch machen/ abkehren: sintemal ja Weier selber/ als er sieht/ daß ihm seine gesuchte beschönung und überschlagenes deckmäntelein der Melancholey wird abgezogen/ durch so offenbare gewisse Erweisung/ *Demonstration,* und helle warheit Göttlicher und Menschlicher Gesatz/ durch so vieler Völcker auff dem gantzen Erdboden Geschichten und Historien/ durch so viel Vergichten und Bekantnussen/ beydes freywillige und peinlich außgepreßte/ durch so vil Gerichtliche Sententz und Urtheil durch unzehliche uberzeugungen/ Condemnationēn und Executionen/ welche seyd drey tausent Jaren her inn aller Welt vorgangen/ begibt er sich noch auff ein ungeschickteren Ranck/ durch welchen er vermeint den Zäuberern die straff vom Halß zubringen: für gebend/[123] Der Teuffel verführe die Hechssen/ und bild ihnen ein/ sie thun und Schaffen diß und jens/ welches er selber thut.

Mit disem fund stellet er sich/ als sey er dem Sathan hefftig zuwider/ und unter dessen befleißt er sich/ die Zauberer zusalvieren und zu rettèn. Welchs eigentlich eben so viel ist/ als schertzt er mit Worten mit dem Sathan/ und im Werck bestättigt und vermehrt er sein Macht und Reich.

Dann er weiß wol/ daß die Oberkeit über die Teuffel keine Iurisdiction[124] hat/ sie zu hemmen/ oder den Stab uber sie zu brechen.

Wann aber diß Argument solt platz finden/ da würden nicht allein die Zäuberer und Hechssen/ sondern alle Todtschläger/ Räuber/ Blutschender/ Vattermörder/ und alle die vom Feind deß Menschlichen geschlechts zu ubelthaten und Mißhandlungen getriben werden/ ungestrafft entgehen und ledig gesprochen werden. [. . .]

An einm andern end spricht er/ wann er unterstünde zu erhalten/ daß die Unholden/ nicht könten rechtmässig getöd werden/ Sondern daß auch inn der Heiligen Schrifft gantz kein meldung der Hechssen geschehe/ so solt ihm einer dasselbige nicht bald widerweisen. Hie ruff ich Gott und sein Heilig Gesatz/ sampt unzehligen orten der Bibel zu zeugen wider disen Mann ahn/ ihn der Lästerung zu vberweisen. [. . .]

Noch wöllen wir mit einem andern Argument/ welches unwidersprechlich ist/ darthun/ daß weder dieselb Salb es thu/ noch ein Schlaf/ sonder ein rechte ware verzuckung der Seelen vom Leib sey: Und ist es nämlich dieses/ weil alle die/ so dermassen verzuckt seind/ ein halbe stund hernach wiederumb zu sich selbst kommen/ oder so bald es gelust: Welches einem/ der durch einfache *Narcotica* oder schlaffbringende Artzney eingeschläfft wird/ unmöglich ist/ sondern bleiben offt einen oder zwen Tag unauffgewacht.

Der brauch brings auch mit sich/ daß (inn massen wir es droben vermelt) dise Leut so verzuckt werden/ offt auff 100. Meilen ware zeitungen von allerhand Geschichten wissen zu sagen.

Diß ist aber wol zumercken/ daß die bereitung dieser Salb/ welche der Author der Natürlichen Magy lehret/ auß keim Simpeln Schlaff bringendem stück/ sonder auß vielerley gefährlichen Gifften gemacht werde. [. . .]

Wo ihm dann also/ daß die bösen Geister durch ein gerechte Zulassung Gottes Macht haben die Seel vom Leib zuscheiden/ wie solten sie dann nicht die Macht haben/ sie mit dem Leib zuverketschen.[125] Sitemal ohn alle vergleichung viel wunderlicher ist/ die Seel vom Leib zutrennen und zu scheiden/ und sie widerumb einzustellen/ dann wann der Teuffel Seel und Leib miteinander holet.

Mich betreffend/ halt ich nach zeugnuß Göttlicher Geschrifft/ diese Verzückung *Ecstasin* oder *Aphaeresin*[126]/ für eins der fürnembsten und stercksten Argument/ durch welches wir die unsterbligkeit der Seelen mögen bewären/ und diese *Hypothesin* des Aristotelis decidieren[127]/ da er setzt/ Wann die Seel etwas für sich selber ohn den Leib kan/ so sey sie unsterblich: Dann die fürtrefflichsten Zauberer so es auß erfahrung (wie Orpheus)[127a] erkandt hatten/ haben jederzeit den Leib für der Seelen Kärcker gehalten [. . .] Plato meynet/ *soma*, das ist/ der Leib/ heißt so viel als *fema*, das ist/ ein Grab: und Socrates nandts die Hüll der Seelen. [. . .]

Wann dann nun uber solche ansehliche Zeugnussen/ noch die ordenliche Erfahrnuß und Experientz unzehlicher Gerichtlicher Procedierung hinzu kommet/ darbei die Kundtschafften die Widerholungen/ die Confrontationen/ Uberzeugungen/ Vergichten[128]/ und Bekantnussen biß zum Todt/ Vilfeltig und klärlich erscheinen: so ists zwar nicht ein Halßstarigkeit an D. Weier/ das er das widerspiel Handhabet[129]: sonder/ der groß ernst und fleiß/ den er umb erweiterung des Sathans Reich anwendet/ ist ein ubergrosse Gottlosigkeit.

Dann man hat ja der bei Nacht abwesenden Hexen Beweisung genung/ wann sie di warheit bekennen/ und die ursach jres außbleibens anzeigen. Man hat ja gesehen/ daß die jhenigen/ welche erst jüngst zu solchen Hexensammlungen kommen/ und Gott umbhülff angeruffen/ oder sich vor dem/ das sie sahen/ förchten und scheuchten/ mit ihrem schaden erfahren haben/ daß sie 100. oder 50. Meilen von Hauß waren/ und grosse Tagreisen zu dem ort/ von dannen sie der Sathan inn wenig stunden vertragen gehabt/ vollbringen mußten. [...]

Wiewol Weier ihm selbst zuwider zugibt/ Simon der Zauberer[130]/ welchem Nero ein Ehrenbildnuß zur gedächtnuß auffrichten sey inn die Lufft auffgeflogen: wie auch diß die alten Doctores/ und deren nit wenig in Schrifften hinderlassen. Ist aber diß nicht ein uberauß grosse Narrheit bekennen/ daß Simon der Zauberer in die Lufft sey geflogen/ und hingegen nicht zugeben/ daß es andere Zauberer auch können/ sonder sagen/ sie betriegen sich/ und meynen/ sie werden im Lufft zu dem Unholden Tag vertragen? Ist dann der Sathan heutigs tags weniger bei Nacht/ dann damals? Dann diß geschähe nach JESU Christi Todt.

Ja Weier erzehlt selber/ er hab inn Teutschland einen Zauberischen Gauckler gesehen/ der bei hellem Tag vor allem Volck gegen Himmel sey geflogen/ und als ihn sein Weib bei den Füssen gehebt/ ist sie auch auffgehebt worden/ und da hat die Magd sich an die Fraw gehalten/ und ist gleichsfalls auffgefahren/ seien auch solcher gestalt eine zimmliche gute weil im Lufft also geblieben/ darab daß Volck erstummet gewesen/ und sich als ab einem Mirackel verwundert. [...]

Aber es benügt mich/ daß ich den Weier durch sein eigene Bücher und fürbringen kan uberweisen. Dann er schreibt selber/ er hab Leut von den Teuffeln hinauff in die Lufft tragen gesehen/ auch meldet er/ es sey nichts ungereimts. [...]

Und welches noch mehr ist/ er schreibt im 19. cap. des 4. Buchs *De Praestigijs*, das als der Teuffel inn gestalt eines Fürsprechen eine sach vor Gericht geführt/ und gehört/ daß die Widerparthen sich dem Teuffel ergab/ wann er etwas Gelts von seinem Gast het zu verwaren empfangen/ alsbald vom stand aufgewischt sey/ und diesen Wirth der einen Meineyd gethan hatte inn angesicht deß gantzen umbstands[131] hingeführt habe: Und diese Geschicht/ sagt er/ sey gewißlich in Teutschland geschehen.

Folgends/ nach dem er viel Exempel solcher Teuffelischen entführungen hat gesetzt/ schleißt er/ diß sey gewiß und gar keins wegs etwas ungereimpts darhinder. Und gleichwol dieses alles unangesehen/ schreibt er im Buch von den *Lamijs* gar das widerspiel. Darauß man ein recht leichtfertig Schwindelhirn/ welches sich zu jeder red verwickelt/ kan abnemmen. [...]

Anlangend dann diß/ das Weier sagt/ die Hechssen vermögen nicht für sich selber Tonnern/ noch Hagelen/ das laß ich zu/ auch gleich so wenig die Menschen durch Mittel Wächßiner Bildelein und Wörter die Menschen tödten. Aber man kan gleich wol nicht vermeynen/ und Weier gestehts/ der Sathan töde und verderbe diß durch Mittel der Opffer/ Gelübde/ und anruffung der Zauberer/ und durch gerechte Verhängnuß Gottes/ welcher sich durch sein Feind an seinen Feinden rechet.

Derohalben sind die Zauberer desto tausendmal mehr/ des Tods schuldig/ weil sie Gott verlaugnet/ und den Sathan angeruffen haben/ als wann/ sie mit ihren händen ihre Eltern umbgebracht/ und Feur in die Frucht angelegt hetten. Dann diese schäden und nachtheil betreffen die Menschen/ ...: jenes aber ist stracks der heiligsten Maiestet Gottes entgegen. Wie viel mehr dann verdienen die straff solche/ die Gott vorsetzlich und gleichsam mit trotz und muthwillen anfechten/ und darzu durch Zauberey die Menschen tödten/ und die Frucht verderben? [...]

Dann ob wol Weier gestehet/ der Sathan sey es/ der es thue/ so wird er dannoch auch nicht inn abred sein/ er werd durch die Zäuberin darzu gereitzt/ getriben/ gezogen/ gebetten/ geholffen/ und hingegen die Zauberer widerumb vom Sathan/ der gleichen Schelmereien[132]/ die sie stifften/ an zu anzurichten.«

21. 1587. Bericht über den Spruch des Dillinger Stadtgerichts gegen eine ältere Hebamme, die am 20. September des Jahres aufgrund dieses Urteils verbrannt wurde.

»Gegenwärtige, gefangene und gebundene, maleficische, arme Weibsperson, Walpurga Hausmännin, hat auf gütliches und peinliches Befragen, nach beharrlichem und gleichförmigem berechtigtem Bezichtigen über ihre Hexerei bekannt und ausgesagt: Als sie vor einunddreißig Jahren im Witwenstand gewesen, hat sie dem Hans Schlumperger allhier Korn geschnitten und mit ihr sein gewesener Knecht, Bis im Pfarrhof genannt. Mit diesem habe sie freche Reden und Geberden geführt und abgemacht, daß sie in derselbigen Nacht in ihrer, der Walpurga, Behausung zusammenkommen und Unkeuschheit treiben wollten. Als nun die Walpurga solches erwartet und nachts mit bösen fleischlichen Gedanken in ihrer Kammer gesessen, ist nicht der gedachte Knecht, sondern der *böse Geist* in dessen Gestalt und Kleidung zu ihr gekommen und hat alsbald mit ihr

Unzucht getrieben. Darauf hat er ihr ein Stück Geld, wie einen halben Thaler geschenkt, das aber niemand von ihr nehmen wollte, weil es schlecht und wie Blei gewesen ist. Deshalb hat sie es auch weggeworfen. Nach vollendeter Unzucht hat sie an ihrem Buhlteufel den *Geißenfuß* gesehen und gespürt, daß seine Hand nicht natürlich, sondern wie aus Holz gewesen ist. Darüber ist sie erschrocken und hat den Namen Jesus genannt, worauf der Teufel sie alsbald verlassen hat und verschwunden ist.

In der nächstfolgenden Nacht ist der böse Geist in voriger Gestalt wieder zu ihr gekommen und hat mit ihr wieder Unzucht getrieben. Auch hat er ihr vielfach versprochen, ihr in ihrer Armut und bedrängten Zuständen Hilfe zu leisten, weshalb sie sich ihm mit Leib und Seele ergab. Darauf hat der böse Geist ihr alsbald unter der linken Achsel einen Kratzer oder Riß zugefügt und verlangt, daß sie sich mit dem daraus geflossenen *Blut* ihm *verschreibe*. Dazu gab er ihr eine Feder, da sie aber selbst nicht schreiben konnte, hat ihr der böse Geist die Hand geführt. Sie will glauben, es sei nichts Läßliches geschrieben worden, da der böse Geist mit ihrer Hand nur auf dem Papier herumgefahren ist. Diese Schrift hat der böse Geist zu sich genommen, und wenn sie mit guten Gedanken Gottes des Allmächtigen dachte oder in die Kirche gehen wollte, hat der Teufel sie an diese Schrift erinnert.

Ferner bekennt obgedachte Walpurga, daß sie oft und viel mit dem Buhlteufel nachts auf einer *Gabel* an unterschiedliche Orte ausgefahren ist, jedoch wegen ihres Dienstes nicht zu weit. Bei solchen teuflischen Zusammenkünften hat sie einen großen Mann mit einem grauen Bart gefunden, der wie ein großer Fürst in einem Sessel saß und reich bekleidet war. Das war der große Teufel, dem sie sich abermals mit Leib und Seele zugeeignet und versprochen hat. Diesen hat sie angebetet, vor ihm ist sie niedergekniet und hat ihm andere gleiche Ehren erwiesen. Dabei will sie aber nicht wissen, mit welchen Worten und in welcher Weise sie da gebetet hat. Sie weiß nur, daß sie einst unbedachter Weise den Namen Jesus genannt hat. Da hat sie der obgedachte große Teufel ins Angesicht geschlagen, und die Walpurga mußte (was schrecklich zu vermelden ist) Gott im Himmel, den christlichen Namen und Glauben, die lieben Heiligen und die heiligen Sacramente verleugnen und allen himmlischen Heerscharen und der ganzen Christenheit entsagen. Darauf hat sie der große Teufel wiederum getauft, sie Höfelin geheißen, ihren Buhlteufel aber Federlin.

Bei diesen teuflischen Zusammenkünften hat sie gegessen, getrunken und mit ihrem Buhlen Hurerei getrieben. Weil sie sich von ihm nicht überall hat hinschleppen lassen, hat er sie hart und übel geschlagen. Zum Essen hatte sie öfter einen guten Braten oder ein unschuldiges Kind, das auch gebraten gewesen ist, oder etwa ein Spanferkel und roten und weißen Wein, Salz aber nicht.

Das hochwürdige Sacrament des wahren Leibes und Blutes Jesu Christi hat sie seit ihrer Ergebung an den Teufel scheinbar oft im Mund empfangen, aber nicht genossen, sondern (was abermals schrecklich zu melden ist), stets wieder aus dem Mund getan und dem Federlin, ihrem Buhlen, zugestellt. Auf ihren nächtlichen Zusammenkünften hat sie mit anderen Gespielen das hochgedachte, hochheilige Sacrament und das Bild des heiligen Kreuzes mit Füßen getreten, angespien und darauf geharnt. Die gedachte Walpurga gesteht, daß sie bei solchen erschrecklichen und greulichen Gotteslästerungen, auf dem gedachten hochheiligen Sacrament bisweilen wirkliche Blutstropfen gesehen hat, worüber sie sich auch sehr entsetzte. Auf Befehl und Bedrohung ihres Buhlen hat sie den heiligen Weihbrunnen oft verunehrt, vor ihrem Hause ausgeschüttet oder gar den Weihkessel zerwerfen müssen. Dies hat sie noch wenige Tage bevor sie ins Gefängnis gebracht wurde, tun müssen, als sie in der Pfarrkirche war, wo sie einen Weihkessel nahm und nach Hause trug. Da begegnete ihr in dem Gäßlein zwischen dem großen Kloster und dem Stadel des Martin Müller ihr Buhlteufel Federlin in stattlicher Kleidung. Er wollte ihr den Weihbrunnen aus der Hand reißen und zwang sie, den Weihkessel gegen die Wand zu werfen. Die liebe Mutter Gottes, die heilige Jungfrau Maria, hat sie ebenfalls schwer verunehrt, vor ihr ausgespien und sagen müssen: »Pfui, Du häßliche Dirne!« Ihr Buhle, der Federlin, ist an vielen unterschiedlichen Orten zu ihr gekommen, um mit ihr Unzucht zu treiben, sogar auch des Nachts auf der Gasse und während sie jetzt in Haft gelegen ist. Sie bekennt auch, daß ihr ihr Buhle in einem Büchslein eine Salbe gegeben hat, um Menschen und Vieh wie auch die lieben Früchte auf dem Felde zu beschädigen.

Er hat sie auch gezwungen, die jungen Kinder bei der Geburt, und noch ehe sie zur heiligen Taufe gekommen sind, umzubringen und zu töten. Dies hat sie auch, so viel es ihr möglich gewesen, ausgeführt. Dies hat sie wie folgt bekannt:

1 und 2) Vor ungefähr zehn Jahren hat sie die Anna Hämännin, die nicht weit von Durstigel wohnte, bei ihrer ersten Geburt mit ihrer Salbe und auch sonst verdorben, daß Mutter und Kind beieinander geblieben und gestorben sind.

3) Des Christian Wachters Stieftochter Dorothea hat vor zehn Jahren ihr erstes Kind geboren, diesem hat sie bei der Geburt ein Grifflein auf das Hirnlein gegeben, daß es gestorben ist. Der Teufel hatte ihr ganz besonders geboten, die erstgeborenen Kinder umzubringen.

4) Vor zehn Jahren hat sie der Kromt Anna, die bei dem Altheimer Tor gesessen ist, das zweite Kind mit ihrer Salbe vergiftet, so daß es gestorben ist . . .

8) Vor drei Jahren ist sie in eine Mühle zu der Müllerin geholt worden, dort hat sie das Kind in das Bad fallen und ertrinken lassen. [. . .]

11) Als sie vor sechs Jahren mit der Magdalena Seilerin, Kammerschrei-

berin genannt, gegessen, hat sie ihr eine Salbe in den Trunk getan, wodurch diese ein unzeitiges Kind auf die Welt brachte. Dieses Kind hat sie, die Walpurga, heimlich unter der Türschwelle der gedachten Kammerschreiberin vergraben unter dem Vorwand, daß diese dann keine Fehlgeburt mehr machen werde. Dieses hat sie auch bei vielen Anderen getan. Als sie mit Ernst nach den Ursachen dieses Begrabens gefragt wurde, gab sie an, daß es darum geschehe, um zwei Eheleute dadurch auseinanderzubringen. Dies hat sie ihr Buhlteufel gelehrt. [...]

13 und 14) Sie bekennt, daß sie der Hausfrau des seligen Herrn Kanzlers Doctors Peuter, als diese vor elf Jahren lange Zeit in Kindsnöten lag, eine Teufelsalbe an die Geburt gestrichen hat, wodurch diese so schwach wurde, daß man ihr die letzte Ölung geben mußte. Drei Stunden danach sind Mutter und Kind beisammengeblieben und gestorben.

15) Einem schönen Knaben des seligen Herrn Kanzlers, Jakob genannt, der hübsches blondes Haar hatte, hat sie ebenfalls ihre Salbe aufgestrichen und ihm ein Steckenpferd gebracht, damit er sich damit wütend reite. Er ist auch gestorben. [...]

25) Dem Herrn Statthalter allhier, Wilhelm Schenk von Stauffenberg, hat sie ein Kind, Werner, mit der Salbe versehrt, daß es innerhalb drei Tagen gestorben ist. [...]

30) Dem Kunz-Wirt hat sie vor drei Jahren ein Kind, einen Zwilling, ausgesaugt, so daß es gestorben ist.

Sie bekennt auch, daß sie das Blut, das sie dem Kinde ausgesaugt hatte, dem Teufel wieder aus-speien mußte, der es zu seiner Salbe gebrauchte. Sie hat den Kindern nichts Böses anhaben können, wenn man mit dem heiligen Weihwasser verwahrte. Wenn sie aber dem Kind selbst das Weihwasser reichte, hat sie wohl Schaden tun können, da sie zuvor in den Weihbrunnen harnte.

31, 32, 33, 34, 35, 36, 37, 38, 39, 40, 41, 42 und 43) Bekennt sie, daß sie der Venedigerin, der Hefeleinin, der Landstraßerin, der Fischerin, der Eva auf der Bleiche, der Weberin, der Ratschreiberin, der Kautzin, der Meschin, der Weinzieherin, der Berlerin und der Martin Kautzin je ein Kind, der Berlerin aber zwei getötet hat. Dem Büblein des Georg Klinger hat sie erst unlängst eine Salbe aufstreichen wollen, es sind ihr aber Leute begegnet, so daß sie es nicht vollbringen konnte.

Auch der Frau Statthalterin hat sie eine Salbe angestrichen, weil diese aber ein Halsgehänge mit geweihten Dingen daran getragen hat, hat diese Salbe nicht gewirkt.

Der Hausfrau des Stadtschreibers hat sie im vergangenen Winter gegen Abend auf der Schwelle ihres Hauses ihre Salbe auf den Arm gestrichen, worauf diese alsbald große Schmerzen empfand und noch heute trotz aller angewandten Mittel bei Tag und Nacht daran leidet. Als sie dem Michel Klingler vor acht Jahren einen Wagen schieben half, und der Klingler die Deichsel mit dem Kopfe heben wollte, hat sie ihm mit ihrer Salbe an den

Kopf gegriffen. Seither siecht der Klingler dahin, und es ist nichts bei ihm zu erwarten als der Tod.

Der Tochter des Hans Streigel, die jetzt im kleinen Kloster ist, hat sie in ihrer Jugend einen Trunk eingegeben, so daß sie seither siech und krank ist.

Dem Lienhart Geilen hat sie drei Kühe, dem Bruchbauer ein Roß, dem Max Petzel vor zwei Jahren eine Kuh, dem Duri Striegel vor drei Jahren eine Kuh, dem Hans Streigel vor zwei Jahren eine Kuh, der Frau Statthalterin eine Kuh, der Frau Schötterin eine Kuh und dem Michel Klingler vor zwei Jahren eine Kuh auf der Gänseweide mit der Salbe bestrichen und zum Tode gebracht. In Summa bekennt sie, daß sie überdies eine größere Anzahl von Vieh umgebracht hat. Vor einem Jahr hat sie auf der Gänseweide Tuch gebleicht und mit ihrer Salbe bestrichen, so daß die Schweine und Gänse, die darüber gelaufen sind, bald danach starben. Die Walpurga bekennt weiter, daß sie alljährlich, seitdem sie sich dem Teufel ergeben hat, bei St. Leonhard mindestens ein oder zwei unschuldige Kinder ausgegraben hat. Diese hat sie mit ihrem Buhlteufel und anderen Gespielen gefressen und die Flachsen und Knöchlein zur Zauberei verwendet.

Die anderen Kinder, die sie bei der Geburt umgebracht, hat sie nicht mehr ausgraben können, obwohl sie es versuchte, weil sie vor Gott getauft worden waren.

Die gedachten Knöchlein hat sie zum Machen von Hagel gebraucht, was sie jährlich ein oder zweimal gemacht hat. So erst einen in diesem Frühling vom Siechenhaus abwärts über das Feld. Auch zu den jüngsten Pfingsten hat sie einen Hagel gemacht, und als man sie und andere bezichtigte, einen Hexentanz gehalten zu haben, hatte sie wirklich einen beim oberen Tor beim Garten des Peter Schmidt. Damals sind ihre Gespielen in Unfrieden geraten, und haben einander geschlagen, weil einige über der Dillinger Flur, andere aber unterhalb derselben Hagel machen wollten. Schließlich ist ein solcher über das Ried gegen Weißingen mit Schaden niedergegangen. Sie gesteht, daß sie noch mehreren und größeren Schaden und Übel verursacht hätte, wenn die göttliche Allmächtigkeit es nicht gnädiglich verhütet und abgewendet hätte.

Nach diesem allen haben Richter und Urteiler dieses peinlichen Stadtgerichtes[133] Dillingen kraft der kaiserlichen und königlichen Regalien und Freiheiten des Hochwürdigen Fürsten und Herrn Marquard, Bischofs zu Augsburg und Dompropstes zu Bamberg, unseres gnädigen Fürsten und Herrn, mit einhelligem Urteil endlich zu Recht erkannt, daß obgedachte, gegenwärtige Walpurga Hausmännin als eine schädliche, bekannte und überwiesene Hexe und Zauberin nach Inhalt der allgemeinen Rechte und der peinlichen Halsgerichtsordnung des Kaisers Carl V. und des heiligen römischen Reiches alsbald mit dem Feuer vom Leben zum Tod hingerichtet und gestraft werden soll. All ihr Hab und Gut und ganze Verlassenschaft hat dem Fiscus unseres hochgedachten Fürsten und Herrn anheim zu fallen. Die gedachte Walpurga ist auf dem Karren, worauf sie gebunden sitzt, zu der bestimmten Richtstätte zu führen und ihr Leib vorher fünfmal mit glühenden Zangen zu reißen. Das erstemal unter dem Rathaus in die linke Brust und in den rechten Arm, das zweitemal beim unteren Tor in die rechte Brust, das drittemal beim Mühlbach vor dem äußeren Spitaltörlein in den linken Arm, das viertemal bei der bestimmten Richtstätte in die linke Hand. Da sie aber an die nuenzehn Jahre verpflichtete und beschworene Hebamme der Stadt Dillingen gewesen, dagegen aber erbärmlich gehandelt hat, soll ihr bei gedachter Richtstätte auch ihre rechte Hand, mit der sie so jämmerlich gehandelt, abgehauen werden. Auch soll ihre Asche nach ihrer Verbrennung nicht auf dem Erdboden liegen bleiben, sondern alsbald zu dem nächsten fließenden Wasser getragen und darein geschüttet werden. Wie denn ein ehrbares Stadtgericht allhier dem Nachrichter[134] die wirkliche Execution und Vollziehung alles dessen hiemit befohlen haben will.«

22. 1588. Michel de Montaigne, Essais. (Aus dem 3. Buch, Von den Hinkenden). Montaigne, der Zeitgenosse Bodins, der lange Jahre Parlamentsrat in Bordeaux und kurze Zeit auch Bürgermeister dieser Stadt war, betrachtet die Berichte über Hexen und Zauberer mit Skepsis. Er sieht darin Beweise für die Unzuverlässigkeit und Unzurechnungsfähigkeit menschlicher Wahrnehmungen und Urteile und hält es daher für unvertretbar, auf derart zweifelhafte Begründungen hin Menschen zu verurteilen und sogar hinzurichten.

Es gibt nichts, worauf die Menschen gemeinhin so sehr erpicht wären, wie ihren Überzeugungen Eingang zu verschaffen: wo die gewöhnlichen Mittel versagen, da nehmen wir Zuflucht zum Zwang, zur Gewalt, zu Feuer und Schwert. Es ist ein Unglück, so weit gekommen zu sein, daß als der beste Prüfstein der Wahrheit die Menge der Gläubigen gilt, in einem Gewimmel in dem die Zahl der Narren die der Weisen um ein so Vielfaches übertrifft. *Sanitatis patrocinium est insanientium turba.* [Der Haufe der Toren ist die Gewähr der Vernunft. Augustin, *De Civitate Dei* VI, 10]. Es ist eine schwierige Sache, sich sein Urteil gegen die allgemeinen Ansichten zu bilden. Der erste Wahn, der aus dem Anstoß selber entspringt, ergreift die Einfältigen; von da breitet er sich kraft der Zahl und dem Alter der Zeugnisse auf die Gewitzigten aus. Ich für mein Teil würde, was ich einem nicht glaubte, auch hundertundeinem nicht glauben, und beurteile die Meinungen nicht nach der Zahl ihrer Jahre.

Es ist staunenswert, aus wie eitlen Anfängen und nichtigen Ursachen gewöhnlich so vielbeschriene Wirkungen entstehen. Gerade das behindert ihre Untersuchung. Denn während man nach starken und gewichtigen Ursachen und Beweggründen sucht, die eines so großen Geredes würdig wären, verliert man die wahren aus den Augen: sie entgehen uns durch ihre Geringfügigkeit. Und in Wahrheit ist zu solchen Untersuchungen ein sehr vorsichtiger, aufmerksamer und scharfsinniger Nachforscher vonnöten, und ein unvoreingenommener Geist. Bis auf diese Stunde lassen sich all diese Wunder und seltsamen Begebenheiten vor mir nicht blicken. Ich habe auf dieser Welt noch kein handgreiflicheres Ungeheuer und Wunderding gesehen als mich selbst. Mit der Zeit und Gewohnheit macht man sich mit allem Befremdlichen vertraut; doch je mehr ich mit mir umgehe und mich kennenlerne, desto mehr verwundert mich meine Ungestalt, desto weniger kenne ich mich in mir aus.

Die Entstehung und Verbreitung solcher Begebenheiten ist vornehmlich das Werk des Zufalls. Als ich vorgestern durch ein Dorf kam, das zwei Meilen von meinem Hause liegt, fand ich den Ort noch brühwarm erregt von einem Wunder, das da soeben in die Brüche gegangen war, nachdem es die Nachbarschaft etliche Monate lang in Atem gehalten hatte und schon die benachbarten Provinzen darüber in Aufregung zu geraten und in hellen Haufen von Leuten jedes Standes herbeizuströmen begannen. Ein junger Mensch des Orts hatte sich eines Nachts damit ergötzt, in seinem Hause eine Geisterstimme zu äffen, ohne dabei Schlimmeres im Schilde zu führen, als einen kurzweiligen Schabernack zu treiben. Da es ihm über Erwarten gut glückte, zog er, um seine Posse reichlicher auszustatten, ein Mädchen aus dem Dorfe ins Spiel, ein stockdummes und einfältiges Ding; und am Ende waren sie zu dritt, von gleichem Alter und gleichem Unverstand; und von häuslichen Bußpredigten kamen sie zu öffentlichen Bußpredigten, versteckten sich unter dem Altar der Kirche, ließen sich nur bei Nacht hören und verboten, Licht herbeizubringen. Von Worten, die auf die Bekehrung der Welt und Ankündigung des Jüngsten Tages hinausliefen (denn das sind Dinge, deren ehrfurchtgebietende Hoheit dem Lug und Trug am leichtesten zum Deckmantel dient), gingen sie zu einigen Erscheinungen und Poltereien über, derart einfältig und lächerlich, wie es so plump kaum im Spiel kleiner Kinder zu finden wäre. Hätte ihnen indessen das Glück dabei nur ein wenig Vorschub leisten wollen, wer weiß, bis zu welchem Ausmaß dieser Unfug gediehen wäre? Jetzt sitzen diese armen Teufel im Gefängnis und werden vermutlich für die allgemeine Dummheit büßen müssen; und ich weiß nicht, ob nicht irgendein Richter sie für seine höchsteigene entgelten lassen wird. Man sieht in dieser Geschichte klar, weil sie aufgedeckt ist; aber in vielen Dingen ähnlichen Schlages, die unsere Kenntnisse übersteigen, bin ich der Meinung, daß wir besser mit unserem Urteil zurückhalten und sie weder in Abrede stellen noch für wahr nehmen.

Es entsteht viel Betrug in der Welt, oder, um es unverblümter zu sagen, aller Betrug der Welt entsteht daraus, daß man uns lehrt, das Eingeständnis unserer Unwissenheit zu scheuen, und wir darum wohl oder übel alles annehmen, was wir nicht widerlegen können. Wir reden von allen Dingen im Ton des Lehrsatzes und der Entschiedenheit. Der römische Kanzleistil verlangte, daß selbst das, was ein Zeuge mit eigenen Augen gesehen zu haben aussagte und was ein Richter nach seinem sichersten Wissen erkannte, in diese Form der Rede gefaßt werde: Mir scheint. Man macht mir das Wahrscheinliche verhaßt, wenn man es mir als unfehlbar hinstellt. Ich liebe diese Redeweisen, welche die Verwegenheit unserer Behauptungen mildern und abschwächen: Vielleicht, Gewissermaßen, Ein wenig, Man sagt, Ich glaube und dergleichen mehr. Und hätte ich Kinder zu erziehen gehabt, ich hätte ihnen so lange diese erfragende, nichtsschließende Art der Erwiderung eingepaukt: Was will das besagen?, Ich verstehe das nicht, Es könnte sein, Ist es möglich?, daß sie eher noch mit sechzig Jahren das Gehaben von Schülern bewahrt hätten, als mit zehn Jahren die Lehrmeister zu spielen, wie sie es tun. Wer von der Unwissenheit genesen will, muß sie bekennen. Das Staunen ist die Grundlage aller Philosophie, das Forschen ihr Fortschritt, die Unwissenheit ihr Ende. Jawohl, es gibt eine starke und hochherzige Unwissenheit, die an Würde und Kühnheit der Wissenschaft nicht nachsteht, eine Unwissenheit, die zu erfassen es nicht geringerer Wissenschaft bedarf als zur Erfassung der Wissenschaft selbst [...]

Die Hexen in meiner Nachbarschaft geraten in Lebensgefahr, wenn ein neuer Schriftsteller sich darauf verlegt, ihre Entrückungen auf strenge Begriffe zu bringen. Um die Zeugnisse, die uns das Wort Gottes von dergleichen Dingen vorlegt, sehr gewisse und unwidersprechliche Zeugnisse, auf gegenwärtige Vorkommnisse anzuwenden und heranzuziehen, von denen wir weder wissen, woher sie entstehen, noch wie sie vor sich gehen, dazu bedarf es einer andern Einsicht als der unsern. Es steht vielleicht allein diesem allmächtigen Zeugnis zu, uns zu sagen: Dies ist Hexerei, und dieses und jenes nicht. Gott müssen wir es glauben, das versteht sich wahrlich von selbst, aber deswegen nicht einem unter uns, dem sich über seiner Erzählung selber die Haare sträuben (und notwendigerweise ist er selber darüber verdutzt, wenn er noch bei Trost ist), er sage nun über das Treiben eines andern oder gegen sich selber aus.

Ich bin schwerfällig und halte mich ein wenig an das Handgreifliche und Wahrscheinliche und suche den alten Vorwurf zu vermeiden: *Maiorem fidem homines adhibent iis, quae non intelligunt* [= Die Menschen schenken dem am meisten Glauben, was sie nicht begreifen. Tacitus, *Hist.* I, 22.]. Ich sehe wohl, daß man in Zorn gerät und mir unter Androhung entsetzlicher Flüche verbietet, daran zu zweifeln. Eine neue Art der Überredung. Gott sei Dank, mein Glaube läßt sich nicht mit Faustschlägen belehren. Mögen sie über jene herfallen, die ihre Meinung als falsch verwerfen; ich werfe ihr nur Schwerfaßlichkeit und Verwegenheit vor und lehne ebenso sehr wie die ihre, wenn nicht ebenso heftig, die Behauptung des Gegenteils ab. Wer seiner Betrachtungsweise durch Auftrumpfen und Anherrschen Geltung verschafft, der zeigt, daß sie auf schwachen Gründen steht. Wenn es sich um ein Wort- und Schulgezänk handelte, so mögen sie ebenso viel Schein für sich haben wie ihre Gegner; aber in den tätlichen Schlußfolgerungen, die sie daraus ziehen, sind jene weit besser beraten. Um Menschen dem Tod zu überantworten, bedarf es einer hellen und eindeutigen Klarheit; und unser Leben ist zu wirklich und wesentlich, um damit für diese übernatürlichen und fabelhaften Begebenheiten zu haften. Was die Giftmischereien und bösen Tränklein anlangt, so lasse ich sie außer Betracht: das ist Meuchelmord, und von der übelsten Sorte. Indessen sagt man sogar hiervon, man dürfe sich nicht immer auf das eigene Geständnis dieser Leute verlassen, denn man hat sie sich zuweilen selbst anklagen sehen, Menschen getötet zu haben, die man gesund und lebend fand.

Über jene andern abenteuerlichen Beschuldigungen würde ich am liebsten sagen, es sei reichlich genug, einem Menschen, er sei noch so unbescholten, in menschlichen Dingen Glauben beizumessen; in übernatürlichen und seine Fassungskräfte übersteigenden Dingen aber kann er nur dann Glauben verlangen, wenn eine übernatürliche Bestätigung ihn dazu ermächtigt. Dieses Vorrecht, daß es Gott gefallen hat, einigen unserer Zeugnisse zu gewähren, darf nicht leichtfertig gemein gemacht und weitergegeben werden. Ich habe die Ohren voll von tausend dergleichen Geschichten: drei haben ihn an diesem Tage im Morgenland gesehen, drei andere tags darauf im Abendland, um diese Stunde, an diesem Ort, so gekleidet. Wahrhaftig, ich würde es mir selber nicht glauben. Wie viel natürlicher und wahrscheinlicher finde ich es, daß zwei Menschen lügen, als daß ein Mensch in zwölf Stunden mit der Eile des Windes von Morgen nach Abend gelange; Wie viel natürlicher, daß unser Verstand durch das Irrlichtern unseres verdrehten Geistes aus seiner Stelle verrückt werde, als daß einer von uns, von einem fremden Geist besessen, leibhaftig auf einem Besen durch seinen Schornstein hinausgefahren sei? Suchen wir doch nicht nach außer uns liegenden und unbekannten Wahngebilden, die wir beständig von eigenen und in uns wohnenden Wahngebilden umhergeworfen werden. Mir scheint, man sei entschuldbar, ein Wunder ungläubig aufzunehmen, so lange wenigstens man seine Glaubhaftigkeit mit natürlichen und nicht wunderbaren Mitteln umgehen und wegdeuten kann. Und ich bin der Auffassung des heiligen Augustins, daß es in schwer zu beweisenden und gefährlich zu glaubenden Dingen besser sei, zum Zweifel als zur Gewißheit zu neigen.

Es sind Jahre her, daß ich durch die Länder eines reichsfreien Fürsten reiste, der mir zu meinem Besten und zum Verweis meiner Ungläubigkeit die Gunst erwies, mir in seiner Gegenwart in sicherem Gewahrsam zehn oder zwölf Gefangene dieser Gattung vorführen zu lassen, darunter eine Alte, wahrhaft eine Hexe an Häßlichkeit und Mißgestalt, die seit langem in dieser Zunft hochberüchtigt war. Ich sah sowohl Beweise und freie Geständnisse als ich weiß nicht welch unmerkliches Mal [=Hexenmal] an dieser elenden Alten und erkundigte mich und sprach, soviel ich begehrte, wobei ich mich der gewissenhaftesten Aufmerksamkeit befleißigte, deren ich fähig bin; und ich bin nicht der Mann, der sich das Urteil durch Voreingenommenheit bestricken läßt. Am Ende und auf mein Gewissen hätte ich ihnen eher Nieswurz als den Giftbecher verordnet. *Captisque res magis mentibus, quam consceleratis visa similis* [= Und die Sache sah eher nach Verrücktheit als nach Verruchtheit aus, Livius VIII, 18.]. Die Rechtspflege hat ihre eigenen Verfahren gegen solche Krankheiten.

Was die Einwände und Beweisgründe betrifft, die ehrenhafte Leute mir dort und anderwärts häufig entgegenhielten, so habe ich darunter keine gefunden, die mich überzeugten und die nicht eine andere Lösung zuließen, in der mehr Wahrscheinlichkeit war als in ihren Schlußfolgerungen. Es ist wohl wahr, daß ich die Gründe und Beweise, die sich auf Erfahrung und Tatsachen stützen, nicht auflösen kann; sie haben dann auch kein Ende, bei dem man sie anfassen könnte; ich haue sie öfters durch, wie Alexander seinen Knoten. Es heißt schließlich seine Vermutungen allzu hoch veranschlagen, wenn man um ihretwillen einen Menschen lebendig verbrennen läßt. [...] Wenn die Hexen so gegenständlich träumen, wenn die Träume sich so zuweilen in Wirklichkeit umsetzen können, so glaube ich auch dann noch nicht, daß unser Wille sich dafür vor den Gerichten zu verantworten habe. Dies sage ich als einer, der weder Richter noch Ratgeber der Könige ist, noch sich dessen von ferne als würdig erachtet, sondern ein gemeiner Mann, der in Worten und Taten zum Gehorsam gegen die öffentliche Gewalt geboren und bestimmt ist. Wer auf meine Hirngespinste zum Schaden des geringsten Gesetzes oder Gebrauchs oder Herkommens seines Dorfes hören wollte, der täte sich ein großes Unrecht und ein ebenso großes mir selbst. Denn in allem, was ich sage, verbürge ich keine andere Gewißheit, als daß es das ist, was mir gerade durch den Sinn ging, einen verworrenen und wankelmütigen Sinn. Ich rede von allem nur plaudernderweise und nicht als Ratgeber. [...]

23. 1588. Liste der Fragen aus dem Landrecht von Baden-Baden, die der Richter den Hexen vorzulegen hatte.

»Ob sie von Hexenkunst gehört, von wem und was für Hexenwerk; – Item (weil man bishero Hexen verbrannt), ob sie nicht auch von ihren Kunststücklein gehört; denn die Weiber ohne Zweifel aus Fürwitz danach fragen und dessen ein Wissens begeren. Und so sich dessen entschuldigt wird, ist es ein Anzeigen, daß Solches nicht gar ohne werde sein, und woher ihr das komme, durch wen sie es erfahren, wer dieselbigen

Personen und weß Namens sie seien; item, was es für Hexenwerk und was für Stücke sie zum Wettermachen und zur Schädigung des Viehes haben müssen. – Und so sie solches bestehet, muß und soll man ferner nachfragen:

Ob sie auch etliche Stücklein, sie seien so gering sie wollen, gelernt, als: den Kühen die Milch zu nehmen, oder Raupen zu machen, auch Nebel und dergleichen. Item, von wem und mit was für Gelegenheit solches beschehen und gelernt, wann und wie lange, durch was für Mittel, ob sie kein Bündnis mit dem bösen Feind (eingegangen), ob es allein ein schlecht Zusagen oder ein Schwur und ein Eid? Wie derselbe laute? Ob sie Gott verleugnet, und mit was für Worten? In wessen Beisein, mit was für Ceremonien, an was für Orten, zu was für Zeiten und mit oder ohne Charakter? Ob er keine Verschreibung von ihr habe, ob dieselbe mit Blut, und was für Blut oder mit Tinte geschrieben? Wann er ihr erschienen? Ob er auch Heirath oder allein Buhlschaft von ihr begehrt? Wie er sich genannt, was er für Kleider (getragen), wie auch seine Füße ausgesehen? Ob sie nichts Teuflisches an ihm gesehen und wisse? Ob der Teufel nach dem Pakt mit der Angeklagten geschlafen habe? Auf welche Weise der Teufel ihr die Jungfräulichkeit geraubt habe? Wie der Penis des Teufels sei und wie sein Samen? Ob der Koitus mit dem Teufel der Angeklagten bessere und größere Lust bereitet habe als der mit einem natürlichen Mann? Ob der Teufel mit der Angeklagten es mehrfach in der Nacht getrieben habe und ob immer mit Ausspritzen von Samen? Ob er den Koitus immer in der natürlichen Weise ausgeführt habe oder auch an anderen Teilen des Körpers? Ob sie von anderen Männern auf natürliche Weise geschwängert worden sei? Was sie mit dem Säugling getan habe? Ob das Kind gelebt habe? Auf welche Weise sie es getötet habe? Wer sie es gelernt, wer ihr dazu geholfen, was sie sonsten für böse Stücke als mit Stehlen, Brennen, Kinder verthuen, Morden u. dgl. in der Welt begangen? Ob sie sich auch wider die Natur versündigt habe? Auf welche Weise mit Männern, mit Frauen, mit sich selbst, mit Tieren? Mit Holz, Wachs, Gewächs, Kräutern? – Ob sie auch Leuten in Kraft ihres Schwurs und wem geschadet mit Gift, Anrühren, Beschwören, Salben? Wie viele Männer sie gar getödtet, Weiber, Kinder? Wie viele sie nur verletzt? Wie viele schwangere Weiber? Wie viel Vieh? Wie viel Hagel und was dieselbe gewirkt? Wie sie die eigentlich gemacht und was sie dazu gebraucht? Ob sie auch fahren könne und worauf sie gefahren? Wie sie das zuwege bringe, wie oft dieß geschehe, wohin zu allen Zeiten und Fristen? Wer in diesem Allen ihre Gesellen, so noch leben? Ob sie auch, und durch was für Mittel, verwandeln könne? Wie lang es, daß sie ihre Hochzeit mit ihrem Buhlen gehalten, wie solches geschehen und wer alles dabei gewesen, und was für Speisen, sonderlich von Fleisch (gegessen worden), wo solches herkomme, wer das mitgebracht? – Item, ob sie auch Wein bei ihrer Hochzeit und woher sie den gehabt? Ob sie auch damals einen

Spielmann (gehabt), ob es ein Mensch oder ein böser Geist gewesen, welches Ansehen er gehabt, und ob er auf dem Boden oder dem Baum gesessen oder gestanden? Item, was bei vorgemeldeter Beisammenkunft ihr Anschlag gewesen, und wo sie künftig wieder beieinander erscheinen wollen? Wo sie bei nächtlicher Weile Zehrung gehalten, auf dem Felde, in Wäldern oder Kellern, auch wer jeder Zeit bei und mit gewesen? Wie viele junge Kinder sie geholfen essen, wo solche hergekommen und zuwege gebracht, wem sie solche genommen oder auf den Kirchhöfen ausgraben, wenn sie solche zugerichtet, gebraten oder gesotten, item, wozu das Häuptlein, die Füße und die Händlein gebraucht, ob sie auch Schmalz von solchen Kindern bekommen, und wozu sie das brauchen, auch ob sie zur Machung der Wetter nicht Kinderschmalz haben müssen? Wie viele Kindbetterinnen sie umbringen helfen, wie solches zugegangen und wer mehr dabei gewesen? Oder ob sie Kindbetterinnen auf den Kirchhöfen geholfen ausgraben und wozu sie es gebraucht, item wer dabei und mitgewesen, wie lange sie daran gesotten, oder ob sie unzeitige Kindlein ausgegraben und was sie damit angerichtet?«

Bezüglich der Hexensalbe sollte der Richter weiter fragen: Wie solche zugerichtet und was für Farbe sie habe, item ob sie auch eine zu machen sich getraue? Da sie so Menschenschmalz haben müssen und consequenter so viele Morde begangen und weil sie (die Hexen) gemeinlich das Schmalz aussieden oder im Braten schmelzen: was sie mit dem gekochten und gebratenen Menschenfleisch gethan? Item: brauchen allezeit zu solchen Salben Menschenschmalz, es sei gleich von todten oder lebendigen Menschen, deßgleichen desselben Bluts, Farrensamen etc., des Schmalzes aber ist allezeit dabei. Die anderen Stücke werden oft ausgelassen; doch von todten Menschen taugt es zur Tödtung von Menschen und Vieh, aber von lebendigen zum Fahren, Wettermachen, unsichtbare Gestalten an sich zu nehmen. – Ferner: Wie viele Wetter, Reife, Nebel sie geholfen machen und wie lange solches geschehen, auch was Jedes ausgerichtet, und wie solches zugehe und wer dabei und mitgewesen? Ob ihr Buhle auch im Examen oder im Gefängnis zu ihr gekommen? Ob sie auch die geweihte Hostie bekommen, und von wem, auch was sie damit ausgerichtet? Und ob sie auch zum Nachtmahl gegangen und dasselbe recht genossen? – Wie sie Wechselkinder bekommen und wer's ihnen gibt? Item: den Kühen die Milch entziehen und zu Blut machen, auch wie solchen wieder zu helfen? Ob sie nicht Wein oder Milch aus einem Weidenbaum lassen könne? – Item: wie sie den Männern die Mannschaft nehmen, wodurch und wie ihnen wieder zu helfen? u.s.w.«

24. 1599. Martin del Rio, Disquisitionum magicarum libri sex. *Beschreibung eines Hexensabbaths.*

»So pflegen also die Hexen, sobald sie sich mit ihren Salben eingerieben haben, auf Stöcken, Gabeln oder Holzscheiten zum Sabbath zu gehen, indem sie entweder einen Fuß darauf stützen und auch auf Besen oder Schilfrohren reiten, oder indem sie von entsprechenden Tieren, männlichen Ziegenböcken oder Hunden, getragen werden [...]. Sie kommen zum *Spiel* (ludus) *der guten Gesellschaft* (wie man es in Italien nennt), wo der Teufel, erleuchtet vom Feuer, schrecklich und ernst auf einem Thron präsidiert, meistens in Gestalt eines Ziegenbocks oder Hundes. Sie nähern sich ihm, um ihn anzubeten, aber immer auf verschiedene Weise: die einen knien sich nieder und flehen ihn an, andere kehren ihm den Rücken zu, wieder andere laufen auf den Händen, den Kopf nach unten, aber so, daß das Kinn nach oben sieht. Danach reichen sie ihm Kerzen, die aus Pech oder Nabelschnüren von Kindern gemacht sind, und küssen ihn zum Zeichen der Huldigung auf das Hinterteil. Und um das Verbrechen vollkommen zu machen, zelebrieren sie eine Scheinmesse, wobei sie geweihtes Wasser benützen und dem katholischen Ritus folgen [...] Danach bieten sie dem Teufel zwei Kinder dar. In früheren Jahren hatten die Mütter dies gemacht und, wie Binsfeld[135] berichtet, sogar häufig. Im Jahre 1458 opferte eine Mutter sogar drei Kinder [...] Dem Teufel zu Ehren töten sie in grausamer und schändlicher Weise die eigenen und fremde Kinder und überreichen sie ihm. Sie bieten ihm auch den eigenen Samen beim Ergießen dar wie jener verbrecherische Zauberer, der in einer Kirche mit einer Frau geschlechtlichen Verkehr hatte und den Samen mit dem heiligen Chrisma vermischte [...] Schließlich bewahren sie auch beim Kommunizieren die heilige Hostie im Mund; danach nehmen sie sie heraus und bringen sie dem Teufel, um sie schließlich mit Füßen zu treten. Das haben viele Hexen selbst gestanden [...]

Nachdem diese und andere Greuel und Abscheulichkeiten begangen sind, lassen sie sich an den Tischen nieder und bedienen sich der Speisen, die ihnen der Teufel beschafft oder die sie selbst mitbringen. Manchmal tanzen sie vor, manchmal nach dem Bankett. Es gibt gewöhnlich verschiedene Tische mit drei oder vier Arten von Speisen, wobei die einen äußerst delikat sind und die anderen fade und ohne Geschmack, und diese Speisen werden nach Würde und Rang an die Tischgäste verteilt. Manchmal setzt sich der Teufel an die Seite seines Schützlings, manchmal setzt er sich ihm gegenüber. Und wie man vermuten kann, wäre das Mahl nicht vollkommen ohne einen ›würdigen Segen‹ der aus blasphemischen Worten zusammengesetzt ist, die aus dem Beelzebub den Schöpfer, Geber und Erhalter all dieser Dinge machen; dasselbe sagt man nach dem Essen als Danksagung, wenn die Tische abgedeckt werden. Ich habe die Formeln für solche Anlässe gelesen, die von einem berühmten Hexenmeister stammen. Die

Gäste erscheinen beim Bankett manchmal mit unbedecktem Gesicht, manchmal bedeckt mit einer Larve, einem Tuch oder einer Maske. Es kommt oft vor, daß die Teufel ihre Schutzbefohlenen an die Hand nehmen und daß alle zusammen, die dazu fähig sind, einen absurden Ritus vollführen, indem sie Schulter an Schulter einen Kreis bilden, sich an den Händen fassen und tanzen, wobei sie den Kopf schütteln und wie besessen Drehungen machen. Zuweilen halten sie brennende Kerzen in der Hand, während sie den Teufel anbeten und ihn in der besagten Weise küssen, und sie singen zu seinen Ehren obszöne Lieder und tanzen zum Klang einer Trommel und Flöte, die von einigen gespielt werden, die auf den Ästen eines Baumes sitzen. Die Teufel vermischen sich so stark mit ihren Anhängern, daß sie lächerliche und gegen die Sitten der übrigen Sterblichen verstoßende Dinge aufführen. Bevor sie ihre Opfer darbringen, zelebrieren sie einen Akt der Anbetung, und manchmal feiern sie solche Opfer außerhalb der Versammlung. Schließlich erzählt bei der Versammlung jeder die Missetaten, die er seit der letzten Versammlung begangen hat, und die schlimmsten und verabscheuungswürdigsten sind diejenigen, die von der Versammlung am meisten gefeiert und gelobt werden. Wenn ein Hexenmeister oder eine Hexe keine Missetat begangen hat, oder wenn die begangene Missetat nicht schrecklich genug ist, wird er vom Teufel oder von einem der ältesten und angesehensten Hexenmeister lange und heftig gepeitscht. Zuletzt werden die Pulver verteilt (einige sagen, es sei die Asche jenes Ziegenbocks, in den sich der Teufel während der Anbetung verwandelt und der von den Flammen, die ihn umgeben, verzehrt wird) und andere Gifte. Die verschleierte Idee, Böses zu tun, wird im Erlaß des Teufel-Pseudo-Gottes ausgesprochen: »Laßt uns Rache nehmen, damit du das Gesetz kennenlernst, das im Gegensatz zum Gesetz der Liebe steht, denn wenn wir es nicht tun, werden wir sterben.« Danach kehrt jeder in sein Haus zurück. Ihre Reisen machen sie gewöhnlich in der Stille der Mitternacht, wenn die Macht der Finsternis herrscht, oder mittags, wie der Psalmist andeutet, wenn er vom Teufel spricht, der mittags einhergeht. [...] In verschiedenen Gegenden sieht man, daß unsere Hexen bestimmte Tage für ihre Treffen festgesetzt haben. In Italien treffen sie sich in der Nacht vor dem sechsten Fest [...] Die Hexen von Lothringen versammeln sich in der Nacht vor dem fünften Fest und am Sonntag selbst [...]«

25. 1606. Szene aus Macbeth *von* Shakespeare. *– Die Aufnahme der Hexenszenen in das Drama trägt sicherlich auch dem Interesse des 1603 an die Macht gekommenen englischen Königs, Jakob I., Rechnung, der 1605 eine Dämonologie verfaßt und darin den Hexenglauben verteidigt hatte.*

AKT IV – SZENE I
Eine finstre Höhle, in der Mitte ein Kessel
Donner; die drei Hexen kommen.
Erste Hexe:
  Die gelbe Katz hat dreimal miaut.
Zweite Hexe:
  Ja, und einmal der Igel quiekt.
Dritte Hexe:
  Die Harpye schreit: – 's ist Zeit.
Erste Hexe:
  Um den Kessel dreht euch rund,
  Werft das Gift in seinen Schlund.
  Kröte, die im kalten Stein
  Tag und Nächte, drei mal neun,
  Zähen Schleim im Schlaf gegoren,
  Soll zuerst im Kessel schmoren!
Alle:
  Mischt, ihr alle, mischt am Schwalle!
  Feuer, brenn, und Kessel, walle!
Zweite Hexe:
  Sumpf'ger Schlange Schweif und Kopf
  Brat und koch im Zaubertopf:
  Molchesaug und Unkenzehe,
  Hundemaul und Hirn der Krähe;
  Zäher Saft des Bilsenkrauts,
  Eidechsbein und Flaum vom Kauz:
  Mächt'ger Zauber würzt die Brühe,
  Höllenbrei im Kessel glühe!
Alle:
  Mischt, ihr alle, mischt am Schwalle!
  Feuer, brenn, und Kessel, walle!
Dritte Hexe:
  Wolfeszahn und Kamm des Drachen,
  Hexenmumie, Gaum und Rachen
  Aus des Haifisch scharfem Schlund;
  Schierlingswurz aus finsterm Grund;
  Auch des Lästerjuden Lunge
  Türkennas und Tartarzunge;
  Eibenreis, vom Stamm gerissen

In des Mondes Finsternissen;
Hand des neugebornen Knaben,
Den die Metz erwürgt im Graben.
Dich soll nun der Kessel haben.
Tigereingeweid hinein
Und der Brei wird fertig sein.

Alle:
Mischt, ihr alle, mischt am Schwalle!
Feuer, brenn, und Kessel, walle!

Zweite Hexe:
Abgekühlt mit Paviansblut,
Wird der Zauber stark und gut.

Hekate[136] kommt mit drei andern Hexen.
Hekate:
So recht! ich lobe euer Walten;
Jede soll auch Lohn erhalten.
Um den Kessel tanzt und springt,
Elfen gleich den Reigen schlingt
Und den Zaubersegen singt.

Gesang:
Geister weiß und grau,
Geister rot und blau:
Rührt, rührt, rührt,
Rührt aus aller Kraft!

Zweite Hexe:
Ha! mir juckt der Daumen schon,
Sicher naht ein Sündensohn –
Laßt ihn ein, wers mag sein.

Macbeth tritt auf.
Macbeth: Nun, ihr geheimen, schwarzen Nachtunholde!
Was macht ihr da?
Alle: Ein namenloses Werk.
Macbeth: Bei dem, was ihr da treibt, beschwör ich euch
(Wie ihr zur Kund auch kommt), antwortet mir:
Entfesselt ihr den Sturm gleich, daß er kämpft
Gegen die Kirchen, und die schäum'gen Wogen
Vernichten und verschlingen alle Schiffahrt,
Daß reifes Korn sich legt und Wälder brechen,
Daß Burgen auf den Schloßwart niederprasseln,
Daß Pyramiden und Paläste beugen
Bis zu dem Grund die Häupter; müßte selbst
Der Doppellichter[137] Pracht und Ordnung wild
Zusammentaumeln, ja, bis zur Vernichtung
Erkranken: Antwort gebt auf meine Fragen!

Erste Hexe: Sprich!
Zweite Hexe: Frag!
Dritte Hexe: Wir geben Antwort.
Erste Hexe: Hörst dus aus unserm Mund lieber oder
  Von unsern Meistern?
Macbeth: Ruft sie, ich will sie sehn.
Erste Hexe: Gießt der Sau Blut, die neun Jungen
  Fraß, noch zu; werft Fett, gedrungen
  Aus des Mörders Rabenstein,
  In die Glut.
Alle: Kommt, groß und klein!
  Seid dienstbehend und stellt euch ein!
Donner. Ein bewaffnetes Haupt steigt aus dem Kessel.
Macbeth: Sprich, unbekannte Macht –
Erste Hexe: Er weiß dein Fragen:
  Hören mußt du, selbst nichts sagen.
Die Erscheinung:
  Macbeth! Macbeth! Macbeth! scheu den Macduff,
  Scheue den Than von Fife. – Laßt mich – genug.
                              [Versinkt ...

26. 1613. Der calvinistische Prediger Anton Prätorius schildert in seinem Buch Von Zauberey und Zauberern *ein Gefängnis.*

»In dicken, starken Thüren, Pforten, Blockhäusern, Gewölben, Kellern, oder sonst tiefen Gruben sind gemeinlich die Gefängnussen. In denselbigen sind entweder große, dicke Hölzer, zwei oder drei übereinander, daß sie auf und nieder gehen an einem Pfahl oder Schrauben: durch dieselben sind Löcher gemacht, daß Arme und Beine daran liegen können.

Wenn nun Gefangene vorhanden, hebet oder schraubet man die Hölzer auf, die Gefangen müssen auf ein Klotz, Steine oder Erden niedersitzen, die Beine in die untern, die Arme in die obern Löcher legen. Dann lässet man die Hölzer wieder fest auf einander gehen, verschraubt, keilt und verschließet sie auf das härtest, daß die Gefangen weder Bein noch Arme nothdürftig gebrauchen oder regen können. Das heißt, im Stock liegen oder sitzen.

Etliche haben große eisern oder hölzern Kreuz, daran sie die Gefangen mit dem Hals, Rücken, Arm und Beinen anfesseln, daß sie stets und immerhin entweder stehen, oder liegen, oder hangen müssen, nach Gelegenheit der Kreuze, daran sie geheftet sind.

Etliche haben starke eiserne Stäbe, fünf, sechs oder sieben Viertheil an der Ellen lang, dran beiden Enden eisen Banden seynd, darin verschließen sie die Gefangenen an den Armen, hinter den Händen. Dann haben die Stäbe in der Mitte große Ketten in der Mauren angegossen, daß die Leute stäts in einem Läger bleiben müssen.

Etliche machen ihnen noch dazu große, schwere Eisen an die Füße, daß sie die weder ausstrecken, noch an sich ziehen können. Etliche haben enge Löcher in den Mauren, darinn ein Mensch kaum sitzen, liegen oder stehen kann, darinn verschließen sie die Leute ohngebunden, mit eisern Thüren, daß sie sich nicht wenden oder umbkehren mögen. Ettliche haben fünfzehn, zwanzig, dreißig Klafter tiefe Gruben, wie Brunnen oder Keller aufs allerstärkest gemauret, oben im Gewölbe mit engen Löchern und starken Thüren, dardurch lassen sie die Gefangen, welche an ihren Leibern sonst nicht weiter gebunden, mit Stricken hinunter, und ziehen sie, wenn sie wöllen, also wieder heraus.

Solche Gefängnuss habe ich selbst gesehen, in Besuchung der Gefangenen; gläube wohl, es seyn noch viel mehr und anderer Gattung, etliche noch greulicher, etliche auch gelinder und träglicher.

Nach dem nun der Ort ist, sitzen etliche gefangen in großer Kälte, daß ihnen auch die Füß erfrieren und abfrieren, und sie hernach, wenn sie loskämen, ihr Lebtage Krüppel seyn müssen. Etliche liegen in stäter Finsternuß, daß sie der Sonnen Glanz nimmer sehen, wissen nicht, ob's Tag oder Nacht ist. Sie alle sind ihrer Gliedmaßen wenig oder gar nicht mächtig, haben immerwährende Unruhe, liegen in ihrem eigenen Mist und Gestank, viel unfläthiger und elender, denn das Viehe, werden übel gespeiset, können nicht ruhig schlafen, haben viel Bekümmernuß, schwere Gedanken, böse Träume, Schrecken und Anfechtung. Und weil sie Hände und Füße nicht zusammen bringen und wo nöthig hinlenken können, werden sie von Läusen und Mäusen, Steinhunden und Mardern übel geplaget, gebissen und gefressen. Werden über das noch täglich mit Schimpf, Spott und Dräuung vom Stöcker und Henker gequälet und schwermüthig gemacht.

Summa, wie man sagt: Alle Gefangen arm!

Und weil solches alles mit den armen Gefangenen bisweilen über die Maßen lang währet, zwei, drei, vier, fünf Monat, Jahr und Tag, ja etliche Jahr: werden solche Leute, ob sie wohl anfänglich gutes Muths, vernünftig, geduldig und stark gewesen, doch in die Länge schwach, kleinmüthig, verdrossen, ungeduldig, und wo nicht ganz, doch halb thöricht, mißtröstig und verzagt. - - - -

O ihr Richter, was macht ihr doch? Was gedenkt ihr? Meinet ihr nicht, daß ihr schuldig seyd an dem schrecklichen Tod eurer Gefangenen?«

26a. *1613.* Verzeichnis deren Zu Aschaffenburg Und Damb in Anno 1613 Zauberey Halber Hingerichter Mann-Und weibspersonen, Und was auß einer Jeden Verlaßenschaft dem Fisco Zu angepürendem Theil heymbgefallen, mit angehefter Rechnung Ueber alle Zunahm Und außgabe des Uncostens, sambt einer Designation, was noch auß Und hinderstendig ist.

Die Akten aus dem Aschaffenburger Stadtarchiv zeigen, ›daß das Hexenbrennen durchaus kein schlechtes Geschäft war‹ (F. L. Weber). Weber weist darauf hin, daß die meisten der aufgeführten Frauen Witwen (witib oder relicta) sind, was wiederum zeige, wie sehr der Hexenwahn ›immermehr auf das sexuelle Gebiet abgeglitten war‹ (S. 10): Witwen galten, da ohne Mann, als besonders anfällig für die Verführung des Teufels. Aus einer entsprechenden Akte für die Jahre 1628/29 geht hervor, daß auf 42 Personen nicht weniger als 352 peinliche Befragungen (= Folterungen) kamen, also auf jeden einzelnen 8-9 Folterungen. Eine wichtige Arbeit nach dem abgeschlossenen Verfahren bestand darin, daß bestellte (›geschwohrene‹) Schätzer die Hinterlassenschaft der Hingerichteten versiegelten (Obsignation), abschätzten (Aestimation), ein Inventarium erstellten, die Überprüfung der Angaben (Rectification) sowie die Enteignung (Serperation), Verteilung und Erstattung (Distribution) der Unkosten und Dienstleistungen vornahmen. Das Verfahren war umständlich und brachte den Schätzern Gewinn: z. B. waren fünf solcher Schätzer 108 Tage damit beschäftigt, wobei sie 8 Batzen pro Tag erhielten. (vgl. Weber, S. 11)

1. Margaretha Hans D. Meyerhoffers wittib
2. Catharina Clemens Moltzbachs relicta
3. Barbara Georg Cratzen wasserzöllners witib
4. Gertrudis Cloß Fröbins Relicta
5. Catharina Hans Carls Relicta
6. Catharina Conrad Zinken Relicta
7. Barbara Friedrich Klugen Relicta
8. Anna Georg Meyers weib
9. Hans Rücker Von Damb.

Summa 9 Personen.

Verzeichnis was auß einer jeden Vorgemelter Hingerichter Mann- und weibspersonen nahrung dem Fiscus Zu angepürendem theil adiudiciert worden:

1. Margaretha Myerhofferin Vermöge Uffgerichten Inventariy ist dem Fiscus Zu gebührendem theil verfallen 1106 fl. 2 Patz. 1 Cr[138].
2. Catharina Moltzbachin laut Inventariy 178 fl. 11 Patz. 3½ Cr.
3. Barbara Cratzin wasserzöllnerin laut Inventariy 6001 fl. 11½ Patz. – Cr.
4. Gertrudis Cloß Frobins rel. laut Inventariy 80 fl. 1½ Patz. – Cr.
5. Catharina Carlin laut Inventariy 31 fl. 8 Patz. – Cr.
6. Catharina Zinkin, laut Inventariy 116 fl. 6 Patz. – Cr.

7. Friedrich Klug laut Inventariy 181 fl. – Patz. 3½ Cr.
8. Georg Meyers weib 50 fl. 7 Patz. 3 Cr.
9. Hanß Rücker von Damb 113 fl. 12 Patz. 3 Cr.
Summa dem Fisco gehörigen geldes: 7860 fl. 2 Patz [...]

Rechnung über vorgesetzte verfallene nahrung, Und davon bezahlter Uncosten.
Innahm Geldes:
[...]
Item wegen Barbara Cratzin Elterwasserzöllnerin
empfangen und eingenommen   5941 fl. 11½ Patz.
Item wegen Friedrich Klugen eingenommen
                                  181 fl. – Patz. 3½ Cr. – Pf.
Item wegen der Moltzbachen empfangen   106 fl. 9 Patz. – Cr. – Pf.
             Summa der Innahm: 6855 fl. 11 Patz. 2 Cr.

Außgab Uncostens So uff vorbemelte Neun Personen ergang.
Nr. 1. Erstlich Zur landt Küchen Zum Stern Inhalt Designation Nr. 1 bezahlt   341 fl. 11 Patz. 2 Cr.
Nr. 2. Item Hanß Ulrich Auerbachen Stueben Knecht Zahlt So bey obgemelter Neun Personen gefenglicher Annemmung durch die Inquisitores de fama Knecht und hierunter behölligte Leuth[139] Verzehrt worden   1 fl.
Nr. 3. Item Herrn Schultheißen und Staatschreybern von yeder Person 2 fl. Herrn Centgraven 1 fl. Facit 445 fl. Sodan den 5 Examinatoribus insgesambt   348 fl. 11 Patz. 2 Cr. [...]
Nr. 4. Item beeden Procuratoribus Inhalt deren Quittungen Zahlt Von Jeder Person 1 fl. Und von 7 Gerichtstagen ein   ½ fl. facit 12½ fl.
Nr. 5. Item beeden Statt Knechten ebensoviel Inhalt deren Quittungen   12½ fl. Item mehr den Knechten von 9 Peinlich Examinibus yedesmal 4 Patz. facit 2 fl. 6 Patz. thut   14 fl. 13½ Patz.
Nr. 6. Item Peter herberten Crämern vor Liecht so bey diesen 9 Gefangenen Uffgang Inhalt Zettulß[140] Zahlt   6 fl. 1 Patz. 2 Crz.
Nr. 7. Item den Hütern, so dieser 9 Personen gehüetet, Inhalt deren Quittungen Zahlt   179 fl. 13 Patz. – Crz.
Nr. 8. Item den Waldschützen zur Execution Holz zu Hauen inhalt Zettulß Zahlt   4 fl. – Patz. – Crz.
Nr. 9. Item 5 Landtschöffen auch dem Landt-Knecht, und 12 Stattschöffen, von jedem Gerichtstag 5 Patz facit 18 Personen iedes Gericht 6 gl. seint bemelte[141] 9 Personen in 7 Gerichtstägen Iustificiert worden facit   42 fl. – Patz. – Crz.
Nr. 10. Item dem Scharffrichter von yeder Person 3 fl. facit 27 fl. Und von 9 Peinlichen Examinibus yedesmahl 4 Patz facit 2 fl. 6 Patz deßglei-

chen von ir gefengnuß zu seubern von iedem 8 Patz. Und den Knechten dabei uffzuwarten von ieder ein Maß wein Und 2 Cr. vor brodt facit: 8 fl. 13 Patz. 2 Crz. thut zusammen 38 fl. 4 Patz. 2 Crz.

Nr. 11. Item den Sambtlichen Schätzern laut Beylag Nr. 11

62 fl. 6 Patz. 1 Crz.

Nr. 12. Item dem Notario von den 8 Inventoryis Inventation Aestimation der guetteren Und des haußrathes der 8 Personen in der Statt, auch rectification der Inventarien, Separation der guetteren distribution eines ieden Verdienstes, umb abzahlung uncostens beygewohnt. Und damit 50 tag Zugebracht, yeder Person des tags vermög ordtnung 8 Platz thut den 4 Inventatoren 106 fl. 10 Patz. – Crz . . .

Summa aller Ausgaben 5551 fl. 1 Patz. 13 Crz.

Ist die Innahme 6855 fl. 11 Patz 2 Crtz. obvermelt davon die Außgabe abgezogen, Uebertrifft Ihnnahme die Außgabe, So man dem Fisco eingenommenes Geldes Schuldig verpleibt nemblich mit 1304 fl. 9 Patz. 3 Crtz.

Welcher Ecceß[142] alsobaldt Zur Cammer gegen Quittung entricht worden ist.

Verzeichnis des Außstandts bey deren Underthanen

Erstlich Meyerhofferin in Schuldig	1106 fl. 2	Patz. 1 Crtz.
Die Braubachin	72 fl. 2	Patz. 3 Crtz. 2 d
Die Cratzische Erben	60 fl. –	Patz. – Crtz. – d
Der Frobin Erben	80 fl. 1½	Patz. – Crtz. – d
Der Carlin Erben	31 fl. 8	Patz. – Crtz. – d
Der Zinkin Erben	116 fl. 6	Patz. – Crtz. – d
Der Schellin Erben	50 fl. 7	Patz. 3 Crtz. – d
Hans Rückers Erben	113 fl. 12	Patz. – Crtz, 3 d
	1630 fl. 10	Patz. 2 Crtz. 1 d

[...]

Summa Summarum Außstandts dem Fisco gehörig von allen bißhero Iustificierten Personen 8345 fl. 6 Patz. – Cr. 1½ d.«

27. 1627. Druten[143] Zeitung / Verlauff / was sich hin und wider im Frankenland / Bamberg und Würtzburg mit den Unholden / und denen / so sich aus Ehr und Gelt geitz muthwillig dem Teuffel ergeben / denckwürdiges zugetragen / auch wie sie zuletzt ihren lohn empfangen haben / gesangweis gestellt / im Thon / wie man die Dorothea[144] singt. *Einblattdruck in Folio aus dem Nürnberger Staatsarchiv mit zwei einfachen Holzschnitten und 25 fortlaufend geschriebenen Strophen.*

Das Lied behandelt in volkstümlicher Weise die wichtigsten Elemente des Hexenglaubens. Da die hier verbreitete Tendenz der auf Ruhe und

Ordnung gerichteten Politik des Rates zuwider war, wurde die Zeitung nach ihrem Erscheinen sogleich verboten (»die gedruckten druten zeitung, so man hin und wider fail hat, sol man abschaffen lassen«), der kriminalistisch festgestellte Nürnberger Drucker verhört, die noch vorhandenen Blätter beschlagnahmt und der Druckstock zerstört. »Obwohl die Nürnberger Bevölkerung die Obrigkeit nicht bedrängte, gegen Hexen und Zauberer gerichtlich vorzugehen und sie hinrichten zu lassen, sehen wir, daß die Einstellung zum Hexenwahn nicht viel anders als in den umliegenden Städten gewesen war. Eine ausgedehnte Verfolgung wäre als gerechte Sühne für die vielen Übeltaten empfunden worden, die das Volk den Hexen und Zauberern anlastete.« (Kunstmann, S. 175).

»Es wird einmal auffwachen / der Richter unser Gott / vor der Welt zschanden machen / die zauberische Rott / die sich mit Leib und Seele / dem Teuffel freventlich ergibt und fehrt zür Hölle / immer und ewiglich.

2 Dann sie Gott gantz absagen / sampt dem Himmlischen Heer / und nimmermehr nichts fragen / nach seines Namens Ehr / den Menschen zu verderben / verschreiben sich mit Blut / und also darauff sterben / mit verzweiffeltem Muth.

3 Auff daß sie mögen haben / Wollust auff dieser Welt / mit Zauberwerck solch Gaben / desgleichen Gut und Gelt / wiewol auch fürnem Weiber / dem Teuffel zur Unzucht / begeben ihre Leiber / auff Bulerey verrucht.

4 Ein wirthin so man nennet / Großköpfinn zu der Frist / zu Zeil hat mans verbrennet / ihre Bekandtnus ist / daß sie hab solln erfroren / Koren und Wein diß Jahr / solchs dem Teuffel zu ehren / zu leyd der Armen Schaar.

5 Viel Leut hab sie tractieret / mit dieser Speiß gemein / Mäusen und [...] [...] [unleserlich] tet wie gute Vögelein / Ein Katz offt für ein Hasen / bracht sie wol auf den Tisch / Die Gäste gar gern assen / Raupen für kleine Fisch.

6 Zu Bamberg wird gebauet / für die Hexen ein Hauß / den Druten dafür grauet / Ein Tortur überauß / hat man darain gesetzet / müssen bekennen frey / wen sie haben verletzet / mit jhrer Zauberey.

7 Nach S. Kilians Messe / hat man zu Würtzburg brennt / sechs / daß ichs nicht vergesse / sie haben das bekennt / wanns die kunst nicht gelehret / es müßt sie dauren doch / weil man lustig umbfahret / in freyen Lüfften hoch.

8 Und fahren in ein Keller / nach allerbestem Wein / offtmal gut Muscateller / tricken sich voll darein / sie wagens auff der Schantze / fahren auff den Hewberg / daselbst halten ein Dantzen / hin und her nach der zwerg.[145]

9 Hett mans nicht eingezogen / und jetzund hingericht / wolten sie haben bewogen / manch Menschen / dem sein Frucht / diese Jahr nicht

gerathen / verführt haben gar fein / zu Zauberischen Thaten / wegen großer Hungerspein.

10 Nichts wer übergeblieben / das Obst / Ruben und Kraut / hettens verderbt und trieben / noch gantzer fünff Jahr / schaut / wie Gott offtmals verhengt / umb unser Sünden wegen / daß wir so wern betrenget / entzeucht uns seinen Segen.

11 Ein Hexen hat man gefangen / zu Zeil die war sehr reich / mit der man lang umbgangen / ehe sie bekandte gleich / dann sie blieb drauff beständig / es gescheh ihr unrecht groß / biß man ihr macht notwendig / diesen artlichen Boß.[146]

12 Daß ich mich drüber wunder / man schickt ein Henkersknecht / zu ihr ins Gfängnuß nunder / den hat man kleidet recht / mit einer Bärenhaute / als wenn der Teuffel wer / als ihn die Drut anschaute / meynts ihr Bul käm daher.

13 Sie sprach zu ihm behende / wie lest du mich so lang / in der Obrigkeit hände / hilff mir auß ihrem Zwang / wie du mich hast verheissen / ich bin ja eygen dein / thu mich auß der Noth reissen / O liebster Bule mein.

14 Sie thet sich selbst verrathen / und gab Antzeigung viel / sie hat nit geschmeckt den Braten / was das war für ein Spiel / er tröstet sie und saget / Ich will dir helffen wol / darumb sey unverzaget / Morgen es geschehen soll.

15 Diß hat er avisieret / alsbald der Obrigkeit / drauff mans examinieret / und nach Gerechtigkeit / mit Schwert und Feuer gerichtet / desgleichen ein Hebamm / was dieselb hat verrichtet / das will ich zeigen an.

16 Es ligt im Franckenlande / Freudenberg eine Stadt / da die Hebamm bekandte / wie sie umbgebracht hat / wol hundert Kinder kleine / ihnen in der Geburt / das Hirn gedruckt eine / ehe dann mans innen wurd.

17 Auch wann sie war alleine / daß niemand zu thet sehn / nam sie das Kindlein kleine / und thet damit umbgehn / verwechselt es dem Teuffel / der ihr ein anders gab / von einer Hex ohn zweiffel / würget das ander ab.

18 Was sie damit thet schaffen / das mercket mit Bescheid / sie thet das Kind in Hafen / Sods ab[147] / hielt ein Malzeit / thet ihren Bulen laden / zu solcher Gasterey / merckt weiter was für schaden / hat sie getan dabey.

19 Das Wasser hats genommen / vom abgesottnen Kind / wann sie sah Leut herkommen / schüttet sies auß geschwind / wann sie darüber gingen / wurden sie krumm und lahm / Solch Thaten thets verbringen / biß endlich an Tag kam.

20 Zu Würtzburg hat gewohnet / eyn Wirth beym Falcken genandt / seiner Seel er nicht schonet / verschrieb dieselb zuhandt / dem Teuffel er soll geben / alls was sein Hertz begert / setzt ein Termin darneben / der Feind ihn das gewert.

21 Wie er nun hat empfangen / nach seines hertzens lust / und die Zeit

jetzt vergangen / daß er auch daran must / Bat er / es solt sich dulden / der böß Feind noch ein Jahr / dann hundert tausent Gulden / woll er jhm geben par.

22 Der Sathan zu Jhm saget / es hillfft dich gar kein Bitt / dein Seel mir wol behaget / deins Gelds bedarff ich nit / was ich dir hab versprochen / das hab ich geben dir / Jetzt aber wird vollzogen / daß ich dich zur Hölle führ.

23 Hiermit nahm ihn der Teuffel / dreht ihm den Kopff zurück / riß ihn auch ohne zweiffel / sein ganzen Leib in stuck / führt ihn mit sich da vone / in Höllischen Abgrund / gab ihm also sein Lohne / nach dem gemachten Bund.

24 O was für grausam Sachen / geschehen an Ort und End / daß der Teuffel thut machen / die Leut so gar verblend / daß sie sich ihm ergeben / und haben ein kleine Zeit / auff Erden hie zu leben / denckn nit an die Ewigkeit.

25 Ach Gott durch deine Güte führ mich auff rechter Bahn / HERR Christe mich behüte / sonst möcht ich irre gahn / halt mich im Glauben veste / in dieser argen Zeit / hilff daß ich mich stets rüste / zur Ewigen Himmelsfrewd.

Bekandtnuß dieses Unkrauts.

Sie haben bekennet / wann man das Hauß oder Stuben außkehrt / Und das Bötzig[148] hinder der Tür ligen lest / sie wollen denselbigen Menschen damit verkrummen und verlehmen / es kan auch der Teuffel sich leibhafftig dahinter verbergen / auch können sie wissen / was im gantzen Hauß geschieht.

Item / wann ein Mensch Saltz auf den Teller nimbt / und diß was überbleibt darvon wider ins Saltzfaß thut / so viel Leut vom selbigen Saltz essen / wollen sie verderben / auch wer das Saltz auff dem Teller ligen lest / denselben Menschen können sie damit verkrummen und verlahmen / auch wenn sies in ein Holderstaud werffen / und ein Mensch drüber kompt / und ansihet / so wird er von stunt an blind.

Item / wann sie Menschenkot nemen / undt in eins todten Rörenbein[149] thun / darnach in Brunnen werffen / so dorren die Personen aller auß / welche von dem Wasser trincken.

Auch wann ein Mensch Eyer ißt / und wirfft die Schalen in das Gefäß oder Schüssel / und zerdrückt sie nicht / so können sie einem Menschen damit verderben.

Sie haben auch bekennt / wann ein Mensch früh aufsteht und wäscht die Hände nicht / was derselbige Mensch angreiffet mit ungewaschenen Händen / denselbigen gantzen Tag können sie darvon bekommen / und haben Macht über alle Sach: Wer auch mit Vieh umbgeht / es sey Pferd / Küh / Ochsen / Schwein / oder Schaf / so kann das Vieh nicht gedeyen und zunemen / und sie es auch dadurch umbs Leben können bringen

/ auch können sie die Milch / Butter / Käs und Schmaltz bekommen / können auch die Küh selber melcken / derentwegen sie in dem Frankenland Milchdiebin genennt werden.

Item / wann man die Füß wäscht / und das Wasser über Nacht stehen läßt / so können sie ihren Bulen den Teuffel darinnen baden / sonderlich die Sambstag Nacht.

Auch wann man die Asche auff dem Herd zusammen kehrt / und spricht nicht / das walt Gott / oder speyt dreymal drein / im Namen Gotts der Vaters / Sohns und heiligen Geistes / so können sie Feuer vom selbigen Aschen holen / wenn sie wollen / oder dasselbige Hauß gar brennet machen.

Dises nemen fromme Christen zur Warnung und Exempel / von diesem Unzifer.

Gedruckt zu Schmalkalden / im Jahr 1627.«

28. 1627-29. Liste der in diesen drei Jahren in der Stadt Würzburg verbrannten Hexen und Hexer. Es handelt sich um 157 Personen, die in 29 Bränden hingerichtet wurden. Eine Fortsetzung führt bis zum 42. Brand und nennt 219 Namen. Die Zahl der im Gesamtgebiet Würzburg verbrannten Menschen belief sich allein in den Jahren 1623-31 (Regierungszeit des Fürstbischofs Philipp Adolf von Ehrenberg) auf über 900.

»VERZEICHNIS DER HEXEN-LEUT, SO ZU WÜRZBURG MIT DEM SCHWERT GERICHTET UND HERNACHER VERBRANNT WORDEN.

Im ersten Brand vier Personen.
Die Lieblerin.
Die alte Anckers Wittwe.
Die Gutbrodtin.
Die dicke Höckerin.

Im andern Brand vier Personen.
Die alte Beutlerin.
Zwey fremde Weiber.
Die alte Schenckin.

Im dritten Brand fünf Personen.
Der Tungersleber, ein Spielmann.
Die Kulerin.
Die Stierin, eine Procuratorin.

Die Bürsten-Binderin.
Die Goldschmidin.

Im vierdten Brand fünf Personen.
Die Siegmund Glaserin, eine Burgemeisterin.
Die Birckmannin.
Die Schickelte Amfrau (Hebamme).
  NB. von der kommt das ganze Unwesen her.
Die alte Rumin
Ein fremder Mann.

Im fünften Brandt acht Personen.
Der Lutz ein vornehmer Kramer.

Der Rutscher, ein Kramer.
Des Herrn Dom-Propst Vögtin.
Die alte Hof-Seilerin.
Des Jo. Steinbacks Vögtin.
Die Baunachin, eine Rathsherrnfrau.
Die Znickel Babel.
Ein alt Weib.

Im sechsten Brandt sechs Personen.
Der Rath-Vogt, Gering genannt.
Die alte Canzlerin.
Die dicke Schneiderin.
Des Herrn Mengerdörfers Köchin.
Ein fremder Mann.
Ein fremd Weib.

Im siebenten Brandt sieben Personen.
Ein fremd Mägdlein von 12 Jahren.
Ein fremder Mann.
Ein fremd Weib.
Ein fremder Schultheiß.
Drey fremde Weiber.
NB. Damahls ist ein Wächter, so theils Herren ausgelassen, auf dem Markt gerichtet worden.

Im achten Brandt sieben Personen.
Der Baunach, ein Raths-Herr, und der dickste Bürger zu Würtzburg.
Des Herrn Dom-Propst Vogt.
Ein fremder Mann.
Der Schleipner.
Die Visirerin.
Zwei fremde Weiber.

Im neundten Brandt fünf Personen.
Der Wagner Wunth.
Ein fremder Mann.
Der Bentzen Tochter.
Die Bentzin selbst.
Die Eyeringin.

Im zehnten Brandt drei Personen.
Der Steinacher, ein gar reicher Mann.
Ein fremd Weib.
Ein fremder Mann.

Im eilften Brandt vier Personen.
Der Schwerdt, Vicarius am Dom.
Die Vögtin von Rensacker.
Die Stiecherin.
Der Silberhans, ein Spielmann.

Im zwölften Brandt zwey Personen.
Zwey fremde Weiber.

Im dreyzehenden Brandt vier Personen.
Der alte Hof-Schmidt.
Ein alt Weib.
Ein klein Mägdlein von neun oder zehn Jahren.
Ein geringeres, ihr Schwesterlein.

Im vierzehenden Brandt zwey Personen.
Der erstgemeldten zwey Mägdlein Mutter.
Der Lieblerin Tochter von 24 Jahren.

Im fünfzehenden Brandt zwey Personen.
Ein Knab von 12 Jahren in der ersten Schule.
Eine Metzgerin.

Im sechzehenden Brandt sechs Personen.
Ein Edelknab von Ratzenstein, ist Morgens um 6 Uhr auf dem Cantzley-Hof gerichtet worden, und den gantzen Tag auf der Pahr (Bahre) stehen blieben,

405

dann hernachher den andern Tag mit den hierbeygeschriebenen verbrant worden.
Ein Knab von zehn Jahren.
Des obgedachten Raths-Vogts zwo Töchter und seine Magd.
Die dicke Seilerin.

Im siebenzehenden Brandt vier Personen.
Der Wirth zum Baumgarten.
Ein Knab von eilf Jahren.
Eine Apotheckerin zum Hirsch, und ihre Tochter.
NB. Eine Harfnerin hat sich selbst erhenket.

Im achtzehenden Brandt sechs Personen.
Der Batsch, ein Rothgerber.
Ein Knab von zwölf Jahren, noch
Ein Knab von zwölf Jahren.
Des D. Jungen Tochter.
Ein Mägdlein von funfzehen Jahren.
Ein fremd Weib.

Im neunzehenden Brandt sechs Personen.
Ein Edelknab von Rotenhan, ist um 6 Uhr auf dem Cantzley-Hof gerichtet, und den andern Tag verbrannt worden.
Die Secretärin Schellharin, noch
Ein Weib.
Ein Knab von zehn Jahren.
Noch ein Knab von zwölf Jahren.
Die Brüglerin eine Beckin, ist lebendig verbrennt worden.

Im zwanzigsten Brandt sechs Personen.
Das Göbel Babelin, die schönste Jungfrau in Würtzburg.
Ein Student in der fünften Schule, so viel Sprachen gekont, und ein vortreflicher Musikus vocaliter und instrumentaliter.
Zwey Knaben aus dem neuen Münster von zwölf Jahren.
Der Steppers Babel Tochter.
Die Huterin auf der Brücken.

Im einundzwanzigsten Brandt sechs Personen.
Der Spitalmeister im Dieterricher Spital, ein sehr gelehrter Mann.
Der Stoffel Holtzmann.
Ein Knab von vierzehn Jahren.
Des Stoltzenbergers Rathsherrn Söhnlein, zween Alumni.

Im zweiundzwanzigsten Brandt sechs Personen.
Der Stürmer, ein reicher Bütner.
Ein fremder Knab.
Des Stoltzenbergers Raths-Herrn große Tochter.
Die Stoltzenbergerin selbst.
Die Wäscherin im neuen Bau.
Ein fremd Weib.

Im dreiundzwanzigsten Brandt neun Personen.
Des David Croten Knab von zwölf Jahren in der andern Schule.
Des Fürsten Kochs zwey Söhnlein, einer von 14 Jahren, der ander von zehn Jahr aus der ersten Schule.
Der Melchior Hammelmann, Vicarius zu Hach.
Der Nicodemus Hirsch, Chor-Herr im neuen Münster.
Der Christophorus Barger, Vicarius im neuen Münster.
Ein Alumnus.
NB. Der Vogt im Brembacher Hof, und ein Alumnus sind lebendig verbrannt worden.

Im vierundzwanzigsten Brandt sieben Personen.
Zween Knaben im Spital.
Ein reicher Bütner.
Der Lorenz Stüber, Vicarius im neuen Münster.
Der Betz, Vicarius im neuen Münster.
Der Lorenz Roth, Vicarius im neuen Münster.
Die Roßleins Martien.

Im fünfundzwanzigsten Brandt sechs Personen.
Der Fridrich Basser, Vicarius im Dom-Stift.
Der Stab, Vicarius zu Hach.
Der Lambrecht, Chor-Herr im neuen Münster.
Des Gallus Hausen Weib.
Ein fremder Knab, die Schelmerey Krämerin.

Im sechsundzwanzigsten Brandt sieben Personen.
Der David Hans, Chor-Herr im neuen Münster.
Der Weydenbusch, ein Raths-Herr.
Die Wirthin zum Baumgarten.
Ein alt Weib.
Des Valckenbergers Töchterlein ist heimlich gerichtet, und mit der Laden verbrannt worden.
Des Raths-Vogts klein Söhnlein.
Der Herr Wagner, Vicarius im Dom-Stift, ist lebendig verbrannt worden.

Im siebenundzwanzigsten Brandt sieben Personen.
Ein Metzger, Kilian Hans genannt.
Der Hüter auf der Brücken.
Ein fremder Knab.
Ein fremd Weib.
Der Hafnerin Sohn, Vicarius zu Hach.
Der Michel Wagner, Vicarius zu Hach.
Der Knor, Vicarius zu Hach.

Im achtundzwanzigsten Brandt, nach Lichtmeß anno 1629 sechs Personen.
Die Knertzin, eine Metzgerin.
Der D. Schützen Babel.
Ein blind Mägdlein. NB.
Der Schwart, Chor-Herr zu Hach.
Der Ehling, Vicarius.
NB. Der Bernhard Mark, Vicarius am Dom-Stift, ist lebendig verbrannt worden.

Im neunundzwanzigsten Brandt sieben Personen.
Der Viertel Beck.
Der Klingen Wirth.
Der Vogt zu Mergelsheim.
Die Beckin bei dem Ochsen-Thor.
Die dicke Edelfrau.
NB. Ein geistlicher Doctor, Meyer genant, zu Hach, und
Ein Chor-Herr ist früh um 5 Uhr gerichtet und mit der Bar verbrannt worden.
Ein guter vom Adel, Junker Fischbaum genannt.
Ein Chor-Herr zum Hach ist auch mit dem Doctor eben um die Stunde heimlich gerichtet, und mit der Bar verbrannt worden.
Paulus Vaecker zum Breiten Huet.

Seithero sind noch zwey Brändte gethan worden.
Datum, den 16. Febr. 1629.
Bisher aber noch viel unterschiedliche Brandte gethan worden.«

29. 1629. Oktober. Beispiel für ein summarisches, nicht einmal die Namen der Angeklagten, sondern nur noch Nummern aufführendes Abschlußprotokoll eines Bamberger Prozesses.

»Auff Clag, Antwortt, auch alles Gerichtliches vor- unndt anbringen und nottürftiger erfahrung unndt sowohl güet alls peinlich selbst aigene bekhandtnus unndt aussag, So deßhalb alles nach laut deß Hochwürdigen Unssers Gnedigen Fürsten unndt Herrn von Bamberg etc. rechtmeßigen reformation geschehen, Ist endtlich zu recht erkhandt, daß nachfolgende 8 Personen, deren extrahirte Aussag mit Nris 1, 2, 3, 4, 5, 6, 7 und 8 angehöret worden, wegen mit der Hexerey verübten Uebeltaten, indem Sie erstlichen Gott den Allmechtigen und dem ganzen Himmlischen Heer erschröcklich und unchristlich abgesagt dem Laidigen Sathan sich mit Laib unndt Seel ergeben. Auch anders Uebel und Unheil mehr gestifftet, Sonderlich Nr. 1, 2, 4 unndt 5 wegen ihrer Uebeltaten, so Sie mit der heiligen Hostien verübt, andern zur abscheü, so offt sie diesselbe dishonorirt, soviel Zwickh mit glüenden Zangen gegeben. Nro. 4, weilen sie ihr aigen Kindt umbbracht, die rechte Handt abgehieben, wie auch Nro. 2, weilen sie die h. Hostie so vielmahls verunehrt unndt Nro. 5 in solche Hostie zweymahl gestochen, daß das Bluet herauß gangen. Jeder auch zuvor die rechte Hand abgehieben werden.

Alßdann neben den andern mit feüer lebendig zum todt hingericht werden sollen. Actum Bamberg den 12: Octobris anno 1629.

     Richter unndt ganzer Schöpffenstuhl daselbsten.«

30. 1629. Bericht von einer harten Folterung, wie sie wohl in der Regel vorgenommen wurde. Der Bock, von dem die Rede ist, war ein »in scharfer Schneide auslaufender Holzblock, auf den die Hexe rittlings gesetzt wurde, so daß zufolge des eigenen Körpergewichts die spitzzulaufende Kante des Blocks tief in den entblößten Damm und Schamteil einschnitt, da durch gleichzeitiges erzwungenes Spreizen der Beine jeder andere Stützpunkt entzogen wurde. Noch heute ist im Rathaus der Stadt Zug ein solcher Marterblock vorhanden« (Soldan-Heppe I, S. 353):

»Insonderheit saget testis 2. Philipp Wagner, der Richter selbsten, ad 2. art. Ob Maderin gleich bey der ersten Marter nichts bekennet, habe man doch ohne rechtliches Erkenntniß, die Tortur wiederholet, und der Scharpffrichter ihr die Hände gebunden, die Haar abgeschnitten, sie auff die Leiter gesetzet, Brandenwein auff den Kopff gossen, und die Kolbe vollends wollen abbrennen. Ad artic. 3. ihr Schwefelfedern unter die Arm, und den Hals gebrennet, art. 4. hinden aufwarts mit den Händen biß an die Decke gezogen, art. 5. so bey 3. oder 4. Stunde gewehret, und sie gehangen, der Meister aber zum Morgenbrodt gangen, art. 6. 7. und als er wiederkommen ihr Brandenwein auff den Ruck gossen, und angezündet, art. 8. 9. 10. ihr viel Gewichter auff den Rücken gelegt, und sie in die Höhe gezogen; Nach diesem wieder auff die Leiter, und ihr ein ungehoffeltes Bret mit Stacheln under den Rücken geleget, und mit den Händen biß an die Decke auffgezogen. art. 11. Furter die beyde große Fußzehen, und beyde Daumen zusammen geschraubet, eine Stange durch die Arm gestecket, und sie also auffgehänget, daß sie ungefehr eine viertheil Stunde gehangen, wär ihr immer eine Ohnmacht nach der andern zugangen. ad art. 12. et 13. die Beine weren ihr in den Waden geschraubet, und wie zu vermercken, die Tortur auff die Fragen underschiedlich wiederholet worden.

Bey der dritten Tortur, so der (Henker) von Dreißigacker verrichtet, seye es ärger zugangen, als der sie mit einer ledernen Peitschen umb die Lenden, und sonst gehauen, daß das Blut durchs Hembde gedrungen, art. 14. 15. 16. Ferner sie auffgezogen, ad art. 15. ihr die Daumen und großen Zehen zusammen geschraubet, sie also im Bock sitzen lassen, und weren der Henker neben denen Gerichtspersonen, zum Morgenbrodt gangen, ungefehr vor Mittage, umb 10 Uhr, darinnen sie gesessen bis 1. Uhr, nach Mittag, daß auch ein benachbarter Beamdter zu Zedgen kommen und gesagt, warumb man so unbarmhertzig mit den Leuten umbgienge, man hette zu Neustadt davon gesagt, daß sie zu Poßneck so unbarmhertzig weren, art. 17. Darauff sie abermal mit der Carbatschen jämmerlich zerhauen, und seye es hierbey ersten Tages verblieben, art. 18. den andern Tag, were man noch einmal mit ihr durchgangen, Tortur hette bißweilen mit der Peitschen zugehauen, aber nicht so sehr, wie den vorigen Tag, es were ein abscheulich Werck gewesen, art. 19. – diesem Zeugen stimmet in den meisten Punkten bei testis 4. Christoph Rhot, auch Richter.«

31. 1631. Friedrich von Spee, Cautio Criminalis. *Das gegen die Hexenverfolgungspraxis der Zeit gerichtete Werk erschien ohne die vorgeschriebene Druckerlaubnis anonym in Rinteln. In einem gleichfalls anonymen Nachwort erklärt der Herausgeber, er habe, da der Verfasser sich nicht habe zum Druck entschließen können, das Manuskript entwendet und es, um des allgemeinen Wohls willen, schleunigst in den Druck gegeben.*

Vorrede des Verfassers

»Den Obrigkeiten Deutschlands habe ich dies Buch gewidmet; vor allem denen, die es nicht lesen werden, weniger denen, die es lesen werden. Denn welche Obrigkeit so gewissenhaft ist, daß sie sich verpflichtet fühlt, zu lesen, was ich hier über die Hexenprozesse geschrieben habe, die hat bereits das, um dessentwillen das Buch gelesen werden sollte, nämlich

Gewissenhaftigkeit und Sorgfalt bei der Prüfung dieser Fälle. Sie braucht es darum nicht erst zu lesen und solche Eigenschaften aus ihm zu lernen. Welche Obrigkeit aber so sorglos ist, daß sie es nicht lesen will, die hat es dringend nötig, das Werk zu lesen und aus ihm Sorgfalt und Behutsamkeit zu lernen. Darum sollen es die lesen, die es nicht wollen. Die es lesen wollen, brauchen es nicht erst zu tun.

Ob nun aber einer mein Buch lesen will oder nicht, so wünschte ich doch, daß jeder wenigstens die letzte ›Frage‹ liest und sorgfältig bedenkt. Ja, es wird sogar nicht nutzlos und gegen die Anordnung der Gedanken sein, diesen Abschnitt vor allen übrigen zuerst zu lesen.

29. Frage
Ob die Tortur, da es doch so eine gefährliche Sache mit ihr ist, abgeschafft werden soll?

Ich antworte: Ich habe schon oben gelehrt, es müsse, wo es sich darum handelt, das Unkraut aus dem Acker des Staates auszujäten, durchaus alles ausgeschaltet werden, was immer wieder die Gefahr mit sich bringt, daß zugleich auch der Weizen mit ausgerauft werde. So sagt uns die natürliche Vernunft, so unser Gesetzgeber Christus selbst und so sagen die berufenen Erklärer seines Wortes in der katholischen Kirche. Es kann also gar nicht bestritten werden.

Ferner habe ich gelehrt, die Tortur oder Peinliche Frage werde heutzutage regelmäßig in einer Weise angewandt, daß tatsächlich immer wieder der Weizen selbst in Gefahr ist. Das ist so wahr, daß ich wagen dürfte, einen Eid auf meine Überzeugung zu leisten, daß es tatsächlich immer und immer wieder so gegangen und arg viel Weizen mit ausgetilgt worden ist.

Nachdem nun diese allgemeine und besondere Voraussetzung unangreifbar begründet ist, muß sich diesem Vordersatz aufs beste die Folgerung anschließen, daß daher *die Tortur völlig abzuschaffen und nicht mehr anzuwenden ist. Oder wenigstens muß jedes Moment im allgemeinen und im besonderen beseitigt oder anderweit geregelt werden, das die Tortur zu einer so gefährlichen Einrichtung macht. Einen anderen Ausweg gibt es nicht.*

Und vor allem will ich den Fürsten klarmachen, daß das eine Gewissenspflicht ist, um derentwillen nicht nur sie selbst, sondern auch ihre Ratgeber und Beichtväter vor dem höchsten Richter werden Rechenschaft ablegen müssen, wenn sie mit Nichtachtung und Stillschweigen darüber hinweggehen. Ich verlange gar nicht, daß sie mir Glauben schenken. Sie sollen nur ihre Theologen zu Rate ziehen, da werden sie finden, daß man mit Menschenblut nicht Kurzweil treiben darf, und daß unsere Köpfe keine Spielbälle sind, mit denen man so ohne weiteres zum Vergnügen leichtfertig um sich werfen darf, wie es jetzt vielleicht gar manches trefflichen Fürsten schlechter Inquisitor tut. Auf jedes noch so geringe Gerüchtchen schreiten sie mit Windeseile gleich zu so gefährlichen Folterungen. Ja, sie schleppen da auch Leute zur peinlichen Frage, die ganz allgemein im Rufe des ehrenhaftesten, untadeligsten Lebenswandels stehen, daß allein das schon genügen sollte, auch die schwersten Indizien zu entkräften. Wo bleibt heutzutage der Rechtsgrundsatz, daß schon die bloße Furcht vor der Tortur der Tortur selbst gleichzustellen ist? Und wie steht es damit, daß die gewichtigsten Autoritäten die Meinung vertreten, es sei schon genug, nur diese Furcht vor der Tortur zu erregen? Warum machen wir uns dies nicht lieber zu nutze? Warum wollen wir in so gefahrvoller Sache nur die alleräußerste Strenge walten lassen? Wie dem auch sei, die Fürsten sollten sich in erster Linie zur Aufgabe machen, mit äußerster Tatkraft zusammen mit ihren Ratgebern dahin zu wirken, daß die Folter gemildert und den Schuldlosen größere Sicherheit gewährleistet werde. Der eingangs mitgeteilte Gedankengang ist richtig, die Folgerung zwingend. Sie macht überzeugend klar, daß die Tortur entweder gänzlich abgeschafft oder doch nur unter gleichzeitiger Vermeidung der geschilderten, allen Unschuldigen drohenden Gefahren durchgeführt werden muß. Einen anderen Ausweg gibt es nicht; mögen die Fürsten also bedenken, was sie tun. Wir alle müssen vor den Richterstuhl der Ewigkeit treten. Wenn dort schon über jedes müßige Wort Rechenschaft abzulegen ist, wie schwer wird da erst Menschenblut gewogen werden? Die Nächstenliebe verzehrt mich und brennt wie Feuer in meinem Herzen; sie treibt mich an, mich mit allem Eifer dafür ins Mittel zu legen, daß meine Befürchtung nicht wahr werde, ein unglückseliger Windhauch könne die Flammen dieser Scheiterhaufen auch auf schuldlose Menschen übergreifen machen. Ich habe noch ein Argument in der Hand; noch ist es geheim, aber zu seiner Zeit und an seinem Orte wird es einmal geoffenbart werden. Es gibt mir die felsenfeste Überzeugung, daß unter fünfzig beliebigen, zum Scheiterhaufen verurteilten Hexen kaum fünf oder gar kaum zwei wirklich Schuldige sich finden. Sollte aber eine Obrigkeit Mut haben und sich davon überzeugen wollen, so will ich mir zu gelegener Zeit Mühe geben, ihr dazu zu verhelfen. [...]

41. Frage
Was man von den Angeklagten halten soll, die im Kerker tot aufgefunden werden?

Ich antworte, wird eine der Hexerei beschuldigte Angeklagte, die noch nicht gesetzmäßig gestanden hat oder überführt ist, tot im Gefängnis gefunden, so muß man vermuten, daß sie eines natürlichen, ehrlichen Todes gestorben ist, es sei denn, daß das Gegenteil aus sicheren Anzeichen mit genügender Wahrscheinlichkeit zu entnehmen ist. Das steht im Widerspruch zu der Gewohnheit vieler Dummköpfe, die, sobald sie nur hören, es sei eine Angeklagte im Gefängnis verstorben, sogleich erklären, sie sei vom Teufel erwürgt, und sie unter den Galgen hinausbringen lassen – wie ich selbst es mehr als einmal gesehen habe. Gleichwohl ist unsere Antwort die einzig richtige. Und zwar aus den folgenden Gründen.

I. Grund. Es ist ein dem Naturrecht selbst entnommener, bei Theologen und Juristen gleichmäßig anerkannter Grundsatz, daß man jeden solange für gut zu halten hat, bis hinreichend bewiesen wird, er sei schlecht. Folglich muß in gleicher Weise ein natürlicher Tod vermutet werden, bis eine andere Todesart genügend dargetan ist.

II. Grund. Wird einer tot im Gefängnis aufgefunden, so besteht nach dem Gesetz nicht eine Vermutung gegen den Toten, sondern gegen den Vorsteher des Kerkers, daß der Gefangene schlecht behandelt worden ist. [...]

III. Grund. Es gibt hier stets Gründe, die für einen natürlichen, ehrlichen Tod sprechen:

1. Der Gefangenen waren die Glieder in der Tortur zerbrochen worden. Augustinus sagt davon: ›Richtet man sie auch nicht hin, so sterben sie doch meistens während oder nach der Folter.‹ (Lib. 19 de Civit. cap. 6.)

2. Sie ist mit Fußfesseln und Ketten gequält worden.

3. Sie war vom Schmutz und Schrecken des Kerkers geschwächt.

4. Sie war zermürbt von Kummer und Trübsal, die, wenn sie nach dem Zeugnis der heiligen Schrift sogar die Gebeine eines Mannes ausdörrt, noch viel mehr eines Weibes Gebeine ausdörren konnte.

5. Es fehlt ihr an allem Trost. Der Priester, von dem sie ihn hätte erhoffen dürfen, hat sie womöglich noch mehr als der Henker selbst gepeinigt.

Wird sie also tot aufgefunden, und sind keine genügenden Anzeichen für das Gegenteil vorhanden, so muß man dafürhalten, daß sie aus den genannten Gründen verstorben sei. Es sei denn, wir wären so unwissend und böswillig, zu glauben, soviel Beschwernis auf einmal sei nicht ausreichend, ein schwaches Gefäß zu zerbrechen, d. h. die Seele aus dem schwachen, verbrauchten Leibe eines Weibes herauszupressen. Ich will hier einfügen, was ich auf diesem Gebiet vor ungefähr zwei Jahren auf einem fürstlichen Schloß, das ich nicht nennen will, selbst erlebt habe. Ich saß bei dem Amtmann des Ortes, meinem guten Freunde, am Tisch, und es war gerade auch noch ein sowohl in seiner eigenen Wissenschaft als in der Mathematik ungewöhnlich bewanderter Arzt zugegen. Aus irgendeinem Anlaß kamen wir mit ihm in ein weitläufiges Gespräch über die Hexen und waren durchweg einer und derselben Meinung. Unterdessen geht der Gefängnisaufseher in den Kerker, den Gefangenen ihr Mittagsmahl zu bringen, kommt zu uns hereingestürzt und meldet dem Amtmann, in der Nacht sei einer von denen, die man als Zauberer gefangen hielt, umgekommen, und zwar vom Teufel erdrosselt worden. Der Arzt und ich sahen einander an, der Amtmann aber schüttelte ärgerlich den Kopf und sagte, »Verkehrte, verrückte Anschauungen der Leute! Dieser Unglückliche ist in den letzten Tagen schon auf der Folter zerrissen und mit Ruten gepeitscht worden, daß es allen gegraust hat. Gestern lag er ganz matt und entkräftet zwischen Leben und Tod im Gefängnis. Nichts ist natürlicher, als daß er an diesen furchtbaren Martern gestorben ist, und nichts ist glaubhafter. Und doch wird niemand es glauben, niemand wird das sagen; alle werden sie erklären, er sei vom Teufel erwürgt, und das wie einen apollinischen Orakelspruch verkünden. Seltsam! Wie viele sind nun schon im ganzen deutschen Reich in den Kerkern verstorben, und doch nicht einer an der Tortur oder dem Elend des Gefängnisses. Denn wer hat je so etwas gehört? Alle hat der Teufel geholt, er hat allen das Genick gebrochen. Und wie beweist man es? Wer war dabei? Wer hat es gesehen? Der Henker sagt es. Freilich, derjenige, der sich nicht nachsagen lassen will, er habe die Folter über das Maß angewendet, ein ehrloser und in den meisten Fällen schlechter Mensch, der allein Zeuge sein kann, weil er allein mit dem Leichnam zu schaffen hat und ihn untersucht. Auf dieses einen Menschen Aussage fußt der ganze Glaube. Und wenn du noch soviel fragst, so wird doch zuletzt als einziger und letzter Beweis nichts weiter als des Henkers Angabe wiederholt. Dabei ist es wirklich merkwürdig, wie in anderen Fragen so leicht keiner solche Autorität besitzt, daß nicht doch immer wieder Raum für Zweifel bliebe, und allein der Henker in einer sehr bedeutsamen Frage eine derart jeden Zweifel ausschließende Autorität besitzt, daß alles, was er sagt, für unbedingt wahr angesehen wird, gerade so, als ob Jupiter selbst gesprochen hätte.« Da das nun recht nach meinem Sinne war und ich diesen Gegenstand gern weiter verfolgt hätte, wandte ich mich zu dem Amtmann und sagte: »Um Genaueres über diese Dinge zu erfahren, die wir so freundschaftlich erörtern, bitte ich, hier aus unserer Tafelrunde Zeugen hinzuschicken, die sich die Sache selbst ansehen und uns die unzweifelhafte Wahrheit berichten mögen. Und wenn der Henker zur Hand ist, daß womöglich der Leichnam gleich untersucht werden kann, so mögen sie mitgehen und ihn sorgfältig besichtigen. Auf diese Weise werden wir sicher erfahren, was an der Sache daran ist.« Dieser Vorschlag gefiel dem Amtmann so gut, daß er selbst an der Besichtigung teilzunehmen wünschte. Sie gehen also und kommen nach kurzer Zeit mit der Erklärung zurück: »Wahrhaftig, es ist so. Der Teufel hat ihm das Genick gebrochen; der Hals ist ganz zerschmettert, schlaff und kraftlos, sodaß der Kopf nach allen Seiten hin schwankt und fällt. Die übrigen Gliedmaßen sind unbeschädigt und fest. So hat es der Henker uns, die wir dicht dabei standen, damit er uns nichts vormachen konnte, deutlich sehen lassen.« Der Amtmann meinte: »So habe ich es selbst mit diesen meinen Augen gesehen, ich selbst bin Zeuge, auf daß diese Ansicht nicht auf der Angabe allein des Henkers fußt.« Im gleichen Sinne sprachen sich auch die übrigen aus, und weil nun alle

Zweifel behoben waren, wandte sich jeder wieder seinem Mittagessen zu. Ich hielt ein wenig an mich, tat einen Zug aus meinem Glase und fragte dann: »Darf ich hier unter Freunden beim Glase Wein einmal etwas offener reden?« »Gewiß«, antwortete der Amtmann, und ich fuhr fort: »Wenn wir so folgern müssen, wie wir es eben getan haben, dann fürchte ich sehr, daß auch unseren Eltern, von denen wir meinen, sie seien mit allen Ehren in ihren Betten verstorben, irgendein böser Geist das Genick gebrochen hat. Ist denn nicht noch jedes Menschen Leichnam zwar ganz starr und kalt, der Kopf aber ganz schlaff und nach allen Seiten beweglich gewesen, daß wir davon nichts wissen? Hat denn noch keiner von uns mit einer Leiche zu schaffen gehabt? Haben wir noch nicht andere an einem Leichnam hantieren, ihn ankleiden und in den Sarg legen sehen, daß wir etwas so Auffälliges noch nicht wußten? Köstlich! Welch ein einleuchtender, glänzender Beweis dafür, daß ihm das Genick gebrochen ist. Wenn jener Henker sich regelmäßig dieses Beweises bedient hat, wie auch andere weit und breit (so darf man wohl annehmen, ja, ich bin bereits davon überzeugt), und wenn einfältige Beichtiger das glauben – wieviele, frage ich, sind dann in wenigen Jahren unverdientermaßen öffentlicher Schande preisgegeben worden?« Nach diesen Worten stand ich auf und ging hinaus. Die Leiche ist dann, wie ich hörte, in den nächsten Tagen unter dem Galgen verscharrt worden. Die Richter aber und alle, die es angeht, mögen einmal sehen, wie schön sie sich von den Henkersknechten an der Nase herumführen lassen und wie es um ihr Seelenheil bestellt sein muß, da sie alles zu wissen meinen und es an der besonderen äußersten Behutsamkeit und Sorgfalt fehlen lassen, die ich oben gerade in den Hexenprozessen für erforderlich erklärt habe. Es häufen sich in diesem Falle zahlreiche Verstöße, die der nachlässige Richter vor dem ewigen Richter wird verantworten müssen.

I. Der Tote hat noch kein gesetzmäßiges Geständnis abgelegt, noch ist er eines Verbrechens überführt, noch ist auch rechtmäßig bewiesen, daß ihn der Teufel oder er selbst sich gewaltsam umgebracht hat. Daraus ergibt sich, daß es eine Todsünde ist [...], ihm das kirchliche Begräbnis zu versagen; und doch tut man es.

II. Man versagt ihm auch nicht nur das gebührende Begräbnis, sondern tut ihm noch überdies die Schmach eines entehrenden Begräbnisses an. Er wird vom Henker unter den Galgen geschleppt und dort eingescharrt.

III. Eben dadurch, daß man ihm den Henker zum Totengräber und den Galgen zum Grabdenkmal gibt, verurteilt man ihn wie durch einen regelrechten Urteilsspruch, sodaß niemand an seiner Schuld zweifelt.

IV. Die gleiche Schande tut man seiner Familie und seinen Nachkommen an. Und das muß man für umso schlimmer erachten, je angesehener das Geschlecht ist. Da nun schon jeder einzelne dieser Verstöße für sich allein sehr schwerwiegend ist und vor dem Gewissen wie vor dem äußeren Richter Genugtuung fordert, so ist kaum zu ermessen, in welche Schuld sich alle die verstricken, die auf so haltlose Gründe hin ganz unbekümmert gleichsam über das Andenken des Verstorbenen herfallen. Denn es kann sich derjenige nicht hinter dem Vorwande der Unwissenheit verkriechen, den sein Amt verpflichtete, mit aller Kraft dafür Sorge zu tragen, daß er nicht unwissend sei.

51. Frage
Wie eine kurze Übersicht des heutzutage bei vielen im Hexenprozesse gebräuchlichen Verfahrens aussieht, die es wert wäre, daß der verehrungswürdige Kaiser sie kennenlernte und das deutsche Volk sie sorgfältig betrachtete?
Ich antworte: Eine solche Übersicht hat jeder Leser selbst aus diesem Buche gewinnen können. Da es jedoch für mich noch leichter zu machen war, will ich sie hier anfügen, freilich unter Auslassung vieler Dinge, die sich nicht gut einfügen ließen. Für sie ziehe man das im Voraufgehenden Gesagte zu Rate, wie auch für das, was im Folgenden angeführt ist, sofern man sich über die einzelnen Fragen eingehender unterrichten will. Folgendes ist also diese Übersicht.

1. Es ist kaum zu glauben, was es bei den Deutschen und besonders (es ist beschämend, auszusprechen) bei den Katholiken unter dem Volke für Aberglauben, Mißgunst, Verleumdung, Ehrabschneiderei, heimliches Gerede und dergleichen gibt. Die Obrigkeit bestraft diese Dinge nicht, und die Prediger rügen sie nicht. Sie sind es, die zu allererst den Verdacht der Hexerei in die Welt setzen. Alle göttlichen Strafen, die Gott in der Heiligen Schrift angedroht hat, stammen von den Hexen her. Gott und die Natur tun jetzt gar nichts mehr sondern alles machen die Hexen.

2. So kommt es, daß alle Welt schreit, die Obrigkeit solle nun die Inquisition gegen die Hexen einleiten, die man in dieser Unmenge doch nur mit den eigenen Zungen geschaffen hat.

3. Also befehlen die Fürsten ihren Richtern und Räten, mit dem Prozeß gegen die Hexen zu beginnen.

4. Die wissen zuerst nicht, wo sie anfangen sollen, weil sie keine Indizien und Beweise haben und doch aus Gewissensbedenken nicht wagen, hier etwas ins Blaue hinein zu unternehmen.

5. Derweil werden sie zwei, drei Male ermahnt, den Prozeß anzufangen. Das gemeine Volk schreit, dies Zögern sei nicht unverdächtig; und etwa das gleiche reden sich die Fürsten, von wer weiß wem unterrichtet, ein.

6. Den Unwillen der Fürsten zu erregen und ihnen nicht auf der Stelle zu gehorchen, das ist in Deutschland gefährlich; fast alle, selbst Geistliche, loben regelmäßig über die Maßen was nur den Fürsten beliebt hat. Dabei beachten sie gar nicht, von wem die Fürsten, mögen sie persönlich noch so vortrefflich sein, sich häufig antreiben lassen.

7. Endlich weichen die Richter also doch dem Willen der Fürsten und

finden irgendwie einen Anfang für ihre Prozesse.

8. Andernfalls, wenn sie noch immer zögern und sich fürchten, sich an etwas so Gefährliches heranzumachen, dann wird ein besonders damit beauftragter Inquisitor geschickt. Bringt der nun etwas Unerfahrenheit und ungestümes Wesen mit, wie das eben menschlich ist, so gewinnen diese Dinge hier ein anderes Aussehen, einen anderen Namen und sind nichts als Rechtlichkeit und frommer Eifer. Diesen Eigenschaften ist dann die Aussicht auf Gewinn durchaus nicht abträglich, namentlich, wenn der Inquisitor ein ärmlicher, habgieriger Mann mit vielen Kindern ist und für den Kopf jedes einzelnen zum Feuertode Verurteilten eine Belohnung von etlichen Talern ausgesetzt ist; abgesehen von den gelegentlichen Sammlungen und Zuschüssen, die die Inquisitoren, wie oben geschildert, unbeschränkt von den Bauern fordern dürfen.

9. Belastet dann irgendein Wort eines Besessenen oder eine der heute im Schwange gehenden böswilligen, nicht nachprüfbaren Redereien (ein rechtmäßig bewiesenes Grüücht ist es ja niemals) eine armselige, mißachtete Gaja ernstlich: So ist sie die erste.

10. Damit es jedoch nicht den Anschein hat, als ob der Prozeß nur auf dieses Gerücht hin, ohne weitere Indizien, wie man sagt, angestrengt worden wäre, siehe, da ist gleich ein Indiz zur Hand, da man der Gaja aus allem einen Strick dreht. Ihr Lebenswandel war ja entweder schlecht und sündhaft oder gut und rechtschaffen. War er schlecht, so sagt man, das sei ein starkes Indiz, denn von einer Schlechtigkeit darf man getrost auf die andere schließen. War ihr Lebenswandel indessen gut, so ist auch das kein geringes Indiz: Denn auf diese Weise, sagt man, pflegen die Hexen sich zu verstecken und wollen besonders tugendhaft erscheinen.

11. Es wird also angeordnet, Gaja ins Gefängnis zu schleppen, und seht, da hat man abermals ein neues Indiz, da man ihr ja aus allem einen Strick zu drehen weiß. Denn sie zeigt dann entweder Furcht oder sie tut es nicht. Zeigt sie Furcht (weil sie davon gehört hat, was für entsetzliche Folterqualen man in der Regel im Verfahren wegen Hexerei zur Anwendung bringt), so ist das alsbald ein Indiz, denn man sagt, sie habe ein schlechtes Gewissen. Zeigt sie keine Furcht (weil sie nämlich auf ihre Unschuld vertraut), so ist auch das sogleich ein Indiz: Denn das, sagt man, sei überhaupt eine besondere Eigentümlichkeit der Hexen, daß sie sich ganz unschuldig stellen und den Kopf nicht sinken lassen.

12. Damit man aber immer noch mehr Indizien gegen sie habe, hat der Inquisitor seine Leute an der Hand, oft verworfene, übel beleumdete Burschen, die Gajas ganzes bisheriges Leben durchforschen müssen. Da kann es ja gar nicht ausbleiben, daß man auf irgendein Wort oder eine Tat stößt, die eine abwegige, böswillige Auslegung mit Leichtigkeit zu einem Schuldbeweis der Magie verdrehen und wenden könnte.

13. Gibt es dann aber auch noch Leute, die ihr schon längst übel gesinnt waren, so haben die die schönste Gelegenheit, ihr Schaden zuzufügen;

weil sie es gerne möchten, finden sie leicht etwas, was sie vorbringen können. Und an allen Enden zetert man, Gaja sei durch starke Indizien belastet.

14. Daraufhin wird sie schleunigst zur Folter geschleppt, sofern sie nicht, wie es häufig geschieht, noch am gleichen Tage, an dem sie gefangen wurde, gefoltert worden ist.

15. Es wird nämlich niemandem ein Advokat und eine unbeschränkte Verteidigung bewilligt, da man schreit, es sei ein Sonderverbrechen, und da jeder, der die Verteidigung übernehmen, als Rechtsbeistand auftreten wollte, selbst des Verbrechens verdächtigt wird. Gerade so geht es ja auch jedermann, der zu diesen Prozessen etwas sagen und die Richter zur Vorsicht mahnen will, denn sogleich heißt man ihn Beschützer der Hexen. So ist allen der Mund verschlossen und die Feder stumpf gemacht, auf daß sie nichts reden oder schreiben mögen.

16. Meistens jedoch, damit es nicht so aussieht, als ob Gajas Verteidigung nicht wenigstens irgendwie zugelassen worden wäre, wird sie vorerst zum Schein vor Gericht geführt; es werden ihr zunächst die Indizien vorgelesen, und sie wird darüber verhört, sofern man das allerdings ein Verhör nennen kann.

17. Wenn sie da auch diese Indizien widerlegt und zu den einzelnen Punkten vollkommen befriedigende Aufklärungen gibt, so wird das doch nicht beachtet noch aufgeschrieben. Die Indizien behalten sämtlich ihre Kraft und Bedeutung, wie sehr sie auch in vorzüglicher Entgegnung entkräftet sein mögen. Man befiehlt lediglich, die Angeschuldigte in den Kerker zurückzuführen, damit sie sich besser überlege, ob sie verstockt bleiben wolle, denn schon jetzt ist sie, da sie sich rechtfertigt, verstockt. Ja, wenn sie sich vollkommen zu rechtfertigen weiß, dann ist das sogar ein neues Indiz, denn man sagt, wenn sie keine Hexe wäre, würde sie nicht so beredt sein.

18. Wenn sie es sich hat überlegen können, wird sie andern Tages wieder vorgeführt, und man liest ihr den Beschluß vor, sie foltern zu lassen; gerade so, als ob sie nicht schon früher etwas auf die Beschuldigungen entgegnet und nichts widerlegt hätte.

19. Ehe sie jedoch gefoltert wird, wird sie vom Henker beiseite geführt und, damit sie sich nicht mit Zaubermittelchen gegen den Schmerz gefeit macht, nach solchen abgesucht, indem er ihr am ganzen Körper die Haare abschert und sie selbst dort, wo man ihr Geschlecht erkennen kann, schamlos beschaut – obschon man bisher noch niemals etwas Derartiges gefunden hat.

20. Freilich, warum sollte man das bei einem Weibe nicht tun? Es wird ja doch auch mit geweihten Priestern gemacht, und zwar auf Anordnung von Inquisitoren und geistlichen Beamten geistlicher Fürsten. Die deutschen Richter sehen ja die Blitze nicht für gefährlich an, die in der Abendmahlsbulle auf diejenigen geschleudert werden, die ohne besonde-

re, ausdrückliche Genehmigung des Heiligen Stuhles Klerikern den Prozeß machen. Daß die frommen, dem römischen Stuhl gehorsamen Fürsten nichts davon erfahren und daraufhin die Prozesse einschränken, dafür treffen die Inquisitoren schon Vorsorge.

21. Hierauf, wenn Gaja in dieser Weise beguckt und geschoren ist, wird sie gefoltert, damit sie die Wahrheit kundtue, das heißt, damit sie sich schlechtweg für schuldig erklärt. Alles, was sie anderes sagt, ist nicht die Wahrheit, kann es nicht sein.

22. Jedoch wird sie nur mit dem ersten, das heißt leichteren, Grade der Tortur gefoltert. das ist so zu verstehen, daß dieser freilich schon ganz fürchterlich ist, jedoch im Vergleich mit den anderen, folgenden Graden immer noch leichter ist. Darum behaupten und verbreiten die Richter, wenn Gaja gesteht, sie habe ohne Tortur gestanden.

23. Wer von den Fürsten und anderen Leuten sollte da, wenn er das hört, nicht glauben, Gaja sei ganz gewiß schuldig, weil sie sich so aus freien Stücken ohne Tortur schuldig bekannt hat?

24. So wird sie also nach diesem Geständnis ohne Bedenken hingerichtet. Freilich wird sie, auch wenn sie nichts gestanden hätte, nichtsdestoweniger hingerichtet werden. Denn wo erst einmal mit der Tortur der Anfang gemacht ist, da ist der Würfel bereits gefallen. Sie kann nicht mehr entkommen, muß sterben.

25. Und so gesteht sie oder sie gesteht nicht. In jedem Falle ist es um sie geschehen. Gesteht sie, dann ist es ja klar, sie wird selbstverständlich hingerichtet, wie schon gesagt. Alles Widerrufen ist umsonst; wir haben es oben geschildert. Gesteht sie nicht, so wird die Folter zwei, drei, vier Male wiederholt. Hier ist alles erlaubt, was man haben möchte: Es gibt ja bei einem Sonderverbrechen keinerlei Vorschrift über Dauer, Schärfe noch Wiederholung der Tortur. Die Richter sind sich hier keiner Schuld bewußt, die sie vor ihrem Gewissen zu verantworten hätten.

26. Ob dann die Gaja auf der Folter vor Schmerz die Augen verdreht oder sie starr auf einen Fleck heftet: Das sind neue Indizien. Verdreht sie die Augen, so heißt es: Seht ihr, wie sie ihren Buhlen sucht? Heftet sie sie starr auf einen Fleck, so sagt man: Schaut, sie hat ihn schon gefunden, sie sieht ihn bereits. Bricht sie jedoch trotz mehrmaliger Folterung immer noch nicht ihr Schweigen, verzerrt sie im Ankämpfen gegen die Schmerzen ihr Gesicht, erleidet sie eine Ohnmacht usw., dann schreien sie, sie lache, sie schlafe in der Tortur, sie gebrauche einen Schweigezauber und sei nun umso mehr schuldig, sie gehörte deshalb lebendig verbrannt zu werden. So ist es auch erst kürzlich einigen Angeklagten gegangen, die trotz mehrmaligen Folterns kein Geständnis hatten ablegen wollen.

27. Und das heißen dann selbst die Beichtväter, selbst Geistliche verstockt und unbußfertig gestorben. Da sagen sie, sie habe sich nicht bekehren, nicht von ihrem Buhlen lassen, sondern habe ihm die Treue halten wollen.

28. Geschieht es aber, daß irgendein Angeklagter unter solchen Folterqualen den Geist aufgibt, dann behaupten sie, der Teufel habe ihr das Genick gebrochen. Zum Beweis dafür kommen sie mit einem unwiderleglichen Argument; willst du das verwenden, so wird dir am Ende der Beweis gelingen, daß es keinen einzigen Menschen gibt, dem nicht zuletzt so vom Teufel das Genick gebrochen wird, wie oben dargelegt.

29. Darum wird, wie billig und selbstverständlich, der Leichnam vom Henker unter den Galgen hinausgeschleppt und dort begraben.

30. Stirbt die Gaja aber nicht und wagen ängstliche Richter nicht, sie ohne neue Indizien weiter zu foltern noch sie ohne Geständnis zu verbrennen, dann wird sie im Kerker festgehalten, in festere Ketten gelegt, um dort bis zu einem vollen Jahr mürbe gemacht zu werden, solange bis sie unterliegt.

31. Sie kann sich ja niemals, wie die Gesetze es haben wollten, durch Überstehen der Tortur reinigen und das ihr einmal angehängte Verbrechen abschütteln. Es wäre beschämend für die Inquisitoren, eine einmal gefangene Person so wieder herauszulassen. Wen sie erst einmal gefangen haben, der muß um jeden Preis schuldig sein.

32. Inzwischen wie auch nachher und schon vorher schickt man ihr unwissende, ungestüme Priester, die noch unleidlicher als die Henkersknechte selbst sind. Ihre Aufgabe ist es, die Unglückliche auf jede Weise zu peinigen, bis sie sich zu guter Letzt schuldig bekennt, ob sie es wirklich ist oder nicht. Wenn sie das nicht tue, versichern sie, gebe es schlechtweg keine Rettung für ihre Seele, könne sie nicht mit den Sakramenten versehen werden.

33. Daß aber nicht ruhigere, unterrichtetere Priester Zutritt erhalten, die ein wenig Haar auf den Zähnen haben, dafür ist die äußerste Vorsorge getroffen. Desgleichen auch dafür, daß kein Unbeteiligter ins Gefängnis gelassen wird, daß kein Unbeteiligter Rechtsbeistand leisten oder die Fürsten unterrichten könnte. Viele Richter und Inquisitoren fürchten nämlich nichts mehr, als daß sich etwa irgendwie etwas zeigen könnte, durch das die Unschuld der Gefangenen ans Licht käme. Darum behandeln manche fürstlichen Inquisitoren solche Männer, denen die Fürsten selbst nicht nur die Sorge für die Jugend anvertrauen möchten, derart, daß sie sie von der Seelsorge der Gefangenen fernhalten, wie sehr sie auch nach ihnen verlangen mögen. Und, was noch mehr ist, es haben letzthin einige an der Tafel vornehmer Herren zu äußern gewagt, sie müßten als Störer der Rechtspflege aus dem Lande gejagt werden.

34. Mittlerweile aber, während die Gaja, wie geschildert, noch immer im Gefängnis zurückgehalten und von denjenigen gepeinigt wird, die es am allerwenigsten tun dürften, – da gebricht es den gewissenhaften Richtern nicht an schönen Kunstgriffen, mit denen sie nicht bloß neue Indizien gegen Gaja finden, sondern ihr (so die Götter wollen) ihre Schuld derart ins Gesicht beweisen können, daß sie jedenfalls dann durch

den Spruch der Gelehrten einer Akademie zum Feuertode verurteilt werden wird. Das ist weiter oben geschildert worden.

35. Manche jedoch lassen die Gaja zum Überfluß noch exorzieren, sie an einen anderen Ort bringen und danach abermals foltern, ob vielleicht durch diese Ortsveränderung und Entsühnung der Schweigezauber gebrochen werden könnte. Kommt man aber auch damit nicht voran, so lassen sie sie endlich lebendig ins Feuer werfen. Wenn sie so umkommen muß, ob sie ein Geständnis abgelegt hat oder nicht, dann möchte ich um der Liebe Gottes willen wissen, wie hier irgend jemand, er sei noch so unschuldig, soll entrinnen können? Unglückliche, was hast du gehofft? Warum hast du dich nicht gleich beim ersten Betreten des Kerkers für schuldig erklärt? Törichtes, verblendetes Weib, warum willst du den Tod so viele Male erleiden, wo du es nur einmal zu tun brauchtest? Nimm meinen Rat an, erkläre dich noch vor aller Marter für schuldig und stirb. Entrinnen wirst du nicht. Das ist letzten Endes die unselige Folge des frommen Eifers Deutschlands.

36. Hat sich also erst einmal eine Angeklagte, von der Gewalt der Schmerzen getrieben, fälschlich beschuldigt, so richtet das unsagbares Unheil an, denn fast niemals gibt es ein Mittel, zu entkommen. Sie wird gezwungen werden, noch andere, von denen sie gar nichts weiß, zu beschuldigen, deren Namen ihr nicht selten die Verhörrichter in den Mund legen, der Henker ihr einbläst, oder solche, von denen es schon vorher bekannt war, daß sie verschrieen, denunziert oder bereits einmal gefangen und wieder losgelassen worden seien. Die müssen dann wieder andere, und diese ebenfalls andere anzeigen, und so immer fort. Wer sieht nicht, daß das unendlich weitergehen muß?

37. Darum bleibt den Richtern selbst gar nichts anderes übrig, als die Prozesse abzubrechen und ihr eigenes Verfahren zu verurteilen, sonst müssen sie schließlich auch ihre eigenen Angehörigen, sich selbst und alle Welt verbrennen lassen. Denn zuletzt werden die falschen Denunziationen jeden erreichen, und wenn ihnen nur die Tortur nachfolgt, dann wird sie ihn als Missetäter erweisen.

38. So werden am Ende auch diejenigen mit hineingerissen, die am meisten geschrien haben, man solle die Scheiterhaufen ständig schüren. Die Toren haben es ja nicht vorausgesehen, daß notwendig auch an sie selbst die Reihe kommen wird. Sie freilich trifft es als gerechtes Urteil Gottes, weil sie mit ihren giftigen Zungen uns soviel Zauberer geschaffen und damit soviel Unschuldige zum Scheiterhaufen verdammt haben.

39. Viele von den Besonneneren und Aufgeklärteren beginnen das freilich schon einzusehen, wie aus einem tiefen Schlaf erweckt die Augen zu öffnen und ihre Wut zu dämpfen und zu zügeln.

40. Es ist auch nichts daran, wenn die Richter bestreiten, daß sie auf bloße Denunziationen hin zur Tortur schritten. Ich habe ja oben nachgewiesen, daß sie es tatsächlich tun und also mit ihrem Bestreiten ihre

vortrefflichen Fürsten irreführen. Denn auch das Gerücht, das sie in der Regel zu den Denunziationen hinzunehmen, ist stets wertlos und nichtig, da es niemals gesetzmäßig bewiesen wird. Und was sie von den Hexenmalen faseln, so wundert es mich, daß die Scharfsinnigen noch nicht bemerkt haben, wie sie fast stets nur eine Täuschung der Henkersknechte sind.

41. Unterdessen aber, während die Prozesse mit solchem Feuereifer betrieben werden und die Gefolterten, von den grausamsten Martern gezwungen, unermüdlich neue denunzieren, sickert es durch, wie dieser und jener denunziert worden ist. So hüten diejenigen, die dem Verhör beiwohnen, das Geheimnis. Und das hat auch seinen Vorteil, da man dadurch sogleich Indizien gegen die Denunzierten bekommen kann, auf Grund folgenden Dilemmas: Erfährt nämlich, was natürlich geschieht, jemand, er sei denunziert, so entzieht er sich entweder der Festnahme durch die Flucht, oder er bleibt getrost da. Ergreift er die Flucht, so erklären sie sogleich, das sei ein außerordentlich starkes Indiz dafür, daß er schuldig sei, ein schlechtes Gewissen habe. Bleibt er indessen da, so ist auch das ein Indiz; der Teufel, sagen sie, hält ihn fest, daß er nicht fort kann. Das habe ich zu meinem Bedauern mehr als einmal in der letzten Zeit hören müssen.

42. Geht überdies jemand zu den Verhörrichtern und erkundigt sich, ob es wahr sei, daß er verschrieen sei, um sich beizeiten zu verteidigen und auf gerichtlichem Wege dem drohenden Unheil entgegenzutreten, so gilt auch dies schon als Indiz, als ob sein böses Gewissen und seine Schuld ihn trieben, gegen den doch von den Inquisitoren noch gar nichts unternommen worden war.

43. Was er aber auch tun mag, er heftet das Gerücht an seine Fersen. Nach ein bis zwei Jahren ist es groß genug geworden und kann in Verbindung mit Denunziationen zur Tortur hinreichend sein, mag es auch selbst zunächst aus Denunziationen entstanden sein. Auch derartige Fälle habe ich gesehen.

44. Ganz ähnlich geht es jedem, der von irgendeinem Böswilligen verleumdet wird. Denn er wird sich entweder gerichtlich zur Wehr setzen, oder er wird sich nicht wehren. Tut er es nicht, so ist das ein Schuldindiz, daß er stille schweigt. Setzt er sich jedoch zur Wehr, so wird die Verleumdung noch weiter herumgetragen, es wird bei Leuten, die vorher gar nichts davon wußten, Verdacht und Neugier erregt, und bald greift das Gerücht dermaßen um sich, daß es sich hernach gar nicht unterdrücken läßt.

45. So liegt nichts näher, als daß diejenigen, die unterdes gefoltert und gezwungen werden, jemanden anzuzeigen, unbedenklich auch solche zu nennen pflegen, denen es in dieser Weise gegangen ist.

46. Daraus ist denn auch ein *Ergebnis* abzuleiten, das man rot anstreichen sollte: Wenn nur die Prozesse unablässig und eifrig betrieben werden, dann ist heute niemand, gleich welchen Geschlechtes, in welcher

Vermögenslage, Stellung und Würde er sei, mehr sicher genug, sofern er nur einen verleumderischen Feind hat, der ihn verdächtigt und in den Ruf bringt, ein Zauberer zu sein. So steuern wahrhaftig, wohin ich mich nur wende, die Verhältnisse auf ein entsetzliches Unglück hinaus, sofern nicht anderweit Vorsorge getroffen wird. Ich habe es schon oben gesagt und wiederhole es hier ganz kurz: Mit Feuerbränden kann man diese Hexenplage, was es mit ihr auch auf sich haben mag, nicht vertilgen, wohl aber auf eine andere Weise, fast ganz ohne Blutvergießen und mit dem nachhaltigsten Erfolge. Aber wer will davon erfahren? Ich hatte noch mehr sagen wollen, aber der Schmerz übermannt mich, sodaß ich diese zusammenfassende Übersicht nicht sorgfältig und vollständig zu Ende führen noch, was sonst recht nutzbringend sein würde, eine deutsche Übersetzung ins Auge fassen kann. Vielleicht werden einmal Männer kommen, die dem Vaterland und der Unschuld zuliebe das Werk ganz vollenden. Um dies eine endlich beschwöre ich alle gebildeten, frommen, klugen und besonnenen Beurteiler (denn die übrigen sind mir gleichgültig) um des Gerichts des allmächtigen Richters willen, daß sie das, was wir in diesem Buche niedergeschrieben haben, recht aufmerksam studieren und bedenken. Das Seelenheil aller Obrigkeiten und Fürsten ist in großer Gefahr, wenn sie nicht sehr aufmerksam sein wollen. Sie mögen sich nicht wundern, wenn ich sie zuweilen heftig und leidenschaftlich ermahne; es gebührt mir nicht, unter denen zu sein, die der Prophet stumme Hunde heißt, die nicht zu bellen wissen. Sie mögen auf sich und ihre ganze Herde achtgeben, die GOTT einstmals strenge aus ihrer Hand zurückfordern wird.

32. 1659. Urteil gegen Margaretha Mauterin, die am 26. April des Jahres in Nürnberg hingerichtet wurde.
»Der wohl edle gestrenge herr Johann Hieronymus Imhoff des Heyl. Römischen Reichs stattrichter zu Nürnberg hat dienstag, den sechsundzwanzigsten monatstag Aprilis dißes sechzehenhundertneunundfünfzigsten jahrs abermahls peinlich halßgericht gehalten und daßelbe mit hernach benanten herren des raths beseßen:

herr Christoph Derrer	herr Georg Christoph Beheim
Paulus Harßdörffer	Georg Paulus Imhoff
Veit Georg Holzschuer	Jobst Wilhelm Ebner
Wolf Jacob Pömer	Johann Friedrich Löffelholz
Ulrich Grundherr	Johann Wilhelm Haller
Paul Albrecht Rieter	

Alß nun nach gewöhnlichen aufleithen die in hernachfolgenter urtheln benambste ubelthäterin vor gericht gebracht, ist ihr beruhrte urthel so zuvor in gesampten rath einhellig geschloßen, durch den gerichtsschreiber deutlich vor und abgeleßen worden.

Nachdem ein wohl edler gestrenger und hochweiser rath dieser statt unßere herren von obrigkeit und ampts wegen gegenwertige Margaretha anietzo Hanßen Mauterers, stattschüzen alhier eheweib, den 23. Marty iüngsthin auß rechtmäßigen billichen ursachen in ihrer wohnbehausung gefänglich annehmen und in die loch verhaft führen laßen, hat sich in denen mit ihr unterschiedlich vorgenommenen verhören befunden, sie auch bekanntlich außgesagt, daß sie bereits vor acht iahren bey lebzeiten ihres vorigen ehemanns Georg Staudingers, geweßenen löben alhier, auß leichtsinniger verachtung Gottes und verzweiflung an seiner hülf und allmacht, auch auß begiert des zeitlichen guts und schnöden gewinns, den allerärgsten feind Gottes und des menschlichen geschlechts, den listigen Sathan zu hülf gerufen, auf deßen erscheinung und verführung der allerheyligsten hochgelobten dreyfaltigkeit vermittels grausamer Gottsläsungen abgesagt, dem Teufel sich zu aigen ergeben, mit ihme sich abscheulich vermischet, die heylige oblaten bei empfahung des hochwürdigen abendmahls zwei mahl aus dem mund genommen und dem boßen geist zugestellt, auch sich freventlich unterstanden und eingewilliget haben, ein und andere person auf des Teufels befehl ohne alle sonder ursach an leib und leben durch zauberey zu beschädigen. Inmaßen sie solches alles mit umbständen vor des Heyl. Reichs bannrichter und zweyen geschwornen schöpfen frey, ledig und ungebunden nochmals bekannt, dardurch sie dann in die straf der halßgerichtsordnung gefallen ist, und ihr leib und leben verwürcket hat.

Dießem allen nach erkennen meine herren, die geschwornen schöpfen zu recht, daß die Margaretha Mauterin auf die gewöhnliche richtstatt geführet und daselbsten erstlich auß sonderbahren gnaden an einen pfal erwürgt, hernach mit feuer zu pulver und aschen verbrent werden solle, ihr selbsten zu einer wohlverdienten straf, anderen aber zu einem mercklichen exempel, sich vor dergleichen abscheuligen unthaten und greulen desto mehr wißend zu hüten.

    Decretum in senatu et executio
    facta per carnificem ut supra.«[150]

33. 1669. Hans Jakob Christoffel von Grimmelshausen, Der abenteuerliche Simplicissimus teutsch. Das zweyte Buch *17. Kapitel:* Wie Simplicius zu den Hexen auff den Tantz gefahren. *18. Kapitel:* Warumb man Simplicio nicht zutrauen solle, daß er sich des grossen Messers bediene.

Das XVII. Capitel
»Einsmal zu End deß May / als ich abermal durch mein gewöhnlich / ob zwar verbottenes Mittel / meine Nahrung holen wolte / und zu dem Ende zu einem Baurn-Hof gestrichen war / kam ich in die Küchen / merckte

aber bald / daß noch Leut auff waren (Nota, wo sich Hund befanden / da kam ich wol nicht hin) derowegen sperrete ich die eine Küchentür / die in Hof gieng / Angelweit auff / damit wann es etwan Gefahr setzte / ich stracks außreissen könte; blieb also Maußstill sitzen / biß ich erwarten möchte / daß sich die Leut nidergelegt hätten: Unterdessen nam ich eines Spalts gewahr / den das Küchenschälterlein hatte / welches in die Stuben gieng; ich schlich hinzu / zu sehen / ob die Leut nicht bald schlaffen gehen wolten? aber meine Hoffnung war nichts / dann sie hatten sich erst angezogen / und an statt deß Liechts / ein schweflichte blaue Flamm auff der Banck stehen / bey welcher sie Stecken / Besem / Gablen / Stül und Bänck schmierten / und nacheinander damit zum Fenster hinauß flogen. Ich verwundert mich schröcklich / und empfand ein grosses Grausen; weil ich aber grösserer Erschröcklichkeiten gewohnt war / zumal mein Lebtag von den Unholden weder gelesen noch gehört hatte / achtet ichs nicht sonderlich / vornemlich weil alles so still hergieng / sondern verfügte mich / nachdem alles darvon gefahren war / auch in die Stub / bedachte was ich mit nemmen / und wo ich solches suchen wolte / und setzte mich in solchen Gedancken auff einen Banck schrittlings nider; Ich war aber [188] kaum auffgesessen / da fuhr ich samt der Banck gleichsam augenblicklich zum Fenster hinauß / und ließ mein Rantzen und Feur=rohr / so ich von mir gelegt hatte / vor den Schmirberlohn und so künstliche Salbe dahinden. Das Auffsitzen / davon fahren und absteigen / geschahe gleichsam in einem Nu! dann ich kam / wie mich bedünckte / augenblicklich zu einer grossen Schaar Volcks / es sey dann / daß ich auß Schrecken nicht geacht hab / wie lang ich auff dieser weiten Räis zugebracht / diese tantzten einen wunderlichen Tantz / dergleichen ich mein Lebtag nie gesehen / dann sie hatten sich bey den Händen gefast / und viel Ring ineinander gemacht / mit zusamm gekehrten Rucken / wie man die drey Gratien abmahlet / also daß sie die Angesichter heraußwarts kehrten; der innere Ring bestund etwan in 7. oder 8. Personen / der ander hatte wol noch so viel / der dritte mehr als diese beyde / und so fortan / also daß sich in dem äussern Ring über 200. Personen befanden; und weil ein Ring oder Craiß umb den andern lincks / und die andere rechts herumb tantzte / konte ich nicht sehen / wie viel sie solcher Ring gemacht / noch was sie in der Mitten / darumb sie tantzten / stehen hatten. Es sahe eben greulich seltzam auß / weil die Köpff so possierlich durcheinander haspelten. Und gleich wie der Tantz seltzam war / also war auch ihre Music, auch sange / wie ich vermeynte / ein jeder am Tantz selber drein / welches ein wunderliche Harmoniam abgab / meine Banck die mich hin trug / ließ sich bey den Spielleuten nider / die ausserhalb der Ringe umb den Tantz herum stunden / deren etliche hatten an statt der Flöten / Zwerchpfeiffen und Schalmeyen / nichts anders als Natern / Vipern und Blindschleichen / darauff sie lustig daher pfiffen: Etliche hatten Katzen / denen sie in Hindern bliesen / und auff dem Schwantz fingerten / das lautet den Sack = pfeiffen gleich: Andere geigeten auff Roßköpffen / wie auff dem besten Discant, und aber andere schlugen die Harpffe auff einem Kühgeribbe / wie solche auff dem Wasen[151] ligen / so war auch einer vorhanden / der hatte eine Hündin underm Arm / deren leyert er am Schwantz / und fingert ihr an den Dutten / darunter trompeteten die Teuffel durch die Nase / daß es im gantzen Wald erschallete / und wie dieser Tantz bald auß war / fieng die gantze höllische Gesellschaft an zu rasen / zu ruffen / zu rauschen / zu brausen / zu heulen / zu wüten und zu toben / als ob sie alle toll und thöricht gewest wären. Da kan jeder gedencken / in was Schrecken und Furcht ich gesteckt.

In diesem Lermen kam ein Kerl auff mich dar / der hatte ein ungeheure Krott unterm Arm / gern so groß als eine Heerpaucke / deren waren die Därm auß dem Hindern gezogen / und wieder zum Maul hinein geschoppt / welches so garstig außsahe / daß mich darob kotzerte; Sehin Simplici, sagte er / ich weiß / daß du ein guter Lautenist bist / laß uns doch ein fein Stückgen hören: Ich erschrack daß ich schier umbfiel / weil mich der Kerl mit Nahmen nennete / und in solchem Schrecken verstummte ich gar / und bildete mir ein / ich lege in einem so schweren Traum / bat derowegen innerlich im Hertzen / daß ich doch erwachen möchte / der mit der Krott aber / den ich steiff ansahe / zog seine Nasen auß und ein / wie ein Calecutscher Han / und stieß mich endlich auff die Brust / daß ich bald darvon erstickte; derowegen fienge ich an überlaut zu Gott zu ruffen / da verschwand das gantze Heer. In einem Huy wurde es stockfinster / und mir so förchterlich umbs Hertz / daß ich zu Boden fiele / und wol 100. Creutz vor mich machte.

Das XVIII. Capitel.
Demnach es etliche / und zwar auch vornehme gelehrte Leut darunter gibt / die nicht glauben / daß Hexen oder Unholden seyen / geschweige daß sie in der Lufft hin und wieder fahren solten; Als zweiffele ich nicht / es werden sich etliche finden / die sagen werden / Simplicius schneide hier mit dem grossen Messer auff: Mit denselben begehre ich nun nicht zu fechten / dann weil auffschneiden keine Kunst / sondern jetziger Zeit fast das gemeineste Handwerck ist / als kan ich nicht leugnen / daß ichs nicht auch könte / dann ich müste ja sonst wol ein schlechter Tropf seyn. Welche aber der Hexen Außfahren verneinen / die stellen ihnen nur Simonem den Zauberer[152] vor / welcher vom bösen Geist in die Lufft erhaben wurde / und auff S. Petri Gebet wieder herunter gefallen. Nicolaus Remigius[153], welcher ein dapfferer / gelehrter und verständiger Mann gewesen / und im Hertzogthum Lothringen nicht nur ein halb Dutzet Hexen verbrennen lassen / erzehlet von Johanne von Hembach / daß ihn seine Mutter / die eine Hex war / im 16. Jahr seines Alters / mit sich auff ihre Versamlung genommen / daß er ihnen / weil er hatte lernen pfeiffen / beym Tantz auffspielen solte; zu solchem End stiege er auff

einen Baum / pfiffe daher / und sihet dem Tantz mit Fleiß zu (vielleicht weil ihm alles so wunderlich vorkam) Endlich spricht er: Behüt lieber GOtt / woher kompt so viel närrisch und unsinniges Gesind? Er hatte aber kaum diese Wort außgesagt / so fiel er vom Baum herab / verrenckt eine Schulter / und rufft ihnen umb Hülff zu / aber da war niemand als er; Wie er dieses nachmals ruchbar machte / hieltens die meiste vor ein Fabel / biß man kurtz hernach Catharinam Praevotiam Zauberey halber fienge / welche auch bey selbigem Tantz gewesen / die bekante alles wie es hergangen / wiewol sie von dem gemeinen Geschrey nichts wuste / das Hembach außgesprengt hatte. [...] Ghirlandus[154] schreibet auch von einem vornehmen Mann / welcher als er gemerckt / daß sich sein Weib salbe / und darauff auß dem Hauß fahre / habe er sie einsmals gezwungen / ihn mit sich auff der Zauberer Zusammenkunfft zu nehmen; Als sie daselbst assen / und kein Saltz vorhanden war / habe er dessen begehrt / mit grosser Mühe auch erhalten / und darauff gesagt: Gott sey gelobt / jetzt kompt das Saltz! Darauff die Liechter erloschen / und alles verschwunden. Als es nun Tag worden / hat er von den Hirten verstanden / daß er nahend der Statt Benevento, im Königreich Neapolis / und also wol 100. Meil von seiner Heimat seye; Derowegen ob er wol reich gewesen / habe er doch nach Hauß bettlen müssen / und als er heim kam / gab er alsbald sein Weib vor eine Zauberin bey der Obrigkeit an / welche auch verbrennt worden. Wie Doctor Faust neben noch andern mehr / die gleichwol keine Zauberer waren / durch die Lufft von einem Ort zum andern gefahren / ist auß seiner Histori genugsam bekant. So hab ich selbst auch eine Frau und eine Magd gekant / seynd aber / als ich dieses schreibe / beyde todt / wiewol der Magd Vatter noch im Leben / diese Magd schmierte einsmals auff dem Herd beym Feuer ihrer Frauen die Schuh / und als sie mit einem fertig war / und solchen beyseit setzte / den andern auch zu schmieren / fuhr der geschmierte ohnversehens zum Kamin hinauß; diese Geschicht ist aber verduscht geblieben. Solches alles melde ich nur darumb / damit man eigentlich darvor halte / daß die Zauberinnen und Hexenmeister zu Zeiten leibhafftig auff ihre Versammlungen fahren / und nicht deßwegen / daß man mir eben glauben müsse / ich sey wie ich gemeldt hab / auch so dahin gefahren / dann es gilt mir gleich / es mags einer glauben oder nicht / und wers nicht glauben will / der mag in einen andern Weg ersinnen / auff welchem ich auß dem Stifft Hirschfeld oder Fulda (dann ich weiß selbst nicht / wo ich in den Wäldern herumb geschwaifft hatte) in so kurtzer Zeit ins Ertz-Stifft Magdeburg marchirt seye.«

34. 1672. Frühjahr. Katharine Lips aus Betzlesdorf in Oberhessen wird in den Marburger Hexenturm gesperrt und dort gefoltert. Da sie nicht geständig ist trotz härtester Martern, wird sie zunächst entlassen. In den folgenden Jahren wurde sie wieder verhaftet und am 4. November 1673 nochmals und noch grausamer gefoltert. Sie wird viermal aufgezogen, sechzehnmal wird sie so weit wie möglich geschraubt. Sie fällt wiederholt in Starrkrampf, mit Werkzeugen wird ihr der Mund aufgebrochen, um sie zum Bekenntnis zu zwingen. Aber die Frau, die »bald betete, bald wie ein Hund brüllte« (Soldan-Heppe II, S. 99), gestand nicht. Im Bericht der Folterkommission an die Landgräfin wird dazu bemerkt, die Frau habe sich offenbar durch Zauberei unempfindlich gemacht, weil sie sonst unmöglich die Folter ohne Geständnis hätte ertragen können. Die Landgräfin begnadigt die Frau und verweist sie des Landes, zugleich weist sie die zuständige Kanzlei an, in Zukunft vorsichtiger zu verfahren und die Folter nur in wirklich triftigen Fällen anzuwenden. – Hier der Bericht von der ersten Folterung:

»Hieruff ist ihr nochmals das Urthel vorgelesen worden undt errinnert worden, die warheit zu sagen. Sie ist aber bestendig bey dem leugnen blieben, hatt sich selber hertzhafft und willig aussgezogen, worauff sie der Scharffrichter mit den handen angeseilet, hatt wieder abgeseilet, peinlich Beklagtin hatt geruffen: O wehe! O wehe! ist wieder angeseilet, hatt geruffen: O wehe! O wehe! Herr im Himmel, komme zu Hülffe! Die Zähne sindt angeseilet worden, hatt umb rach geruffen, undt ihr arme brechen ihr. Die Spanischen Stieffel[155] sindt ihr uff gesetzt, die Schraube uffm rechten Bein ist zugeschraubet, ihr ist zugeredet worden, die wahrheit zu sagen. Sie hatt aber daruff nicht geandtwortet. Die Schraube uffm lincken Bein auch zugeschraubet. Sie hat geruffen, sie kennte und wüste nichts, hatt geruffen, sie wüste nichts, hatt umbs jüngste gericht gebetten, sie wüste ja nichts, hatt sachte in sich geredet, sie wüste undt kennte nichts. Die lincke Schraube gewendet, peinlich Beklagtin ist uffgezogen[156], sie hatt geruffen! Du lieber Herr Christ, komme mihr zu Hülffe! sie kennte und wüste nichts, wan man sie schon gantz todt arbeitete. Ist hoher uffgezogen, ist stille worden undt hatt gesagt, sie wehre keine Hexe. Die Schraube uffm rechten Bein zugeschraubet, woruff sie O wehe! geruffen. Es ist ihr zugeredet worden, die warheit zu sagen. Sie ist aber dabey blieben, das sie nichts wüste, ist wieder niedergesetzet worden, die Schrauben seindt wieder zugeschraubet. hatt geschrien: O wehe! O wehe! wieder zugeschraubet, uffm rechten Bein, ist stille worden und hatt nichts antworten wollen, zugeschraubet, hatt laut geruffen, wieder stille worden undt gesagt, sie kennte und wüste nichts, nochmahls uffgezogen, sie geruffen: O wehe! O wehe! ist aber bald gantz stille worden, ist wieder niedergesetzt undt gantz stille blieben, die Schrauben uffgeschraubet. Es ist ihr vielfeltig zugeredet worden, sie ist dabey blieben, dass sie nichts kennte oder wüste. Die Schrauben hoher undt zugeschraubet, sie lautt geruffen undt geschrien, ihre mutter unter der Erden solte ihr zu Hülff kommen, ist baldt gantz stille worden undt hatt nichts reden wollen. Hartter zugeschraubet, worufft sie anfang zu kreischen undt geruffen, sie wüste nichts. An beyden Beinen die Schrauben hoher gesetzet, daran geklopfe[157], sie geruffen: Meine liebste mutter unter der Erden, o Jesu, komme mihr zu Hülffe! Am lincken Bein zugeschraubet, sie geruffen und gesagt, sie wehre keine Hexe, das wüste der liebe Gott, es wehren lautter Lügen, die von ihr geredet worden. Die Schraube am rechten Bein hartter zugeschraubet, sie anfangen zu ruffen: aber stracks wieder ganz stille worden. Hieruff ist sie hinausgeführet worden von dem Meister, umb ihr die Haare vom Kopf zu machen. Daruff er, der Meister, kommen und referirt, dass er das stigma funden, in welchem er eine nadel über gliedts tieff gestochen, welches sie nicht gefühlet, auch kein Blut herausgangen. Nachdem ihr die Haare abgeschoren, ist sie wieder angeseilet worden an handen und fuessen, abermahls uffgezogen, da sie geklagt undt gesagt, sie müste nun ihr liebes Brodt heischen, hatt laut geruffen, ist wieder gantz stille worden, gleich als wan sie schlieffe. Indem fienge sie hartt wieder an zu reden. Die Schraube am rechten Bein wieder zugeschraubet, da sie laut geruffen, die lincke Schraube auch zugeschraubet, wieder geruffen, und stracks gantz stille worden, undt ihr das maul zugangen. Am lincken Bein zugeschraubet, worufft sie gesagt, sie wüste von nichts, wan man sie schon todt machete. Besser zugeschraubet am rechten Bein, sie gekrischen, endlich gesagt, sie könte nichts sagen, man solte sie uff die Erde legen undt todt schlagen. Am lincken Bein zugeschraubet, uff die Schrauben geklopfet, hartter zugeschraubet, nochmahls uffgezogen, endtlich gantz wieder loes gelassen worden.

(gez.) J. Jacob Blanckenheim.   (gez.) Friderich **Bauod**.
(gez.) J. Hirschfeld.   (gez.) M. F. Rang.«

35. 1702. Aus: Christian Thomasius, Erinnerung wegen seiner künfftigen Winter-Lectionen. Thomasius antwortet mit dieser Schrift auf die Kritik, die nach dem Erscheinen seiner Dissertation De Crimine magiae *(Von dem Laster der Zauberei) von 1701 erhoben wurde.*

»II. Nachdem ich auch leider erfahren müssen, daß man durch meine Disputation de Crimine Magiae[158] Gelegenheit genommen mich fälschlich zu beschuldigen, als glaubete ich keine Teuffel, unerachtet das Gegentheil mit offenbahren und deutlichen Worten der Disputation selbst zu lesen ist; Als habe ich Gelegenheit genommen, bey dem Discurs von denen Aegyptischen Zauberern meine Unschuld klärlich zu zeugen, und meine Meynung von Hexen ausführlicher als in der Disputation wegen Kürtze der Zeit und damahligen Vorhabens geschehen können, zu melden. Nemlich gleich wie ich I. den Teuffel glaube, und ihn 2. für eine allgemeine Ursache des bösen, folglich auch 3. des Sünden-Falls der ersten Menschen halte; Also glaube ich 4. auch, daß Zauberer und Hexen seyn, die denen Menschen und Vieh auff verborgene Weise schaden zufügen. Ich glaube auch 5. Cristallenseher, Beschwerer, und die mit aberglaubischen Sachen und Seegensprechen allerhand wunderliche Sachen verrichten. Ich gebe auch endlich zu, daß 6. von diesen Leuten etliche Dinge verrichtet werden, die nicht für Gauckeleyen und Betriegereyen zuhalten, auch nicht denen verborgenen Würckungen der natürlichen Cörper und Elementen füglich können zugeschrieben werden, sondern muthmaßlich von Teuffel herkommen: Wie dann auch 7. etliche Dinge zu weilen vorkommen, da man nicht anders sagen kan, als daß sie von einer höhern als menschlichen Macht herkommen, und doch GOTT und seinen guten Engeln nicht können zugeschrieben werden, als wenn zum Exempel aus dem Menschlichen Leibe allerhand natürliche, sonderlich aber künstliche Dinge, als Zwirn, Steckenadeln, Scherben, Haare, Hecht-Zähne, und zwar in grosser Menge aus Oertern, die dieselbe nicht fassen können, zum Exempel aus den Ohren herfür kommen. 8. Ich lobe auch, daß man die Cristallenseher, Beschwerer, Seegen-Sprecher u.s.w. in einer wohlbestellten Republique nicht duldet, sondern daraus verjaget, auch wohl nach Gelegenheit schärffer straffet. 9. Ich lobe, daß man diejenigen Zauberer und Hexen, die den Menschen auch nur auff eine verborgene Weise Schaden thun, am Leben strafft, wenn auch schon der Schaden vermittelst sonst unbekandter und geheimer Kräffte der Natur geschehen, oder wenn auch würcklich kein Schade drauff erfolget wäre, sondern nur die Zauberer und Hexen, so viel an ihnen gewesen, mit ihren Beschweren und Gauckeleyen sich Schaden zu thun bemühet hätten. 10. Aber ich leugne noch beständig, und kan es nicht glauben, daß der Teuffel Hörner, Klauen und Krallen habe, daß er wie ein Pharisäer, oder ein Mönch, oder ein Monstrum, oder wie man ihn sonst abmahlet, aussehe. Ich kan es nicht glauben, daß er 11. könne einen Leib annehmen, und in einer von diesen oder andern Gestalten den Menschen erscheinen. Ich kan es nicht glauben, daß er 12. Pacta mit denen Menschen auffrichte, sich von ihnen Handschrifften geben lasse, bey sie schlaffe, sie auff den Blockers-Berg auff den Besen oder den Bock hohle u.s.w. Ich glaube 13. daß dieses alles entweder Erfindungen von müßigen Leuten sind, oder falsche Erzehlungen derer, die andere betriegen wollen, sich dadurch ein Ansehen zu machen, oder Geld von ihnen zu bekommen; oder Melancolische Einbildungen, oder durch den Hencker erpreßte aussagen. Ich glaube 14. daß die gemeine gegentheilige Meinung dadurch nichts gewinnet, wenn ich gleich zugebe, daß durch Aberglauben und Seegensprechen allerhand wunderliche Sachen geschehen. Denn wer weiß nicht, daß z. E. die Jüden, wenn sie ein Brodt mit gewissen Characteren bezeichnet ins Feuer werffen, oder sonst das Feuer versprechen, verursachen, daß das Feuer nicht weiter brennt: Wer weiß nicht, daß die Zigeuner ihr Feuer in den

Ställen und Scheunen anmachen, und es doch keinen Schaden thut? Ich habe aber noch keinen gehöret, der da vorgegeben hätte, daß entweder diese Jüden, oder die Zigeuner Hexenmeister wären, und Pacta mit dem Teuffel gemacht hätten. Ich glaube 15. daß die gemeine Meinung nichts gewinne, wenn ich gleich zugebe, daß etliche Kranckheiten vom Teuffel herrühren, und von denen Zauberern durch Hülffe des Teufels zuwege gebracht werden. Die heiligen Männer, die durch Gottes Krafft und durch den Glauben Wunder gethan haben, haben deswegen keinen Pact mit unserm HErrn GOtt gemacht, oder ihm eine Handschrift gegeben. Warum solte der Teuffel nicht auch ohne sichtbaren Packt durch die Kinder des Unglaubens würcken, oder ihr böser Glaube und starcke Impression und Verlangen nicht auch können durch des Satans Krafft was böses würcken? Wie sich GOtt denen Gläubigen und Propheten hat durch Gesichte, Träume, Stimmen geoffenbahret, also kan ja auch der Teuffel denen Zauberern und Hexen die aberglaübischen Mittel zu Schaden unsichtbahrer Weise offenbaren. Ich halte 16. dafür, daß wie der bißherige Hexen-Proceß nichts taugt, da man das Bündnüß mit dem Teuffel zum Grund des Processes geleget hat, quod non est in rerum natura; also auch sehr behutsam verfahren werden müsse, wenn man die Leute beschuldigen will, daß sie durch Hexerey Schaden gethan, denn es gehöret viel Beweiß darzu, und die gemeine Indicia auch die, so in der Peinlichen Halß-Gerichts-Ordnung vorgeschrieben worden, sind nicht richtig, wie in der disputation gezeiget worden: Sonderlich aber gehören 17. bey denen wunderlichen und übernatürlich scheinenden Krankheiten grosse Untersuchungen darzu, ob nicht ein Betrug dahinter stecke [...], daß viel Gelehrte und glaubwürdige Leute die Sache bezeugen, wenn es auch gleich Doctores Medicinae sind. Denn es werden glaubwürdige und gelehrte Leute so wol, wo nicht eher, betrogen, als andere. Und ich glaube gewiß, daß 18. unter denen ausgegebenen über natürlichen Kranckheiten, davon man itzo ein gantzes Buch colligiret hat, die meisten mit einer Betrügerey vergesellschaftet sind, und daß unter hunderten kaum eine ohne hocus pocus und menschliche Geschwindigkeit sey zugegangen. [...] So muß ich auch 19. bekennen, daß ob schon, wenn ich sähe, daß Z. E. aus eines Menschen Ohr nach einander eine gantze Schüssel voll Hecht-Zähne gezogen würden; ich selbst anfänglich nicht anders sagen würde, als daß die Sache mit Hülffe des Teuffels und Hexerey zugangen sey; dennoch wenn die Sache scharff poussiret[159] werden solte, wüßte ich nicht was ich einem antworten wolte, der mir objicirte[160]: Daß man dergleichen Kranckheit deßwegen nicht für natürlich hielte, weil es eine contradiction[161] sey, daß das menschliche Gehirne solche Dinge, und zwar in so grosser Menge in sich fassen könne: Nun könne aber ja auch der Teuffel nicht contradictoria zu wege bringen, weil die Göttliche Allmacht selbst zwar alles, aber keine contradictoria zu Wege bringen könne. Also führen mich nun dergleichen Betrachtungen dahin, daß ich auch in diesem Stück lieber sagen wolte: Jch weiß nicht wie die Sache zugehet, als daß ich sprechen soll, der Teuffel thut es. Denn so gewiß als zweymahl drey sexe sind, so gewiß ist es auch, daß ich dasjenige nicht weiß, was ich nicht weiß. Will aber ein anderer sagen: das Ding ist vom Teuffel das er doch nicht weiß wie es zugeht, kan ich es wohl leiden, wenn man mir nur vergönnet, daß ich bey meiner docta ignorantia[162] bleibe. Aber gesetzt auch nun daß es ausgemacht sey, daß die Sache von Teuffel herkomme, so sehe ich doch 20. nicht, daß dadurch der Hexen-Proceß gegründet sey: denn es ist hier nun wieder die Frage, wer der Hexen-Meister sey, der dem Patienten diese Kranckheit zuwege gebracht habe, und auf was für Art ein Richter dessen Gewiß seyn könte. Es ist zwar freylich nicht schwer bald ein Bekäntniß durch den Hencker heraus zu bringen; Aber das ist nicht genug. Jch fürchte, wenn man mich und dich marterte, wir würden alles aussagen, was man von uns begehrte, und wenn man uns weiter wegen der Umbstände marterte, würden wir auch Umbstände, und zwar solche darzu lügen, die wir wüsten, das sie der Richter gerne höretete, und durch deren Aussage wir am ersten von der Marter abkämen: Mit einen Wort: ich halte dafür daß die Hexen-Processe gar nichts taugen, und daß der NB. gehörnete leibliche Teuffel mit der Pech-Kelle und seine Mutter darzu ein purum inventum[163] der Päbstischen Pfaffen sey, derer ihr grösstes arcanum[164] ist, die Leute mit NB. solchen Teuffeln fürchten zu machen, und Geld zu Seelmessen, reiche Erbschaften und Stifftungen zu Klöstern oder andern ausweichenden causis[165] heraus zu locken, auch unschuldige Leute, die da sagen Papa quid facis[166], als ob sie Zauberer wäre, die den Leuten Schaden thäten, verdächtig zu machen. Christus hat die Sünder nicht mit solchen Teuffeln bekehret, und die Apostel haben bei ihren Predigten keine Systemata gebraucht, darinnen der Teuffel der Eckstein ist, daß wenn man demselben hinweg nimt, das gantze Gebäude hinach fällt. Damahls hiesse es, wer Christum läugnet, der läugnet GOtt. Heute heißt es: wer den gehörneten und gemahlten Teuffel läugnet, der läugnet GOtt. Könten wohl in dem finstersten Pabstthum dergleichen Fratzen gehöret werden? Ich habe für weniger Zeit von einem vernünfftigen Lehrer, desgleichen ich fein viel wünschete, in der Predigt gehöret: für dem Teuffel soll man sich hüten, aber ihn nicht fürchten. Also hüte Z. E. ich mich für meinen Lästerern so wohl für denen die des gemahlten Teuffels Partey nehmen, als den andern, so wohl für alten als jungen, sie mögen nun zu Wittenberg, oder Delitsch hier oder anderswo seyn, aber ich fürchte mich für ihnen nicht. Ich nehme mich in acht, daß ich ihnen keine Ursach zur Teuffeley das ist zur Lästerung gebe, thun sie es aber dennoch, so lasse ich sie diabolisieren so lange sie wollen, und lasse sie gehen. wenn sie sich auch in einen Engel des Lichts verstellen, und unter dem Schein des Gebets ihre Lästerungen wider mich ausüben, u.s.w.«

36. 1712. Aus: Christian Thomasius, Inquisitionsprozeß wider die Hexen.
In dieser Schrift, die den Argumentationsgang der Dissertation von 1701,
De Crimine Magiae, *aufnimmt und die Fiktivität der Hexerei erneut
unter Beweis stellt, entwickelt Thomasius einen Abriß der Geschichte des
Zauber- und Hexenwesens und stellt alle – auch ausländische – Stimmen
zusammen, die schon vor ihm gegen die Hexenverfolgung erhoben worden sind.*

»§ 2 Erklährung des Titels, und der darinn gebrauchten Methode.
Daß ich aber dieser disputation den Titel von Ursprung und Fortgange
des inquisition processes wider die Hexen gegeben, ist desfalls geschehen,
damit ich unterschiedliche Dinge mit einmal abthun könte, das ist, erstlich
will ich zeigen, daß die gemeine und öffentliche persuasion[167] von oberwehnten Thaten des Teuffels mit denen Hexen, nicht vor dem inquisitions
process wieder die Hexen recipiret sey; den inquisitions process aber
wieder die Hexen will ich darthun, daß er erst zu Ende des XVten Seculi
seinen Anfang genommen habe. Nachmahls will ich beweisen, daß diese
öffentliche persuasion von denen Sachen, die der Teuffel mit den Hexen
thun könne, noch viel neuer als der inquisitions process wieder die Hexen
sey; und erstlich wo nicht zu Ende, dennoch nach der mitte des XVI
Saeculi von denen inquisitoribus wieder die zauberischen Laster vertheydiget, und fortgepflanzet worden.
§ 3 Warum bloß von Hexen (und) nicht (von) Hexenmeistern rede.
Daß aber der Titel bloß von Hexen redet, ist nicht desfalls geschehen, als
wenn ich die Mannspersohnen von der Betrachtung in gegenwärtiger
Disputation ausschliessen wolte, sondern ich habe mich nach der gemeinen Redensart derer Leute gerichtet, welche ohne Zweiffel von denen
ersten Inquisitoribus ihren Ursprung nimmt, als welches mit grosser
Mühe, wiewol mit sehr einfältigen Gründen beweisen wollen, daß das
weibliche Geschlecht weit mehr der Hexerey zugethan seye als das
männliche.
§ 4 Beschreibung einer Hexe.
Auf daß nun aber aller Streit von dem Wort-Verstande gehoben werde; so
beschreiben wir eine Hexe also: daß es ein Weib sey; so einen ausdrücklichen Bund mit dem Teuffel mit Abschwerung des Glaubens macht, auch
bey demselben schläfft, und in der solennen Zusammenkunfft derer
Hexen, denselben in der Gestalt eines Bockes, oder dergleichen erscheinend, auf eine garstige, und schändliche Weise anbetet.
§ 5 Beweis, daß es keine Hexen vor dem Inquisitionsprozeß gegeben.
Damit wir also zur Sache selbst schreiten, so wollen wir zusehen, ob die
öffentliche Meinung von solchen Hexen vor dem inquisitions-Process
recipiret sey. Wir läugnen es. Da wir denn, wann wir uns unsers Rechts
bedienen wollten, nicht nöthig hätten, solches zu beweisen, auf daß aber
der gemeine Irrthum desto handgreifflicher gewisen werde, so wollen wir

uns der in Schulen so genandten induction[168] bedienen, und weisen, daß weder die H. Schrifft, noch die Römische und Päbstl. Rechte, oder die Gesetze der alten Francken, von solchen Hexen etwas gewust haben.

§ 6 In der heiligen Schrifft wird nichts von Hexen gedacht.

Daß in der Heil. Schrifft nichts von solchen Hexen gedacht werde, kan man auch hieraus kräfftig beweisen; weil die ersten Hexen-Inquisitores, da sie von dem Bunde des Teuffels handeln, nur so ohnehin aus der H. Schrifft beybringen, daß die Hexen einen Verstand mit der Hölle, und einen Bund mit dem Tode gemacht hätten, und denn daraus, weil die Päbstl. Theologie so wohl als die Juristen insgemein kein ander argument zu behauptung des Bundes mit dem Teufel beyzubringen wissen, als diese Stelle des Propheten Esaia, worauff doch vielfältig kan geantwortet werden. [...]«

37. 31. Oktober 1724. Folterung der Enneke Fürsteners zu Coesfeld bei Münster/Westf. Die aktenmäßige Darstellung, die dem Protokoll des Untersuchungsrichters folgt, nach Soldan-Heppe I, S. 356-360.

»Nachdem die Angeklagte vergebens zum gütlichen Bekenntnis aufgefordert war, ließ Dr. Gogravius ihr den Befehl der Tortur publizieren, und führte ihr demnächst ernstlich zu Gemüte, daß sie den Umständen nach und nach der Lage der Dinge schuldig sein müsse und sich keineswegs werde reinwaschen können. Sie möchte darum lieber die Wahrheit gestehen, als daß sie sich selbst, weil die peinliche Frage sie ja doch zum Bekenntnis bringen werde, die Strafe verdopple.

Wie nun Dr. Gogravius der Angeklagten die Tat also umständlich[169] vorgehalten, ließ er zum ersten Grade der Tortur schreiten. Der Nachrichter Matthias Schneider wurde herbeigerufen. Er zeigte ihr die Folterwerkzeuge und redete ihr scharf zu, während der Richter ihr die einzelnen Anklagepunkte vorlas. Sie leugnete noch immer.

Darauf schritt der Richter zum zweiten Grad der Folterung. Die Angeklagte wurde in die Folterkammer geführt, entblößt und angebunden und über die Anklagepunkte befragt. Sie blieb beständig beim Leugnen. »Bei der Anbindung hat die Angeklagte beständig gerufen und um Gottes willen begehrt, man möge sie loslassen. Sie wolle gern sterben und wolle gern Ja sagen, wenn die Herrn es nur auf ihr Gewissen nehmen wollten. Und wie selbige beständig beim Leugnen verblieben, ist zum dritten Grad geschritten und sind der Angeklagten die Daumschrauben angelegt worden. Weil sie unter der Tortur beständig gerufen, so ist ihr das Kapistrum[170] in den Mund gelegt und ist mit Applizierung der Daumschrauben fortgefahren. Obgleich Angeklagte fünfzig Minuten in diesem Grade ausgehalten, ihr auch die Daumschrauben zu verschiedenen

Malen versetzt und wieder angeschroben sind, hat sie doch nicht allein nicht bekannt, sondern auch während der peinlichen Frage keine Zähre fallen lassen, sondern nur gerufen: ›Ich bin nicht schuldig! O Jesu, gehe mit mir in mein Leiden und stehe mir bei!‹ Sodann: ›Herr Richter, ich bitte Euch, laßt mich nur unschuldig richten!‹ Ist also zum vierten Grad geschritten vermittelst Anlegung der spanischen Stiefeln. Als aber peinlich Befragte in diesem Grade über dreißig Minuten hartnäckig dem Bekenntnis widerstanden, ungeachtet die spanischen Stiefeln zu verschiedenen Malen versetzt und aufs schärfste wieder angeschroben werden, auch keine einzige Zähre hat fallen lassen; so hat Dr. Gogravius besorgt, es möchte peinlich Befragte sich vielleicht per maleficium unempfindlich gegen die Schmerzen gemacht haben. Darum hat er den Nachrichter befohlen, sie nochmals entblößen und untersuchen zu lassen, ob vielleicht an verborgenen Stellen ihres Körpers oder den Unterkleidern etwas Verdächtiges sich vorfinde. Worauf der Nachrichter berichtet, daß er alles auf das genaueste habe untersuchen lassen, aber nichts gefunden sei. Ist ihm also befohlen, abermals die spanischen Stiefel anzulegen. Die Inquisitin aber hat die Tat beständig geleugnet und zu verschiedenen Malen gerufen: ›O Jesu, ich habe es nicht getan, ich habe es nicht getan! Wann ich es getan hätte, wollte ich gern bekennen! Herr Richter, lasset mich nur unschuldig richten! Ich bin unschuldig, unschuldig!‹«

»Als demnach peinlich Befragte die ihr zum zweitenmal angelegten spanischen Stiefel abermals über dreißig Minuten hartnäckig überstanden, so zwar, daß sie während der Folterung weder die Farbe im Gesicht veränderte noch eine einzige Zähre hat fallen lassen, auch nicht vermerkt werden konnte, daß sie an Kräfte abgenommen oder die Strafe sie geschwächt oder verändert hätte, so fürchtete Dr. Gogravius, der vierte Grad möchte die Angeklagte nicht zum Geständnis bringen und befahl zum fünften Grad zu schreiten.«

»Demgemäß wurde die Angeklagte vorwärts aufgezogen und mit zwei Ruten bis zu dreißig Streichen geschlagen. Als Angeklagte aber zuerst gebunden werden sollte, hat sie begehrt, man möchte sie doch nicht ferner peinigen, mit dem Zusatze: ›sie wollte lieber sagen, daß sie es getan hätte und sterben unschuldig, wenn sie nur keine Sünde daran täte.‹ Dieses wiederholte sie mehrmals; in betreff der ihr vorgehaltenen Artikel aber beharrte sie beim Leugnen. Daher dem Nachrichter befohlen worden, peinlich Befragte rückwärts aufzuziehen. Mit der Aufziehung ist dergestalt verfahren, daß die Arme rückwärts gerade über dem Kopfe gestanden, beide Schulterknochen aus ihrer Verbindung gedreht und die Füße eine Spanne weit von der Erde entfernt gewesen sind.«

»Als die Angeklagte ungefähr sechs Minuten also aufgezogen gewesen, hat Dr. Gogravius befohlen, sie abermals mit dreißig Streichen zu hauen, was denn auch geschehen ist. Peinlich Befragte verharrte aber beim Leugnen. Auch als Dr. Gogravius zu zweien Malen, jedesmal zu acht

Schlägen die Korden anschlagen ließ, hat sie nur gerufen: ›Ich habe es nicht getan! Ich habe es nicht getan!‹ Ferner auch, obwohl die Korden zum dritten Mal mit ungefähr zehn Schlägen angeschlagen und ihr außerdem die bisherigen Folterwerkzeuge (die Daumschrauben und die spanischen Stiefel) wieder angelegt sind, dergestalt, daß sie fast unerträglich geschrien, hat sie doch über dreißig Minuten diesen fünften Grad ebenso unbeweglich wie die vier vorhergegangenen überstanden, ohne zu bekennen.«

»Wie nun Dr. Gogravius dafür halten mußte, daß die erkannte Tortur gehörig ausgeführt, gleichwie dann der Nachrichter mitteilte, daß nach seinem Dafürhalten peinlich Befragte die Folterung nicht länger werde aussehen können, so hat Dr. Gogravius sie wieder abnehmen und losbinden lassen und dem Scharfrichter befohlen, der Gefolterten die Glieder wieder einzusetzen und sie bis zu ihrer völligen Genesung zu verpflegen.« –

Nach einem Protokoll vom folgenden Tage ging der Scharfrichter zu der Unglücklichen ins Gefängnis, um sie zu verbinden und »redete ihr bei dieser Gelegenheit zu und führte ihr zu Gemüte, daß sie die gestern überstandene Tortur nicht hätte überstehen können, es wäre denn, daß sie einen Vertrag mit dem Teufel hätte«. Worauf sie geantwortet, daß sie mit dem Teufel nichts zu schaffen habe, sondern sie habe nur die heilige Mutter Gottes angerufen, daß diese sie auf der Folter stärken möge, und mit deren Hilfe hätte sie die Schmerzen überstanden. –

Nichtsdestoweniger brachte der Scharfrichter das bis dahin so starke Weib an diesem Tage »durch gütiges Zureden« zum Geständnis.

Nicht selten geschah es, daß eine Gefolterte während der Tortur den Geist aufgab. In diesem Falle war es Herkommen, daß der Scharfrichter den Hals der Unglücklichen herumgedreht fand, was dann als Beweis galt, daß der Teufel selbst ihrer Not ein Ende gemacht hatte, um sie am Geständnis der Wahrheit zu hindern. Stand es doch sogar in der Henkerpraxis jener Zeit fest, daß, wenn ein wegen Zauberei Angeklagter unter den Qualen der Tortur die Sprache verloren hatte, er vom Teufel stumm gemacht war!«

Anmerkungen

1 Hansen, *Zauberwahn*, S. 80: »Diana ist wohl als Nachtgöttin, besonders aber wohl wegen der Entrückung der Iphigenie von Aulis nach Taurien in diesen Zusammenhang gebracht worden.«
vel cum Herodidem (= oder mit Herodias?) ist ein späterer, nicht recht erklärbarer Zusatz.
2 Herodias, vgl. Anmerkung 1.

3 Lamien = von lat. *lamiae,* (in der Antike) schöne gespensterhafte Frauen, die Kinder und Jünglinge anlocken, ihnen das Blut aussaugen und ihr Fleisch verspeisen. Im Mittelalter allg. = Hexen.

4 Vgl. Anmerkung 3.

5 striga lat. = ein den Kindern verderbliches altes Weib; im mittelalterlichen Latein allg. = Hexe.

6 = unverständlichen.

6a *ex paltis* (?) = von griech. τὸ παλτον = Pfeil.

7 vast groß = sehr, über die Maßen groß.

8 = abschwören. Schwören, das Land zu verlassen und nie wieder zu betreten.

9 = vor allem.

10 = den Namen?

11 = wo.

12 = Andermatt.

12a = gesagt und gesprochen.

13 *holde* = Geist; *Holtschaft machen* = soviel wie: Zauberei.

14 = ihr hätte gegeben.

15 = Zumdorf zwischen Hospental und Steinberg.

16 = in der Weise eines Fuchses.

17 = Airolo.

18 = Felssturz.

19 = her zurück.

20 vielleicht = *helle* = enger Raum zwischen Ofen und Wand (?).

20a = behauptet.

21 = Vieh.

22 = die Wände.

23 = murmelte.

24 = erschrak.

25 = Geißhüter.

26 = Diele, Decke.

27 = meinte, wähnte.

28 = vergelten.

29 = fürder, weiterhin.

30 = ihrer Base.

31 = Lawine.

32 = zum Fallen bringen.

33 = Monat.

34 = Furkapaß.

35 = Senner.

36 = zu fünft.

37 = schwoll an.

38 = sie sich gemacht = verhandelt hätten.

39 = er wehrte sich ihrer nur mit Mühe mit dem Messer.

40 = Schiedsleute.

41 = laut Befund, laut Urteilsspruch.

42 = zuletzt.

43 Am Gebrauch von *synagoga* für Versammlungsraum sieht man, wie schon früh Verbindungen zwischen Ketzern, Hexen und Juden hergestellt wurden.

43a = Besen.

44 = übergeben.

45 = Genitalien unbrauchbar gemacht werden.
46 = zur Verhöhnung.
47 = sogleich.
48 = kenntnisreich.
49 Geschlecht Ismaelis = wilder, barbarischer Volksstamm, der nach der Tradition gegen Israel kämpft, von Gideon besiegt, später von Alexander in der Kastis eingeschlossen wird, von wo aus die Ismaeliten am Ende der Tage ausbrechen und die Welt verwüsten.
50 = sehr.
51 = in Gegenwart vieler.
52 = Buch des *Alten Testaments*.
53 = Kirchenvater (354-407).
54 = Cicero in seiner *Rhetorik*.
55 = der spätantike Philosoph, Verfasser mehrerer Tragödien.
56 = Frauengestalten des *Alten Testaments*.
57 = Buch des *Alten Testaments*.
58 Vinzenz von Beauvais (ca. 1190-1264). Gemeint ist sein *Speculum historiale*, Teil seines vierteiligen *Speculum maius*, in dem das ganze Wissen der Zeit zusammengefaßt war. Ursprünglich für die Klerikerbildung gedacht, übte es, vor allem auch in seiner Frauenfeindlichkeit, eine starke Wirkung auf die gesamte Literatur des Spätmittelalters aus.
59 Nach der alten medizinischen Säftelehre.
60 = Kirchenvater (340/50-420).
61 Vgl. dazu oben S. 14 ff.
62 Lat. Dichter, ca. 190-159 v. Chr.
63 Spätantiker, christlicher Dichter, gestorben 317.
64 *Sprüche des Cato (disticha catonis)*, Handbuch der Vulgärethik in Versen aus dem 3. Jahrhundert nach Chr., wichtig für die Moralethik des Mittelalters.
65 Eine unmögliche Etymologie. *femina* gehört vielmehr zu einer sprachlichen Wurzel, die soviel bedeutet wie »fruchtbar«, so daß *femina* ursprünglich wohl »die Säugende« heißt.
66 Der ganze Abschnitt bezieht sich auf Bücher und Beispiele des *Alten Testaments*.
67 Schüler und Nachfolger des Aristoteles, lebte von ca. 370-378, bekannt durch seine Schilderungen menschlicher Charaktertypen.
68 Vgl. oben S. 138 ff.
69 = vom wichtigeren.
70 = der Teufel.
71 Johannes Nieder, ein schwäbischer Dominikaner, verfaßte zur Zeit des Baseler Konzils ein Hexenbuch, den *Formicarius*, »eine Sammlung der wüstesten Gespenster- und Hexengeschichten« (Soldan-Heppe I, S. 217).
72 = Penis.
73 = verschoben, umgedreht.
74 = noch weit mehr, noch weiteres.
74a = denn sie führe (fliege) überhaupt nicht, es sei alles Einbildung.
75 = eine Mulde, Backtrog, in dem man Teig anrührt.
76 = glaubte.
77 = Strohhalm.
78 = bekräftigendes Wort, also = traun, für wahr.
79 = etwas anhaben könne.

79a *gütterlin* = *Kulterlin*(?) = Decke zum Zudecken(?)
80 = glaubt.
80a im Text = *püchlich*(?)
81 = verzagt, eingeschüchtert sein.
82 = bezieht sich auf die – allerdings gefälschte – Approbation des Werkes durch die Kölner Universität.
83 = ausgerissen.
83a im Text = *sich*.
84 = gefruchtet.
85 = zuletzt.
86 = mit sich zu Rate gehen.
86a = Strenge übt und verfügt.
87 = Beistand, Helfer. – *purgation* = Reinigung.
87a = denjenigen.
88 = Männer.
89 = nirgend.
90 = ich kann jemandem die Türschwelle untergraben, daß er danach einen Hexenschuß haben muß. Den kann ich auch wieder durch gute Sprüche heilen (vgl. *DWB* IV, 1. 2, Spalte 3960).
91 = verwunschene.
92 = Kristall und Beryll.
93 = weggetragen.
94 = nicht fundiert, nicht verläßlich.
95 = Getreide. – *schmitzen* = hauen, schlagen.
96 = auf zauberische Weise rufe ich die Vorstellung (von Donner) von Kriegsgeschützen hervor.
97 = womit ich die Einfältigen hinters Licht führe.
98 = allen.
99 = sehr laut beim aufflügen.
100 = soweit.
101 = unverborgen.
102 = Erfindung, Erdichtetes.
103 *eh und reutterey* = Herresordnung und Reiterei.
104 = begeht diese und jene Handlung.
105 = berühmter antiker Theoretiker der Rhetorik.
106 = anzetteln.
107 = Augennerven.
108 = Gehörapparat.
109 = ausgesagt.
110 = Einbildungsvermögen.
111 *Gewalt* noch = mask. *der Gewalt*.
112 = mit schlechter List.
113 = eidliche Versicherung.
114 = Einbildungskraft.
115 = Fortunatus, Held eines nach ihm benannten sog. Volksbuches von 1509, in dem verschiedene Zaubermittel, vor allem ein Glückssäckel, daneben aber auch ein Wunschhütlein, eine Rolle spielen.
116 = auf der Folter befragt.
117 = Der Satz ist folgendermaßen konstruiert: Während aber die Hexe ein Grüblein macht und ... und ..., treibt der Teufel ...

118 Melancholische Sucht = die Krankheit der Melancholiker; unter Melancholie versteht Weier nicht, wie wir heute, Schwermut, sondern geistige Verwirrung, die durch einen dunklen Saft im Körper des Menschen hervorgerufen wird. Vgl. weiter unten, wo Bodin darauf hinweist, daß die Frauen »kalter und trockener Natur« und daher nicht zur »Melancholie« fähig seien.

119 = Griechisch-römischer Arzt, 129-199, neben Hippokrates der bedeutendste Arzt der Antike, auf dessen Heilkundesystem sich die Medizin des Mittelalters und der frühen Neuzeit immer wieder bezog.

120 = starr.
121 = wie zumal alle alten Philosophen und Mediziner gezeigt.
122 = verständig.
123 = vorspiegelnd.
124 = Rechtsprechung.
125 = schlagen, stoßen, zerdrücken, quetschen.
126 = griech. Ausdrücke für Verzückung und Blutentziehung.
127 = die Hypothese des A. wahr machen und entscheiden, glaubhaft machen.

127a Sagenhafter Sänger, mit dessen Liedern selbst Bäume, Felsen und wilde Tiere bezaubert wurden. Seine Frau Eurydike starb an einem Schlangenbiß. Er holte sie mit der Erlaubnis des Gottes der Unterwelt aus dem Hades zurück. Da er sich gegen das Gebot des Gottes nach ihr umsah, wurde sie ihm wieder genommen, und er verfiel in tiefe Trauer.

128 = aussagen.
129 = dagegen argumentiert.
130 Simon Magus lebte im 1. Jahrhundert nach Chr. und gilt im Mittelalter als Urbild des Zauberers.
131 die bei Gericht anwesenden, herumstehenden Zeugen.
132 Hier noch nicht in der harmlosen neuhochdeutschen Sachbedeutung, sondern im Sinne des Grundwortes (Schelm-Pestilenz, Seuche, Bösartigkeit) = Malefizium, Übeltat.
133 Das Gericht heißt *peinlich*, weil es *peinliche*, d. h. schmerzhafte Körperstrafen verhängt.
134 = Vollzugsrichter.
135 Zu Binsfeld vgl. oben S. 150 ff.
136 Hekate = alte griechische Erdgöttin mit sehr verschiedenen Funktionen, später vor allem auch Göttin der Dreiwege (also von Stellen, an denen sich der Weg gabelt) und des Spuks.
137 = Sonne und Mond.
138 fl. = Gulden, patz. = Batzen, Cr. = Kreuzer.
139 *Inquisitores de Fama* = Leute, die dem Gerücht nachzugehen hatten; *hierunter behölligte L.* = hiermit behelligte, befaßte Leute.
140 verweist wohl auf beigefügte Zettel.
141 = genannte.
142 = Überschuß.
143 *Druten* = Drude, Zauberin, urspr. Gespenst, das Alpdruck erzeugt.
144 Offenbar ein volkstümliches Lied.
145 Wohl von mhd. *twerch* = verkehrt, schräg, quer.
146 *artlichen Boß* = einen ihrer (Hexen-)Art entsprechenden Schlag. Es soll hier die folgende Täuschung als notwendiges Mittel gerechtfertigt werden.
147 = brühte es ab.
148 = Bettzeug(?)

149 = Hosenbein(?)

150 Beschlossen im Senat und die Vollstreckung ausgeführt durch Hinrichtung, wie oben dargelegt.

151 = Rasen, Wiese.

152 siehe Anmerkung 120.

153 N. Remigius, herzoglich-lothringischer Geheimrat und Oberrichter, verfaßte 1595 eine katholische Dämonolatrie, die 1596 und 1598 auch in deutscher Sprache erschien, ein Hexenbuch, in dem der Autor u. a. berichtet, daß während seiner 16jährigen Richtertätigkeit allein 800 Hexen zum Tode verurteilt worden seien.

154 Paulus Grilandus aus Bologna. Verfaßte um 1525 ein Hexenbuch, das in der späteren Literatur eine große Rolle gespielt hat.

155 Beinschrauben, durch die Schienbein und Wade platt gepreßt wurden, nicht selten bis zur Zersplitterung der Knochen (Soldan-Heppe I, S. 348).

156 »dem Angeschuldigten wurden hierbei die Hände auf den Rücken gebunden und an diese ein Seil befestigt. An diesem Seile wurde nun der Unglückliche bald frei in der Luft schwebend durch einen an der Decke angebrachten Kloben, bald an einer aufgerichteten Leiter, bei der oft in der Mitte einer Sprosse mit kurzen spitzen Hölzern – dem gespickten Hasen – angebracht war, gemächlich in die Höhe gezogen, bis die Arme ganz verdreht über dem Kopf standen, worauf man ihn mehrmals rasch hinabschnellen ließ und gemächlich wieder hinaufzog. Erfolgte auch jetzt noch kein Geständnis, so hing man den Gefolterten, um die Glieder noch ärger und noch qualvoller auseinanderzurecken, schwere Gewichte an die Füße und ließ ihn so eine halbe, oft eine ganze Stunde und noch länger hängen, legte ihm auch noch die spanischen Stiefel an.« (Soldan-Heppe I, S. 349).

157 Um die Qualen zu erhöhen, wurde auf die Beinschrauben mit schweren Hammern geschlagen.

158 Vgl. oben S. 168 ff.

159 = scharf untersucht.

160 = widerspräche.

161 = Widerspruch.

162 = gelehrte Unwissenheit.

163 = reine Erfindung.

164 = Geheimnis.

165 = frommen Gründen.

166 = Vater, was machst du?

167 = Überzeugung.

168 = Ausgehend vom Besonderen – hier die Stimmen der Tradition – soll der allgemeingültige Satz gefunden werden.

169 = dem gesamten Umfang der Umstände nach.

170 Eine etwa apfelgroße Kapsel, die der Hexe in den Mund geschoben wurde, damit sie nicht mehr schreien konnte.

Bibliographie

Abel, W., *Geschichte der deutschen Landwirtschaft*, Stuttgart 1967².
Adenauer, G., *Das Ehe- und Familienrecht im Mühlhäuser Reichsrechtsbuch*, Diss. Bonn 1962.
Adorno, Th. W., *Zum Verhältnis von Soziologie und Psychologie*, in: *Sociologica. Frankfurter Beiträge zur Soziologie*, Bd. I, Frankfurt 1955, S. 11-45.
Arnold, F. X., *Die Frau in der Kirche*, Nürnberg 1940.
Aubin, *Geschichte des Teufels von London*, Birkenau-Scheden 1974.
Bachofen, J. J., *Mutterrecht und Urreligion*, Stuttgart 1954.
Bächthold-Stäubli, H. (Hrsg.), *Handwörterbuch des deutschen Aberglaubens*, Berlin–Leipzig 1927-1942.
Bader, G., *Die Hexenprozesse in der Schweiz*, Affoltern 1945.
Baeyer-Katte, W. v., *Die historischen Hexenprozesse. Der verbürokratisierte Massenwahn*, in: W. Bitter (Hrsg.), *Massenwahn in Geschichte und Gegenwart*, Stuttgart 1965, S. 220-231.
Barchewitz, J., *Beiträge zur Wirtschaftsgeschichte der Frau*, Breslau 1937.
Barnes, H. E., *An Intellectual and Cultural History of the Western World*, New York 1965³.
Barnett, B., *Witchcraft, Psychopathology and Hallucinations*, in: *British Journal of Psychiatry* 1, 1965, S. 439-445.
Baroja, C., *Die Hexen und ihre Welt*, Stuttgart 1967.
Bartsch, R., *Die Rechtsstellung der Frau als Gattin und Mutter. Geschichtliche Entwicklung ihrer persönlichen Stellung im Privatrecht bis in das 18. Jahrhundert*, Leipzig 1903.
Baschwitz, K., *Hexen und Hexenprozesse: Die Geschichte eines Massenwahns und seiner Bekämpfung*, München 1963.
Bauer, M., *Das Geschlechtsleben in der deutschen Vergangenheit*, Leipzig 1903.
Beard, M. M., *Women as a Force in History*, New York 1962.
Beauvoir, S. de, *Das andere Geschlecht. Sitte und Sexus der Frau*, München–Zürich 1961.
Bebel, A., *Die Frau und der Sozialismus*, Stuttgart 1911.
Behagel, W., *Die gewerbliche Stellung der Frau im mittelalterlichen Köln*, Köln 1900.
Beissel, S., *Geschichte der Verehrung Marias in Deutschland während des Mittelalters. Ein Beitrag zur Religionswissenschaft und Kunstgeschichte*, Darmstadt 1972.
Bernards, M., *Speculum Virginum. Geistigkeit und Seelenleben der Frau im Hochmittelalter*, Köln–Graz 1955.
Biedermann, H., *Hexen*, Graz 1974.

Bitter, W. (Hrsg.), *Massenwahn in Geschichte und Gegenwart*, Stuttgart 1965.
Blay, J. B., *Operation Witchcraft*, Aboso 1968.
Bloch, E., *Das Prinzip Hoffnung*, Frankfurt 1959.
Bloch, E., *Naturrecht und menschliche Würde*, Frankfurt 1961.
Bloch, E., *Thomas Münzer*, Frankfurt 1969.
Bloch, E., *Vorlesungen zur Philosophie der Renaissance*, Frankfurt 1972.
Blumenberg, H., *Die Legitimität der Neuzeit*, Frankfurt 1969.
Bodin, J., *De la démonomanie des sorciers*, Paris 1591.
Bodin, J., *Vom ausgelassenen wütigen Teuffelsheer*. Übersetzt von J. Fischart, Graz 1973 (Nachdruck der Ausgabe Straßburg 1591).
Borkenau, F., *Der Übergang vom feudalen zum bürgerlichen Weltbild – Studien zur Geschichte der Manufakturperiode*, Paris 1934.
Borst, A., *Die Katharer*, Stuttgart 1953.
Bouisson, M., *Magic. Its History and Principal Rites*, New York 1961.
Briffault, R., *The Mothers*, London 1927.
Brietzmann, F., *Die böse Frau in der deutschen Literatur des Mittelalters*, Tübingen 1910².
Briggs, K. M., *Pale Hecate's Dream. An Examination of the Beliefs on Witchcraft and Magic among Shakespeare's Contemporaries*, London 1962.
Brunner, G., *Ketzer und Inquisition in der Mark Brandenburg im ausgehenden Mittelalter*, Diss. Berlin 1904.
Bücher, K., *Die Frauenfrage im Mittelalter*, Tübingen 1910².
Bühler, J., *Klosterleben im deutschen Mittelalter*, Leipzig 1921.
Bühler, J. (Hrsg.), *Schriften der Heiligen Hildegard von Bingen*, Leipzig 1922.
Bühler, J., *Die Kultur des Mittelalters*, Leipzig 1931.
Bulthaup, P., *Zur gesellschaftlichen Funktion der Naturwissenschaften*. Frankfurt 1973.
Burckhardt, J., *Studien zur Geschichte des Hebammenwesens*, Bd. 1, Heft 1, Leipzig 1912.
Cassirer, E., *Die Philosophie der Aufklärung*, Tübingen 1932.
Cassirer, E., *Die Philosophie der symbolischen Formen*, Oxford 1954.
Chaunu, P., *Sur la fin des sorciers au XVIIe siècle*, in: *Annales E.S.C.* 24, 1969, S. 895-911.
Cohn, N., *Europe's Inner Demons*, London 1975.
Cohn, N., *Das Ringen um das tausendjährige Reich. Revolutionärer Messianismus im Mittelalter und sein Fortleben in den modernen totalitären Bewegungen*, Bern–München 1961.
Conrad, H., *Deutsche Rechtsgeschichte*, Bd. I. Karlsruhe 1962².
Croissant, W., *Die Berücksichtigung geburts- und berufsständischer und soziologischer Unterschiede im deutschen Hexenprozeß*, Diss. Mainz 1953.

Dahl, J., *Nachtfrauen und Galsterweiber. Eine Naturgeschichte der Hexe*, Ebenhausen 1960.
Daraul, A., *Witches and Sorcerers*, London 1962.
Davies, R. T., *Four Centuries of Witch-Belief*, London 1947.
Decker, O., *Die Stellung des Predigerordens zu den Dominikanerinnen (1207-1267)*, Leipzig 1935.
Diefenbach, J., *Der Hexenwahn vor und nach der Glaubensspaltung in Deutschland*, Mainz 1886.
Diepgen, P., *Frau und Frauenheilkunde in der Kultur des Mittelalters*, Stuttgart 1963.
Döllinger, I., *Beiträge zur Sektengeschichte des Mittelalters*, New York 1960².
Dörner, K., *Bürger und Irre. Zur Sozialgeschichte und Wissenschaftssoziologie der Psychiatrie*, Frankfurt 1969.
Ehrenreich, B. und English, D., *Hexen, Hebammen und Krankenschwestern*, München 1975.
Elias, N., *Über den Prozeß der Zivilisation. Soziogenetische und psychogenetische Untersuchungen*, Basel 1939.
Elias, N., *Die höfische Gesellschaft*, Neuwied 1969.
Engelmann, B., *Wir Untertanen. Ein deutsches Antigeschichtsbuch*, Frankfurt/M. 1969.
Epperlein, S., *Der Bauer im Bild des Mittelalters*, Leipzig–Jena–Berlin 1975.
Erbstösser, M., *Ein neues Inquisitionsprotokoll zu den sozialreligiösen Bewegungen in Thüringen Mitte des XIV. Jahrhunderts*, in: Wiss. Zeitschrift der Karl-Marx-Universität, XIV, Leipzig 1965.
Erbstösser, M., und E. Werner, *Ideologische Probleme des mittelalterlichen Plebejertums: Die freigeistige Häresie und ihre sozialen Wurzeln*, Berlin 1960.
Erbstösser, M., *Sozialreligiöse Strömungen im späten Mittelalter*, Berlin 1970.
Falk, F., *Die Ehe am Ausgang des Mittelalters* (o. O.), 1908.
Fassbender, H., *Geschichte der Geburtshilfe*, Jena 1906 (Nachdruck Hildesheim 1964).
Fehr, H., *Die Rechtsstellung der Frau und der Kinder in den Weistümern*, Jena 1912.
Ferguson, J., *The Philosophy of Witchcraft*, London 1924.
Ferrante, J. M., *Women as an Image in Medieval Literature*, New York 1975.
Finke, H., *Die Frau im Mittelalter*, Kempten–München 1913.
Fischer, W., *Aberglaube aller Zeiten*, Stuttgart 1906.
Fischer, W., *Die Geschichte der Teufelsbündnisse, der Besessenheit, des Hexensabbaths und der Satansanbetung*, Stuttgart 1907.
Foerster, R. H., *Das Leben in der Gotik*, München 1969.

Forbes, T. R., *The Midwife and the Witch*, New Haven 1966.
Foucault, M., *Wahnsinn und Gesellschaft – eine Geschichte des Wahns im Zeitalter der Vernunft*, Frankfurt 1969.
Frankfurt um 1600. Alltagsleben einer Stadt. Katalog zu einer Ausstellung des Historischen Museums, Frankfurt 1976.
Freisen, J., *Geschichte des kanonischen Eherechts*, Aalen/Paderborn 1963.
Freud, S., *Zwangshandlungen und Religionsübungen*, in: *Ges. Werke*, Bd. VII, Frankfurt 1969³.
Freud, S., *Totem und Tabu*, in: *Ges. Werke*, Bd. IX, Frankfurt 1969³.
Freud, S., *Das Tabu der Virginität*, in: *Ges. Werke*, Bd. XII, Frankfurt 1969³.
Freud, S., *Eine Teufelsneurose im 17. Jahrhundert*, in: *Ges. Werke*, Bd. XIII, Frankfurt 1969³.
Freud, S., *Die Zukunft einer Illusion*, in: *Ges. Werke* Bd. XIV, Frankfurt 1969³.
Fuchs, E., *Sozialgeschichte der Frau*, Frankfurt 1973.
Fuchs, W., *Todesbilder in der modernen Gesellschaft*, Frankfurt 1969.
Gabler, A. (Hrsg.), *Alfränkisches Dorfland Pfarrhausleben*, Nürnberg 1952.
Gardner, G. B., *Witchcraft Today*, London 1968.
Geilen, H. P., *Die Auswirkungen der Cautio Criminalis von Friedrich von Spee auf den Hexenprozeß in Deutschland*, Diss. Bonn 1963.
Golowin, S., *Die Magie der verbotenen Märchen*, Hamburg 1974.
Greven, J., *Die Anfänge der Beginen*, Münster 1912.
Grossmann, H., *Die gesellschaftlichen Grundlagen der mechanistischen Philosophie und die Manufaktur*, in: *Zeitschrift für Sozialforschung*, Jg. IV, Heft 2, Paris 1935, S. 161-231.
Grundmann, H., *Zur Geschichte der Beginen im 13. Jahrhundert*, in: *Archiv für Kulturgeschichte* 21, 1931, S. 296-320.
Grundmann, H., *Ketzergeschichte des Mittelalters*, Göttingen 1963.
Grundmann, H., *Religiöse Bewegungen im Mittelalter*, Darmstadt 1970.
Günther, H. F. K., *Formen und Urgeschichte der Ehe*, München 1940.
Haan, J., *Von Hexen und wildem Gejäg*, Luxemburg 1971.
Haberling, E., *Beiträge zur Geschichte des Hebammenwesens* I, Berlin und Osterwieck 1940.
Habermas, J., *Strukturwandel der Öffentlichkeit*, Neuwied–Berlin 1968³.
Habermas, J., *Legitimationsprobleme im Spätkapitalismus*, Frankfurt 1973.
Hansen, J., *Zauberwahn, Inquisition und Hexenprozesse im Mittelalter und die Entstehung der großen Hexenverfolgung*, München 1900.
Hansen, J., *Quellen und Untersuchungen zur Geschichte des Hexenwahns und der Hexenverfolgung im Mittelalter*, Bonn 1901.
Harksen, S., *Die Frau im Mittelalter*, Leipzig 1974.
Hauser, A., *Sozialgeschichte der Kunst und Literatur*, München 1953.

Hays, H. R., *Mythos Frau: Das gefährliche Geschlecht*, Düsseldorf 1969.
Henne am Rhyn, O., *Die Frau in der Kulturgeschichte*, Berlin 1892.
Heß, L., *Die deutschen Frauenberufe des Mittelalters*, München 1940.
Hill, D., *Magic and Superstition*, London 1968.
Hilpisch, St., *Aus deutschen Frauenklöstern*, Wien–Leipzig 1931.
Hole, C., *Witchcraft in England*, New York 1947 (1966²).
Holzer, H., *The Truth about Witchcraft*, London 1947.
Hopkin, C. E., *The Share of Thomas Aquinas in the Growth of the Witchcraft Delusion*, Philadelphia 1940 (Phil. Diss.).
Horkheimer, M., *Egoismus und Freiheitsbewegung*, in: Zeitschrift für Sozialforschung V, Paris 1936, Heft 2, S. 161 ff.
Horkheimer, M. und Th. W. Adorno, *Dialektik der Aufklärung*, Frankfurt 1969.
Hughes, P., *Witchcraft*, London 1952.
Huizinga, J., *Homo Ludens*, Reinbek 1956.
Huizinga, J., *Herbst des Mittelalters*, Stuttgart 1969.
Huson, P., *The Coffee Table Book of Witchcraft and Demonologie*, New York 1973.
Jahoda, G., *The Psychology of Superstition*, London 1969.
Jones, E., *Der Alptraum in seiner Beziehung zu gewissen Formen des mittelalterlichen Aberglaubens*, Leipzig–Wien 1912 (Reprint Neudeln–Liechtenstein 1970).
Kieckhefer, R., *European Witch Trials*, London 1976.
Kittredge, G. L., *Witchcraft in Old and New England*, New York 1956.
Klein, V., *The Feminine Character: History of an Ideology*, London 1946.
Köbner, R., *Die Eheauffassung des ausgehenden deutschen Mittelalters*, in: Archiv für Kulturgeschichte 9 (= Diss. Breslau 1911).
Koch, G., *Frauenfrage und Ketzertum im Mittelalter: Die Frauenbewegung des Katharismus und des Waldensertums und ihre sozialen Wurzeln*, Berlin 1962.
Kofler, L., *Zur Geschichte der bürgerlichen Gesellschaft*, Neuwied–Berlin 1971⁴.
Kofler, L., *Zur Dialektik der Kultur*, Frankfurt 1972.
Kraut, A., *Die Stellung der Frau im württembergischen Privatrecht*, Tübingen 1934.
Kulischer, J., *Allgemeine Wirtschaftsgeschichte des Mittelalters und der Neuzeit*, München–Wien 1965.
Kunstmann, H. H., *Zauberwahn und Hexenprozeß in der Reichsstadt Nürnberg* (Schriftenreihe des Stadtarchivs Nürnberg Bd. 1), Nürnberg 1970.
Längin, G., *Religion und Hexenprozesse*, Leipzig 1888.
Lange, U., *Untersuchungen zu Bodins Demonomanie.* (Das Abendland Bd. 8), Frankfurt 1970.
Lea, H. C., *Geschichte der Inquisition im Mittelalter*, 3 Bde., Bonn 1905.

Lea, H. C., *Materials Toward a History of Witchcraft*, 3 Bde., New York–London 1952³.

Le Goff, J., *Kultur des europäischen Mittelalters*, München–Zürich 1970.

Leibbrand, W. und Leibbrand-Wettley, A., *Vorläufige Revision des historischen Hexenbegriffes*, in: *Wahrheit und Verkündigung* Bd. I. Festschrift M. Schmaus, München 1967, S. 819-850.

Leibbrand, A. und W., *Formen des Eros*, Bd. 1. *Vom antiken Mythos bis zum Hexenwahn*, Freiburg–München 1972.

Mandrou, R., *Magistrats et sorciers en France au XVIIe siècle – Une analyse de psychologie historique*, Paris 1968.

Manser, G. N., *Die Frauenfrage nach Thomas von Aquin*, Olten 1919.

Maple, E., *The Dark World of the Witches*, London 1962.

Marwick, M., *Sorcery in Its Social Setting*, Manchester 1965.

Marwick, M. (Hrsg.), *Witchcraft and Sorcery*, Baltimore 1970.

Marzell, H., *Zauberpflanzen, Hexentränke*, Stuttgart 1963.

Mauss, M., *Soziologie und Anthropologie I. Theorie der Magie*, München 1974.

Mayer, A., *Erdmutter und Hexe*, München und Freising 1936.

Mc. Donell, E. W., *The Beguines and Begards in Medieval Culture*, New Brunswick 1954.

Menschik, J., *Gleichberechtigung oder Emanzipation?* Frankfurt 1971.

Metzger, U., *Magie und Gesellschaft. Einfluß okkulter Phänomene auf soziale Beziehungen*, Diss. Hamburg 1973.

Meyer, H., *Ehe und Eheauffassung der Germanen*, Weimar 1940.

Meyer, H., *Friedelehe und Mutterrecht*, in: *Zeitschrift der Savigny-Stiftung für Rechtsgeschichte*, Germanistische Abteilung, 47. Bd., 19, S. 188 ff.

Michelet, J., *Die Hexe*, München 1974.

Midelfort, H. C. E., *Witch Hunting in Southwestern Germany 1562-1684*, Stanford 1972.

Monter, E. W. (Hrsg.), *European Witchcraft*, New York 1969.

Monter, E. W., *Witchcraft in Geneva, 1537–1662;*, in: *Journal of Modern History* XLIII, 1971, S. 179–204.

Morwedge, R. T., *The Role of Women in the Middle Ages*, New York 1975.

Mottek, H., *Wirtschaftsgeschichte Deutschlands. Ein Grundriß*, Bd. I, Berlin (DDR) 1968.

Murray, M., *The Witch-Cult in Western Europe*, London 1921.

Murray, M., *The God of the Witches*, London 1952².

Neumann, E. G., *Rheinisches Beginen- und Begardenwesen*, Meisenheim 1960.

Norrenberg, P., *Frauenarbeit und Arbeiterinnenerziehung im deutschen Mittelalter*, Köln 1880.

Nützel, O., *Mittelalterliche Beginen- und Sozialsiedlungen*, Tübingen 1970.
Peuckert, W. E., *Pansophie: Ein Versuch zur Geschichte der weißen und schwarzen Magie*, Stuttgart 1936.
Peuckert, W. E., *Geheimkulte*, Heidelberg 1951.
Peuckert, W. E., *Hexen- und Weiberbünde*, in: Kairos, II (1960), S. 101–105.
Peuckert, W. E., *Ehe*, Hamburg 1955.
Pfeiffer, G., (Hrsg.), *Nürnberg – Geschichte einer europäischen Stadt*, München 1971.
Pfister, O., *Calvins Eingreifen in die Hexer- und Hexenprozesse von Peney 1545 nach seiner Bedeutung für Geschichte und Gegenwart: Ein kritischer Beitrag zur Charakteristik Calvins und zur gegenwärtigen Calvin-Renaissance*, Zürich 1947.
Pfisterer, E., *Calvins Wirken in Genf*, Neukirchen 1957.
Pirenne, H., *Sozial- und Wirtschaftsgeschichte Europas im Mittelalter*, München 1971².
Portmann, M. L., *Die Darstellung der Frau in der Geschichtsschreibung des frühen Mittelalters*, Basel 1957 (Phil. Diss.).
Rauter, E. A., *Folter-Lexikon*, Hamburg 1969.
Reinsch, G., *Stellung und Leben der deutschen Frau im Mittelalter*, Berlin 1882.
Reuning, W., *Balthasar Bekker, der Bekämpfer des Teufels- und Hexenglaubens*, Gießen 1925 (Phil. Diss.).
Roskoff, G., *Geschichte des Teufels*, 2 Bde., Leipzig 1869 (Neudruck Aalen 1967).
Russell, J. B. *Witchcraft in the Middle Ages*, Ithaca und London 1972.
Saller, K., *Sexualität und Sitte in der vorindustriellen Zeit*, in: *Familie und Gesellschaft*, hrsg. von F. Oeter, Tübingen 1966, S. 113–140.
Schellenz, H., *Frauen im Reiche Äskulaps*, Leipzig 1900 (Neudruck 1975).
Schmelzeisen, G. K., *Die Rechtsstellung der Frau in der der deutschen Stadtwirtschaft*, Stuttgart 1935.
Schulz, A., *Deutsches Leben im 14. und 15. Jahrhundert*, Leipzig–Wien 1892.
Schwager, J. M., *Versuch einer Geschichte der Hexenprozesse*. Erster Band Berlin 1784 (Nachdruck 1970).
Seifert, H., *Die Stellung der Frau nach dem Landrecht des Sachsenspiegels*. Rechts- u. Staatswiss. Diss. Berlin 1942.
Snell, O., *Hexenprozesse und Geistesstörung: Psychiatrische Untersuchungen*, München 1891.
Sohm, R., *Das Recht der Eheschließung*, Weimar 1875 (Neudruck Aalen 1966).
Soldan, W. G., H. Heppe, *Geschichte der Hexenprozesse*. Neu bearbeitet und herausgegeben von M. Bauer, Hanau o. J. (1911).

Spee, Fr. v., *Cautio Criminalis oder rechtliches Bedenken wegen der Hexenprozesse*. Deutsche Ausgabe von J. F. Ritter, Darmstadt 1967.

Stanley, D. J. F. und Fürstenauer, J., *Grauen, Wollust, Folter, Koitus im Hexenkult*, Hanly 1970.

Sullerot, E., *Die emanzipierte Sklavin*, Graz 1966.

Summers, M., *The History of Witchcraft and Demonology*, London 1926.

Summers, M., *Witchcraft and Black Magic*, London 1946.

Sprenger, J. und H. Institoris, *Malleus Maleficarum. Der Hexenhammer*. Zum ersten Male ins Deutsche übertragen und eingeleitet von J. W. R. Schmidt, Berlin 1906. – Nachdruck 1974.

Szasz, T., *Die Fabrikation des Wahnsinns*, Olten 1974.

Taylor, G. R., *Im Garten der Lüste*, Frankfurt 1970.

Teall, J. L., *Witchcraft and Calvinism in Elizabethan England*, in: *Journal of the History of Ideas*, 23, 1962, S. 21–36.

Thomas, K., *Religion and the Decline of Magic*, London 1970.

Thomasius, Chr., *Über die Hexenprozesse*. Überarbeitet und hrsg. von R. Lieberwirth, Weimar 1967.

Thomasius, Chr., *Über die Folter*. Übersetzt und hrsg. von R. Lieberwirth, Weimar 1960.

Thorndike, L., *A History of Magic and the Experimental Science*, New York 1923–1958.

Tindall, G., *A Handbook on Witches*, London 1965.

Trevor-Roper, H. R., *Religion, Reformation und sozialer Umbruch*, Frankfurt/Berlin 1970.

Troeltsch, E., *Die Soziallehren der christlichen Kirchen und Gruppen*, Frankfurt 1911.

Wachendorf, H., *Die wirtschaftliche Stellung der Frau in den deutschen Städten des späten Mittelalters*. Phil. Diss. Hamburg 1934.

Weinhold, K., *Die deutschen Frauen im Mitelalter*, 2 Bde., Wien 1897³.

Weiser-Aal, *Hexe*, in: *Handwörterbuch des deutschen Aberglaubens*, Bd. III, Berlin/Leipzig 1930/31, Sp. 1827–1919.

Werner, E., *Pauperes Christi*, Leipzig 1956.

Werner, E., *Die Stellung der Katharer zur Frau*, in: *Studi medievali* ser. 3, II, 1961, S. 295–311.

Wimmer, W., *Ein Fall von Hexenwahn aus jüngster Zeit*, in: *Kriminalistik* H. 1, 1976, S. 31–35 (Fortgesetzt in H. 2, 1976).

Wimmer, W., *Anna Maria Schwäglin († 1775). Die letzte Hexenexekution in Deutschland*, in: *Juristenzeitung* 20, 30. Jg. 1975, S. 631 f.

Wittmann, A., *Die Gestalt der Hexe in der deutschen Sage*, Diss. Heidelberg 1933.

Wunderer, R., *Erotik und Hexenwahn, eine Studie der Entstehung des Hexenwahns in der vorchristlichen Zeit bis zu den Pogromen unserer Vergangenheit*, Stuttgart 1963.

Zacharias, G., *Satanskult und Schwarze Messe*, Wiesbaden 1970².

Ziegeler, W., *Möglichkeiten der Kritik am Hexen- und Zauberwesen im ausgehenden Mittelalter* (Kollektive Entstehung und sozialer Wandel im Mittelalter Bd. 2), Köln-Wien 1973.

Zilboorg, G., *The Medical Man and the Witch During the Renaissance*, Baltimore 1935.

Quellennachweise

1. Übersetzt nach Joseph Hansen, *Quellen und Untersuchungen zur Geschichte des Hexenwahns und der Hexenverfolgung im Mittelalter*, Bonn 1901 (Unveränderter Nachdruck Hildesheim 1963, S. 38 f.)
2. Aus: Soldan-Heppe, *Geschichte der Hexenprozesse*. Neu bearbeitet und herausgegeben von Max Bauer, Hanau 1911 (Unveränderter Nachdruck o. J.)
3. Aus: Caesarius von Heisterbach, *Wunderbare und denkwürdige Geschichten*. Übersetzt von Ernst Müller-Holm, Köln 1968, S. 50-53.
4. Aus: Soldan-Heppe I, S. 142 f.
5. Übersetzt nach Hansen, *Quellen*, S. 64.
6. Aus: Johann Hartlieb, *Puch aller verpotten Kunst*. Hrsg. von D. Ulm 1914, S. 22 f.
7. Aus: Hansen, *Quellen*, S. 572-75.
8. Aus: Hansen, *Quellen*, S. 232-35.
9. Übersetzt nach Hansen, *Quellen*, S. 25 ff.
10. Aus: J. Sprenger, H. Institoris, *Malleus Maleficarum. Der Hexenhammer*. Zum ersten Mal ins Deutsche übertragen und eingeleitet von J. W. R. Schmidt. Berlin 1906. (Unveränderter Nachdruck Darmstadt 1974), S. 93, 96, 102, 104-7, 157-59, 186-88, 206-11; II, 36-41, 135-40.
11. Aus: Hansen, *Quellen*, S. 584-85.
12. Aus: Hansen; *Quellen*, S. 592.
13. Aus: Hansen, *Quellen*, S. 284-88.
14. Aus: Hansen, *Quellen*, S. 300-301, 304-306.
15. Aus: *Hans Sachs*. Hrsg. v. Adelbert von Keller (Bibliothek des Literarischen Vereins Bd. 106), Stuttgart 1870, S. 285-88.
16. Aus: Hansen, *Quellen*, S. 342.
17. Aus: N. Paulus, *Württembergische Hexenpredigten aus dem 16. Jahrhundert*, in: *Diöcesanarchiv von Schwaben* 15, Nr. 6, 1897, S. 108.
18. Aus: Johann Weyer, *De praestigiis Daemonum et Incantationibus ac Venificiis*, verdeutscht von Johannes Fuglinus, Frankfurt 1586 (Neudruck Darmstadt 1968), S. 159-63.
19. Aus: Soldan-Heppe I, S. 461.
20. Aus: Jean Bodin, *Traité de la démonomanie des sorciers*, in der deutschen Übersetzung von Johann Fischart, *Vom ausgelassenen wütigen Teufelsheer*. Straßburg 1581 (Nachdruck. Graz 1973), S. 266-68, 274-77.
21. Aus: Ernst Walter Zeeden, *Deutsche Kultur in der frühen Neuzeit (Handbuch der Kulturgeschichte I)*, Frankfurt 1968, S. 260-64.

22. Aus: Michel de Montaigne, *Essais*. Auswahl und Übersetzung von Herbert Lüthy, Zürich 1953, S. 809-17.
23. Aus: Soldan-Heppe I, S. 373-76.
24. Aus: J. C. Baroja, *Die Hexen und ihre Welt*, Stuttgart 1967, S. 146-48.
25. Aus: *Shakespeares Werke*. In deutscher Sprache durch Schlegel/Tieck. Bd. 1. Hamburg o. J., S. 157-59.
26. Aus: Soldan-Heppe I, S. 329-32.
26a Aus: Franz Lothar Weber, *Hexenbrennen – ein einträgliches Geschäft*, in: *Heimat und Geschichte 1938*, S. 13-14.
27. Aus dem Bestand der B-Laden-Akten des Staatsarchivs Nürnberg (S I L 196 Nr. 9).
28. Aus: Soldan-Heppe II, S. 17-21.
29. Aus- Soldan-Heppe II, S. 13.
30. Aus: Soldan-Heppe I, S. 352-53.
31. Aus: Friedrich von Spee, *Cautio Criminalis*. Deutsche Ausgabe von Joachim-Friedrich Ritter. Darmstadt 1967, S. XLV, 123-26, 133-35, 207-11, 279-89.
32. Aus: Hartmut H. Kunstmann, *Zauberwahn und Hexenprozeß in der Reichsstadt Nürnberg* (Nürnberger Werkstücke zur Stadt- und Landesgeschichte Bd. 1), Nürnberg 1970, S. 157-58.
33. Aus: H. J. Chr. v. Grimmelshausen, *Der abenteuerliche Simplicissimus Teutsch*. Hrsg. v. S. Streller. Halle/Saale 1959, S. 151-56.
34. Aus: Soldan-Heppe II, S. 96-98.
35. Aus: Christian Thomasius, *Über die Hexenprozesse*. Überarbeitet und herausgegeben von R. Lieberwirth, Weimar 1967, S. 221-24.
36. Aus: ebd., S. 114-17.
37. Aus: Soldan-Heppe I, S. 356-59.

Bildnachweise

1. Aus: Eileen Power, *Medieval Women* (ed. by M. M. Postan), Cambridge 1975, S. 12.
2. Ebd., S. 18.
3. Ebd., S. 70.
4. Aus: Eduard Fuchs, *Geschichte der erotischen Kunst. Das zeitgeschichtliche Problem;* München (o. J.) Bd. I, S. 168.
5. Aus: E. Power, a.a.O., S. 87.
6. Aus: *Frankfurt um 1600. Alltagsleben in der Stadt.* Historisches Museum Frankfurt/M., 1976, S. 78.
7. Aus: Hans Biedermann, *Hexen. Auf den Spuren eines Phänomens,* Graz 1974, S. 41.
8. Aus: Soldan/Heppe, *Geschichte der Hexenprozesse,* Hanau (o. J.). Bd. II, S. 141.
9. Aus: Biedermann, a.a.O., S. 11.
10. Aus: Biedermann, a.a.O., S. 17.
11. Aus: Biedermann, a.a.O., S. 5.
12. Aus: Soldan/Heppe I, a.a.O., S. 131.
13. Aus: Biedermann, a.a.O., S. 29.
14. Aus: Eduard Fuchs und Alfred Kind, *Die Weiberherrschaft in der Geschichte der Menschheit,* Ergänzungsband, München 1914, S. 69.
15. Aus: Soldan/Heppe II, a.a.O., S. 34.
16. Aus: C. G. Jung, *Paracelsica,* Zürich 1942, S. 80 (= Darstellung des Spiritus Mercurialis, aus: Giovanni Battista Nazari, *Della Tramutatione Metallica Sogni Tre,* Bresciano 1599).
17. Aus: E. Fuchs, *Geschichte der erotischen Kunst. Das individuelle Problem.* Erster Band. München (o. J.), S. V.
18. Aus: E. Fuchs, *Die Frau in der Karikatur,* München 1906, S. 183.
19. Aus: E. Fuchs, *Geschichte der erotischen Kunst. Das individuelle Problem.* Erster Band, S. IX.

Hinweis für Leser

Die Hexen der Neuzeit
Studien zur Sozialgeschichte eines kulturellen Deutungsmusters.
Herausgegeben von Claudia Honegger (es 743, DM 12,-)

Inhalt:

Claudia Honegger, Die Hexen der Neuzeit. Analysen zur Anderen Seite der okzidentalen Rationalisierung
Joseph Hansen, Zur Entstehung der großen Hexenverfolgung
Jeffrey Burton Russell, Hexerei und Geist des Mittelalters
Hugh R. Trevor-Roper, Der europäische Hexenwahn des 16. und 17. Jahrhunderts
Alan D. J. Macfarlane, Anthropologische Interpretationen des Hexenwesens
Keith Thomas, Die Hexen und ihre soziale Umwelt
Robert Mandrou, Die französischen Richter und die Hexenprozesse im 17. Jahrhundert
Jeanne Favret, Hexenwesen und Aufklärung

edition suhrkamp
Eine Auswahl

Abelshauser: Wirtschaftsgeschichte der Bundesrepublik Deutschland 1945-1980. NHB. es 1241

Abendroth: Ein Leben in der Arbeiterbewegung. es 820

Achebe: Okonkwo oder Das Alte stürzt. es 1138

Adam / Moodley: Südafrika ohne Apartheid? es 1369

Adorno: Eingriffe. es 10
– Kritik. es 469
– Ohne Leitbild. es 201
– Stichworte. es 347

Das Afrika der Afrikaner. es 1039

Arbeitslosigkeit in der Arbeitsgesellschaft. es 1212

Aus der Zeit der Verzweiflung. es 840

Bachtin: Die Ästhetik des Wortes. es 967

Barthes: Kritik und Wahrheit. es 218
– Leçon/Lektion. es 1030
– Mythen des Alltags. es 92
– Semiologisches Abenteuer. es 1441
– Die Sprache der Mode. es 1318

Beck, U.: Gegengifte. es 1468
– Risikogesellschaft. es 1365

Becker, Jurek: Warnung vor dem Schriftsteller. es 1601

Beckett: Endspiel. Fin de Partie. es 96
– Flötentöne. es 1098
– Mal vu, mal dit. Schlecht gesehen, schlecht gesagt. es 1119

Benjamin: Aufklärung für Kinder. es 1317
– Briefe. es 930
– Das Kunstwerk im Zeitalter seiner technischen Reproduzierbarkeit. es 28
– Moskauer Tagebuch. es 1020
– Das Passagen-Werk. es 1200
– Versuche über Brecht. es 172
– Zur Kritik der Gewalt und andere Aufsätze. es 103

Bernhard: Der deutsche Mittagstisch. es 1480
– Prosa. es 213

Bertaux: Hölderlin und die Französische Revolution. es 344

Biesheuvel: Schrei aus dem Souterrain. es 1179

Bildlichkeit. es 1475

Bloch: Abschied von der Utopie? es 1046
– Kampf, nicht Krieg. es 1167

Boal: Theater der Unterdrückten. es 1361

Böhme, Helmut: Prolegomena zu einer Sozial- und Wirtschaftsgeschichte Deutschlands im 19. und 20. Jahrhundert. es 253

Bohrer: Die Kritik der Romantik. es 1551
– Der romantische Brief. es 1582

Bond: Gesammelte Stücke. es 1340

Botzenhart: Reform, Restauration, Krise. NHB. es 1252

Bovenschen: Die imaginierte Weiblichkeit. es 921

Brandão: Kein Land wie dieses. es 1236

Brasch: Frauen. Krieg. Lustspiel. es 1469
– Lovely Rita. Rotter. Lieber Georg. es 1562

edition suhrkamp
Eine Auswahl

Braun, V.: Verheerende Folgen mangelnden Anscheins innerbetrieblicher Demokratie. es 1473

Brecht: Der aufhaltsame Aufstieg des Arturo Ui. es 144
- Aufstieg und Fall der Stadt Mahagonny. es 21
- Ausgewählte Gedichte. es 86
- Baal. es 170
- Buckower Elegien. es 1397
- Die Dreigroschenoper. es 229
- Furcht und Elend des Dritten Reiches. es 392
- Gesammelte Gedichte. Bd. 1-4. es 835-838
- Die Geschäfte des Herrn Julius Caesar. es 332
- Die Gesichte der Simone Machard. es 369
- Die Gewehre der Frau Carrar. es 219
- Der gute Mensch von Sezuan. es 73
- Die heilige Johanna der Schlachthöfe. es 113
- Herr Puntila und sein Knecht Matti. es 105
- Im Dickicht der Städte. es 246
- Der kaukasische Kreidekreis. es 31
- Leben des Galilei. es 1
- Leben Eduards des Zweiten von England. es 245
- Mann ist Mann. es 259
- Die Mutter. es 200
- Mutter Courage und ihre Kinder. es 49
- Der Ozeanflug. Die Horatier und die Kuratier. Die Maßnahme. es 222
- Prosa. Bd. 1-4. es 182-185
- Schweyk im zweiten Weltkrieg. es 132
- Die Tage der Commune. es 169
- Trommeln in der Nacht. es 490
- Der Tui-Roman. es 603
- Über den Beruf des Schauspielers. es 384
- Über Lyrik. es 70
- Über Politik auf dem Theater. es 465
- Über Politik und Kunst. es 442
- Über Realismus. es 485
- Das Verhör des Lukullus. es 740

Brunkhorst: Der Intellektuelle im Land der Mandarine. es 1403

Bubner: Ästhetische Erfahrung. es 1564

Buch: Der Herbst des großen Kommunikators. es 1344
- Waldspaziergang. es 1412

Bürger, P.: Theorie der Avantgarde. es 727

Celan: Ausgewählte Gedichte. Zwei Reden. es 262

Cortázar: Letzte Runde. es 1140
- Das Observatorium. es 1527
- Reise um den Tag in 80 Welten. es 1045

Denken, das an der Zeit ist. es 1406

Derrida: Die Stimme und das Phänomen. es 945

Determinanten der westdeutschen Restauration 1945-1949. es 575

Dinescu: Exil im Pfefferkorn. es 1589

Ditlevsen: Sucht. es 1009

edition suhrkamp
Eine Auswahl

Ditlevsen: Wilhelms Zimmer. es 1076
Doi: Amae – Freiheit in Geborgenheit. es 1128
Dröge / Krämer-Badoni: Die Kneipe. es 1380
Dubiel: Was ist Neokonservatismus? es 1313
Duerr: Traumzeit. es 1345
Duras: Eden Cinéma. es 1443
– La Musica Zwei. es 1408
– Sommer 1980. es 1205
– Vera Baxter oder Die Atlantikstrände. es 1389
Eco: Zeichen. es 895
Eich: Botschaften des Regens. es 48
Elias: Humana conditio. es 1384
Norbert Elias über sich selbst. es 1590
Enzensberger: Blindenschrift. es 217
– Einzelheiten I. es 63
– Einzelheiten II. es 87
– Die Furie des Verschwindens. es 1066
– Landessprache. es 304
– Palaver. es 696
– Das Verhör von Habana. es 553
Esser: Gewerkschaften in der Krise. es 1131
Faszination der Gewalt. es 1141
Feminismus. Inspektion der Herrenkultur. es 1192
Feyerabend: Erkenntnis für freie Menschen. es 1011
– Wissenschaft als Kunst. es 1231
Fortschritte der Naturzerstörung. es 1489
Foucault: Psychologie und Geisteskrankheit. es 272

Frank: Gott im Exil. es 1506
Frank, M.: Der kommende Gott. es 1142
– Motive der Moderne. es 1456
– Die Unhintergehbarkeit von Individualität. es 1377
– Was ist Neostrukturalismus? es 1203
Frevert: Frauen- Geschichte. NHB. es 1284
Frisch: Biedermann und die Brandstifter. es 41
– Die Chinesische Mauer. es 65
– Don Juan oder Die Liebe zur Geometrie. es 4
– Frühe Stücke. es 154
– Graf Öderland. es 32
Gerhard: Verhältnisse und Verhinderungen. es 933
Geyer: Deutsche Rüstungspolitik 1860-1980. NHB. es 1246
Goetz: Krieg/Hirn. es 1320
Goffman: Asyle. es 678
– Geschlecht und Werbung. es 1085
Gorz: Der Verräter. es 988
Gstrein: Einer. es 1483
Habermas: Eine Art Schadensabwicklung. es 1453
– Legitimationsprobleme im Spätkapitalismus. es 623
– Die nachholende Revolution. es 1663
– Die Neue Unübersichtlichkeit. es 1321
– Technik und Wissenschaft als Ideologie. es 287
– Theorie des kommunikativen Handelns. es 1502
Hänny: Zürich, Anfang September. es 1079

edition suhrkamp
Eine Auswahl

Handke: Die Innenwelt der Außenwelt der Innenwelt. es 307
- Kaspar. es 322
- Langsam im Schatten. es 1600
- Phantasien der Wiederholung. es 1168
- Publikumsbeschimpfung und andere Sprechstücke. es 177

Happel: Grüne Nachmittage. es 1570

Henrich: Konzepte. es 1400

Hentschel: Geschichte der deutschen Sozialpolitik 1880-1980. NHB. es 1247

Hesse: Tractat vom Steppenwolf. es 84

Die Hexen der Neuzeit. es 743

Irigaray: Speculum. es 946

Jahoda / Lazarsfeld / Zeisel: Die Arbeitslosen von Marienthal. es 769

Jakobson: Kindersprache, Aphasie und allgemeine Lautgesetze. es 330

Jasper: Die gescheiterte Zähmung. NHB. es 1270

Jauß: Literaturgeschichte als Provokation. es 418

Johnson: Begleitumstände. es 1019
- Der 5. Kanal. es 1336
- Jahrestage. es 1500
- Porträts und Erinnerungen. es 1499
- Versuch, einen Vater zu finden. Marthas Ferien. es 1416

Jones: Frauen, die töten. es 1350

Joyce: Werkausgabe in sechs Bänden. es 1434-1439
- Finnegans Wake. es 1524
- Penelope. es 1106

Kenner: Ulysses. es 1104

Kiesewetter: Industrielle Revolution in Deutschland 1815-1914. NHB. es 1539

Kindheit in Europa. es 1209

Kipphardt: In der Sache J. Robert Oppenheimer. es 64

Kirchhoff: Body-Building. es 1005

Kluge, A.: Gelegenheitsarbeit einer Sklavin. es 733
- Lernprozesse mit tödlichem Ausgang. es 665
- Neue Geschichten. Hefte 1-18. es 819
- Schlachtbeschreibung. es 1193

Kluge, U.: Die deutsche Revolution 1918/1919. NHB. es 1262

Koeppen: Morgenrot. es 1454

Kolbe: Bornholm II. es 1402
- Hineingeboren. es 1110

Konrád: Antipolitik. es 1293
- Stimmungsbericht. es 1394

Kriegsursachen. es 1238

Krippendorff: Staat und Krieg. es 1305
- »Wie die Großen mit den Menschen spielen.« es 1486

Kristeva: Geschichten von der Liebe. es 1482
- Die Revolution der poetischen Sprache. es 949

Kroetz: Bauern sterben. es 1388
- Furcht und Hoffnung der BRD. es 1291
- Heimarbeit. Hartnäckig. Männersache. es 473
- Mensch Meier. Der stramme Max. Wer durchs Laub geht ... es 753

edition suhrkamp
Eine Auswahl

Kroetz: Nicht Fisch nicht Fleisch. Verfassungsfeinde. Jumbo-Track. es 1094
- Oberösterreich. Dolomitenstadt Lienz. Maria Magdalena. Münchner Kindl. es 707
- Stallerhof. Geisterbahn. Lieber Fritz. Wunschkonzert. es 586

Krolow: Ausgewählte Gedichte. es 24

Laederach: Fahles Ende kleiner Begierden. es 1075
- Der zweite Sinn. es 1455

Lehnert: Sozialdemokratie zwischen Protestbewegung und Regierungspartei 1848-1983. NHB. es 1248

Lem: Dialoge. es 1013

Lenz, H.: Leben und Schreiben. es 1425

Leroi-Gourhan: Die Religionen der Vorgeschichte. es 1073

Leutenegger: Lebewohl, Gute Reise. es 1001
- Das verlorene Monument. es 1315

Lévi-Strauss: Das Ende des Totemismus. es 128
- Mythos und Bedeutung. es 1027

Die Listen der Mode. es 1338

Löwenthal: Mitmachen wollte ich nie. es 1014

Lohn: Liebe. es 1225

Lukács: Gelebtes Denken. es 1088

Maeffert: Bruchstellen. es 1387

Marcus: Umkehrung der Moral. es 903

Marcuse: Ideen zu einer kritischen Theorie der Gesellschaft. es 300

- Konterrevolution und Revolte. es 591
- Kultur und Gesellschaft 1. es 101
- Kultur und Gesellschaft 2. es 135
- Versuch über die Befreiung. es 329

Maruyama: Denken in Japan. es 1398

Mattenklott: Blindgänger. es 1343

Mayer: Anmerkungen zu Brecht. es 143
- Gelebte Literatur. es 1427
- Versuche über die Oper. es 1050

Mayröcker: Magische Blätter. es 1202
- Magische Blätter II. es 1421

McKeown: Die Bedeutung der Medizin. es 1109

Meckel: Von den Luftgeschäften der Poesie. es 1578

Medienmacht im Nord-Süd-Konflikt: Die neue Internationale Informationsordnung. Friedensanalysen Bd. 18. es 1166

Meier, Chr.: Die Ohnmacht des allmächtigen Dictators Caesar. es 1038

Menninghaus: Paul Celan. es 1026

Menzel / Senghaas: Europas Entwicklung und die Dritte Welt. es 1393

Miłosz: Zeichen im Dunkel. es 995

Mitscherlich: Freiheit und Unfreiheit in der Krankheit. es 505

edition suhrkamp
Eine Auswahl

Mitscherlich: Krankheit als Konflikt. es 237
- Die Unwirtlichkeit unserer Städte. es 123

Mitterauer: Sozialgeschichte der Jugend. NHB. es 1278

Möller: Vernunft und Kritik. NHB. es 1269

Moser: Eine fast normale Familie. es 1223
- Der Psychoanalytiker als sprechende Attrappe. es 1404
- Romane als Krankengeschichten. es 1304

Muschg: Literatur als Therapie? es 1065

Mythos ohne Illusion. es 1220

Mythos und Moderne. es 1144

Nakane: Die Struktur der japanischen Gesellschaft. es 1204

Die neue Friedensbewegung. es 1143

Ngũgĩ wa Thiong'o: Der gekreuzigte Teufel. es 1199

Nizon: Am Schreiben gehen. es 1328

Oehler: Pariser Bilder I (1830-1848). es 725
- Ein Höllensturz der Alten Welt. es 1422

Oppenheim: Husch, husch, der schönste Vokal entleert sich. es 1232

Paetzke: Andersdenkende in Ungarn. es 1379

Paley: Ungeheure Veränderungen in letzter Minute. es 1208

Paz: Der menschenfreundliche Menschenfresser. es 1064
- Suche nach einer Mitte. es 1008
- Zwiesprache. es 1290

Petri: Schöner und unerbittlicher Mummenschanz. es 1528

Politik der Armut und Die Spaltung des Sozialstaats. es 1233

Populismus und Aufklärung. es 1376

Powell: Edisto. es 1332
- Eine Frau mit Namen Drown. es 1516

Psychoanalyse der weiblichen Sexualität. es 697

Pusch: Alle Menschen werden Schwestern. es 1565
- Das Deutsche als Männersprache. es 1217

Raimbault: Kinder sprechen vom Tod. es 993

Ribeiro, D.: Unterentwicklung, Kultur und Zivilisation. es 1018
- Wildes Utopia. es 1354

Ribeiro, J. U.: Sargento Getúlio. es 1183

Rodinson: Die Araber. es 1051

Roth: Die einzige Geschichte. es 1368
- Das Ganze ein Stück. es 1399
- Krötenbrunnen. es 1319

Rubinstein: Nichts zu verlieren und dennoch Angst. es 1022
- Sterben kann man immer noch. es 1433

Rühmkorf: agar agar – zaurzaurim. es 1307

Russell: Probleme der Philosophie. es 207
- Wege zur Freiheit. es 447

Schedlinski: die rationen des ja und des nein. es 1606

Schindel: Geier sind pünktliche Tiere. es 1429
- Im Herzen die Krätze. es 1511

edition suhrkamp
Eine Auswahl

Schleef: Die Bande. es 1127
Schönhoven: Die deutschen Gewerkschaften. NHB. es 1287
Schrift und Materie der Geschichte. es 814
Schröder: Die Revolutionen Englands im 17. Jahrhundert. NHB. es 1279
Schubert: Die internationale Verschuldung. es 1347
Das Schwinden der Sinne. es 1188
Sechehaye: Tagebuch einer Schizophrenen. es 613
Segbers: Der sowjetische Systemwandel. es 1561
Senghaas: Europa 2000. es 1662
– Konfliktformationen im internationalen System. es 1509
– Von Europa lernen. es 1134
– Die Zukunft Europas. es 1339
Sieferle: Die Krise der menschlichen Natur. es 1567
Simmel: Schriften zur Philosophie und Soziologie der Geschlechter. es 1333
Sloterdijk: Der Denker auf der Bühne. es 1353
– Eurotaoismus. es 1450
– Kopernikanische Mobilmachung und ptolemäische Abrüstung. es 1375
– Kritik der zynischen Vernunft. es 1099
Söllner, W.: Kopfland. Passagen. es 1504
Staritz: Geschichte der DDR 1949-1985. NHB. es 1260
Stichworte zur ›Geistigen Situation der Zeit‹. 2 Bde. es 1000
Struck: Kindheits Ende. es 1123
– Klassenliebe. es 629
Szondi: Theorie des modernen Dramas. es 27
Techel: Es kündigt sich an. es 1370
Tendrjakow: Sechzig Kerzen. es 1124
Thiemann: Kinder in den Städten. es 1461
– Schulszenen. es 1331
Thompson: Die Entstehung der englischen Arbeiterklasse. es 1170
Thränhardt: Geschichte der Bundesrepublik Deutschland. NHB. es 1267
Todorov: Die Eroberung Amerikas. es 1213
Treichel: Liebe Not. es 1373
Vargas Llosa: Gegen Wind und Wetter. es 1513
– La Chunga. es 1555
Vernant: Die Entstehung des griechischen Denkens. es 1150
– Mythos und Gesellschaft im alten Griechenland. es 1381
Vom Krieg der Erwachsenen gegen die Kinder. es 1190
Vor der Jahrtausendwende: Berichte zur Lage der Zukunft. es 1550
Walser, M.: Ein fliehendes Pferd. es 1383
– Geständnis auf Raten. es 1374
– Selbstbewußtsein und Ironie. es 1090
– Über Deutschland reden. es 1553
– Wie und wovon handelt Literatur. es 642
Weiss, P.: Abschied von den Eltern. es 85

edition suhrkamp
Eine Auswahl

Weiss, P.: Die Ästhetik des Widerstands. es 1501
- Die Besiegten. es 1324
- Fluchtpunkt. es 125
- Das Gespräch der drei Gehenden. es 7
- Der neue Prozeß. es 1215
- Notizbücher 1960-1971. es 1135
- Notizbücher 1971-1980. es 1067
- Rapporte. es 276
- Rapporte 2. es 444
- Der Schatten des Körpers des Kutschers. es 53
- Stücke I. es 833
- Stücke II. 2 Bde. es 910
- Verfolgung ... Marat/Sade. es 68

Sinclair (P. Weiss): Der Fremde. es 1007

Peter Weiss im Gespräch. es 1303

Die Wiederkehr des Körpers. es 1132

Wippermann: Europäischer Faschismus im Vergleich 1922-1982. NHB. es 1245

Wirz: Sklaverei und kapitalistisches Weltsystem. NHB. es 1256

Wissenschaft im Dritten Reich. es 1306

Wittgenstein: Tractatus logico-philosophicus. es 12

Wünsche: Der Volksschullehrer Ludwig Wittgenstein. es 1299

Ziviler Ungehorsam im Rechtsstaat. es 1214

Schwangere 57. 70. 85. 93
Hebammen 82ff